Gérard Mermet

Euroscopie

Les Européens :
Qui sont-ils ?
Comment vivent-ils ?

Cartographie :
Bertrand de Brun
Nathalie Cottrel (Agraph)

Dessins et graphiques
Pierre-Gaël Steunou

17, RUE DU MONTPARNASSE - 75298 PARIS CEDEX 06

SOMMAIRE

ISBN 2-03-523501-4

REMERCIEMENTS

La réalisation de cet ouvrage a fait l'objet d'une collaboration avec la société d'études de marchés **SECODIP** dont le président est **Bernard PINET** (voir p.447). Elle a permis en particulier un travail original de traitement statistique et d'analyse portant sur les régions de la Communauté européenne (voir p. 8 et suivantes).

L'auteur tient à remercier tout particulièrement **Olivier GÉRADON de VÉRA**, directeur général adjoint de **SECODIP**, pour le soutien actif qu'il a apporté à cette opération, ainsi que **Denis BIED-CHARRETON** (qui fut le premier interlocuteur) et **Bernard FEVRY.**

Ces remerciements s'adressent aussi à **Marc OLIVE**, directeur de **MIS** (Marketing Informatique et Statistiques), qui a réalisé le traitement des données et participé à son analyse.

Parmi les très nombreuses personnes qui lui ont apporté une aide documentaire, l'auteur tient à exprimer sa profonde gratitude à :

• **Hélène RIFFAULT**, présidente de GALLUP International, qui a mis à sa disposition les études réalisées dans le cadre de l'*Eurobaromètre*, et dont la gentillesse ne s'est jamais démenti au fil des demandes répétées.
• **François de GEUSER et Nicolas MAVRAGANIS** du service des relations extérieures d'EUROSTAT, l'office statistique des Communautés européennes de Luxembourg, ainsi qu'**Hubert CHARLIER**, directeur de la division Régions.
• **Jacques-René RABIER, Carlo PAPPALARDO, Karlheinz REIF, Jérôme VIGNON**, des Communautés européennes à Bruxelles.
• **Alain MESPLIER, Florent HUARD** du bureau des Communautés européennes de Paris, ainsi que **Bruno MALHEY**, pour sa participation aux recherches documentaires.
• **Messieurs CLOW, SCICLUNA** et **SANSOY** du Conseil de l'Europe à Strasbourg. Madame **LIEUTAUD**, du Centre de documentation de Paris.
• **Jean-Pierre POULLIER**, de l'OCDE à Paris, ainsi que le service de presse de l'OCDE.
• **Daniel DEBOMY**, de la société OPTEM.
• **Bertrand PECQUERIE** et **Frédéric SALMON**, du *Journal des Elections*.
• **Bob SCHMITZ**, du BEUC (Bureau européen des unions de consommateurs) à Bruxelles.
• **Pierre PESTIEAU**, professeur à l'université de Liège.
• **Anika MICHALOWSKA**, directrice de *l'Opiniomètre*, lettre d'information internationale sur les sondages.

• **Rita BAILON GIJON** (Madrid) ; **Francesco BROGLIO, Pr COLOMBINI** (Florence) ; **Christian CHARTIER** (La Haye) ; **Alain FRANCO** (Amsterdam) ; **Anastase-Jean METAXAS** (Athènes) ; **Joe MULHOLLAND, Claire PHILLIPS** et **M.O. ROUSSELIER** (Dublin) ; **Jan OLSEN** (Copenhague) ; **Jean-Louis LE LAY** (Hillerød) ; **Antonio PACHECO** (Lisbonne) ; **Luc ROSENZWEIG, Philippe TRIGAULT, Ingo KOLBOOM** (RFA) ; **Cécile VALTAT** (Belgique)... et toutes les autres personnes rencontrées dans les pays de la Communauté.

De nombreux organismes, en dehors de ceux mentionnés ci-dessus, ont fourni des informations, parmi lesquels : ADETEM ; AFIRAC ; BIPE ; Bureau d'information du Parlement européen ; CDIA ; CERCLE ; CFCE ; CFPJ ; CIDIC ; CNAM ; CNC ; Fédération française des industries des sports et loisirs ; INA ; INED ; INRS ; INSEE ; INTERPOL ; LSA ; MILTE ; Ministères français des Affaires européennes, de la Culture, de la Défense, de l'Intérieur, de la Justice, de la Santé ; Mouvement européen ; NIELSEN ; OMI ; ONU ; SID ; SIRPA ; SNEP ; etc. (voir *Bibliographie* p. 439).

Ce livre serait peut-être resté à l'état de projet sans l'intérêt manifesté par **Patrice MAUBOURGUET**, directeur général de LAROUSSE et par **Philippe SCHUWER**, directeur du département Documents et Actualité. Il a bénéficié tout au long de sa réalisation de l'aide efficace et sympathique de **Jules CHANCEL**.

Enfin, le défi n'aurait pu être relevé sans la collaboration de tous les instants de Francine... et la compréhension d'Alexandra et de Léonard, à qui ce livre est dédié.

L'EUROPE,
À DÉCOUVRIR ET À INVENTER

La construction de l'Europe est le grand défi de cette fin de siècle et de millénaire. Pourtant, bien peu d'habitants de la Communauté (et d'ailleurs) connaissent la réalité européenne. Sait-on que 31 % des Britanniques, 30 % des Italiens, 14 % des Allemands et... 8 % des Français sont incapables de situer la France sur une carte du monde ? Sait-on que la moitié seulement des jeunes Européens (18 à 30 ans) peuvent citer le nombre des Etats membres ?

EUROSCOPIE est la suite, naturelle et nécessaire, de **FRANCOSCOPIE**, panorama de la société française que je publie chez LAROUSSE depuis 1985. Le pari est ici douze fois plus ambitieux, puisqu'il s'agit de décrire les pays de la Communauté et de montrer comment vivent ses 343 millions d'habitants (y compris ceux de l'ex-RDA). Quelles sont les différences et les ressemblances en matière de vie familiale, sociale, professionnelle, culturelle, institutionnelle ? Quels sont les revenus, les habitudes de consommation, les loisirs, les opinions et les valeurs de nos voisins et partenaires ?

EUROSCOPIE est le résultat d'un énorme travail de recherche et d'analyse conduit depuis près de trois ans dans tous les pays de la Communauté. Il a été enrichi par des discussions et échanges avec de nombreux experts. Onze d'entre eux, de huit nationalités européennes différentes, ont apporté une contribution particulière en rédigeant la synthèse d'un chapitre correspondant à leur spécialité.

L'ouvrage est conçu de manière à présenter dans chaque domaine des comparaisons claires entre les pays. Il comprend quatre parties complémentaires :

• La partie NATIONS décrit l'histoire, la géographie, les institutions et l'économie de chacun des pays.
• La partie principale (HABITANTS) décrit les modes de vie des Européens. Elle est divisée en onze chapitres thématiques : *Démographie* ; *Santé* ; *Culture* ; *Instruction* ; *Famille* ; *Foyer* ; *Consommation* ; *Société* ; *Travail* ; *Argent* ; *Loisirs*.
• Les DOSSIERS NATIONAUX résument l'ensemble des informations à connaître pour chaque pays.

La première partie de l'ouvrage (L'EUROSCOPE) en constitue la synthèse. Elle présente cinq visions de l'Europe totalement inédites :

• La *« vraie carte » de la Communauté*. Des traitements statistiques effectués sur les *régions* ont permis de montrer que celles qui ont les caractéristiques les plus proches appartiennent souvent à des pays distincts. Ils montrent aussi que les régions frontalières ressemblent souvent davantage à celles du pays adjacent qu'à celles du pays auquel elles appartiennent.
• *Les centres de gravité.* Ils situent les points d'équilibre de la Communauté en matière géographique, démographique et économique. On peut ainsi mesurer le déplacement du centre de gravité géographique au fur et à mesure de l'entrée de nouveaux membres, de 1958 à 1990.
• *Les cartes espace-temps.* Elles indiquent le décalage temporel entre les pays de la Communauté dans certains domaines : richesse, équipement des ménages, éducation, mortalité infantile, etc. Il atteint parfois 20 ou 30 ans et fait apparaître les écarts de développement sous un jour nouveau.
• *Les Euroscars.* Ils constituent une tentative de classement des douze pays en fonction de critères contribuant à la qualité de la vie de leurs habitants.
• *Les records* et *l'Europe insolite* mettent en évidence les atouts, les faiblesses et les particularismes (parfois surprenants) de chaque pays. Pour en profiter au maximum, il faudrait travailler au Luxembourg (pour les revenus), payer ses impôts en Espagne (pour les prélèvements obligatoires), avoir une maison au Royaume-Uni (pour l'équipement), habiter au Portugal (pour le climat), prendre du bon temps en France (pour l'espérance de vie et l'âge de la retraite)... De quoi encourager la libre circulation prévue pour 1993 !

Malgré tous les efforts accomplis, cette première édition est sans doute encore incomplète et perfectible. Je souhaite cependant qu'elle réponde à la plupart des questions que peuvent se poser les Européens, mais aussi les habitants d'autres pays qui les observent avec un intérêt croissant. Acteur ou témoin de la formidable aventure en cours, chacun doit être conscient que l'Europe est à la fois à découvrir et à inventer.

Gérard Mermet

MODE D'EMPLOI

Les informations figurant dans cet ouvrage émanent d'un très grand nombre de sources, publiques ou privées. Nous avons bien sûr privilégié les sources officielles : Communautés européennes, OCDE, ONU, etc. Mais celles-ci, malgré le nombre et la qualité de leurs informations, sont loin de couvrir l'ensemble des aspects, en particulier sociaux, abordés dans ce livre. Nous avons donc effectué des recherches auprès de nombreux autres organismes : fédérations, associations, instituts spécialisés, entreprises, universités... (voir p. 439).

Chaque fois que c'était possible, nous avons mentionné les données concernant l'Allemagne réunifiée, ou intégré par des calculs pondérés celles de l'ancienne RDA.

Les informations mentionnées sont celles qui étaient les plus récentes lors de la rédaction, achevée en décembre 1990. Mais il est clair que les appareils statistiques des douze pays de la Communauté ne sont pas tous également développés et fiables. Nous nous sommes donc parfois trouvés confrontés à des chiffres manquants, inutilisables ou différents sur un même sujet (y compris ceux émanant de sources officielles). Il a fallu alors faire des choix, facilités par l'expérience et la comparaison attentive des notices méthodologiques...

Dans la plupart des tableaux et graphiques, nous avons retraité les informations existantes pour les présenter sous forme de taux, indices, etc., de manière à les rendre plus claires et comparables entre elles. Nous avons en général fait figurer les Etats-Unis et le Japon dans les tableaux et graphiques (et parfois d'autres pays) afin de fournir des éléments de comparaison extra-européens.

Nous avons utilisé l'abréviation **CE** (pour Communauté européenne) plutôt que CEE, pour marquer que la Communauté des Douze est aujourd'hui bien davantage qu'un rassemblement à vocation économique.

Les contraintes liées aux traductions de l'ouvrage dans d'autres langues nous ont amené à utiliser les abréviations internationales des pays dans les cartes et graphiques : **UK** au lieu de RU pour le Royaume-Uni, **D** au lieu de RFA et **DDR** au lieu de RDA pour l'Allemagne, **USA** au lieu de EU pour Etats-Unis... Pour la même raison, les sommes sont indiquées en francs dans les tableaux et en écus dans les graphiques et cartes.

L'ouvrage comporte plus de 300 cartes, graphiques et tableaux, représentant au total plus de 10 000 chiffres. Il est illustré par plus de 100 photos de campagnes publicitaires récentes émanant des différents pays, reflets des tendances nationales et, de plus en plus fréquemment, internationales.

Si vous êtes un lecteur pressé, faîtes une « lecture en couleur ». Les informations principales ou synthétiques ont été placées dans des intertitres imprimés en bleu.

Vos remarques, suggestions, encouragements ou critiques seront les bienvenus. Merci de nous en faire part en écrivant à :

LAROUSSE-EUROSCOPIE
17 rue du Montparnasse,
75298 PARIS Cedex 06

L'EUROSCOPE

	CE	URSS	Etats-Unis	Amérique Latine	Afrique	Asie	dont Japon	dont Chine	dont Inde	Océanie	MONDE
Population (millions) :											
- 1950	393	180	152	165	224	1 376	84	555	358	13	2 516
Part du total monde (%)	16	7	6	7	9	55	3	22	14	1	100
- 1988	324	283	246	430	610	2 996	122	1 089	797	26	5 112
Part du total monde (%)	6	6	5	8	12	59	2	21	16	1	100
- 2000 (1)	350 (5)	308	266	540	872	3 698	129	1 286	1 043	30	7 251
Part du total monde (%)	6	5	4	9	14	59	2	21	17	0,5	100
- 2020 (1)	341	343	295	719	1 441	4 680	130	1 460	1 375	37	8 062
Part du total monde (%)	4	4	4	9	18	58	2	18	17	0,4	100
• Densité (1988, hab/km^2)	144	8	16	8	7	50	221	58	109	3	19
• Part moins de 15 ans (%)	19	26	22	36	45	33	19	26	37	27	33
• Part plus de 65 ans (%)	14	10	13	5	3	5	12	6	4	9	6
• Espérance de vie - H	72,0	65,0	71,9	63,4	50,3	60,9	75,4	68,0	57,8	66,4	60,0
• Espérance de vie - F	78,6	74,2	79,0	68,8	53,6	62,6	81,1	70,9	57,9	71,3	63,0
• Fécondité (2)	1,6	2,4	1,8	3,6	6,2	3,5	1,7	2,4	4,3	2,6	3,4
• Mortalité infantile (3)	9	24	10	56	106	73	5	32	99	26	71
• Taux d'urbanisation (%) :											
- 1985	81	66	75	69	32	29	76	22	25	72	42
- 2000 (1)	90	74	78 (7)	77	40	36	-	-	-	73	48
• Voitures (4) (en %)	39,1 (6)	3,1	37,0	5,0	2,1	10,3	7,9	-	-	2,3	100
• Production de blé (1987, %)	14	16	13	3	2	34	0,2	17	-	3	100
• Production de pommes de terre (1987, %)	14	28	5	3	2	23	1	15	-	0,5	100
• Production de vin (1987, %)	65	9	5	9	4	1	0,2	0,2	-	1	100
• Revenu (en %)	18	14	21	8	4	24	8	8	10 (8)	1	100

(1) Estimations.
(2) Indicateur conjoncturel (enfants par femme).
(3) Pour 1 000 naissances vivantes.
(4) Part des véhicules particuliers en circulation dans le monde.
(5) Y compris ex-RDA.
(6) Europe hors URSS.
(7) Amérique du Nord.
(8) Et Indonésie.

Eurostat, OCDE, divers

LA « VRAIE CARTE » DE L'EUROPE

Les cartes habituelles de la Communauté européenne font apparaître les frontières politiques de chaque pays membre et, éventuellement, leurs découpages administratifs en régions, *Länder*, comtés, etc. (voir *Etats*). Cette présentation visuelle laisse à penser qu'il existe une grande unité entre les régions appartenant à un même pays.

Pourtant, l'examen attentif de toute l'information régionale disponible montre qu'il y a parfois plus de ressemblances entre des régions appartenant à des pays différents qu'entre toutes les régions d'un même pays. Ainsi, les caractéristiques démographiques et économiques de la Campanie italienne sont plus proches de celles de la Castille-León espagnole que de celles du Latium qui lui est géographiquement adjacente (voir typologie ci-dessous).

Partant de ce constat maintes fois renouvelé, nous avons tenté de définir de façon objective les « distances » réelles entre les régions, en intégrant l'ensemble des données disponibles et en les traitant à l'aide de programmes de recherche mathématique adaptés.

60 régions ont été comparées à travers 20 variables.

Les données régionales utilisées ont été fournies par EUROSTAT (Office statistique des Communautés européennes, Luxembourg). Le travail préparatoire à cette recherche a été réalisé en collaboration avec la société SECODIP (voir p. 447) ; le traitement des données a été effectué par la société MIS.

Le découpage régional utilisé est le niveau le plus agrégé, soit 66 régions (NUTS1, voir description dans *Etats*).

N.B. Le Danemark, l'Irlande et le Luxembourg comprennent chacun une seule région au niveau d'agrégation choisi. Le Portugal et la Grèce ont aussi été traités chacun comme une seule région (alors qu'ils en comprennent respectivement 3 et 4), car les informations régionales sur ces deux pays étaient incomplètes.
Pour la même raison, l'Allemagne ne comprend pas l'ex-RDA. Au total, la CE a donc été découpée en 60 régions.

Dans un premier temps, une soixantaine de variables ont été choisies, de nature démographique et économique. Certaines n'ont pu être utilisées, car elles n'étaient pas disponibles pour l'ensemble des régions. Les traitements informatiques successifs des variables (analyses en composantes principales et analyses factorielles) ont permis de supprimer en outre celles qui étaient intercorrélées, donc redondantes. 20 variables régionales ont finalement été conservées :

10 variables démographiques
- Densité de population ;
- Population par sexe et par tranche d'âge (moins de 25 ans ; plus de 70 ans) ;
- Taux de natalité ;
- Taux de mortalité par sexe et par tranche d'âge (15-24 ans ; plus de 70 ans).

10 variables économiques
- PIB par habitant ;
- Part de l'agriculture dans le PIB ;
- Taux de chômage par sexe et par tranche d'âge (moins de 25 ans ; plus de 25 ans) ;
- Densité de voitures (pour 1 000 habitants) ;
- Longueur d'autoroutes (par km^2 de territoire) ;
- Densité de médecins (pour 1 000 habitants) ;
- Proportion de logements équipés de W-C.

Les 60 régions se répartissent dans 5 groupes homogènes.

Les traitements des variables régionales ont permis d'établir des *typologies*. Leur principe est de regrouper les régions ayant le plus de caractéristiques communes par rapport à l'ensemble des variables utilisées.

La typologie globale obtenue (intégrant les 20 variables) comprend 5 groupes de régions, nombre suffisant puisqu'il permet d'expliquer 76 % de la variance totale entre les régions. On peut alors dessiner une nouvelle carte de la Communauté européenne regroupant en 5 zones l'ensemble des 60 régions (page suivante).

La nature de ces groupes confirme l'hypothèse de départ, puisque, parmi les 7 pays comptant plus d'une région dans l'étude (Espagne, Italie, France, Allemagne, Belgique, Pays-Bas, Royaume-Uni), 5 ne sont pas homogènes ; ils comptent des régions appartenant à plusieurs groupes.

N.B. Il faut noter que certaines régions de la Communauté (Corse, Baléares, îles danoises ou grecques, etc.), englobées dans une région plus large, appartiendraient sans doute à des zones différentes si elles étaient traitées séparément.

La « vraie carte » de la Communauté comporte 5 « pays » distincts des Etats officiels.

Si l'on fait abstraction des frontières nationales existantes, ce qui est dans la logique de l'étude, on peut définir 5 nouveaux « pays » dont les régions ne sont pas toujours adjacentes, mais dont l'unité est forte par rapport aux variables retenues. Il est intéressant de constater qu'il existe

UNE AUTRE VISION DE LA COMMUNAUTÉ

La nouvelle Lotharingie

Les quatre Dragons du Nord

La petite Albion

La Communauté centrale

Le Grand Sud

La description de la carte est donnée page suivante.

une très large continuité dans les zones obtenues avec deux seules vraies exceptions : le sud-est du Royaume-Uni et la région de Madrid.

La carte obtenue fait apparaître une première zone verticale située à l'Est, baptisée *Nouvelle Lotharingie*. Les quatre villes ayant le statut de région constituent un groupe à part, surnommé *les Quatre Dragons du Nord*. Les Pays-Bas, la Belgique, la France, la moitié nord et est de l'Espagne ainsi que l'Irlande forment une sorte de diagonale et un contrepoids à la zone située à l'Est ; malgré la présence de l'Irlande, elle a été appelée *Communauté centrale*. Les pays méditerranéens (Portugal, moitié centrale et méridionale de l'Espagne, sud de l'Italie et Grèce) constituent *le Grand Sud*. Enfin, les régions du Royaume-Uni, à l'exception du Sud-Est, représentent une zone indépendante qualifiée de *petite Albion*.

Etats et supranationalité

Les découpages supranationaux obtenus par l'étude et visualisés sur la carte n'ont pas la prétention de remplacer les frontières nationales ! Ils ne tiennent pas compte de tous les critères qui font la véritable unité d'un pays (histoire, langue, savoir-vivre, etc.). Mais ils ont le mérite de montrer qu'il existe des zones géographiques qui débordent les Etats et qui ont des caractéristiques économiques et sociales semblables.

Cette carte ne constitue donc pas une provocation, mais une vision complémentaire de la carte traditionnelle, basée sur un certain nombre de réalités statistiques.

LA NOUVELLE LOTHARINGIE

Composition. 18 régions appartenant à quatre pays : Danemark ; RFA (à l'exception des trois villes-Etats) ; Luxembourg ; nord et centre de l'Italie.

Caractéristiques : proportion de jeunes inférieure à la moyenne ; faible natalité ; très faible taux de chômage (sauf femmes adultes) ; richesse par habitant élevée ; forte infrastructure autoroutière ; taux de possession de voitures très élevé.

Commentaires. Cette bande orientale de la Communauté qui s'étale du Jutland du Nord au Latium italien (région de Rome) rappelle l'ancienne Lotharingie du IXe siècle à laquelle on aurait enlevé les parties occidentales aujourd'hui françaises, belges ou néerlandaises et ajouté l'ancien royaume de Louis le Germanique ainsi que le Danemark.

LES QUATRE DRAGONS DU NORD

Composition. Les trois villes-Etats allemandes (Hambourg, Brême, Berlin) et Bruxelles.

Caractéristiques : moyenne d'âge très élevée ; très forte densité ; richesse par habitant très élevée (plus de 50 % supérieure à la moyenne) ; très forte densité de médecins ; confort des logements supérieur à la moyenne.

Commentaires. Il est clair que d'autres grandes villes ou capitales (Paris, Londres, Rome, etc.) feraient partie du même groupe si elles étaient constituées en régions administratives.

LA COMMUNAUTÉ CENTRALE

Composition. 19 régions appartenant à 5 pays (Espagne, France, Belgique, Pays-Bas et Irlande).

Caractéristiques : proportion de jeunes assez forte ; natalité supérieure à la moyenne ; chômage supérieur à la moyenne (surtout chez les jeunes et les femmes) ; part de l'agriculture supérieure à la moyenne.

Commentaires. Il faut revenir aux XVIe et XVIIe siècles et à l'empire de Charles Quint pour trouver les origines possibles de cette continuité entre les Pays-Bas, la France et l'Espagne. L'appartenance de l'Irlande à cette zone peut s'expliquer par les réactions au modèle britannique et sa forte culture catholique qui la rapprochent des pays plus méridionaux.

LA PETITE ALBION

Composition. 10 régions représentant l'ensemble du Royaume-Uni (y compris l'Irlande du Nord), à l'exception du Sud-Est, région située autour de Londres.

Caractéristiques : natalité plus élevée que dans les autres zones ; chômage des femmes très faible ; part de l'agriculture peu élevée ; très faible densité de médecins ; niveau de confort des logements très élevé.

Commentaires. On n'est pas très surpris de constater que le Royaume-Uni forme une zone à part, qui ne se mélange avec aucune autre (seul cas parmi les douze pays). L'insularité, la volonté d'indépendance (ou, parfois, de domination) ne lui ont permis de participer qu'assez tard à la construction européenne, même si son adhésion officielle est plus ancienne que celle de l'Espagne ou du Portugal.

LE GRAND SUD

Composition. 9 régions de 4 pays (Portugal, Espagne, Italie, Grèce). Pour les raisons exposées, le Portugal et la Grèce ont été considérés chacun comme une seule région.

Caractéristiques : population beaucoup plus jeune que la moyenne ; très faible densité de population ; taux de natalité assez élevé ; niveau de richesse très inférieur à la moyenne ; très fort taux de chômage ; régions très agricoles ; peu d'infrastructures routières ; faible taux de possession de voiture ; peu de confort des logements.

Commentaires. Dans de nombreux domaines, les attitudes, les comportements, les institutions ou les valeurs des pays les plus méridionaux de la Communauté sont proches. Cette proximité est souvent mise en évidence dans la partie centrale de l'ouvrage (LES HABITANTS), tant en ce qui concerne les aspects démographiques qu'économiques.

Deux autres typologies ont été réalisées à partir des seules variables démographiques, puis économiques.

Il était intéressant d'effectuer les mêmes analyses en traitant séparément les 10 variables de type démographique (structure de la population, mortalité, natalité, etc.) et les 10 variables de type économique (PIB, chômage, infrastructure, voitures, etc.).

La typologie démographique comprend 5 zones dont les limites sont assez différentes de la typologie générale décrite précédemment. On observe ainsi que le Royaume-Uni n'est plus à l'écart des autres régions, puisqu'il appartient au même groupe que les Pays-Bas, la Belgique et toute la partie sud de la CE. L'Irlande du Nord et la République d'Irlande ne sont plus séparées et forment un groupe avec les deux tiers de la France et la région de Madrid. Le Danemark et l'est de la Grande-Bretagne appartiennent au même groupe que le nord de l'Italie et le centre de l'Espagne. Les deux régions du sud de la France constituent un groupe avec l'Allemagne.

La typologie économique comprend 6 zones. La région d'Ile-de-France se situe dans le même groupe que le sud de l'Allemagne, l'est et le sud-est du Royaume-Uni ainsi que le Luxembourg. Le Nord-Pas-de-Calais, la Wallonie et l'Irlande appartiennent au même groupe que les pays du Sud. Le Danemark, le nord de l'Allemagne, les Pays-Bas, la Belgique flamande, la plus grande partie de la France et deux régions espagnoles forment un autre groupe. Enfin, le nord de l'Italie constitue un groupe à lui seul.

TYPOLOGIE DÉMOGRAPHIQUE

Typologie réalisée à partir des 10 variables démographiques :

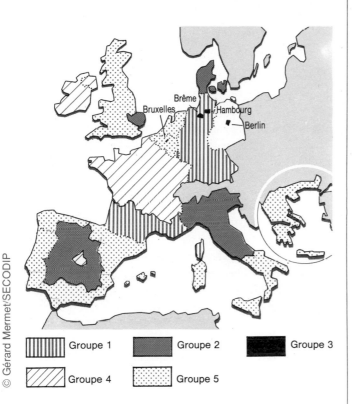

Groupe 1   Groupe 2   Groupe 3

Groupe 4   Groupe 5

Groupe 1 (11 régions) : faible proportion de jeunes (15-24 ans) ; proportion de femmes âgées supérieure à la moyenne ; mortalité des jeunes supérieure à la moyenne; taux de natalité moyen.

Groupe 2 (10 régions) : assez forte proportion d'hommes âgés ; taux de mortalité faibles chez les jeunes femmes et les personnes âgées ; densité inférieure à la moyenne ; très faible natalité.

Groupe 3 (4 villes-régions) : très faible proportion de jeunes ; très forte proportion de personnes âgées ; mortalité des hommes âgés et des jeunes femmes plus élevée que la moyenne ; très forte densité ; faible natalité.

Groupe 4 (10 régions) : proportion de jeunes très supérieure à la moyenne ; proportion de personnes agées très inférieure à la moyenne ; taux de natalité très élevé.

Groupe 5 (25 régions) : proportion de jeunes supérieure à la moyenne ; proportion de personnes âgées inférieure à la moyenne ; taux de natalité élevé.

Part de la variance entre les régions expliquée par la typologie : 63 %.

TYPOLOGIE ÉCONOMIQUE

Typologie réalisée à partir des 10 variables économiques :

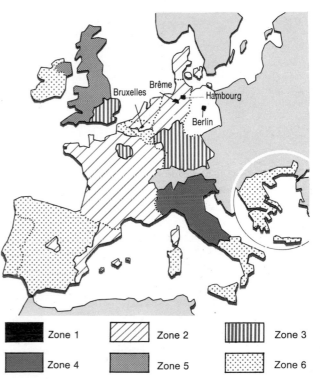

Zone 1   Zone 2   Zone 3

Zone 4   Zone 5   Zone 6

Groupe 1 (4 villes-régions) : très haut niveau de richesse ; chômage moyen, plus élevé chez les hommes adultes ; forte densité de médecins.

Groupe 2 (18 régions) : richesse moyenne ; chômage élevé chez les femmes adultes ; régions plutôt agricoles ; forte infrastructure autoroutière.

Groupe 3 (8 régions) : régions industrielles et riches ; très faible chômage.

Groupe 4 (7 régions) : chômage plus élevé chez les jeunes, moins élevé chez les adultes (surtout hommes) ; fort taux de possession de voitures ; faible densité de médecins ; logements peu confortables.

Groupe 5 (9 régions) : faible niveau de richesse ; chômage des femmes inférieur à la moyenne ; faible densité de médecins ; logements confortables.

Groupe 6 (14 régions) : régions pauvres et agricoles ; chômage très élevé ; faible taux de possession de voitures ; logements peu confortables.

Part de la variance entre les régions expliquée par la typologie : 68 %

LES CENTRES DE GRAVITÉ

Le centre de gravité d'un corps est le point tel qu'il est en équilibre dans toutes ses positions. Pour un pays, cette notion n'a évidemment de sens que si on suppose qu'il est décollé de la surface terrestre. On peut alors l'affecter d'un « poids » qui lui est propre ; ce peut être sa surface, sa population, son PIB ou tout autre indicateur.

Centre de gravité géographique

La carte ci-contre indique la position du centre de gravité géographique de la CE. En 1990 (après intégration de la RDA dans l'Allemagne), il se trouve en France, dans le département de Saône-et-Loire, à environ 80 km au nord-ouest de Lyon (la marge d'erreur liée à la méthode utilisée peut être estimée à une vingtaine de km).

La portion grossie de la carte montre l'évolution de ce centre de gravité, au fur et à mesure de l'extension du territoire de la Communauté depuis 1958 (six pays), avec l'entrée de nouveaux membres en 1973 (Danemark, Royaume-Uni, Irlande), 1981 (Grèce), 1986 (Espagne, Portugal) et 1990 (RDA). Le centre de gravité géographique est situé en France depuis 1973. Il s'est déplacé successivement vers le Nord-Ouest en 1973, vers le Sud-Est en 1981, vers le Sud-Ouest en 1986 et vers le Nord-Est en 1990.

Méthodologie

On a d'abord déterminé le centre de gravité *géographique* de chaque pays de la Communauté de façon empirique en découpant une carte du pays selon ses frontières extérieures sur un carton d'épaisseur uniforme et en cherchant son point d'équilibre.

N.B. Seules les parties continentales ont été prises en compte, ainsi que les principales îles proches (Corse pour la France, Sardaigne et Sicile pour l'Italie, Baléares pour l'Espagne, Crête, îles de la mer Egée pour la Grèce, îles du nord de la Grande-Bretagne pour le Royaume-Uni. Les îles plus lointaines (DOM-TOM français, Canaries et Açores espagnoles...) ou non adhérentes à la CE (Groenland et îles Féroé pour le Danemark...) n'ont pas été intégrées.

On calcule ensuite le centre de gravité de l'ensemble de la Communauté au moyen du calcul vectoriel. Les centres de gravité nationaux sont reliés deux à deux par des segments de droite (vecteurs). Le centre de gravité de chaque pays est affecté d'un « poids » égal à la superficie du pays; le centre de gravité résultant est situé sur le segment, en un point tel qu'il le divise selon le rapport inverse des poids affectés à ses deux extrémités. Les nouveaux points obtenus sont ensuite composés deux à deux, jusqu'à l'obtention du point résultant.

Le calcul est effectué d'abord sur six pays, puis sur neuf, dix et douze (sans et avec l'ex-RDA).

Centre de gravité démographique

Comme le centre de gravité géographique, le centre de gravité démographique de l'Europe communautaire est déterminé par le calcul vectoriel (voir méthodologie ci-dessus). Le centre de gravité de chaque pays est, dans ce cas, affecté d'un poids égal à sa population.

La carte ci-dessous montre qu'en 1990, après réunification de l'Allemagne, le point résultant est situé en France, dans le département de la Haute-Marne. L'écart avec la position du centre de gravité géographique précédent (plus au Sud) est dû au fait que les densités de population sont plus élevées dans les pays du nord de la Communauté que dans ceux du Sud (voir *Démographie*).

On pourrait être encore plus précis en tenant compte de la population de chaque région. Cependant, l'examen de la carte des densités régionales (p. 121) laisse présager que le centre de gravité correspondant ne serait pas très éloigné de celui obtenu avec les populations nationales. Les écarts régionaux de densité ne modifient pas en effet de façon sensible le centre de gravité démographique obtenu pour chaque pays.

Centre de gravité économique

Le centre de gravité économique est déterminé en affectant le centre de gravité géographique de chaque pays d'un poids égal à son PIB (Produit intérieur brut, voir *Economie*).

La carte montre qu'en 1990, après réunification de l'Allemagne, ce point est également situé en France, entre les départements de la Meuse et de la Meurthe-et-Moselle. Le fait qu'il soit situé encore plus au Nord que le centre de gravité démographique est dû à ce que le PIB par habitant est plus élevé dans les pays du nord de la Communauté que dans ceux du Sud. Comme c'est aussi le cas de la densité, cela signifie que le PIB par km^2 de territoire est beaucoup plus élevé au Nord qu'au Sud.

La recherche de ces centres de gravité n'a pas d'autre but que de montrer où se situent les résultantes des poids (donc des forces) exercés par les différents pays de la Communauté. Les points ainsi définis n'ont pas de vocation particulière dans les domaines concernés.

On pourrait de la même façon obtenir les centres de gravité correspondant à d'autres indicateurs : inflation ; chômage ; revenus ; activité ; épargne ; mariage ; fécondité ; divorce ; délinquance, etc.

On pourrait aussi déterminer par simulation les centres de gravité d'une Europe élargie à d'autres pays (Turquie, Autriche, Suède, Hongrie...) et mesurer le déplacement des points actuels. La géopolitique peut ainsi s'enrichir d'un nouvel outil.

LA FRANCE AU CENTRE DE LA COMMUNAUTÉ

Évolution du centre de gravité
géographique depuis 1958

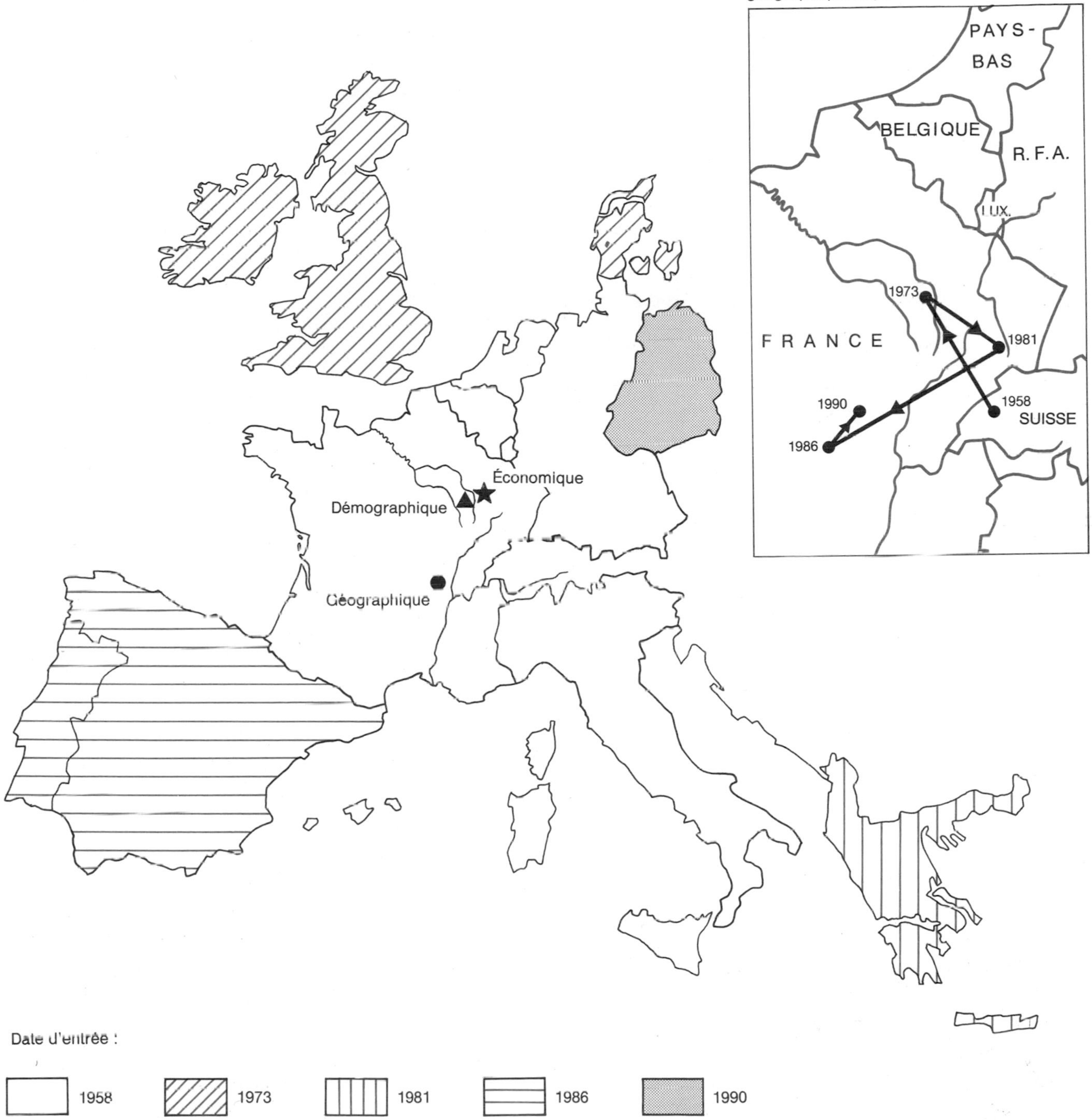

PAYS-BAS

BELGIQUE

R.F.A.

LUX.

FRANCE

1973

1981

1958

SUISSE

1990

1986

Économique

Démographique

Géographique

Date d'entrée :

1958	1973	1981	1986	1990

LES CARTES ESPACE-TEMPS

On sait depuis Einstein que l'espace et le temps sont intimement associés dans le fonctionnement et l'évolution de l'Univers. Cette notion de relativité est pourtant peu présente dans les représentations spatiales habituelles, en particulier cartographiques. Ainsi, s'il est utile de connaître le PIB par habitant actuel de chaque pays, ou même de l'exprimer sous forme d'indice afin de faciliter les comparaisons, il est intéressant de mesurer le nombre d'années qui sépare les pays dans leur développement économique. Il en est de même de nombreux indicateurs de type économique ou démographique.

Les « cartes espace-temps » permettent de faire apparaître le décalage temporel existant entre les pays dans certains domaines.

Tous les indicateurs ne se prêtent pas à cet exercice. Il est nécessaire en effet qu'ils remplissent trois conditions :

– Leur variation dans le temps doit se produire *toujours dans le même sens* (accroissement ou diminution) ;
– La variation doit correspondre à un *progrès* ;
– Ce progrès doit être *continu* et de préférence *linéaire*.

C'est le cas par exemple de l'espérance de vie (au moins sur des périodes de quelques décennies, en l'absence d'événements particuliers tels que la guerre). Dans tous les pays de la Communauté, celle-ci n'a fait que croître, tant pour les hommes que pour les femmes, même si ce n'a pas été au même rythme. C'est le cas aussi des taux d'équipement des ménages en voitures, réfrigérateurs, lave-linge, téléviseurs, etc. A l'inverse, c'est la *diminution* du taux de mortalité infantile qui constitue un indéniable progrès.

Nous avons donc sélectionné huit indicateurs présentant ces caractéristiques pour les traiter en « espace-temps », dont quatre sous forme de carte et quatre sous forme de tableau. La difficulté consiste à trouver des séries statistiques qui remontent suffisamment loin dans le temps pour que l'on puisse situer les pays les plus « en retard ».

PIB PAR HABITANT

Décalage dans le temps entre le pays ayant le PIB par habitant le plus élevé (Luxembourg : 14 878 écus en 1988) et les autres pays (en années) :

Lecture : le PIB par habitant actuel de la France est égal à celui qu'avait le Luxembourg il y a 4 ans.

VOITURES

Décalage dans le temps entre le pays ayant le taux d'équipement en automobiles le plus élevé (RFA : 456 pour 1 000 habitants en 1987) et les autres pays (en années) :

Lecture : le taux d'équipement automobile actuel de l'Irlande est égal à celui qu'avait la RFA, il y a 18 ans.

MORTALITÉ INFANTILE

Décalage dans le temps entre le pays ayant le taux de mortalité infantile le plus élevé (Pays-Bas : 6,8 décès avant un an pour 1 000 enfants nés vivants, 1989) et les autres pays (en années) :

Lecture : la mortalité infantile actuelle en Grèce est égale à celle que connaissaient les Pays-Bas, il y a 15 ans.

© Gérard Mermet

ÉDUCATION

Décalage dans le temps entre le pays ayant la plus forte proportion d'étudiants du 3e degré (RFA : 14,6 % des effectifs scolaires et universitaires en 1987) et les autres pays (en années) :

* Il existe très peu d'établissements d'enseignement supérieur au Luxembourg ; les étudiants se rendent dans d'autres pays proches (RFA, France, Belgique...).

Lecture : la proportion actuelle d'étudiants du 3e degré en Italie est égale à celle qu'avait la RFA, il y a 6 ans.

© Gérard Mermet

Les écarts entre les pays de la Communauté atteignent 20 ou 30 ans.

On constate d'importants décalages dans le temps pour les quatre indicateurs figurant sur les cartes ci-dessus :
- **PIB par habitant** : 30 ans d'écart entre le Luxembourg (pays ayant actuellement le PIB le plus élevé) et le Portugal (qui arrive en douzième et dernière position). Cela signifie que le Portugal se trouve aujourd'hui dans la même situation de richesse nationale que le Luxembourg vers 1960.
- **Voitures** : 23 ans d'écart entre la RFA (taux d'équipement le plus élevé) et la Grèce (taux le plus faible).
- **Mortalité infantile** : 20 ans d'écart entre les Pays-Bas (taux le plus élevé) et le Portugal.
- **Éducation** : 17 ans d'écart entre la RFA (proportion d'étudiants la plus élevée) et le Royaume-Uni, l'Irlande et le Portugal (proportions les plus faibles).

Le tableau ci-contre indique d'autres décalages dans le temps, en matière d'équipement téléphonique (24 ans d'écart maximum), d'équipement téléphonique (23 ans maximum), de part des services dans l'emploi (29 ans maximum), de part des femmes dans l'emploi (23 ans maximum).

LE DANEMARK EN AVANCE

Décalages dans quatre domaines (en années) :

	Télévision (1)	Téléphone (2)	Part des services dans l'emploi (3)	Part des femmes dans l'emploi (4)
• Belgique	13	11	■	18
• Danemark	■	■	2	■
• Espagne	4	14	16	28
• FRANCE	10	7	8	13
• Grèce	24	14	29	23
• Irlande	22	17	13	27
• Italie	19	11	12	23
• Luxembourg	19	8	5	23
• Pays-Bas	12	7	1	20
• Portugal	24	23	28	13
• RFA	0	6	15	18
• Royaume-Uni	9	9	1	9

(1) Taux d'équipement en téléviseurs.
Maximum : Danemark (386 pour 1 000 habitants en 1987).
(2) Taux d'équipement en téléphones.
Maximum : Danemark (865 pour 1 000 habitants en 1987).
(3) Part des services dans l'emploi civil. Maximum : Belgique (69,1 % en 1988).
(4) Part des femmes dans l'emploi civil. Maximum : Danemark (45,4 % en 1988).

LES EUROSCARS

Où vit-on le mieux dans la Communauté européenne ?

Il serait évidemment illusoire de vouloir apporter une réponse définitive à cette question. Si la détermination du Produit national brut d'un pays est une opération courante, on imagine beaucoup plus difficilement le calcul de son *Bonheur national brut*. Seule une enquête approfondie auprès des personnes concernées peut permettre d'approcher ce problème, avec toutes les réserves quant à la validité des sondages dans ce domaine (voir p. 18).

Pourtant, il paraît assez probable que certains éléments quantifiables sont propices à une vie agréable : revenus élevés ; possession de biens d'équipement; environnement économique favorable ; faible niveau de délinquance ; climat agréable, etc. D'autres au contraire la rendent a priori moins facile : espérance de vie réduite ; taux d'accidents de la route élevé ; haut niveau de pollution, etc. Nous avons donc tenté d'identifier ces divers éléments afin de comparer les atouts de chaque pays de la Communauté dans la course au bien-être.

24 critères ont été sélectionnés, regroupés en 9 catégories.

Les critères retenus ont été choisis parmi ceux figurant dans le *Tableau de bord de la Communauté* (p. 438). Ils ont été regroupés en 9 catégories susceptibles d'avoir un effet, favorable ou défavorable, sur le bien-être des habitants d'un pays :

– **Revenus**. PIB par habitant à parité de pouvoir d'achat (en écus).
– **Logement**. Proportion de ménages propriétaires.

– **Equipement du logement**. Proportion de ménages équipés de : W-C ; douche ou baignoire ; téléphone ; magnétoscope ; lave-linge ; congélateur indépendant.
– **Voiture**. Proportion de ménages disposant d'au moins une voiture.
– **Economie**. Taux d'inflation ; taux de prélèvements obligatoires (en % du PIB).
– **Temps**. Espérance de vie à la naissance (hommes, femmes) ; durée annuelle du travail ; âge de la retraite (hommes, femmes).
– **Travail**. Taux de chômage (en % du nombre d'actifs) ; proportion de chômeurs sans emploi depuis au moins 12 mois.
– **Société**. Taux de délinquance (nombre de délits pour 100 000 habitants) ; conflits du travail (nombre de journées perdues par salarié, moyenne 1983-1988) ; émissions de gaz carbonique (kg par habitant) ; taux de suicides (pour 100 000 habitants).
– **Climat**. Température annuelle moyenne ; précipitations moyennes annuelles.

Un classement a été effectué pour chacune des 9 catégories de critères.

Pour chacun des 24 critères, la note 1 a été attribuée au pays présentant la statistique la plus favorable, la note 12 au pays présentant la statistique la moins favorable. Ces notes ont ensuite été agrégées pour chacune des 9 grandes catégories (lorsque celles-ci comportaient plusieurs critères).

Les résultats figurent dans le tableau ci-dessous. L'avant-dernière colonne du tableau indique le total obtenu par cha-

LE PALMARÈS DU BIEN-ÊTRE

Classements des pays dans les 9 catégories retenues et classement général (de 1 à 12, par ordre décroissant de résultats) :

	Revenus	Logement	Equipement	Voiture	Economie	Temps	Travail	Société	Climat	TOTAL	Classement final
• Luxembourg	1	1	2	2	3	10	1	11	10	41	1
• Royaume-Uni	5	6	1	7	3	6	2	3	10	43	2
• RFA	2	11	4	1	1	4	4	10	10	47	3
• FRANCE	4	10	5	4	8	1	7	9	4	52	4
• Italie	6	5	7	3	11	2	11	2	6	53	5
• Pays-Bas	7	12	3	6	5	2	8	5	5	53	5
• Espagne	9	3	10	9	2	5	10	7	2	57	7
• Grèce	11	3	9	12	8	6	6	3	3	61	8
• Danemark	3	6	6	8	12	8	2	12	8	65	9
• Belgique	8	8	8	5	7	9	9	7	6	67	10
• Portugal	12	9	12	11	5	11	5	1	1	67	10
• Irlande	10	2	10	10	8	12	12	5	9	78	12

Les statistiques utilisées pour l'Allemagne ne comprennent en général pas l'ex-RDA (chiffres indisponibles).

LES EUROSCARS

Palmarès du bien-être dans les pays de la Communauté européenne :

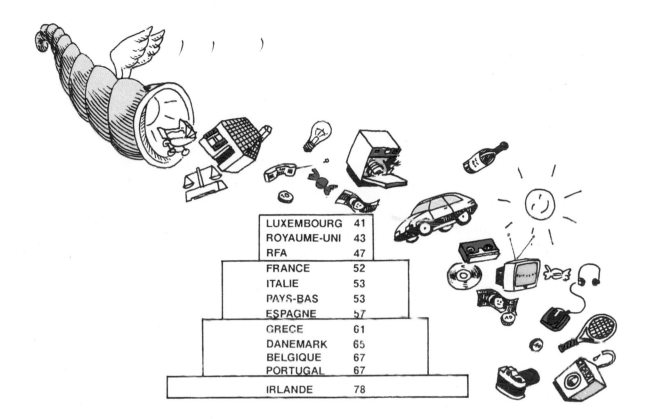

LUXEMBOURG	41
ROYAUME-UNI	43
RFA	47
FRANCE	52
ITALIE	53
PAYS-BAS	53
ESPAGNE	57
GRECE	61
DANEMARK	65
BELGIQUE	67
PORTUGAL	67
IRLANDE	78

© Gérard Mermet

que pays (somme de ses classements dans chacune des 9 catégories). La dernière colonne exprime le classement final établi à partir de ces totaux (le premier pays est celui qui a le total le plus faible).

Pour être signiflcatif, le classement doit tenir compte de l'ampleur des écarts entre les pays.

Un faible écart entre deux pays (ex. : entre l'Allemagne et le Royaume-Uni, ou entre les Pays-Bas et l'Espagne) signifie que leurs classements respectifs sont susceptibles de s'inverser si l'on supprime l'un des critères ou si l'on modifie l'importance de certains d'entre eux (dans le cas par exemple d'une pondération). C'est pourquoi nous avons décidé de faire figurer au même rang les pays ayant des totaux proches.

Le classement définitif est donc celui qui figure ci-dessus. Il comporte quatre échelons ; les trois premiers regroupent respectivement 3, 4 et 4 pays. Le quatrième et dernier niveau ne comporte que l'Irlande, dont le score global est assez largement inférieur à ceux des pays qui la précèdent.

Le classement obtenu n'est évidemment qu'une approche imparfaite du bien-être national.

Plusieurs réserves ou critiques peuvent être exprimées face à ce type de classement. La première, fondamentale, est que le bien-être d'un individu pris isolément ne dépend pas directement du degré d'ensoleillement de son pays, de la possession ou non de sanitaires dans son appartement ou du taux national de suicides. On peut cependant objecter que ces éléments constituent un environnement plus ou moins favorable, dont l'accumulation peut finir par peser sur la sensation individuelle de bien-être. De plus, la singularité des situations et des réactions individuelles disparaît lorsqu'on s'intéresse à l'ensemble des populations.

La seconde réserve, tout aussi fondée, est que le choix des critères comporte une part de subjectivité. Nous avons tenté d'en réduire l'importance en établissant ce choix à partir de l'avis d'un groupe de personnes compétentes, qui a pu atteindre à l'unanimité au terme de discussions fructueuses. De plus, des simulations ont été faites en réduisant ou augmentant le nombre des critères et en leur donnant des poids différents. Les résultats obtenus étaient très proches de celui exposé ci-dessus, ce qui lui confère une certaine fiabilité. Mais celle-ci est limitée par l'impossibilité de disposer de toute l'information idéalement nécessaire, comme expliqué ci-après.

Certains critères susceptibles de jouer un rôle important dans le bien-être collectif ne peuvent être pris en compte.

C'est le cas par exemple de l'environnement institutionnel, qui peut favoriser plus ou moins la liberté des citoyens et l'égalité entre eux, même dans des régimes qui se réclament tous de la démocratie.

Par ailleurs, certains indicateurs peuvent être trompeurs : ainsi, la faible teneur de gaz carbonique en Grèce n'empêche pas la région d'Athènes (qui abrite environ 40 % de la population) d'être très polluée *(néfos)* ; la mesure de la délinquance n'est pas effectuée dans les mêmes conditions dans tous les pays, ce qui fausse la comparaison ; les proportions de ménages propriétaires de leur logement (même si elles sont connues avec exactitude) ne sont pas non plus toujours comparables, car leur influence dépend en partie des habitudes et des cultures nationales.

Ainsi, cette tentative de palmarès ne saurait empêcher quiconque de souhaiter vivre en Irlande, ne serait-ce qu'à cause de la qualité de l'accueil qu'on y rencontre (celle-ci ne figure pas dans les critères retenus, par manque d'informations quantifiées) ou de la beauté des paysages. Elle ne signifie pas, non plus, que les Irlandais vivent plus mal que les autres Européens. Il suffit pour s'en convaincre d'examiner le degré de satisfaction exprimé par les habitants de chaque pays de la Communauté (tableau ci-contre). Ce n'est pas l'Irlande, mais la Grèce qui arrive en dernière position.

Le classement obtenu diffère du sentiment de satisfaction exprimé dans chaque pays.

Il est intéressant de comparer le classement précédent avec, d'une part, l'indice de satisfaction national (mesuré par un sondage *Eurobaromètre* réalisé en 1989) et, d'autre

part, le niveau de revenu (mesuré par le PIB par habitant). On peut en tirer trois conclusions principales :

- Il existe une assez forte corrélation entre le pouvoir d'achat et le degré de satisfaction. 4 peuples sont plus satisfaits que leurs revenus le laisserait supposer : les Belges, les Irlandais, les Espagnols et surtout les Néerlandais. 2 peuples sont nettement moins satisfaits que leurs revenus le laisseraient supposer : les Français et les Italiens.
- Le niveau de satisfaction exprimé par les Belges, les Danois et les Irlandais est sensiblement plus élevé que leur classement des Euroscars. C'est le contraire pour les Français, les Grecs, les Italiens et les Britanniques.
- Au total, le classement des Euroscars est plus proche du niveau de revenu que de l'indice de satisfaction exprimé. Ce qui prouve bien, si besoin était, que le bonheur, s'il n'est plus, fort heureusement « une idée neuve en Europe » (Saint-Just), reste une notion individuelle et subjective.

L'ARGENT FAIT-IL LE BONHEUR ?

Comparaison entre le PIB/habitant et la satisfaction de la vie :

	Classement PIB/habitant	Classement Indice de satisfaction (1)	Classement Euroscars
• Luxembourg	1	1	1
• Royaume-Uni	5	5	2
• RFA	2	4	3
• FRANCE	4	9	4
• Italie	6	10	5
• Pays-Bas	7	3	5
• Espagne	9	7	7
• Grèce	11	12	8
• Danemark	3	2	9
• Belgique	8	6	10
• Portugal	12	11	10
• Irlande	10	8	12

(1) Pourcentage de réponses favorables à la question :
« Etes-vous satisfait de la vie que vous menez ? » (1989).

Eurostat, Eurobaromètre

LES RECORDS

Records (favorables ou défavorables) détenus par chacun des douze pays dans différents domaines. Il s'agit dans chaque cas du chiffre *maximum* enregistré dans la CE.

DANEMARK	GRÈCE	FRANCE
• Part des impôts directs dans les recettes (52 %) • PIB/habitant (120 000 F) • Part des services dans l'emploi (72 %) • Part des 65 ans et plus (15,4 %) • Mortalité (11,6 pour 1 000 hab.) • Suicides (26,8 pour 100 000 hab.) • Protestants (74 %) • Dépenses d'éducation (7,2 % du PIB) • Age moyen au 1er mariage (H : 29,6 ans, F : 27,1 ans) • Union libre (13 % des couples) • Divorce (2,9 pour 1 000 hab.) • Congés maternité (28 semaines) • Naissances hors mariage (45 %) • Consommation de porc (66 kg/hab./an), margarine (15 kg/hab./an), huile (23 litres/hab./an), café (10,2 kg/hab./an), surgelés (36,3 kg/hab./an) • Logements équipés de congélateurs (78 %) • Logements équipés de téléphone (87 %) • Adhérents à des associations (83 %) • Taux de délits (10 652 pour 100 000 hab.) • Part des femmes à l'Assemblée (25 %) • Actifs (57 %) • Syndiqués (80 % des salariés) • Prélèvements obligatoires (52 % du PIB) • Plus vieille monarchie d'Europe	• Ensoleillement (2 600 h/an), avec Espagne • Nombre d'îles • Longueur des côtes (15 000 km) • Plus long service militaire (21 à 25 mois) • Budget défense (6,6 % du PIB) • Pétroliers (297) • Inflation moyenne 1975-89 (19 %) • Agriculture dans l'emploi (13,6 %) • Fumeurs (43 %) • Orthodoxes (97 %) • Consommation de légumes (195 kg/hab./an) • Consommation de fruits (76 kg/hab./an) • Consommation de mouton (14 kg/hab./an) • Consommation de fromage (23 kg/hab./an) • Construction de logements (7 pour 1 000 hab.) • Taux d'épargne des ménages (21 %) • Densité de policiers (4,3 pour 1 000 hab.) avec Espagne et Portugal	• Superficie (549 000 km^2) • Altitude maximum (4 807 m) • Forêts : 14,7 millions ha (27 %) • Part du nucléaire dans l'électricité (70 %) • Nombre de communes (36 627) • Réseau routier (807 601 km) • Réseau ferroviaire (34 644 km) • Réseau fluvial (6 409 km) • Espérance de vie femmes (80,7 ans) • Surmortalité masculine (8,2 ans) • Dépenses de santé (8,6 % du PIB) • Consommation de médicaments (29/hab./an) • Cas de sida (17,3 pour 100 000 hab.) • Consommation d'alcool (13 l/hab./an), avec Luxembourg • Cinémas (5 063) • Production de films de cinéma (133) • Prix Nobel littérature (12) • Part des hypermarchés dans le CA de la distribution alimentaire (46 %) • Consommation de bœuf (25 kg/hab./an) • Consommation de veau (7 kg/hab./an) • Consommation de beurre (9 kg/hab./an) • Consommation de vin (75 l/hab./an) • Résidences secondaires (12 % des ménages) • Proportion de fonctionnaires (16 %) • Congés payés (5 à 6 semaines par an) • Nombre de casinos (138) • Immigrés politiques (185 000)

ITALIE	LUXEMBOURG	PAYS-BAS
• Pluies (95 cm/an) • Catholiques (94 %) • Consommation de céréales (117 kg/hab./an) • Part des taxes dans le prix de l'essence (78 %) • Jeunes de 15-24 ans chez leurs parents (91 %) • Nombre de chaînes de télévision (940) • Taux de fécondité minimum (1,29 enfant par femme)	• Emissions de CO_2 (6,5 t/hab./an) • Taux de croissance 1979-1988 (2,8 %/an) • Proportion d'étrangers (25 % de la population) • Consommation d'alcool (13 l/hab./an), avec France • Langues officielles (3) • Dépenses de transports-communications (17,4 % du budget des ménages) • Proportion de propriétaires (81 % des ménages) • Logements équipés du chauffage central (74 %) • Logements équipés de lave-linge (97 %) • Logements équipés de lave-vaisselle (48 %) • Satisfaction/démocratie (82 %) • Satisfaction/vie (97 %)	• Déchets municipaux (449 kg/hab./an) • Densité de population (352) • Espérance de vie hommes (73,7 ans) • Consommation d'agrumes (101 kg/hab./an) • Satisfaction/appartenance à la CE (84 %) • Rémunération des salariés (24 318 écus) • Travail à temps partiel (30,4 % des actifs) • Achats de disques compacts (60 pour 1 000 hab.) • Taux de départ en vacances (65 %) • Possession de bateaux (27 pour 1 000 hab.)

BELGIQUE	ESPAGNE	IRLANDE
• Densité de pharmaciens (112 pour 100 000 hab.) • Accidents de la circulation (15,5 pour 1 000 véhicules) • Familles monoparentales (7,2 %) • Dépenses d'entretien du logement (10,7 % du budget des ménages) • Proportion de chats (25 % des ménages) • Part des moins de 25 ans dans le chômage (45 %) • Jours fériés (11 par an) • Durée du chômage (1 an et plus : 78 %) • Ménages raccordés au câble (97 %) • Taux de redoublement second degré (46 %)	• Température moyenne : 16°C, avec Portugal • Ensoleillement (2 600 h/an), avec Grèce • Flotte maritime (2350 navires) • Chômage moyen 1975-89 (15,2 %) • Densité de médecins (338 pour 100 000 hab.) • Consommation de volaille (21 kg/hab./an) • Travail temporaire (22 % des salariés) • Grèves (733 jours par an pour 1 000 salariés entre 1983 et 1988) • Temps d'écoute de la télévision (214 min par jour) • Densité de policiers (4,3 pour 1 000 hab.) avec Grèce et Portugal	• Part de la superficie agricole (81 %) • Part des moins de 15 ans (28,2 %) • Pratique religieuse (hebdomadaire : 86 %) • Taux de fécondité (2,11) • Familles nombreuses (41 % de naissances de rang 3 et plus) • Dépenses d'alimentation (40,6 % du budget des ménages) • Dépenses de loisirs (10,4 % du budget des ménages) • Consommation de pommes de terre (141 kg/hab./an) • Ménages habitant une maison (95 %) • Proportion de chiens (40 % des ménages) • Taux de chômage (16,7 %) • Intérêt pour le sport (48 %) • Fréquentation des cinémas (3,3 fois/hab./an)

PORTUGAL	RFA	ROYAUME-UNI
• Température moyenne : 16°C, avec Espagne • Mortalité infantile (12,2 pour 1 000) • Analphabétisme (16 %) • Vacances scolaires (17 à 20 semaines/an) • Taux de nuptialité (7,1 %) • Dépenses d'habillement (10,3 % du budget des ménages) • Densité de magasins d'alimentation générale (4,1 pour 1 000 hab.) • Consommation de riz (15 kg/hab./an) • Consommation de poisson (43 kg/hab./an) • Part des femmes dans le chômage (61 %) • Temps de travail (2 025 h/an) • Accidents de la circulation (1 171 décès par million de véhicules) • Densité de policiers (4,3 pour 1 000 hab.) avec Grèce et Portugal	• Frontières terrestres (4 200 km) • Longueur des fleuves (Rhin : 1 298 km) • Longueur d'autoroutes (8 618 km) • Commerce extérieur (excédent : 65 milliards d'écus) • Brevets déposés (237 pour 100 000 hab.) • Industrie dans l'emploi (40 %) • Population (ex-RDA comprise) : 78,5 millions • Nombre d'étrangers (4,5 millions) • Visites chez le médecin (11,5 par an) • Décès par accident du travail (13,7 pour 100 000 actifs) • Bibliothèques publiques (11 500) • Musées (2 025) • Scolarisation obligatoire (6-18 ans) • Etudiants (13 % des effectifs scolaires) • Dépenses de santé (15 % du budget des ménages) • Consommation de bière (144 l/hab./an) • Voitures (456 pour 1 000 hab.) • Nombre de livres publiés (66 000 par an) • Dépenses de santé (15 % du total)	• Avions civils (164) • Capitalisation boursière (612 milliards d'écus) • Dépenses publicitaires (1,64 % du PIB) • Investissements à l'étranger (12 milliards d'écus) • Prix Nobel scientifiques (63) • Dépenses R & D (1,07 % du PIB) • Usage contraception (83 % des couples) • Consommation de sucre (45 kg/hab./an) • Consommation de café soluble (0,9 kg/hab./an) • Prix des logements (vente et location, Londres) • Logements équipés de baignoires ou douches (98 %) • Victoires en Coupe Davis (9) • Tirage des quotidiens (421 pour 1 000 hab.) • Achat de cassettes (131 par hab.) • Nombre d'habitants par commune (118 000)

L'EUROPE INSOLITE

■ 20 % des Britanniques savent que la Communauté comporte douze Etats membres, 30 % des Néerlandais et des Danois, 40 % des Allemands, des Italiens et des Irlandais, 70 % des Belges, 80 % des Espagnols et des Français, 90 % des Portugais.

■ 43 % des Italiens, 28 % des Britanniques, 26 % des Français et 14 % des Allemands sont incapables de situer les Etats-Unis sur une carte du monde. 67 % des Italiens, 63 % des Français, 61 % des Britanniques et 33 % des Allemands sont incapables de situer le Japon. 31 % des Britanniques, 30 % des Italiens, 14 % des Allemands et 8 % des Français sont incapables de situer la France.

■ Le Danemark est constitué de 406 îles dont 97 sont habitées.

■ Si l'on tient compte de l'extension à 200 milles marins de la zone économique autour des côtes, la France couvre 10 millions de km^2, soit vingt fois son territoire.

■ L'empire portugais aura cessé d'exister le 20 décembre 1999, lorsque Macao reviendra à la Chine.

■ En France, 52 % des espèces connues de mammifères sont menacées, 40 % des espèces d'oiseaux, 39 % des reptiles, 62 % des amphibiens, 19 % des poissons.

■ Au Danemark, les bouteilles en plastique sont consignées et leur fabrication est interdite sur le territoire.

■ La reine Elisabeth II est le premier chef d'Etat du monde. Elle règne sur un milliard et demi de sujets appartenant aux 17 pays membres du *Commonwealth*. Sa fortune est évaluée à 23 milliards de francs.

■ La carte d'identité nationale n'est pas obligatoire au Royaume-Uni et aux Pays-Bas.

■ En Italie, en RFA et aux Pays-Bas, les transsexuels qui se font opérer peuvent changer de sexe et de prénom à l'état civil (s'ils sont célibataires et stériles).

■ Le Royaume-Uni est le seul pays à ne pas disposer d'une Constitution rédigée en un document unique et récent. Elle repose sur des textes datant du XIIIe siècle *(Magna carta)*.

■ En Grande-Bretagne, certains titres aristocratiques de seigneurie *(Lordship of the Manor)* se vendent aux enchères.

■ Au Danemark, une loi du XIXe siècle autorise les habitants à changer de nom.

■ On compte 5 fois plus de militaires que de médecins en France, 3 à 4 fois plus au Royaume-Uni, en Allemagne et en Espagne.

■ La France compte en moyenne une commune pour 1 500 habitants, contre une pour 118 000 en Grande-Bretagne.

■ La taille moyenne des exploitations agricoles est de 12 hectares dans la CE contre 180 aux Etats-Unis et 2 700 en Australie.

■ Il faut 36 heures pour fabriquer une voiture dans une usine européenne (avec 90 défauts pour 100 unités), contre 26 heures aux Etats-Unis (87 défauts) et 19 heures au Japon (14 défauts).

■ Les vaches allemandes ont doublé leur production de lait en 40 ans : 4 750 kg par an contre 2 470. Les poules pondent 262 œufs par an contre 120.

■ La CE représente 1,7 % de la superficie habitée de la planète et 6,2 % de la population.

■ Sur la rive droite de la rivière Volturno, en Italie, les habitants marquent l'acquiescement par un mouvement de tête latéral. Sur la rive gauche, ils font un mouvement de bas en haut.

■ Le recensement n'a pu avoir lieu aux Pays-Bas en 1980, à la suite de manifestations contre les atteintes à la vie privée.

■ L'espérance de vie à la naissance a augmenté de 45 ans en deux siècles, dont 30 ans depuis le début du XXe siècle.

■ Au milieu du XIXe siècle, un Européen sur deux parvenait à l'âge de la procréation ; la proportion est de 95 % aujourd'hui.

■ La superficie de Paris *intra muros* (délimitée par le boulevard périphérique) est 10 fois moins grande que celle de Londres, 3 fois moins que celle de Francfort, 2 fois moins que celle de Milan.

■ 25 % des Luxembourgeois sont étrangers (50 % dans la ville de Luxembourg), du fait de la présence des fonctionnaires européens.

■ La doyenne de la CE (et peut-être du monde) est la Française Jeanne Calment, née en 1875 (âgée de 115 ans en 1990). L'Espagne, l'Angleterre, l'Irlande, les Pays-Bas et la Grèce ont eu des citoyens âgés de plus de 110 ans, tous décédés en 1990.

■ Dans un même groupe de patients, les médecins anglais diagnostiquent 23 % de maniaco-dépressifs, les Allemands 14 % et les Français 5 %.

■ Le nombre moyen de médicaments prescrits par an et par personne varie de 6 au Danemark à 29 en France.

■ La durée moyenne d'hospitalisation varie entre 9 jours en Irlande et 34 jours aux Pays-Bas.

■ Malgré la loi qui interdit la possession et le commerce de plus de 30 grammes, le haschisch et la marijuana sont en vente libre dans les *coffee-shops* néerlandais.

■ 6 000 à 12 000 cas d'euthanasie auraient lieu chaque année aux Pays-Bas, dont moins de 5 % seraient déclarés à la justice.

■ Les Français sont les plus gros consommateurs de tranquillisants et somnifères, avec 75 comprimés par an et par adulte.

■ Derik Hemig, professeur dans un lycée des îles Shetland (Royaume-Uni), parle 23 langues.

■ Les dépenses de traduction représentent plus de 60 % du budget de fonctionnement du Parlement européen. 2 000 personnes sont concernées par les activités liées aux problèmes linguistiques.

■ En RFA et au Danemark, les sociétés religieuses sont financées par l'impôt.

■ Les Grecs déterrent leurs morts au bout de trois ans pour laver leurs restes. Les Espagnols viennent communier avec eux à la Toussaint en partageant des pâtisseries faites en leur honneur.

■ La cathédrale de Cologne abrite la plus grosse cloche d'Europe (40 tonnes).

■ Au Danemark, un conseiller aux cloches a été nommé auprès du gouvernement.

■ 12 % des Européens pensent que c'est le soleil qui tourne autour de la terre. Les plus convaincus sont les Néerlandais (18 %), les Britanniques (16 %) et les Irlandais (15 %). Les mieux informés sont les Italiens (5 % seulement donnent la mauvaise réponse), les Grecs (6 %), les Espagnols (7 %), les Luxembourgeois (8 %) et les Portugais (9 %).

■ Les enseignants portugais élisent leur directeur d'école.

■ Le 8 août 1988 (8-8-88), plus de 50 000 couples allemands se sont mariés, soit 30 fois plus qu'un jour ordinaire, du fait de la superstition portant sur le chiffre 8.

■ Si le coq français pousse un fier « cocorico », le même volatile fait *cock-a-little-doo* en Angleterre, *chicchirichi* en Italie, *kikeriki* en Allemagne.

■ Les lits à deux places sont plus fréquents dans les pays du sud de la Communauté, les lits jumeaux dans le Nord.

■ Le mariage entre homosexuels de sexe masculin est autorisé au Danemark depuis mai 1989 (l'un des conjoints doit être de nationalité danoise).

■ Plus de 30 % des Néerlandaises accouchent à domicile.

■ En Allemagne, les pères naturels n'ont aucun lien de parenté juridique avec leur enfant. C'est la mère qui décide s'il a le droit de le voir.

■ En Grèce, de très nombreuses maisons restent sans toit (rez-de-chaussée et armatures de l'étage supérieur) car les impôts sur les habitations ne sont dus que lorsque les bâtisses sont achevées.

■ Les machines à coudre sont plus nombreuses dans la CE que les machines à laver le linge. Les postes de télévision sont plus nombreux que les baignoires.

■ La France, l'Espagne et l'Italie sont les seuls pays de la CE où les autoroutes sont payantes.

■ Les Français détiennent le record d'Europe d'achats de pantoufles : 1,4 paire par personne et par an.

■ Les pays du Nord utilisent environ deux fois plus de savon par personne que ceux du Sud.

■ Les Allemands font des pâtes avec du blé tendre ; les Italiens et les Français n'utilisent que du blé dur.

■ Les Portugais connaissent 365 façons d'accommoder la morue.

■ Il existe en Allemagne 1 456 sortes de saucisses et saucissons.

■ Les Italiens expédient la moitié des télégrammes envoyés chaque année dans la CE (23 millions sur 47 en 1988).

■ Des prisons mixtes et des « chambres d'amour » existent au Danemark.

■ Les viols sont plus nombreux dans les pays du Nord que dans ceux du Sud.

■ Une invitation à « prendre le café » a lieu vers 11 h en Grande-Bretagne, après le déjeuner en France, au goûter en Belgique.

■ Le V formé par l'index et le majeur signifie la victoire en France et une insulte en Grande-Bretagne.

■ Les *french letters* sont pour les Britanniques des « capotes anglaises ». *To take the french leave* signifie pour les Français « filer à l'anglaise ».

■ Au Portugal, environ 200 000 enfants de 9 à 14 ans travaillent de 8 à 12 h par jour, pour 200 à 300 F par mois.

■ On compte environ un tiers de femmes au Parlement danois et un cinquième parmi les ministres et députés.

■ En Grèce, les femmes n'ont pas le droit d'être embauchées comme facteurs depuis 1984.

■ La ville de Naples ne compte officiellement aucun fabricant de gants ; elle est pourtant le premier producteur du pays dans ce domaine.

■ En 1989, le salaire des présentateurs de télévision était d'environ 15 000 F aux Pays-Bas, contre 150 000 F au Royaume-Uni et en France.

■ En Italie, la clause prévoyant l'objection de conscience des médecins dans le cas d'une demande d'avortement a été utilisée par 60 % d'entre eux.

■ Les deux tiers des automobiles de Grande-Bretagne sont des voitures de fonction appartenant à des sociétés.

■ Le chiffre d'affaires des 32 casinos allemands est voisin de celui des 115 casinos britanniques (3,3 milliards de francs). Les 138 casinos français ne représentent qu'un peu plus d'un milliard de francs.

■ Les revenus des prêtres allemands (4 000 à 5 000 marks) sont trois fois plus élevés que ceux des prêtres français.

■ La fraude au sein de la CE (détournements de subventions, etc.) est estimée à 10 % du budget communautaire, soit 4 milliards d'écus en 1989 (28 milliards de francs).

■ Sur les 100 milliardaires en dollars dans le monde, 32 sont européens (15 Allemands, 5 Britanniques, 4 Français, 3 Néerlandais, 3 Italiens, 2 Espagnols).

■ Les téléspectateurs de la télévision danoise peuvent appeler pendant le journal télévisé pour apporter un rectificatif ou bénéficier d'un droit de réponse éventuellement diffusé en direct.

LES

NATIONS

HISTOIRE

Des Européens depuis deux millions d'années ■ Dix siècles d'invasions ; brassages des civilisations ■ Première moitié du Moyen Age prospère, seconde moitié tragique ■ L'humanisme et la Renaissance fondent l'Europe moderne ■ Tournant économique, politique et social du XVIIIe siècle ■ Apogée du colonialisme britannique, français, portugais au XIXe siècle ■ Déchirement de la première moitié du XXe siècle, puis décolonisation ■ Construction progressive de l'Europe communautaire ■ Acte unique de 1993 et disparition des frontières

EUROPE OCCIDENTALE

L'histoire de la Communauté européenne commence en 1951. Mais on ne peut la comprendre qu'en examinant celle, beaucoup plus ancienne, des Etats et des nations de l'Europe occidentale. Leur évolution démographique, économique, sociale et politique, de même que les nombreux conflits qui jalonnent cette histoire commune expliquent les brassages culturels, les particularismes nationaux ou régionaux qui demeurent.

Les premiers Européens sont apparus il y a environ deux millions d'années.

C'est à partir de l'Afrique, berceau de l'humanité, que l'*Homo erectus* entreprend la lente conquête de l'Asie et de l'Europe. Des fouilles récentes ont montré que les premières formes d'activité humaine en Europe remontent à environ deux millions d'années.

Les grandes races humaines se forment à la fin du pléistocène (âge glaciaire), il y a 450 000 ans. L'*Homo sapiens* succède au Présapiens. Entre 200000 et 30000 avant notre ère, le territoire européen est occupé par des groupes de Néandertaliens, concentrés surtout dans le Sud à cause du froid qui règne alors (c'est l'époque de la dernière glaciation). Les traces des hommes de Cro-Magnon, de Grimaldi et de Chancelade sont encore visibles dans les sites préhis-

toriques d'Altamira en Espagne, de Lascaux et des Eyzies en France.

Les changements climatiques successifs ont exercé une forte influence sur la civilisation.

Le radoucissement du climat permet le développement de la civilisation *mésolithique* (entre 8000 et 5000 en Europe du Nord) caractérisée par le façonnage du silex, la chasse et la pêche, les débuts de la domestication des animaux et de l'agriculture.

L'époque *néolithique* (5000 à 2500 avant notre ère) est celle de l'invention de la hache de guerre, du chariot à roues pleines tiré par des bœufs, des rennes puis des chevaux. La civilisation des *mégalithes* s'étend à l'Espagne, la France, l'Angleterre, l'Irlande et une partie de l'Italie actuelles. Elle a laissé des dolmens et des menhirs (Bretagne), des gobelets en forme de cloche renversée (Espagne).

Vers 3000 avant J.-C., l'Europe est peuplée par les Egéens, les Ligures, les Basques et les Ibères. La civilisation agraire se développe d'abord en Crète et en Grèce au VIe siècle avant J.-C., puis se diffuse vers l'ouest pour atteindre les îles Britanniques.

Les modifications climatiques (dessèchement des régions situées du Sahara à la steppe kirghize) provoquent le développement des civilisations urbaines, concentrées autour des grands fleuves. C'est le début de l'ère historique et des migrations indo-européennes. L'âge du bronze commence en Europe vers 1700 avant J.-C. et provoque une différenciation des civilisations. L'âge du fer, à partir de 800, annonce la naissance de l'industrie.

Le mystère des Celtes

Les Celtes sont des peuples indo-européens à l'origine assez mystérieuse, davantage définis par leur langage que par leurs lieux d'établissement. On trouve les premières traces du groupe occidental au sud de l'Allemagne actuelle (Autriche). La première invasion atteint les îles Britanniques à l'âge de bronze, puis la Gaule centrale vers le VIIe siècle avant J.-C. Les Celtes s'implantent ensuite dans la péninsule Ibérique, avant de se diriger vers l'Est. Au IIIe siècle, époque de leur apogée (civilisation de La Tène), ils envahissent les royaumes hellénistiques. Mais ils seront vaincus par les Romains en 225 avant J.-C. et devront progressivement se soumettre.

Leur culture fut caractérisée par un artisanat développé, une structure sociale de type aristocratique (dominée par les druides) et l'adoration de dieux à figure humaine en même temps que de divinités animales. Ils ont donné aux civilisations européennes certains points communs, surtout dans le domaine linguistique et religieux. On en retrouve les traces en Irlande.

FRANCE

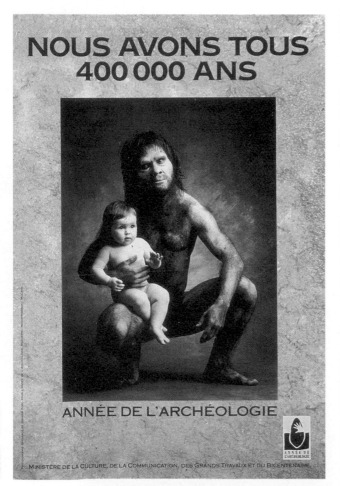

L'EUROPE CELTIQUE

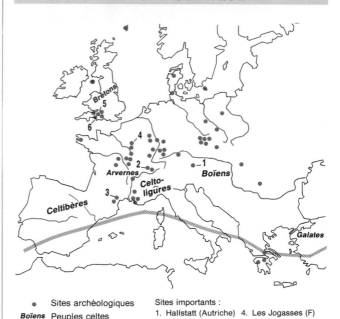

- Sites archéologiques
- *Boïens* Peuples celtes
- Limite méridionale des expéditions celtes

Sites importants :
1. Hallstatt (Autriche)   4. Les Jogasses (F)
2. La Tène (Suisse)   5. Stonehenge (UK)
3. Ensérune (F)   6. Maiden Castle (UK)

Les Celtes sont situés pour la première fois avec précision au site de Hallstatt, entre 800 et 500 avant J.-C. De là, ils émigreront vers la Bohême (Boïens), la Gaule, l'Espagne et l'Anatolie (Galates).

Les grandes invasions ont duré plus de 10 siècles ; elles sont à l'origine de la diversité des civilisations européennes.

Les premières invasions sont celles des Barbares du Nord, qui déferlent sur l'Empire romain à partir du premier siècle avant J.-C. Elles seront contenues jusqu'au second siècle de notre ère. La « paix romaine » favorisera l'essor démographique et l'urbanisation ; beaucoup de villes européennes actuelles sont fondées à cette époque. La diffusion du droit romain est à l'origine de progrès déterminants en matière de justice sociale.

L'affaiblissement progressif de l'Empire conduit à son déclin, au Ve siècle. Les Germains s'installent dans les régions colonisées et fondent bientôt des royaumes souverains à l'intérieur de l'Empire. L'Europe compte alors 50 millions d'habitants, soit plus du cinquième de la population terrestre. Mais les vagues successives d'invasions vont modifier son peuplement :
- Les Francs s'installent sur le territoire actuel du Benelux et du nord de la France ;
- Les Alamans occupent la vallée du Rhin ;
- Les Burgondes s'installent dans l'est de la France et dans la région Rhône-Saône ;
- Les Wisigoths fondent un royaume en Espagne et s'installent en Aquitaine ;
- Les Vandales traversent l'Afrique du Nord et parviennent en Italie, en Sardaigne et en Corse ;
- Les Ostrogoths occupent le nord de l'Italie ;

L'EUROPE ENVAHIE

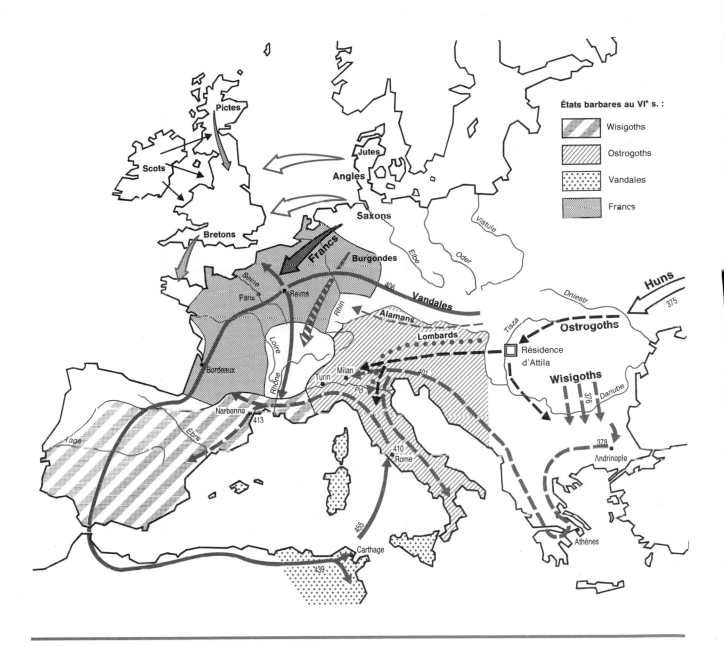

États barbares au VIᵉ s. :
- Wisigoths
- Ostrogoths
- Vandales
- Francs

– Les Jutes, les Angles et les Saxons s'établissent dans les îles Britanniques.

Les brassages de civilisation se poursuivent entre le VIᵉ et le Xᵉ siècle.

A partir du VIᵉ siècle, de nombreux Barbares se convertissent au christianisme (c'est le cas de Clovis, roi des Francs, en 496). Le développement de l'empire musulman, constitué à partir de 622 (hégire) sera stoppé en 718, à Byzance, puis en 732 en France, mais l'Espagne, une partie de l'Italie méridionale et la Sicile ont été conquises.

Les pirates barbaresques font fuir les populations des plaines littorales vers les montagnes intérieures. Ils s'installent en Sicile en 827. Les Magyars s'attaquent à l'Allemagne, à l'Italie du Nord et à l'est de la France. Ils se convertissent au christianisme après leur défaite contre l'empereur Othon (955). Les Vikings, d'origine danoise ou norvégienne, colonisent les îles Shetland, le nord de l'Écosse, l'est de l'Angleterre et reçoivent du roi de France la Normandie (911), d'où Guillaume le Conquérant partira à la conquête de l'Angleterre.

■ Vers 60 avant J.-C., la Gaule était constituée de trois parties. Celle du Nord-Ouest est habitée par les Belges, celle du Sud-Ouest par les Aquitains, le Centre par les Celtes.

POPULATION : L'EUROPE EN RETARD SUR LE MONDE

Evolution de la population de l'Europe continentale (y compris URSS) et de la population mondiale* (en millions d'habitants) :

	200	600	1000	1400	1650	1750	1850	1900	1950	1989	2000
• Monde	250	200	320	370	470	750	1 100	1 550	2 500	5 234	6 200
• Europe	55	32	47	65	103	114	274	423	576	734	780

* Estimations et projections pour l'an 2000.

Islam contre christianisme

C'est Paul de Tarse qui, entre 45 et 62 après J.-C., porte le christianisme dans les pays méditerranéens. L'Empire romain devient officiellement chrétien en 313. Sous Charlemagne, la carte de l'Europe se confond pratiquement avec celle du christianisme. Son principal ennemi est l'islam. Les croisades, entre 1095 et 1270, donnent des résultats militaires mitigés, mais permettent une meilleure connaissance du monde asiatique et un développement des échanges en Méditerranée. Du XIVe au XVIe siècle, l'expansion ottomane fait reculer une nouvelle fois le christianisme.

Pendant la seconde moitié du premier millénaire, Mahomet et Charlemagne se sont pratiquement partagé le monde. La Méditerranée constituait alors la frontière entre deux conceptions très différentes du monde et de la société. Malgré cette opposition, les invasions islamiques auront contribué à la construction de l'Europe.

La première moitié du Moyen Age (1000-1250) est une période de prospérité.

Vers l'an mille, l'Europe reste l'une des régions les plus peuplées de la planète. Elle connaîtra jusqu'au milieu du XIIIe siècle un essor démographique important. Le développement de l'agriculture (invention du collier d'attelage, de la charrue à soc dissymétrique, de l'assolement triennal...), les conditions climatiques plus favorables, la relative sécurité après des siècles de pillage en sont les principales causes. Bien que l'Europe reste essentiellement rurale, les villes se développent : Venise, Naples, Milan et Paris dépassent alors 100 000 habitants.

De la seconde moitié du XIIIe siècle au milieu du XIVe, l'Europe connaît de graves difficultés.

La guerre de Cent Ans (1337-1453) est le premier long affrontement entre l'Angleterre et la France. La malnutrition et les épidémies sont meurtrières : la peste, oubliée depuis le VIe siècle, fait des ravages. On estime que le tiers de la population périt de la Peste noire. Le mal refait périodiquement son apparition au cours des cinquante années suivantes, provoquant une véritable fracture dans le déve-loppement de la civilisation européenne. En 1500, la population est encore à peu près identique à ce qu'elle était deux siècles plus tôt.

Entre 1360 et 1530, on assiste à la naissance d'une première forme d'Europe unie, sous l'autorité des grands ducs de Bourgogne et sous l'emblème du collier de la Toison d'or. Son fondateur était Philippe le Hardi, quatrième fils du roi de France Jean le Bon. Cinq générations plus tard, Charles Quint allait établir son empire.

La culture par le livre

L'imprimerie moderne est inventée par Gutenberg vers 1440 à Strasbourg, avec les premiers essais d'impression avec des caractères mobiles. Les premiers livres imprimés paraissent en Italie en 1465, en France en 1470, en Flandre en 1473, en 1476 en Angleterre, en 1493 au Danemark. On estime qu'à la fin du XVe siècle, 15 à 20 millions de livres ont été imprimés en Europe, pour une population de 100 millions d'habitants. Dans le même temps se développaient les universités, les premières ayant été créées au XIIe siècle en Italie, en France et en Angleterre.

■ Comme les Celtes, les Etrusques ont des origines mystérieuses (et une langue inconnue). Ils vivaient sur un territoire limité par l'Arno, le Tibre et le bord de la mer Tyrrhénéenne. Ils connurent leur apogée au VIe siècle et développèrent la métallurgie et l'artisanat.

■ Au XIe siècle, on comptait 1 100 monastères cluniciens, dont 800 en France placés sous l'autorité de l'abbé de Cluny. Le fondateur était le duc d'Aquitaine, Guillaume le Pieux.

■ L'ordre cistercien comptait 525 abbayes à la fin du XIIe siècle dans toute l'Europe.

■ La Flandre et l'Italie du Nord et du Centre étaient des régions particulièrement prospères au XIIIe siècle, grâce à leurs productions agricoles et leur spécialisation dans la draperie.

■ Entre 1346 et 1353, la Grande Peste a provoqué la disparition de 40 % de la population italienne, 25 % de celle de la Grande-Bretagne, 16 % de celle de la France, 14 % de celle de l'Espagne.

L'EUROPE AU MOYEN ÂGE (XIIᵉ - XIIIᵉ)

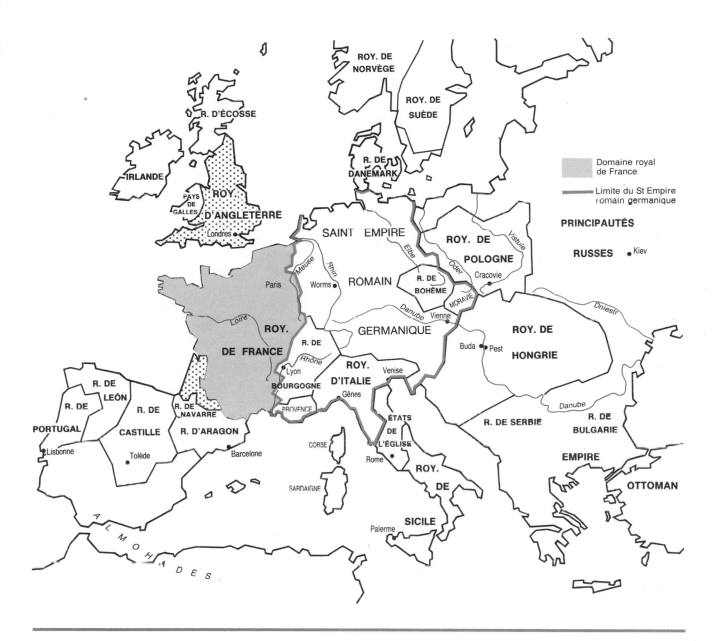

L'humanisme et la Renaissance vont fonder l'Europe moderne.

Le XVᵉ et surtout le XVIᵉ siècle sont ceux de la Renaissance, extraordinaire mouvement d'expansion artistique, littéraire et scientifique, qui trouve son origine en Italie. La sculpture, la peinture, l'architecture reviennent aux modèles antiques, tout en inventant de nouvelles formes.

L'humanisme s'inspire de l'Antiquité et considère que l'homme est la mesure de toute chose. La culture se fait universelle et cherche à être en harmonie avec la nature ; l'homme n'est plus un « pèlerin en route vers le ciel » *(viator mundi)*, mais le créateur et le maître du monde *(faber mundi)*. Découvertes, inventions et créations se succèdent. Les échanges économiques se structurent ; le capitalisme naît avec les sociétés privées et les places bancaires (Gênes, Florence, Anvers, Augsbourg).

Le mouvement se développe dans toute l'Europe et s'oppose durement au christianisme de la Réforme, dont les idées radicales promues par Luther et Calvin vont séparer de Rome la moitié nord de l'Europe. Les guerres de Religion tenteront de rétablir l'unité par la violence, en Allemagne, en France et aux Pays-Bas.

Le rêve de Charles Quint

Entre 1506 et 1519, Charles Quint recevra en héritage une bonne partie de l'Europe. Il hérite d'abord de son père l'Artois, la Flandre, le Brabant, le Luxembourg et la Franche-Comté. Par sa mère, il devient roi de Castille et de ses dépendances italiennes (Sardaigne, Sicile, Naples) ainsi que de l'immense Amérique. De son grand-père, il hérite les domaines familiaux des Habsbourg (archiduchés de Haute et Basse-Autriche et leurs annexes). Elu empereur en 1519, il rêve d'unifier le nord et le sud de l'Europe et de diriger la chrétienté. Sa tentative de monarchie universelle échouera et l'empereur préférera se retirer dans un monastère, après avoir partagé l'Empire entre son fils et son frère cadet (1956).

Les XVᵉ et XVIᵉ siècles sont ceux des grandes découvertes maritimes.

Les grandes découvertes maritimes (principalement espagnoles et portugaises), amorcées au siècle précédent, se poursuivent tout au long du XVIᵉ siècle. Elles favorisent l'expansion européenne, en particulier en Amérique du Sud. Le Portugal et l'Espagne constituent des empires maritimes, réunis par Charles Quint en 1580. Ils seront suivis par l'Angleterre, la France et les Pays-Bas.

Les rêves d'hégémonie se poursuivent au XVIIᵉ siècle, avec les tentatives des Habsbourg de Vienne et de Madrid d'imposer partout la domination catholique. La guerre de Trente Ans (1618-1648) est d'abord un conflit allemand,

L'EUROPE À LA DÉCOUVERTE DU MONDE

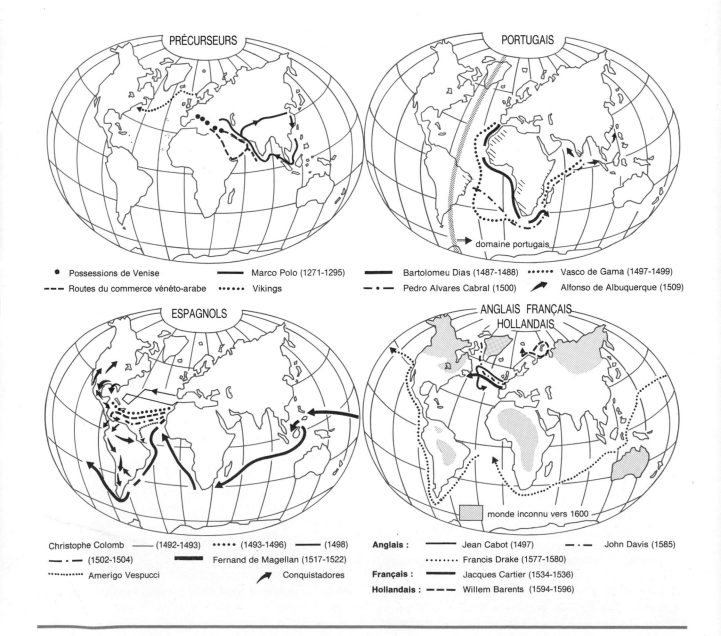

PRÉCURSEURS

PORTUGAIS

- ● Possessions de Venise
- – – – Routes du commerce vénéto-arabe
- ●●●●●● Vikings
- —— Marco Polo (1271-1295)

- —— Bartolomeu Dias (1487-1488)
- – · – Pedro Alvares Cabral (1500)
- ●●●●●● Vasco de Gama (1497-1499)
- ➚ Alfonso de Albuquerque (1509)

→ domaine portugais

ESPAGNOLS

ANGLAIS FRANÇAIS HOLLANDAIS

☐ monde inconnu vers 1600

Christophe Colomb —— (1492-1493) ●●●● (1493-1496) —— (1498)
– · – (1502-1504) ▬▬ Fernand de Magellan (1517-1522)
●●●●●● Amerigo Vespucci ➚ Conquistadores

Anglais : —— Jean Cabot (1497) – · – John Davis (1585)
●●●●●● Francis Drake (1577-1580)
Français : —— Jacques Cartier (1534-1536)
Hollandais : – – – Willem Barents (1594-1596)

puis européen avec l'entrée du Danemark, de la Suède, de la France et de l'Espagne. L'Allemagne sortira matériellement et moralement très affaiblie de cette guerre.

ITALIE

« Comme le monde est petit. »

Les grands voyages

982. Découverte du Groenland par le Norvégien Erik le Rouge.

1271-1295. Voyage en Chine du Vénitien Marco Polo.

1487. Le Portugais Diaz double le cap de Bonne-Espérance.

1492. Christophe Colomb, Génois au service de l'Espagne, aborde à San Salvador, Cuba, Haïti. Il découvrira le continent américain en 1498.

1497. Découverte de l'Amérique du Nord par le Vénitien Caboto (au service de l'Angleterre), suivi par le Français Jacques Cartier. Découverte des côtes de l'Afrique et de l'Inde par le Portugais Vasco de Gama.

1500. Le Portugais Pedro Alvares Cabral découvre le Brésil.

1513. L'Espagnol Balboa atteint le Pacifique.

1519-1522. Premier tour du monde par Ferdinand Magellan, Portugais au service de l'Espagne.

1535. Découverte de la Californie par l'Espagnol Cortés.

1577-1580. Second voyage autour de la Terre par l'Anglais Francis Drake.

■ Grâce à Vasco de Gama, qui atteint les Indes en 1497, le Portugal a pu créer une cinquantaine de comptoirs sur toutes les routes de l'océan Indien.

■ Lors de son quatrième voyage (1502-1504), Christophe Colomb, qui travaillait au service de l'Espagne, cherchait un passage vers l'Inde. Il explora le golfe de la côte nord de l'Amérique du Sud et mourut sans se douter qu'il avait découvert le continent américain.

Le XVIIIᵉ siècle constitue un tournant à la fois politique, économique et social.

L'équilibre des forces est bouleversé par le jeu des alliances et l'issue des conflits. La France abandonnera l'essentiel de son empire colonial d'Amérique et d'Asie à l'Angleterre. En Allemagne, la Prusse prend le pas sur l'Autriche. Sous l'autorité de Pierre le Grand et de Catherine II, la Russie devient une grande puissance.

Mais ce siècle est aussi celui des « Lumières ». Les progrès scientifiques et techniques sont considérables, dans l'agriculture comme dans l'industrie. L'introduction de plantes nouvelles, le développement de l'industrie minière et des manufactures, la multiplication des échanges commerciaux favorisent le développement et l'urbanisation. Les disparités restent cependant fortes entre les pays : l'Angleterre est la plus avancée dans la voie industrielle ; les pays méditerranéens restent plus traditionnels et dépendants de l'agriculture.

Le siècle des inventions

1705. Première machine à vapeur des mécaniciens anglais Newcomen et Savery.

1714. Création de l'échelle de température à deux points fixes de l'Allemand Fahrenheit.

1718. Découverte du mouvement propre des étoiles (Halley).

1731. Réalisation du sextant par le Britannique Hadley.

1737. Construction du premier automate par le Français Jacques de Vaucanson.

1747. Premier condensateur électrique (bouteille de Leyde) indépendamment par le Néerlandais Van Musschenbroek et l'Allemand Kleist.

1759. Distinction des trois âges principaux des roches par l'Italien Arduino.

1760. Etablissement des lois de la photométrie par le Français Jean Henri Lambert.

1764. Premier métier à tisser mécanique construit par le Britannique Hargreaves.

1765. Perfectionnement de la machine à vapeur par le Britannique Watt (condenseur).

1770. Création du fardier à vapeur par le Français Cugnot.

1775. Définition de l'élément chimique par le Français Lavoisier.

1775. Premières fécondations artificielles par l'Italien Spallanzani.

1779. Premier pont métallique, construit par le Britannique Darby.

1785. Mise au point de la machine à vapeur à double effet par Watt.

1790. Perfectionnement du métier à tisser par le Français Jacquard.

1793. Télégraphe optique du Français Chappe.

1796. Première vaccination antivariolique par le Britannique Jenner.

1800. Invention de la pile électrique par l'Italien Volta.

L'EUROPE APRÈS LA PREMIÈRE GUERRE MONDIALE

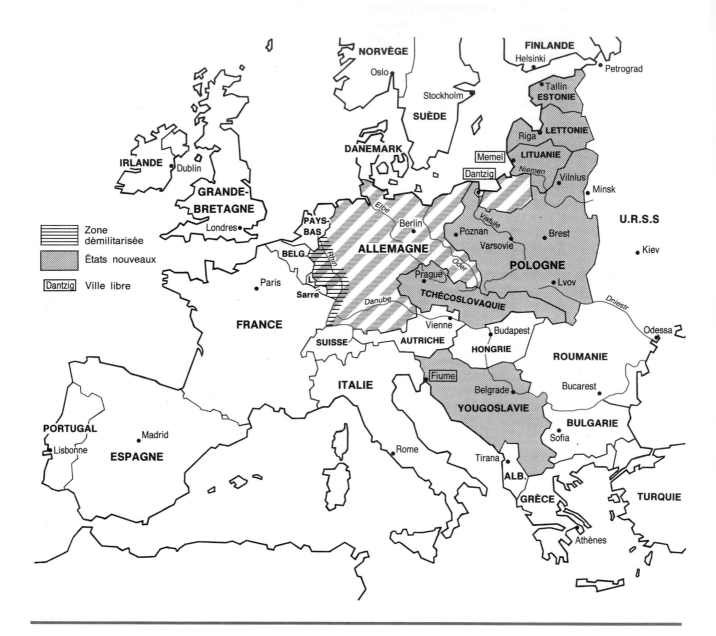

Légende :
- Zone démilitarisée
- États nouveaux
- Dantzig Ville libre

■ La création du Commonwealth en 1931 a permis au Royaume-Uni d'opérer sa décolonisation plus facilement que la France ou l'Espagne.

■ Grâce à la *Blitzkrieg* (guerre-éclair reposant sur la complémentarité des avions et des chars), l'Allemagne a pu conquérir entre septembre 1939 et mai 1940 la Pologne, le Danemark, la Norvège, les Pays-Bas et la Belgique.

■ A l'issue de la conférence de Potsdam, l'Italie céda l'Istrie à la Yougoslavie, Trieste devint ville libre. La Pologne s'étendit jusqu'à la ligne Oder-Neisse et céda la moitié de ses territoires de l'Est à l'URSS. Celle-ci obtint également les Etats baltes, la Carélie (finlandaise) et la Bessarabie (roumaine).

Après 1945, les empires coloniaux se désagrègent.

Les mouvements favorables à l'indépendance des colonies se multiplient dans les années qui suivent la Seconde Guerre mondiale, sous l'impulsion des Etats-Unis et de certains leaders charismatiques comme Gandhi en Inde, Bourguiba en Tunisie ou Hô Chi Minh en Indochine. L'URSS s'y associe, soucieuse d'affaiblir le monde occidental.

L'Inde accède à l'indépendance en 1947, vingt-cinq ans après l'Egypte. La France tente par la guerre de s'opposer à celle de l'Indochine (de 1947 à 1954), puis de l'Algérie entre 1954 et 1962. La Grande-Bretagne se bat au Kenya,

L'EUROPE APRÈS LA SECONDE GUERRE MONDIALE

en Malaisie, à Chypre, en Palestine. La décolonisation est plus pacifique en Afrique noire et s'étend du Ghana (1957) à l'ensemble de l'Afrique française vers 1960, puis à l'Afrique orientale britannique. Les colonies portugaises (Angola, Mozambique, Guinée-Bissau) devront attendre jusqu'en 1974. Dans certaines régions des Caraïbes, de l'Amérique centrale et dans des îles du Pacifique, l'indépendance est obtenue entre 1960 et 1982.

Dans le même temps, l'Europe en ruine de la fin de la Seconde Guerre mondiale se reconstruit grâce à l'aide américaine du plan Marshall. À l'Est, les démocraties populaires adoptent le modèle soviétique. L'Europe occidentale commence à rêver d'une union, d'abord économique. La seconde moitié du XXe siècle sera celle de son élaboration.

■ « Seule, la décision de construire une grande nation avec le groupe des peuples continentaux relèverait le pouls de l'Europe. Celle-ci recommencerait à croire en elle-même et automatiquement à exiger beaucoup d'elle, à se discipliner. ...Si l'on nous réduisait - expérience purement imaginaire - à vivre uniquement de ce que nous sommes en tant que « nationaux » et que, par un artifice quelconque, on extirpe du Français moyen tout ce dont il se sert, tout ce qu'il sent, tout ce qu'il pense, et qui lui vient des autres pays continentaux, cet homme serait terrifié. Il verrait qu'il ne lui est pas possible de vivre avec ce maigre recours purement national, mais que les quatre cinquièmes de son avoir intime sont les biens de la communauté européenne ». Gosse Ortega y Gasset *(la Révolte des masses*, 1930).

LA DÉCOLONISATION

Date d'acquisition de l'indépendance ou de l'autonomie des colonies des pays de la CE :

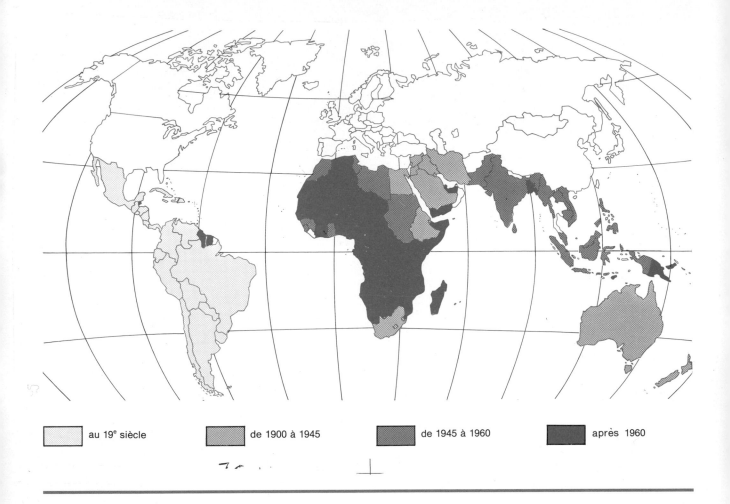

au 19ᵉ siècle   de 1900 à 1945   de 1945 à 1960   après 1960

■ Vers 1350, la Hanse comptait 129 villes (dont 4 comptoirs hors d'Allemagne), dirigées par un seul prince, le grand maître de l'ordre Teutonique. Elle détenait le monopole du commerce maritime baltique, de Novgorod à Londres, en passant par Riga, Lübeck et Bruges.

■ En 1493, le pape Alexandre VI partagea le monde par une bulle qui prévoyait que tous les pays à l'ouest des Açores étaient réservés à l'Espagne et ceux de l'Est au Portugal.

■ Le mot Europe est une transformation de *Éreb*, apparu chez les Grecs au VIIᵉ siècle avant J.-C. Il désignait leur pays et la région du Couchant, par opposition à l'Orient perse (l'Asie) et aux pays du sud de la Méditerranée. Europe était aussi le nom d'une déesse, fille du roi de Phénicie transportée en Crète par Zeus qui l'avait kidnappée.

■ En 1936, 280 avions ont été construits en France contre 2 880 en Allemagne ; en 1937, 450 contre 4 320, en 1938, 500 contre 6 600.

DISTINCTIONS : L'HISTOIRE EN RACCOURCI

Les décorations accordées aux citoyens méritants de chacun des Etats membres de la Communauté sont l'un des héritages de leur histoire. Certaines d'entre elles ont été instaurées il y a plusieurs siècles.

Belgique	Danemark	Espagne	France	Grèce	Irlande
Ordre de Léopold (cinq classes), ordre de la Couronne (cinq classes), ordre de Léopold II (cinq classes), décoration civique (deux classes), Croix de guerre 1940.	Ordre de l'éléphant (conféré essentiellement à des chefs d'Etat et à des membres de familles royales). Ordre du Dannebrøg (cinq classes).	Toison d'or, ordre royal de Charles (cinq classes), ordre d'Isabelle la Catholique (cinq classes), ordre du Mérite civil.	Légion d'honneur (trois grades : chevalier, officier, commandeur ; deux dignités : grand officier ; grand-croix), ordre de la Libération, médaille militaire, ordre national du Mérite (trois grades : chevalier, officier, grand-croix), Croix de guerre 1914-1918, Palmes académiques, Mérite agricole, Arts et lettres, Mérite maritime, médaille de la Résistance.	Ordre du Sauveur, ordre de l'Honneur, ordre du Phénix, ordre de Bienfaisance (uniquement pour les femmes).	Médaille du service (1917-1921, donnée surtout aux anciens combattants de l'IRA), Médaille pour la vaillance militaire, médaille de 1919 destinée aux combattants de l'insurrection de 1916.

Italie	Luxembourg	Pays-Bas	Portugal	RFA	Royaume-Uni
Ordre du Mérite de la République italienne (cinq classes), ordre de l'étoile de la Solidarité italienne (trois classes). Ordres royaux : ordre suprême de l'Annonciade ; ordre des Saints Maurice et Lazare (5 classes) ; ordre militaire de Savoie (5 classes) ; ordre civil de Savoie (était limité à 70 chevaliers) ; ordre de la couronne d'Italie (5 classes).	Ordre du Lion d'or de la maison de Nassau, ordre du mérite civil et militaire d'Anolphe de Nassau, ordre de la Couronne de Chêne, ordre du Mérite du grand-duché de Luxembourg, ordre de la Résistance 1940-1944, ordre national de la médaille du Mérite sportif.	Ordre militaire de Guillaume, ordre du Lion néerlandais, ordre d'Orange-Nassau, ordre de la maison d'Orange-Nassau (décerné pour services rendus à la personne de la reine).	Anciens ordres militaires : ordre de la Tour et de l'Epée ; ordre de Valeur, Loyauté et Mérite ; ordre du Christ ; ordre d'Aviz ; ordre de Santiago de l'Epée. Ordres nationaux : ordre de l'Infante Dom Enrique ; ordre de la Liberté. Ordres de mérite civil : ordre du Mérite ; ordre de l'Instruction publique ; ordre du Mérite agricole et industriel.	Ordre du Mérite de la République fédérale (huit classes).	Militaires : Victoria Cross ; Distinguished Service Order (marine, armée, aviation) ; Distinguished Service Cross (marine militaire) ; Military Cross (armée) ; Distinguished Flying Cross (aviation militaire). Autres distinctions : ordre de la Jarretière (26 titulaires) ; Ordre du Chardon (Ecosse) ; ordre du Bain ; ordre de Saint-Michel et Saint-Georges (corps diplomatique et relations internationales) ; Royal Victorian Order (services rendus au souverain) ; ordre de l'Empire britannique.

EUROPE COMMUNAUTAIRE

L'histoire des nations européennes est à la fois celle de l'affrontement et de la recherche de l'unité.

Les peuples de l'Europe sont le résultat de migrations et d'invasions nombreuses, surtout en provenance des régions eurasiennes. Le christianisme est leur ciment commun, malgré l'influence islamique qui a transité par l'Espagne jusqu'à la fin du XVe siècle et la coupure nord-sud due à la Réforme au XVIe siècle. Cette unité religieuse s'est accompagnée d'une unité culturelle, renforcée par la diffusion du savoir et la pratique du latin.

L'Europe moderne est née avec les révolutions de la fin du XVIIIe siècle, qui ont permis l'affirmation des libertés individuelles et des droits des peuples, sur fond d'industrialisation. La Sainte-Alliance, issue du congrès de Vienne de 1815, avait pour ambition d'instaurer un équilibre durable entre les grandes nations. Mais la Première Guerre mondiale a montré que cet équilibre était précaire. La création de la Société des Nations, idée généreuse mais dépourvue de moyens, n'a pu empêcher la montée du fascisme, du racisme et l'exaltation de la lutte des classes. La Seconde Guerre mondiale a montré que le temps était venu de travailler à la construction d'une communauté susceptible d'éviter de nouvelles tragédies.

ITALIE

« Seuls les plus fous restent dans l'histoire. »

Les précurseurs

L'idée européenne n'est pas née avec la CECA ou le traité de Rome. Elle est même très antérieure au XXe siècle. En 1306, l'Italien Dante considère dans *la Divine Comédie* que le seul moyen de construire l'Europe est de placer un empereur au-dessus des autres souverains. A la même époque, le Français Pierre Dubois adresse un *Traité de politique générale* à Philippe-le-Bel, dans lequel il propose la construction d'une « République très chrétienne » regroupant les différentes monarchies européennes.

Les XVIIe et XVIIIe siècles seront fertiles en « utopies européennes ». L'idée de Pierre Dubois est reprise par Sully dans son « grand dessein » d'organisation européenne (1620 à 1635). William Penn, quaker immigré au Nouveau Monde, publie à la fin du XVIIe siècle un « essai pour la paix présente et future de l'Europe par l'établissement d'une Diète européenne ». L'abbé de Saint-Pierre rédige en 1713 un « projet pour rendre la paix perpétuelle en Europe ». Les philosophes allemands ne sont pas en reste : Kant parle lui aussi de paix perpétuelle (1795) ; Nietzsche écrit : « Ce qui m'importe, c'est l'Europe unie, et je la vois se préparer lentement, d'une manière hésitante » (*Par-delà le bien et le mal*, vers 1880).

Le plan de Saint-Simon (1814) est de faire l'Europe autour d'une alliance entre la France et l'Angleterre qui formeraient un « Grand Parlement » composé d'une chambre haute (pairs héréditaires) et d'une chambre basse (représentants élus des corporations). Napoléon, « souverain d'Europe », s'emploiera à réaliser ces rêves d'unification, mais par la force, contre l'Angleterre et la volonté des peuples concernés.

Mais le plus convaincu des Européens, en tout cas le plus lyrique, fut peut-être Victor Hugo. Président, le 21 août 1848, le Congrès de la paix à Paris, il propose une union de l'Europe fondée sur le suffrage universel : « Un jour viendra où vous France, vous Russie, vous Italie, vous Angleterre, vous Allemagne, vous toutes nations du continent, sans perdre vos qualités distinctes et votre glorieuse individualité, vous vous fondrez dans une unité supérieure et vous constituerez la fraternité européenne... Un jour viendra où les boulets seront remplacés par les votes, par le suffrage universel des peuples, par le véritable arbitrage d'un sénat souverain qui sera à l'Europe ce que le Parlement est à l'Angleterre, ce que la Diète est à l'Allemagne et ce que l'Assemblée législative est à la France ! Un jour viendra où l'on verra ces deux groupes immenses, les Etats-Unis d'Amérique, les Etats-Unis d'Europe, placés l'un en face de l'autre, se tendant la main par-dessus les mers, échangeant leurs produits, leur commerce, leurs arts, leurs génies, défrichant le globe, colonisant les déserts, améliorant la création, sous le regard du Créateur ».

Il faut citer aussi Winston Churchill, qui, le 19 septembre 1946, propose, dans un discours à l'université de Zurich, la création des « Etats-Unis d'Europe ».

Depuis la disparition de l'Empire romain (476), l'Europe occidentale n'a jamais cessé de chercher à refaire son unité.

La volonté de mettre fin aux divisions entre des nations voisines et semblables n'est pas récente. Elle a même servi d'alibi à de nombreux affrontements. En fondant son Empire des Pyrénées à l'Elbe et de l'Italie centrale à la mer du Nord (771-814), Charlemagne entendait restaurer la « Pax romana ». La guerre de Cent Ans (1337-1453), la longue rivalité entre la maison de France et celle des Habsbourg (jusqu'à la constitution de l'empire de Charles Quint) sont d'autres exemples de cette volonté hégémonique constante. L'Europe de Napoléon fut le premier essai de construction à la fois politique et économique de l'Europe, mais au mépris des peuples qui la composent. Celle de Hitler, basée sur l'idée d'un « ordre nouveau » et d'une supériorité de la « race aryenne », a provoqué la plus folle et la plus meurtrière de toutes les guerres.

L'échec de toutes ces tentatives démontre de façon définitive que l'Europe ne saurait être unifiée durablement par la contrainte et la domination d'une nation. Les mouvements qui se sont produits plus récemment dans les pays de l'Est en sont une autre démonstration.

Il aura fallu les ravages de la Seconde Guerre mondiale pour que le vieux rêve européen commence à se réaliser pacifiquement.

Tous les projets s'étaient jusqu'alors heurtés au problème de la supranationalité, les Etats hésitant à déléguer une partie de leur autorité. La création du Conseil de l'Europe, en 1949, ne permettait pas de résoudre les questions politiques et économiques. Jean Monnet pense qu'il faut construire l'Europe pas à pas, en créant progressivement une solidarité entre les pays, sur la base de réalisations concrètes. Sur son conseil, Robert Schuman, ministre français des Affaires étrangères, propose en 1950 de mettre en commun les productions stratégiques de charbon et d'acier de la France et de l'Allemagne, dans une organisation ouverte à d'autres pays. Le 18 avril 1951, six pays signent le traité instituant la Communauté européenne du charbon et de l'acier (CECA) : Belgique, France, Italie, Luxembourg, Pays-Bas, RFA.

En 1952, l'Europe connaît son premier échec avec la Communauté européenne de défense.

Le contexte de guerre froide qui s'installe après 1945 incite les gouvernements occidentaux à réfléchir à une coopération militaire. Le traité de Bruxelles, en 1948, crée pour cinquante ans une alliance défensive entre le Royaume-Uni, la France et le Benelux. Elle sera élargie un an plus tard à douze pays occidentaux, avec la création de l'OTAN (Organisation du traité de l'Atlantique Nord), sous l'autorité des Etats-Unis.

Les Six pays européens forment dès 1950 le projet d'une armée européenne susceptible de renforcer le dispositif de l'Alliance atlantique. Il donnera lieu à un nouveau traité signé par les Six en mai 1952, créant une Communauté européenne de défense (CED). Il ne sera jamais appliqué, la France refusant en 1954 sa ratification. Les souvenirs de la dernière guerre ne sont pas effacés.

En 1957, une étape décisive est franchie avec la création du Marché commun.

Deux traités sont signés à Rome par les six pays membres, qui donnent naissance à l'Euratom et, surtout, à la Communauté économique européenne. L'objectif à court terme est la création du Marché commun ; à long terme, c'est l'union des peuples européens qui est recherchée. La dynamique européenne est lancée ; à six, puis huit, dix et douze, c'est elle qui a conduit à l'échéance essentielle de 1993.

Depuis quarante ans, l'Europe aura suscité beaucoup d'espoir et de méfiance, connu beaucoup de succès et d'échecs (voir encadré). Mais, comme les grandes idées nécessaires, elle a fait son chemin. L'histoire de la Communauté est courte, mais elle existe. Son avenir n'est pas à découvrir, il est à inventer.

Les bons et les mauvais élèves

25 % seulement des Britanniques (âgés de 18 à 30 ans) savent que la Communauté comporte douze Etats membres. La proportion est de 29 % au Danemark, 36 % en RFA, 42 % aux Pays-Bas, 46 % en Irlande. Elle dépasse 50 % en Italie (57 %), en Belgique (67 %), en Espagne (74 %). Elle atteint 86 % en France et 90 % au Portugal. Elle n'est que de 20 % dans l'ex-RDA (sondage d'octobre 1990).

■ « Les Européens commencent à se ressembler, ils se libèrent progressivement des conditions qui font naître des races prisonnières du climat et des classes sociales ; ils s'affranchissent toujours davantage de tout milieu défini qui pourrait au cours des siècles imprimer à l'âme et au corps des besoins identiques. Ce processus d'« européanisation » verra peut-être son rythme retardé par de grandes rechutes, mais il y gagnera sans doute en véhémence et en profondeur - l'impétueuse poussée de « sentiment national » qui fait encore rage actuellement est une de ces rechutes, tout comme la montée de l'anarchisme -, et il aboutira à des résultats qu'étaient loin d'attendre ses naïfs promoteurs et panégyristes. [...] La démocratisation de l'Europe nous prépare du même coup et très involontairement une pépinière de tyrans ». Nietzsche (*Par-delà le bien et le mal*, vers 1880).

Chronique de l'Europe

18 avril 1951. Signature par la Belgique, la France, l'Italie, Luxembourg, Pays-Bas, la RFA du traité de Paris, créant la Communauté européenne du charbon et de l'acier (CECA). Il entrera en vigueur le 25 juillet 1952 et permettra une nette progression des échanges commerciaux entre les pays.

27 mai 1952. Traité instituant une Communauté européenne de défense (CED). Il ne sera pas ratifié par la France.

25 mars 1957. Signature du traité de Rome par les Six, créant la Communauté économique européenne (CEE) et la Communauté européenne pour l'énergie atomique (CEEA ou Euratom). Les deux traités sont ratifiés dans l'année.

1er janvier 1959. Première baisse de 10 % des droits de douane.

11 mai 1960. Création du Fonds social européen.

30 janvier 1962. Entrée en vigueur de la Politique agricole commune (PAC), fondée sur quatre principes : libre circulation des produits agricoles ; unicité des prix ; solidarité financière ; préférence communautaire.

1er juillet 1963. Signature de la Convention de Yaoundé (Cameroun) qui associe la CEE et 18 Etats africains et malgache, anciennes dépendances de la France ou de la Belgique.

22 juin 1965. Organisation du Marché commun des transports terrestres.

1er juillet 1967. Fusion des trois communautés (CECA, CEE et CEEA). La Communauté dispose de cinq institutions : Commission ; Conseil des ministres ; Parlement européen ; Cour de justice ; Comité économique et social.

1er juillet 1968. Union douanière. Elimination des derniers droits de douane intracommunautaires pour les produits industriels et mise en place du tarif extérieur commun.

29 juillet 1968. Libre circulation des travailleurs au sein de la Communauté.

9 février 1971. Accord sur la mise en œuvre par étapes de l'Union économique et monétaire.

22 janvier 1972. Traités d'adhésion du Royaume-Uni, de l'Irlande, du Danemark et de la Norvège. Mais, le 26 septembre, le peuple norvégien refuse par référendum la ratification du traité.

24 avril 1972. Création du Serpent monétaire européen. Les marges de fluctuation entre les monnaies sont réduites à 2,25 % et les interventions des banques centrales s'effectuent en monnaies européennes et non plus en dollars.

1er janvier 1973. Naissance officielle de l'Europe des Neuf.

28 février 1975. Convention de Lomé (Togo) associant la CE et 46 pays d'Afrique, des Caraïbes et du Pacifique. La Communauté leur garantit le libre accès à son marché pour la plupart des produits industriels et agricoles, et la stabilité de leurs recettes d'exportation pour certains produits agricoles.

9-10 décembre 1975. Création du Fonds européen de développement régional (FEDER) destiné à venir en aide aux régions les moins favorisées de la Communauté : Mezzogiorno italien, Sud-Ouest français, Ecosse, pays de Galles, Irlande...

12 décembre 1974. Le Parlement européen vote pour la première fois le budget de la Communauté.

12 juillet 1976. Le Conseil européen fixe la composition de l'Assemblée européenne (410 membres), qui sera élue au suffrage universel.

1er janvier 1977. Création d'une zone de pêche de 200 milles marins le long des côtes communautaires.

5 décembre 1978. Accord sur le Système monétaire européen (SME), qui sera instauré le 1er janvier 1979.

13 mars 1979. L'écu *(European Currency Unit)* devient l'unité de compte européenne. Le poids des monnaies qui le composent est calculé en fonction du PIB du pays et du développement de son commerce extérieur.

28 mai 1979. Adhésion de la Grèce. Elle prendra effet le 1er janvier 1981. Une période transitoire de 5 à 7 ans est prévue pour la libéralisation totale des échanges et la libre circulation des travailleurs.

7-10 juin 1979. Première élection du Parlement européen au suffrage universel.

31 octobre 1979. Signature de la Seconde Convention de Lomé, accroissant les garanties économiques et l'aide communautaire.

23 janvier 1982. Les Groenlandais votent le retrait de leur île du Marché commun.

8 décembre 1984. Troisième Convention de Lomé entre la Communauté et 66 pays.

29-30 mars 1985. Le Conseil européen entérine l'accord sur l'adhésion du Portugal et de l'Espagne.

2-3 décembre 1985. Le Conseil des Dix signe un accord de révision du traité de Rome et relancent la construction européenne par la rédaction de l' « Acte unique », prévoyant la création d'un grand marché avant le 31 décembre 1992. L'accord sera ratifié par les douze pays au cours de l'année 1986.

1er janvier 1986. Entrée de l'Espagne et du Portugal dans la Communauté.

16 décembre 1986. Les Douze décident une réduction de la production laitière et des prix de la viande bovine.

11-12 février 1988. Accord sur la réforme du financement de la Communauté.

18 novembre 1989. Création de la BERD (Banque européenne de reconstruction et de développement) destinée à financer en particulier des investissements dans les pays de l'Est.

1er juillet 1990. Libération complète de la circulation des capitaux.

Voir définition des principaux termes page 42.

De nombreuses crises ont jalonné la construction européenne.

L'histoire de la Communauté n'a pas été exempte de difficultés et d'affrontements. L'Europe agricole, depuis 1962, a sans doute été la plus difficile à mettre en place. En 1965, Paris choisit la « politique de la chaise vide » et décide de suspendre pour six mois sa participation aux instances européennes, à la suite de l'échec du financement de la Politique agricole commune. En 1968, le « mémorandum Mansholt » prévoyant une réduction des prix agricoles garantis, une réduction massive de la main-d'œuvre et le gel de 5 millions d'hectares de terres pauvres sera vivement contesté par les paysans et repoussé par les Etats. Le système des « montants compensatoires monétaires » (voir glossaire) instauré à partir de 1969 fut une source constante d'affrontements entre les négociateurs.

L'entrée de nouveaux pays au sein de la Communauté ne s'est pas faite non plus sans difficultés. En 1963, puis en 1967, le général de Gaulle refuse au nom de la France l'entrée de la Grande-Bretagne dans le Marché commun. En septembre 1972, les Norvégiens répondent « non » au référendum sur leur adhésion à la CEE. Les entrées de la Grèce, de l'Espagne et du Portugal ont aussi donné lieu à de longues négociations.

Les crises énergétique, industrielle, monétaire, démographique, politique et leurs conséquences sociales n'ont pas facilité la progression européenne depuis le début des années 70. En 1976, le désordre monétaire international conduit l'Italie, la France, le Royaume-Uni et l'Irlande à sortir du « serpent » européen, interdisant la réalisation de l'Union économique et monétaire. A partir de 1979, le problème de la contribution britannique au budget communautaire occupe une grande place dans les discussions. Celle-ci sera réduite de 850 millions d'écus en 1982, de 750 millions en 1983.

IRLANDE

« Bientôt, plus rien ne nous arrêtera. »

Au 1er janvier 1993, les frontières intérieures de la Communauté auront disparu.

A cette date, les hommes, les marchandises et les capitaux circuleront librement d'un pays à l'autre sans aucune restriction. Cette révolution sera l'aboutissement de l'Acte unique proposé par Jacques Delors et adopté le 1er juillet 1987 par les pays membres. Cet acte modifie pour la première fois le traité de Rome de 1957, remplaçant par exemple la règle de l'unanimité par celle de la majorité pour certaines décisions concernant la création et le fonctionnement du marché intérieur, conférant au Parlement un rôle plus important.

D'ici l'échéance, quelque 280 directives européennes et de très nombreux accords devront être mis en œuvre afin d'harmoniser les réglementations nationales et de permettre l'ouverture totale des frontières. Ces dispositions auront sans aucun doute des répercussions sur les modes de vie des Européens.

Les bouleversements récents dans les pays de l'Est modifient les perspectives européennes.

L'accession à la démocratie des pays d'Europe de l'Est, l'unification de l'Allemagne, les transformations en cours en URSS auront évidemment des répercussions sur l'avenir de la Communauté européenne, sur les plans politique, économique, militaire, géographique et culturel.

A court terme, la CE ne souhaite pas accueillir d'autres membres. L'ancienne RDA étant intégrée du seul fait de son regroupement avec la RFA, le nombre des Etats membres reste limité à douze.

Si l'on peut prévoir à plus long terme une ouverture croissante en direction des pays de l'Est, les avis diffèrent quant au degré de coopération, voire d'intégration souhaitable. Certains pays d'Europe centrale et la Turquie ont déjà fait part de leur souhait d'adhérer à la CE. Qu'en sera-t-il des pays d'Europe orientale ? Certains pays développés (Suisse, Autriche, pays scandinaves) pourraient être associés aux programmes communautaires sans adhérer à la CE, d'autres moins riches (Pologne, Tchécoslovaquie, Roumanie...) devraient être aidés dans leur développement. Nul ne peut dire en tout cas combien de pièces aura en l'an 2000 la « maison commune » chère à Gorbatchev.

L'autre grand sujet de débat est le contenu à donner à la volonté exprimée d'une union politique : Etats-Unis d'Europe, fédération, confédération ou autre forme à inventer ? L'occasion pour les vrais partisans de l'Europe de se compter ; l'opportunité pour les autres de tenter de bloquer le processus.

■ La RFA a adhéré à l'OTAN en 1955. La France s'est retirée en 1966 tout en restant membre de l'Alliance. La Grèce a adhéré en 1952, puis s'en est retirée en 1974 avant de la réintégrer en 1980.

Glossaire de l'Europe

ACP. Anciennes colonies d'Afrique, Caraïbes, Pacifique bénéficiant d'aides et d'accords de coopération prévus dans les conventions d'association de Lomé.

Acte unique. Réalisation d'un marché intérieur harmonisé, extension des pouvoirs du Parlement et des compétences de la CE (politique sociale, recherche et développement, environnement). Signé à Luxembourg le 17 février 1986, il est entré en vigueur en juillet 1987.

BEI (Banque européenne d'investissement). Prévue dans le traité de Rome, elle existe depuis 1959. Sa mission est de « contribuer, en faisant appel aux capitaux et à ses ressources propres, au développement équilibré et sans heurt du marché commun dans l'intérêt de la Communauté ».

BRE (Bureau de rapprochement des entreprises). Fonctionne depuis 1973, pour aider les entreprises à se rapprocher pour améliorer leur compétitivité.

Commission. Organe d'exécution, gardienne des traités et initiatrice de la politique communautaire. Elle se compose de 17 membres nommés d'un commun accord par les gouvernements pour quatre ans. Seul le Parlement peut, en votant un motion de censure, provoquer la démission de la Commission.

Conseil de l'Europe. Créé en mai 1949, il regroupe 22 pays : Autriche, Belgique, Chypre, Danemark, Espagne, France, RFA, Grèce, Islande, Irlande, Italie, Liechtenstein, Luxembourg, Malte, Norvège, Pays-Bas, Portugal, Royaume-Uni, Suède, Suisse, Turquie, Hongrie.

Conseil européen. Créé en décembre 1974, il regroupe régulièrement les chefs d'Etat et de gouvernement des pays membres de la CE. Le président est l'un des chefs des Etats membres ; il est remplacé tous les six mois. Il constitue la structure essentielle de décision.

Cour de justice. Créée en 1958, elle est chargée d'assurer le « respect du droit dans l'interprétation et l'application de traités ». Elle siège à Luxembourg.

Cour des comptes. Créée en 1975, elle est responsable du contrôle externe du budget général de la Communauté. Elle établit un rapport financier annuel.

Députés européens. Membres du Parlement élus au suffrage universel direct, depuis 1979. Tous les pays utilisent des systèmes électoraux reposant sur la représentation proportionnelle, à l'exception du Royaume-Uni (scrutin majoritaire). 518 élus en 1989.

Drapeau. Le drapeau de la Communauté est celui qui avait été adopté par le Conseil de l'Europe, le 25 octobre 1955. Il a été repris par le Conseil des ministres de la CE en 1986 et représente un cercle composé de douze étoiles dorées sur fond bleu azur. Le nombre douze ne représente pas les pays membres, mais un symbole de perfection (les douze apôtres, les douze mois de l'année...) et de plénitude, selon la tradition héraldique.

Ecu *(European Currency Unit)*. Unité de compte et de règlement entre les autorités monétaires de la Communauté, créée en mars 1979 dans le cadre du SME. Utilisée aussi comme monnaie par les entreprises et les particuliers. Composition : deutschemark allemand (30,1 %) ; franc français (19 %) ; livre anglaise (13 %) ; lire italienne (10,15 %) ; florin néerlandais (9,4 %) ; franc belge et luxembourgeois (7,9 %) ; peseta espagnole (5,3 %) ; couronne danoise (2,45 %) ; livre irlandaise (1,1 %) ; escudo portugais (0,8 %) ; drachme grec (0,8 %). Les pondérations peuvent être revues tous les cinq ans, si une monnaie a varié de plus de 25 %.

FECOM (Fonds européen de coopération monétaire). Géré par le Comité des gouverneurs des banques centrales, il dispose depuis 1979 d'un cinquième des réserves en or et en devises de chacun des pays membres servant aux règlements entre les pays. Il offre aussi des crédits à court terme transformables en concours financiers à moyen terme. Il sera remplacé par le Fonds monétaire européen lorsque l'union monétaire sera réalisée.

FEDER (Fonds européen de développement régional). Créé en 1975, il accorde des soutiens financiers aux régions défavorisées de la CE, surtout dans le cadre d'opérations gérées sur le plan national.

FEOGA (Fonds européen d'orientation et de garantie agricole). Créé en 1962, il est le principal outil de la politique agricole commune : amélioration des structures ; aides à la commercialisation ; interventions sur le marché intracommunautaire destinées à garantir un prix minimum aux producteurs (excédents de production).

Fête. La fête annuelle de la Communauté a lieu le 9 mai, date anniversaire de la déclaration de Robert Schuman préconisant la mise en commun des ressources de charbon et d'acier de la France et de la RFA dans une organisation ouverte aux autres pays d'Europe (1950).

FSE (Fonds social européen). Principal instrument depuis 1960 de l'aide communautaire à l'emploi dans les régions défavorisées.

Hymne. Egalement commun à la CE et au Conseil de l'Europe, c'est le prélude de l'*Hymne à la joie* du quatrième mouvement de la Neuvième Symphonie de Beethoven.

Institutions. Le Conseil européen, le Conseil des Communautés européennes et la Commission assurent le législatif et l'exécutif. Le contrôle est assuré par le Parlement. Le judiciaire est la responsabilité de la Cour de Justice, le contrôle comptable étant assuré par la Cour des comptes. Des comités consultatifs complètent le dispositif institutionnel.

Montants compensatoires monétaires. Créés en 1969 pour rétablir les conditions de la concurrence entre les pays de la Communauté. Des montants positifs sont perçus à l'importation et accordés à l'exportation pour les pays à monnaie forte. Des montants négatifs sont perçus à l'exportation et accordés à l'importation pour les pays à monnaie faible. Ils sont destinés à disparaître avec le renforcement de l'Europe monétaire.

OECE (Organisation européenne de coopération économique). Elle regroupe les 18 pays concernés par le plan Marshall.

Parlement. Il comprend 518 députés élus, qui siègent au sein de onze groupes politiques. Il se réunit une semaine par mois tout au long de l'année (sauf en août). Le bureau est dirigé par le président (Enrique Baron Cresto, depuis juillet 1989) et 14 vice-présidents. 18 commissions préparent les sujets traités sur proposition de la Commission de Bruxelles. Il siège à Strasbourg.

Prix agricoles. Le Conseil des ministres fixe chaque année des prix indicatifs pour les céréales, les produits laitiers, le sucre, l'huile d'olive, et des prix d'orientation pour la viande bovine. Des prix de soutien sont garantis aux producteurs.

Quotas. Limitation de certaines productions agricoles, mise en place en 1967 pour le sucre, en 1984 pour le lait. D'autres productions (céréales, vin...) sont également limitées par des mécanismes indirects.

Serpent monétaire européen. Créé en 1972, après la suspension de la convertibilité du dollar et sa dévaluation en 1971. L'écart maximum entre les taux de change des monnaies européennes est fixée à 2,25 %. Remplacé par le SME à partir de mars 1979.

SME (système monétaire européen). Adopté en décembre 1978, il repose sur trois éléments principaux : unité monétaire européenne (écu) ; mécanisme de change et d'intervention ; mécanismes de crédit et de transferts. Il prévoit notamment que les seuils de divergence sont de 75 % de l'écart maximum de fluctuation des monnaies par rapport à leur taux pivot. En cas de divergence, les Banques centrales interviennent pour maintenir les parités. Depuis 1979, onze ajustements des taux pivots ont eu lieu.

PARLEMENT EUROPÉEN

Répartition des sièges des députés par groupe et par pays (élections européennes de juin 1989) :

	B	DK	D	E	F	GR	IRL	I	L	NL	P	UK	Total
• Socialistes	8	4	31	27	22	9	1	14	2	8	8	46	**180**
• Parti populaire européen	7	2	32	16	6	10	4	27	3	10	3	1	**121**
• Libéraux, démocrates et réformateurs	4	3	4	6	13	-	2	3	1	4	9	32	**81**
• Verts	3	-	8	1	8	-	-	7	-	2	1	-	**30**
• Gauche Unitaire Européenne	-	1	-	4	-	1	-	22	-	-	-	-	**28**
• Rassemblement des démocrates européens	-	-	-	-	13	1	6	-	-	-	-	-	**20**
• Droites européennes	1	-	6	-	10	-	-	-	-	-	-	-	**17**
• Coalition des Gauches	-	-	-	-	7	3	1	-	-	-	3	-	**14**
• Groupe Arc-en-ciel	1	4	-	2	1	-	1	3	-	-	-	1	**13**
• Non-inscrits	-	-	-	4	1	-	-	5	-	1	-	1	**12**
• Démocrates européens	-	2	-	-	-	-	-	-	-	-	-	-	**2**
Total	**24**	**16**	**81**	**60**	**81**	**24**	**15**	**81**	**6**	**25**	**24**	**81**	**518**

Parlement européen

■ « Comme nos provinces hier, aujourd'hui nos peuples doivent apprendre à vivre ensemble sous des règles et des institutions communes librement consenties, s'ils veulent atteindre les dimensions nécessaires à leur progrès et garder la maîtrise de leur destin. Les nations souveraines du passé ne sont plus le cadre où peuvent se résoudre les problèmes du présent. Et la Communauté elle-même n'est qu'une étape vers les formes d'organisation du monde de demain ». Jean Monnet (*Mémoires*, 1976).

■ 47 % des Américains connaissent l'existence de la Communauté (juillet 1990) ; ils n'étaient que 29 % zn 1987.

■ Les sièges des principales institutions européennes sont situés à Bruxelles (Commissions, Comité économique et social, Conseil des ministres, commissions du Parlement), Luxembourg (Cour européenne de justice, secrétariat du Parlement, Banque européenne d'investissement), Strasbourg (Parlement), Munich (Office européen des brevets), Berlin (Fondation européenne du travail), Londres (Banque européenne de reconstruction et de développement).

■ 46% des jeunes Européens (18 à 30 ans) souhaitent que la Suède entre en priorité dans la CE.

LE POIDS DE L'HISTOIRE

par Rainer HUDEMANN*

L'Europe et le monde sont à nouveau confrontés à des mutations profondes et l'on commence tout juste à juger des formes qu'elles prendront et des répercussions qu'elles auront. L'effondrement de la majeure partie des régimes marxistes-léninistes accélère le passage d'une logique Est-Ouest à une logique Nord-Sud, amorcée il y a quelques décennies déjà, par la décolonisation. Reconnaître les « limites de la croissance » (Club de Rome, 1972) modifie non seulement les conditions de la production économique, mais commence aussi à transformer les systèmes politiques des Etats industriels et à influer sur leurs sociétés. En même temps, le poids que pèse l'Europe dans le monde, amoindri pendant des décennies par les conséquences des deux guerres mondiales, semble avoir de nouvelles chances de prendre de l'importance. Enfin, les structures historiques des pays de la Communauté économique (leur organisation politique, économique et sociale) sont en train de changer profondément, sous des formes variées, qu'on ne peut décrire de façon simplifiée, car elles dépendent, elles aussi, de cette diversité.

* Le Docteur Rainer Hudemann est professeur d'histoire contemporaine à l'Institut d'histoire de l'université de la Sarre, à Saarbrücke.

Les pays de l'Europe ne sont pas seulement en marche vers une fusion politique, mais aussi, progressivement, vers une union de leurs sociétés et de leurs économies.

Si l'on compare les Etats européens à d'autres pays industriels non européens, en particulier au Japon et aux Etats-Unis, leurs points communs apparaissent plus nettement que lorsqu'on les envisage d'un point de vue strictement européen. Le secteur secondaire reste ainsi relativement important dans le vieux continent, malgré la tendance générale qui pousse au développement d'un secteur tertiaire puissant, et c'est là une répercussion de l'époque de l'industrialisation. De même, la plupart des pays du monde sont marqués, depuis le XIXe siècle, par une urbanisation plus ou moins intensive qui s'est très fortement accélérée au cours de ces dernières décennies dans le tiers et le quart-monde. C'est pourtant le type de la ville de taille moyenne, offrant une plus grande qualité de vie, qui s'imposa comme caractéristique en Europe, une fois passée la grande poussée citadine à l'époque de la grande industrialisation, s'opposant aux mégapoles pratiquement impossibles à diriger que l'on rencontre en Afrique, en Asie ou encore en Amérique centrale.

Dans ces domaines comme dans d'autres, les pays de la Communauté économique convergent de plus en plus vers une évolution identique. Les différences entre des pays au départ fortement urbanisés (pourtour méditerranéen, Belgique) et d'autres qui l'étaient moins s'amenuisent. Des nations comme l'Espagne, le Portugal ou la Grèce, longtemps marquées par l'opposition entre classes supérieures et classes inférieures, voient apparaître de plus en plus de larges classes moyennes, à l'instar des autres pays européens. Les anciennes oppositions d'origine historique entre la structure économique des nations européennes évoluent peu à peu vers une nouvelle division du travail à l'échelle internationale, entre régions agraires, industrielles et tertiaires. Des facteurs qui, à une époque antérieure, entraînaient une concurrence féroce se trouvent précisément être à l'origine d'une coopération de plus en plus poussée.

Les affrontements entre les pays européens ont eu aussi des conséquences positives.

Les crises et les conflits n'ont pas été uniquement à l'origine de bien des souffrances ; elles ont souvent aidé le vieux continent à aller de l'avant. Cette analyse est particulièrement opérante pour les deux guerres mondiales dont les effets se complètent en bien des points. C'est ainsi que l'industrie de guerre a contribué, dès le premier conflit mondial, à la percée des grandes entreprises, comme Renault, qui vit par exemple le nombre de ses ouvriers passer de 4 400 en 1914 à 14 600 en 1919.

Les deux guerres ont renforcé dans tous les pays le pouvoir des technocrates et des cadres, tout comme elles ont favorisé l'évolution vers un Etat interventionniste. La mort de millions d'hommes, l'implication de la population civile montrèrent l'insuffisance de la protection sociale et donnèrent des impulsions décisives au développement de l'Etat providence, en germe depuis l'époque de l'industrialisation. On reconnut aux syndicats leur qualité de représentants des salariés, des conventions collectives et des systèmes prud'homaux s'imposèrent et la protection du travail et de la famille s'améliora.

La période de reconstruction après 1945, quelles que soient les conditions inhérentes aux différents pays, a préparé le terrain sur lequel devait s'imposer la cogestion économique (conseils d'entreprise), le droit au travail, à un niveau de vie minimum, à un salaire minimum et à une couverture sociale. Ainsi, des éléments fondamentaux de nos systèmes économiques et sociaux, qui nous semblent aujourd'hui s'imposer d'évidence, ont connu une évolution essentielle de par les crises de ce siècle.

La politique sociale est encore fortement marquée par les catégories de l'époque de l'industrialisation.

La classe ouvrière au sens marxiste a depuis long-temps cédé le pas à une répartition sociale différenciée ; elle demeure cependant le point de référence des inégalités et de l'exploitation. Alors que les nouveaux pauvres se comptent bien plus parmi les malades, les handicapés, les chômeurs et les personnes âgées que chez les ouvriers, et donc au sein de groupes qui, il y a des siècles, constituaient déjà les marginaux de la société. De la même façon, les mutations qu'ont produites l'urbanisation ou la modification du rôle de la famille ont été insuffisamment reconnues par les instances étatiques.

A un niveau international, les deux guerres mondiales ont définitivement sonné le glas de la vieille Europe en faveur des nouvelles puissances, des Etats-Unis et de l'URSS, et ceci pour des décennies. Cela vaut aussi pour la décolonisation : l'implication des peuples colonisés dans la guerre a tout autant favorisé, dans ces pays, la naissance d'une conscience politique que la défaite des grandes puissances coloniales. Des mouvements d'indépendance politique, tout d'abord en Asie et en Afrique du Nord, puis en Afrique noire, y trouvèrent leurs origines. Les formes que prit la décolonisation ont profondément marqué les conflits et leurs structures jusqu'à l'heure actuelle. C'est ainsi que les engagements contradictoires à l'égard des Juifs et des Arabes pendant la Première Guerre mondiale ont tout autant été à l'origine des conflits au Proche-Orient que la politique de persécution et d'anéantissement menée par les nazis dont résulta directement la fondation de l'Etat d'Israël.

Même si des pays comme la France ou la Grande Bretagne ont pu conserver de bons rapports de coopération avec leurs anciennes colonies, il faut noter l'ambivalence absolue des gains économiques du colonialisme pour les métropoles : la facilité relative avec laquelle on pouvait s'assurer des débouchés dans les colonies n'est-elle pas en partie responsable du manque d'innovation dont a fait preuve l'industrie britannique dans la première moitié du XXe siècle et n'a-t-elle pas indirectement contribué au déclin de la Grande-Bretagne sur l'échiquier des grandes puissances ? Le prestige politique qui s'attachait à un empire colonial ne signifiait pas obligatoirement profit économique.

La volonté européenne s'est surtout développée après la Seconde Guerre mondiale.

Après des débuts plutôt décevants à la suite de la Première Guerre mondiale, ce fut surtout la prise de conscience des crimes de la Seconde Guerre après 1945 qui fit progresser le mouvement européen. L'enthousiasme pour l'Europe trouva souvent son origine, pour de nombreux pays, dans les concepts des mouvements de résistance contre l'idéologie national-socialiste. Il vit pourtant les limites de son action lorsque le but de la reconstruction économique sembla atteint : si des progrès réussirent à s'imposer en matière de politique européenne, ainsi le plan Schuman, c'est bien aussi parce que des intérêts politico-économiques (dans ce cas, l'accès au charbon de la Ruhr) s'y trouvaient intimement liés. En 1958, on fonda non pas une communauté politique, mais bien une communauté économique. Ce n'est que dans les années 70 et 80 que l'on fit des pas de géant vers une Europe unie politiquement. Mais la volonté politique seule ne suffit pas à surmonter des barrières ancrées dans l'histoire. Dépasser la logique de l'Etat national demandera encore un effort considérable aux Européens, alors même que cette logique connaît un nouvel essor dans le tiers monde. Le volontarisme communautaire ne pourra aboutir que s'il croise les intérêts objectifs des différentes nations européennes.

A cet égard, l'effondrement des systèmes à l'est de l'Europe apporte de nouvelles perspectives. En effet, pour aider les économies sinistrées des anciens pays socialistes, il va falloir inventer (un peu à l'exemple du plan Marshall entre 1947 et 1953) des modes originaux de coopération internationale. De cette action commune en direction de nos « cousins de l'Est », on peut espérer à la fois des perspectives d'intégration à l'échelle de tout le continent et, bien sûr, un renforcement de ce qui constitue encore la communauté des Douze.

GÉOGRAPHIE

Moins de 2 % de la superficie de la planète ■
Trois fuseaux horaires ■ Fontières politiques parfois distinctes
des frontières ethniques ■ Des territoires disséminés dans toutes
les parties du monde ■ Climats d'influence océanique
ou méditerranéenne ■ Risques écologiques variés ■ Un tiers des forêts
et des espèces animales menacées ■ Eau abondante mais mal répartie ■
Forte dépendance pour l'approvisionnement en matières premières
et en énergie (sauf Royaume-Uni et Pays-Bas)

TERRITOIRES

La CE représente 1,6 %
de la superficie émergée de la planète.

L'Europe continentale (de l'Atlantique à l'Oural) est le plus petit des cinq continents. Elle a souvent été décrite comme une péninsule du continent asiatique. La taille de la Communauté européenne est encore bien plus modeste ; avec 2,4 millions de km^2, elle est de quatre à cinq fois moins étendue que les Etats-Unis, l'Australie, la Chine ou le Canada, onze fois moins que l'URSS. Ses dimensions maximales actuelles sont d'environ 4 000 km du nord au sud (entre le nord du Danemark et l'île de Crète) et de 4 500 km d'est en ouest (entre la côte atlantique du Portugal et l'île grecque de Kastellorizo). Les douze pays de la Communauté sont situés entre le 35e et le 60e parallèles. L'Europe compte, en moyenne, un kilomètre de côtes pour 290 km^2, contre, par exemple, un kilomètre pour 1 420 km^2 en Afrique.

La Grèce est le seul pays membre à n'avoir aucune frontière commune avec un ou plusieurs autres pays membres. Quatre seulement ont des frontières avec des pays tiers : Allemagne, France, Italie, Grèce.

L'extension à 200 milles marins de la zone économique autour des côtes représente cependant un accroissement considérable du territoire communautaire. La France couvre ainsi 10 millions de km^2, près de vingt fois plus que l'Hexagone. La Grande-Bretagne représente à elle seule une surface équivalente à celle des autres Etats membres (hors France).

Pays-Bas : la terre sous la mer

Un cinquième de la superficie des Pays-Bas a été gagné sur la mer (polders). Cette performance a pu être accomplie grâce à la construction, amorcée dès le XIIIe siècle, de quelque 353 km de digues et barrages qui forment la ligne côtière (une digue de 32 km reliant la Zélande à la Frise a transformé le Zuiderzee en lac). A plusieurs reprises, les digues ont cédé devant la force des éléments. En 1953, un raz-de-marée a fait 1 800 morts et 100 000 sans abri, des chiffres très inférieurs à ceux des catastrophes de 1421 ou 1570. Il faut dire que 60 % de la population résident à un niveau inférieur à celui de la mer. Le plan Delta (protection de la Zélande, région à l'origine en grande partie insulaire) a permis de construire huit barrages entre 1958 et 1986. Il a montré son efficacité lors des tempêtes de février 1990.

■ L'Europe des « Six » couvrait la moitié de la superficie de celle des « Douze ».

■ Le Danemark est constitué de 406 îles, dont 97 sont habitées.

L'EUROPE GÉOGRAPHIQUE

Relief, frontières, fuseaux horaires, principaux cours d'eau et villes :

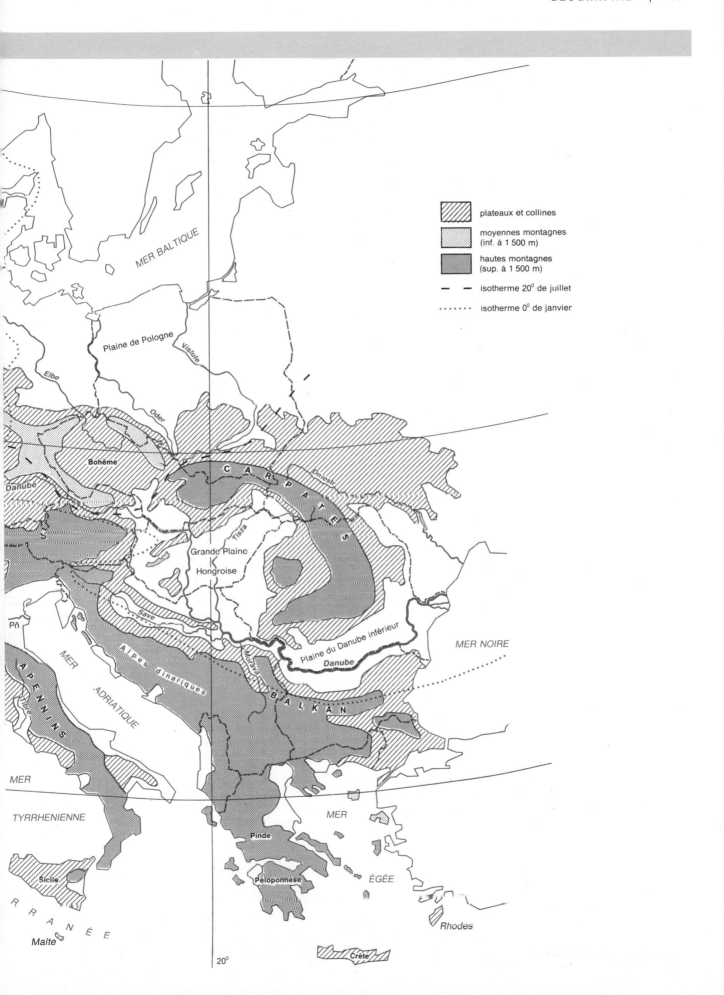

plateaux et collines

moyennes montagnes
(inf. à 1 500 m)

hautes montagnes
(sup. à 1 500 m)

isotherme 20° de juillet

isotherme 0° de janvier

MER BALTIQUE

Plaine de Pologne

Vistule

Elbe

Oder

Bohême

CARPATES

Dniestr

Danube

Tisza

Grande Plaine
Hongroise

Save

Pô

MER
ADRIATIQUE

Alpes dinariques

Morava

BALKAN

Plaine du Danube inférieur

Danube

MER NOIRE

APENNINS

Tibre

MER

TYRRHÉNIENNE

MER

ÉGÉE

Pinde

Sicile

Péloponnèse

Rhodes

RRANÉE

Malte

Crète

20°

L'EUROPE EN CINQ DIMENSIONS

Superficies et dimensions principales des pays de la Communauté :

	Superficies (en milliers de km^2)	Hauteur maximale (nord-sud) (2)	Largeur maximale (est-ouest) (2)	Longueurs des frontières terrestres (en km)	Longueur des côtes (en km)
• FRANCE	549,0	970	950	2 970	5 500
• Espagne	504,8	840	950	1 945	5 940
• Italie	301,2	960 (4)	910 (4)	1 866	8 500
• RFA	356,9 (1)	810 (3)	590 (3)	4 244	907
• Royaume-Uni	244,8	880	540	412	3 100
• Grèce	132,0	960	580	1 180	15 000
• Portugal	92,4	560	220	1 215	850
• Irlande	70,3	490	275	483	3 170
• Danemark	43,1	330	270	68	7 314
• Pays-Bas	40,8	250	260	1 080	1 200
• Belgique	30,5	230	290	1 379	66
• Luxembourg	2,6	82	57	356	0
CE	2 368,4	2 300	2 900	16 786	51 547

(1) Y compris ex-RDA (108 333 km^2).
(2) Distances entre méridiens limitrophes et parallèles limitrophes, parties continentales seulement (chiffres arrondis).
(3) Y compris ex-RDA.
(4) Longueur maximale de la péninsule : 1 200 km, largeur maximale : 170 km.

LA COMMUNAUTÉ RÉDUITE AUX ACQUÊTS

Superficies des grandes régions du monde (en millions de km^2) et part de la surface totale (non recouverte d'eau) :

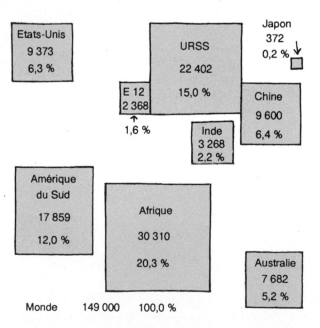

Les douze pays sont répartis dans trois fuseaux horaires.

Le méridien origine de Greenwich, centre du premier fuseau horaire, couvre la plus grande partie du territoire de la Communauté. Une partie de l'Irlande et du Portugal est située dans le fuseau adjacent, à l'ouest. Une partie de la Grèce et certaines îles grecques se trouvent à l'intérieur d'un troisième fuseau, à l'est des précédents.

Mais les zones horaires véritables suivent les frontières nationales, de sorte que neuf pays de la Communauté ont la même heure : + 1.00 par rapport au méridien origine. Les trois exceptions sont, à l'ouest, le Royaume-Uni et l'Irlande, en retard d'une heure par rapport aux neuf précédents, et à l'est la Grèce, en avance d'une heure.

L'heure d'été a été adoptée dans les pays de la CE à partir des années 70. Elle consiste à avancer les pendules d'une heure par rapport au temps universel, afin de favoriser les économies d'énergie en utilisant au maximum la lumière du jour. Elle entre en vigueur chaque année entre la fin mars et la fin septembre, au cours d'une nuit de samedi à dimanche.

En France, où l'heure d'été existe depuis 1976, on estime qu'elle permet d'économiser 300 000 tonnes d'équivalent pétrole par an, soit la consommation d'énergie annuelle d'une ville de 500 000 habitants. Mais ses adversaires contestent ces chiffres et dénoncent l'accroissement de la concentration d'ozone due à l'exposition prolongée des polluants primaires au soleil.

LES TROIS HEURES DE L'EUROPE

Décalages horaires des pays de la CE* :

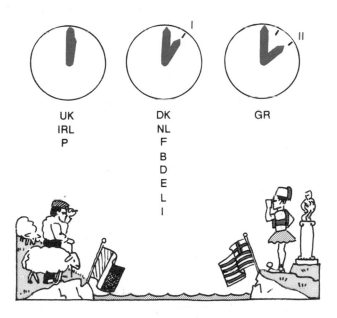

UK   DK   GR
IRL   NL
P   F
   B
   D
   E
   L
   I

* L'heure d'été commence le dernier dimanche de mars et se termine le dernier dimanche de septembre dans tous les pays de la CE, sauf au Royaume-Uni et en Irlande (4ᵉ dimanche d'octobre).

L'heure d'été bien acceptée

Plus de deux Européens sur trois (68 %) sont favorables à l'heure d'été. Ce sont les Danois (78 %), les Néerlandais (74 %) et les Grecs (66 %) qui y sont le plus attachés. Un Européen sur cinq (23 %) souhaiterait même qu'elle soit maintenue toute l'année : c'est le cas de la moitié des Irlandais et des Britanniques. Mais un sur cinq également souhaiterait qu'elle soit abandonnée. Les plus hostiles sont les Français (48 %) et les Belges (36 %). Les raisons invoquées sont à la fois d'ordre écologique et médical ; le changement de rythme est accusé de perturber les enfants et certains travailleurs.

Les frontières ne tiennent pas toujours compte des caractéristiques ethniques des populations.

Les grands changements de frontières qui sont intervenus dans l'histoire de l'Europe ont rarement pris en compte la volonté des populations concernées et leurs caractéristiques ethniques. C'est pour des raisons stratégiques, plus qu'humaines, que la France a revendiqué la frontière du Rhin ; en 1947, elle a rattaché Tende et La Brigue, qui parlaient italien, mais négligé le Val d'Aoste, Suse et le Cluson, régions françaises de cœur. Sans la défaite de Napoléon à Waterloo et le veto anglais, la Wallonie serait sans doute partie prenante du territoire français. L'Allemagne, de son côté, a rattaché Metz et sa région en 1871 pour des raisons purement militaires. Si l'État allemand avait été formé plus tôt, l'Alsace en ferait peut-être partie.

Les raisons économiques ne sont pas absentes des évolutions territoriales.

Le réveil de la Flandre, en Belgique, fut la conséquence de la discrimination économique imposée par la Wallonie autant que de l'assujettissement culturel. L'Italie a toujours attaché un grand prix aux ressources hydroélectriques du Val d'Aoste, la France au charbon de la Sarre, l'Espagne à la main-d'œuvre catalane ou basque.

Les différences entre les frontières ethniques et les frontières politiques expliquent les tensions qui existent entre certaines régions européennes et les mouvements indépendantistes qui continuent de s'exprimer.

Rectifications de frontières

Une modification de frontière entre la France et l'Italie, prévue dans le traité de paix de 1947, a été effectuée en 1989. Le village français de Clavière, dans les Alpes du Sud, est ainsi devenu italien, tandis que deux lacs de montagne et 80 hectares de terrains italiens sont devenus français.

L'île Saint-Martin, aux Antilles, est divisée (par une frontière théorique mais non matérialisée) entre la partie nord, dépendance administrative de la Guadeloupe (département français), et la partie sud, territoire d'outre-mer appartenant aux Pays-Bas. Seule la partie nord se verra appliquer les accords de 1993, tandis que la partie néerlandaise sera exclue du Grand Marché européen. La situation est encore compliquée par le fait que Saint-Martin est un port franc, ce qui constitue une situation illégale au regard du droit français.

■ L'île allemande de Sylt (la plus septentrionale des îles de la Frise du Nord) est née avec le gigantesque raz de marée de 1634 qui inonda les côtes danoises et allemandes. Malgré les efforts faits pour la protéger, la « reine de la mer du Nord » est régulièrement rongée par les courants et le ressac. Elle pourrait disparaître au cours des prochaines décennies sous l'effet d'un violent ouragan.

■ L'empire portugais aura cessé d'exister le 20 décembre 1999. La petite enclave de Macao (15 km², 400 000 habitants) reviendra à la Chine. Depuis 1976, Macao était déjà considéré comme « territoire chinois sous administration portugaise ».

Eurobaromètre, 1988

Histoire et géographie

Les territoires actuels des pays membres de la Communauté ont subi des variations importantes au cours de l'histoire, à l'occasion des nombreuses guerres et changements politiques. Depuis le milieu du XVIIIe siècle, seuls le **Portugal** et l'**Espagne** n'ont connu aucune modification territoriale. Les principaux changements intervenus dans les autres pays depuis cette époque (à l'exception des possessions non continentales) sont décrits ci-après.

Belgique. Le territoire actuel (en dehors de la principauté indépendante de Liège) a été sous domination Autrichienne pendant le XVIIIe siècle. Il fut incorporé en 1795 dans la France révolutionnaire. En 1815, la souveraineté fut accordée aux Pays-Bas et l'indépendance de la Belgique déclarée en 1830. Mais en 1839, le grand-duché de Luxembourg fut séparé de la province belge et recédé aux Pays-Bas ; la province du Limbourg fut aussi divisée. La seule modification territoriale intervenue depuis 1939 a été l'achat à l'Allemagne d'Eupen, Malmedy et des districts voisins en 1820 (rendus temporairement à l'Allemagne lors de la Seconde Guerre mondiale).

Danemark. Les duchés de Schleswig, Holstein et Lauenburg furent cédés à la Prusse en 1864. La partie nord du duché de Schleswig (Jutland du Sud) décida son rattachement au Danemark lors du référendum du 10 février 1920, tandis que le Sud fortement germanisé refusait de se séparer de l'Allemagne. Les îles Féroé furent colonisées par des moines gaéliques au VIe siècle, conquises par les Vikings vers l'an 800. Vassales de la Norvège en 1035, elles furent placées sous la souveraineté du roi du Danemark en 1380. Elles conservèrent une certaine autonomie jusqu'en 1816, date à laquelle elles devinrent une simple circonscription danoise. Un référendum réalisé en 1946 donna aux séparatistes une courte majorité. Le taux d'abstention élevé (plus de la moitié du corps électoral) empêcha la scission, mais fut à l'origine d'importantes réformes. La loi du 23 mars 1948 accorda en effet l'autonomie interne à l'archipel. Le *Lagting* devint un véritable parlement, élisant et contrôlant un président et deux ministres, la langue nationale fut rétablie, le drapeau reconnu.

France. Le territoire a été considérablement agrandi pendant la Révolution et l'épopée napoléonienne, avant d'être réduit en 1815 par le traité de Vienne. La Savoie et le comté de Nice furent achetés au Piémont italien en 1860. De 1871 à 1918, puis de 1940 à 1944, l'Alsace (non compris le territoire de Belfort) et la Lorraine (sauf les actuels départements de la Meuse et des Vosges) furent cédées à l'Allemagne. Les régions de Tende et Brigue ont été achetées à l'Italie en 1947.

RFA. L'empire germanique fut instauré en 1870. L'Alsace-Lorraine retourna à la France en 1918 puis à nouveau en 1944 (voir ci-dessus). Des territoires furent également rendus à d'autres pays, en particulier à la Pologne en 1919. Dantzig, Memel, le nord du Schleswig et Eupen furent cédés en 1920, tandis que la Pologne récupérait la Haute-Silésie en 1922 à la suite d'un référendum. La Sarre, annexée à la Prusse en 1814, fut administrée par la France (et la SDN) de 1920 à 1935, puis à nouveau de 1946 à 1957, date à laquelle elle est rattachée politiquement à l'Allemagne. La plupart des territoires de l'Est annexés pendant la guerre furent cédés à la Pologne et à l'URSS en 1945. La RFA était créée en 1949. Elle comprenait une partie de la ville de Berlin, située au centre de la RDA. L'unification de l'Allemagne, qui recouvre les territoires de la RFA et de la RDA, constitue le changement le plus important depuis la création de la Communauté européenne.

Grèce. Ancienne possession de l'Empire turc, la Grèce devint indépendante en 1829 et intégra la Moréea, Euboea, les Cyclades et la partie sud de Arta et Thessalie (le reste fut cédé par la Turquie en 1881, une petite partie ayant été retournée en 1897). En 1964, la Grande-Bretagne céda les îles Ioniennes. Les territoires actuels d'Epire et de Macédoine, la partie ouest de la Thrace, la Crète et la plupart des îles de la mer Egée (à l'exception du Dodécanèse) furent acquis en 1913. La partie est de la Thrace fut ajoutée en 1919, modification confirmée par le traité de Lausanne de 1923, en même temps que la perte des acquisitions d'Asie Mineure (Smyrne) postérieures à la guerre. L'Italie céda en 1947 les îles de Rhodes et du Dodécanèse. L'île de Chypre conteste son statut actuel et réclame l'union avec la Grèce.

Irlande. Elle fut intégrée au Royaume-Uni en 1800. Un Etat libre d'Irlande fut reconnu en 1921, mais le nord-est du pays (partie est de l'Ulster) resta anglais. La République d'Irlande (Eire) compte 26 comtés.

Italie. L'Etat italien fut établi en 1860. Venise lui fut annexé en 1866, les Etats pontificaux en 1870. Le Sud Tyrol, les provinces autrichiennes du Kustenland et le port de Zadar (Dalmatie) furent acquis en 1919, Fiume en 1922. Ces deux territoires étaient cédés en 1945 à la Yougoslavie, ainsi que Istria et une partie de la Vénétie-Giulia. La région de Trieste resta sous occupation internationale jusqu'en 1954, date à laquelle la ville et une bande côtière allèrent à l'Italie, le reste à la Yougoslavie. Tende et la Brigue furent attribués à la France en 1947.

Pays-Bas. Créés en 1815 par l'union des Provinces-Unies (devenues République batave du temps de la conquête napoléonienne) et des anciennes provinces autrichiennes. Ces dernières se révoltèrent et constituèrent en 1830 le royaume indépendant de Belgique. Le grand-duché de Luxembourg et une partie du Limbourg furent acquis à nouveau en 1839. Le grand-duché bénéficia d'une administration séparée et devint indépendant en 1890. Les seuls changements territoriaux intervenus depuis furent la reprise à l'Allemagne des villages d'Elten et Tuddern en 1949.

Luxembourg. Le duché de Luxembourg, département français pendant la période révolutionnaire, devint grand-duché en 1815, au congrès de Vienne, donné à titre personnel au roi des Pays-Bas dans le cadre de la Confédération germanique. Il fut partagé entre la Belgique et les Pays-Bas en 1839, puis recédé aux Pays-Bas. Il est indépendant depuis 1867.

Royaume-Uni. L'Irlande constitua un royaume indépendant jusqu'en 1801, avant d'être incorporée dans le Royaume-Uni. Les comtés du sud du pays retrouvèrent leur indépendance en 1921 (République d'Irlande), les comtés du Nord restant intégrés au Royaume-Uni.

L'EUROPE PAR LA ROUTE ET LA MER

Distances entre les capitales de la Communauté (en km) et durées des principales traversées en bateau :

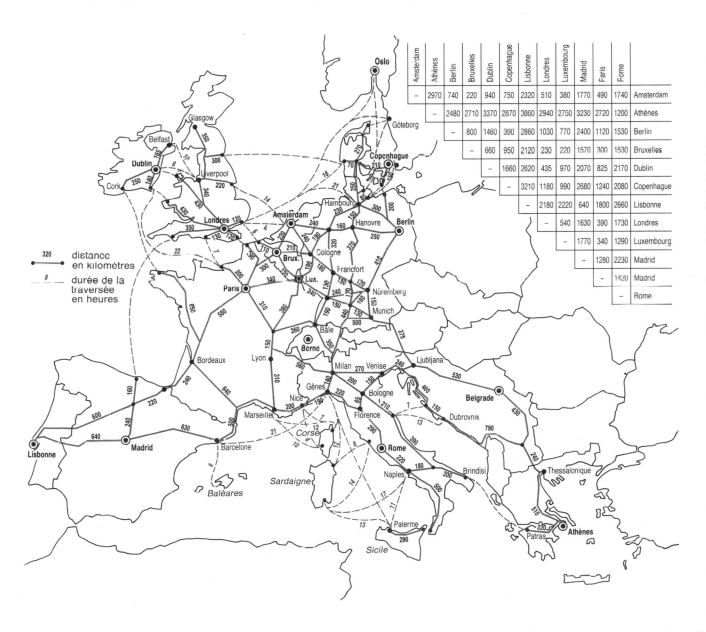

Amsterdam	Athènes	Berlin	Bruxelles	Dublin	Copenhague	Lisbonne	Londres	Luxembourg	Madrid	Paris	Rome	
–	2970	740	220	940	750	2320	510	380	1770	490	1740	Amsterdam
	–	2480	2710	3370	2870	3860	2940	2750	3230	2720	1200	Athènes
		–	800	1460	390	2860	1030	770	2400	1120	1530	Berlin
			–	660	950	2120	230	220	1570	300	1530	Bruxelles
				–	1660	2620	435	970	2070	825	2170	Dublin
					–	3210	1180	990	2680	1240	2080	Copenhague
						–	2180	2220	640	1800	2660	Lisbonne
							–	540	1630	390	1730	Londres
								–	1770	340	1290	Luxembourg
									–	1280	2230	Madrid
										–	1420	Madrid
											–	Rome

320 ── distance en kilomètres

8 - - - durée de la traversée en heures

Des territoires européens sont disséminés dans toutes les parties du monde.

Indépendamment de leurs territoires principaux, les pays de la Communauté possèdent un grand nombre d'îles, ainsi que des territoires situés dans d'autres régions du monde (voir carte). Les plus importants sont les suivants :
– Le Groenland et les îles Féroé sont des territoires rattachés au royaume de Danemark.
– L'Espagne possède les îles Canaries et les Baléares.
– Les îles de Sardaigne, Sicile, Elbe, Capri sont italiennes.
– Les îles des Açores et de Madère sont portugaises.

– La France possède, outre la Corse, des départements d'outre-mer : Guadeloupe, Guyane, Martinique, Réunion. Elle gère aussi les territoires d'outre-mer de Nouvelle-Calédonie, Polynésie, Terre australe et antarctique, Wallis et Futuna, ainsi que les collectivités territoriales de Mayotte et Saint-Pierre-et-Miquelon.
– Les Pays-Bas ont les îles de Curaçao et Bonaire.
– En plus de la Crète, la Grèce possède de nombreuses îles de la mer Egée.
– Le Royaume-Uni a conservé de son ancien empire un certain nombre de possessions : Ascension, Falklands, îles Vierges, etc.

LES MORCEAUX D'EUROPE

Principaux territoires non continentaux des Etats membres :

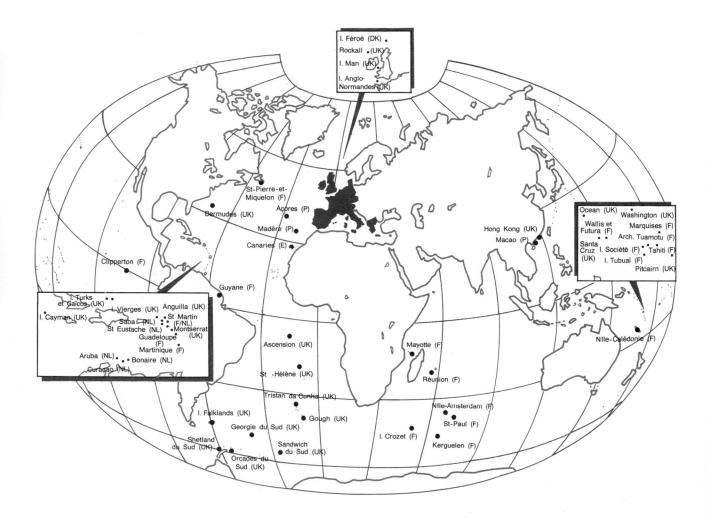

■ La surface totale de la planète est de 510 millions de km², dont 136 millions de km² de terres (27 %), 15,3 millions de km² de glaces (3 %) et 361 millions de km² recouverts par l'eau (71 %).

■ Les plus grandes îles d'Europe sont : Sicile (Italie) 25 460 km², Sardaigne (Italie) 24 090, Chypre (Grèce, Turquie) 9 251, Corse (France) 8 681, Crète (Grèce) 8 331, Eubée (Grèce) 3 908, Majorque (Espagne) 3 505.

Les confettis de la Communauté

Les Britanniques savent aujourd'hui où se trouvent les îles Malouines (ou Falklands) pour lesquelles ils se sont récemment battus. Ils situent sans doute assez bien les Bermudes, mais connaissent moins d'autres îles appartenant à la couronne comme Pitcairn (60 habitants, lointains descendants des 9 mutins du Bounty), Rockall, Cayman, Montserrat, Georgie, Sandwich, Orcades, Cargados, Aldabra, Amirante, Rodrigues, Washington, Santa Cruz ou Ocean.

Les événements politiques de ces dernières années ont permis aux Français de redécouvrir l'existence de la Nouvelle-Calédonie, mais très peu connaissent l'atoll Clipperton (annexé en 1858), les îles Crozet, Saint-Paul, Kerguelen, Amsterdam, Tubuai, les îles de la Société, les Marquises, ou l'archipel des Tuamotu, autres possessions françaises.

De même, les possessions portugaises de Tristan da Cunha et Alhucemas sont moins connues que celles des Açores, Macao ou Madère. Peu d'Européens attribuent sans doute les îles caraïbes de Saint-Eustache, Saba, Curaçao, Aruba, Bonaire aux Pays-Bas. Ils ne sont sans doute pas plus nombreux à situer Melilla, Ceuta ou Chafarinas dans le territoire espagnol.

Le territoire géographique des Etats membres ne correspond pas au territoire communautaire.

Six pays membres possèdent encore des colonies. Neuf d'entre elles sont des départements d'outre-mer intégrés à la Communauté avec des statuts spéciaux (programmes d'aide...) : Açores, Canaries, Ceuta, Guyane, Guadeloupe, Madère, Martinique, Melilla, Réunion et les îles Selvagens (Portugal). Il faut y ajouter Gibraltar (avec des limitations), l'île Helgoland, le territoire de Büsingen, Livigno, Campione, le lac Lugano et les Baléares qui sont concernés par les traités communautaires. Les territoires d'outre-mer français et la Terre Adélie ne font pas partie de la CE, de même que les Antilles néerlandaises, la partie portugaise de Timor et Maçao, les possessions britanniques, Gibraltar, Hong-kong.

Les autres territoires d'outre-mer entretiennent simplement des relations commerciales privilégiées avec la CE. Leurs statuts sont très divers : Mayotte est une collectivité territoriale ; l'île de Man est un territoire dépendant ; les îles anglo-normandes (Jersey, Guernesey...) sont des baillages féodaux. Dans les pays monarchiques comme le Danemark, certains territoires sont rattachés à l'Etat (île de Bornholm), d'autres dépendent de la couronne (Groenland, îles Féroé) et ne font pas partie de la CE.

Avant l'unification allemande, la ville de Berlin-Ouest, située sur le territoire de la RDA, ne faisait pas partie administrativement de la RFA (dont elle était distante d'environ 200 km) mais était intégrée dans la CE.

Les enclaves et les petits territoires voisins ont des relations particulières avec la Communauté.

Gibraltar, Monaco, San Marin, Andorre, le Liechtenstein, Jungholz, Mittelberg ou le Vatican ne font pas partie de la Communauté européenne. Leurs statuts douaniers sont cependant différents. Territoire communautaire sous souveraineté britannique, Gibraltar n'est pas compris dans l'espace douanier européen. Mais Monaco, pays tiers, en fait partie. San Marin est intégré depuis 1939 au territoire douanier italien, donc communautaire. Andorre a conclu en 1989 une union douanière avec la CE qui prévoit la libre circulation des biens manufacturés, les produits agricoles faisant l'objet d'accords particuliers. Le Liechtenstein est en union douanière avec la CE du fait de son appartenance à l'AELE (Association européenne de libre-échange). Quant au Vatican, il est à tous égards un pays tiers ; les exportations de produits agricoles à destination de la Cité font l'objet de subventions (« restitutions ») par le budget européen.

ANDORRE

« Oubliez tout. »

L'Europe vue du mont Athos

Situé sur une presqu'île au nord-est de la Grèce, le mont Athos compte une vingtaine de monastères orthodoxes abritant un peu moins de 2 000 personnes et dotés depuis la nuit des temps de leurs propres règles et institutions. En 1924, la Sainte Communauté, sorte de parlement du lieu, a adopté une charte qui prévoit, entre autres dispositions, l'interdiction de l'entrée aux « femelles » animales ou humaines et, plus récemment, l'usage de la télévision ou de la radio. Elle a été ratifiée en totalité par l'Etat grec, qui a accordé à la communauté le statut de territoire autonome autoadministré, assorti de quelques privilèges fiscaux comme la détaxation du carburant ou des automobiles (ce qui réduit leur coût des trois quarts). Reculant devant la difficulté de modifier le statut de la Sainte Montagne, la Grèce a prévu dans son traité d'adhésion à la Communauté (janvier 1981) que le mont Athos garderait vis-à-vis de l'Europe celui que la Grèce lui avait reconnu.

Sols et climats

*L'altitude varie de moins 7 m (Pays-Bas)
à 4 807 m (France).*

A l'exception du sud de l'Allemagne, les régions septentrionales et centrales de la CE sont constituées de plaines
d'origine sédimentaire ou alluviale d'une altitude inférieure
à 500 mètres.

Les montagnes sont surtout situées dans le Sud. A l'ex-
trémité sud-ouest, le grand plateau de la *meseta* ibérique est
coupé ou bordé de plusieurs massifs montagneux. Les
grandes chaînes méditerranéennes forment une ceinture
comprenant la Sierra Nevada, les Pyrénées, les Alpes et les
Apennins. Les plaines y sont de taille réduite : les plus
vastes sont celles d'Andalousie, d'Aragon et du Pô. Des
glaciers se trouvent dans les Alpes et les Pyrénées. Les principales chutes d'eau sont situées en France (Gavarnie,
421 m) et en Italie (Serio, 315 m).

Des montagnes d'altitude moyenne (Ardennes belges et
luxembourgeoises, Massif central et Vosges françaises, et
certaines régions à l'est et au nord des îles Britanniques)
sont traversées par de vastes bassins fluviaux.

LES TOITS DE L'EUROPE

Principaux sommets européens :

• Mont Blanc (France)	4 807 m
• Cervin (Italie)	4 482 m
• Aiguille des Grandes Jorasses (France)	4 208 m
• Barre des Ecrins (France)	4 102 m
• Grand Paradis (Italie)	4 061 m
• Pelvoux (France)	3 955 m
• Mont Viso (Italie)	3 841 m
• Pic de Mulhacén (Espagne)	3 478 m
• Pic d'Aneto (Espagne)	3 404 m
• Mont Posets (Espagne)	3 375 m

*Les forêts couvrent près du quart
de la superficie de la Communauté (24 %).*

La végétation naturelle de l'Europe était composée initialement des forêts de chênes dans les régions les plus
chaudes, de hêtres dans les régions humides, de landes,
tourbières et bouleaux dans les régions fraîches et humides,
de conifères et des bouleaux dans les régions froides et élevées. Elle a presque partout été transformée par l'activité
humaine. Les feuillus occupent la plus grande partie des
espaces boisés en Italie (80 %) et en France (71 %). Les
conifères sont répandus en Irlande (90 %), au Royaume-

« Dès son premier jour de vacances, Monsieur Olsens avait
complètement oublié Vanløse. »

Uni (73 %) et aux Pays-Bas (71 %). Dans la zone d'influence méditerranéenne, la végétation reste cependant
adaptée à la sécheresse : forêts de chênes verts ou chênes-
lièges, maquis sur les sols siliceux et guarrigues sur les sols
calcaires.

La France et l'Espagne possèdent à elles seules la moitié
des forêts ; la RFA, l'Italie et la Grèce chacune un peu plus
de 10 %. La part de chaque pays dans la production de bois
n'est pas proportionnelle à son patrimoine forestier (voir
graphique). Les forêts espagnoles sont peu exploitées, à
cause de l'importance de la garrigue.

Depuis la Seconde Guerre mondiale, et malgré les ravages causés par les incendies, la superficie boisée de la CE
a augmenté de plus de 10 % (32 % en France, 21 % au
Royaume-Uni), du fait de l'abandon de terres agricoles et
de reboisements systématiques effectués par les pouvoirs
publics ou les particuliers. Mais la pollution atmosphérique
et les pluies acides sont à l'origine de la destruction d'une
partie des forêts (voir *Environnement*).

54 MILLIONS D'HECTARES DE FORÊTS

Part de la superficie boisée dans chaque territoire et part de la production communautaire de bois (en %) :

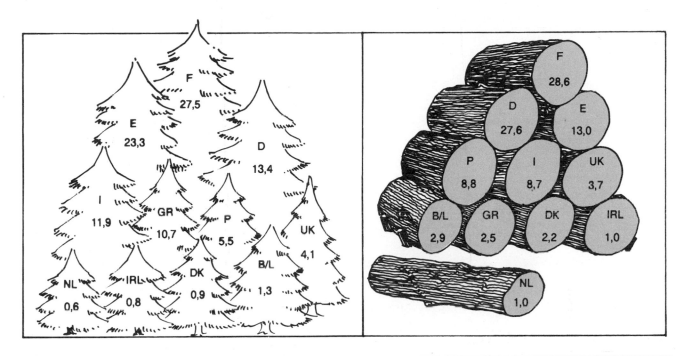

Les fleuves sont de taille plutôt modeste.

L'océan Atlantique ou la mer (mer du Nord, Méditerranée, Adriatique, mer Tyrrhénienne, mer Ionienne, mer Egée) ne sont jamais très éloignés des territoires de la Communauté. Le réseau hydrographique est assez dense, mais les fleuves et rivières sont plutôt courts, avec un débit égal dû à la régularité de leur alimentation et à la faiblesse de l'évaporation. Ils ont parfois un régime irrégulier, pouvant entraîner des crues importantes.

Plusieurs fleuves, rivières et lacs subissent des pollutions le plus souvent d'origine industrielle. De nombreuses régions situées au sud de la Communauté ont connu également la sécheresse au cours des dernières années, du fait d'un accroissement des températures moyennes (voir *Environnement*). On assiste parallèlement à une désertification progressive et inquiétante des sols cultivés, accélérée par l'utilisation intensive des engrais.

■ Dans la plupart des pays européens, au moins 20 % des incendies touchant des entreprises industrielles seraient d'origine criminelle. Leur nombre est en constante progression : au Royaume-Uni, plus de 25 % des incendies de locaux industriels et commerciaux étaient volontaires en 1983, contre 3 % en 1963. La proportion est passée dans le même temps de 9 à 16 % aux Pays-Bas.

■ En Europe continentale (hors URSS), les forêts représentent 3,8 % des terres.

EAU QUI COULE, EAU QUI DORT

Longueur des principaux fleuves et surface des principaux lacs :

Fleuves

• Rhin (RFA)	1 298 km
• Tage (Espagne/Portugal)	1 038 km
• Loire (France)	1 020 km
• Meuse (France/Belgique)	950 km
• Ebre (Espagne)	927 km
• Duero (Espagne/Portugal)	895 km
• Rhône (France)	812 km
• Guadiana (Espagne/Portugal)	778 km
• Seine (France)	776 km
• Pô (Italie)	652 km

Lacs

• Léman (France/Suisse)	582 km^2
• Constance (RFA/Suisse/autriche)	538 km^2
• Garde (Italie)	370 km^2
• Majeur (Italie/Suisse)	210 km^2
• Côme (Italie)	146 km^2
• Trasimène (Italie)	126 km^2
• Berre (France)	110 km^2
• Leucate (France)	110 km^2

LE SOLEIL INÉGAL

Températures moyennes annuelles :

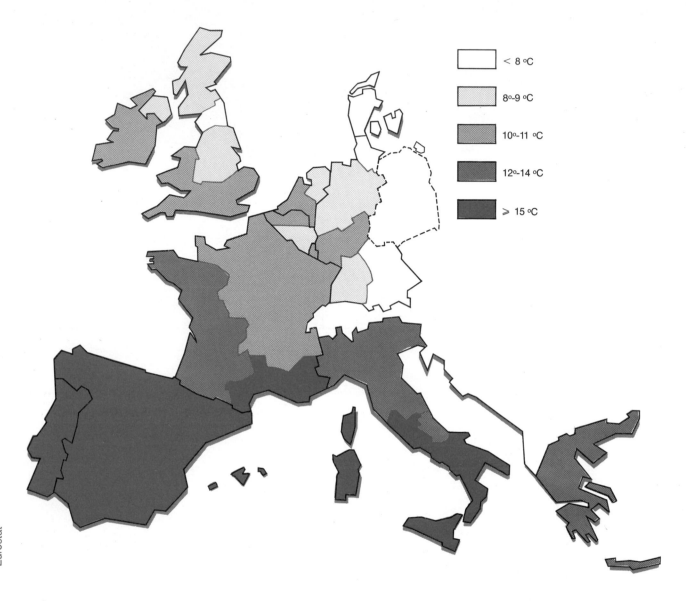

< 8 °C

8°-9 °C

10°-11 °C

12°-14 °C

≥ 15 °C

Eurostat

Les climats sont majoritairement de type océanique ou méditerranéen.

L'océan Atlantique et la mer Méditerranée conditionnent largement les climats des pays de la CE, à l'exception des régions intérieures de la RFA. La façade ouest et nord-ouest de la Communauté, du Danemark au Portugal, connaît un climat océanique, caractérisé par des pluies abondantes et fréquentes réparties sur toute l'année, des contrastes saisonniers de températures faibles, un temps souvent instable, une prédominance de vents d'ouest.

La zone d'influence méditerranéenne comprend la Grèce, la moitié sud de l'Italie, le sud-est de la France et les régions est de l'Espagne. Les étés y sont chauds et secs, les hivers souvent doux. Les pluies sont peu abondantes (rares en été), mais souvent violentes.

La zone continentale comprend la frange orientale de la Communauté et quelques bassins protégés des influences océaniques, comme le fossé rhénan. Son climat présente de forts contrastes saisonniers : hivers secs et rigoureux ; étés chauds et orageux.

■ Vers 1860, les vignes françaises décimées par le phylloxéra ont été sauvées in extremis, grâce à des croisements avec des ceps américains résistant à la maladie.

EUROMÉTÉO

Principales données climatiques (moyennes annuelles par pays*) :

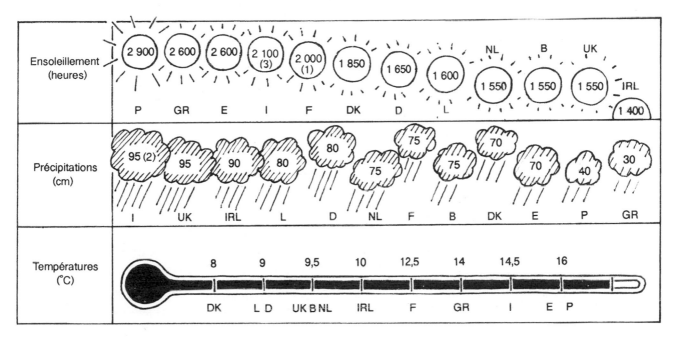

Ensoleillement (heures)	2 900	2 600	2 600	2 100 (3)	2 000 (1)	1 850	1 650	1 600	1 550	1 550	1 550	1 400
	P	GR	E	I	F	DK	D	L	NL	B	UK	IRL

Précipitations (cm)	95 (2)	95	90	80	80	75	75	75	70	70	40	30
	I	UK	IRL	L	D	NL	F	B	DK	E	P	GR

Températures (°C)		8	9	9,5	10	12,5	14	14,5	16
		DK	L D	UK B NL	IRL	F	GR	I	E P

Eurostat

* Moyennes entre la valeur régionale la plus basse et la valeur la plus élevée.
(1) Variation régionale : 1 600 à 2 800 heures.
(2) Variation régionale : 70 à 120 cm.
(3) Variation régionale : 1 600 à 2 600 heures.

ESPAGNE

THE SUN OF EUROPE

« Le soleil de l'Europe. »

TAPSA/NW AYER

Grèce : le néfos qui tue

A Athènes, le *néfos* (nuage, en grec), brouillard dû à la pollution, est responsable de nombreux malaises : oppressions thoraciques, larmoiements, vertiges, pertes de mémoire. Il aurait été responsable de la mort par asphyxie d'au moins 2 000 personnes au cours de la vague de chaleur de juillet 1987.

La pollution est liée à la très forte concentration humaine et industrielle dans l'agglomération (40 % de la population nationale, 60 % de l'industrie) et surtout au développement de la circulation automobile et aux 17 000 taxis à moteur Diesel. A certaines périodes critiques, la circulation est interdite un jour sur deux dans la capitale.

■ En 1989, 368 infractions ont été relevées dans les pays membres pour non-application des directives communautaires en matière d'environnement ; 129 concernaient la protection de la nature, 106 l'eau, 62 les déchets, 32 l'air, 26 la chimie, 13 le bruit.
Le pays le plus discipliné était le Danemark (5 infractions, devant le Luxembourg (12) et le Portugal (14). Les moins disciplinés étaient l'Espagne (57 infractions), la Belgique (47), la Grèce (45) et la France (41).

ENVIRONNEMENT

Les pays de la Communauté sont inégalement vulnérables aux risques écologiques.

L'Espagne et la France sont les deux pays où les douze types de risques recensés par les experts sont susceptibles de se produire (voir tableau). Les éruptions volcaniques concernent aussi l'Italie et le Portugal. Les Pays-Bas sont une région sensible aux tornades. La Grèce et l'Italie sont particulièrement menacés par la sécheresse. Des avalanches peuvent se produire au Danemark et en Italie. Les incendies de forêt sont plus fréquents en Europe du Sud, du fait des domaines forestiers importants et des conditions climatiques plus favorables. Des séismes sont susceptibles de se produire dans la région de Lisbonne et le sud de la France.

Quant aux autres risques, ils sont plus également partagés. Le Danemark, l'Irlande la Grande-Bretagne et le Luxembourg semblent plutôt moins exposés que les autres. Mais il faudrait, pour établir une hiérarchie significative, être en mesure d'estimer pour chaque pays la probabilité de chaque risque, sa fréquence d'apparition et surtout l'importance des dégâts qu'il est susceptible d'engendrer.

L'élimination des déchets est un problème de plus en plus préoccupant.

Chaque Européen produit environ 300 kilos d'ordures ménagères par an (un peu plus de 400 au Danemark et aux Pays-Bas). Il s'y ajoute les déchets industriels qui en représentent environ le triple. Le Royaume-Uni utilise le système des décharges (5 000 contre seulement 500 en RFA) ; à Londres, quatre bateaux de deux à trois mille tonnes circulent en permanence pour aller jeter à la mer les boues d'égout de la capitale.

En RFA, au Danemark, aux Pays-Bas, les citoyens ont pris l'habitude de trier le papier et le carton, les matières organiques et le verre, qui sont ensuite acheminés vers les centres de recyclage et les usines d'insinération. Aux Pays-Bas, la moitié du papier et du carton est recyclée, près de deux tiers du verre. Mais l'élevage de 12 millions de porcs, 90 millions de volailles et 5 millions de bovins pose dans ce pays un énorme problème de production de nitrates.

L'Italie et la France utilisent concurremment ces deux méthodes. La France obtient de bons résultats dans le recyclage du verre, mais continue d'accueillir les déchets d'autres pays. Elle traite chaque année environ 200 000 tonnes de déchets toxiques en provenance de la Communauté, sans compter les déchets nucléaires traités par l'usine de La Hague.

L'Europe pollue moins que les Etats-Unis

Si l'on tient compte des populations respectives, la CE pollue deux à trois fois moins que les Etats-Unis : 60 kg d'anhydrides sulfureux par an et par habitant en Europe contre 110 ; 30 kg d'hydrocarbures contre 100 ; 110 kg d'oxydes de carbone contre 320 ; 30 kg d'oxydes d'azote contre 80. Ces écarts s'expliquent plus par le moindre développement économique de l'Europe que par l'existence de politiques de protection plus efficaces. Les statistiques montrent que la consommation d'eau et la production de déchets tendent à s'accroître avec le degré de prospérité des nations.

■ 27 % de la consommation totale d'emballages de verre, soit 3 millions de tonnes, ont été recyclés en 1985. Le tonnage a doublé entre 1980 et 1985.

CLASSE TOUS RISQUES

Principaux risques naturels et industriels dans les pays de la Communauté :

	B	DK	D	E	F	GR	IRL	I	L	NL	P	UK
• Avalanches			●	●	●			●				
• Glissements de terrain	●		●	●	●	●	●	●	●	●	●	●
• Raz de marée	●	●	●	●	●	●		●		●	●	
• Tremblements de terre	●		●	●	●	●		●			●	
• Eruptions volcaniques								●			●	
• Tornades					●					●		
• Feux de forêt	●		●	●	●	●		●	●	●	●	
• Ruptures de barrage	●	●	●	●	●	●		●	●	●	●	
• Sécheresse				●	●	●		●			●	
• Inondations	●	●	●	●	●	●	●	●	●	●	●	●
• Accidents d'origine industrielle	●	●	●	●	●			●	●	●		●
• Accidents de transport de produits chimiques	●	●	●	●	●	●	●	●	●	●	●	●

Catastrophes

Principales catastrophes survenues dans les pays de la CE et coût des dommages subis (période 1975-1988) :

Inondations
- 23 mai 1978, RFA, 350 millions de $.
- 17 et 18 novembre 1979, Grèce (et Yougoslavie), 22 morts.
- Décembre 1981, France, 166 millions de $.
- Janvier 1982, Royaume-Uni, 175 millions de $.
- Janvier 1982, France, 152 millions de $.
- 4 mai 1983, France, 600 millions de $.
- 27 et 28 août 1983, Espagne, 42 morts, 223 millions de $.
- 19 novembre 1983, Portugal, 12 morts.
- 19 juillet 1985, Italie, plus de 200 morts.
- 18 juillet 1987, Italie, 24 morts, 626 millions de $.
- Octobre 1988, France.

Catastrophes d'origine géologique
(tremblements de terre, sauf indication contraire)
- 6 avril 1976, Italie, plus de 1 000 morts, 100 000 sans-abri.
- 2 et 3 novembre 1977, Grèce (et Turquie, Bulgarie), plus de 50 morts.
- 20 juin 1978, Grèce, 47 morts, 150 blessés.
- 9 juillet 1980, Grèce, 1 800 maisons endommagées, 200 détruites.
- 23 novembre 1980, Italie, 3 000 morts 7 700 blessés.
- Février 1981, Grèce, 20 morts, 80 000 sans-abri.
- Décembre 1982, Italie, glissement de terrain, 4 000 sans-abri, 700 millions de $.
- 29 avril 1984, Italie, 200 blessés, 800 logements endommagés.
- 13 septembre 1986, Grèce, plus de 20 morts.
- 14 juillet 1987, France, raz de marée, 23 morts.

Catastrophes d'origine climatique et météorologique
- Avril 1975, Italie (et Suisse, Autriche), avalanche, plus de 40 morts.
- Janvier 1976, RFA, Pays-Bas, Grande-Bretagne, Belgique (et Scandinavie), tempête, 100 morts.
- 12 et 13 janvier 1978, France, Grande-Bretagne, Belgique, tempête, 35 morts.
- 27 janvier 1980, Réunion (France), ouragan, 40 morts.
- 3 et 4 janvier 1981, Europe, tempête.
- Janvier 1981, Grande-Bretagne, France, tempête, inondation.
- 19 octobre 1982, Espagne, gros temps, 70 morts.
- Décembre 1982, Grande-Bretagne, RFA, France, tempête, inondation.
- 17 janvier 1983, Danemark, ouragan.
- 1 et 2 février 1983, nord-ouest de l'Europe, plus de 20 morts.
- 4 mai 1983, France, tempête, inondation.
- Janvier 1984, Europe du Nord-Ouest, tempête, 20 morts.
- Janvier 1984, Royaume-Uni, tempête de neige, 24 morts.
- 8 au 13 février 1984, Alpes (France, Suisse, Autriche, Yougoslavie), tempête de neige, plus de 30 morts.
- 12 juillet 1984, RFA (région de Munich), orage, grêle.
- 26 et 27 décembre 1984, Belgique, tempête.
- Janvier 1985, France, vague de froid.
- Janvier 1986, France, Grèce, Italie, Espagne, Grande-Bretagne (et Autriche), neige, gros temps, 34 morts.
- Janvier 1987, RFA, France, Grande-Bretagne (et Suisse), vague de froid, 200 morts.
- Mars 1987, RFA, France, Grande-Bretagne (et Suisse), vague de froid, 78 morts.
- Juin 1987, Grèce, Italie (et Yougoslavie), vague de chaleur, 750 morts.
- 24 et 25 août 1987, Italie, tempête, 9 morts.
- 16 et 17 octobre 1987, Grande-Bretagne, tempête, 13 morts.
- 16 et 17 octobre 1987, France, tempête.
- 3 au 9 juillet 1988, Grèce, vague de chaleur, 56 morts.

Déversements accidentels de pétrole dus aux pétroliers
(plus de 25 000 tonnes ou indemnités de plus de 5 millions de dollars)
- 18 mars 1967, Royaume-Uni et France (*Torrey Canyon*, Liberia), 121 200 t.
  8 novembre 1968, Espagne (*Spyros Lemos*, Liberia), 20 000 t.
- 1er avril 1972, Espagne (*Giuseppe Giulietti*, Italie), 26 000 t.
- 11 juin 1972, Grèce (*Trader*, Italie), 35 000 t.
- 29 janvier 1975, Portugal (*Jacob Maersk*, Danemark), 84 000 t.
- 12 mai 1976, Espagne (*Urquiola*, Espagne), 101 000 t.
- 14 octobre 1976, France (*Boehlen*, RFA/RDA), 11 000 t.
- 16 mars 1978, France (*Amoco Cadiz*, Liberia), 228 000 t.
- 6 mai 1978, Royaume-Uni (*Eleni V*, Grèce), 3 000 t.
- 12 octobre 1978, Royaume-Uni (*Christos Bitas*, Grèce), 5 000 t.
- 30 décembre 1978, Royaume-Uni (*Esso Bernica*, Royaume-Uni), 1 160 t.
- 31 décembre 1978, Espagne (*Andros Patria*, Grèce), 47 000 t.
- 8 janvier 1979, Irlande (*Betelgeuse*, France), 27 000 t.
- 2 mars 1979, Grèce (*Messlaniki Frontis*, Liberia), 6 000 t.
- 28 avril 1979, France (*Gino*, Liberia), 42 000 t.
- 24 février 1980, Grèce (*Irenes Serenade*, Grèce), 102 000 t.
- 7 mars 1980, France, Royaume-Uni (*Tanio*, Madagascar), 13 500 t.

– 3 mars 1981, RFA (*Ondina*, Dubaï), 500 t.
– 5 juillet 1981, France (*Cavo Cambanos,* Grèce), 18 000 t.
– 27 septembre 1983, Royaume-Uni (*Sivand,* Iran), 6 000 t.

Accidents chimiques majeurs (1965-1988)
– 1965, Royaume-Uni (Epping), contamination alimentaire (farine), 84 malades.

– 1974, Royaume-Uni (Flixborough), explosion d'usine, 28 morts, 89 blessés.
– 1975, Pays-Bas (Beek), explosion sur la route, 14 morts, 104 blessés.
– 1975, Italie (Seveso), explosion d'usine, 193 blessés.
– 1978, Italie (Manfredonia), fuite d'ammoniac.
– 1978, Espagne (Los Alfaques), accident de transport, 216 morts, 200 blessés.
– 1980, Espagne (Ortuella), explosion, 51 morts.

OCDE

LES REVERS DE LA MODERNITÉ

Emissions de gaz carbonique (CO_2) et de déchets municipaux (en kg/habitant) :

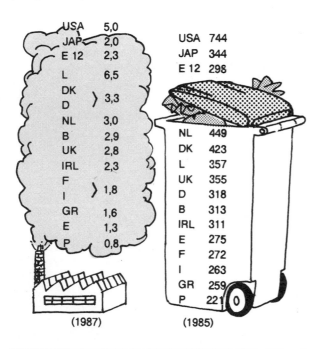

USA	5,0
JAP	2,0
E 12	2,3
L	6,5
DK	
D	⟩ 3,3
NL	3,0
B	2,9
UK	2,8
IRL	2,3
F	
I	⟩ 1,8
GR	1,6
E	1,3
P	0,8

USA	744
JAP	344
E 12	298
NL	449
DK	423
L	357
UK	355
D	318
B	313
IRL	311
E	275
F	272
I	263
GR	259
P	221

(1987)   (1985)

Eurostat

Environ un tiers des forêts sont menacées de destruction.

Les mesures effectuées montrent l'importance des dommages causés aux forêts dans de nombreux pays : 63 % des chênes britanniques ont perdu leurs feuilles, 49 % de ceux des Pays-Bas. la proportion est de 30 % en RFA, 23 % en Belgique et 14 % au Luxembourg. Certaines régions sont particulièrement touchées. Dans le Bade Wurtemberg (RFA), 5 % seulement des sapins sont en bonne santé, contre 62 % en 1980. En Alsace, le quart de la surface boisée est atteint : 20 % des résineux ; 6 % des feuillus. Les causes principales sont la pollution de l'air et les pluies acides.

Au Portugal, c'est au contraire la forêt qui menace l'environnement. L'eucalyptus, utilisé pour la fabrication de la pâte à papier, constitue une source importante de revenus et couvre le dixième de la surface boisée (80 % dans le cen-tre du pays). Mais il provoque ou accentue l'érosion des sols, l'altération du système hydrique, la désertification biologique, le dépeuplement de la faune.

LA FORÊT MALADE

Proportion de la superficie de forêt détruite par les pollutions (en %) :

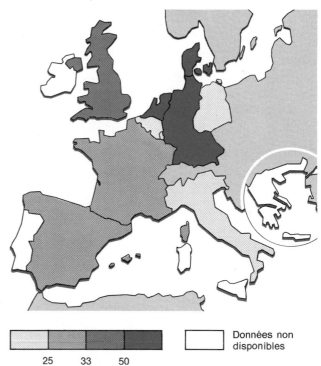

| | | | | | Données non disponibles |
| 25 | 33 | 50 | | | |

■ Chaque année dans le monde, 20 milliards de tonnes de déchets sont jetés dans la mer. 90 % de ces déchets stagnent près du littoral.

■ Les dépenses publiques pour l'environnement représentent 1,5 % du PIB en RFA, mais seulement 0,5 % en Espagne, au Portugal, en Grèce et 0,7 % en Italie. Elles sont voisines de 1 % dans les autres pays.

■ Il y a eu 58 secousses telluriques en France en un siècle.

OCDE

75 000 incendies par an

Entre 1980 et 1987, 238 000 hectares de forêt ont été brûlés en moyenne chaque année en Espagne, 135 000 en Italie, 78 000 au Portugal, 45 000 en Grèce, 38 000 en France. La superficie brûlée par incendie s'établissait à 39 hectares en Grèce, 28 en Espagne, 23 au Portugal, 20 en Italie, 8 en France. On a recensé pendant cette période 52 000 départs de feu par an en moyenne au Portugal, 8 000 en Espagne, 7 000 en Italie, 5 000 en France, 1 100 en Grèce. Les incendies de forêt coûtent chaque année plus de 30 milliards de francs à la Communauté.

Les régions touristiques sont particulièrement concernées par les problèmes écologiques.

La densité de la circulation automobile et des équipements touristiques nécessaires aux activités de loisirs contribue à la dégradation de l'environnement. 80 % de l'oxyde d'azote présent dans les Alpes sont dus à la circulation automobile. Dans certaines stations de vacances, la pollution de l'air est comparable à celle des grandes villes. Elle provoque un dépérissement des forêts et des sols. Celui-ci est accéléré par la présence du béton (routes, hôtels, restaurants, ports, aéroports...), le déboisement et la présence des randonneurs qui écrasent les sols.

En montagne, la couverture végétale des versants alpins est endommagée, ce qui provoque des avalanches et des glissements de terrain. Dans les eaux de la Méditerranée, les récifs de corail sont abîmés, des espèces sous-marines disparaissent.

La consommation d'eau élevée pose aussi de nombreux problèmes. L'insuffisance des stations d'épuration en période de vacances fait que les lacs et les mers sont pollués. Enfin, les détritus menacent l'équilibre écologique. Le tourisme, dont on peut attendre un développement considérable dans les années à venir, constitue donc une menace réelle sur l'environnement des régions concernées.

GRANDE-BRETAGNE

« Tue, tue, tue... »

La nature en réserve

La plupart des Etats européens ont créé des espaces protégés : parcs nationaux ou régionaux, réserves naturelles, etc. (voir tableau) :

Belgique. 24 réserves d'Etat, 177 réserves privées, 3 réserves forestières et un parc naturel. Pas de parcs nationaux.

Danemark. 550 zones de protection du paysage et 19 parcs naturels. Les réserves naturelles incluent 14 réserves d'animaux et 75 réserves de gibiers. Pas de parcs nationaux.

France. 6 parcs nationaux (superficie totale 12 300 km²), 24 parcs naturels régionaux (45 000 km²).

Allemagne. 2 parcs nationaux (340 km²), 65 parcs naturels (52 000 km²), 5 000 zones de protection du paysage, dont 1 850 réserves naturelles, anciennes comme le *Lüneberger Helde* (1936), ou récentes comme le *Bayerische Wald*, en Bavière (1970) ou la *Nordfriesishes Walteumeer* (1974).

Grèce. 10 parcs nationaux (366 km²) dont *Olympe*, *Pinde*, *Parnasse*, *Mont Aimos*, *Samarius Ravines* (Crète). Pas de réserves naturelles mais 19 forêts et 490 réserves de gibier.

Irlande. 4 parcs nationaux (210 km²), 28 réserves naturelles, dont 11 réserves forestières.

Italie. 5 parcs nationaux (2 800 km²) comme le *Gran Paradisio*, le *Stelvio* ou les *Abruzzes*, 158 réserves naturelles, 10 parcs naturels régionaux, 10 zones de protection de la faune et de la flore, 3 réserves forestières.

Luxembourg. 2 parcs naturels et 98 réserves naturelles.

Pays-Bas. 4 parcs nationaux (150 km²), 17 parcs nationaux paysagers et 100 forêts d'Etat.

Portugal. Un parc national (600 km²), 11 réserves naturelles et 4 parcs naturels.

Espagne. 9 parcs nationaux (1 350 km²) dont 4 dans les îles Canaries, 38 réserves naturelles définies comme des réserves nationales, 31 réserves nationales de la faune, 35 réserves de gibier, 12 parcs naturels. Les parcs de *Montana de Covadonga de Pena Santa* (Asturies) et *Valle de Ordesa* (Pyrénées) ont été créés en 1918 ; celui de *Coto Donana*, dans le delta du Guadalquivir, date de 1963.

Royaume-Uni. 10 parcs nationaux (14 000 km²), 356 réserves naturelles, dont 235 réserves nationales et 121 réserves privées. Il existe aussi 40 zones d'intérêt national et 5 zones de parcs nationaux en Ecosse, 38 patrimoines côtiers et parcs de beauté naturelle exceptionnelle.

SOS ANIMAUX

Nombres d'espèces menacées et proportion par rapport au nombre d'espèces connues :

	Mammifères		Oiseaux		Poissons		Reptiles		Amphibiens		Invertébrés	
	Nombre	%	Nombre	%	Nombre	%	Nombre	%	Nombre	%	Nombre	%
• Belgique	-	-	-	-	-	-	-	-	-	-	-	-
• Danemark	14	28,6	41	21,6	17	10,2	0	0,0	3	21,4	155	0,5
• Espagne	17	12,6	22	6,2	5	8,9	1	1,6	1	4,2	51	0,3
• FRANCE	59	52,2	136	39,8	13	18,6	14	38,9	18	62,1	-	-
• Grèce	-	-	-	-	-	-	-	-	-	-	-	-
• Irlande	5	16,1	33	23,7	-	-	0	0,0	1	33,3	-	-
• Italie	13	13,4	60	14,3	70	13,9	24	52,2	13	46,4	2 308	4,0
• Luxembourg	-	-	54	38,6	25	62,5	7	87,5	11	68,8	-	-
• Pays-Bas	29	48,3	85	33,1	11	22,4	6	85,7	10	66,7	-	-
• Portugal	25	44,6	113	39,2	-	-	-	-	-	-	-	-
• RFA	44	46,8	98	32,1	49	70,0	9	75,0	11	57,9	10 600	26,5
• Royaume-Uni	24	31,2	35	15,0	4	1,9	5	45,5	2	14,3	892	3,1
• Etats-Unis	49	10,5	79	7,2	64	2,4	26	7,1	8	3,6	48	0,8
• Japon	4	2,2	35	5,5	4	0,1	3	3,5	1	1,7	-	-

OCDE

GRANDE-BRETAGNE

KHBB

« N'achetez pas votre poisson à un boucher. L'Islande tue les baleines, n'achetez pas son poisson. »

Une forte proportion d'espèces animales est menacée.

L'accroissement de l'activité humaine explique que les espèces naturelles sont de plus en plus rares à l'état sauvage. On trouve encore des ours bruns dans les forêts les plus élevées des Pyrénées, des Alpes et de l'Apennin, ainsi que des bouquetins, chamois, marmottes, cerfs et chevreuils. Il y a encore des mouflons en Sardaigne et en Corse, des sangliers sur les côtes méditerranéennes. On peut encore voir des loups en Italie. La faune marine est plus abondante le long des côtes atlantiques. Des phoques vivent le long des côtes de la mer du Nord et de la Baltique. Les espèces d'oiseaux y sont également nombreuses.

Une étude réalisée sur les 23 pays membres du Conseil de l'Europe conclut que 66 des 156 espèces de mammifères (42 %) sont menacées de disparition. C'est le cas des chauve-souris (dans le nord-ouest de l'Europe), des mammifères marins (cétacés), des insectivores vivant sur les rivages d'eau douce.

Les grands oiseaux sont également concernés : 72 des 400 espèces identifiées (18 %) ; en particulier, 17 espèces de rapaces et 38 dépendant de l'existence des marais et autres lieux humides.

Sur les 200 espèces de poissons, 103 seraient en danger (52 %), dont une trentaine de poissons d'eau douce. Les esturgeons, les aloses d'eau douce, quelques cyprinidés sont ainsi en voie d'extinction.

Le rapport indique aussi que 46 des 102 espèces de reptiles sont menacées (45 %), ainsi que 13 des 43 espèces d'amphibiens (vertébrés à larve aquatique comme les grenouilles, salamandres...). De même, 20 % des quelque

20 000 espèces d'invertébrés (insectes, crustacés, mollusques...) sont concernés dans une large partie de leur domaine européen. Enfin, sur les 380 espèces de papillons, 11 au moins sont considérées comme menacées, 51 vulnérables, 13 en voie de raréfaction. Au total, il apparaît donc que plus d'un tiers des espèces animales subissent les effets directs ou indirects de l'activité humaine et du développement démographique et industriel.

LES MAMMIFÈRES EN DANGER

Proportion de mammifères menacés par rapport au nombre d'espèces connues :

52   48   47   45   31   29   16   13   13

F   NL   D   P   UK   D   IRL   I   E

OCDE

L'intérêt et l'inquiétude pour l'environnement s'accroissent presque partout.

Une enquête réalisée par *Eurobaromètre* en 1987 a montré que les principales craintes des Européens concernent en particulier la disparition d'espèces animales et végétales, la gestion des déchets et la pollution des eaux. Pour une majorité d'entre eux, la protection de l'environnement et le respect de la nature sont partie intégrante du développement économique. Trois personnes sur quatre considèrent que la protection de l'environnement est une priorité absolue.

La prise de conscience est particulièrement forte au Luxembourg, en Espagne, au Danemark et en Italie. Belges, Danois et Italiens stigmatisent surtout la pollution industrielle, chimique et nucléaire. Les pays du Sud et l'Irlande mettent davantage l'accent sur le caractère néfaste des problèmes plus quotidiens comme les détritus.

Dans l'ensemble, seule une minorité est prête à sacrifier l'amélioration de l'environnement pour maintenir la croissance. L'Irlande se distingue des autres pays : une personne sur cinq donne la priorité au développement économique, contre moins d'une sur dix dans les autres pays. D'une manière générale, la place accordée à la protection de l'environnement augmente avec le niveau d'instruction ; elle est plus forte chez les personnes proches de la gauche.

L'enlaidissement des paysages est jugé plus grave que la pollution de l'air ou la qualité de l'eau.

C'est le cas en particulier en Grèce, Espagne, France, Italie, Pays-Bas et Royaume-Uni. La pollution de l'air arrive en seconde position et concerne surtout les Belges, Danois et Luxembourgeois. Le bruit est le principal problème évoqué par les Allemands, tandis que les Italiens se plaignent de la qualité de l'eau potable. Les Grecs, eux, se soucient de la manière dont les déchets sont éliminés dans leur pays.

Le niveau général des inquiétudes exprimées est plus élevé en Italie et aux Pays-Bas. Il est plus faible en Belgique et en Italie. Le seul pays dans lequel les habitants ont le sentiment que les pouvoirs publics s'occupent de la protection de l'environnement est le Danemark. Près d'un tiers des Portugais et des Espagnols considèrent qu'ils ne s'en occupent pas du tout. Le sentiment général est que les pouvoirs publics font des efforts, mais sans beaucoup de résultats.

Les actions des citoyens en faveur de l'environnement sont très inégales. Les Espagnols, les Britanniques et les Italiens portent une attention particulière aux déchets ménagers. Les Espagnols et les Portugais utilisent l'eau avec plus de parcimonie. Un Allemand sur quatre a fait modifier son pot d'échappement.

La peur du nucléaire se généralise.

L'accident de la centrale de Tchernobyl (26 avril 1987) a eu des répercussions importantes sur l'opinion européenne en matière d'énergie et d'environnement. Globalement, 60 % des Européens sont défavorables au développement des centrales nucléaires. La crainte existe d'ailleurs depuis longtemps dans des pays comme le Danemark, l'Irlande, l'Italie, le Luxembourg ou le Royaume-Uni.

■ Sur les 2 700 espèces de plantes vasculaires répertoriées en RFA, 30 % ont disparu ou sont menacées de disparition.

■ Depuis le début du siècle, l'homme aurait déjà détruit 75 % des espèces vivantes.

■ L'immersion de déchets nucléaires est interdite en mer depuis 1983. Auparavant, entre 3 000 et 11 000 tonnes étaient immergées chaque année.

Les Français sont les moins hostiles au nucléaire. Le relatif consensus social et politique (gaullistes et communistes s'étaient alliés au moment de la création du Commissariat à l'énergie atomique, en 1945) avait permis dans les années 70 la construction des centrales, point fort de la technologie française et moyen d'indépendance énergétique. Ils sont suivis par les Britanniques et les Belges.

Le stockage des déchets radioactifs est considéré comme le risque principal, devant les rejets radioactifs. Mais les risques d'explosion d'une centrale sont beaucoup plus fortement perçus depuis Tchernobyl.

L'EUROPE IRRADIÉE

Exposition à la radioactivité provenant du rayonnement cosmique, du sol et des immeubles (doses en unités annuelles) :

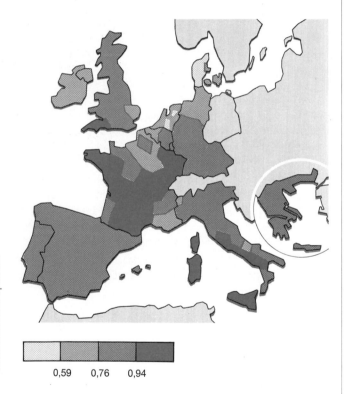

0,59   0,76   0,94

Commission européenne

- La température moyenne de la planète a augmenté de 0,6 degré en un siècle. Six des années les plus chaudes du siècle font partie de la décennie 80.

- La RFA produit chaque année 3 millions de tonnes de soufre et 3,5 millions de tonnes d'oxyde d'azote. La France en produit respectivement 2,5 et 2,7 millions de tonnes.

- Les agriculteurs de la Communauté utilisent chaque année 9 millions de tonnes d'engrais azotés, 5 millions de tonnes d'engrais phosphatés, 5 millions de tonnes d'engrais potassiques.

RESSOURCES NATURELLES

L'eau est abondante mais mal répartie.

Il tombe en moyenne un mètre de pluie par an et par m^2 en Europe, mais elle est inégalement répartie : plus de 4 mètres dans certaines régions ; moins de 10 cm dans d'autres. A l'exception du Rhin, qui traverse trois pays de la Communauté, les fleuves sont de taille moyenne. De plus, la pollution touche une partie des bassins hydrographiques, des lacs et des eaux côtières. En dépit du développement des techniques d'épuration, des difficultés d'alimentation pourraient donc apparaître dès l'an 2000, époque à laquelle les besoins devraient avoir doublé par rapport à 1970.

Des directives européennes ont été établies pour adapter les législations nationales, lutter contre les grandes pollutions marines, mener des recherches scientifiques, améliorer la qualité des eaux de consommation, de baignade ou piscicoles.

Une plage sur trois polluée

Sur 312 plages européennes testées par le BEUC (Bureau européen des unions de consommateurs) en 1988, 66 % étaient conformes, sur le plan bactériologique, aux normes conseillées par la CE. 32 % étaient moyennement polluées, 2 % étaient très polluées. La pollution (moyenne ou élevée) par les métaux lourds était de 64 % pour le zinc, 61 % pour le cadmium, 43 % pour le plomb, 23 % pour le cuivre, 57 % pour le mercure. Les plages des Pays-Bas et de Grande-Bretagne étaient les plus touchées, celles du Danemark et du Portugal les moins atteintes. Enfin, la pollution visible (déchets divers, résidus d'huiles minérales, détergents, goudrons...) concernait 36 % des plages. La directive sur la qualité des eaux de baignade, signée en 1975, a été appliquée avec un retard de deux à huit ans dans tous les pays, à l'exception de l'Irlande et du Danemark.

Certaines régions pourraient à terme manquer d'eau.

Les pays de la CE puisent dans les eaux souterraines l'essentiel de leurs besoins en eau, à un rythme trop élevé pour permettre un renouvellement suffisant. La consommation a d'ailleurs été artificiellement accrue par des prix largement subventionnés ; elle a doublé en 25 ans dans des pays comme la RFA ou l'Espagne.

Les eaux sont en outre exposées à de multiples sources de pollution : engrais chimiques, déchets d'élevage, pesticides, fosses sceptiques, réservoirs de stockage souterrains, décharges de déchets, rejets d'usines chimiques, etc. De même, la multiplication des barrages hydroélectriques et le drainage de zones marécageuses ont entraîné une baisse du débit des cours d'eau, des phénomènes de sédimentation et un ressourcement difficile des nappes.

Le risque de manque d'eau pour les années à venir est aggravé par le fait que certains éléments polluants peuvent mettre jusqu'à 20 ans pour atteindre la nappe phréatique.

EAU DE VIE

Prélèvements d'eau (totaux, en m³ par habitant) et prix (1989, en écus par m³, hors taxes et assainissement) :

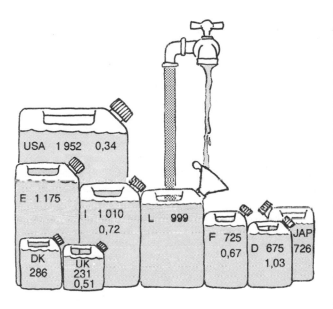

OCDE

■ Plus de 80 % des habitants de la Communauté sont desservis par des installations de traitement des eaux usées, à l'exception de l'Espagne (68 %), de l'Irlande (65 %) et du Portugal (41 %).

■ Entre 1967 et 1989, on a constaté 76 déversements accidentels de pétrole en mer (seuls les déversements de plus de 25 000 tonnes ou ayant donné lieu à des indemnités de plus de 5 millions de dollars sont pris en compte). La plus importante a eu lieu en 1979 au large de l'île de Tobago par un bateau battant pavillon grec : 276 000 tonnes déversées.

■ En Belgique, l'État prévoit de fournir à tous les habitants des pilules antinucléaires (qui saturent l'iode de l'organisme, afin d'éviter l'absorption d'iode radioactif) pour les protéger en cas d'accident atomique.

GRANDE-BRETAGNE

« 800 000 familles utilisent nos ressources. »

Jenner Keating Becker Reay

La Communauté dépend largement des autres pays pour certaines matières premières.

Le taux de dépendance atteint ou dépasse 90 % dans le cas du cuivre, du fer, des phosphates, des nitrates, de l'étain et du plomb ; il est proche de 80 % pour l'aluminium et le zinc (voir tableau). La dépendance de l'Europe est également très forte en ce qui concerne les minerais de chrome (plus de 90 % des réserves se situent en Afrique australe), cobalt (plus de 50 % localisés au Zaïre et en Zambie). La quasi-totalité des gisements de platinoïdes et de manganèse se trouvent en Afrique du Sud et en URSS. Ces deux pays assurent également les deux tiers de la production d'or.

Aucun pays de la Communauté ne compte parmi les cinq premiers producteurs des principaux minerais : fer, cuivre, étain, or, platine, antimoine, bauxite, chrome, cobalt, manganèse, molybdène, titane, tungstène. L'Espagne assure cependant 26 % de la production mondiale de mercure, la France 8 % du nickel (Nouvelle-Calédonie) et 4 % du magnésium.

Les nodules polymétalliques situés au fond des océans pourraient jouer un rôle économique important au siècle prochain et favoriser les nations comme la France qui disposent de domaines maritimes importants (grâce à sa présence dans l'océan Pacifique).

MATIÈRES PREMIÈRES : L'EUROPE DÉPENDANTE

Part des importations dans la consommation de certaines matières premières (1986, en %)* :

	CE à 10	Etats-Unis	Japon
• Aluminium	80	97	94
• Cuivre	84	40	74
• Plomb	54	14	63
• Zinc	68	80	68
• Fer	73	28	89
• Manganèse	100	100	100
• Chrome	88	91	100
• Nickel	86	82	100
• Titane	100	100	100
• Fluor	25	82	100
• Phosphate	100	2	100
• Etain	66	79	90
• Cobalt	100	100	100
• Molybdène	100	17	100
• Niobium	98	100	100
• Tantale	92	-	100
• Vanadium	100	-	100
• Tungstène	89	89	83
• Mercure	24	44	-
• Antimoine	89	64	100
• Zirconium	100	100	100

* Dans la plupart des cas, une partie de la production est exportée même s'il y a recours à l'importation. Le bilan s'exprime de la façon suivante : production + récupération + importations + diminution des stocks = consommation + exportations + accroissement des stocks.
Les taux de dépendance calculés sont approximatifs, car ils ne tiennent pas compte des variations des stocks. Lorsque les importations sont supérieures à la consommation, on a retenu le taux 100.

PAYS-BAS

« Etes-vous dans l'huile ? NMB pense à vous. »

La fin des matières premières ?

D'après certaines estimations, les réserves mondiales de nombreuses matières premières seraient proches de l'épuisement. Ainsi, les réserves disponibles d'argent sont estimées à environ 250 000 tonnes, soit environ 18 années de consommation. Les 40 000 tonnes d'or existant dans le sous-sol des pays producteurs correspondent à 25 années de consommation. De même, les réserves de pétrole devraient être épuisées dans 40 ans, celles de gaz naturel dans 50 ans. L'étain disparaîtrait dans 17 ans, le zinc dans 25 ans, l'amiante et le plomb dans 28 ans, le manganèse et l'uranium dans 43 ans. Les estimations sont un peu moins pessimistes en ce qui concerne l'aluminium (220 ans), la potasse (310), le fer (440).

Des espoirs existent cependant de pouvoir continuer à approvisionner l'industrie. D'abord, toutes les réserves n'ont pas été décelées. Les fonds des océans recèlent en particulier des quantités considérables de nodules polymétalliques riches en titane, aluminium, plomb, cuivre, bismuth ou argent. De plus, des matériaux de substitution ont commencé à faire leur apparition : matériaux synthétiques ; remplacement de certains métaux par d'autres, plus répandus.
Malgré les difficultés, les technologies devraient pouvoir s'adapter progressivement aux nouvelles conditions. Mais il est vraisemblable que la situation de rareté ou de pénurie de certains matériaux aura des conséquences économiques et géopolitiques importantes au cours des prochaines décennies. Lors de la guerre du Viêt-nam, les Etats-Unis avaient fait pression sur les principaux groupes producteurs de nickel pour être servis en priorité. Les pays d'Europe et le Japon durent alors s'approvisionner en URSS, à des tarifs cinq fois plus élevés que la normale.

La Communauté dépend aussi des autres pays pour son énergie.

A l'exception du Royaume-Uni et des Pays-Bas, la production énergétique des pays de la CE est globalement insuffisante. Les douze pays consomment ensemble environ un milliard de tep (tonnes-équivalent pétrole) par an, dont 44 % proviennent du pétrole, 22 % du charbon, 19 % du gaz, 13 % de l'énergie nucléaire et 2 % de l'énergie hydro-électrique. Globalement, il manquait en 1989 à la CE un peu plus de 400 millions de tep pour satisfaire sa consommation intérieure (contre 600 millions en 1980).

Ramenée au nombre d'habitants, la consommation intérieure de chaque pays (industrie, transports, ménages...) est très variable : 1,2 tep par personne au Portugal ; 4,5 en Belgique.

■ Les principales réserves européennes de houille et de lignite se trouvent en RFA (300 milliards de tonnes) et au Royaume-Uni (45 milliards de tonnes). Elles ne représentent qu'environ 2 % des réserves mondiales estimées.

Eurostat

DMB&B

L'ÉNERGIE RARE ET CHÈRE

Consommation d'énergie par habitant (en kg équivalent pétrole) :

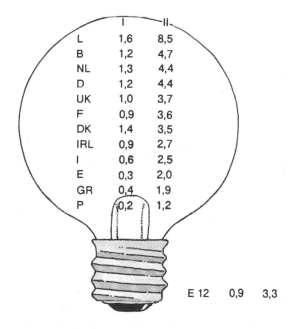

	I	II
L	1,6	8,5
B	1,2	4,7
NL	1,3	4,4
D	1,2	4,4
UK	1,0	3,7
F	0,9	3,6
DK	1,4	3,5
IRL	0,9	2,7
I	0,6	2,5
E	0,3	2,0
GR	0,4	1,9
P	0,2	1,2
E 12	0,9	3,3

I Consommation intérieure brute.
II Consommation des foyers domestiques, commerces, artisanat, etc.

Eurostat

Près de la moitié de l'énergie consommée est importée.

Malgré l'accroissement de la consommation, la dépendance énergétique de la CE est passée de 70 % en 1974 à environ 40 % en 1990, grâce à l'apport du nucléaire et aux économies d'énergie réalisées. Avant le premier choc pétrolier, le pétrole importé représentait 62 % de la consommation énergétique de la Communauté ; il ne compte plus que pour 31 % aujourd'hui.

Le Luxembourg, le Portugal et l'Italie sont les plus dépendants : plus de 80 %. Le seul pays de la Communauté disposant de l'autonomie énergétique est le Royaume-Uni, excédentaire depuis 1981, avec l'exploitation du pétrole de la mer du Nord. Les Pays-Bas sont très proches de l'équilibre, grâce au pétrole et au gaz naturel dont ils assurent 5 % de la production mondiale. L'ensemble des pays d'Europe de l'Ouest ne détiennent que 3 % des réserves prouvées de pétrole du monde (contre près de 60 % pour les pays du Moyen-Orient). La RFA extrait environ 5 % du charbon mondial, la France produit 12 % de l'énergie nucléaire mondiale et 3 % de l'énergie hydroélectrique.

Au total, la dépendance énergétique de la CE (énergie primaire) est très supérieure à celle des Etats-Unis (environ 15 %), mais très inférieure à celle du Japon (plus de 90 %). La production de l'URSS est, elle, largement excédentaire par rapport à ses besoins.

Le nucléaire fournit 33 % de l'électricité et 13 % de la production totale d'énergie.

Les chiffres varient fortement d'un pays à l'autre : en France et en Belgique, plus de 70 % de l'électricité produite sont d'origine nucléaire, alors que le Danemark, la Grèce, l'Irlande, le Luxembourg et le Portugal n'ont pas construit de centrales. Pour les partisans du nucléaire, le grand défi technologique des prochaines décennies est celui de la maîtrise de la fusion, source d'énergie pratiquement inépuisable.

On estime que la part du pétrole dans l'énergie consommée devrait se stabiliser aux alentours de 40 % d'ici 1995-2000, contre près des deux tiers à l'époque du premier choc pétrolier. La part des combustibles solides (charbon, lignite, etc.) devrait s'accroître légèrement, dans des conditions acceptables pour l'environnement.

La part du gaz naturel a augmenté de moitié entre 1973 et 1985 et devrait être maintenue, grâce aux accords passés avec la Norvège (exploitation des gisements gigantesques de Troll), l'URSS ou l'Algérie. La contribution des énergies nouvelles et renouvelables (éolienne, solaire, hydraulique, biomasse) devrait être progressivement accrue, mais elle ne représentera que 5 à 6 % des besoins en l'an 2000.

NUCLÉAIRE : LE CLUB DES SIX

Part de l'énergie d'origine nucléaire dans la production nette d'énergie électrique (1988, en %) :

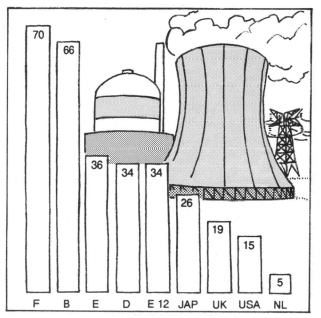

F	B	E	D	E 12	JAP	UK	USA	NL
70	66	36	34	34	26	19	15	5

Eurostat

Projections 1995 : France 79 % ; Belgique 62 % ; RFA 37 % ; Espagne 34 % ; Royaume-Uni 20 % ; Pays-Bas 5 %.

■ La consommation d'énergie de l'industrie de la CE a diminué de 13 % entre 1975 et 1985.

MAIGRES RESSOURCES

Principaux gisements de pétrole, gaz naturel, houille :

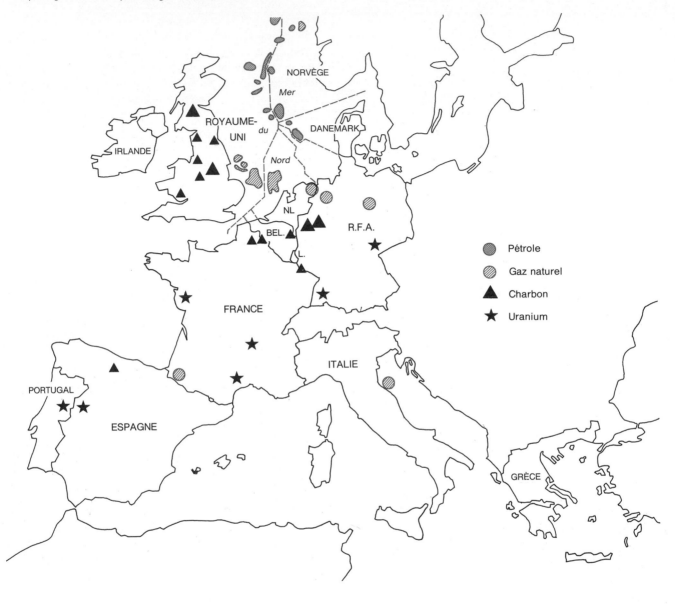

- Pétrole
- Gaz naturel
- Charbon
- Uranium

■ Chaque année, l'énergie nucléaire produite dans la Communauté lui permet d'économiser plus de 130 millions de tonnes de pétrole, soit presque l'équivalent de sa production globale.

■ 90 % de toutes les radiations proviennent de sources naturelles : terre, air, nourriture, ciel (rayons cosmiques).

■ Entre 1975 et 1985, le nombre des plaintes contre le bruit a doublé en Angleterre et au pays de Galles. En France, 25 % de la population est exposée à une intensité acoustique quotidienne de plus de 65 décibels.

■ Une personne habitant à une altitude de 1 000 m reçoit chaque jour 20 % de radiations de plus qu'une personne habitant au niveau de la mer. Ceux qui habitent au nord de l'Ecosse en reçoivent 10 % de plus que ceux qui habitent en Grèce.

■ Les catastrophes naturelles sont d'autant plus meurtrières que les pays sont moins développés. Entre 1960 et 1981, le Bangladesh a connu 63 catastrophes qui ont fait 633 000 morts, la Chine 20 et 247 000 morts. Dans la même période, le Japon en a connu 43 qui ont fait 2 700 morts, l'Italie 24 et 6 100 morts, l'Espagne 12 et 1 900 morts.

ÉTATS

Six républiques et six monarchies ■ Moindre stabilité
gouvernementale en Italie, Belgique, Pays-Bas, Danemark ■ Opposition
idéologique gauche-droite en baisse ■ Extrême droite forte en Allemagne
et en France ■ Dépenses de protection sociale élevées
(surtout au nord) ■ Fortes disparités en matière de fiscalité et de défense ■
Système juridique romano-germanique majoritaire
(*Common law* au Royaume-Uni et en Irlande) ■ 66 grandes régions aux
pouvoirs distincts ■ Taille moyenne des communes
variable de 1 à 78 ■ Réseaux de communication denses

INSTITUTIONS

***Les Etats de la Communauté se partagent
également entre républiques et monarchies.***

Six des douze pays membres de la CE sont des monarchies : Luxembourg, Royaume-Uni, Danemark, Espagne,
Pays Bas, Belgique ; les six autres sont des républiques. Ce
sont tous des Etats de droit, qui disposent de régimes parlementaires et d'institutions démocratiques. Ainsi, en cas de
désaccord avec le gouvernement (organe exécutif), le Parlement (organe législatif) peut mettre en jeu la responsabilité de celui-ci. Réciproquement, le gouvernement (ou,
comme en France, le chef de l'Etat) dispose d'un pouvoir
de dissolution du Parlement. Cette unité n'exclut pas, cependant, des différences sensibles dans le fonctionnement
et les structures politiques.

***Trois des pays membres ont accédé
tardivement à la démocratie.***

En Grèce, le « régime des colonels » a cédé la place à
celui des civils en 1974, après sept ans de dictature. Au Portugal, la révolution des Œillets (1974 également) a mis fin
à quarante-cinq ans de régime de Salazar. En Espagne, la

mort de Franco, en 1975, a permis l'avènement d'un régime
de liberté.

D'après les rapports d'Amnesty international, la plupart
des pays de la CE présentent une bonne situation d'ensemble en matière de fonctionnement démocratique, à l'exception de la Grèce, où l'on constate certaines atteintes aux
droits de l'homme et des problèmes de minorités. On note
aussi quelques restrictions en Italie et en Espagne.

Reines d'Europe

La reine d'Angleterre, Elisabeth II, est le premier chef
d'Etat du monde. Elle règne sur un milliard et demi
de sujets, appartenant aux 17 pays membres du
Commonwealth et détient une immense fortune,
évaluée à 23 milliards de francs (la première de
Grande- Bretagne).

Beatrix des Pays-Bas, petite fille de Wilhelmine
(surnommée par Churchill « le seul homme de la
guerre »), a dû faire la grève de la faim pour épouser un
Allemand en 1966. Elle a mis au monde trois garçons,
dont l'aîné, Guillaume-Alexandre, montera sur le trône.

Margrethe II de Danemark a épousé un Français (le
prince Henrik). Elle est restée très simple, se promène à
pied dans les rues de Copenhague et n'hésite pas à
porter plusieurs fois la même robe longue. Elle reçoit
chaque année 20 tonnes de hareng, offertes par son
peuple.

INSTITUTIONS

	BELGIQUE	DANEMARK	RFA
Régime	Monarchie constitutionnelle héréditaire fondée sur la démocratie parlementaire depuis la Constitution de 1831.	Monarchie constitutionnelle fondée sur la démocratie parlementaire.	Etat fédéral fondé sur la démocratie parlementaire. Constitution fédéraliste depuis 1949.
Chef d'Etat	**Roi**. Inviolable et non responsable politiquement. Nomme et révoque les ministres et le Premier ministre après consultation des partis. Peut convoquer et dissoudre les chambres, sur proposition du Premier ministre. Exerce le pouvoir législatif collégialement avec la Chambre des représentants et le Sénat et le pouvoir exécutif collégialement avec les ministres.	**Reine**. Exerce le pouvoir législatif avec le Parlement. Nomme le Premier ministre (après consultation des partis) et les ministres. Ratifie les lois et peut dissoudre l'Assemblée.	**Président fédéral**. Elu pour cinq ans par l'Assemblée fédérale (Bundestag et membres des parlements des Länder). Représente le Bund sur le plan international, conclut les traités, promulgue les lois. Nomme et révoque les ministres sur proposition du chancelier.
Principales institutions (Voir aussi les *Dossiers nationaux* à la fin de l'ouvrage).	**Premier ministre**. Chargé par le roi de former le gouvernement, composé pour moitié de ministres francophones et néerlandophones. **Parlement**. Chambre des députés et Sénat égaux en droit. 212 députés élus pour quatre ans à la proportionnelle. 184 sénateurs, dont 106 élus pour quatre ans à la proportionnelle, 51 choisis par les conseils provinciaux, 26 cooptés, un sénateur de droit (prince Albert, frère du roi).	**Cabinet**. Constitué par le Premier ministre. Le Conseil des ministres délibère sur les mesures gouvernementales et les projets de loi importants. **Parlement**. Une seule chambre *(Folketing)*, avec députés élus pour quatre ans au suffrage universel et à la proportionnelle. Les lois adoptées par le Parlement peuvent être soumises à référendum sur demande d'un tiers des députés.	**Chancelier**. Elu par le Bundestag, sur proposition du président fédéral. Chef de l'exécutif. **Pouvoir législatif**. Partagé entre le *Bund* et les *Länder* (sauf certains domaines où le *Bund* a l'exclusivité : défense, affaires étrangères, monnaie, poste...). **Parlement**. *Bundestag,* organe de représentation populaire, et *Bundesrat,* émanation des *Länder.*
Autres institutions	Conseil d'Etat ; Cour d'arbitrage.	Chaque citoyen peut porter plainte contre l'Administration auprès d'un délégué du Parlement *(Ombudsman)*.	Tribunal constitutionnel.
Découpage administratif	Trois régions socio-économiques (flamande, wallonne et bruxelloise) et neuf provinces.	14 départements plus Copenhague et Frederiksberg. Groenland et îles Féroé, régions autonomes à l'intérieur du royaume, avec leur propre Parlement.	10 *Länder.*
Capitale	Bruxelles.	Copenhague.	Bonn, dans le cadre de l'ancienne RFA.
Elections	Droit de vote à 18 ans, éligibilité à 25 ans pour la députation et 40 ans pour le Sénat. Elections le dimanche. Vote obligatoire.	Droit de vote et éligibilité à 18 ans. Ont généralement lieu le mardi.	Droit de vote et égibilité à 18 ans. Les élections ont lieu le dimanche ou un jour férié légal. La capitale fédérale est Bonn.
Service militaire	Obligatoire pour les hommes (10 mois).	Obligatoire pour les hommes (9 à 12 mois).	Service obligatoire pour les hommes (18 mois).
Fête nationale	21 juillet, date de la prestation de serment de Léopold Ier, premier roi des Belges, en 1831. Fête de la communauté française le 21 septembre, de la communauté flamande le 11 juillet.	5 juin, anniversaire de la Constitution de 1953.	17 juin (commémoration de l'unité allemande ; manifestations ouvrières de Berlin-Est en 1953) et 23 mai (fête du *Verfasserungstag,* jour de la Constitution).
Drapeau	Créé en 1789, adopté en 1830, reprend les couleurs du duché de Brabant (noir, jaune, rouge).	Croix d'argent sur fond rouge, reçu du ciel selon la légende par le roi Valdemar II en 1219.	Adopté en 1949, aux couleurs de la République de Weimar (noir, rouge, jaune).
Monnaie	Franc belge.	Couronne danoise.	Deutschemark.
Hymne	*La Brabançonne.*	Paroles de Adam Gottlob, musique de Hans Hernst Krøyer.	*Deutschlandlied,* sur une musique de Haydn.

INSTITUTIONS (SUITE)

FRANCE	GRECE	ESPAGNE
République. Constitution adoptée en 1958.	République fondée sur le régime parlementaire.	Monarchie constitutionnelle héréditaire fondée sur un régime de démocratie parlementaire régi par la Constitution de 1978.
Président de la République. Elu pour 7 ans au suffrage universel à la majorité absolue. Chef de l'exécutif. Nomme et révoque le Premier ministre. Peut dissoudre l'Assemblée nationale et soumettre des projets de loi importants à un référendum. Dispose de pouvoirs étendus.	**Président de la République**. Elu pour cinq ans par le Parlement à la majorité qualifiée, renouvelable une fois. Nomme le Premier ministre (chef de la majorité parlementaire) et les ministres sur la proposition de celui-ci, promulgue les lois.	**Roi** . Chef de l'Etat, chef suprême des armées. Propose le président du gouvernement, nomme et révoque les ministres, mais n'a pas de pouvoirs législatifs.
Premier ministre. Dirige l'action du gouvernement composé de ministres et de secrétaires d'Etat nommés et révoqués par le président sur proposition du premier ministre. Responsable devant le Parlement avec qui il partage l'initiative des lois. **Parlement**. Composé de deux chambres : l'Assemblée nationale et le Sénat. Les 577 députés de l'Assemblée nationale sont élus pour cinq ans au scrutin uninominal majoritaire à deux tours. Les 317 sénateurs sont élus pour neuf ans au suffrage indirect par un collège composé des députés, conseillers généraux, maires et conseillers municipaux et renouvelables par tiers tous les trois ans. Projets de lois sont soumis aux deux chambres.	**Parlement**. Une seule chambre : 288 députés élus par le peuple pour quatre ans à la proportionnelle renforcée et 12 membres de l'Etat proposés par les partis.	**Président du gouvernement**. Investi par le Congrès des députés, dirige l'action du gouvernement. Responsable devant le Congrès. Peut dissoudre l'une ou l'autre des deux chambres. **Parlement**. Exerce le pouvoir législatif par l'intermédiaire de deux assemblées *(Cortes)* : Congrès des députés (350 représentants élus pour quatre ans au scrutin proportionnel) ; Sénat ou Chambre haute (225 sénateurs élus pour quatre ans au scrutin majoritaire dans chacune des provinces, ou désignés par les parlements autonomes pour une représentation adéquate proportionnelle). Peut renverser le gouvernement à la suite d'un vote négatif.
Conseil constitutionnel ; Conseil d'Etat ; Conseil économique et social ; Conseil supérieur de la magistrature ; Haute Cour de justice.	Tribunal supérieur ; Conseil d'Etat.	Tribunal constitutionnel ; défenseur du Peuple (supervise l'activité de l'Administration).
22 régions, divisées au total en 95 départements. Quatre départements d'outre-mer, quatre territoires d'outre-mer et deux collectivités territoriales.	52 préfectures et 12 circonscriptions.	Le processus de décentralisation prévoit la création de 17 communautés plus ou moins autonomes. Chacune dispose de son parlement et de son exécutif. Ceuta et Melilla seront dotés d'un statut spécial.
Paris.	Athènes.	Madrid.
Droit de vote à 18 ans, éligibilité de 18 à 35 ans selon les postes. Ont lieu le dimanche.	Droit de vote à 18 ans, éligibilité à 21 ans. Vote obligatoire.	Droit de vote à 18 ans.
Obligatoire pour les hommes (10 mois à partir de 1991, 12 mois auparavant).	Obligatoire pour tous les hommes de 19 ans révolus (21 à 25 mois), volontaire pour les femmes.	Obligatoire pour les hommes (12 mois).
14 juillet (anniversaire de la prise de la Bastille en 1789).	25 mars (début de la lutte de libération sous l'Empire ottoman, en 1821) et 28 octobre (déclaration de la guerre italo-grecque de 1940).	12 octobre (anniversaire de la découverte de l'Amérique par Christophe Colomb). Chaque communauté autonome a sa propre fête.
Blanc royal intercalé par La Fayette en 1789 entre les deux couleurs de Paris (bleu et rouge).	Croix et lignes horizontales blanches sur fond bleu, adopté en 1822.	Trois bandes horizontales « sang et or » remontant aux Rois Catholiques et blason en son centre depuis 1981.
Franc français.	Drachme.	Peseta.
La Marseillaise depuis 1879 (paroles de Rouget de Lisle, musique non attribuée).	Musique de Mandzaros, officiel depuis 1864.	*Marcha real*, adoptée en 1770 (musique d'auteur inconnu, sans paroles).

INSTITUTIONS (SUITE)

	IRLANDE	ITALIE	LUXEMBOURG
Régime	Démocratie parlementaire, République depuis 1949.	République parlementaire.	Démocratie représentative, sous la forme d'une monarchie constitutionnelle (grand-duché).
Chef d'Etat	**Président de la République**. Elu au suffrage universel pour sept ans. Nomme le Premier ministre (chef du parti au pouvoir, sur proposition du *Dail*, chambre des représentants) et, sur sa proposition, les ministres du gouvernement. Peut convoquer et dissoudre le *Dail*, après consultation du Premier ministre. Promulgue les lois.	**Président de la République**. Elu par le Parlement et des représentants de régions pour sept ans. Désigne le président du Conseil des ministres et nomme les ministres. Promulgue les lois. Dispose d'un droit de veto contre les décisions du Parlement.	**Grand-duc.** Détient le pouvoir exécutif. Désigne le chef du gouvernement pour cinq ans.
Principales institutions	**Parlement** *(Oireachtas)*. Composé de deux chambres : Chambre des représentants *(Dail Eireann)* votant les lois et Sénat *(Seanad Eireann)*. Les 166 membres de la première sont élus au suffrage direct à la proportionnelle, pour un mandat de cinq ans maximum. 11 sénateurs nommés par le Premier ministre *(Taoiseach),* 43 par les membres de la Chambre des représentants, de l'ancien *Seanad* et des autorités locales, 6 par les universitaires. Le sénat examine les lois, propose des amendements et dispose d'un droit de veto de 90 jours.	**Président du Conseil.** Choisit les ministres. Est responsable devant le Parlement dont il doit obtenir l'investiture. **Parlement**. Composé de deux chambres : Chambre des députés et Sénat. 630 députés et 315 sénateurs élus pour cinq ans selon la représentation proportionnelle. Sénateurs élus sur une base régionale. Initiative législative au Parlement, au gouvernement et à certaines institutions.	**Chef du gouvernement**. Choisit les ministres, qui sont agréés par le grand-duc. Gouvernement responsable devant la Chambre des députés. **Chambre des députés**. Détient le pouvoir législatif et partage l'initiative des lois avec l'exécutif. 64 députés élus au suffrage universel direct à la représentation proportionnelle. Elle discute les projets de loi dont elle est saisie, et les vote.
Autres institutions	Cour suprême ; Conseil d'Etat.	Cour constitutionnelle.	Conseil d'Etat (donne son avis sur les lois).
Découpage administratif	4 provinces.	20 régions dotées d'une large autonomie.	
Capitale	Dublin.	Rome.	Luxembourg
Elections	Droit de vote à 18 ans, éligibilité à 21 ans.	Droit de vote à 18 ans, éligibilité à 25 ans. Ont lieu le dimanche et le lundi matin.	Vote obligatoire. Droit de vote à 18 ans, éligibilité à 21 ans. Les élections législatives ont lieu le dimanche.
Service militaire	Non obligatoire.	Obligatoire pour les hommes (12 mois ; 18 dans la marine).	Non obligatoire.
Fête nationale	17 mars, jour de la Saint-Patrick.	2 juin, jour de proclamation de la République.	23 juin, anniversaire du grand-duc.
Drapeau	Trois bandes verticales : verte, blanche, orange. Créé en 1848 à l'imitation du drapeau français.	Trois bandes verticales : verte, blanche, rouge. Version actuelle fixée en 1946.	Trois bandes horizontales : rouge, blanche, bleue. Figurent sur le drapeau ducal depuis 1288, confirmées en 1972.
Monnaie	Livre irlandaise.	Lire.	Franc luxembourgeois.
Hymne	*Amhrán na bhFiann* (chant du soldat), officiel depuis 1926. Musique de Heeney, paroles de Kearney (version gaélique de O'Rinn).	Paroles de Mamelli, musique de Novarro. Officiel depuis 1946.	*Ons hemecht*, paroles de Lentz, musique de Zinnen.

INSTITUTIONS (FIN)

PAYS-BAS	PORTUGAL	ROYAUME-UNI
Royaume constitué en monarchie héréditaire fondée sur la démocratie parlementaire.	République fondée sur le régime parlementaire.	Monarchie héréditaire fondée sur la démocratie parlementaire. Pas de Constitution écrite (charte de 1215).
Reine. Nomme le Premier ministre en fonction du résultat des élections. Pas de responsabilité politique.	**Président de la République**. Elu pour cinq ans au suffrage universel direct. Nomme le Premier ministre en fonction des résultats électoraux. Peut dissoudre l'Assemblée et démettre le gouvernement.	**Reine**. Rôle surtout représentatif et honorifique. Peut dissoudre le Parlement et demander l'organisation de nouvelles élections, sur recommandation du Premier ministre.
Gouvernement. Le Premier ministre forme et dirige le cabinet. Le gouvernement partage l'initiative législative avec la Seconde Chambre et dispose du droit de dissolution. Le pouvoir exécutif appartient au Conseil des ministres et au Ministre-président. Ministres responsables devant le parlement (*Staten-Generaal*), qu'ils peuvent dissoudre. **Parlement**. Deux chambres : 75 sénateurs élus pour six ans au suffrage indirect par les parlements provinciaux ; 150 députés élus directement au scrutin proportionnel pour quatre ans. Projets de loi présentés par le gouvernement ou la Seconde Chambre (la Première Chambre ne disposant pas du droit d'amendement) et soumis à l'avis du Conseil d'Etat.	**Gouvernement**. Dirigé par le Premier ministre, responsable devant l'Assemblée, dont il doit obtenir l'investiture. **Assemblée de la République**. Chambre unique de 250 députés élus pour quatre ans au suffrage universel direct.	**Gouvernement**. Premier ministre, chef du parti majoritaire à la Chambre des communes, nommé par la reine. Ministres du Cabinet nommés sur recommandation du Premier ministre. Le gouvernement peut être amené à démissionner par un vote de défiance exprimé par la Chambre des communes. Ce vote entraîne aussi la dissolution du Parlement et l'organisation de nouvelles élections générales. **Parlement**. Composé de la Chambre des communes (650 députés élus directement à la majorité simple et au scrutin uninominal) et de la Chambre des lords (plus de 1 000 membres, pour la plupart pairs héréditaires) qui dispose d'un veto suspensif d'un an. Elu pour cinq ans. Projets de loi présentés par le gouvernement et les députés.
Conseil d'Etat.	Cour constitutionnelle ; Conseil d'Etat.	
12 provinces, chacune dirigée par un parlement provincial et sa commission permanente des Etats provinciaux présidée par le commissaire royal nommé par le gouvernement. Bourgmestres nommés par le gouvernement pour six ans.	18 districts, dirigés chacun par un gouverneur civil nommé par le gouvernement. Deux régions autonomes : archipel des Açores et Madère élisant une assemblée régionale d'où émane un gouvernement régional.	Angleterre divisée en 46 comtés, pays de Galles en 8 comtés, Ecosse en 12 régions, Irlande du Nord en 6 comtés et 26 districts. L'Ecosse et le pays de Galles ont une large autonomie déléguée par le Parlement. Le gouvernement compte un ministre pour chacune de ces deux provinces et l'Irlande du Nord.
Amsterdam et La Haye.	Lisbonne.	Londres.
Droit de vote et éligibilité à 18 ans. Les élections ont lieu le mercredi.	Droit de vote et éligibilité à 18 ans. Ont lieu un dimanche ou un jour férié.	Droit de vote à 18 ans et éligibilité à 21 ans.
Obligatoire pour les hommes (14 à 17 mois).	Obligatoire pour les hommes (16 mois ; 24 mois dans la marine).	Non obligatoire.
30 avril, anniversaire de la reine Juliana.	10 juin, anniversaire de la mort du poète Camões, en 1580.	Angleterre : 23 avril (jour de la saint-Georges). Pays de Galles : 1er mars (jour de la Saint-David). Ecosse : 30 novembre (jour de la Saint-André).
Trois bandes horizontales : rouge (ou orange), blanche, bleue. Ancienne bannière du prince d'Orange lorsque les Pays-Bas se sont révoltés contre l'Espagne.	Bandes verticales verte (sur un tiers de la largeur) et rouge, adoptées en 1911. Blason placé entre les deux bandes, combinant cinq blasons (plaies du Christ) comprenant chacun cinq deniers (25 deniers de Judas) et sept châteaux.	*Union Jack* (pavillon de l'union) superposant les croix de saint Georges (rouge sur fond blanc), de saint André (X blanc sur fond bleu) et de saint Patrick (X rouge sur fond blanc). Adopté en 1801.
Florin.	Escudo.	Livre sterling.
Paroles de Philippe de Marnix, musique d'auteur inconnu, officiel depuis 1932.	Paroles de Lopes de Mendonça, musique de Keil, officiel depuis 1910.	*God Saves the Queen*, paroles et musique d'auteurs inconnus.

6 ROYAUMES, 6 RÉPUBLIQUES

Républiques et monarchies :

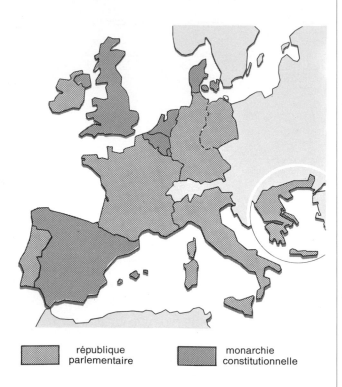

république parlementaire	monarchie constitutionnelle

La stabilité gouvernementale est moins grande en Italie, en Belgique, aux Pays-Bas et au Danemark.

Elle est assurée en Grande-Bretagne, en RFA et en France, par l'existence de partis ou coalitions majoritaires. C'est le cas également de la Grèce, depuis 1974, et de l'Espagne depuis 1977. En Belgique, aux Pays-Bas, au Danemark, en Italie, le nombre et l'instabilité des partis empêchent le gouvernement de disposer d'une majorité.

La plupart des pays de la Communauté (à l'exception du Royaume-Uni) disposent d'organes de régulation des rapports entre les pouvoirs publics, veillent à la régularité des institutions et garantissent les libertés publiques. L'Italie, la RFA, la France, l'Espagne, le Portugal se sont dotés notamment de cours constitutionnelles aux pouvoirs importants. L'Irlande a une Cour suprême, le Danemark dispose d'un *Ombudsman* à la disposition de tout citoyen.

■ La carte d'identité nationale n'est pas obligatoire au Royaume-Uni et aux Pays-Bas.

■ 76 % des Français, 71 % des Italiens, 69 % des Allemands (RFA), des Espagnols et 38 % des Britanniques trouvent positif le mot *libéralisme* (février 1990).

Onze Etats appliquent des systèmes de représentation proportionnelle.

Les systèmes électoraux sont le plus souvent fondés sur une représentation proportionnelle, à des degrés variables. Seule la Grande-Bretagne utilise un système de scrutin majoritaire, l'Irlande du Nord appliquant aussi la représentation proportionnelle. La France utilise un système uninominal majoritaire à deux tours.

L'âge électoral est partout fixé à 18 ans. L'âge d'éligibilité varie de 18 ans (RFA, Danemark, Espagne, Portugal) à 25 ans (Grèce, Italie, Pays-Bas). Il est de 23 ans en France, de 21 ans en Belgique, Irlande, Luxembourg, Royaume-Uni.

En Irlande, en Belgique et aux Pays-Bas, les ressortissants d'autres Etats de la Communauté résidant dans le pays ont le droit de vote (pour ces deux derniers pays, le droit est limité à ceux qui ne pourraient pas voter dans leur pays). Au Royaume-Uni, les Irlandais résidents ont également le

ESPAGNE

Contrapunto

« La révolution française a divisé le pouvoir de la monarchie en trois et coupé le monarque en deux. »

droit de vote. Dans les autres Etats, le droit de vote est réservé aux seuls nationaux.

A l'inverse, le vote dans leur propre pays des ressortissants résidant à l'étranger est reconnu par la Belgique, la France, la Grèce et l'Italie, mais les Grecs dans cette situation sont tenus de venir voter en Grèce et les Belges doivent avoir gardé un domicile en Belgique. Le Danemark, la RFA, les Pays-Bas et le Portugal n'accordent le droit de vote qu'à ceux qui résident dans un des Etats membres de la Communauté.

Royaume-Uni : pas de Constitution

Le Royaume-Uni est le seul pays d'Europe à ne pas posséder une Constitution rédigée dans un document unique et récent, mais sur des textes datant du XIIIe siècle *(Magna carta)*. Les lois et les libertés fondamentales sont garanties en partie par le droit d'origine législative, en partie par le droit coutumier *(common law)* et par des conventions. Celles-ci peuvent être modifiées par une loi promulguée par le Parlement ou par consensus général visant à créer, modifier ou abolir une convention. Le mouvement *Charter 88* revendique l'adoption d'une véritable Constitution.

Les partis politiques se répartissent en quatre grandes familles de pensée.

Au-delà des différences nationales liées à l'histoire et à la culture politique de chaque Etat, on retrouve dans la plupart des pays de la Communauté quatre grandes familles idéologiques : conservatrice ; démocrate-chrétienne ; socialiste ; communiste.

En 1990, quatre pays de la Communauté étaient gouvernés par des partis ou des coalitions de type conservateur : Royaume-Uni ; Danemark ; RFA ; Pays-Bas. Quatre pays avaient un gouvernement de type socialiste : Espagne ; France ; Belgique (parti social-chrétien) ; Irlande *(Fianna Fail)*. Trois Etats étaient dirigés par des coalitions entre des partis de gauche et de droite : Italie ; Luxembourg ; Grèce. On peut y adjoindre le Portugal, qui connaissait une situation particulière avec un président de la République socialiste et un gouvernement de centre droit.

On observe une tendance au rapprochement des grandes formations, sauf en Angleterre et en Grèce. Les partis communistes se sont affaiblis dans les pays du Sud (malgré une remontée récente en Espagne) au profit des partis socialistes. L'extrême droite n'est vraiment structurée qu'en Italie, en France et au Danemark.

■ Les personnalités politiques préférées des Européens de 18 à 30 ans sont, par ordre décroissant : Mikhaïl Gorbatchev (59 %), Georges Bush (23 %), Margaret Thatcher (16 %), Lech Walesa (13 %), Vaclav Havel (12 %), Helmut Kohl (11 %), François Mitterrand (10 %), Cory Aquino (8 %), Felipe Gonzales (4 %) et Jacques Delors (4 %) (octobre 1990).

Pays et partis

Partis politiques au pouvoir (en 1990) :

Belgique. Sociaux-chrétiens depuis 1958, sauf entre 1973 et 1974 (socialistes).

Danemark. Coalition libéraux-conservateurs depuis 1982.

Espagne. Socialistes depuis 1983 (centristes entre 1977 et 1983).

France. Socialistes depuis 1981, sauf intermède de la « cohabitation » (président de la République socialiste et gouvernement de droite) entre 1986 et 1988.

Grèce. Gouvernement de coalition avec la droite depuis 1989, après les gouvernements socialistes de 1981 à 1989.

Irlande. Parti républicain nationaliste *(Fianna Fail)* depuis 1987. Auparavant, coalition conservateurs-travaillistes de 1981 à 1987, avec une courte interruption fin 1982.

Italie. Coalition dirigée par les démocrates chrétiens depuis 1987, par les socialistes entre 1983 et 1987.

Luxembourg. Coalitions dirigées par les chrétiens-sociaux depuis 1945, avec un intermède libéral-socialiste entre 1974 et 1978.

Pays-Bas. Coalition chrétiens-démocrates/sociaux démocrates depuis 1989. Auparavant, coalitions chrétiens-démocrates/libéraux.

Portugal. Centre droit depuis 1986. Coalitions dirigées par les socialistes entre 1983 et 1985, par la droite entre 1980 et 1983.

RFA. Coalition dirigée par les chrétiens-démocrates depuis 1982, par les sociaux-démocrates de 1969 à 1982.

Royaume-Uni. Conservateurs depuis 1979. Auparavant, alternance entre les travaillistes (1945-1951, 1964-1970, 1974-1979) et conservateurs (1951-1964 et 1970-1974).

L'opposition idéologique gauche-droite tend à s'estomper.

La crise économique, sociale et culturelle amorcée au milieu des années 60 a transformé les rapports de force entre les partis politiques traditionnels : une gauche ouvrière, socialiste ou communiste face à une droite majoritairement chrétienne. En Allemagne, aux Pays-Bas, en Belgique, la droite catholique affrontait ainsi la gauche social-démocrate. Le seul pays à faire exception fut la Grande-Bretagne, où la droite a gouverné entre 1951 et 1964 sans l'aide de l'Eglise.

LE RAPPORT GAUCHE-DROITE

Rapport des forces politiques dans les régions aux élections européennes de juin 1989 (en % des suffrages exprimés, à l'exclusion des écologistes et des régionalistes)* :

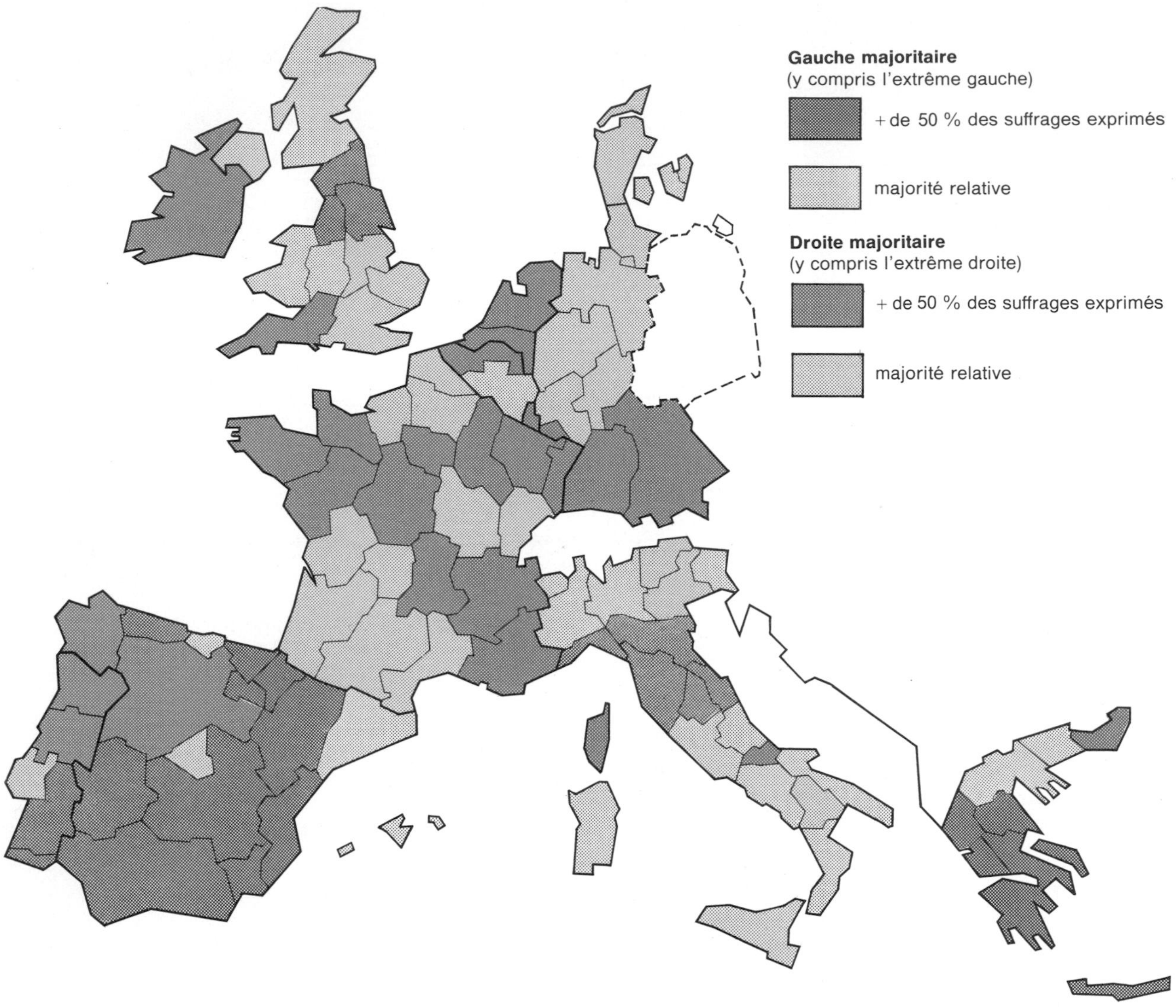
Gauche majoritaire
(y compris l'extrême gauche)
+ de 50 % des suffrages exprimés
majorité relative
Droite majoritaire
(y compris l'extrême droite)
+ de 50 % des suffrages exprimés
majorité relative

* Voir la composition du Parlement européen dans *Histoire*.

La diminution du rôle de l'Eglise catholique et la disparition progressive du prolétariat ont modifié les idéologies politiques. Dans la plupart des pays, on assiste à un rapprochement des partis de gauche et de droite, qui aboutit à un « recentrage » idéologique. Le poids de la religion continue de se faire sentir dans certains pays comme l'Irlande, où la gauche est peu populaire et l'Italie, où la démocratie chrétienne reste très influente. L'Allemagne méridionale catholique vote majoritairement à droite, tandis que l'Allemagne septentrionale protestante est plus proche de la social-démocratie.

Détachement politique

Selon un sondage *Eurobaromètre* (1989), 40 % des Européens ne se sentent proches d'aucun parti politique. La proportion atteint même 58 % en Espagne, 57 % en Irlande, 53 % au Royaume-Uni. Les plus attachés aux partis sont les Italiens, les Grecs et les Néerlandais (respectivement 36, 35 et 33 % se disent « très » ou « assez » attachés), contre seulement 10 % au Portugal, 12 % en Espagne et 26 % pour l'ensemble des douze.

L'EUROPE VERTE

Votes écologiques aux élections européennes de juin 1989 (en % des suffrages exprimés) :

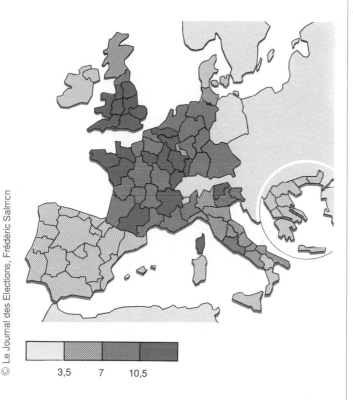

3,5   7   10,5

© Le Journal des Elections, Frédéric Salmon

Les mécontentements s'expriment par les mouvements d'extrême droite et l'écologie.

L'évolution a commencé dès les années 60 en Belgique et aux Pays-Bas, où le déclin de l'Eglise catholique a entraîné celui des formations démocrates-chrétiennes. Un phénomène analogue s'est produit plus récemment en RFA et en Italie. En France, on a assisté à l'effondrement du Parti communiste au profit du Parti socialiste, tandis que les partis de la droite modérée (RPR, UDF) entraient dans une phase de restructuration, laissant le champ libre à l'extrême droite. Au Royaume-Uni, c'est au contraire la gauche travailliste qui a connu des difficultés pendant que la droite conservatrice de Margaret Thatcher se maintenait au pouvoir avant de devenir à son tour impopulaire.

Aujourd'hui, les mécontentements s'expriment le plus souvent par l'intermédiaire des partis d'extrême droite, nationalistes et xénophobes, qui sont forts et en progression en Allemagne et en France. Ils tendent au contraire à stagner ou régresser au Danemark, en Italie, en Grèce, au Portugal et aux Pays-Bas. Ils sont presque inexistants en Irlande et au Royaume-Uni.

Les dernières années ont vu également un accroissement important de l'audience des partis écologistes, préoccupés de la préservation de l'environnement tant au niveau national qu'international. Les élections européennes de 1989 ont montré en particulier l'importance des « verts » dans des pays comme la RFA, la Grande-Bretagne, l'Italie ou la France.

La vague écolo

Le mouvement écologiste a considérablement progressé au cours des dernières années dans plusieurs pays de la Communauté. Parti de son centre historique, la région du Bade Wurtemberg, en RFA, il s'est propagé en Belgique, France, Italie et, à l'occasion des élections européennes de 1989, en Grande-Bretagne. Les autres pays membres situés plutôt à la périphérie (Irlande, Espagne) sont moins touchés. L'absence de vote écologiste au Danemark n'est qu'apparente, car les partis existants incluent dans leurs programmes de nombreuses actions en faveur de la protection de la nature.

■ Les pourcentages d'abstentions sont très peu élevés en Belgique, au Luxembourg et en Grèce, car le vote y est obligatoire. Les citoyens qui ne votent pas risquent des amendes, mais ils ne peuvent être poursuivis.

■ L'âge de la pleine majorité pénale est généralement fixé à 18 ans, sauf en Grèce, en Angleterre et au pays de Galles (17), au Portugal, en Espagne et en Ecosse (16).

■ Le couronnement d'Elisabeth II en 1953 a été suivi à la télévision par 300 millions de téléspectateurs. Le mariage du prince de Galles, le 24 février 1981, a été vu par 750 millions de téléspectateurs.

■ L'entrée de la RDA dans la Communauté européenne coûtera 8 milliards d'écus par an, soit 200 francs pour chaque contribuable des pays membres.

■ Deux pays n'organisent pas de défilé militaire au cours de leur fête nationale : la RFA et les Pays-Bas.

■ Edouard VIII d'Angleterre ne régna que 325 jours, avant d'abdiquer pour se consacrer à son épouse, Wallis Simpson, à qui on refusa le titre d'altesse royale (elle avait divorcé deux fois).

L'AUTRE EUROPE

Principales caractéristiques démographiques, économiques et politiques des pays d'Europe de l'Est :

POLOGNE

1. 37,8 millions
2. 313 000 km²
3. Catholiques 94,2 %
4. Ukrainiens 0,6 %
5. Zloty
6. 207 milliards de $
7. 5 480 $/hab.
8. 44,4 milliards de $
9. 28,2 %
10. 74
11. 122
12. *Solidarité (OKP) - Parti paysan (PSL) - Solidarité rurale - Mouvement civique-Alliance du centre* (créé en 1990) - *Parti social-démocrate (SDRP, ancien communiste) - Confédération pour une Pologne indépendante (KPN, extrême droite)*
Élections partiellement démocratiques du 4/06/1989, ne portant que sur une partie des sièges à pourvoir.
13. Lech Walesa
14. J.K. Bielecki *(Solidarité)*

ROUMANIE

1. 23 millions
2. 237 500 km²
3. Orthodoxes 80 %
4. Hongrois 7,3 %
   Allemands 1,6 %
5. Leu
6. 95 milliards de $
7. 4 120 $/hab.
8. 0,2 milliards de $
9. 28,5 %
10. 11
11. 111
12. *Front de salut national (FSN) :* 66,3 %
Union démocratique magyare : 7,2 %
Parti national libéral : 6,3 %
Élections législatives du 20/05/1990
13. Ion Iliescu *(FSN)*
14. Petre Roman *(FSN)*

TCHÉCOSLOVAQUIE

1. 15,6 millions
2. 127 900 km²
3. Catholiques 65,6 %
4. Hongrois 3,8 %, Polonais 0,9 %, Allemands 0,4 %
5. Couronne
6. 119 milliards de $
7. 7 600 $/hab.
8. 7,2 milliards de $
9. 12,1 %
10. 182
11. 246
12. *Forum civique (OP + UPN slovaque) :* 46,6 %
Parti communiste : 13,6 %
Union des chrétiens-démocrates : 12 %
Élections législatives du 10/06/1990
13. Vaclav Havel *(OP)*
14. Marian Calfa *(OP-UPN)*

HONGRIE

1. 10,6 millions
2. 93 000 km²
3. Catholiques 54 %
4. Allemands 1,6 %
   Slovaques 1,1 %
5. Forint
6. 69 milliards de $
7. 6 500 $/hab.
8. 19,7 milliards de $
9. 18,4 %
10. 153
11. 152
12. *Forum démocratique (MDF) :* 42,7 %
Alliance des démocrates libres (SDS) : 23,8 %
Parti socialiste hongrois (ancien communiste) : 8,5 %
Élections législatives du 8/04/1990
13. Arpad Goncz *(SDS)*
14. Jozsef Antall *(MDF)*

BULGARIE

1. 8,9 millions
2. 111 000 km²
3. Orthodoxes 27 %
   Musulmans 7,5 %
4. Turcs 8,5 %, Tziganes 2,5 %
5. Lev
6. 51 milliards de $
7. 5 730 $/hab.
8. 10 milliards de $
9. 19,5 %
10. 127
11. 248
12. *Parti socialiste bulgare (PSP, ancien communiste) :* 47,6 %
Union des forces démocratiques (UFD) : 36,2 %
Élections législatives du 17/06/1990
13. Jelio Jelev *(UFD)*
14. Dimitar Popov

Ville de plus de 200 000 habitants

1. Population **2.** Superficie **3.** Religion **4.** Minorités **5.** Monnaie **6.** P.I.B. **7.** P.I.B./habitant **8.** Dette extérieure (1989) **9.** Actifs agricoles
10. Voitures (pour 1 000 hab.) **11.** Téléphone (pour 1 000 hab.) **12.** Forces politiques **13.** Président de la République **14.** Premier Ministre.

FONCTIONNEMENT

La structure des dépenses des Etats reflète les types de société et l'évolution des priorités.

Les dépenses des administrations publiques représentent plus de 50 % du PIB dans les pays du nord de la CE (Danemark, Pays-Bas, Belgique), dans lesquels les dépenses à caractère social sont élevées. Le taux est voisin de 40 % en Espagne, Grèce, Portugal et Royaume-Uni.

Ce sont les dépenses de santé et d'enseignement qui occupent en général la plus grande partie du budget. La forte croissance des premières au cours des dernières années s'explique par le vieillissement des populations et l'attachement croissant au corps et à la forme physique. L'augmentation des secondes traduit la priorité accordée à l'éducation pour faire face aux besoins actuels et futurs de l'économie.

Les dépenses de protection sociale ont connu également une forte hausse. La part consacrée au logement et au développement des équipements collectifs est partout inférieure à 1 % du PIB, sauf en France. Celles concernant l'ordre et la sécurité publique sont situées entre 1 et 2 %. La part des budgets consacrée à la défense varie considérablement (voir ci-après).

Les prélèvements obligatoires ont connu partout une forte progression.

Comme celle des dépenses, la répartition des recettes est très variable d'un pays à l'autre, mais elle est assez stable dans le temps. Les cotisations sociales financent un tiers des dépenses des Etats. Leur part dans le PIB a augmenté de 13 points en moyenne entre 1965 et 1986 : de 6 points en RFA à 21 points au Danemark. Cet accroissement s'explique par la part croissante des dépenses de protection sociale, en particulier celle des retraites et du chômage, liée au déséquilibre démographique et à la crise économique.

La part des impôts indirects (environ 30 %) est légèrement plus élevée que celle des impôts directs dans la Communauté, à l'inverse des Etats-Unis ou du Japon. Elle est particulièrement forte en Grèce, au Portugal, au Royaume-Uni et en Irlande.

Le poids des impôts directs est considérable au Danemark (plus de la moitié des recettes) ; il est inférieur à 20 % en Grèce, au Portugal et en France (voir *Argent*). En contrepartie, les cotisations sociales jouent un rôle négligeable au Danemark (3 % des recettes), prépondérant en France (43 %). Les pays de la CE figurent parmi ceux qui connaissent la pression fiscale la plus forte.

Les Etats consacrent le quart de leur PIB aux dépenses de protection sociale.

Cette moyenne (26 % du PIB en 1990) recouvre d'importantes disparités. Le record est détenu par les Pays-Bas : 32 %. Les pays d'Europe méridionale et l'Irlande ont des

L'ÉDUCATION D'ABORD

Structure des dépenses des Etats (1988, en % des dépenses totales des administrations publiques) :

	Services généraux	Défense	Sécurité publique	Ensei-gnement	Santé	Sécurité sociale	Logement	Culture Loisirs	Services écono-miques	Autres dépenses
• Belgique	41,2 (1)	14,2	(1)	37,3	(1)	7,4	(1)	(1)	(1)	-
• Danemark (2)	7,5	3,6	1,8	11,7	9,0	37,2	1,2	2,4	9,9	15,8
• Espagne	-	-	-	-	-	-	-	-	-	-
• FRANCE	7,5	6,2	1,8	10,6	18,4	34,1	6,6	2,0	7,2	5,6
• Grèce	38,5	29,8	-	14,5	11,5	1,6 (3)	(3)	(3)	4,3 (4)	(4)
• Irlande	-	-	-	-	-	-	-	-	-	-
• Italie	7,7	4,1	3,3	10,3	11,3	31,1	3,0	1,1	12,9	0
• Luxembourg	-	-	-	-	-	-	-	-	-	-
• Pays-Bas	-	5,2	-	9,8 (5)	-	35,8				49,2
• Portugal (6)	6,3	6,4	3,7	9,8	8,0	22,3	3,5	1,2	15,7	23,1
• RFA	8,2	5,7	3,5	9,4	13,4	39,7	2,5	1,7	9,9	6,0
• Royaume-Uni (6)	3,5	10,9	3,9	11,4	11,3	32,7	4,8	1,3	9,5	10,7

(1) Les dépenses de *Sécurité publique*, *Santé*, *Logement*, *Culture-Loisirs* et *Services économiques* sont incluses dans celles des *Services généraux*.
(2) 1987.
(3) Les dépenses de *Sécurité sociale* incluent celles de *Logement* et de *Culture-Loisirs*.
(4) La rubrique *Services économiques* inclut les autres dépenses.
(5) Ecoles seulement.
(6) 1986.

OCDE

systèmes de protection plus récents et leur financement re-présente une part plus faible : le minimum est de 13 % au Portugal.

L'APPEL AU CONTRIBUABLE

Répartition des recettes des administrations publiques (estimations 1990 en % du total des recettes) :

	Impôts directs	Impôts indirects	Cotisa-tions sociales	Autres
• Danemark	52,0	31,8	3,0	13,2
• Irlande	37,6	40,6	13,9	7,8
• Belgique	37,5	27,0	31,4	4,1
• Royaume-Uni	36,0	40,8	17,4	5,8
• Italie	33,1	26,1	34,4	6,5
• Luxembourg	32,3	29,6	27,9	10,2
• Espagne	28,6	27,0	33,8	10,7
• Pays-Bas	28,3	24,0	37,0	10,8
• RFA	26,1	28,4	38,3	7,3
• Portugal	19,4	44,6	29,4	6,6
• FRANCE	18,9	29,5	43,4	8,1
• Grèce	17,1	46,9	31,3	4,7
CE	**28,6**	**30,5**	**33,3**	**7,5**
• Etats-Unis	45,9	25,0	29,1	0,0
• Japon	32,6	28,2	28,2	11,0

Eurostat

Les systèmes de protection sociale diffèrent en effet lar-gement d'un pays à l'autre ; les pays du Nord et la France ont créé (dès la fin du XIXᵉ siècle en Allemagne, dans les années 30 en France, Grande-Bretagne, Benelux) les sys-tèmes les plus généreux.

Les modes de financement sont également différents. Les dépenses de maladie sont presque entièrement assurées par l'Etat au Royaume-Uni ; elles sont réparties entre les assu-rés et les employeurs en France, en Italie ou en RFA (voir *Santé*). De même, les prestations familiales sont financées uniquement par le budget de l'Etat en RFA ou au Royaume-Uni, uniquement par les employeurs en France ou en Italie. Les cotisations de retraite sont réparties entre les salariés et les employeurs, mais dans des proportions très variables.

Le seul point commun est que les dépenses ont partout augmenté d'environ 1 % par an jusqu'au milieu des années 80 (elles représentaient 24,9 % du PIB en 1980). Elles ont ensuite stagné ou baissé dans le nord de l'Europe et au Por-tugal, puis dans les autres pays du Sud.

■ Les lourdeurs administratives espagnoles ont engendré la création des *gestorias administrativas*, agences où il est possible de faire remplir par un représentant des documents administratifs.

■ Trois Anglais sur quatre trouvent anormal que la reine Elisabeth II ne soit pas soumise à l'impôt sur le revenu.

Les dépenses de retraite et de santé représentent respectivement 44 % et 38 % des dépenses totales.

Les charges de retraite constituent une préoccupation ma-jeure pour les gouvernements, du fait du vieillissement continu des populations et de la diminution du rapport entre le nombre de cotisants et celui des retraités. Cette charge est cependant en baisse au Luxembourg et stagne en Grande-Bretagne, en Irlande et en Grèce, ces deux derniers pays détenant le record de la CE.

Les dépenses de santé stagnent presque partout, sauf dans trois pays où elles augmentent assez nettement : Luxem-bourg, France et Grande-Bretagne. Leur part est prépondé-rante aux Pays-Bas (44 %) et faible en Grèce (20 %).

Depuis 1985, l'aide aux familles est plus importante que l'aide aux chômeurs.

Les sommes affectées aux familles représentent moins de 8 % des dépenses totales. Celles consacrées aux chômeurs atteignent globalement 7,4 % ; elles ont évidemment beau-coup augmenté depuis le début des années 70, avec l'ac-croissement considérable du chômage.

Ces deux postes de dépenses tendent à diminuer depuis quelques années, du fait de la régression ou de la stagnation du chômage, ainsi que de la baisse de la natalité dans les pays qui étaient les plus généreux en matière d'aide fami-liale. Celle-ci est cependant en augmentation au Danemark, en Irlande et en Grèce.

L'Espagne est le seul pays à avoir amélioré récemment son aide aux chômeurs (16 % des dépenses de protection en 1989). Le Luxembourg ne lui consacre que 1 %, mais le taux de chômage y est particulièrement faible (moins de 2 %).

Un peu moins des deux tiers des dépenses sociales sont financées par les entreprises et les ménages.

En 1990, les cotisations versées par les employeurs re-présentaient entre 30 et 40 % du budget total, avec deux ex-ceptions : 3,5 % au Danemark (où l'Etat assure 90 % des dépenses de protection sociale) ; 13,5 % en Irlande (74 % à la charge de l'Etat). La part payée par les ménages est en général située entre 20 et 30 %, à l'exception des deux pays cités précédemment, ainsi que du Royaume-Uni et de l'Es-pagne. Elle tend à augmenter en général, mais elle a dimi-nué au Luxembourg, aux Pays-Bas et surtout en Espagne.

De son côté, l'Etat tend à réduire sa part : 38,6 % en 1990 contre 39,5 % en 1984. C'est en France et aux Pays-Bas qu'il contribue le moins (un peu moins de 30 %).

L'ÉTAT PROTECTEUR

Evolution de la part des dépenses de protection sociale dans le PIB (en %), répartition du financement et des dépenses (1990, en %) :

	Dépenses (en % du PIB)			Financement (1990)			Répartition des dépenses (1990*)			
	1970	1980	1990	Etat	Entre-prises	Ménages	Santé	Vieillesse	Famille	Emploi
• Belgique	18,7	28,1	-	-	-	-	-	-	-	-
• Danemark	19,6	29,7	27,0	90,1	3,5	4,6	33,4	48,5	1,5	16,3
• Espagne	-	15,6	18,0	47,6	37,1	15,3	33,4	48,5	1,5	16,3
• FRANCE	19,2	25,9	28,4	27,8	42,1	28,5	34,4	43,5	9,6	8,0
• Grèce	-	13,3	20,2	-	-	-	19,9	70,4	3,9	1,3
• Irlande	13,8	20,6	22,3	73,8	13,5	11,8	35,4	31,0	13,1	13,9
• Italie	-	22,8	26,4	42,6	27,6	29,5	40,3	52,2	4,9	2,5
• Luxembourg	15,6	26,4	24,4	48,1	26,6	25,1	45,9	44,1	8,8	1,0
• Pays-Bas	19,7	30,4	32,1	28,7	34,1	25,1	43,9	33,6	8,9	10,6
• Portugal	-	14,6	13,4	43,4	37,4	18,9	48,0	37,4	6,9	2,5
• RFA	21,5	28,6	26,4	31,4	33,5	31,4	41,8	43,0	6,5	5,8
• Royaume-Uni	14,3	21,7	22,8	53,0	29,9	17,1	31,8	42,5	11,3	9,4
CE	-	**24,9**	**25,6**	**38,6**	**33,1**	**26,7**	**37,5**	**44,3**	**7,7**	**7,4**

* Estimations.

Danemark : l'Etat-providence

Dès 1849, la première Constitution démocratique danoise prévoyait le droit à l'assistance pour tous ceux qui ne pouvaient subvenir à leurs besoins. Elle a été depuis largement amendée et améliorée. Aujourd'hui, 35 % du budget de l'Etat danois vont à l'assistance sociale, 13 % à l'enseignement et à la recherche, contre 7 % à la défense nationale.

Les services médicaux, les séjours à l'hôpital sont gratuits. Des infirmières et des aides à domicile offrent des soins et des services aux personnes âgées afin de leur éviter d'être hospitalisées. Les handicapés physiques et mentaux ont droit à une pension et à des aides facilitant leur insertion sociale. L'enseignement est gratuit depuis l'écoles primaire jusqu'à l'université. Attachés à ce système protecteur, les Danois craignent de le voir remis en question par les projets d'harmonisation liés au marché unique de 1993.

Les Etats dépensent en moyenne 3,5 % de leur PIB pour la défense.

Ceux qui consacrent le plus sont la Grèce et le Royaume-Uni : respectivement 6,6 % et 5,2 % du PIB (1988). A l'inverse, le Luxembourg ne consacre que 1 % à sa défense, tandis que l'Italie, le Danemark et la Belgique n'atteignent pas 3 %. Ces taux est à comparer à 6,7 % pour les Etats Unis, environ 12 % pour l'URSS, mais 1 % seulement pour le Japon (les dépenses de la Chine sont estimées selon les sources entre 3,5 et 18 % du PNB !).

Le personnel des armées des pays membres représentait 2,8 millions de personnes en 1988, soit à peu près le même nombre qu'en 1964.

PAYS-BAS

« Faire un tour au garage, vu par la Marine. »

■ En Grande-Bretagne, les titres aristocratiques se vendent aux enchères. Il s'agit de titres de seigneurie (Lordship of the Manor) associés au lignage d'une famille éteinte et figurant sur un acte de propriété. Ils ne donnent pas droit au blason et ne peuvent être cédés par héritage.

ARMÉES

Dépenses et personnels militaires (1988) :

	Budget (en % du PIB)	Person- nels militaires (en milliers)	En % de la popu- lation de 18 à 45 ans	Durée du service militaire (en mois)
• Belgique	2,7	108	2,7	10
• Danemark	2,1	29	1,4	9 à 12
• Espagne	3,3	320	2,1	12
• FRANCE	4,0	558	2,5	12 (1)
• Grèce	6,6	205	5,5	21 à 25
• Irlande	1,6	14	-	(2)
• Italie	2,7	529	2,4	12 à 18 (3)
• Luxembourg	1,1	1	-	(2)
• Pays-Bas	3,1	106	1,6	14 à 17
• Portugal	3,2	102	2,5	16 à 24 (3)
• RFA	3,1	495	2,0	18
• Royaume-Uni	5,2	331	1,5	(2)
• CE	-	2 783	-	-
• Etats-Unis	6,7	2 294	2,1	(2)

(1) 10 mois à partir de 1991.
(2) Non obligatoire.
(3) Service plus long dans la marine.

Services militaires

Le service militaire est obligatoire dans neuf des douze pays de la Communauté. Seuls les Britanniques, les Irlandais et les Luxembourgeois y échappent. Les conditions de vie des appelés sont très variables selon les pays. Pour les Français, le réveil a lieu à 6 heures (5 heures pendant les classes), contre 6 h 30 en moyenne pour les autres pays, sauf les Néerlandais et les Danois qui se lèvent à 7 heures. La durée du service français est en revanche assez courte (10 mois à partir de 1991, comme celle des Belges), la plus longue étant celle des Grecs (de 21 à 25 mois selon l'arme) et des Portugais (de 16 à 24 mois).

Les appelés danois sont les mieux rémunérés d'Europe (avec les Portugais et les sous-officiers espagnols) : 7 000 F par mois pour un simple soldat, 9 000 F pour un sous-officier. Les Français ne perçoivent que 300 F par mois. Ils ne disposent que de 16 jours de permission, alors que les Grecs en ont 40, les Espagnols 30 et les Allemands 26. Les Italiens bénéficient de 40 % de réduction sur les transports, les Français de 75 %, mais les Belges voyagent gratuitement. Enfin, le Portugal et la Belgique sont les pays qui comptent le plus d'exemptions : un jeune sur deux ne fait pas son service militaire (un sur quatre en France).

ARMEMENTS

Forces terrestres, aériennes, navales (1988) :

	Forces terrestres			Forces aériennes		Forces navales			
	Chars de combat	Véhicules blindés	Artillerie (1)	Hélicoptères d'assaut et de transport	Avions de combat	Porte- avions	Sous- marins d'attaque	Bâtiments de combat (+ 1 000 t)	Bâtiments poseurs de mines ou anti mines
• Belgique	320	1 586	1 016	-	144	-	-	4	28
• Danemark	28	787	1 151	-	87	-	4	3	-
• Espagne	866	2 740	2 650	160	186	1	-	27	12
• FRANCE	1 250	3 850	3 400	270	450	3	16 + 4 nucléaires	43	29
• Grèce	1 420	1 853	4 500	64	319	-	10	21	16
• Irlande	-	-	-	-	-	-	-	-	-
• Italie	1 500	4 900	5 150	170	250	1	10	30	22
• Luxembourg	-	-	-	-	-	-	-	-	-
• Pays-Bas	750	2 020	1 620	54	162	-	5	16	25
• Portugal	66	270	732	-	99	-	3	15	-
• RFA	4 330	7 440	7 710	554	547	-	24	16	57
• Royaume-Uni	717	5 050	1 940	287	445	3	12 + 16 nucléaires	50	41
• CE	11 450	30 500	30 000	1 560	2 690	12	90 + 20 nucléaires	225	230
• Etats-Unis (2)	1 800	6 550	5 000	700	800	15	3 + 92 nucléaires	240	-

(1) Pièces d'artillerie classique, anti chars, anti aérienne.
(2) Forces stationnées en Europe seulement.

DES DÉPENSES INÉGALES

Part de la défense dans le PIB national (en %) :

Eurostat

1,1	2,5	3,5	5,5	6,6

Seules la France et la Grande-Bretagne disposent de l'arme nucléaire.

Un demi-siècle après Hiroshima (1945), cinq Etats au monde (outre les Etats-Unis), dont deux européens, disposent officiellement de l'arme nucléaire : URSS (bombe A depuis 1949, bombe H depuis 1953) ; Royaume-Uni (bombe A en 1952 et bombe H en 1957) ; France (1960 et 1968) ; Chine (1964 et 1967) ; Inde (bombe A depuis 1974). Les experts estiment qu'Israël et l'Afrique du Sud font également partie du « club nucléaire ».

Seules la France et le Royaume-Uni se sont dotées d'armes nucléaires stratégiques et tactiques. La France possède 6 sous-marins stratégiques (contre 4 au Royaume-Uni) comportant 96 missiles embarqués (contre 64), 176 ogives embarquées (contre 64). Elle dispose aussi de 18 lance-missiles basés à terre, 30 bombardiers nucléaires, 44 lanceurs de missiles tactiques (Pluton) et d'armes nucléaires susceptibles d'être embarquées à bord d'avions des forces tactiques (30 Mirage III et 45 Jaguar) ou sur des porte-avions.

Cet arsenal complète les euromissiles américains (fusées Pershing et autres missiles de croisière) installés dès 1983 aux Pays-Bas, en Grande-Bretagne, en RFA et en Italie, dont certains font l'objet des négociations entre les Etats-Unis et l'URSS.

La France est le troisième pays exportateur d'armes du monde, avec environ 11 % d'un marché estimé à plus de 150 milliards de dollars par an. Le Royaume-Uni détient environ 5 % de ce marché, la RFA et l'Italie 4 %. Les Etats-Unis et l'URSS représentent respectivement 39 % et 28 %.

L'Europe en guerre

Au cours des vingt dernières années, huit pays de la Communauté ont connu la guerre ou des situations de forte tension interne (formes de lutte violente contre l'Etat) :

Royaume-Uni : guerre des Malouines (Argentine) ; guerre civile régionale en Irlande du Nord.
Irlande : conflit frontalier avec l'Irlande du Nord.
Belgique : guerre au Zaïre ; cellules communistes combattantes ; grand banditisme des Tueurs du Brabant.
France : engagements au Tchad et au Zaïre ; mouvement Iparetarak au Pays basque ; attentats du FLNC en Corse ; attentats d'Action directe et d'origine proche-orientale (1985-1986).
Espagne : guerre civile régionale au Pays basque (mouvement ETA fondé en 1860).
Portugal : conflits d'origine coloniale avec l'Angola, Cape Verde, la Guinée-Bissau, le Mozambique, São Tomé et Príncipe.
Italie : actions terroristes des Brigades rouges (1970-1982), d'Ordre noir (1974-1980) et de la Mafia.
RFA : actions terroristes de la Fraction Armée rouge et de la Bande à Baader (1968-1981).
Certaines régions frontalières sont des zones de conflits potentiels. C'est le cas notamment entre la Grèce et la Turquie, et entre l'Italie et l'Autriche.
En août 1990, l'ensemble des pays de la Communauté se sont entendus pour condamner l'annexion du Koweït par l'Irak. La Grande-Bretagne, la France et l'Italie ont rapidement envoyé des troupes et du matériel pour faire respecter l'embargo décidé par les Nations unies.

Tous les pays de la CE, sauf l'Irlande, font partie de l'Alliance atlantique.

L'OTAN (Organisation du traité de l'Atlantique Nord) a été créée en 1949 entre douze pays, dont huit de l'actuelle CE : Belgique, Danemark, France, Italie, Luxembourg, Pays-Bas. La Grèce les a rejoints en 1952, la RFA en 1955 et l'Espagne en 1981. La France, bien que membre de l'Alliance atlantique, a quitté l'organisation militaire intégrée en 1966.

Le Royaume-Uni, la France, les Pays-Bas, la Belgique et le Luxembourg avaient adhéré auparavant (1948) au pacte de Bruxelles ; celui-ci prévoyait une solidarité militaire pour une période de cinquante ans, des plans de défense communs et un état-major unique (établi à Fontainebleau). Il est toujours en vigueur.

Sept pays de la Communauté font également partie de l'UEO (Union de l'Europe occidentale), créée en 1954.

L'UEO est née de l'échec de la Communauté européenne de défense (CED), rejetée par la France, et prévoit une alliance défensive entre ses membres. Les pays non concernés sont la Grèce, l'Espagne, le Portugal, le Danemark et l'Irlande.

Enfin, le traité franco-allemand signé en 1963 comporte un volet militaire et a été complété par la création en 1988 d'un Conseil commun de sécurité et de défense entre les deux pays.

Les accords de Washington, l'évolution de l'URSS, l'unification de l'Allemagne et l'invasion du Koweït ont créé une situation nouvelle pour la défense de l'Europe.

Les accords de Washington de 1987 prévoient une réduction unilatérale des forces soviétiques en Europe avant la fin de 1991 : 500 000 hommes, 10 000 chars, 8 500 systèmes d'artillerie, 800 avions de combat. La « double option zéro » stipule le démantèlement de toutes les fusées stratégiques pouvant atteindre l'Europe (de 500 à 5 000 km de portée). Les arsenaux conventionnels reprennent donc une importance qu'ils avaient perdue.

Surtout, les changements qui se sont produits depuis fin 1989 dans les pays de l'Est et en URSS ont transformé les données stratégiques. Lors des négociations entre les Etats-Unis et l'URSS, la supériorité des forces du pacte de Varsovie (URSS, RDA, Pologne, Tchécoslovaquie, Roumanie, Hongrie, Bulgarie) apparaissait écrasante : 93 divisions contre 27 ; 70 000 blindés de tous types contre 26 000 ; 17 000 pièces d'artillerie lourde contre 5 000 ; 7 700 avions de combat contre moins de 4 000. Le seul Groupement des forces soviétiques en Allemagne de l'Est (GFSA) représentait 420 000 hommes, 5 armées blindées, 700 avions de combat et 350 hélicoptères destinés à quitter progressivement le territoire. Mais l'unification de l'Allemagne et la volonté d'indépendance des républiques soviétiques ont porté un sérieux coup à l'existence du pacte de Varsovie.

Depuis août 1990, l'invasion du Koweït par l'Irak a modifié une nouvelle fois l'équilibre du monde tout en renforçant le rapprochement Est-Ouest et le rôle de l'ONU en tant que gardien du droit international.

Les pays de la Communauté doivent donc réexaminer leur stratégie de défense, dans la perspective d'une dénucléarisation des forces de l'OTAN, d'un retrait d'une partie des forces américaines stationnées en Europe (300 000 GI en RFA), de l'existence d'une ère de détente entre l'Est et l'Ouest et des risques existant dans le golfe Persique.

Les pays de la Communauté se partagent inégalement entre deux grands systèmes juridiques.

Le premier système, d'origine britannique, est en vigueur au Royaume-Uni et en Irlande (Common law). Il est de type coutumier, issu de pratiques ancestrales fondées sur quelques principes fondamentaux tels que l'équité ou la bonne foi. Une très longue jurisprudence a permis d'en interpréter les applications. Souple et bien adapté au monde des affaires, on le retrouve dans d'autres pays comme le Canada, l'Australie, la Libye, l'Arabie Saoudite, l'Egypte ou le Pakistan. Il a également largement influencé le modèle américain.

Le second système juridique est le droit romano-germanique, en vigueur dans les autres Etats communautaires. Contrairement au précédent, il est essentiellement codifié et se divise en trois branches :
– En Italie, en Espagne et au Portugal, les systèmes légaux procèdent directement du droit romain (réception directe). On retrouve un système semblable en Amérique du Sud, au Mexique et dans plusieurs Etats d'Amérique centrale.
– En Allemagne, aux Pays-Bas, au Danemark et en Grèce, le droit romain a exercé son influence par l'intermédiaire de recueils de décisions (pandectes) d'anciens jurisconsultes, composés sur ordre de l'empereur Justinien. On le retrouve dans les pays de l'Est, où il a été modifié par les principes marxistes.
– Enfin, la France dispose du Code Napoléon, système dérivé du droit romain mis en place sous le premier Empire. Il a été étendu à la Belgique et au Luxembourg ainsi que dans les anciennes colonies d'Afrique occidentale ou centrale, le Moyen-Orient et l'Indonésie.

DROIT ROMAIN OU COMMON LAW

Systèmes juridiques en vigueur :

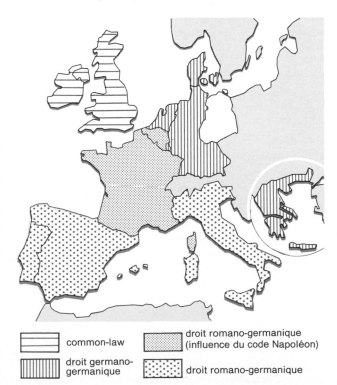

common-law

droit germano-germanique

droit romano-germanique (influence du code Napoléon)

droit romano-germanique

Les législations des Etats diffèrent surtout dans le domaine social.

Si l'âge légal de la majorité (celui du droit de vote) est le même partout dans la Communauté (18 ans), celui de la retraite varie de 55 ans pour les femmes en Italie à 67 ans pour les deux sexes au Danemark. Le service militaire n'est pas obligatoire partout (voir *Institutions*). Le divorce n'est pas autorisé en Irlande, pas plus que l'avortement (qui est également interdit en Grèce).

Si elles s'inspirent en général des mêmes principes, les politiques concernant l'immigration (droit d'asile, acquisition de la nationalité, etc.) sont divergentes, du fait de l'histoire et des liens particuliers avec certains pays. Le Danemark et les Pays-Bas (l'Espagne et le Portugal dans certaines conditions) sont par exemple les seuls pays accordant le droit de vote aux étrangers aux élections locales (voir chapitre *Société*).

■ Au Danemark, une loi du xixe siècle autorise les habitants à changer de nom. L'opération est une simple formalité. La difficulté est que des milliers de Danois ont choisi les mêmes noms (le plus souvent Jørgensen).

■ Les nobles belges non titrés ont droit à être appelés *jonkheer* ou écuyer (*jonkwrouw* pour les femmes). Les hommes membres de la noblesse ont droit à l'appellation « Messire », qui n'a pas d'équivalent pour les femmes.

■ La présence des femmes dans l'armée est presque nulle au Portugal et en RFA. Elle atteint environ 2 % en Grèce, au Luxembourg et aux Pays-Bas, 3 à 4 % en Belgique, France, Danemark et 5 % au Royaume-Uni.

■ On compte 490 militaires pour 100 médecins en France, 354 au Royaume-Uni, 336 en RFA, 326 en Espagne.

RÉGIONS ET ÉQUIPEMENTS

La Communauté est divisée en 66 grandes régions administratives.

Ce découpage est celui retenu par l'office statistique des Communautés européennes (EUROSTAT). Il faut ajouter à ces régions communautaires européennes (RCE) les territoires de la France d'outre-mer, comptés pour une région. Aux Pays-Bas, la nouvelle province du Flevoland a été créée en 1986 et regroupe une partie des provinces de Overijssel et Gelderland.

D'autres découpages sont utilisés, qui subdivisent les régions précédentes (par exception, la région de Bruxelles est une partie de la province du Brabant). On compte ainsi 176 unités administratives de base, elles-mêmes subdivisées en 829 unités.

L'Irlande, le Luxembourg et le Danemark sont considérés chacun comme une seule unité territoriale.

Les collectivités locales présentent deux ou trois niveaux d'administration selon les cas.

Le Danemark, l'Irlande, les Pays-Bas et le Royaume-Uni ont deux niveaux d'administration locale : comtés (ou

RFA

« Vin de Bordeaux, vin de printemps. »

66 RÉGIONS, 176 UNITÉS ADMINISTRATIVES DE BASE

Découpage administratif de la Communauté :

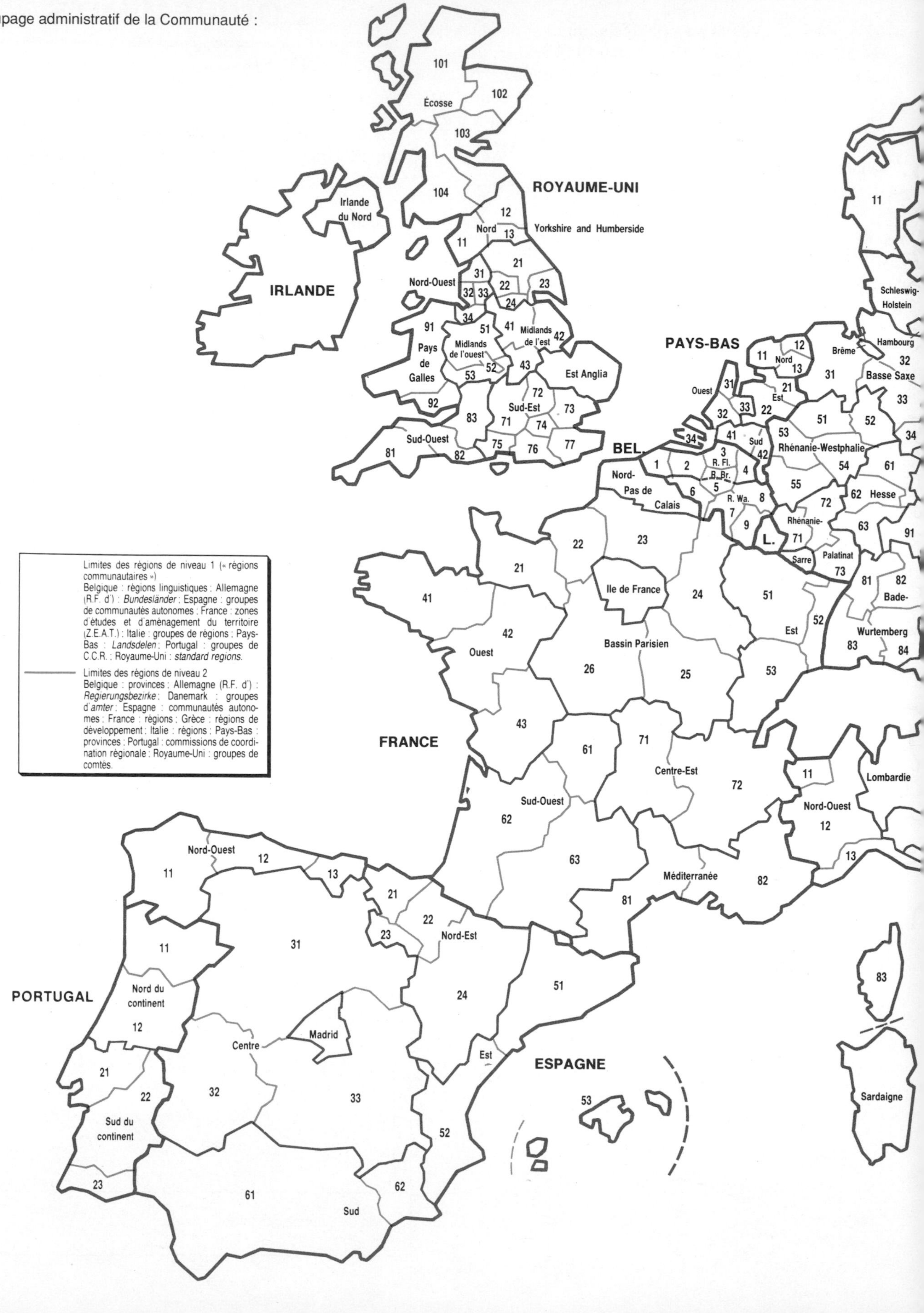

ROYAUME-UNI

Écosse
101
102
103
104
Irlande du Nord

IRLANDE

Nord-Ouest
Nord
12
13
Yorkshire and Humberside
11
21
31
32 33
22
23
24
34
91
51
41
Midlands de l'est
42
Pays de Galles
Midlands de l'ouest
52
43
Est Anglia
53
72
92
Sud-Est
73
83
71
74
Sud-Ouest
81
75
76
77
82

PAYS-BAS

Ouest
11
Nord
12
13
31
Est
21
32
33
22
34
41
Sud
42
3 R. Fi. B. Br.
53
51
52
4
54
61
5
55
62 Hesse
R. Wa.
7
8
72
63
9
L.
71
Rhénanie-
Sarre
73
81
82
Palatinat

BEL.
Nord-Pas de Calais
1
2
6

Schleswig-Holstein
11
Brème
Hambourg
32
Basse Saxe
31
33
Rhénanie-Westphalie
34
91
Bade-Wurtemberg
83
84

FRANCE

22
23
21
41
Ile de France
24
51
42
Ouest
Bassin Parisien
Est
52
26
25
53
83
84
43
61
71
11
Lombardie
Sud-Ouest
Centre-Est
72
Nord-Ouest
62
12
63
Méditerranée
82
13
81

PORTUGAL

Nord-Ouest
11
12
13
21
22
23
Nord-Est
11
31
24
Nord du continent
51
12
Centre
Madrid
Est
21
22
32
33
Sud du continent
52
53
23
62
61
Sud

ESPAGNE

83
Sardaigne

Légende

Limites des régions de niveau 1 (« régions communautaires »)
Belgique : régions linguistiques ; Allemagne (R.F. d') : *Bundesländer* ; Espagne : groupes de communautés autonomes ; France : zones d'études et d'aménagement du territoire (Z.E.A.T.) ; Italie : groupes de régions ; Pays-Bas : *Landsdelen* ; Portugal : groupes de C.C.R. ; Royaume-Uni : *standard regions*.

Limites des régions de niveau 2
Belgique : provinces ; Allemagne (R.F. d') : *Regierungsbezirke* ; Danemark : groupes d'*amter* ; Espagne : communautés autonomes ; France : régions ; Grèce : régions de développement ; Italie : régions ; Pays-Bas : provinces ; Portugal : commissions de coordination régionale ; Royaume-Uni : groupes de comtés.

BELGIQUE
10 **Région flamande : 1** Flandre occidentale, **2** Flandre orientale, **3** Anvers, **4** Limbourg, **5** Brabant (partie néerlandophone).
20 **Région wallonne : 5** Brabant (partie francophone), **6** Hainaut, **7** Namur, **8** Liège, **9** Luxembourg.
30 **Région bruxelloise** (agglomération de Bruxelles, incluse dans la province de Brabant).

ALLEMAGNE (RÉPUBLIQUE FÉDÉRALE D')
10 **Schleswig-Holstein.**
20 **Hambourg.**
30 **Basse-Saxe : 31** Weser-Ems, **32** Lunebourg, **33** Hanovre, **34** Brunswick.
40 **Brême.**
50 **Rhénanie-Wesphalie : 51** Munster, **52** Detmold, **53** Düsseldorf, **54** Arnsberg, **55** Cologne.
60 **Hesse : 61** Cassel, **62** Giessen, **63** Darmstadt.
70 **Rhénanie-Palatinat : 71** Trèves, **72** Coblence, **73** Hesse rhénane-Palatinat.
80 **Bade-Wurtemberg : 81** Karlsruhe, **82** Stuttgart, **83** Fribourg, **84** Tubingue.
90 **Bavière : 91** Basse-Franconie, **92** Haute-Franconie, **93** Moyenne-Franconie, **94** Haut-Palatinat, **95** Souabe, **96** Haute-Bavière, **97** Basse-Bavière.
100 **Sarre.**
110 **Mecklembourg.**
120 **Brandebourg.**
130 **Saxe-Anhalt.**
140 **Thuringe.**
150 **Saxe.**

DANEMARK
11 **Région métropolitaine, 12** Est du Grand Belt, **13** Ouest du Grand Belt.

ESPAGNE
10 **Nord-Ouest : 11** Galice, **12** Asturies, **13** Cantabrie.
20 **Nord-Est : 21** Pays basque, **22** Navarre, **23** La Rioja, **24** Aragon.
30 **Centre : 31** Castille-Leòn, **32** Castille-La Manche, **33** Estremadure.
40 **Madrid.**
50 **Est : 51** Catalogne, **52** Valence, **53** Baléares.
60 **Sud : 61** Andalousie, **62** Murcie, **63** Ceuta et Melilla (enclaves sur le continent africain).
70 **Canaries.**

FRANCE
10 **Nord-Pas-de-Calais.**
20 **Bassin parisien : 21** Basse-Normandie, **22** Haute-Normandie, **23** Picardie, **24** Champagne-Ardenne, **25** Bourgogne, **26** Centre.
30 **Ile-de-France.**
40 **Ouest : 41** Bretagne, **42** Pays de la Loire, **43** Poitou-Charentes.
50 **Est : 51** Lorraine, **52** Alsace, **53** Franche-Comté.
60 **Sud-Ouest : 61** Limousin, **62** Aquitaine, **63** Midi-Pyrénées.
70 **Centre-Est : 71** Auvergne, **72** Rhône-Alpes.
80 **Méditerranée : 81** Languedoc-Roussillon, **82** Provence-Alpes-Côte d'Azur, **83** Corse.

GRÈCE
10 **Grèce septentrionale : 11** Macédoine centrale et occidentale, **12** Thessalie, **13** Macédoine orientale, **14** Thrace.

20 **Grèce centrale : 21** Grèce centrale, **22** Péloponnèse, **23** Épire.
30 **Crète et îles orientales : 31** Crète, **32** Iles orientales.

ITALIE
10 **Nord-Ouest : 11** Val d'Aoste, **12** Piémont, **13** Ligurie.
20 **Lombardie.**
30 **Nord-Est : 31** Trentin-Haut-Adige, **32** Vénétie, **33** Frioul-Vénétie Julienne.
40 **Émilie-Romagne.**
50 **Centre : 51** Toscane, **52** Ombrie, **53** Marches.
60 **Latium.**
70 **Abruzzes-Molise : 71** Abruzzes, **72** Molise.
80 **Campanie.**
90 **Sud : 91** Pouilles, **92** Basilicate, **93** Calabre.
100 **Sicile.**
110 **Sardaigne.**

IRLANDE
Une seule « région communautaire ».

LUXEMBOURG
Une seule « région communautaire ».

PAYS-BAS
10 **Nord : 11** Frise, **12** Groningue, **13** Drenthe.
20 **Est : 21** Overijssel, **22** Gueldre.
30 **Ouest : 31** Hollande septentrionale, **32** Hollande méridionale, **33** Utrecht, **34** Zélande.
40 **Sud : 41** Brabant septentrional, **42** Limbourg.

PORTUGAL
10 **Nord du continent : 11** Nord, **12** Centre.
20 **Sud du continent : 21** Lisbonne et vallée du Tage, **22** Alentejo, **23** Algarve.
30 **Iles : 31** Açores, **32** Madère.

ROYAUME-UNI
10 **Nord : 11** Cumbria, **12** Northumberland, Tyne-and-Wear, **13** Cleveland, Durham.
20 **Yorkshire and Humberside : 21** North-Yorkshire, **22** West-Yorkshire, **23** Humberside, **24** South-Yorkshire.
30 **Nord-Ouest : 31** Lancashire, **32** Merseyside, **33** Grand Manchester, **34** Cheshire.
40 **Midlands de l'est : 41** Derbyshire, Nottinghamshire, **42** Lincolnshire, **43** Leicestershire, Northamptonshire.
50 **Midlands de l'ouest : 51** Salop, Staffordshire, **52** West-Midlands, **53** Hereford and-Worcester, Warwickshire.
60 **Est Anglia.**
70 **Sud-Est : 71** Berkshire, Buckinghamshire, Oxfordshire, **72** Bedfordshire, Hertfordshire, **73** Essex, **74** Grand Londres, **75** Hampshire, Ile de Wight, **76** East Sussex, Surrey, West Sussex, **77** Kent.
80 **Sud-Ouest : 81** Cornouailles, Devon, **82** Dorset, Somerset, **83** Avon, Gloucestershire, Wiltshire.
90 **Pays de Galles : 91** Clwyd, Dyfed, Gwynedd, Powys, **92** Gwent, Glamorgan.
100 **Écosse : 101** Highlands, Iles, **102** Grampian, **103** Borders, Fife, Central, Lothian, Tayside, **104** Dumfries-and-Galloway, Strathclyde.
110 **Irlande du Nord.**

DANEMARK

Mecklembourg

Brandebourg

Saxe-Anhalt

Saxe

Thuringe

R.F.A.

Bavière

Émilie-Romagne

Centre

Nord-Est

Abruzzes-Molise

Latium

Campanie

Sud

ITALIE

Sicile

Grèce septentrionale

Grèce centrale

GRÈCE

Crète et îles orientales

Eurostat

provinces aux Pays-Bas) et communes (ou districts au Royaume-Uni). Parmi les six pays ayant trois niveaux d'administration, la Belgique, l'Espagne, l'Italie et la RFA ont mis en place une forte régionalisation, qui s'apparente au fédéralisme. Le Portugal est découpé en deux régions autonomes et 305 municipalités, elles-mêmes subdivisées en 4 100 paroisses. Le Luxembourg est découpé en 118 communes.

DÉCOUPAGES

Structures des collectivités locales :

- Belgique   3 régions, 9 provinces, 589 communes
- Danemark   14 comtés (1), 275 communes
- Espagne   17 communautés autonomes, 50 provinces, 8 027 communes
- France   26 régions, 100 départements, 36 627 communes
- Grèce   13 régions, 54 *Nomoi*, 6 034 communes
- Irlande   32 comtés (2), 84 communes (3)
- Italie   20 régions (4), 95 provinces, 8 074 communes
- Luxembourg   118 communes
- Pays-Bas   12 provinces, 702 communes
- Portugal   2 régions autonomes (Madère, Açores), 305 municipalités, 4 100 *freguesias* (paroisses)
- RFA   8 *Länder* + 3 villes-Etats, 328 *Kreize* et villes assimilées, 8 504 communes. L'ex-RDA comporte 5 *Länder*.
- Royaume-Uni (5)   59 comtés, 481 districts + 10 000 paroisses + 800 Community councils (dépendant des districts)

(1) Exceptions : Copenhague et Frederiksberg, à la fois département et commune.
(2) Dont 5 bourgs-comtés.
(3) Dont 6 bourgs, 49 districts, 30 municipalités.
(4) Dont 5 à statut spécial.
(5) Angleterre et pays de Galles : 47 comtés non métropolitains, 33 communes à Londres, 333 districts non métropolitains, 36 districts métropolitains. Ecosse : 9 régions, 3 îles, 53 districts. Irlande du Nord : 26 districts non métropolitains.

CERCLE, 1989

Dans certains pays, les régions ne disposent pas toutes des mêmes pouvoirs.

En Italie, cinq des vingt régions ont un statut spécial, prévoyant une plus grande autonomie. En Espagne, les compétences des communautés autonomes sont « ordinaires » ou « élargies » selon leur statut ou leur taille ; certains services sont obligatoirement assurés par toutes les communes, d'autres seulement par les communes de plus de 5 000 habitants, d'autres encore par celles de plus de 20 000 habitants.

En RFA, les *Länder* coexistent avec des villes-Etat (Hambourg, Brême, Berlin). Quatre types d'organisation communale sont utilisés : magistrat, bourgmestre, système du Nord, système du Sud. Enfin, en Irlande et en Angle-

terre, des différences notables existent entre communes urbaines et rurales.

Les communes britanniques ont une taille moyenne 78 fois supérieure à celle des communes françaises.

La taille moyenne des communes varie de 1 500 habitants en France à 118 000 en Grande-Bretagne. Il y a plus de communes en France (36 000) que dans les onze autres pays de la Communauté réunis. Plusieurs pays ont mis en œuvre des réformes communales afin d'accroître la taille des communes. C'est le cas par exemple de la RFA (voir encadré). Le Danemark a aussi divisé par six le nombre de ses municipalités (1967), la Belgique (1975) et la Grande-Bretagne (1974-75) par trois.

70 000 COMMUNES

Nombre de communes et taille moyenne (1989, en nombre d'habitants par commune) :

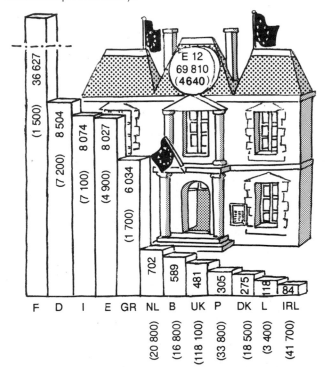

■ Trois citoyens européens sur quatre vivent dans l'une des 240 « régions urbaines fonctionnelles » qui comptent plus de 330 000 habitants.

■ 58 % des Français habitant les régions du Midi-Pyrénées et du Languedoc-Roussillon souhaitent la constitution d'une région unique européenne avec la Catalogne espagnole proche, contre 45 % des Catalans, plus favorables à une union avec les régions espagnoles proches.

La réforme communale allemande

Entre 1964 et 1974, huit réformes territoriales différentes ont été mises en place dans les huit *Länder,* afin d'adapter le découpage communal aux disparités du pays.

Jusqu'à la fin des années 60, la RFA comptait encore 25 000 communes. Les régions ont elles-mêmes imposé en 1968-1970 une réforme, en associant élus et administrés. Le seuil de viabilité a été estimé à 8 000 habitants, les limites territoriales devant permettre d'accéder aux équipements communaux en une demi-heure de transports en commun. Des postes de conseillers ont été créés dans les communes issues de la réforme, afin de recaser une partie des élus des communes supprimées. Ainsi, en Rhénanie du Nord-Wesphalie, le nombre d'élus a diminué de moins de 50 % alors que le nombre de collectivités était réduit de 80 %.

Le réseau routier de la CE comprend 2 600 000 km de routes, dont 31 000 km d'autoroutes.

Ce sont logiquement la France, la RFA et le Royaume-Uni, pays les plus étendus de la Communauté, qui disposent des plus vastes infrastructures routières. Mais la RFA et l'Italie ont les réseaux d'autoroutes les plus développés, devant la France, le Royaume-Uni et les Pays-Bas. Avec une superficie 4,5 fois moindre que celle des Etats-Unis, les pays de la CE ont seulement 2,5 fois moins d'autoroutes et 2,3 fois moins de routes que les Etats-Unis.

Les principaux tunnels routiers sont ceux de Fréjus (France Italie, 13 km), Mont-Blanc (France-Italie, 12 km), Gran Sasso (Italie, 10 km), Maurice-Lemaire (France, 7 km), Sierra del Cadi (Espagne, 5 km). Dans le tunnel sous la Manche, les voitures effectueront la traversée sur des trains (voir ci-après).

ESPAGNE

« Moins vous avez de temps, plus vous devez en profiter. »

CIRCULATIONS

Longueur des réseaux de communication (1987, en km) :

	Routes	dont auto-routes	Réseau ferroviaire	Réseau fluvial
• Belgique	133 378	1 568	3 639	1 514
• Danemark	70 488	599	2 471	-
• Espagne	154 716	2 276	12 686	-
• FRANCE	807 601	6 206	34 644	6 409
• Grèce	40 576	91	2 479	-
• Irlande	92 303	8	1 944	-
• Italie	302 563	6 091	16 183	2 237
• Luxembourg	5 278	58	270	37
• Pays-Bas	97 287	2 054	2 809	4 831
• Portugal	9 961	215	3 607	-
• RFA	496 590	8 618	27 427	4 490
• Royaume-Uni	376 075	3 092	16 985	2 351
• CE	2 586 816	30 876	125 144	-

Eurostat

La Communauté compte 125 000 km de lignes de chemin de fer

La densité des lignes ferroviaires est particulièrement forte, du fait des courtes distances séparant les principales villes de chaque pays. Elle est 2,2 fois plus élevée que celle des Etats-Unis et un peu supérieure à celle du Japon. Le réseau Euro-city, qui a pratiquement remplacé le TEE (Trans Europe Express) relie plus de 200 villes européennes, dont 14 capitales.

En 1998, le TGV (Train à grande vitesse) nord-européen devrait relier Paris, Londres, Bruxelles, Amsterdam et Francfort. Les temps de transport entre les pays membres seront progressivement réduits dans des proportions importantes : 2 h 30 pour Londres-Bruxelles (par le tunnel sous la Manche) ; 3 h 30 pour Paris-Francfort ; 7 h 50 pour Milan-Bruxelles. L'Espagne a adopté depuis 1989 les normes européennes d'écartement des voies (1,43 m).

Le matériel ferroviaire en service comprend au total 24 000 locomotives, 750 000 wagons, dont 52 000 voitures de voyageurs représentent 5,3 millions de places assises.

■ 42 % des Français considèrent que l'Italie est un pays accueillant (31 % en 1980), 21 % le trouvent moderne (51 % en 1980), 17 % instable (4 % en 1980).

■ La densité de routes est de 116 km pour 100 km^2 de territoire en Europe, contre 66 aux Etats-Unis. Celle du réseau de voies ferrées est de 6,6, contre 2,7 aux Etats-Unis.

■ Le parc de véhicules européen comprend 140 millions de véhicules à moteur et 6,5 millions de motos. Il a doublé dans la plupart des pays de la CE entre 1970 et 1987. Il a été multiplié par 6 en Grèce, par 4 en Espagne, par 3 au Portugal.

GRANDE-BRETAGNE

Bowden Dyple Hayes & Partners

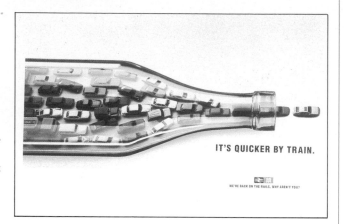

IT'S QUICKER BY TRAIN.

WE'RE BACK ON THE RAILS. WHY AREN'T YOU?

« C'est plus rapide par le train. »

La presqu'île britannique

Malgré les dépassements de budget (doublement par rapport aux estimations initiales), le tunnel sous la Manche reliera la Grande-Bretagne à la France à partir de 1993. Sa longueur sera de 50 km, dont 37 sous le détroit du pas de Calais. Il comprendra deux voies ferroviaires transportant passagers et voitures, distantes de 30 m, à une profondeur de 40 m. Le premier projet remonte à 1751. Après sa mise en service, Londres ne sera plus qu'à 3 h de Paris (puis 2 h 40 quelques années plus tard), contre 5 h 30 aujourd'hui et à 2 h 45 de Bruxelles contre 5 h. Le Train à grande vitesse transmanche réalisé conjointement par la France, la Grande-Bretagne et la Belgique roulera à 300 km/h.

Le plus long tunnel ferroviaire de la Communauté était jusqu'ici le Simplon (20 km), construit en 1906 entre l'Italie et la Suisse, devant le tunnel des Apennins (Italie, 18 km, terminé en 1934) et celui du Mont-Cenis (France-Italie, 14 km, terminé en 1871). Il existe un projet de tunnel entre la France et l'Espagne (Puymorens). Enfin, le tunnel sous le Mont-Blanc, inauguré en 1962, devrait être doublé pour faire face à l'accroissement du trafic routier.

L'Europe dispose de 22 000 km de voies navigables.

Les voies navigables intérieures les plus denses sont celles des Pays-Bas, devant la Belgique et la RFA. La circulation sur le Rhin, principale voie navigable, est régie par la Convention de Mannheim (1868), révisée par le traité de Strasbourg de 1963. La Communauté compte également six détroits servant à la circulation maritime internationale : Gibraltar (entre Espagne et Maroc), pas de Calais (France-Angleterre), Skagerrak (Danemark-Norvège), Kattegat et Oresund (Danemark-Suède), Messine (Italie). Elle compte enfin un canal international, celui de Kiel, qui fait communiquer la mer Baltique et la mer du Nord.

Outre le tunnel sous la Manche, plusieurs projets de liaisons fixes sont à l'étude : liaison Europe-Afrique entre le Maroc et l'Espagne (Gibraltar) ; liaisons par pont entre le Danemark et la Suède (Elsingor-Elsingborg et Copenhague-Malmö) ; liaison Rhin-Danube entre la RFA et l'Autriche ; tunnel du Puymorens entre la France et l'Espagne. D'autres types de liaisons intercontinentales existent, avec les réseaux de câbles sous-marins de communication et les pipelines de transport de pétrole.

Les pays de la Communauté possèdent environ 800 avions civils et 15 000 navires.

La plupart des pays possèdent une compagnie nationale d'aviation civile : Sabena (Belgique) ; Lufthansa (RFA) ; Olympic Airways (Grèce) ; Aer Lingus (Irlande) ; Alitalia (Italie) ; Luxair (Luxembourg) ; KLM (Pays-Bas) ; TAP (Portugal). Le Danemark partage la compagnie SAS avec la Norvège et la Suède. Le Royaume-Uni et l'Espagne disposent chacun de deux compagnies nationales : British Airways et British Caledonian ; Iberia et Aviaco. Les deux compagnies françaises Air France et UTA se sont rapprochées en 1990.

La flotte maritime de la Communauté est en diminution depuis quelques années (18 000 navires en 1980). Elle représente cependant 20 % de la flotte mondiale et de la capacité de transport (90 millions de tonneaux de jauge brute). Les plus importantes se trouvent en Grèce (2 600 navires, dont 330 pétroliers), en Espagne (2 500, dont 80 pétroliers) et au Royaume-Uni (2 400, dont 280 pétroliers).

Le boom du transport aérien

Les aéroports européens les plus fréquentés sont ceux de Heathrow (Londres), avec 35 millions de passagers transportés en 1987 sur 307 000 vols, devant Francfort (24 millions sur 258 000 vols), Paris Orly (20 millions sur 170 000 vols). Une quinzaine d'aéroports transportent plus de 10 millions de passagers par an. En ce qui concerne le fret, Francfort arrive en tête, avec plus de 900 millions de tonnes transportées en 1987, devant Heathrow (580) et Paris-Charles de Gaulle (550).

■ La France possède un réseau d'oléoducs de plus de 5 000 km, l'Irlande et le Royaume-Uni en ont 4 000 km, la RFA 2 200 km.

■ C'est la compagnie aérienne British Airways qui possède le plus grand nombre d'avions (180), devant la Lufthansa (RFA, 130) et Air France (110). La Tag-Air (Portugal) n'en possède que 25 et la Sabena (Belgique) 30.

TRANSPORT À GRANDE VITESSE

Projet de réseau européen de transport à grande vitesse :

Lignes nouvelles
à grande vitesse

Lignes aménagées
pour grande vitesse
(Horizon 2015)

■ En 1989, un vol sur quatre a été retardé d'au moins un quart d'heure sur les compagnies européennes.

■ L'île de Jersey a une fiscalité particulièrement attirante : les impôts directs représentent au maximum 20 % des revenus.

■ A Londres, l'opération de rénovation urbaine des Docklands est la plus importante du monde : 2 200 hectares aménagés le long de 40 km de rives de la Tamise, plus de 3 millions de m² de bureaux, 30 000 logements, 200 000 emplois.

LA PARTICIPATION POLITIQUE DANS LA COMMUNAUTÉ

par Constantin TSOUKALAS*

Toute démocratie repose sur l'institutionnalisation de la participation politique des citoyens à la prise des décisions. Le principe de participation reflète donc l'organisation politique fondamentale des sociétés démocratiques modernes. La souveraineté populaire s'exprime sous forme d'une volonté générale qui représente le peuple, émane des volontés particulières et suppose une activité participatrice formelle des personnes représentées. Ce n'est donc pas un hasard si les questions relevant de la participation politique effective se situent au cœur même du problème de l'organisation rationnelle de la société démocratique libérale.

Le droit de vote n'implique pas une participation effective du citoyen.

> * Constantin Tsoukalas est professeur au Centre national de recherches sociales à l'université d'Athènes.

L'histoire des régimes démocratiques des temps modernes est inséparable de la conquête, souvent tumultueuse, du suffrage universel qui structure les liens entre gouvernants et gouvernés (notons que le vote féminin ne s'instaure qu'au XXᵉ siècle), consacre la citoyenneté et symbolise l'égalité civique effective des individus.

Cependant, la reconnaissance du droit fondamental et inaliénable de participer n'implique pas que ce droit soit ou doive être toujours effectivement exercé. Savoir si la participation effective constitue une condition nécessaire pour le bon fonctionnement de la démocratie est une question largement débattue. Nombre d'auteurs considèrent que le choix de l'inertie politique n'entre pas en contradiction nécessaire avec la fonction fondamentale de la démocratie en tant que contrôle effectif de l'autorité politique. Universellement reconnue en tant que droit fondamental et inaliénable, la participation politique effective n'en est pas moins un enjeu.

D'un pays à l'autre, les taux d'abstention divergent nettement.

Cet enjeu devient plus important encore dans le cadre des entités supranationales. La participation, directe ou indirecte, des citoyens des pays de la Communauté européenne à la mise en place d'une politique communautaire serait ainsi d'une importance primordiale, d'autant plus que la démocratie est définitivement « acquise » dans l'ensemble de ces pays. Les Etats qui composent la Communauté sont fondés sur des principes politiques semblables : malgré leurs différences, tous les régimes en question sont des démocraties parlementaires. Néanmoins, si le suffrage universel constitue un principe commun, la participation effective des citoyens ainsi que leurs attitudes par rapport à la politique est loin d'être uniforme. Une comparaison des degrés de participation formelle des citoyens au processus de vote ainsi que leur mobilisation effective et affective face aux questions politiques et communautaires, laisse apparaître des différences significatives et profondes. Ainsi, si l'on se réfère à l'indice le plus simple de non-participation, qui est celui des taux d'abstention aux élections législatives, on se trouve devant des variations importantes d'une nation à l'autre. Depuis la fin de la Seconde Guerre mondiale, l'abstentionnisme reste en général en dessous de 10 % en Italie et en Belgique, oscille entre 10 et 20 % au Portugal, au Luxembourg, en Allemagne fédérale, au Danemark et aux Pays-Bas et dépasse 20 % en France, en Grèce, en Angleterre, en Irlande et en Espagne. Ces variations sont d'autant plus notables qu'elles semblent relativement stables. A quelques exceptions près, dues largement à des facteurs conjoncturels, les fluctuations des taux d'abstention à l'intérieur de chaque pays sont relativement réduites. Les degrés de participation semblent constituer des traits structurels des différents paysages politiques. De plus, dans la mesure où les changements des taux de participation n'évoluent pas dans la même direction, il est difficile de dégager des tendances générales.

Les raisons qui font diverger les taux de participation sont de plusieurs natures.

Certains facteurs purement institutionnels sont essentiels. Dans des pays comme la Belgique, le Luxembourg et la Grèce, le vote est obligatoire. Des provisions concernant le vote par correspondance ou par procuration, ainsi que des mesures permettant ou facilitant le vote à des populations spéciales (marins, émigrés, personnes âgées, malades, militaires ou détenus) diffèrent d'un pays à l'autre. Ajoutons que le système électoral en combinaison avec l'organisation des partis politiques semble avoir également une influence sur la mobilisation électorale. Notons enfin que les modalités de mise à jour des listes électorales, sur la base desquelles sont mesurés les taux, sont loin d'être uniformes : les listes peuvent éventuellement comprendre des noms de morts ou de personnes ayant transféré leurs droits électoraux, ce qui a pour effet de gonfler les taux officiels d'abstention.

PARTICIPATION ET CONFIANCE

Taux d'abstention, en %

10   20

Degré de confiance et d'intérêt
pour la politique

🖐 fort 👉 moyen 🖐 faible

Les facteurs institutionnels et techniques ne suffisent pas pour expliquer les divergences constatées.

Les larges variations entre les pays tiennent à des paramètres plus profonds, liés à l'histoire politique, économique et culturelle et aux traditions particulières à chaque pays, en d'autres termes à la « culture politique » des pays respectifs. Cette culture politique est loin d'être uniforme, ne serait-ce qu'en ce qui concerne l'ancienneté et la « solidité » des institutions démocratiques. Il ne faut pas oublier que si dans certains pays la démocratie fonctionne de manière quasi ininterrompue depuis le XIXe siècle (France, Grande-Bretagne, Pays-Bas, Belgique, Luxembourg, Danemark), les dernières dictatures européennes (Espagne, Portugal, Grèce) ne se sont effondrées que dans les années 70. Mais les traditions démocratiques n'expliquent pas tout. Il paraît probable que le degré observable de motivation et de participation politique reflète des facteurs aussi difficilement quantifiables que la mesure dans laquelle les confrontations entre les partis correspondent à des clivages sociaux réels, l'existence et la puissance de partis représentant la classe ouvrière, l'intégration entre les structures régionales et nationales, les formes et rythmes de l'urbanisation et le degré de développement économique et éducationnel.

Partout, l'élévation du niveau de vie accroît la participation politique.

Le recours aux différences sociales globales entre les sociétés n'explique cependant pas tout. A l'évidence, les degrés et les formes de participation politique des individus ne sont pas uniquement déterminés par les cultures nationales, mais dépendent aussi de leurs situations sociales et individuelles. La recherche sur les taux de participation électorale rejoint alors la sociologie politique et notamment l'étude des opinions et des attitudes individuelles telles qu'elles ressortent des sondages. Or, ces attitudes politiques moyennes diffèrent d'une nation à l'autre. Toute une série d'indices, dont les plus significatifs sont le degré d'intérêt pour la politique ou de confiance aux hommes politiques, font apparaître que le Danemark, les Pays-Bas et l'Angleterre sont constamment les plus « politisés » ; la France, la Grèce, l'Irlande et le Luxembourg tiennent une position moyenne, alors que la Belgique, l'Italie, l'Espagne et le Portugal se trouvent au plus bas de l'échelle de cette « politisation » apparente. Et l'on observe ainsi que, dans plusieurs pays, le degré de participation aux élections ne correspond pas forcément à ce que les sondages montrent de l'intérêt moyen des citoyens pour la politique et de la confiance qu'ils peuvent avoir envers leurs élus : en Grande-Bretagne, une relativement faible participation au vote n'implique pas un degré élevé de désintérêt ou de défiance envers la politique, alors qu'en Italie ou en Belgique une forte défiance ne s'exprime pas par une abstention massive.

Plus que les divergences entre les pays, ce sont leurs convergences qui paraissent intéressantes.

Ainsi, dans tous les pays sans exception, on retrouve constamment des corrélations positives significatives entre le degré d'intérêt politique, d'une part, et le niveau d'éducation et le statut socio-économique de l'autre. De surcroît, c'est par excellence dans les catégories les plus « politisées » que les attitudes par rapport à la Communauté sont les plus positives. On peut en déduire que l'enjeu fondamental de la participation et de la mobilisation accrue des citoyens pour les affaires communes, enjeu national mais aussi européen, passe par l'élargissement des catégories sociales qui ont accès aux avantages du développement économique et culturel.

ÉCONOMIE

Première puissance commerciale ■ Economie de marché dominante ■ Poids du secteur public en diminution ■ Places financières de taille modeste (sauf Londres) ■ Second PIB du monde ■ Croissance retrouvée depuis 1985 ■ Régions agricoles et frontalières souvent défavorisées ■ Production agricole excédentaire ■ 59 % des emplois dans le tertiaire (69 % en Belgique et aux Pays-Bas, 44 % au Portugal) ■ Dépendance technologique croissante

ENVIRONNEMENT ÉCONOMIQUE

La Communauté européenne est la première puissance commerciale du monde.

Avec 20 % du commerce mondial, la CE se situe devant les Etats-Unis (17 %) et le Japon (10 %). Sa part a cependant légèrement diminué depuis la création du Marché commun, bien que celui-ci ait eu des conséquences favorables (voir ci-après) ; elle était de 23,3 % en 1958. Les échanges intracommunautaires ont été multipliés par 8 en volume au cours des vingt dernières années, tandis que les exportations vers les pays tiers étaient multipliées par 3,5.

Les principaux partenaires de la Communauté sont les pays membres de l'AELE (Association européenne de libre échange, regroupant la Norvège, la Suède, la Finlande, l'Autriche, l'Islande et la Suisse), suivis des Etats-Unis et du Japon. La Communauté réalise aussi 31 % de son commerce avec les 66 pays ACP (Afrique, Caraïbes, Pacifique) avec qui elle est liée par des accords particuliers.

Le Marché commun a profité à l'ensemble de ses membres.

Entre 1957, date de la signature du traité de Rome, et 1985, le PIB par habitant a doublé en monnaie constante dans l'ensemble des pays de la Communauté. Il n'a aug-

menté pendant la même période que de 70 % aux Etats-Unis, mais il avait été multiplié par quatre au Japon. La productivité industrielle (mesurée par la valeur ajoutée dégagée par heure de travail) a triplé, alors que celle des Etats-Unis a seulement doublé. Les échanges commerciaux intracommunautaires ont été multipliés par sept en trente ans, alors que les échanges avec le reste du monde ont triplé. Il apparaît donc que la mise en place du Marché commun a été favorable à l'ensemble des parties prenantes.

L'économie de marché est le système économique dominant dans la Communauté.

L'unité politique des pays de la CE (systèmes démocratiques représentatifs de type parlementaire, voir *Etats*) s'accompagne d'une assez large unité en matière économique. Même dans les pays à régime socialiste, les politiques économiques sont en général de type libéral, concurrentiel, voire capitaliste.

Partout dans l'Europe communautaire, comme d'ailleurs dans l'ensemble du monde occidental développé, les lois du marché sont dominantes. La longue expérience du Marché commun, dont la vocation était jusqu'ici essentiellement économique, a évidemment renforcé cette unité. La mise en place du Marché unique de 1993 devrait encore rapprocher les pratiques des pays membres.

Le poids du secteur public tend à diminuer.

Si l'Etat joue partout un rôle de redistribution des richesses, par le biais des impôts (directs et indirects) et des prestations sociales accordées aux familles, son rôle direct

Eurostat

L'ALLEMAGNE PLUS COMMERÇANTE

Importations et exportations (1988, en % du PIB) et taux de couverture :

	Importations	Exportations	Taux de couverture*
B	60,8	58,7	96,4
DK	24,5	25,6	104,1
D	20,8	26,8	128,8
E	16,8	12,6	75,3
F	19,5	17,9	92,2
GR	23,9	10,4	44,2
IRL	47,6	57,4	120,8
I	16,6	15,5	92,9
L			
NL	46,0	46,6	101,3
P	40,2	25,7	63,5
UK	23,7	17,7	74,4
E 12	23,0	22,5	97,5

* Rapport exportations (FOB)/importations (CAF) en %.

dans la production économique est très variable. On observe depuis quelques années une tendance à une diminution du secteur public, sous l'effet des privatisations engagées par certains pays.

Au Royaume-Uni, les conservateurs libéraux ont vendu depuis 1979 un certain nombre d'entreprises qui appartenaient à l'Etat (voir encadré). La France a procédé aussi à de nombreuses privatisations entre 1986 et 1988, certaines étant des « reprivatisations » d'entreprises nationalisées en 1982 par le gouvernement socialiste. A l'inverse du Royaume-Uni, celles-ci ne concernaient pas le secteur public, à l'exception de la chaîne de télévision TF1.

En RFA, on trouve des entreprises publiques dans presque tous les secteurs (*Konzerne* de l'automobile, de l'énergie, de la chimie, de la machine-outil, de la réparation navale ou de l'exploitation pétrolière). Des privatisations ont été réalisées au cours des dernières années (Volkswagen, VIAG, etc.) mais le *Bund* détient environ un millier de participations dans des groupes industriels.

En Italie, des actifs publics ont été cédés au privé depuis les années 50. Le mouvement s'est amplifié une première fois en 1979 avec la vente de sociétés agroalimentaires, puis à partir de 1983 avec des entreprises industrielles ou financières. En Espagne, un mouvement de privatisation modeste s'est produit, dans un système d'économie mixte.

L'Etat reste au contraire propriétaire d'une part importante de l'outil de production dans des pays comme le Danemark. La part du secteur public dans la population active (graphique p. 99) reflète ces différentes situations. Elle exprime aussi le poids de l'administration non marchande dans les pays.

Royaume-Uni : l'Etat vendeur

Entre 1979, date de l'arrivée au pouvoir de Margaret Thatcher, et 1988, la politique de privatisation a permis de réduire la part des entreprises publiques à 6 % environ du PIB. 600 000 emplois ont été transférés au secteur privé et l'Etat a perçu quelque 16 milliards de livres au titre de la vente de ses parts. Les principaux secteurs concernés sont la construction aéronautique (British Aerospace), la construction automobile (Jaguar, Rolls-Royce), les transports et télécommunications (British Telecom), l'énergie (British Gas) et le logement.

Un tiers des cent premières entreprises mondiales sont européennes.

Dans le classement 1989 des cent plus gros chiffres d'affaires, les entreprises américaines restent les plus nombreuses (42), devant les japonaises (14). Parmi les vingt premières entreprises de la Communauté (voir p. 100), huit sont allemandes ; la France, l'Italie, le Royaume-Uni et les Pays-Bas en comptent chacun trois.

SECTEUR PUBLIC : UN SALARIÉ SUR SIX

Part de l'emploi dans les administrations publiques (1988, en % de l'emploi total) :

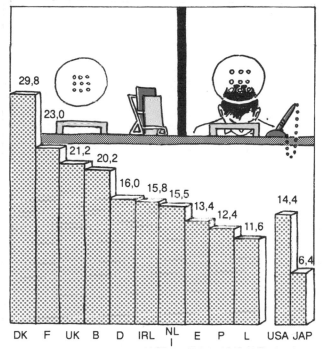

OCDE

DK 29,8 | F 23,0 | UK 21,2 | B 20,2 | D 16,0 | IRL 15,8 | NL 15,5 | I 13,4 | E 12,4 | P 11,6 | L 14,4 | USA | JAP 6,4

Sur les cinq entreprises européennes les plus importantes, trois opèrent dans le secteur de l'énergie. Les autres secteurs dans lesquels la CE est compétitive sont l'automobile, la mécanique, la construction électrique, l'agroalimentaire et la chimie. Deux groupes dont la maison-mère n'est pas située dans un pays membre sont fortement implantés en Europe : Nestlé (Suisse) et Esso/Exxon (Etats-Unis). On remarque enfin la performance du groupe italien Ferruzzi, qui occupait la 112e place du classement en 1987 et qui symbolise le dynamisme industriel italien.

Grèce, RFA : les entreprises plus imposées

En 1990, le taux d'imposition des bénéfices des sociétés variait de 34 % au Luxembourg à 46 % en Grèce et 50 % en RFA (bénéfices réinvestis ; 36 % seulement sur ceux distribués aux actionnaires). Il était de 35 % au Royaume-Uni, en Espagne, aux Pays-Bas et au Danemark, 36 % en Italie, 36,5 % au Portugal et 37 % en France (42 % sur les bénéfices distribués aux actionnaires), en Irlande et en Belgique.

■ Le secteur coopératif est très développé en France, avec 160 000 sociétés [mutuelles, coopératives, associations, Scop (sociétés coopératives ouvrières de production)] et 25 millions de coopérateurs. L'Allemagne compte 14 millions de coopérateurs pour seulement 11 000 sociétés, la Grande-Bretagne 10 millions avec 8 000 sociétés.

La CE est peu présente dans certaines activités de services.

Les banques et assurances sont les domaines réservés du Japon et des Etats-Unis. Seules deux banques françaises (Crédit agricole et BNP) et une compagnie d'assurances britannique (Prudential Corp.) figurent dans les dix premières mondiales.

On ne trouve dans les dix premières entreprises de distribution que l'Allemand Tengelmann, mais les Français Centres Leclerc, Intermarché et Carrefour occupent les 11e, 16e et 17e places, le Néerlandais Vendex la 19e. L'hôtellerie était largement dominée par les Américains, avant que le Français Accor ne se hisse au premier plan en 1990, par le biais d'une importante acquisition aux Etats-Unis.

ITALIE

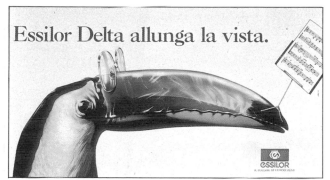

Essilor Delta allunga la vista.

HDM WE

« Essilor Delta allonge la vue. »

Le Sud et le Royaume-Uni gagnants en 1993

Tous les pays ne profiteront pas également du surplus de croissance apporté par la mise en œuvre du Marché unique, du fait des différences de compétitivité. Dans la production de biens nécessitant une forte main-d'œuvre qualifiée (chimie, électronique, machines-outils...), les pays du Nord ont un avantage de coût et devraient accroître leurs exportations vers le Sud. A l'inverse, les pays méditerranéens, à l'exception de l'Italie, produisent moins cher (30 à 40 %) des produits nécessitant une main-d'œuvre peu qualifiée et exporteront à destination des pays du Nord.

Mais les pays du Sud resteront des marchés marginaux pour ceux du Nord et devraient donc plus bénéficier qu'eux des nouvelles perspectives d'échanges. Ce phénomène devrait être renforcé par le fait que les gains de productivité (mécanisation, fusions...) et les économies d'échelle concerneront beaucoup plus les pays moins développés. Quant aux pays du Nord, à l'exception du Royaume-Uni, leurs coûts de production sont déjà très proches (4 % d'écart), de sorte que le marché unique ne devrait pas favoriser un pays par rapport à un autre.

Damien Neven, *Economic policy*, mai 1990

LE HIT-PARADE DES ENTREPRISES

Les 20 premières entreprises européennes :

	Secteur d'activité	Chiffres d'affaires (en millions d'écus)	Bénéfice net (en millions d'écus)	Nombre de salariés (en milliers)
1 - SHELL (NL - R-U)	Pétrole	66 230	4 514	134
2 - British Petroleum (R-U)	Pétrole	39 016	1 887	126
3 - FIAT (I)	Automobile	38 428	2 805	277
4 - Daimler Benz (D)	Automobile	35 430	820	339
5 - E.N.I. (I)	Energie	28 716	1 141	116
6 - Siemens (D)	Electronique/Inform.	28 622	671	353
7 - Volkswagen (D)	Automobile	28 549	976	252
8 - Unilever (NL - UK)	Agroalimentaire	26 488	1 354	292
9 - German post (D)	Services publics	25 310	1 064	562
10 - Philips (NL)	Electronique/Inform.	23 974	451	310
11 - Nestlé (CH)	Agroalimentaire	23 542	1 231	198
12 - Renault (F)	Automobile	22 943	1 267	182
13 - ESSO/EXON (E-U*)	Pétrole	22 883	-	-
14 - Ferruzzi (I)	Agroalimentaire	21 565	894	67
15 - VEBA (D)	Energie	21 400	573	84
16 - BASF (D)	Chimie	21 147	690	135
17 - EDF (F)	Services publics	19 829	- 275	124
18 - Hoechst (D)	Chimie	19 747	971	165
19 - Peugeot (F)	Automobile	19 677	1 306	158
20 - Bayer (D)	Chimie	19 508	920	166

* Activités en Europe.

Les Echos, décembre 1989

Les places financières sont de taille modeste par rapport à celles des Etats-Unis et du Japon.

Londres est de loin la principale place financière européenne (bourse de valeurs, de matières premières, marchés à terme, sièges de grandes banques, etc.). Mais la capitalisation des bourses du Royaume-Uni (environ 5 000 milliards de francs en juin 1990) reste quatre fois inférieure à celle de New York ou de Tokyo (25 000 milliards de francs au Japon et 17 000 aux Etats-Unis). Les chiffres ont baissé à partir d'août 1990, à cause de la forte chute des bourses mondiales qui a suivi le troisième choc pétrolier provoqué par l'invasion du Koweït par l'Irak.

Paris, Francfort ou Milan jouent un moindre rôle international dans le domaine financier (environ 1 500 milliards de francs capitalisation) et sont dépendantes de l'humeur qui prévaut aux Etats-Unis et au Japon. La croissance de l'économie espagnole a permis à des villes comme Madrid ou même Barcelone de figurer parmi les capitales financières européennes. C'est le cas aussi de Palerme, en Italie.

L'implantation des places financières rappelle la grande dorsale européenne déjà constituée au Moyen Age entre Venise et Gênes, d'un côté, de l'autre les villes allemandes de la Hanse, des Pays-Bas et Londres. Les grands ports continuent d'y tenir une place importante.

■ Depuis sa création, en mars 1979, le SME (serpent monétaire européen) a connu 13 réaménagements jusqu'à janvier 1987.

FRANCE

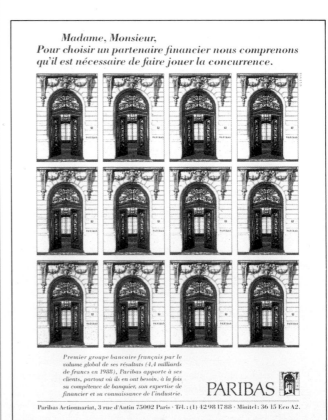

LONDRES, CAPITALE FINANCIÈRE

Capitalisation boursière des actions nationales dans les principales places financières européennes (1988, en millions d'écus) :

Londres (2)	612
RFA	216
Paris	179
Italie	117
Amsterdam	89
Madrid	78
Barcelone	72
Bruxelles	51
Luxembourg	40
Copenhague (1)	23
E 10	1 475
New York	2 035
Tokyo	3 259

(1) Hors fonds communs de placement.
(2) Hors Irlande du Nord.

FIBV

***Les investissements publicitaires
représentent un peu moins de 1 % du PIB
des pays membres.***

Les pays de la Communauté consacrent en moyenne 0,85 % de leur PIB aux dépenses publicitaires, soit un peu plus que le Japon (0,7 %) mais deux fois moins que les Etats-Unis (1,65 %). Les sommes en jeu varient entre 200 francs (Portugal) et 1 000 francs (Royaume-Uni) par habitant.

Globalement, les deux tiers des budgets vont à la presse écrite (96 % au Danemark, 84 % aux Pays-Bas, mais 27 % au Portugal et 42 % en Italie). Un quart est destiné à la télévision et 5 % à la radio. La radio tient une place importante en Espagne et au Portugal ; elle est faible en Belgique, au Danemark, aux Pays-Bas et au Royaume-Uni.

La part de la télévision, bien que très inférieure à celle de la presse, tend à s'accroître. Elle atteint ou dépasse 50 % des investissements au Portugal et en Italie, bien que le nombre des chaînes soit très différent (voir *Loisirs*). Elle est proche d'un tiers au Royaume-Uni et en Espagne, mais seulement un dixième aux Pays-Bas et en RFA et au Danemark.

Les deux plus gros annonceurs en Europe n'appartiennent pas à la Communauté : Unilever (savons, alimentation, lessives) dépense chaque année plus d'un milliard d'écus d'investissement publicitaire total, dont la moitié en Europe ; Nestlé (alimentation) dépense plus de 500 millions, dont environ 55 % aux Etats-Unis. Les trois autres sont européens : Volkswagen (automobile, plus de 300 millions, dont 50 % aux Etats-Unis) ; Siemens (électronique, plus de 200 millions, dont à peine plus de 1 % aux Etats-Unis) ; Renault (automobile, 200 millions).

L'EUROPE DE LA PUB

Dépenses publicitaires par rapport au PIB et part des principaux médias (1989, en %) :

	Dépenses (en % du PIB)	Répartition par média				
		Presse	Radio	Télévision	Affichage	Cinéma
• Roy.-Uni	1,64	59,1	2,3	34,0	4,0	0,6
• Espagne	1,30	50,0	8,8	35,4	5,3	0,5
• Pays-Bas	1,20	76,1	12,2(1)	-	11,4	0,3
• Danemark	0,96	83,3	2,2	11,9	1,8	0,8
• RFA	0,77	76,8	4,9	13,4	3,7	1,2
• FRANCE	0,77	56,2	6,8	24,7	11,5	0,8
• Irlande	0,75	54,1	10,0	28,8	7,0	-
• Belgique	0,67	59,4	0,8	24,4	13,9	1,5
• Italie	0,66	43,7	3,4	47,6	5,0	0,3
• Grèce	0,63	45,5	7,4	39,2	7,9	0,0
• Portugal	0,59	35,4	8,4	45,6	10,6	
• Etats-Unis	1,48	51,8	11,0	35,7	1,5	-
• Japon	0,94	41,9	5,5	38,1	14,5	-

(1) Télévision et radio.

AAAC

Publicité et télévision

Les publicités pour les cigarettes sont interdites à la télévision dans la plupart des pays de la Communauté (le Royaume-Uni tolère dans certaines conditions la publicité pour les cigares). Celles pour les alcools ne sont autorisées qu'en Belgique et limitées (contenu, durée, etc.) aux Pays-Bas, en RFA et au Royaume-Uni. Les publicités pour l'édition, la presse, le cinéma, le commerce sont interdites en France, ainsi que celles pour les produits amaigrissants (c'est le cas aussi en Irlande pour cette dernière catégorie). Celles sur les produits pharmaceutiques sont partout réglementées. La durée de la publicité est limitée (voir *Loisirs*).

■ Le réseau fluvial de la Communauté (essentiellement RFA, Belgique, France et Pays-Bas) assure un trafic annuel de 100 milliards de tonnes-kilomètre, soit presque autant que les chemins de fer allemands et français réunis.

PERFORMANCES

Le produit intérieur brut de la CE est le second du monde.

Le PIB (produit intérieur brut) représente l'ensemble des biens et services produits par l'activité économique, ou encore la somme des valeurs ajoutées créées par les actifs sur le territoire économique d'un pays, quelle que soit leur nationalité (par opposition au Produit national *brut*, qui ne concerne que les nationaux).

Seul le PIB des Etats-Unis est légèrement supérieur à celui de la Communauté : 4 milliards d'écus contre 3,8 milliards en 1989. Les cinq Etats les plus peuplés de la Communauté (RFA, Royaume-Uni, Italie, France, Espagne) réalisent à eux seuls près de 90 % du PIB total.

Pour être valides, les comparaisons de richesse économique doivent cependant tenir compte des différences de niveaux de prix entre les pays. C'est pourquoi elles sont souvent exprimées en *standard de pouvoir d'achat* (SPA), unité de référence qui annule non seulement les différences de prix mais aussi l'influence des variations dans le temps des taux de change entre les monnaies. Le PIB européen par habitant s'établissait ainsi à environ 16 000 SPA en 1990 ; il restait inférieur à celui des Etats-Unis (23 000) et du Japon (17 000).

LE TIERCÉ DE LA PROSPÉRITÉ

Evolution du PIB par habitant en Europe, aux Etats-Unis et au Japon (en dollars, aux prix et taux de change courants) :

	1960	1970	1980	1988
E 12	1 052	2 285	9 837	14 687
USA	2 843	4 922	11 804	19 558
JAP	477	1 964	9 069	23 190

« Un plein bac de nouvelles idées. »

Le PIB par habitant varie de 1 à 5 entre le Portugal et le Danemark.

En 1989, le PIB par habitant le plus élevé de la Communauté était celui du Danemark : environ 120 000 F. Le plus faible était celui du Portugal (25 000 F). La moyenne s'établissait à 87 000 F pour la CE, à comparer à environ 135 000 F au Japon et 116 000 F aux Etats-Unis.

Cinq pays se situaient au-dessus de la moyenne communautaire (par ordre décroissant) : Danemark, RFA, Luxembourg, France, Pays-Bas. Quatre pays étaient nettement en dessous de la moyenne ; par ordre croissant : Portugal, Grèce, Espagne, Irlande. Les trois autres (Royaume-Uni, Italie, Belgique) étaient proches de la moyenne.

■ Les parts de marché des Japonais en Europe sont estimées globalement à 33 % au Danemark, 28 % aux Pays-Bas, 21 % en Belgique, 15 % en RFA, 11 % eu Royaume-Uni, 6 % au Portugal, 3 % en France, 1 % en Italie, 0,4 % en Espagne.

OCDE

LA RICHESSE INÉGALÉE

PIB par habitant et par région (1986, indice 100 = moyenne communautaire) :

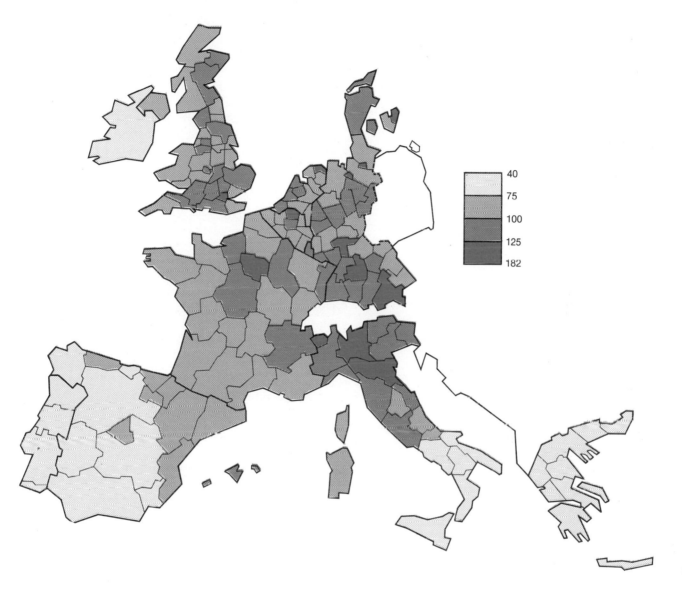

Eurostat

L'écart de développement entre les pays les plus riches et les plus pauvres atteint 30 ans.

Si l'on traduit les écarts entre pays en nombre d'années, on s'aperçoit que le PIB par habitant du Portugal est équivalent à celui qu'avait le Luxembourg il y a plus de 30 ans (voir *cartes espace/temps* dans la première partie de l'ouvrage). L'écart est de 28 ans pour l'Espagne, 23 ans pour l'Irlande, 20 ans pour la Grèce. Il varie entre 3 ans (RFA) et 8 ans dans les autres pays.

L'examen de nombreux indicateurs économiques et sociaux (production, revenus, taux d'équipement des mé-

nages, etc.) fait apparaître de fortes disparités entre les douze pays membres. Ils confirment généralement le classement donné par le PIB par habitant, en particulier pour les quatre pays les moins développés.

■ Le déficit courant du Royaume-Uni est supérieur à 130 milliards de francs, alors que l'excédent de la RFA approche 300 milliards.

■ 5 pays détiennent les deux tiers des 30 000 tonnes d'or stockées dans 43 pays : Etats-Unis, RFA, Suisse, France, Italie (par ordre décroissant).

PIB et bien-être économique

Le PIB par habitant est l'indicateur quasi exclusif utilisé pour mesurer le degré de développement des pays, assimilé au « bien-être économique » (voire social ou individuel) de leurs habitants. La comparaison du PIB par habitant et des indices de satisfaction montre d'ailleurs que les deux notions ne sont pas étrangères (voir première partie du livre).

Certaines études ou théories ont tenté d'établir des corrélations entre le degré de développement d'un pays et d'autres facteurs, quantitatifs ou qualitatifs.

Il apparaîtrait ainsi que le développement est plus fort lorsque la population d'un pays est faible, lorsque la part de l'agriculture dans l'emploi est réduite (et celle des services élevée), lorsque le secteur du commerce extérieur est important, lorsque les lois du marché prédominent par rapport à la planification, lorsque le secteur public est peu développé et l'Etat redistributif, lorsque les institutions sont souples et innovatrices, lorsque le niveau éducatif et scientifique est élevé.

LA RICHESSE UN PEU MIEUX PARTAGÉE

Evolution du produit intérieur brut par habitant :

	En standard de pouvoir d'achat (EUR 12 = 100)		En écus 1988 (2)
	1970	1990 (1)	
• Danemark	115,3	107,6	17 738
• RFA	112,5	113,3	16 566
• Luxembourg	120,8	128,8	14 878
• FRANCE	109,0	108,9	14 425
• Pays-Bas	114,9	103,1	13 094
• Belgique	98,6	104,4	12 854
• Italie	100,7	103,1	12 215
• Royaume-Uni	107,0	105,7	12 200
• Irlande	59,7	6,7	7 771
• Espagne	73,2	76,8	7 383
• Grèce	51,2	54,2	4 447
• Portugal	47,2	54,0	3 616
• CE	100,0	100,0	12 439
• Etats-Unis	163,6	153,5	16 537
• Japon	92,5	113,4	19 626

(1) Estimations.
(2) Aux prix du marché et parités de pouvoir d'achat constants (un écu = 7,04 francs).

Eurostat

Jan-Erik Lane et Svante Ersson, RISS, mai 1988

Après dix années de crise économique (1974-1984), la Communauté a retrouvé une croissance forte.

Le choc pétrolier de 1973 avait mis un terme à la prospérité et à la croissance caractéristiques des années 50 et 60. Les pays de la Communauté ont alors connu l'inflation, le chômage et, pour la plupart, des diminutions du pouvoir d'achat. Puis, entre 1985 et 1989, le taux de croissance du produit intérieur brut est passé de 2,5 % à 3,5 %. Trois pays seulement ont connu une récession : l'Irlande en 1986, le Danemark et la Grèce en 1987.

En général, les investissements des entreprises ont repris dans la seconde moitié des années 80. Ils ont été rendus possibles ou nécessaires par l'accroissement des profits, des taux d'utilisation élevés des capacités industrielles et un contexte international favorable et stimulé par l'échéance du marché unique de 1993.

La disparité entre les douze pays de la Communauté, mesurée par le PIB par habitant, a eu tendance à diminuer entre 1960 et 1974, sous l'effet d'une prospérité économique partagée. Elle a augmenté à partir de 1975, du fait de la croissance démographique plus forte des pays faibles, malgré leur croissance économique plus élevée : 2 % par an entre 1973 et 1985, contre 1,6 % pour les autres pays.

Les riches et les pauvres

Entre 1965 et 1987, le PIB des pays à revenu faible ou intermédiaire (Amérique latine, Caraïbes, Moyen-Orient, Afrique du Nord, Afrique subsaharienne, Asie du Sud et de l'Est, Chypre, Grèce, Hongrie, Malte, Pologne, Portugal, Roumanie, Yougoslavie) s'est accru en moyenne de 5 % par an, alors que celui des pays de l'OCDE à revenu élevé (25 pays de l'OCDE, sauf Grèce, Portugal et Turquie) n'augmentait que de 3,1 %. Pendant la période 1980-1988, les taux étaient respectivement de 4,0 % et de 2,7 %. Les prévisions de la Banque mondiale situent entre 3,7 % et 4,6 % la croissance annuelle entre 1988 et 1995, contre environ 2,5 % dans les pays riches.

Les évolutions sont cependant moins favorables aux pays pauvres lorsqu'on compare les croissances du PIB *par habitant*. Celui-ci a connu une progression voisine de celles des pays riches entre 1980 et 1988 (2 %). Il devrait connaître une augmentation annuelle comprise entre 1,8 et 2,7 % jusqu'en 1995, contre 1,9 à 2,1 % dans les pays riches. C'est évidemment la forte croissance démographique des pays pauvres qui explique cette situation.

Banque mondiale

L'inflation et le chômage ont été les conséquences directes de la crise.

Entre 1968 et 1986, l'inflation avait atteint en moyenne 9,2 % dans les pays de la Communauté. Les pays les plus touchés ont été ceux du Sud (par ordre décroissant : Portugal, Grèce, Espagne, Italie), auxquels il faut ajouter l'Irlande et le Royaume-Uni.

On a observé de 1980 à 1986 une diminution régulière de l'inflation, avec un taux de 3 % en 1986 contre 13 % en 1980. La Communauté a connu ensuite une légère accélération des prix de 1987 à 1989 (5,3 % en moyenne), à l'exception du Portugal qui conservait cependant un taux proche de 12 %. Le premier semestre 1990 a été globale-

CROISSANCE : FLUX ET REFLUX

Evolution des taux de croissance du PIB (en % de variation annuel) :

	1960-1968	1968-1973	1973-1979	1979-1988	1989	1990*	1991*
• Belgique	4,5	5,6	2,2	1,8	4,2	3,3	2,7
• Danemark	4,6	4,0	1,9	1,7	1,1	1,1	2,0
• Espagne	7,5	6,6	2,2	2,4	4,9	4,2	3,8
• FRANCE	5,4	5,5	2,8	1,9	3,7	3,1	2,8
• Grèce	7,3	8,2	3,7	1,5	2,9	1,4	2,1
• Irlande	4,2	4,6	4,9	2,6	4,0	3,8	3,7
• Italie	5,7	4,5	3,7	2,4	3,2	3,1	3,2
• Luxembourg	3,0	5,8	1,3	2,8	3,5	3,4	3,0
• Pays-Bas	4,8	4,9	2,7	1,3	4,3	3,3	3,1
• Portugal	6,6	7,4	2,9	2,5	5,4	4,0	4,0
• RFA	4,1	4,9	2,3	1,7	4,0	3,9	3,4
• Royaume-Uni	3,0	3,4	1,5	2,2	2,3	0,9	1,9
• Etats-Unis	4,5	3,2	2,4	2,8	3,0	2,3	2,5
• Japon	10,2	8,7	3,6	4,1	4,9	4,7	4,0

OCDE

* Estimations ou prévisions.

ment bon, avec une baisse au Danemark, en France et en Irlande, une hausse aux Pays-Bas, en Grèce et au Royaume-Uni ; le second a été perturbé par le renchérissement du prix du pétrole lié à la crise du Golfe et ses effets inflationnistes.

Le chômage a suivi une évolution similaire, avec une très forte augmentation entre 1975 et 1985 et une reprise de la création d'emplois dans la seconde moitié des années 80. En 1990, deux pays conservaient un taux de chômage supérieur à 10 % de la population active : l'Irlande, l'Espagne et l'Italie.

Des inégalités économiques importantes existent entre les régions.

Elles sont liées au déséquilibre des activités. Le rapport des PIB régionaux est ainsi de 1,3 en Grèce, 1,7 en Espagne, 1,8 en France, 1 à 1,9 en RFA. Il atteint 2,1 au Royaume-Uni et 3,9 en Italie. Le rapport maximal entre les régions de la Communauté est de 4,7.

Les régions les plus riches sont centrées sur l'axe Londres-Milan, en passant par les vallées du Rhône et du Rhin. Elles comprennent aussi des pôles à forte population où l'industrie est concentrée et l'activité commerciale intense, comme Hambourg, Brême ou la région de Copenhague. Chacune de ces zones est généralement dotée d'une métropole puissante à vocation internationale : Londres, Paris, Anvers, Rotterdam, Luxembourg, Munich, Brême, Hambourg. Dans ces villes, le PIB par habitant est le double de la moyenne européenne.

■ La contrefaçon (produits de luxe, de loisirs, etc.) coûte environ 100 000 emplois à la CE. Elle représente de 3 à 9 % du commerce mondial.

Les régions frontalières sont souvent moins prospères que les autres.

Les zones des Etats membres proches des frontières d'autres Etats (communautaires ou non) représentent près du quart de la superficie de la CE et un cinquième seulement de sa population. Le poids de ces régions est particulièrement élevé dans les pays du Benelux et au Portugal, relativement moins au Danemark, en Italie et au Royaume-Uni.

Dans la majorité des cas, les régions frontalières ont un revenu inférieur à la moyenne du pays auquel elles appartiennent et un taux de chômage supérieur. Certaines régions, comme les territoires allemands et français du Haut-Rhin, ceux de la frontière franco-italienne sont cependant dans une situation plus favorable.

Les régions insulaires défavorisées

Les îles appartenant aux pays membres de la Communauté (et rattachées à elle) représentent 5,5 % de la superficie totale et 3,5 % seulement de sa population (plus de 300 sont habitées). Elles connaissent souvent des difficultés économiques particulières : chômage plus élevé que la moyenne, revenus inférieurs. Ces difficultés sont liées principalement à leur éloignement des marchés, au coût élevé des transports et à la présence insuffisante des industries. Les situations sont plutôt meilleures dans les grandes îles ou dans celles qui bénéficient d'atouts particuliers : les Shetland ont le pétrole de la mer du Nord, Madère et les Baléares vivent du tourisme. En France, par exemple, le coût des transports et la fiscalité pénalisent les île du Ponant, d'Ouessant à l'île d'Yeu, trop proches du continent pour bénéficier d'avantages, au contraire de la Corse.

LES DEUX FLÉAUX

Taux d'inflation et de chômage moyens sur la période 1975-1989 :

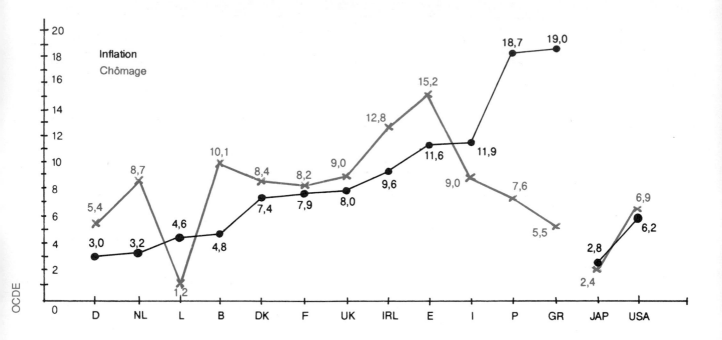

OCDE

Les régions à problèmes sont le plus souvent agricoles.

Les régions pauvres sont d'abord celles dont l'économie repose encore largement sur l'agriculture. Elles sont principalement situées dans le sud et dans l'ouest de l'Europe, en Grèce, en Espagne, au Portugal, dans le Mezzogiorno italien, en Irlande et en Irlande du Nord. Elles se trouvent le plus souvent situées en périphérie de la Communauté, ce qui ralentit leur développement. Les régions agricoles des Pays-Bas (en particulier la Zélande, productrice de fleurs) et la Champagne-Ardennes française (productrice de vin) font exception à ces difficultés, du fait de leur forte productivité et de la valeur ajoutée qu'elles génèrent.

D'autres régions, dont l'activité reposait sur des industries déclinantes (sidérurgie, charbonnages, construction navale, textile) souffrent de structures industrielles vieillies et connaissent des taux de chômage élevés. Les régions industrielles à problèmes se trouvent surtout au Royaume-Uni, en France et en Belgique.

Dans les 25 régions les plus défavorisées de la Communauté, un actif sur cinq est sans emploi, contre un sur vingt dans les 25 régions les plus riches. Des aides ont été mises en place dans ces régions par les institutions européennes : Communauté européenne du charbon et de l'acier, Banque européenne d'investissement, Fonds social européen et surtout Fonds européen de développement régional, créé en 1975.

Performances régionales

Des régions très productives, qui ont connu très tôt la modernisation de leurs méthodes de production (mécanisation, regroupement, irrigation...) s'opposent aux régions plus traditionnelles. Aux deux extrémités de l'échelle, l'East Anglia anglaise produit sept fois plus de valeur ajoutée que l'Estrémadure espagnole. L'ouest des Pays-Bas et la Ligurie (au nord de l'Italie) obtiennent les meilleurs rendements à l'hectare : près de sept fois plus que la moyenne communautaire. Les régions qui disposent d'un sol médiocre (landes écossaises ou irlandaises, plateaux arides de Castille, montagnes de Crète...) sont évidemment désavantagées et doivent se spécialiser dans l'élevage d'ovins.

Les régions qui obtiennent les revenus les plus élevés sont toutes localisées dans la moitié nord de la Communauté et la plaine du Pô italienne. Quelques régions méditerranéennes dépassent la moyenne, grâce à l'horticulture, la viticulture ou l'arboriculture fruitière : sud-est de la France, Sicile, région de Valence en Espagne.

■ Le port de Rotterdam est de loin le plus important de la CE, avec un trafic de l'ordre de 270 millions de tonnes, devant Marseille et Anvers (100 millions de tonnes), Hambourg (60), Le Havre (50) et Gênes (45).

INSEE, Nicole Duval

RÉGIONS DÉFAVORISÉES

Zones éligibles au FEDER (Fonds européen de développement régional) en 1989 :

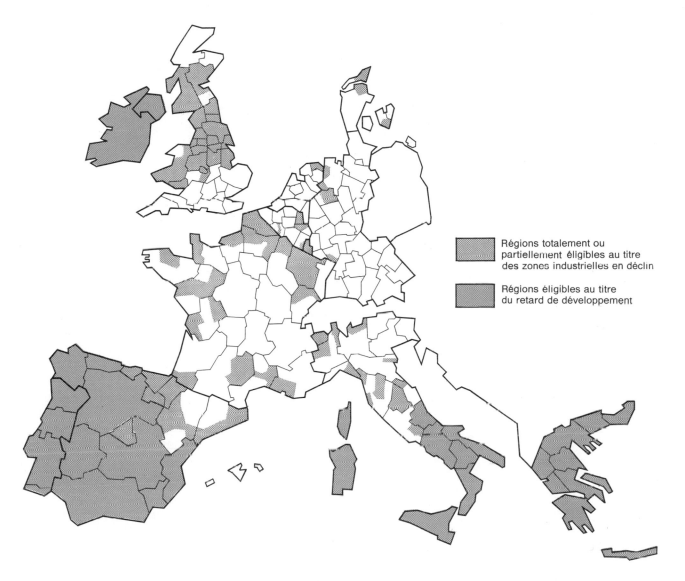

Régions totalement ou partiellement éligibles au titre des zones industrielles en déclin

Régions éligibles au titre du retard de développement

Eurostat

Les écarts régionaux pourraient s'accroître au cours des prochaines années.

La croissance du PIB par habitant et les politiques nationales de redistribution ont permis, jusqu'au milieu des années 80, un certain rééquilibrage entre les régions. L'Italie, l'Irlande, plusieurs régions grecques et l'Estrémadure espagnole s'étaient ainsi rapprochées des niveaux atteints par les pays du Benelux, de l'Allemagne du Sud ou de certaines régions françaises comme la Haute-Normandie ou Champagne-Ardennes.

Le Portugal, l'Espagne méridionale, la région d'Athènes et la Macédoine centrale ont au contraire accentué leur retard par rapport aux régions riches de RFA, du Luxembourg ou du Danemark.

De plus, les disparités entre les régions d'un même Etat sont restées fortes dans des pays comme l'Italie, la France ou le Royaume-Uni. Ainsi, en France, la région parisienne a accru sa domination économique : les constructions de bureau correspondant à des emplois de services y ont été très nettement supérieures à celles de l'ensemble du pays. Il est à craindre que ces disparités ne s'accentuent à l'avenir, sous l'effet de la restructuration industrielle et du moindre rôle redistributif joué par les Etats, soucieux de réduire les dépenses publiques.

Eurostat

Le coût de la non-Europe

Une étude réalisée par la Commission européenne a conclu que la disparition des frontières en 1993 entraînera des gains économiques représentant entre 4,5 et 7 % de son PIB au bout de cinq à six ans. Ces gains, évalués à 1 400 milliards de francs, proviendraient en particulier des effets de l'élimination des barrières tarifaires (60 milliards), de la suppression des obstacles d'échelle pour les entreprises (400 milliards) et du renforcement de la concurrence (300 milliards). Une réduction des prix à la consommation de 4,5 à 6 % en moyenne pourrait en résulter, ainsi que la création de 2 à 5 millions d'emplois.

LE ROYAUME-UNI INVESTI(T)

Investissements directs des pays de la CE à l'étranger et investissements étrangers dans les pays de la CE (en millions d'écus) :

	Investissements des pays CE à l'étranger		Investissements étrangers dans pays CE	
	1980	1988	1980	1988
• Belgique/ Luxembourg	160,1	3 189,2	1 118,3	4 292,1
• Danemark	141,9	-	76,9	-
• Espagne	224,0	1 040,2	1 074,6	5 938,7
• FRANCE	2 256,7	10 778,9	2 392,9	6 091,9
• Grèce	-	-	481,4	768,5
• Irlande	-	-	206,2	77,4
• Italie	540,2	4 614,1	422,8	5 783,9
• Pays-Bas	2 818,2	3 082,9	1 431,4	3 327,1
• Portugal	9,3	46,6	113,7	740,1
• RFA	2 885,0	9 551,4	306,3	1 160,4
• Royaume-Uni	8 183,6	23 097,4	7 295,3	11 493,7
• CE	**17 119,0**	**55 400,6**	**14 919,7**	**39 673,8**
• Etats-Unis	13 827,5	14 858,1	12 143,1	49 451,4
• Japon*	1 713,0	28 954,6	205,9	420,6

* 38 % des investissements effectués depuis 1957 l'ont été au Royaume-Uni, 20 % aux Pays-Bas, 17 % au Luxembourg.

■ En 1989, on comptait 92 unités de production japonaises au Royaume-Uni, 85 en France, 67 en RFA, 41 en Espagne, 27 aux Pays-Bas, 24 en Italie, 23 en Belgique et au Luxembourg, 17 en Irlande, 7 au Portugal, 4 en Grèce et 2 au Danemark.

■ Le déficit des administrations représentait 15 % du PIB grec en 1988. Il était de 10 % en Italie, 8 % au Portugal, 7 % en Belgique, 5 % aux Pays-Bas. Il était inférieur à 4 % dans les autres pays.

SECTEURS D'ACTIVITÉ

La part de l'agriculture dans l'économie diminue, mais la production agricole continue d'augmenter.

L'agriculture représente un peu plus de 3 % des emplois aujourd'hui (et 3,4 % du PIB) contre 9 % en 1960 (voir tableau p. 110).

Malgré les pertes d'emplois, la production agricole est en progression régulière, grâce à la spécialisation et la concentration des exploitations, à l'intensification des méthodes de production et à la rationalisation de la distribution des produits. Entre 1974 et 1986, le rendement des vaches laitières a augmenté de 26 %. La production laitière de la Communauté a atteint un record en 1983, avec 112 millions de tonnes (malgré la diminution du nombre des vaches laitières), soit un excédent de 18 millions de tonnes par rapport à la consommation, que l'on retrouve dans la production de beurre et de lait écrémé. L'excédent de production céréalière est d'environ 13 millions de tonnes, celui des productions de vin de 19 millions de tonnes.

La Communauté, quatrième pêcheur du monde

Avec 7 millions de tonnes de poisson par an, la Communauté occupe la quatrième position, derrière le Japon (12 millions de tonnes), l'URSS (11) et la Chine (8). Le Danemark et l'Espagne représentent à eux deux la moitié de la pêche totale. Le lançon (ou équille, utilisé dans l'industrie) arrive en tête des prises avec 900 000 tonnes, la morue (450 000), le hareng (400 000) et le maquereau (350 000). Les Européens consomment 14,5 kg de poisson par personne et par an, trois fois moins que les Japonais (35,5 kg).

Plus de la moitié du territoire est consacrée à l'agriculture.

L'agriculture représente 57 % de la surface totale de la Communauté (la superficie boisée 24 %, les eaux 1,6 %). Elle occupe 81 % de la superficie de l'Irlande, 76 % de celle du Royaume-Uni, 65 % de celle du Danemark et environ la moitié de celle des autres pays. La France possède à elle seule le quart de la superficie agricole utilisée (au total 130 millions d'hectares). Le Royaume-Uni et l'Italie en ont chacun 14 %, la RFA 9 %, l'Irlande 4 %. Les autres pays du Sud représentent 30 %, ceux du Nord 14 %.

La taille moyenne des exploitations dans la CE est d'environ 12 hectares, mais elle varie beaucoup selon les pays : 4 ha en Grèce, contre 63 en Grande-Bretagne. A titre de comparaison, la superficie moyenne est de 180 ha aux Etats-Unis, et de... 2 700 en Australie.

AUTONOMIE ALIMENTAIRE

Evolution du taux d'autoapprovisionnement de certains produits agricoles (1) :

	Céréales (2)		Légumes frais		Fruits frais		Beurre		Viandes	
	1975	1988	1975	1988	1975	1988	1975	1987	1975	1987
• Belgique/ Luxembourg	33	61	138	122	60	67	107	105	123	130
• Danemark	96	126	70	69	56	34	316	185	319	295
• Espagne	-	82	-	133	-	107	-	144	-	97
• FRANCE	154	190	94	88	89	92	113	111	98	101
• Grèce	-	97	-	156	-	130	100	69	90	65
• Irlande	69	84	106	77	25	12	238	227	270	275
• Italie	71	81	115	122	133	122	58	61	73	42
• Pays-Bas	24	31	204	191	67	62	358	128	184	240
• Portugal	-	48	-	136	-	98	-	100	-	95
• RFA	81	97	35	38	51	56	125	92	85	91
• Royaume-Uni	65	118	75	66	30	22	9	65	73	82
• **CE**	**87**	**111**	**95**	**106**	**80**	**85**	**97**	**105**	**96**	**102**
• Etats-Unis	172	150	102	86	87	86	96	94	97	98
• Japon	3	4	98	74	82	74	72	77	92	101

Eurostat

(1) Part de la production intérieure dans l'utilisation totale, en %.
(2) Sans riz.

La Communauté se suffit à elle-même pour la plupart des produits agricoles.

L'autoapprovisionnement de la Communauté en produits agricoles dépasse 100 % pour des produits tels que les céréales, le vin, les légumes, la viande (bœuf, veau, porc, volaille) ou les pommes de terre. Il est inférieur seulement en ce qui concerne les fruits frais, les agrumes, la viande ovine et caprine et les graisses et huiles (voir tableau ci-dessus).

Les taux sont cependant très variables selon les pays : la Belgique, le Danemark, l'Irlande, les Pays-Bas et le Royaume-Uni n'ont pratiquement pas de vignes ; l'Irlande et le Danemark ne produisent qu'un tiers des fruits qu'ils consomment, la RFA un tiers de ses légumes, les Pays-Bas un tiers des céréales.

L'aide à l'agriculture très inégale

Les dépenses affectées à la Politique agricole commune (PAC) de la Communauté varient considérablement selon les pays : plus de 5 000 écus par agriculteur aux Pays-Bas, 4 500 en Belgique contre un peu plus de 500 au Luxembourg et moins de 200 en Grèce.

Il apparaît ainsi que les agricultures les plus productives sont aussi les plus aidées. Cette disparité tient au fait que les règlements communautaires actuels ne permettent pas de rétablir un équilibre des dépenses de garantie des prix. Le budget d'orientation, destiné à corriger les écarts structurels entre les agricultures, est très insuffisant pour remplir ce rôle.

L'industrie fournit un emploi sur trois.

Comme celle de l'agriculture, la part de l'industrie s'est réduite au cours des dernières décennies ; elle emploie aujourd'hui un tiers des salariés, contre 43 % en 1970. Elle représente cependant encore un peu plus du tiers du PIB, soit plus qu'aux Etats-Unis, mais moins qu'au Japon. Les quatre principaux pays industriels (RFA, France, Italie, Royaume-Uni) assurent ensemble plus de 80 % de la production industrielle de la Communauté, dont 30 % pour la seule RFA.

GRANDE-BRETAGNE

« SKF. La technologie, le livre. »

OCDE

DE L'AGRICULTURE AUX SERVICES

Evolution de la répartition de l'emploi par secteur d'activité (en %) :

	Agriculture			Industrie			Services		
	1960	1980	1988	1960	1980	1988	1960	1980	1988
• Belgique	6,5	2,3	2,0	40,9	35,9	30,8	52,6	61,8	67,2
• Danemark	14,3	4,8	3,7	38,8	25,0	24,4	46,9	70,2	71,9
• Espagne	22,0	7,1	5,3	32,8	38,6	39,1	45,2	54,3	55,6
• FRANCE	10,6	4,2	3,3	39,0	33,7	29,3	50,4	62,0	67,3
• Grèce	20,2	15,8	13,6	22,8	27,7	24,5	56,9	56,5	61,9
• Irlande	21,8	10,6	10,3	25,8	34,0	-	52,4	55,4	-
• Italie	12,3	5,8	-	41,3	39,0	33,7	46,4	5,2	62,7
• Luxembourg	7,1	2,6	-	51,7	38,7	-	41,2	58,7	-
• Pays-Bas	8,9	3,5	4,0	44,3	32,8	30,7	46,7	63,7	65,3
• Portugal	23,5	10,3	-	34,4	40,2	-	42,1	49,5	-
• RFA	5,8	2,1	1,5	53,1	42,7	39,9	41,0	55,2	58,6
• Royaume-Uni	3,4	1,7	1,2	42,8	36,6	30,5	53,8	61,7	68,3
• CE	8,8	4,1	3,1	43,3	37,5	33,6	47,9	58,4	63,3
• Etats-Unis	3,9	2,6	-	38,2	33,6	-	57,9	63,8	-
• Japon	13,1	3,7	2,6	44,2	41,9	41,2	42,7	54,4	56,2

Une vaste restructuration a été mise en œuvre depuis le début de la crise économique.

La sidérurgie, l'industrie textile, les chantiers navals et l'automobile sont les secteurs qui ont le plus souffert des conséquences de la crise des années 70 : augmentation du prix du pétrole et des matières premières ; crise monétaire internationale favorisant l'inflation et décourageant l'investissement ; concurrence croissante du Japon et des nouveaux pays industriels. Des plans de restructuration ont permis de moderniser les appareils de production et de réduire les prix de revient, au prix de réductions de personnel et, souvent, de capacité. Des efforts ont été faits dans le but de promouvoir des secteurs d'avenir : aéronautique, spatial, électronique.

La CE dans la triade

Au sein de la « triade » (Etats-Unis - Japon - CEE), la Communauté européenne occupe une place importante (entre 40 et 50 % de la production totale) dans des secteurs comme les machines-outils, l'automobile, l'acier, les plastiques, le textile.

Elle est cependant sous-représentée (de 10 à 30 % de la production totale) dans les secteurs de l'électronique grand public et des semi-conducteurs ainsi que de la construction aérienne.

Elle occupe une place moyenne (entre 30 et 40 %) dans le bâtiment, les services et les équipements de télécommunication, l'électricité, le matériel informatique.

Le secteur tertiaire emploie près de deux salariés sur trois.

Le secteur des services s'est régulièrement développé dans la plupart des pays de la CE. Il représente aujourd'hui 63 % des emplois (et 60 % du PIB), contre 48 % en 1960. Il constitue la source essentielle de la création d'emplois : + 31 % entre 1970 et 1986 dans l'Europe des Neuf, alors que l'agriculture perdait 40 % de ses emplois, l'industrie 22 %. La part des services marchands (commerces, assurances, banques, communications, hôtellerie, etc.) est particulièrement élevée aux Pays-Bas et au Luxembourg ; elle est faible en RFA et au Portugal.

L'économie parallèle représente une part importante du PIB dans les pays les moins développés.

L'artisan qui travaille sans facture, le bricoleur qui répare lui-même une fuite d'eau, le médecin qui ne déclare qu'une partie de ses honoraires, l'ouvrier qui travaille pour son compte en dehors de ses heures d'usine, le maçon immigré sans existence légale, la ménagère qui fait elle-même ses confitures avec les fruits de son jardin contribuent tous à ce que les experts nomment économie informelle, souterraine, parallèle, occulte.

Leurs pratiques peuvent être frauduleuses (« travail au noir », travail clandestin), délictueuses (commerce de drogue, vols...) ou seulement non marchandes (bricolage, autoproduction de légumes, activités légales mais non comptabilisées dans les statistiques nationales). Leur impact sur l'économie, bien que difficile à évaluer, est sans

SALAIRES : LE SUD MOINS CHER

Comparaison des coûts salariaux totaux entre les principaux pays industrialisés* (indice 100 pour le Portugal, pays ayant le plus faible coût salarial en 1988) :

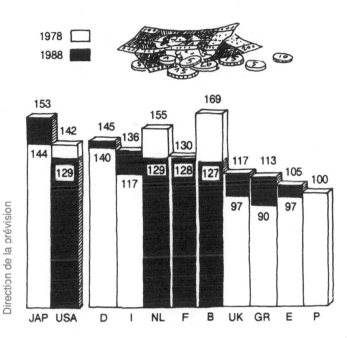

1978 ☐
1988 ■

* Salaires et charges sociales rapportés à la production. Indices calculés à partir des niveaux en écus.

aucun doute loin d'être négligeable : entre 5 et 30 % du PIB selon les estimations et les pays (voir carte).

Les secteurs les plus concernés sont le bâtiment, la vente au détail, le petit commerce ambulant, le tourisme et le travail à domicile.

Les pays du Sud sont les plus concernés.

Cette économie souterraine (encore qualifiée d'informelle, cachée, parallèle ou noire) se rencontre surtout dans les pays les moins favorisés : Grèce, Portugal, Irlande, Espagne, Italie (surtout dans le Sud), ainsi que dans le midi de la France et les régions montagneuses. L'industrie de la chaussure dans la région de Valence (Espagne) ou celle du gant à Naples, les ateliers de confection de la région parisienne sont des exemples d'activité manufacturière illicite et concentrée.

Des pays comme la Grande-Bretagne, la RFA, les Pays-Bas ou le Danemark semblent moins touchés du fait d'une législation plus souple à l'égard des formes de travail non courantes (Grande-Bretagne) ou au contraire plus réprimées dans le cas des autres pays.

Les inconvénients du travail au noir sont connus : fraude fiscale, concurrence déloyale et marché du travail faussé, diminution de la productivité, etc. Mais il peut aussi répon-

dre à des besoins de survie économique et pallier des réglementations mal adaptées. C'est pourquoi les gouvernements hésitent entre trois attitudes : le combattre, l'ignorer ou l'intégrer aux formes légales de travail.

LE TRAVAIL PLUS NOIR AU SUD

Estimations de l'importance économique du travail informel (en % du PIB) :

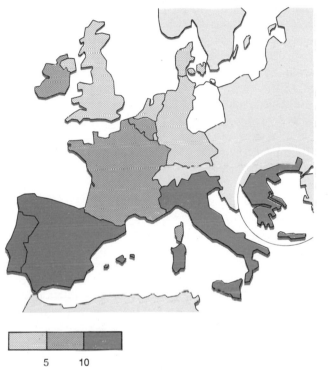

5   10

■ La CE possède un cheptel de 80 millions de bovins, dont 25 millions de vaches laitières et 100 millions de porcins.

■ Les rendements des productions céréalières (sauf le riz) varient de 62 quintaux à l'hectare aux Pays-Bas à 13 au Portugal. Les rendements de production de blé varient de 17 quintaux par hectare au Portugal à 80 aux Pays-Bas. Ceux de la pomme de terre varient de 85 au Portugal à 365 au Danemark.

■ Les agriculteurs italiens sont les premiers producteurs de soja en Europe, devançant l'URSS. En 1986, ils cultivaient 250 000 hectares, contre 300 en 1981.

■ La consommation d'engrais dans les pays de la CE est de 17 millions de tonnes. Elle varie de 110 kg/ha en Italie à 350 aux Pays-Bas.

■ La CE est le premier producteur mondial de fromage, devant les Etats-Unis, avec 4,3 millions de tonnes annuelles, soit 39 % de la production mondiale. La France produit à elle seule 1,4 million de tonnes, répartis en 340 appellations.

TECHNOLOGIE

*La Communauté est assez mal placée
dans les secteurs technologiques.*

En 1980, les entreprises européennes détenaient 15 % du marché mondial des composants ; elles n'en possédaient plus que 9 % en 1989. Sur les dix premiers constructeurs mondiaux de matériel informatique, les deux seuls européens sont Siemens (RFA) et Olivetti (Italie), Philips ayant réduit ses ambitions dans ce domaine. Le géant IBM détient toujours environ 60 % du marché mondial des grands systèmes, 20 % de celui des mini-ordinateurs et 28 % de celui des micros. Il faut cependant noter que l'achat des activités informatiques d'Honeywell par Bull et un partenaire japonais place la nouvelle société à la sixième place mondiale.

On considère que sur 37 secteurs technologiques d'avenir, 21 sont dominés par les Etats-Unis, 9 par le Japon. L'Europe ne détient de positions fortes que dans quelques spécialités comme les logiciels ou la commutation électronique.

Pourtant, la Communauté a montré qu'elle pouvait s'implanter avec succès dans certains domaines. Avec des entreprises comme l'anglaise British Aerospace (huitième entreprise mondiale dans ce domaine, derrière sept américaines) et le consortium Airbus Industrie, elle a réussi à s'emparer entre 1980 et 1986 de 23 % du marché civil mondial et 27 % du marché militaire. Grâce à ses succès répétés, Arianespace détient à elle seule environ la moitié des commandes mondiales de lancements de satellites.

IRLANDE

« Enzo Ferrari en conduisait une pour travailler. »

■ Parmi les 25 000 entreprises de transport routier de RFA, 500 ont une flotte de plus de 200 camions, contre 30 en France pour un nombre d'entreprises supérieur (29 000).

Automobile : l'Europe va moins vite

En 1970, la CE fabriquait deux fois plus de voitures que le Japon (11,4 millions contre 5,3 et 9,5 en Amérique du Nord) et représentait 37 % de la production mondiale. Depuis, le Japon a plus que doublé sa production, alors que l'accroissement était très inférieur en Europe et aux Etats-Unis.

Aujourd'hui, la production mondiale d'automobiles est à peu près également répartie entre la CE (13,1 millions en 1988, soit 28 % de la production mondiale), l'Amérique du Nord (12,4) et le Japon (12,2). Au total, ces trois régions représentent 82 % de la production mondiale.

La dépendance technologique s'accroît.

80 % des exportations de la Communauté sont des produits manufacturés (machines et matériels de transport, produits chimiques, etc.). Les principales importations (60 %) sont également des produits manufacturés, parmi lesquels les produits technologiques tiennent une place croissante. Les produits énergétiques ne représentent plus que 16 % (contre 34 % en 1980), les matières premières 9 % (elles comptaient pour 30 % en 1958) du fait surtout des progrès de l'agriculture. Certains pays ont une balance commerciale très déficitaire, comme la Grèce (41 % de taux de couverture) ou les Pays-Bas (62 %). La RFA obtient de loin le meilleur résultat, avec un taux de 134 %.

BILAN ÉNERGÉTIQUE

Sources d'énergie et utilisation* (total CE, 1988, en %) :

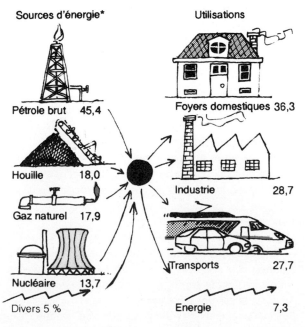

Sources d'énergie*

Pétrole brut 45,4
Houille 18,0
Gaz naturel 17,9
Nucléaire 13,7
Divers 5 %

Utilisations

Foyers domestiques 36,3
Industrie 28,7
Transports 27,7
Energie 7,3

* Consommation intérieure brute.

Les dépenses de recherche et développement des Etats varient de un à huit.

Quatre pays consacrent moins de 1 % de leur PIB à la recherche : Grèce, Portugal, Espagne, Irlande. Ce sont aussi les pays les moins riches de la Communauté. Les trois pays qui investissent le plus (RFA, France et Grande-Bretagne) effectuent à eux seuls les trois quarts des dépenses.

Dans la quasi-totalité des pays, la part consacrée à la recherche a augmenté depuis le début des années 80, mais elle reste inférieure à celle des Etats-Unis ou du Japon, qui dépensent environ 3 % du PIB.

Pourtant, la Communauté compte plus d'un million de scientifiques et techniciens (dont 450 000 chercheurs) alors qu'on en dénombre 730 000 aux Etats-Unis et 440 000 au Japon. Mais les structures administratives sont parfois peu propices à des recherches efficaces, et la recherche fondamentale est souvent privilégiée par rapport aux applications pratiques.

PLUS DE RECHERCHE CHEZ LES RICHES

Dépenses de recherche et développement (1988, en % du PIB) :

Eurostat, STI

0,25   0,35   0,70   1,10   1,40

■ Il faut 36 heures pour fabriquer une voiture dans une usine européenne (avec 90 défauts pour 100 unités), contre seulement 26 heures aux Etats-Unis (87 défauts) et 19 heures au Japon (14 défauts).

Plus de 80 % des brevets déposés dans les pays de la CE le sont par des étrangers.

En 1987, 393 000 demandes de brevets ont été déposées dans les douze pays de la Communauté, contre 344 000 au Japon et 133 000 aux Etats-Unis. Le nombre des dépôts effectués en Europe et aux Etats-Unis a peu varié depuis 1970, tandis que celui du Japon triplait.

Dans tous les pays, le nombre des dépôts émanant d'étrangers est très supérieur à celui des dépôts nationaux : de 60 % en RFA à plus de 90 % en Belgique, Espagne, Italie, Pays-Bas, Portugal, Luxembourg. A l'inverse, les demandes de brevets effectuées à l'étranger dépassent la moitié des demandes nationales au Danemark, en France, au Royaume-Uni et surtout en RFA (où elles leur sont largement supérieures).

Si l'on considère finalement le nombre de brevets déposés par un pays chez lui et à l'étranger, quatre pays de la Communauté dépassent le taux de 100 pour 100 000 habitants : RFA (237) ; Pays-Bas (129) ; Royaume-Uni (122) ; France (104). Les huit autres ne dépassent pas 20, à l'exception de l'Italie (40). Le record mondial est très largement détenu par le Japon, avec 328 dépôts pour 100 000 habitants (100 aux Etats-Unis).

INNOVATION : LE GRAND ÉCART

Nombre total de demandes de brevets (1987, pour 100 000 habitants, demandes nationales et à l'étranger) :

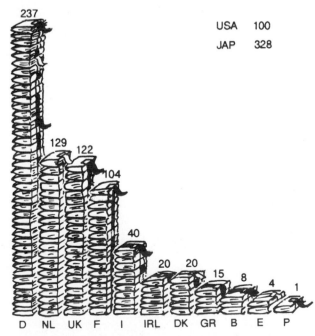

| USA | 100 |
| JAP | 328 |

OCDE

■ On estime que le coût entraîné par la disparité des normes techniques d'un pays à l'autre représente entre 8 et 10 % du prix de revient.

DANEMARK

« Ne sous-estimez jamais l'imprimante qui fournira le résultat final. »

Les programmes de recherche communautaire sont de plus en plus nombreux.

Dès les années 50, les pays de la Communauté ont entrepris des programmes communs de recherche, d'abord dans le cadre des traités CECA et Euratom, puis à travers des associations industrielles, telle Airbus Industrie.

Des programmes nombreux et ambitieux ont vu le jour dans les années 80. Huit grands domaines d'action ont été définis, avec trois priorités : l'informatique et les télécommunications (programmes Esprit, Race, Delta, Drive, Aim) ; la modernisation des secteurs industriels classiques (Brite, BCR) ; l'énergie (en particulier la fusion nucléaire). Le projet Eurêka (*European research cooperation agency*), lancé en 1985, comprend plus de 200 projets associant des entreprises et instituts de recherche appartenant non seulement aux pays de la CE mais aussi à l'Autriche, la Finlande, la Norvège, la Suède, la Suisse, l'Islande et la Turquie.

---

175 prix Nobel européens

Depuis sa création en 1901 par l'Institut Karolin de Stockholm, 175 chercheurs appartenant aux douze pays membres de la CE ont obtenu un prix Nobel scientifique : 60 en physique, 59 en chimie, 56 en physiologie et médecine. Les pays les plus fréquemment récompensés (fin 1989) étaient la Grande-Bretagne (63), la RFA (56) et la France (23), devant les Pays-Bas (11), le Danemark (8), l'Italie (6), la Belgique (5), l'Espagne, l'Irlande et le Portugal (1). La distinction suprême a été accordée 147 fois à des Américains et seulement 5 fois à des Japonais.

■ 70 % du marché européen des systèmes informatiques sont concentrés dans les quatre principaux pays : RFA (21 %), Grande-Bretagne (18,5), France (17,5), Italie (13). La micro représente un peu plus de 40 % du marché total, estimé à environ 50 milliards de francs en 1989.

■ Dans la plupart des pays de la CE, la propriété d'une invention est à l'employeur lorsqu'elle est faite dans le cadre de la mission de l'employé, et à l'employé lorsqu'elle n'a aucun lien avec cette mission. La seule exception est la RFA, où la propriété appartient toujours à celui qui a fait la recherche.

■ Le modèle européen de la Ford Escort est fabriqué à partir de pièces émanant de 15 pays, dont 8 appartenant à la CE : Royaume Uni, France, Espagne, Italie, RFA, Belgique, Pays-Bas, Danemark.

LA DYNAMIQUE EUROPÉENNE

par Eric CHANEY*

Au milieu des années 80, l'eurosclérose régnait. Mise sur la touche d'une croissance mondiale qui avait dérivé vers les rives du Pacifique, l'Europe n'avait guère d'espoir de contenir un chômage grandissant et une inflation tenace. Au début des années 90, l'europessimisme est désuet : « L'Europe de l'Ouest renaissante est un aimant économique qui attire l'Europe de l'Est », reconnaissait en mai 1989 le président Bush à l'université de Boston. La volonté politique affirmée en 1985 de construire un marché intérieur unique des pays de la CE d'ici 1993 a été l'aiguillon du renouveau européen. Le chômage reste cependant élevé et les politiques économiques ne convergent pas sans peine. Le processus d'unification s'est montré efficace, mais sous une forme détournée : les acteurs économiques souffrant des rigidités économiques ou sociales dans leur propre pays ont appris à utiliser la contrainte européenne pour les détendre.

La reprise économique après le second choc pétrolier date de 1984.

Elle fut amorcée aux Etats-Unis et stimulée par la baisse du prix du pétrole en 1986. Les entreprises européennes purent alors se désendetter et investir à nouveau. Faut-il en conclure que la croissance retrouvée en Europe n'était qu'un sous-produit du stimulus américain et du « contre-choc » pétrolier ? Non, car lorsque le revers de la politique de relance par endettement public a cassé la croissance aux Etats-Unis, dès 1989, l'activité économique s'est encore accélérée en Europe.

L'intégration économique progressive est l'un des facteurs qui donnent à l'économie européenne une dynamique propre : en 1970, les exportations de la CE étaient destinées pour moitié à la CE elle-même ; en 1989, la part était passée à 60 %. Est-ce là toute l'explication ? J.M. Keynes y verrait peut-être aussi la manifestation des « esprits animaux » propres aux entrepreneurs : une certaine confiance retrouvée, une image de soi plus audacieuse, réfléchie par les craintes américaines, l'appétit des investisseurs japonais, ou la multiplication des demandes d'adhésion au club des Douze.

L'unification allemande est l'autre facteur spécifique de la dynamique européenne actuelle. La vague d'immigration de la fin de l'année 1989 a relancé l'économie allemande ; la reconstruction économique des cinq *Länder* de l'Est prolongera le mouvement. Les effets sur l'économie européenne dureront : le rattrapage de productivité dans la partie orientale est un processus de long terme et, de plus, la nouvelle Allemagne attirera les minorités allemandes d'Europe de l'Est, au point que la croissance de sa population active pourrait être aussi élevée que celle du Portugal pendant plusieurs années.

* Eric Chaney est administrateur de l'INSEE (Institut national de la statistique et des études économiques) et responsable de la synthèse conjoncturelle internationale au département de la Conjoncture. Les opinions qu'il exprime dans cet article n'engagent pas l'INSEE.

Les pays de la CE ne sont pas tous également européens.

En 1989, 74 % du commerce extérieur de la Belgique se faisait avec la CE, contre 55 % pour la RFA et moins de 50 % pour le Danemark. Tous n'ont donc pas les mêmes espoirs, ni les mêmes inquiétudes, dans le processus d'unification. La prudence allemande, en matière monétaire par exemple, s'explique en partie par l'importance des marchés extra communautaires pour les entreprises allemandes. En revanche, l'Allemagne résiste moins que l'Italie ou la France à l'ouverture des frontières européennes vis-à-vis du Japon et du Sud-Est asiatique.

La persistance de taux de chômage élevés dans la plupart des pays de la CE tient parfois à des facteurs spécifiques. L'arbitrage entre emplois et revenus a par exemple des caractéristiques issues de l'histoire de chaque pays. Mais un facteur commun pèse négativement sur l'emploi : un stock de capital insuffisant, lui-même lié à une offre d'épargne insuffisante. Le taux d'épargne des ménages, élevé en Irlande ou en Italie, très faible au Royaume-Uni, est un indicateur trompeur : si les ménages ont un comportement de type fourmi en Belgique ou en Italie, les administrations publiques de ces mêmes pays sont plutôt cigales, avec des déficits budgétaires élevés. Le déficit public a une longue mémoire : financé par emprunt, il accumule une dette dont la charge d'intérêt interdit un retour rapide à l'équilibre. L'épargne est à nouveau sollicitée, au détriment de l'investissement privé. L'unification monétaire progressive au sein de la Communauté agit heureusement sur les politiques budgétaires : des taux de change relativement fixes obligent les Etats à se préoccuper du financement de leur déficit.

L'unification européenne pousse à la convergence des économies.

Les écarts de richesses entre les pays de la Communauté se sont nettement réduits en trente ans : en 1960, le PIB par habitant du Portugal représentait à peine le tiers du PIB moyen par habitant des douze membres actuels de la CE. En 1989, il dépassait 54 % de la moyenne communautaire. L'élargissement progressif de la CE a profité à la fois aux nouveaux venus et aux anciens membres, en stimulant le commerce multilatéral et, plus récemment, en permettant une réallocation du capital vers les zones de forte croissance. Cette avancée vers un état meilleur cache un des problèmes les plus graves de la Communauté : les disparités s'amenuisent entre les pays, mais peuvent s'aggraver entre les régions. Le PIB par tête de l'Italie dépassait la moyenne communautaire en 1986 mais l'écart entre le Nord et le Sud allait presque du simple au double. Disparité que l'on retrouve en Espagne, mais aussi au Royaume-Uni, en RFA et en France.

La politique agricole communautaire, fondée sur un soutien des prix intérieurs et des subventions à l'exportation pour compenser l'écart de prix avec les cours mondiaux, contribue à cette aggravation : les secteurs les plus productifs sont également les plus aidés. La politique agricole est devenue un fardeau pour la Communauté : elle suscite régulièrement la révolte des petits producteurs que le soutien des prix a laissé survivre et place la CE dans une position délicate dans les négociations commerciales internationales. La Communauté tente de corriger ces effets pervers par d'autres subventions : réallocation des ressources communautaires vers les régions les plus pauvres de la CE, aide aux pays en développement touchés par la concurrence européenne. Une libéralisation progressive des marchés agricoles est inévitable. Elle n'est politiquement et économiquement concevable que dans le cadre d'un accord avec les autres grands producteurs qui subventionnent leur agriculture : les Etats-Unis et le Japon.

L'unification est entrée dans une phase « vertueuse ».

Les développements les plus récents de l'unification économique et monétaire, malgré leurs péripéties, incitent à l'optimisme. Un nombre croissant d'acteurs économiques ont compris que la Communauté progresse par les contraintes et les échéances qu'elle se fixe. Mieux : ils ont appris à s'en servir. Les pays qui ont déjà choisi de lier leurs monnaies au Mark (Danemark, Pays-Bas, Luxembourg, Belgique, France et, plus récemment, Italie) l'ont fait pour incurver les anticipations inflationnistes dont ils souffraient, plus que par désir de faire progresser l'Europe. En s'interdisant de dévaluer vis-à-vis du Mark, les gouvernements du club de la marge étroite de fluctuation s'attaquent aux rigidités des salaires et des prix. Sans le reconnaître explicitement, ils ont accepté de limiter leur indépendance monétaire. Certaines Banques centrales ont su profiter de cette perte de souveraineté pour accroître leur autonomie : plus près de la Bundesbank, on est plus loin du Trésor.

Le marché unique de 1993 est l'autre grand pilier de l'unification. Les propositions du « Livre blanc » adopté en 1985 partaient d'une idée nouvelle : plutôt que de continuer à harmoniser péniblement les dispositions nationales, il s'agit de supprimer effectivement toute entrave à la circulation des hommes, des biens, des services et des capitaux par le principe de la reconnaissance mutuelle. Ce qui est accepté chez l'un des partenaires devra l'être chez les autres. L'ampleur des effets du marché unique a fait l'objet d'un vif débat parmi les économistes. On s'attend en général à une baisse rapide des coûts et des prix, due à la levée des obstacles frontaliers, mais aussi à des pertes d'emploi, à la suite des restructurations. A plus long terme, les gains de croissance devraient permettre de retrouver un emploi plus élevé, et les gains de productivité un revenu moyen par habitant supplémentaire. La Commission européenne a évalué la croissance supplémentaire au bout de cinq ans à 4,5 % du PIB de la CE et les créations nettes d'emplois au même horizon à près de deux millions. Ces chiffres ne sont qu'indicatifs : la méthodologie utilisée suppose une application intégrale et immédiate des propositions du « Livre Blanc » et ne prend pas en compte les modifications des comportements de consommation ou d'offre de travail qui résulteront du marché unique.

L'union monétaire progresse.

Pour parvenir à l'efficacité maximale attendue du marché unique, les pays de la CE sont confrontés à une difficulté majeure : la convergence des politiques économiques et monétaires. Le débat a longtemps porté sur une question de priorité : l'union monétaire doit-elle précéder la convergence des politiques budgétaires et fiscales, ou celle-ci est-elle un préalable nécessaire à celle-là ?

Tandis que le débat se durcit, l'unification monétaire progresse. Le signe le plus tangible de son avancée est la réussite du mécanisme de taux de change (MTC). Longtemps marqué de la malédiction qui frappe les serpents, dont la version monétaire du début des années 70 n'a pas laissé de bons souvenirs, le MTC a en partie balayé le scepticisme des marchés des changes et des titres. Sa victoire la plus chargée de signification symbolique est l'adhésion de la livre sterling, autrefois monnaie de référence mondiale. Le système monétaire européen (SME) est devenu un aimant puissant, pour reprendre l'expression du président Bush.

L'étape finale de l'unification monétaire, celle d'une monnaie unique émise par une Banque centrale européenne, est difficile à atteindre. Elle permettra de faire disparaître les primes de risque qui affectent encore toutes les monnaies du SME dont les marchés estiment qu'elles risquent d'être dévaluées. La difficulté essentielle reste celle des niveaux de parité qui précéderont l'adoption d'une monnaie unique, comme le montre l'exemple du Mark d'Allemagne de l'Est. Une monnaie durablement surévaluée provoque de graves dommages à son économie, lorsque celle-ci est fortement insérée dans le commerce international.

La Communauté européenne a repris confiance en elle-même. Ses débats internes sont suivis avec minutie aux Etats-Unis comme au Japon, et son avancée vers l'unification suscite craintes et appétits. Pour reprendre une terminologie historique de l'autre « grand marché », les Etats-Unis, la Communauté conquiert les « frontières » qu'elle s'est elle-même fixée : l'unification économique et monétaire. Il est temps d'apercevoir les « nouvelles frontières ». Celles-ci sont en partie géographiques : les demandes d'adhésion à la périphérie de la CE se multiplient ; la reconstruction économique des pays de l'Est sollicite les capitaux et le savoir-faire de la CE ; la croissance démographique des pays de la rive sud de la Méditerranée peut à terme créer une tension explosive. Elles sont aussi intérieures. La construction européenne a ses laissés pour compte : régions appauvries, voire désertifiées, mais aussi immigration extra-communautaire en pleine incertitude quant à son statut dans l'Europe. Enfin, l'appréhension de l'environnement naturel comme patrimoine modifie profondément la conception de la croissance économique et du bien-être.

LES
HABITANTS

DÉMOGRAPHIE

6 % de la population mondiale ■ Densité moyenne élevée ■
Femmes majoritaires, sauf en Irlande ■ Population partagée
entre Latins et Germains ■ Baisse de la natalité étalée sur une cinquantaine
d'années selon les pays ■ Taux de fécondité les plus bas de la planète ■
Rapprochement des démographies nationales ■ Un Européen sur cinq
âgé d'au moins 60 ans ■ Espérance de vie à la naissance
de 72 ans pour les hommes et 79 ans pour les femmes ;
30 ans de plus depuis le début du siècle ■ Population la plus urbanisée
du monde, mais pas de mégalopoles européennes ■ 60 villes
de plus de 500 000 habitants ■ Centre de gravité de la population
déplacé vers le Sud ■ 4 % d'étrangers (25 % au Luxembourg,
7 % en France et RFA) ■ 39 % en provenance d'autres pays
que la CE ■ Immigration politique en hausse

POPULATIONS

La CE représente 6,3 %
de la population mondiale.

Avec 343 millions d'habitants (y compris l'ancienne RDA), la Communauté est plus peuplée que l'URSS, les Etats-Unis ou le Japon ; elle arrive seulement derrière la Chine et l'Inde. Les cinq pays les plus peuplés (Allemagne, Royaume-Uni, Italie, France) regroupent près de 90 % de la population totale. L'intégration de l'ancienne RDA dans la Communauté représente un apport de 17 millions de personnes, soit 5 % de la population totale.

Quatre pays comptent chacun environ 10 millions d'habitants : Pays-Bas, Belgique, Grèce, Portugal. Les moins peuplés (Danemark, Irlande et Luxembourg) représentent à eux trois 9 millions d'habitants, soit moins de 3 % de la population de la Communauté. Avec 375 000 habitants, le Luxembourg a la taille d'une ville moyenne (une soixan-

taine d'agglomérations de la Communauté comptent plus de 500 000 habitants).

La densité moyenne est supérieure
à celle de la Chine.

Avec près de 150 habitants au km^2, la Communauté est l'une des régions du monde les plus denses, derrière le Japon et l'Inde, mais largement devant des pays très peuplés comme la Chine, le Nigeria ou le Pakistan. Sa part de la superficie habitée de la planète est en effet trois fois inférieure à celle de la population (1,7 % contre 6,3 %). La France et l'Espagne représentent ensemble près de la moitié de la superficie totale (45 %). Les cinq plus petits pays (Luxembourg, Belgique, Pays-Bas, Danemark, Irlande) en occupent moins du dixième (8,3 %).

Les régions de forte densité sont surtout situées de part et d'autre de la mer du Nord, du Nord-Ouest anglais (Lancashire) au Rhin moyen (Rhénanie Palatinat, Bade-Wurtemberg). La région de Bruxelles est la plus dense (plus de 6 000 hab/km^2) ; la moins dense est celle des Highlands en Ecosse (9 hab/km^2).

POIDS LOURDS ET POIDS PLUMES

Poids de chaque pays membre dans la superficie et dans la population de la CE (1989, en %) :

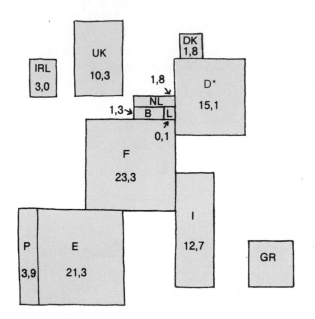
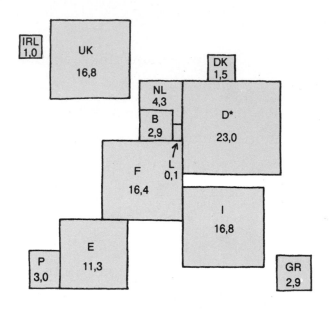

Eurostat

* Y compris ex-RDA.

---

343 MILLIONS D'EUROPÉENS

Population, superficie et densité (1989) :

	Population (millions	Superficie (milliers km^2)	Densité (hab./km^2)
• RFA*	78,5	357	220
• Royaume-Uni	57,3	244	232
• FRANCE	56,1	544	101
• Espagne	39,2	505	76
• Pays-Bas	14,9	42	352
• Portugal	10,4	92	110
• Grèce	10,0	132	75
• Belgique	9,9	31	323
• Danemark	5,1	43	119
• Irlande	3,5	69	51
• Luxembourg	0,4	3	141
• CE	342,9	2 351	146
• Chine	1 104	9 593	111
• Inde	835	3 286	243
• URSS	289	22 402	12
• Etats-Unis	249	9 372	26
• Indonésie	195	1 904	92
• Brésil	147	8 508	17
• Japon	123	372	324
• Nigeria	115	923	118
• Bangladesh	115	144	744
• Monde	5 234	135 837	37

* Y compris ex-RDA.

Les faibles densités se trouvent dans les zones montagnardes, les régions peu cultivables ou aux ressources naturelles limitées : Espagne intérieure, nord du Portugal, Apennin méridional, Péloponnèse, Corse, etc.

Les femmes sont majoritaires, sauf en Irlande.

Les femmes représentent 51,4 % de la population de la CE. Ce phénomène s'explique par une espérance de vie plus longue et par les conséquences des deux guerres mondiales, qui ont fait plus de victimes parmi les hommes. Le pays qui compte proportionnellement le plus de femmes est la RFA (hors l'ex-RDA) : 52,0 %.

L'Irlande est le seul pays de la Communauté dans lequel la proportion d'hommes (50,1 %) est très légèrement supérieure à celle des femmes. Cette situation particulière s'explique par le fait que l'Irlande n'a pas été engagée dans les deux guerres mondiales. Elle est aussi en partie due au faible écart d'espérance de vie entre les hommes et les femmes (3,3 ans).

■ En l'an 2000, la population de la Communauté n'aura augmenté que de 1,5 % par rapport à 1987, alors que la population mondiale aura augmenté de 22 %, celle des Etats-Unis de 10 % et celle du Japon de 5 %.

LE NORD CONCENTRÉ

Densité de population par région (1989, en habitants par km²) :

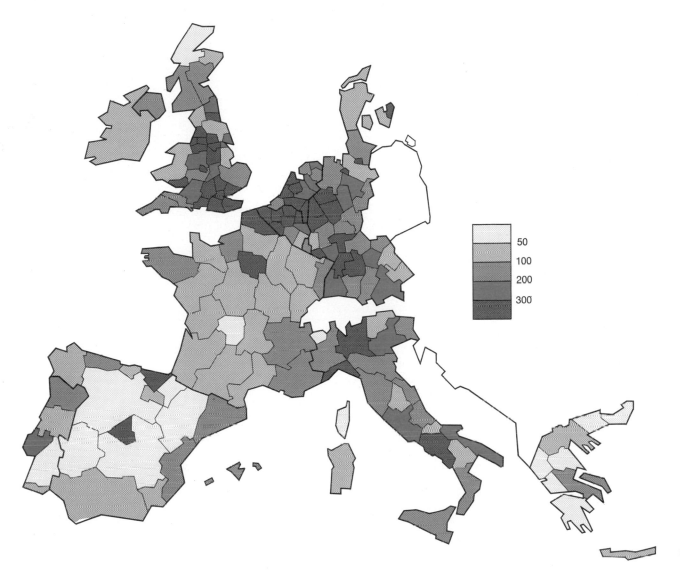

50
100
200
300

Eurostat

La population est partagée entre Latins et Germains.

La « frontière ethnique » entre les peuples d'origine latine et ceux d'origine germanique traverse la Belgique (entre la zone flamande et la zone wallonne), l'Alsace et la Lorraine françaises, et le nord de l'Italie. La CE compte également des régions d'origine celte, en Ecosse, pays de Galles, sur le pourtour nord et ouest de l'Irlande et en Bretagne française. Enfin, une communauté basque s'est fixée à la frontière franco-espagnole, le long de la côte atlantique.

Les caractéristiques ethniques des populations sont globalement visibles, mais plusieurs facteurs tendent à les estomper : mobilité géographique, part croissante de la po-

pulation étrangère, etc. Les blonds restent cependant plus nombreux au nord et à l'est de l'Europe, les bruns dans les pays méditerranéens. De même, la pigmentation de la peau est plus sombre au sud, la plus forte proportion de roux se trouvant au Royaume-Uni et en Irlande. La taille moyenne varie également selon les pays : les statures les plus élevées se rencontrent dans les zones les plus septentrionales : Danemark, Pays-Bas, Ecosse, Irlande du Nord.

■ L'âge moyen des Européens est de 34,3 ans (contre 24 ans dans le monde). Il varie de 27,3 ans en Irlande à 37,2 ans en RFA. Il est de 33,3 ans en France, 31,6 ans en Espagne, 35,6 ans au Danemark, 34,5 ans au Royaume-Uni.

Histoire et démographie

Entre 200 000 et 30 000 ans avant notre ère, l'Europe (continentale) était occupée par des groupes, peu nombreux, de Néandertaliens (voir *Histoire*). En l'an mille, elle comptait environ 50 millions d'habitants, sur un total de 320 millions dans le monde (voir p. 28). Pendant deux siècles, entre 1300 et 1500, la population est restée pratiquement stable (environ 60 millions), du fait des conditions climatiques défavorables, de la guerre de Cent Ans (1337-1453) et des épidémies : la Peste noire, introduite à Marseille en 1347, a décimé au moins le quart de la population européenne, la moitié dans certaines régions. La population a ensuite quadruplé entre 1750 et 1900, sous l'effet de la forte baisse de la mortalité, première phase de la transition démographique (voir ci-après).

En 1914, les pays de l'actuelle CE comptaient environ 250 millions d'habitants. La Première Guerre mondiale fit 3 millions de victimes en Allemagne, 1,4 million en France, 900 000 au Royaume Uni, 500 000 en Italie auxquels s'ajoutèrent plusieurs millions de blessés et d'invalides. Le déficit des naissances pendant cette période est estimé à 10 millions. De plus, l'épidémie de grippe espagnole de 1918 fit un million de victimes en Europe.

La Seconde Guerre mondiale fut tout aussi meurtrière : près de 8 millions de morts, dont plus de 5 millions en Allemagne. 45 % des victimes allemandes étaient des civils (30 % en France). Au cours de l'hiver 1941-1942, le froid, la famine et les représailles firent 300 000 morts à Athènes.

A la fin de la guerre, des millions de civils d'Europe centrale fuyèrent devant l'Armée rouge ; en 1945, une douzaine de millions d'Allemands de Pologne, de Silésie, de Prusse et des Sudètes furent expulsés ; les Grecs de Roumanie retournèrent dans leur pays, tandis que les communistes grecs se dirigèrent vers les pays de l'Est à l'issue de la guerre civile. En 1947, l'Italie céda Rhodes et le Dodécanèse à la Grèce et les cantons de Tende et de la Brigue à la France. La République fédérale allemande fut créée en 1949 sur une superficie réduite, jusqu'à l'unification de l'Allemagne, fin 1990.

■ La population de l'Irlande a diminué de façon à peu près constante pendant 115 ans, jusqu'en 1961. Entre 1841 et 1911, elle était passée de 8,2 à 4,4 millions d'habitants. Elle augmente depuis 25 ans, sous l'effet de la natalité.

■ Le recensement des Pays-Bas a dû être supprimé en 1980, à la suite de manifestations contre les atteintes à la vie privée.

■ En RFA, le recensement de 1980, d'abord censuré par la Cour constitutionnelle, a été reporté en 1987.

■ En 1980, l'Irlande, la Grèce et le Portugal dépassaient un taux de fécondité permettant le renouvellement des générations (2,1). Depuis 1982, seule l'Irlande était dans ce cas, mais son taux devrait descendre à 2,1 en 1990.

128 MILLIONS DE MÉNAGES

Nombre de ménages (1) [1987, en milliers] :

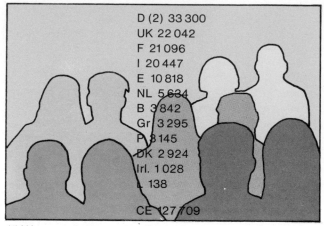

D (2)	33 300
UK	22 042
F	21 096
I	20 447
E	10 818
NL	5 634
B	3 842
Gr	3 295
P	3 145
DK	2 924
Irl	1 028
L	138
CE	127 709

(1) Ménages ordinaires par opposition à collectifs (internats, communautés, hospices, etc.).
(2) Y compris ex-RDA, estimation.

Eurostat

Italie : le oui et le non

Il existerait en Italie une « frontière gestuelle », matérialisée par la rivière Volturno, qui coule d'est en ouest, au nord de Naples. Sur la rive droite, vers Rome, les habitants marquent la négation en bougeant la tête de gauche à droite et de droite à gauche. Sur l'autre rive, vers Naples, ils hochent la tête vers l'arrière, de bas en haut, en effectuant un claquement de langue, geste que l'on retrouve dans toute l'Italie du Sud, en Grèce et dans une partie de la Turquie. Cette opposition gestuelle remonterait à l'Antiquité, lorsque tout le littoral de l'Italie méridionale était, jusqu'au Volturno, peuplé de colonies grecques.

L'Europe a connu à partir du XIXᵉ siècle une véritable révolution démographique.

Le développement technique, économique et social des nations entraîne ce que les démographes appellent une *transition démographique*, caractérisée par une diminution de la mortalité et de la natalité. La première phase est la baisse de la mortalité. Elle s'est produite en Europe entre la fin du XIXᵉ siècle et la Seconde Guerre mondiale. Elle était amorcée en France dès la fin du XVIIIᵉ siècle, mais fut beaucoup plus tardive dans les pays méditerranéens.

L'accroissement de population qui en est résulté pendant un siècle et demi (1750 à 1900) a provoqué à la fois l'exode rural et une forte émigration. Les départs des Européens vers les Etats-Unis d'Amérique ont commencé dès le début du XIXᵉ siècle (voir encadré) ; ils n'ont cessé qu'après la Seconde Guerre mondiale.

L'Europe a peuplé l'Amérique

Entre 1800 et 1914, de 40 à 50 millions d'Européens ont quitté le continent (30 millions entre 1871 et 1914). 20 millions de personnes sont parties des îles Britanniques (dont 5 de l'Irlande), 6 millions d'Allemagne, principalement à destination des Etats-Unis.

La plus forte émigration s'est produite entre 1880 et 1930 : 13 millions de Britanniques et d'Irlandais, près de 9 millions d'Italiens, 4,5 millions d'Espagnols ont quitté leur pays pendant cette période. Cette forte émigration a contribué à la diffusion des modes de vie et des systèmes de valeurs européens aux Etats-Unis et en Amérique du Sud.

La baisse de la natalité s'est étalée sur une cinquantaine d'années, à partir du début du XXᵉ siècle.

La seconde phase de la transition démographique est la baisse de la natalité. Celle-ci a commencé au début du XXᵉ siècle en France, au Royaume-Uni et en Belgique ; elle a été particulièrement sensible entre les deux guerres. En Allemagne et en Italie, le mouvement naturel a été amorti par les politiques natalistes mises en place par les régimes national-socialiste et fasciste. La fécondité est restée forte en Irlande (par tradition) et aux Pays-Bas, épargnés par la guerre. Les pays méditerranéens se trouvaient encore dans la phase de baisse de la mortalité et n'ont connu que récemment (mais plus brutalement) celle de la natalité.

Entre 1950 et 1989, la population des pays de la Communauté actuelle a cependant augmenté de 65 millions d'habitants. Une partie de cet accroissement provient des excédents migratoires (12 millions). L'essentiel est dû au sursaut démographique qui s'est produit (à l'exception des pays du Sud et du Benelux) dans les deux décennies qui ont suivi la Seconde Guerre mondiale.

Mais le *baby boom* n'aura été en fait qu'une parenthèse dans le lent mouvement de baisse amorcé depuis plus d'un siècle dans certains pays. L'accroissement annuel s'est sensiblement réduit depuis le milieu des années 60, du fait de la baisse de la natalité ; il est aujourd'hui proche de zéro.

ITALIE

« Prêt-à-embrasser. »

LES GÉNÉRATIONS NON REMPLACÉES

Date du passage de l'indice de fécondité au-dessous du seuil de 2,1 enfants par femme :

INED

Les pays de la Communauté ont aujourd'hui les taux de natalité les plus bas de la planète.

Le taux de natalité moyen (rapport du nombre de naissances vivantes à la population totale) est de 11,9 en moyenne dans la CE, contre 16 aux Etats-Unis, 19 en URSS, 21 en Chine. En 1990, l'indicateur conjoncturel de fécondité était en moyenne de 1,58 enfant par femme pour l'ensemble de la Communauté. Tous les pays membres étaient largement au-dessous du seuil de renouvellement des générations (2,1 enfants par femme) à l'exception de l'Irlande (2,11), qui a cependant vu sa natalité baisser au cours des dernières années.

Avant l'afflux de réfugiés en provenance de RDA (un million en 1989), la population de la RFA avait diminué, passant de 62 millions d'habitants en 1974 à 60,8 en 1987. Ce fut aussi le cas du Danemark au cours des années 80. Les pays du Sud, traditionnellement plus prolifiques, se sont alignés sur les pays germano-scandinaves du Nord depuis la fin des années 70.

Les régions irlandaises, le Nord-Pas-de-Calais et la Haute-Normandie françaises sont celles où le taux de natalité reste le plus élevé : plus de 16 pour 1 000. L'Italie, l'Espagne et la France, sont les pays les plus hétérogènes, avec des taux variant de 7 pour 1 000 au Nord à 15 pour 1 000 au Sud.

L'EUROPE PEAU DE CHAGRIN

Evolution de la part de l'Europe dans la population mondiale :

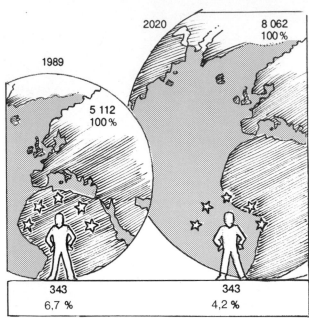

* Y compris ex-RDA. Estimations pour 2020.

ONU

RFA : une démographie heurtée

La RFA a été le premier pays dans l'histoire de l'humanité où la population de 65 ans et plus était plus nombreuse que celle des moins de 15 ans. Son taux de fécondité était passé de 2,5 en 1965 à 1,3 en 1984 et elle avait perdu un million d'habitants en dix ans. Les projections des démographes indiquaient une population de 38 millions d'habitants en 2030.
Ces hypothèses ne pouvaient prendre en compte l'unification de l'Allemagne et l'apport des 17 millions d'habitants de l'ex-RDA, population plus jeune et plus féconde (un écart d'environ 0,4 enfant par femme depuis 1977).
La RFA a connu dans le passé récent une situation démographique heurtée. A la fin de la Seconde Guerre mondiale, elle avait intégré 12 millions de réfugiés en provenance des zones de l'ancien Reich et d'autres pays de l'Est. Une autre immigration massive s'était produite au début des années 60, jusqu'au choc pétrolier de 1973. Elle s'est ensuite poursuivie indirectement par l'arrivée en RFA de membres des familles immigrées.

Les démographies nationales tendent à se rapprocher...

Les pays d'Europe ont connu un processus semblable d'évolution démographique, d'abord caractérisé par une diminution brutale de la mortalité infantile et un allongement rapide de la durée de vie. La baisse de la fécondité et celle des mariages se sont produites plus récemment ; elles touchent aujourd'hui l'ensemble des pays de la Communauté, à l'exception de l'Irlande pour les mariages. On a pu observer au cours des dernières années d'autres évolutions communes : accroissement du nombre des couples vivant en union libre ; augmentation des divorces et des naissances illégitimes ; vieillissement des populations.

Il faut enfin citer les problèmes liés à l'immigration, qui se retrouvent dans la plupart des pays de la Communauté, y compris ceux du Sud. On constate d'ailleurs des tendances semblables dans l'ensemble des pays développés d'Amérique du Nord, d'Asie ou d'Océanie. Le contraste est donc de plus en plus marqué avec les pays en développement. Il aura sans aucun doute des conséquences au cours des prochaines décennies.

... mais les politiques familiales diffèrent largement.

Les aides en faveur de la famille sont particulièrement développées en Belgique et en France, pays où la dénatalité a été précoce. Dans les autres pays, elles ne font pas l'objet de politiques familiales au sens strict, mais sont intégrées au système des transferts sociaux.

La tendance actuelle est à un renforcement des incitations dans certains pays où la dénatalité constitue une préoccupation majeure pour les partis et les citoyens. Ainsi, au Danemark, les allocations familiales ont été fortement augmentées depuis 1984 (environ 800 F par mois en 1990), des crèches ont été créées, des avantages fiscaux accordés aux familles nombreuses.

En France, de nombreuses dispositions ont été adoptées : allocations familiales ; allocation de garde domestique ; aide au logement ; incitations fiscales, etc. En Allemagne, une prime de 600 marks est versée pendant 12 mois pour toute nouvelle naissance depuis 1988. En Grèce, un congé parental d'éducation a été créé et le système d'allocations familiales réformé. Des mesures de renforcement et d'harmonisation sont examinées au niveau communautaire.

RDA : les limites de la politique nataliste

L'ancienne République démocratique allemande a fait des efforts financiers considérables pour accroître la natalité. La mesure la plus importante est sans doute l'instauration, dès 1976, d'un salaire maternel à partir du deuxième enfant, jusqu'à l'âge de un an. Un programme intensif de création de crèches, des prêts à l'acquisition du logement (avec réduction du capital à rembourser à la naissance de chaque enfant) sont venus compléter le dispositif. L'indice de fécondité est ainsi passé de 1,5 en 1975 à 1,9 en 1978. Dans le même temps, celui de la RFA descendait à 1,3. Mais l'indice de la RDA s'est ensuite stabilisé à 1,7 enfant par femme, montrant les limites des politiques natalistes et leurs effets limités dans le temps.

La population de la Communauté devrait baisser dès le début du siècle prochain.

Si les taux de fécondité actuels se maintiennent, ainsi que les barrières à l'immigration, la population de la CE continuera d'augmenter faiblement au cours des vingt prochaines années : 2 % à comparer à 36 % pour la population mondiale (17 % pour les Etats-Unis et l'URSS, 8 % pour le Japon). Elle devrait ensuite commencer à diminuer ; sa part dans la population mondiale passerait à 4 % en 2020. Dans le même temps, l'Inde aura doublé sa population, celle du Maghreb dépassera 150 millions d'habitants. Le Nigeria sera alors aussi peuplé que la CE.

L'AVENIR DÉMOGRAPHIQUE

Evolution des populations (en millions d'habitants) :

	1950	1989	2000	2020
• Belgique	8,6	9,9	9,6	9,8
• Danemark	4,3	5,1	5,2	5,2
• Espagne	28,0	39,2	40,7	47,5
• FRANCE	42,0	56,1	57,9	57,1
• Grèce	7,6	10,0	10,3	11,1
• Irlande	3,0	3,5	4,1	4,9
• Italie	47,5	57,6	58,0	57,6
• Luxembourg	0,3	0,4	0,4	0,3
• Pays-Bas	10,1	14,9	15,6	15,3
• Portugal	8,4	10,4	11,1	11,2
• RFA*	50,0	61,5	77,5	73,0
• Royaume-Uni	50,5	57,3	58,9	54,0
• **CE**	**260,3**	**325,9**	**346,7**	**346,9**
• Chine	558,2	1 104	1 274	1 361
• Inde	352,7	835	996	1 310
• URSS	180,1	289	315	355
• Etats-Unis	152,3	249	268	297
• Indonésie	175,0	185	238	284
• Brésil	52,0	147	178	234
• Japon	83,6	123	128	132
• Nigeria	-	115	163	274
• Bangladesh	-	115	141	201
• Pakistan	-	110	146	242
• Turquie	-	55	67	94
• **Monde**	**2 524**	**5 234**	**6 127**	**7 810**

Estimations OCDE pour 2000 et 2020.
* Y compris ex-RDA en 2000 et 2020.

OCDE

■ Depuis la découverte de l'Amérique (1492) jusqu'à la guerre de Sept Ans, plusieurs milliers d'Anglais franchirent chaque année l'Atlantique pour s'installer, contre 300 Français environ. En 1756, il y avait en Amérique du Nord un million d'Anglais et seulement 70 000 Français. C'est sans doute à cette époque que le sort culturel du monde s'est joué.

■ Au cours des douze dernières années, la population mondiale a augmenté d'un milliard d'habitants : 900 millions au Sud ; 100 millions au Nord. Au cours des douze prochaines, elle devrait augmenter à nouveau d'un milliard, dont 930 millions au Sud et 70 millions au Nord. 92 % des nouveaux habitants naîtront dans les pays en voie de développement.

ÂGES

Un Européen sur cinq est âgé d'au moins 60 ans.

A l'exception de l'Irlande, les populations des pays de la Communauté vieillissent. 14 % des Européens ont aujourd'hui au moins 65 ans, un peu plus de 18 % ont moins de 15 ans. A titre de comparaison, les moins de 15 ans représentent 40 à 50 % de la population dans la plupart des pays d'Afrique, les personnes âgées 2 à 5 %. Dans l'ensemble de la Communauté, 3 % des habitants sont âgés d'au moins 80 ans (maximum : 3,5 % en France et au Royaume-Uni ; minimum : 2 % en Irlande)

Le taux de dépendance (rapport entre le nombre de personnes âgées de 65 ans et celui des personnes âgées de moins de 15 ans) est proche de 1 en Allemagne ou au Danemark. Il est d'environ 0,65 pour la France, la Grèce et les Pays-Bas. Il n'est que de 0,1 par exemple en Turquie.

L'Irlande, le Portugal, l'Espagne, la France et la Grèce sont, par ordre décroissant, les pays de la Communauté qui comptent la plus forte proportion de moins de 15 ans. L'Irlande du Sud et les îles portugaises et espagnoles sont

ESPAGNE

Se Alimentan con la Misma Leche.

PULEVA

Para Leche de Vaca

« Ils sont nourris avec le même lait. »

L'EUROPE VIEILLISSANTE

Evolution de la population par âge (en % de la population totale) :

	Moins de 15 ans				65 ans et plus			
	1960	1988	2000	2050	1960	1988	2000*	2050*
• Belgique	23,5	18,2	18,3	18,1	12,0	14,5	14,7	20,8
• Danemark	25,2	17,5	15,8	17,6	10,6	15,4	14,9	23,2
• Espagne	27,3	21,6	19,8	18,0	8,2	12,6	14,4	22,9
• FRANCE	26,4	20,4	19,2	18,2	11,6	13,6	15,3	22,3
• Grèce	26,1	20,1	18,9	17,4	8,1	13,6	15,0	21,1
• Irlande	30,5	28,2	23,2	19,7	10,9	11,1	11,1	18,9
• Italie	23,4	15,0	17,1	17,7	9,0	14,8	15,3	22,6
• Luxembourg	21,4	17,2	17,7	18,6	10,8	13,4	16,7	20,3
• Pays-Bas	30,0	18,4	18,2	17,2	9,0	12,6	13,5	22,6
• Portugal	29,0	21,3	21,4	17,7	8,1	12,7	13,5	20,6
• RFA	21,3	14,6	15,5	16,7	10,9	15,3	17,1	24,5
• Royaume-Uni	23,3	18,9	20,5	18,8	11,7	15,5	14,5	19,3
• CE	24,5	18,9	18,1	17,5	10,3	14,0	16,8	21,6
• Etats-Unis	31,0	21,6	21,1	19,2	9,3	12,3	12,2	19,3
• Japon	30,1	19,7	17,5	17,3	6,1	11,2	15,2	22,3

* Estimations.

OCDE, ONU

les régions les plus jeunes : près de la moitié de la population a moins de 25 ans. A l'inverse, la proportion n'est que
de 30 % dans les agglomérations allemandes de Hambourg,
Berlin, Brême, Munich ou à Bruxelles.

Les pyramides des âges, reflets de l'histoire

L'examen des pyramides des âges de la Communauté
montre que les douze pays ont connu dans leur histoire
des événements communs et qu'ils appartiennent à la
même civilisation. Les deux guerres mondiales ont
occasionné des pertes parmi les générations de
combattants, des déficits de naissances pendant la durée
des conflits. Ces déficits ont été répercutés une
génération plus tard, lorsque les « classes creuses » se
sont trouvées à l'âge de la procréation. En Espagne et au
Portugal, l'épidémie de grippe des années 1918 et 1919
a ajouté ses effets à ceux de la guerre.

Certains événements ont eu des conséquences
démographiques différentes selon les pays. Ainsi, la crise
des années 30 a été plus durement ressentie en
Allemagne, au Danemark et au Royaume-Uni qu'en
France. La guerre civile de 1936-1939 a marqué aussi la
pyramide espagnole. Les vagues d'émigration ont modifié
celles de la Grèce, de l'Irlande et du Portugal. La
pyramide de l'Allemagne reflète les nombreuses
convulsions historiques : le « baby-boom » d'avant la
Première Guerre mondiale précède celui de la République
de Weimar, qui interdit l'avortement ; le nazisme coïncide
avec une forte reprise de la natalité ; l'arrivée des
réfugiés d'Allemagne de l'Est atteint son maximum avant
la construction du mur de Berlin (1961). Enfin, la
pyramide irlandaise se rapproche de celle des pays
moins développés, avec un déficit massif des générations
adultes et âgées, aggravé par la forte émigration.

Michel Louis Levy, INED

Vers 2030, la CE comptera plus de personnes âgées que de jeunes.

Le vieillissement de la CE devrait s'accentuer au début
du siècle prochain, entre 2010 et 2030. Il sera provoqué par
l'arrivée à l'âge de la retraite des personnes nées pendant
la période du « baby boom » (1945-65). Tous les pays de
la Communauté sauf l'Irlande compteront alors plus de personnes âgées de 65 ans et plus que de moins de 15 ans. Le
vieillissement aura été très rapide, à l'échelle de l'histoire.

Cette situation affectera fortement les systèmes de protection sociale, en particulier la retraite. En France, par
exemple, on compte aujourd'hui un peu plus de 2 actifs
pour un retraité contre 4,6 en 1960. Il n'y en aurait plus que
1,5 en 2040.

13 000 centenaires

Aux derniers recensements, la CE comptait un peu
plus de 13 000 centenaires : 2 546 en France, 2 450 au
Royaume-Uni, 2 197 en RFA, 1 765 en Grèce, 1 304 en
Italie, 741 aux Pays-Bas, 650 au Portugal, 490 en
Belgique, 297 au Danemark, 273 en Espagne, 198 en
Irlande, 178 en RDA et 10 au Luxembourg.

La plus forte proportion était celle enregistrée en Grèce
(18 pour 100 000 habitants), loin devant le Portugal (6,3),
le Danemark (6,0) et l'Irlande (5,6). Mais le taux grec
paraît élevé par rapport à l'espérance de vie moyenne de
la population.

■ En l'an 2000, une Européenne aura à sa naissance une
chance sur trois de vivre jusqu'à 90 ans ; une chance sur dix
pour un homme.

75 ANS À VIVRE

Evolution de l'espérance de vie par sexe à la naissance (en années) :

	A la naissance				A 60 ans			
	Hommes		Femmes		Hommes		Femmes	
	1960	1989*	1960	1989*	1960	1988*	1960*	1989*
• Belgique	66,7	70,0	72,7	76,8	15,4	16,3	18,5	20,9
• Danemark	70,3	71,8	74,3	77,7	17,2	17,4	19,1	21,7
• Espagne	67,4	73,1	72,2	79,6	16,5	18,7	19,0	22,9
• FRANCE	67,5	72,5	73,8	80,7	15,9	18,2	19,7	23,4
• Grèce	70,3	72,6	73,5	77,6	18,6	18,2	20,3	21,1
• Irlande	68,5	71,0	71,8	76,7	16,3	16,0	18,3	20,1
• Italie	66,8	72,6	71,8	79,1	16,4	17,7	19,0	22,2
• Luxembourg	66,1	70,6	71,9	77,9	15,9	16,4	18,3	21,3
• Pays-Bas	71,6	73,7	75,5	80,0	17,8	17,0	19,9	22,2
• Portugal	61,7	70,7	67,2	77,6	15,9	17,7	18,6	21,7
• RFA	66,5	71,8	71,9	78,4	15,3	17,3	18,1	21,7
• Royaume-Uni	68,3	72,4	74,2	78,1	15,3	16,7	19,3	21,1
• Etats-Unis	66,7	71,3	73,3	78,3	15,9	17,8	19,6	22,6
• Japon	65,5	74,8	70,2	80,5	14,8	19,4	17,8	23,2

* Ou année la plus proche.

OCDE, ONU

LA VIEILLE EUROPE

Evolution de la répartition par âge dans la CE et dans le monde (en % de la population totale) :

■ En l'an 2000, la CE comptera 9,6 millions de personnes âgées de 80 ans et plus ; elles seront 12,7 millions en 2030 pour une population pratiquement inchangée.

L'espérance de vie à la naissance dans la CE est en moyenne de 72 ans pour les hommes et 78,6 ans pour les femmes.

On vit en moyenne 20 ans de plus en Europe que dans le reste du monde. L'espérance de vie à la naissance n'est en effet que de 58,3 pour les hommes et 61,1 ans pour les femmes dans le monde. L'écart s'est largement creusé au cours des trente dernières années, du fait d'un gain d'environ dix ans en Europe, supérieur à celui enregistré dans les pays en développement.

A l'intérieur de la Communauté, les écarts entre les pays sont assez faibles ; ils atteignent au maximum 3,7 ans pour les hommes entre les Pays-Bas et la Belgique, 4,0 ans pour les femmes entre la France et l'Irlande. A l'intérieur d'un même pays, on observe des écarts importants entre les catégories sociales : un enseignant vit en moyenne environ 6 ans de plus qu'un ouvrier.

L'espérance de vie à la naissance a augmenté de 45 ans en deux siècles...

Après des millénaires de stabilité, la durée moyenne de la vie humaine est passée en deux siècles de 30 à 75 ans. Au XIXe siècle, l'espérance de vie moyenne des Européens avait augmenté de moitié, passant de 30 à 45 ans. L'amélioration de l'hygiène individuelle et collective pendant cette période avait ralenti la diffusion des maladies. Les progrès médicaux avaient permis de mieux les soigner et de faire disparaître les grandes épidémies : petite vérole, rage, choléra, typhoïde. En Grande-Bretagne, la mortalité est ainsi passée de 35 pour 1 000 en 1730 à 23 pour 1 000 en 1850. Les progrès de l'agriculture et l'intensification des échanges commerciaux ont aussi permis une baisse du prix des produits (en particulier des céréales) et une amélioration de l'alimentation. L'Irlande a connu sa dernière famine en 1840.

ÊTRE NÉ QUELQUE PART...

Espérance de vie à la naissance par grande région du monde (1988 environ, par sexe) :

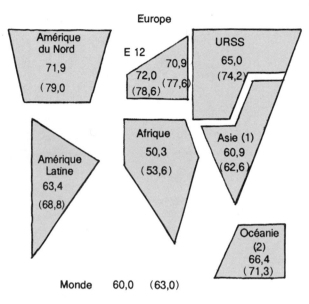

ONU

(1) Sans URSS.
(2) Sans Hawaii.
Les espérances de vie à la naissance les moins élevées du monde sont celles de certains pays d'Afrique : Tchad (39), Sierra Leone (40), Guinée et Ethiopie (41), Gambie (42), Angola et Mali (43), Niger, Guinée-Bissau et Somalie (44), Bénin, Mauritanie, Guinée Équatoriale et Sénégal (45). Certains pays d'Asie sont également concernés : Afghanistan (42), Timor oriental (43), Cambodge, Boutan et Yémen du Nord (48).

... dont 30 ans depuis le début du XXe siècle.

Cette très forte augmentation s'explique surtout par un abaissement du taux de mortalité infantile. Il était de l'ordre de 10 à 20 % à la fin du siècle dernier ; il est aujourd'hui de 8,2 pour 1 000 (voir *Santé*), contre 11,6 aux Etats-Unis, 33,5 en URSS et 77 pour l'ensemble du monde.

L'intérêt croissant porté à l'entretien du corps, sensible dans tous les pays européens, a aussi contribué à cette prolongation de la vie. On observe cependant un accroissement de l'écart entre hommes et femmes, passé de 5,4 ans en 1960 à 6,6 ans en 1990 (voir tableau). Ce phénomène paraît paradoxal dans des sociétés où les modes de vie des femmes tendent à se rapprocher de ceux des hommes.

En un siècle, la démographie européenne aura donc connu des changements considérables. Dans un pays comme la RFA, l'espérance de vie des habitants a augmenté de 3,5 mois par an depuis le début des années 70.

L'INÉGALITÉ DES SEXES

Ecarts d'espérance de vie à la naissance entre les femmes et les hommes (en années) :

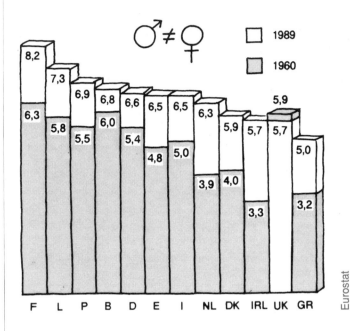

Eurostat

■ Au milieu du XIXe siècle, un homme sur deux, dans les pays européens, parvenait à l'âge de la procréation ; la proportion est aujourd'hui voisine de 95 %.

■ Entre 60 et 69 ans, la proportion de femmes est de 55 %. Elle est de 61 % entre 70 et 79 ans et de 69 % à partir de 80 ans.

■ En France, pendant la Première Guerre mondiale, l'espérance de vie des hommes était descendue à 27 ans.

■ L'espérance de vie moyenne à 40 ans est d'environ 35 ans pour les hommes et 41 ans pour les femmes de la CE. Elle n'était que de 32 et 35 ans en 1950.

■ Le taux de mortalité infantile de la Chine (49 pour 1 000) est six fois plus élevé que celui de la CE (8).

■ Au XIXe siècle, le taux de mortalité infantile dépassait couramment 200 pour 1 000 naissances dans certains pays de la Communauté. Le taux le plus élevé enregistré était de 332 en Allemagne en 1865, 238 en Italie (1868), 230 aux Pays-Bas (1846), 228 en France (1871), 190 en Belgique (1838), 164 en Angleterre (1847), 162 au Danemark (1836), 112 en Irlande (1880).

VILLES

*La CE est la région
la plus urbanisée du monde.*

Huit Européens sur dix habitent dans des zones urbaines. La proportion est cependant très variable selon les pays : de 33 % au Portugal à 92 % au Royaume-Uni. Entre 1965 et 1985, le nombre des citadins de la Communauté s'est accru de 50 millions, soit 25 %, contre un peu moins de 10 % pour la population globale. 23 agglomérations de la Communauté comptent plus d'un million d'habitants. La zone centrale, située entre la mer d'Irlande et le Rhin, qui passe par le Luxembourg et le Nord de la France, regroupe plus de 100 millions de personnes.

L'exode rural s'est déroulé inégalement. Il a eu lieu très tôt dans certains pays : l'Angleterre ne comptait déjà plus que 66 % de ruraux en 1801 (le même taux que le Portugal en 1985) et 20 % en 1914. En RFA, aux Pays-Bas, au Luxembourg, en Belgique, au Danemark, l'exode a commencé plus tard, mais s'est produit de façon presque aussi rapide. La France et l'Italie conservaient une population rurale importante ; elle représentait encore 50 % en France en 1928 et 42 % en 1954.

Le poids des capitales

Au Luxembourg, plus de 90 % de la population urbaine habite dans la capitale. La proportion est de 57 % en Grèce, de 48 % en Irlande, 44 % au Portugal, 32 % au Danemark, 23 % en France, 20 % au Royaume-Uni, 18 % en Allemagne à Berlin, 17 % en Espagne et en Italie, 14 % en Belgique, 9 % aux Pays-Bas.

*La Communauté compte 157 agglomérations
de plus de 200 000 habitants et 60 villes
de plus de 500 000 habitants.*

La définition et la délimitation des agglomérations sont souvent difficiles, surtout dans le cas de villes comptant dans leur périphérie d'autres villes de taille importante, telles Barcelone et Sabadell en Espagne. Dans certains cas, des villes distinctes se touchent, comme Leeds et Bradford en Grande-Bretagne, Mayence et Wiesbaden, Mannheim et Ludwigshafen en Allemagne.

La Randstad Holland aux Pays-Bas et la conurbation Rhin-Ruhr constituent des espaces continus dont la taille est équivalente à celle des plus grandes villes comme Paris ou Londres. Les trois bassins de population les plus denses sont ceux de l'Angleterre du Nord-Ouest, des pays rhénans et de l'Italie du Nord.

NORD URBAIN, SUD RURAL

Taux d'urbanisation (1985, en %) :

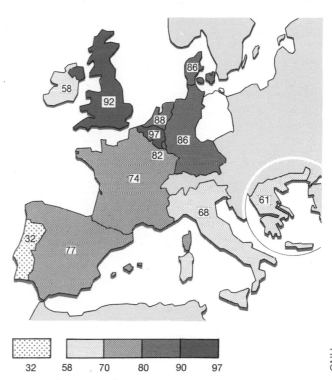

32   58   70   80   90   97

ONU

Les définitions sont variables selon les pays (zones bâties, zones urbaines, agglomérations).
En 1965, les taux d'urbanisation étaient les suivants : Royaume-Uni 87 ; Belgique 86 ; Luxembourg 80 ; Pays-Bas et RFA 79 ; Danemark 77 ; France 67 ; Italie 62 ; Espagne 61 ; Grèce 48 ; Irlande 49 ; Portugal 24. Il était de 71 % en moyenne dans la Communauté et de 32 % pour l'ensemble du monde.

La soixantaine de grandes villes de plus de 500 000 habitants abrite environ les trois quarts de la population grecque, la moitié de la population espagnole, portugaise, irlandaise, italienne, britannique, allemande, le tiers seulement de celle de la France et du Danemark. La moitié de ces villes sont situées au Royaume-Uni et en RFA.

■ La surface de Paris intra muros (délimitée par le boulevard périphérique) est dix fois moins étendue que celle de Londres, trois fois moins que celle de Francfort, deux fois moins que celle de Milan.

■ A Londres, l'opération de rénovation urbaine des Docklands est la plus importante du monde : 2 200 hectares aménagés le long de 40 km de rives de la Tamise, plus de 3 millions de m² de bureaux, 30 000 logements, 200 000 emplois.

23 AGGLOMÉRATIONS MILLIONNAIRES

Agglomérations de plus d'un million d'habitants :

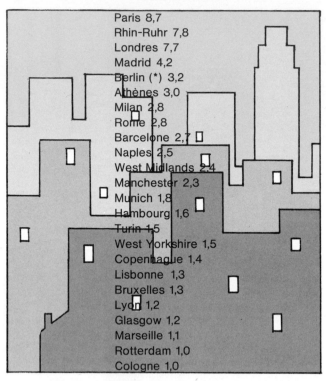

Paris 8,7
Rhin-Ruhr 7,8
Londres 7,7
Madrid 4,2
Berlin (*) 3,2
Athènes 3,0
Milan 2,8
Rome 2,8
Barcelone 2,7
Naples 2,5
West Midlands 2,4
Manchester 2,3
Munich 1,8
Hambourg 1,6
Turin 1,5
West Yorkshire 1,5
Copenhague 1,4
Lisbonne 1,3
Bruxelles 1,3
Lyon 1,2
Glasgow 1,2
Marseille 1,1
Rotterdam 1,0
Cologne 1,0

(*) Après la réunification allemande.
Note : La population de l'agglomération est parfois beaucoup plus importante que celle de la zone administrative qui en est le centre. Ainsi, l'agglomération parisienne rassemble 8,7 millions d'habitants, et la seule ville de Paris n'en compte que 2,2 millions. Dans la région Rhin-Ruhr allemande, 8 millions de personnes sont regroupées dans 17 « villes » dont les banlieues se fondent les unes dans les autres.

Pas de mégalopoles européennes

En 1900, dix des vingt plus grandes villes du monde étaient européennes. En 1985, on n'en comptait plus que trois : Londres, Paris et la conurbation Rhin-Ruhr. En l'an 2000, toutes les grandes villes seront dans les pays en voie de développement. 21 agglomérations dans le monde dépasseront 10 millions d'habitants : Mexico (Mexique) 26 ; Sao Paulo (Brésil) 23 ; Tokyo-Yokohama (Japon) 17,1 ; Calcutta (Inde) 16,6 ; Le Caire (Egypte) 16 ; Bombay (Inde) 16 ; New-York (E-U) 15,5 ; Shangai (Chine) 13,5 ; Séoul (Corée) 13,5 ; Rio de Janeiro (Brésil) 13,3 ; Buenos Aires (Argentine) 13,2 ; Los Angeles (E-U) 11,2 ; Djakarta (Indonésie) 12,8 ; Bagdad (Irak) 12,8 ; Téhéran (Iran) 12,7 ; Karachi (Pakistan) 12,2 ; Istambul (Turquie) 11,9 ; Dacca (Bangladesh) 11,2 ; Manille (Philippines) 11,1 ; Pékin (Chine) 10,8 ; Moscou (URSS) 10,1.

Paris sera la 25e ville mondiale. Les agglomérations de plus d'un million d'habitants représenteront 60 % de la population urbaine mondiale.

La grande dorsale européenne recrée la vieille Lotharingie.

La moitié des agglomérations de plus de 200 000 habitants se situent dans la vaste zone fortement urbanisée qui joint le nord-ouest de l'Angleterre à la Lombardie, en passant par Londres, Amsterdam, Bruxelles, Francfort, Munich et Milan.

Ces grandes métropoles recréent en quelque sorte la Lotharingie du IXe siècle. Celle-ci tenait son nom de Lothaire, petit-fils de Charlemagne, qui avait reçu en 843, au traité de Verdun, un ensemble territorial reliant la Frise à Rome et comprenant Strasbourg, la Bourgogne, Bâle et la Suisse, Lyon, la Provence, Munich et l'Italie du Nord.

La compétition des eurocités

Un certain nombre de villes de la CE sont en train de prendre autant, voire plus d'importance que les capitales européennes. En RFA, Francfort (surnommée « Bankfurt ») est devenue la seconde place financière, derrière Londres. Munich est la première ville industrielle allemande et la capitale européenne de l'électronique. En Italie, Milan est devenue la *prima città* économique, capitale du stylisme et de la mode. En France, quatre villes, Lyon, Toulouse, Montpellier et Strasbourg, cherchent à exercer un contrepoids à la puissance et à la centralisation parisiennes. En Espagne, Barcelone est une capitale culturelle qui menace Madrid et affiche une ambition de « capitale nord du Sud européen ». Au nord, Rotterdam est le premier port du monde. Dans la perspective du marché unique de 1993, chacune de ces villes se prépare à jouer un rôle économique ou culturel accru.

GRANDE-BRETAGNE

« La bonne nouvelle : maintenant, Birmingham a un nouveau quotidien en couleurs passionnant. La mauvaise nouvelle : les autres journaux vont probablement essayer de faire pareil eux-mêmes. »

LA GRANDE ET LA PETITE DORSALES

Agglomérations de plus de 500 000 habitants (cercles proportionnels aux populations) :

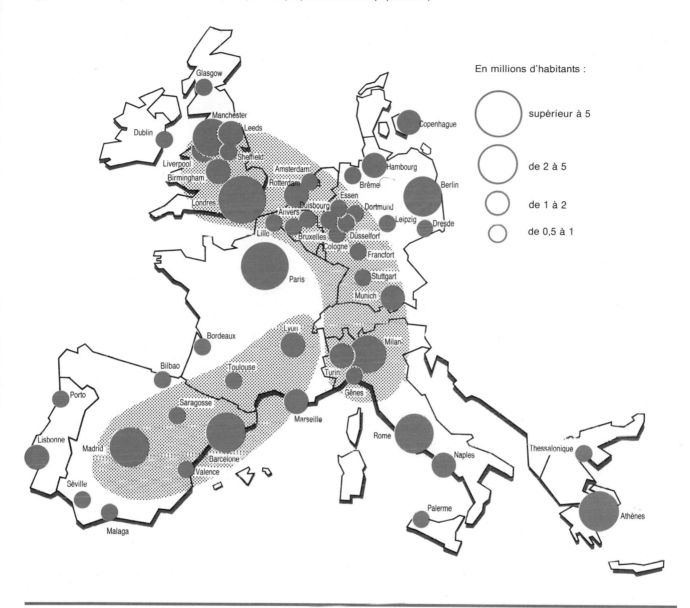

En millions d'habitants :

supérieur à 5

de 2 à 5

de 1 à 2

de 0,5 à 1

Un second tissu important est constitué par des villes proches de la côte méditerranéenne ; il s'étend de Valence à Rome et son développement repose en partie sur les technologies nouvelles. La côte atlantique est jalonnée de villes assez isolées les unes des autres, dont le poids et le développement restent modérés.

Les centres des villes se sont dépeuplés au profit des périphéries.

La population du Grand Londres, au sens administratif, a diminué de 20 % entre 1951 et 1981, passant de 8 350 000 à 6 700 000 habitants. 25 % de la population néerlandaise vivent dans des « campagnes urbanisées ». Le centre de Bruxelles s'est dépeuplé au profit du Brabant wal-

lon ; le maintien de la population depuis vingt ans est dû à la présence d'une importante communauté immigrée qui en représente le quart. Sur le territoire de l'ancienne RFA, les villes ont perdu 1,5 million d'habitants depuis 1970, souvent installés dans des agglomérations rurales périphériques. La ville de Paris a perdu plus de 500 000 personnes entre 1968 et 1982.

Ce phénomène de « périurbanisation » est moins sensible en Italie. Il est encore limité en Espagne, presque inexistant au Portugal, en Grèce et en Irlande. On constate aujourd'hui une volonté de retour dans les centres-villes, plus propices aux activités culturelles. Mais elle est souvent contrariée par l'accroissement des prix des logements dans les grandes capitales.

LA VIE DANS LES VILLES

Caractéristiques principales des grandes villes (1988-1989) :

	Densité population	Espaces verts/ habitants	Nb enfants/ place de crèche	Nb habitants/ place maison de retraite	Nb habitants/ place hopital	Nb habitants/ médecin	Nb habitants/ pharmacie	Nb km pistes cyclables/ 1 000 habitants	Nb habitants/ taxi	Nb visiteurs/an (millions)
• Paris	20 653	11,0	2,8	35	93	135	1 221	0,4	152	15,0
• Bruxelles	4 549	17,3	5,8	13	68	262	136	0,5	301	2,4
• Lisbonne	9 904	14,8	-	-	118*	174	5 089	0	252	2,9
• Londres	4 289	11,8	1,7	30	22	564	3 304	0,3	458	24
• Berlin-Ouest	3 914	25,8	2,5	10	87	681	1 978	0	626	1,9
• Hambourg	2 082	37,4	3,0	14	115	609	2 067	3,3	421	1,6
• Munich	4 106	30,2	2,7	16	88	571	3 028	2,5	374	2,7
• Rome	1 848	8,6	102,0	43	73	121	694	0	551	4,8
• Athènes	2 030	9,8	8,6	-	104	195	1 000	0	151	8,0
• Madrid	5 037	8,8	7,0	120	347	165	583	0	197	2,6
• Dublin	9 758	55,0	0	0	80	465	1 848	0,3	260	2,0
• Copenhague	5 734	13,0	1,4	6	76	1 184	7 323	2,8	198	3,0
• Amsterdam	3 333	45,0	9,0	13	130	215	7 687	2,4	865	8,5

* Hopitaux et cliniques.

Le Point, 12 juin 1989

Le centre de gravité de la population s'est déplacé vers le Sud.

L'évolution de la population des grandes villes européennes vers le Sud est la conséquence de plusieurs mouvements : déconcentration des régions vieillies et surpeuplées ; déplacement des entreprises vers les régions à salaires moins élevés (Bavière, ouest et sud de la France) ; recherche d'un meilleur cadre de vie par les travailleurs les plus qualifiés (sud de l'Angleterre, midi de la France, Toscane, etc.). Ces mouvements ont été plus forts que les migrations de travailleurs vers le Nord.

Le taux d'urbanisation pourrait atteindre 90 % au siècle prochain.

La proportion de citadins et « péricitadins » dans la Communauté pourrait se stabiliser aux alentours de 90 % au XXIᵉ siècle. Les zones urbaines peuvent en effet encore s'étendre aux communes rurales proches dans des pays comme la RFA ou la France. Surtout, le processus de concentration n'est pas achevé en Irlande et dans plusieurs pays méditerranéens où l'exode rural n'est pas achevé.

■ Entre 1800 et 1980, le taux d'urbanisation est passé de 9 à 75 % en RFA, de 23 à 79 % en Angleterre, de 37 à 82 % aux Pays-Bas, de 16 à 34 % au Portugal, de 14 à 73 % en Espagne, de 18 à 70 % en Belgique, de 17 à 65 % en Italie. Il est passé de 6 à 61 % en URSS, de 5 à 65 % aux Etats-Unis et de 14 à 82 % au Japon.

Sud : l'exode rural continue

Italie. Entre 1951 et 1971, 5 millions de personnes ont quitté les régions montagnardes du Nord, l'Apennin, le sud de la péninsule et les îles pour s'installer dans le triangle industriel de la plaine du Pô (Piémont, Lombardie, Ligurie), la Toscane et les grandes villes méridionales comme Rome et Naples. Un changement de tendance est apparu dans les années 70. L'exode vers le nord s'est ralenti et les flux se sont diversifiés vers les nouveaux pôles industriels méridionaux : Palerme, Catane, Augusta, Calgari, Reggio de Calabre, Tarente, Bari. On observe un mouvement vers les régions traditionnellement déficitaires : Emilie-Romagne (avec Bologne), Frioul (avec Trieste), Sicile et Sardaigne.

Portugal. Les jeunes et les hommes adultes qui ont quitté le Portugal avaient souvent une origine rurale. Leurs familles sont restées sur place et ont pu subsister grâce aux fonds qu'elles recevaient de l'étranger. Beaucoup d'émigrés ont par ailleurs fait construire des maisons dans leur région d'origine, ce qui a soutenu l'activité du bâtiment dans des zones souvent défavorisées comme le Minho ou le Tras-os-Montes. Un exode rural s'est cependant produit vers le littoral, Lisbonne et Porto en particulier.

Grèce. Les régions centrales, le Nord montagneux, la majeure partie du Péloponnèse, les îles Ioniennes, celles du nord et de l'est de la mer Egée sont les plus touchées par l'exode rural. Une vingtaine de villes ont profité de ce mouvement, mais la concentration sur Athènes et, à un moindre degré, sur Thessalonique, a été écrasante. Avec 4 millions d'habitants, la zone urbaine d'Athènes regroupe 60 % des citadins grecs ; entre 1971 et 1981, la population du Grand Athènes a augmenté de 71 %.

Jean-Louis Mathieu, la population de la Communauté européenne

ÉTRANGERS

4 % des habitants de la Communauté sont étrangers.

La CE compte officiellement 12,8 millions d'étrangers. 80 % d'entre eux résident dans les trois principaux pays d'accueil : RFA, France, Royaume-Uni. Ils sont concentrés dans une douzaine de régions à forte tradition industrielle.

L'immigration est un phénomène assez récent en Europe. Au lendemain de la Seconde Guerre mondiale, l'immigration était limitée à quelques milliers de Russes blancs rescapés de la guerre civile, d'exilés baltes, polonais ou moldaves, ou de juifs qui avaient réussi à fuir l'holocauste. Seule la France abritait un nombre élevé d'immigrés : 1 800 000, dont 90 % venaient d'Europe (500 000 Italiens, 300 000 Espagnols). La RFA dut à cette époque intégrer 12 millions de réfugiés fuyant les zones de l'ancien Reich, la RDA et d'autres pays de l'Europe de l'Est.

13 MILLIONS D'ÉTRANGERS

Nombres d'étrangers par pays (1988, en milliers) :

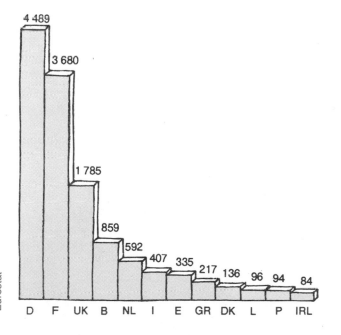

Eurostat

■ Après les États-Unis et le Canada, la France est le pays industriel dont la population d'origine étrangère est proportionnellement la plus nombreuse. Un tiers des Français comptent un étranger dans leurs parents.

Un Luxembourgeois sur quatre

Un quart des 370 000 habitants du Luxembourg sont étrangers ; la proportion est même de un sur deux dans la capitale. Ces chiffres s'expliquent principalement par le nombre important d'« eurocrates », employés des banques internationales et des institutions européennes et par la communauté de 10 000 Portugais venus travailler dans le bâtiment au cours des années 60.

Les chiffres officiels sont sans doute inférieurs à la réalité, du fait de l'immigration clandestine.

Les mesures mises en place dans les pays de la CE pour empêcher l'entrée clandestine d'étrangers et les procédures de renvoi des immigrés en situation irrégulière ont une efficacité relative et différente selon les pays. Le problème semble se poser avec une acuité particulière en Italie (voir encadré). Beaucoup de clandestins ne font qu'y transiter, avant de tenter d'entrer en France.

La libre circulation des personnes à l'intérieur de la Communauté dans le cadre du Marché unique de 1993 ne s'appliquera qu'aux ressortissants nationaux. L'accroissement attendu des migrations à l'intérieur de la CE pourrait s'accompagner de celui de l'immigration clandestine en provenance des pays en développement. L'accord de Shengen signé en 1990 prévoit déjà la suppression des contrôles aux frontières des cinq pays concernés (RFA, France, Belgique, Pays-Bas, Luxembourg).

Italie : plus d'un million de clandestins

Les statistiques italiennes font état de 450 000 étrangers titulaires d'un permis de séjour régulier, parmi lesquels 18 % de Marocains, 10 % de Philippins, 8 % de Tunisiens, 7 % de Sénégalais, 6 % de Yougoslaves, 5 % de Chinois. Une forte proportion provient des autres pays de la CE, principalement de RFA, Grande-Bretagne et France. Près de la moitié des étrangers sont installés en Italie centrale.

Mais le nombre réel d'étrangers est sans doute très supérieur, du fait de la forte immigration clandestine. L'ISPES (Institut d'études économiques, politiques et sociales) estime le nombre supérieur à un million, si l'on tient compte de 350 000 clandestins « tendanciellement stables » ; 250 000 « semi-stables » et 200 000 saisonniers ou occasionnels. Les réfugiés politiques seraient au nombre de 15 000.

62 % des immigrés viennent d'autres pays que ceux de la CE.

Près de 8 millions sont originaires de pays non communautaires. Ils représentent 2,4 % de la population totale de la CE. Les pays les plus représentés sont ceux d'Afrique, en particulier du Maghreb (1,8 million). On compte aussi quelque 2 millions de Turcs, essentiellement implantés en Allemagne. Les autres pays d'émigration à destination de la Communauté sont principalement la Yougoslavie, l'Inde et les anciennes colonies européennes, en raison des liens particuliers que les pays membres ont gardés avec elles : France et Algérie, Angleterre et Australie, Espagne et Mexique, Allemagne et Turquie, etc.

DENSITÉ D'ÉTRANGERS

Proportion d'étrangers par rapport à la population totale (1988, en %) :

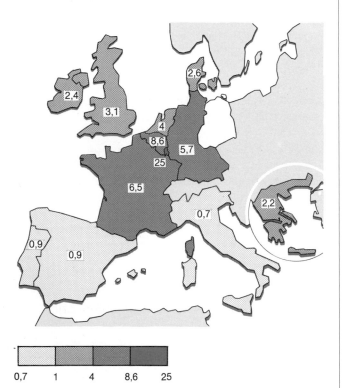

Eurostat

| 0,7 | 1 | 4 | 8,6 | 25 |

L'immigration interne à la CE s'effectue en général des pays du Sud, moins riches, vers ceux du Nord. Les plus nombreux à avoir changé de pays sont les Italiens (surtout implantés en France), les Portugais (France et RFA), les Irlandais (Grande-Bretagne), des Espagnols (France) et les Grecs (RFA).

■ A Cologne (RFA), 30 % des élèves sont des Turcs. Mais ils ne sont que 3 % à aller au lycée, moins de 1 % à faire des études universitaires.

■ Sans l'apport de l'immigration depuis un siècle, la France aurait aujourd'hui une population de 44,4 millions d'habitants (au lieu de 56) ; le pourcentage des personnes âgées de plus de 65 ans serait de 14,4 % au lieu de 13,1 %.

Européens en Europe

Sur les 4,8 millions de ressortissants de la Communauté vivant dans un autre pays membre que le leur, les Italiens sont les plus nombreux : 1,3 million. Ils devancent les Portugais (920 000 dont 84 % sont en France), les Espagnols (590 000, dont 55 % en France) et les Irlandais (560 000, dont 97 % en Angleterre).

Les pays de la CE comptent aussi 325 000 Grecs (dont 86 % en RFA), 290 000 Français (surtout présents en Belgique et en RFA). La moitié des 50 000 Belges immigrés sont installés en France et la moitié des 220 000 Néerlandais en Allemagne, comme la moitié des 24 000 Danois. Les 250 000 Britanniques et les 205 000 Allemands sont répartis de façon moins concentrée dans les autres pays. Enfin, les 15 000 Luxembourgeois sont répartis entre la Belgique, la RFA et la France.

3,4 millions de personnes viennent de pays européens autres que ceux de la Communauté et représentent 27 % du nombre total d'étrangers.

Le grand mouvement d'immigration vers les pays de la Communauté s'est produit dans les années 60.

L'immigration massive a été d'abord provoquée par la croissance économique, qui avait entraîné en Europe un manque important de main-d'œuvre. Elle a été favorisée par la décolonisation et les déséquilibres démographiques croissants entre le Nord et le Sud (ou l'Est). De plus, la politique nouvelle de limitation des entrées appliquée aux Etats-Unis a détourné les courants migratoires vers l'Europe.

FRANCE

Eldorado

« Couleurs unies de Benetton. »

L'EUROPE, TERRE D'ASILE

Origines principales des immigrés résidant dans les pays de la CE (en milliers) :

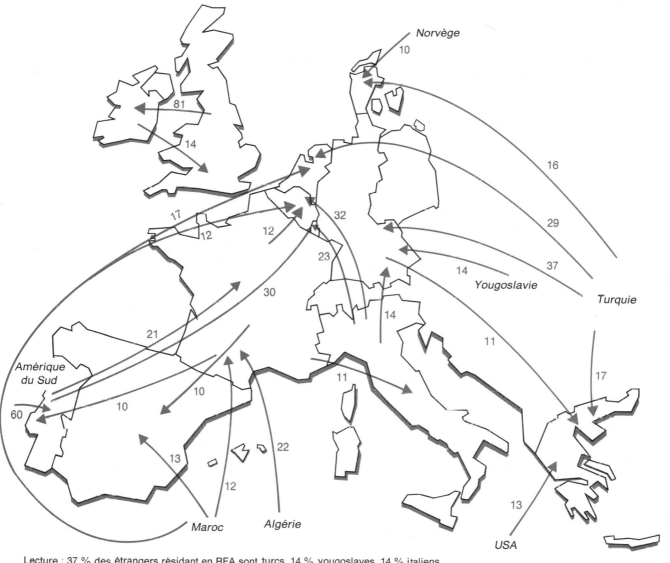

Lecture : 37 % des étrangers résidant en RFA sont turcs, 14 % yougoslaves, 14 % italiens.

NB : Seules les nationalités représentant au moins 10 % des résidents étrangers sont mentionnées.

Recensements nationaux

La crise économique des années 70 a marqué l'arrêt de l'embauche d'immigrés, mais elle n'a pas provoqué de retour massif dans les pays d'origine. Au contraire, le nombre d'immigrés a continué de s'accroître sous l'effet de l'immigration clandestine et du regroupement des familles déjà installées.

On a assisté au cours des années 80 à un durcissement général des politiques d'immigration, alors que le nombre des réfugiés politiques augmentait. L'immigration politique tend donc à remplacer l'immigration économique, même s'il est parfois difficile de différencier l'une de l'autre. On comptait fin 1989 environ 550 000 réfugiés politiques dans l'ensemble de la CE.

L'émigration à partir des pays de la Communauté est aujourd'hui insignifiante.

L'émigration européenne a été très importante pendant de longues périodes, en particulier au cours du XIXe siècle : 70 millions d'Européens étaient allés s'établir aux Etats-Unis ou dans les colonies. Elle concerne aujourd'hui une proportion négligeable de la population : moins de un pour mille en moyenne. Les soldes migratoires de chaque pays avec les autres pays du monde sont très faibles, sauf en Irlande, où ils sont largement déficitaires (les personnes qui partent sont plus nombreuses que celles qui arrivent, voir encadré page suivante).

Où vivent-ils ?

Algériens. Avec 800 000 Algériens sur son sol et environ 500 000 jeunes Franco-Algériens, la France est la première terre d'accueil de la communauté algérienne en Europe.

Marocains. 430 000 d'entre eux résident en France, les autres se trouvent principalement en Belgique, RFA et Pays-Bas. Beaucoup ont été victimes de la reconversion industrielle.

Tunisiens. Comme les Marocains, on les trouve surtout en France (190 000), en RFA et en Belgique. Beaucoup se sont lancés avec succès dans des activités de commerce (épicerie, restauration).

Autres Africains. La CE accueille environ 600 000 ressortissants d'Afrique noire, principalement en France, RFA et Angleterre, qui sont leurs anciens colonisateurs.

Grecs. Entre 1950 et 1974, 1,3 million de Grecs ont émigré à titre définitif. 290 000 d'entre eux vivent en RFA.

Turcs. Les deux tiers des deux millions de Turcs installés en Europe sont en RFA, où ils sont arrivés à partir de 1961.

Yougoslaves. Comme les Turcs, ils se sont implantés en RFA (600 000). Beaucoup travaillent dans l'industrie automobile.

Portugais. La France et la RFA sont leurs deux principales patries d'élection. 1,7 million d'entre eux ont quitté leur pays entre 1961 et 1974.

Asiatiques. 1,3 million de citoyens originaires de l'ancien empire des Indes vivent en Angleterre. 10 000 Indonésiens se sont installés aux Pays-Bas.

Tsiganes. La CE compte un peu plus d'un million de Tsiganes, dont environ 400 000 en Espagne, 270 000 en France, 100 000 en Grèce et au Royaume-Uni. Ils sont répartis schématiquement en trois groupes principaux : les Manouches ou Sinti, issus de la première grande migration au XVe siècle, présents en France, Italie, RFA et Europe du Nord ; les Roms sont plutôt implantés en Europe centrale ; les Gitans se trouvent surtout en Espagne, au Portugal et dans le sud de la France. Il existe d'autres groupes de voyageurs, non tsiganes mais souvent assimilés à eux : les Yéniches (RFA), les Quinquis (Espagne), les Tinklers ou Tynkers (Irlande).

D'une façon générale, les migrations internes à la CE se produisent plutôt au profit des pays du Sud où elles accompagnent souvent le déclin de certaines régions industrielles. Les migrations à l'intérieur de chaque pays sont plus prononcées ; elles se font aussi vers le Sud, en particulier en Grande-Bretagne et en France.

Les anciens pays européens d'émigration sont devenus aussi aujourd'hui des pays d'immigration. Leur manque d'expérience en ce domaine explique d'ailleurs les difficultés qu'ils connaissent et l'absence de législation.

■ Jusqu'en 1962, tout citoyen de l'ancien Commonwealth avait le droit inconditionnel d'entrer en Grande-Bretagne et de s'y installer.

Irlande : l'émigration continue

On estime que près de 50 000 personnes quittent l'Irlande chaque année, à destination des Etats-Unis, de la Grande-Bretagne, du Canada ou de l'Australie. Un sondage effectué en 1988 montrait que 58 % des jeunes Irlandais de moins de 25 ans et 28 % des adultes avaient sérieusement envisagé d'émigrer ; le chômage (qui touche un actif sur cinq), le faible niveau de vie et une législation contraignante pour les femmes (divorce et avortement interdits, contraception limitée) sont les principales causes de cette situation.

La fécondité des immigrés tend à se rapprocher de celle des nationaux.

La part des naissances d'origine étrangère dans les pays de la CE a augmenté jusque vers le milieu des années 70. Elle a ensuite commencé à diminuer, car la fécondité des femmes immigrées s'est rapprochée de celle des Européennes. L'indicateur conjoncturel de fécondité (nombre moyen d'enfants par femme) des immigrés est encore cependant proche du double de celui des nationaux en France (3,1 contre 1,75) ou aux Pays-Bas (2,5 contre 1,5). L'écart est beaucoup moins élevé en RFA (1,7 contre 1,5) ou en Belgique (1,8 contre 1,5) ; il est nul au Luxembourg (1,45 dans les deux cas).

Il faut préciser que la population étrangère des pays de la Communauté est en moyenne plus jeune que celle des nationaux, ce qui explique en partie son taux de natalité plus élevé. L'écart entre les taux de fécondité est ainsi plus faible que celui existant entre les parts respectives des naissances.

Au total, l'incidence des naissances d'origine étrangère par rapport à la population totale est limitée à quelques dixièmes de point compte tenu du poids des immigrés dans les populations nationales (en général inférieur à 10 %). Elle tend à diminuer dans le temps, du fait du rapprochement des modes de vie et des taux de fécondité. En RFA, la part des naissances étrangères dans le nombre total est ainsi passée de 17 % en 1974 à 9,2 % en 1985.

Les courants d'immigration changent.

L'immigration récente a été alimentée par les regroupements familiaux ; elle a donc été marquée par l'arrivée de personnes plus jeunes ainsi que de nombreuses femmes. De nouveaux pays d'émigration, de plus en plus lointains, ont pris le relais des pays traditionnels.

En Angleterre, les immigrés irlandais (560 000) ont été suivis par ceux qui venaient de l'Inde, du Pakistan et des Antilles (au total 600 000 personnes).

En France, il y avait moins de 100 000 Maghrébins en 1946, 600 000 en 1970, 1 500 000 aujourd'hui. On observe parallèlement une stagnation du nombre des Portugais, une croissance de celui des Turcs et surtout des immigrés d'Afrique noire.

Au Danemark, les 24 000 Turcs venant d'Allemagne ont complété l'immigration nordique traditionnelle (23 000 personnes) et les 30 000 Asiatiques déjà présents.

Les Pays-Bas et la Belgique se situent à mi-chemin de la France et de la RFA : on trouve 160 000 Turcs et 125 000 Marocains aux Pays-Bas, 75 000 Turcs et 130 000 Marocains en Belgique.

L'existence d'anciens empires coloniaux explique la présence de Zaïrois en Belgique, de 50 000 Latino-Américains en Espagne (mais seulement 9 000 Marocains), de 38 000 Angolais, Mozambicains et Cap-Verdiens et de 14 000 Brésiliens au Portugal.

Pays-Bas : la question moluquoise

En 1949, les Indes néerlandaises devinrent la République indépendante d'Indonésie. Les Moluquois qui avaient servi dans la KNIL, l'armée royale, entrèrent alors en sécession contre le président Sukarno. Battus en 1951 par les troupes loyalistes, 12 000 d'entre eux trouvèrent refuge aux Pays-Bas. Ils furent installés dans des camps où ils vécurent dans des conditions précaires, ce qui explique leur révolte au cours des années 70. Leur rêve de retour dans un pays indépendant ne s'étant pas réalisé, ils sont aujourd'hui environ 90 000 qui tentent de s'intégrer dans la société multiraciale néerlandaise.

Les Pays-Bas ont connu plusieurs vagues importantes d'immigration pendant la période de décolonisation (Indonésie, îles Moluques, Surinam, Antilles néerlandaises). La population d'origine étrangère est principalement concentrée dans quatre grandes villes : Amsterdam, Rotterdam, La Haye et Utrecht. Près de 55 % des Surinamais, 49 % des Marocains et 35 % des Turcs vivent dans ces deux premières villes.

L'immigration politique tend à remplacer l'immigration économique.

En 1988, les pays de la CE ont reçu 200 000 demandes d'asile. Leur nombre s'est considérablement accru depuis quelques années : 21 000 en 1976, 158 000 en 1980 ; le maximum était atteint en 1986 (204 000).

Au total, on compte aujourd'hui un peu plus de 700 000 réfugiés politiques dans la CE, soit 0,2 % de la population. Une proportion faible, comparée à celle d'autres pays, moins développés. Les pays africains, asiatiques et latino-américains recueillent ainsi 12 des 19 millions de réfugiés recensés dans le monde. Ils n'étaient que 5 millions au début des années 80. Les réfugiés représentent par exemple 14 % de la population de Somalie.

■ En RFA, les étrangers ont le droit de vote aux élections locales dans trois *Länder* à majorité social-démocrate. Au Royaume-Uni, tous les ressortissants du Commonwealth sont électeurs et éligibles à toutes les élections.

700 000 RÉFUGIÉS POLITIQUES

Nombre de réfugiés politiques (1989) :

F	184 500
D	150 000
UK	101 300
DK	27 300
NL	26 000

B	23 000
I	11 000
E	8 700
GR	8 000
P	800

ONU

L'expérience montre que l'immigration est un phénomène peu réversible.

L'expérience accumulée depuis plusieurs décennies dans les pays de la CE montre que l'immigration est très rarement temporaire. Quelle que soit la politique mise en place (intégration ou incitation au retour), la plupart des étrangers préfèrent le plus souvent rester dans le pays d'adoption, où leur vie est souvent difficile, plutôt que retourner dans leur pays d'origine.

Ce ne sont pas les aspects démographiques (excédents de population dans un pays) qui sont aujourd'hui à l'origine de l'émigration, mais les écarts de développement économique et politique entre les pays. C'est pourquoi ce sont les pays les plus développés de la Communauté qui attirent le plus d'immigrés. La RFA a accueilli 1,7 million d'étrangers entre 1980 et 1989 (solde net tenant compte des retours). La France, pays à la fois développé et proche géographiquement et historiquement, continue d'être un pôle d'attraction pour les Africains.

Les immigrés en provenance des pays de la CE s'intègrent le plus souvent sans difficulté dans leur pays d'adoption, où ils trouvent des modes de vie peu éloignés des leurs. L'intégration des communautés en provenance d'autres régions du monde est beaucoup plus difficile, pour des raisons culturelles ou religieuses (voir *Société*).

L'immigration a été vécue différemment dans les autres grands pays développés. Aux Etats-Unis, elle a constitué un phénomène fondateur. Le Japon ne connaît pratiquement pas le problème de l'intégration des étrangers, car l'immigration y est absente.

POLITIQUE ET NATALITÉ

par Raimondo CAGIANO DE AZEVEDO*

Lorsqu'on parle de politique nataliste en Europe, on pense immédiatement à l'expérience française : ces dernières années, la France s'est en effet distinguée par sa « politique familiale », c'est-à-dire par l'adoption systématique de mesures vigoureuses pour favoriser la reproduction. Pour la France, le problème n'est pas nouveau puisqu'il s'est posé de façon assez aiguë avant la Première Guerre mondiale. Mais, à l'époque, on était plus préoccupé par les causes et les effets économiques, culturels et moraux de la dynamique du mouvement naturel de la population que par la nécessité d'assurer le renouvellement des générations.

Désormais, le point de référence est le modèle de la « croissance zéro ».

La conséquence implicite de cette situation est que les gouvernements qui adoptent des politiques de population visant explicitement au renouvellement des générations considèrent de fait la population courante comme la dimension (et la structure) démographique optimale pour leur pays.

Cette culture de la « croissance zéro » alarme les populationnistes dans les pays développés et les néo-malthusiens face aux pays non développés. Plusieurs pays de la Communauté européenne se conforment d'ores et déjà à ce modèle. Il s'agit de la Grèce, du Luxembourg et des Pays-Bas. L'objectif dominant de ces pays est d'obtenir la fécondité visant au simple renouvellement. Aucun ne donne de calendrier spécifique pour sa réalisation.

Toutes les actions politiques peuvent être comprises comme des politiques démographiques dans la mesure où elles exercent, directement ou indirectement, une influence sur la courbe de la population. Ainsi, la politique de santé va jouer un rôle sur la maladie et les causes de décès. La politique du travail va influer sur l'emploi et le chômage. La politique fiscale va favoriser ou non la constitution des familles. Il en est de même du service militaire, de la législation sur la famille, du statut des travailleurs, de la politique d'aménagement du territoire, etc.

Même la « non-action » politique aura des conséquences en influençant dans tous les cas les circonstances dans le cadre desquelles s'exprime le comportement humain. Une politique démographique ne peut donc avoir de sens en elle-même ; elle vise des objectifs plus généraux que l'Etat se propose d'atteindre pour le bien commun. C'est en tout cas la position officielle, répétée dans de nombreuses recommandations,

* Raimondo Cagiano de Azevedo est professeur de démographie à la Faculté d'économie et de commerce de l'université *La Sapienza* de Rome. Il participe aux travaux du ministère des Affaires étrangères italien et au Conseil de l'Europe. Il est membre de plusieurs organisations à vocation internationale et européenne.

de la Conférence mondiale de la population qui s'est tenue à Mexico en 1984.

Plus précisément, on entend par politique démographique l'ensemble des principes explicites ou implicites qui guident l'action des pouvoirs publics dans le domaine strictement démographique ou dans ceux qui lui sont directement liés. Certaines interventions peuvent avoir une efficacité immédiate, comme le contrôle de l'immigration. D'autres ont une efficacité indirecte, comme la législation sur les contraceptifs ou, à un moindre degré, la politique du logement ou de l'emploi féminin.

Les politiques familiales se rattachent à deux conceptions idéologiques et normatives plus ou moins opposées.

D'une part, il y a ce qu'on appelle la « politique familiale », qui concerne tout ce qui régit les rapports entre l'Etat et la famille dans un sens normalement favorable à l'expansion de cette dernière. L'expression vient de France ; celle-ci en a fait depuis longtemps un chapitre essentiel de son « Plan ». Cette politique cherche généralement une justification éthico-sociale, avec un grand usage de références traditionnelles, culturelles et nationales, non seulement pour défendre et protéger la famille comme unité démographique et sociale de base, mais pour la renforcer et l'aider à se multiplier avec des mesures de type négatif (interdictions et obstacles) ou bien positif (soutiens, services ou aides).

L'expérience française des années 80 est l'exemple le plus évident d'une politique familiale de type positif avec un ample recours aux instruments traditionnels (allocations, congés de paternité et de maternité, reconnaissances diverses). Elle fait aussi appel à des formules explicitement nouvelles comme la reconnaissance du droit à un « salaire » consistant pour la mère qui décide d'avoir un troisième enfant. On a amplement discuté sur ce choix français comme sur sa validité et ses effets, mais rares sont les expériences qui s'en inspirent directement.

D'autre part, il y a le « planning familial » qui n'est pas nécessairement en opposition avec la « politique familiale », mais qui se fonde sur une conception morale complètement différente. L'apparente ressemblance lexicale cache une divergence de substance qui, au-delà de l'expression idiomatique, s'inspire de la culture et de la tradition anglo-saxonne. Le but est de réduire les grossesses à risque au moyen de l'information et de l'assistance, d'assurer la santé de la mère et de l'enfant avant et pendant l'accouchement, de favoriser la possibilité d'un intervalle en décidant de la date des naissances, de réduire la mortalité infantile, de respecter enfin les droits de l'homme, de la femme et du couple à l'autodécision en matière de reproduction.

Parmi les pays européens qui pratiquent les politiques natalistes et populationnistes les plus marquées à notre époque, on notera bien sûr la France, mais aussi la Belgique, le Luxembourg, la RFA et les Pays-Bas qui prennent, plus prudemment, la même direction.

Rares sont les pays qui ont été poussés à franchir la ligne décisive qui sépare la préoccupation politique de l'intervention explicite ; la France et la Chine, pour des raisons diamétralement opposées, sont deux cas exceptionnels de ce point de vue. Même les pays européens qui ont fait ou font l'expérience de la diminution rapide de la fécondité n'ont pas jusqu'ici jugé nécessaire d'adopter une politique explicitement nataliste. Sans doute y a-t-il l'idée latente que l'ensemble des décisions des couples est encore préférable à l'effet éventuel d'une intervention politique et normative.

Une troisième voie est en train de s'affirmer entre la « politique familiale » de soutien et le « planning familial ».

Cette politique de neutralité a récemment reçu l'accord officiel des gouvernements de nombreux pays développés ; mais certains s'interrogent sur la validité de cette option, qui est d'ailleurs souvent plus apparente que réelle, car le système normatif pénalise de fait ou rend particulièrement difficile la maternité, surtout pour les femmes.

Un rapide passage en revue de quelques pays montre qu'une voie médiane en matière nataliste n'est jamais facile à définir.

L'article 31 de la Constitution italienne prévoit que « la République facilite par des mesures économiques et autres formes d'aide la formation de la famille et l'accomplissement de ses tâches, en portant une attention particulière aux familles nombreuses. » Cette volonté constitutionnelle, peu prise en compte par la législation en vigueur aujourd'hui, ne révèle pas une orientation particulièrement populationniste de la politique italienne.

Les Pays-Bas ont mis en place en 1988 une politique économique et sociale de réajustement avec des mesures en faveur de la famille. Tout en refusant officiellement la définition de politique démographique, présentant ainsi de fortes analogies avec la RFA, le gouvernement néerlandais a prévu des mesures financières et surtout sociales et sanitaires en faveur des mères et des enfants. L'objectif n'est pas de tendre vers un accroissement démographique, mais de freiner la chute de la fécondité et d'en favoriser si possible une légère reprise.

L'ex-RDA a adopté en 1976 « un grand nombre de mesures socio-politiques en vue de créer des conditions matérielles encore meilleures, incitant à avoir des enfants, ainsi qu'à aider la femme à combiner ses occupations professionnelles avec ses devoirs maternels. » Ces mesures semblent avoir eu un effet significatif sur la natalité. Mais cet effet est limité dans le temps pour deux raisons. D'abord, il est presque inévitable que de telles mesures déterminent une simple accélération de la constitution de la descendance de certaines femmes, sans effets sensibles sur la descendance finale. Ensuite, certaines mesures, comme les avantages spécifiques pour les mères non mariées, ont eu un effet contraire à celui d'autres mesures adoptées. Dans les générations nées après 1960, certaines femmes ont eu intérêt à avoir un enfant sans être mariées.

La position de la Grande-Bretagne est assez surprenante puisqu'elle va à l'encontre de la tradition idéologique et culturelle du pays et des convictions malthusiennes qui y dominent. Lors d'un discours en mai 1988, Margaret Thatcher avait déclaré : « Beaucoup de femmes souhaitent se consacrer essentiellement à élever une famille et s'occuper du foyer. Nous devrions aussi avoir ce choix. Nous devons renforcer la famille. Si nous ne le faisons pas, nous aurons à faire face à des problèmes sociaux déchirants auxquels aucun gouvernement ne pourra remédier. »

L'opinion a beaucoup évolué en matière de démographie.

En examinant les résultats de plusieurs sondages récents réalisés dans divers pays européens, on constate qu'en règle générale les personnes interrogées sont au courant du déclin de la natalité : 88 % en Italie, 90 % aux Pays-Bas et 76 % en France. Nombreuses sont également celles qui ont conscience du vieillissement progressif de la population et en ont une image négative, mais sans lier ce phénomène à la baisse de la fécondité.

En revanche, le déclin de la natalité est fréquemment mis en relation et confondu avec la diminution du nombre d'habitants du pays. Ce sont probablement les reportages alarmants de la presse sur les dangers de la croissance zéro qui ont induit l'opinion publique en erreur. En Italie, 48 % des personnes au courant du déclin de la natalité pensent que l'effectif total de la population a également diminué ; c'est également l'avis d'une majorité de Néerlandais et d'Allemands de l'Ouest. En règle générale, l'opinion est mal informée de l'accroissement de la population, et encore moins des chiffres de la population totale. Un très fort pourcentage de personnes répond de manière incorrecte ou ne se prononce pas sur cette question.

Au même titre que la connaissance des faits démographiques, il est important de sonder l'opinion publique sur les phénomènes démographiques, dont la perception dépend encore davantage de leur mode de présentation par les médias. Ainsi, l'emploi d'un ton alarmiste, l'insistance des journaux sur les conséquences désastreuses de certaines tendances démographiques ne sont pas sans influencer l'opinion publique : 68 % des Allemands, 65 % des Italiens, 61 % des Néerlandais et 66 % des Français estiment qu'une population décroissante est un phénomène négatif. En Italie, en France, en Espagne et en Allemagne de l'ouest, l'opinion publique désapprouve la baisse de la fécondité.

Les cas de l'Italie, de l'Espagne et de la France sont particulièrement intéressants, car dans ces pays, en l'espace de quelques années seulement, on a constaté un véritable revirement d'opinion, qui est probablement la conséquence de la lecture de la presse. En 1984, plus de la moitié des Italiens (51 %) approuvaient la chute de la natalité, alors qu'en 1987, la même proportion la désapprouvait.

On observe exactement le même phénomène en Espagne où, en 1985, 57 % des personnes interrogées considéraient comme positive la baisse de la natalité contre 23 % seulement en 1988. En France également, on a constaté dans les années 70 une augmentation progressive du nombre de ceux pour qui la diminution de la natalité était néfaste.

Il est à noter que, dans ces sondages, des variables telles que le comportement procréateur et les attentes en matière démographique sont restées essentiellement les mêmes, ce qui permet de conclure que l'évaluation d'une tendance démographique par des personnes sondées est fortement influencée par le contexte extérieur. De fait, durant cette période, les médias ont commenté la baisse de la fécondité dans leurs pays respectifs en la dramatisant, ce qui a probablement été à l'origine du revirement, sans pour autant affecter de manière significative les autres opinions.

C'est le couple, plus que les enfants, qui devient l'élément central de la famille.

Ces positions en faveur de la famille (largement reprises également en URSS aujourd'hui) semblent remettre en question la conviction répandue et étayée scientifiquement selon laquelle la famille classique est en voie de dissolution. Les indicateurs démographiques récents relatifs au mariage, au divorce, à l'âge moyen au mariage et à l'accouchement, à la natalité générale, à la fécondité spécifique et au célibat semblent tous aller dans cette direction.

Même les transformations les plus profondes dans la structure et les orientations familiales incitent à regarder l'avenir de façon différente, plus modeste, moins conditionnée idéologiquement et en jouant sur une orientation positive plutôt que restrictive. On s'aperçoit que ce ne sont plus les enfants, mais le couple adulte qui constitue l'élément central de la famille. On constate que la contraception ne sert plus à éviter des naissances non souhaitées, mais à permettre des choix délibérés et motivés par un désir d'autosatisfaction quant à l'opportunité de concevoir un enfant et à la date de cette conception. Enfin, on reconnaît que les familles et les ménages ne constituent plus des entités homogènes, mais au contraire très diversifiées.

Dans ce contexte, la revalorisation sociale de la naissance est fondamentale. Nombreux sont ceux qui en sont pleinement conscients dans les milieux culturels et politiques. L'évolution démographique récente de nombreux pays européens, où le taux de natalité a cessé de chuter, semble aller dans ce sens. Il ne s'agit pas pour l'instant d'une inversion de tendance des courbes de natalité qui pourrait faire penser à une nouvelle phase d'expansion démographique. Il s'agit simplement de l'arrêt d'une tendance implosive de la natalité, particulièrement forte dans certaines régions d'Europe.

SANTÉ

Faible mortalité infantile ■ Forte croissance des dépenses
depuis trente ans ■ Trop de médecins, sauf au Royaume-Uni, Portugal,
Pays-Bas, Irlande, Luxembourg ■ Consultations gratuites
sauf en France, en Belgique et au Luxembourg ■ Cinq fois plus
de médicaments consommés en France qu'au Danemark ■ La moitié des décès
liés aux maladies cardiovasculaires ■ 750 000 cancers (220 000 dus au tabac)
■ 35 000 cas de sida (10 000 en France) ■ 30 millions de handicapés ■
100 000 morts par accident (50 000 en voiture) ■
50 000 suicides ; accroissement dans le Nord et chez les jeunes

ÉTAT SANITAIRE

*L'état de santé des Européens
ne cesse de progresser.*

L'état sanitaire des habitants d'une nation peut se mesurer à l'aide de plusieurs types d'indicateurs. Le plus courant et le plus global est sans doute l'espérance de vie. Celle-ci est de 72,0 ans pour les hommes et 78,6 ans pour les femmes à la naissance dans l'ensemble de la Communauté (voir *Démographie*). Des chiffres très élevés puisqu'on vit en moyenne 20 ans de plus en Europe que dans le reste du monde. Des chiffres favorables également par rapport aux régions les plus développées (Etats-Unis, Japon, Scandinavie). L'examen de l'espérance de vie à divers âges (voir tableau) donne des résultats semblables.

La forte progression de l'espérance de vie depuis les années 50 s'explique en partie par le recul de la mortalité infantile et périnatale, l'évolution des modes de vie (habitudes alimentaires, hygiène, prévention...) et l'amélioration sensible des soins (voir ci-après). On observe une assez grande homogénéité entre les douze pays, avec une espérance de vie comprise entre 70 et 74 ans pour les hommes, entre 77 et 81 ans pour les femmes. La surmortalité masculine varie de 5 ans (Grèce) à 8,2 ans (France).

Le check-up des Européens

Soumis en 1987 à une autoévaluation de leur état de santé, les habitants de la Communauté semblaient être assez satisfaits. Les Danois et les Irlandais évaluaient leur santé à plus de 4 sur une échelle allant de 1 (« très mauvaise ») à 5 (« très bonne »). On trouvait ensuite un groupe de neuf pays dont les scores moyens s'échelonnaient entre 3,71 (Italie) et 3,96 (Belgique). Les Portugais étaient les plus pessimistes avec un score de 3,29.

Les facteurs sanitaires ou économiques semblent exercer une influence moins forte sur les appréciations que les facteurs démographiques. On constate en effet que les habitants des pays qui comptent une proportion élevée de personnes âgées avaient tendance à porter un jugement plus négatif sur leur santé. C'était le cas en particulier des personnes âgées de 45 à 64 ans et surtout les femmes.

On enregistre un accroissement général des opinions favorables depuis 1976, date de la première enquête, sauf en Irlande où le niveau était le plus élevé à cette époque.

■ La proportion d'enfants de moins d'un an vaccinés contre la poliomyélite est au moins égale à 90 % dans la plupart des pays de la CE. Elle est inférieure au Portugal (77 %), au Royaume-Uni (78 %) et en RFA (80 %).

LA SANTÉ DES EUROPÉENS

Evolution des principaux indicateurs de santé :

	Espérance de vie à 40 ans				Mortalité infantile (2)		Mortalité périnatale (3)		Taux de mortalité globale (4)	
	1960		1987 (1)		1960	1989 (1)	1960	1987 (1)	1960	1989
	H	F	H	F						
• Belgique	31,4	36,1	33,0	38,8	31,2	8,6	31,9	11,4	12,3	10,8
• Danemark	34,2	36,7	34,1	39,1	21,5	7,5	26,2	8,8	9,6	11,6
• Espagne	33,1	36,6·	35,5	42,5	43,7	8,3	36,6	11,2	8,6	8,3
• FRANCE	31,7	37,2	34,8	41,8	27,4	7,4	31,3	9,9	11,3	9,4
• Grèce	34,0	36,4	35,6	39,0	40,1	9,9	26,4	14,5	7,3	9,2
• Irlande	32,8	35,4	32,6	37,3	29,3	7,6	37,7	12,3	11,7	8,8
• Italie	32,8	36,7	34,4	40,2	43,9	8,8	41,9	12,4	9,5	9,1
• Luxembourg	31,7	35,8	33,2	39,4	31,5	9,9	32,3	7,2	11,7	10,6
• Pays-Bas	34,8	37,8	35,4	41,9	17,9	6,8	26,6	9,2	7,5	8,7
• Portugal	31,9	36,2	33,8	39,3	77,5	12,2	41,1	16,7	10,5	9,3
• RFA	31,8	35,8	34,0	39,9	33,8	7,5	35,8	7,3	11,5	11,2
• Royaume-Uni	31,9	36,9	34,0	39,1	22,5	8,4	33,6	9,0	11,5	11,5
• Etats-Unis	31,3	36,7	34,7	40,3	26,0	10,0	28,6	10,3	9,4	8,7
• Japon	31,1	34,9	37,4	42,5	30,7	5,0	37,3	6,6	7,6	6,2

(1) Ou dernière année disponible.
(2) Pour 1 000 naissances vivantes.
(3) Pour 1 000 naissances vivantes et mortinatalité.
(4) Pour 1 000 habitants.

OCDE - Eurostat

La mortalité infantile dans la CE est dix fois inférieure à celle du reste du monde.

Un autre indicateur courant de l'état de santé est la mortalité infantile (décès des enfants au cours de leur première année). Celle-ci a été divisée par quatre en 30 ans : 8,2 pour mille enfants nés vivants en 1989 contre 34,8 pour mille en 1960 (le taux est de 77 pour l'ensemble du monde). Seul le Portugal est éloigné de la moyenne communautaire avec un taux de 12,2 pour mille, très supérieur à celui des pays les moins développés de la CE.

Ce résultat spectaculaire est dû à la qualité des soins prodigués aux mères avant et pendant les naissances, ainsi qu'aux progrès réalisés dans les techniques d'accouchement. Les nouvelles techniques de diagnostic appliquées aux grossesses à risque et l'installation de centres de gynécologie modernes pour les accouchements difficiles ont permis de diminuer fortement la mortalité périnatale, tout en rendant les accouchements plus faciles.

Le taux de mortalité pour l'ensemble de la CE est de l'ordre de 1 % de la population totale.

Contrairement aux autres indicateurs, le taux de mortalité de la Communauté n'est pas « meilleur » que celui observé pour l'ensemble du monde. L'explication est que les taux observés dans chaque pays ne sont pas seulement liés à la qualité du système de soins et de prévention, mais aussi à

MORTALITÉ INFANTILE : MOINS DE 1 %

Taux de mortalité infantile (1989, pour 1 000 naissances vivantes) :

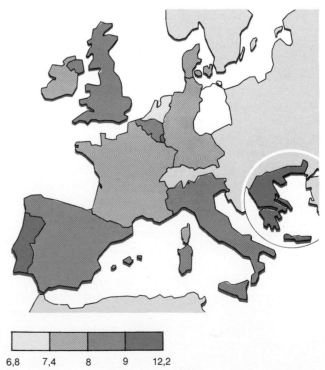

| 6,8 | 7,4 | 8 | 9 | 12,2 |

Eurostat

ITALIE

Lines
IL PRIMO NIDO

IL PIÙ USATO NELLE MATERNITÀ

« Le premied nid. »

la pyramide des âges. En principe, plus un pays a un système sanitaire efficace, plus la mortalité recule. Mais cela accroît la proportion de personnes âgées, et donc la mortalité.

Ainsi, parmi les pays de la CE, où les systèmes sanitaires sont relativement comparables en qualité, les taux de mortalité les plus élevés sont ceux du Royaume-Uni, de la RFA et du Danemark, pays dans lesquels la proportion de personnes de 65 ans et plus est la plus forte. A l'inverse, les taux les moins élevés sont ceux de pays jeunes comme l'Espagne, le Portugal ou l'Irlande.

Le taux de mortalité a évolué de façon irrégulière depuis une trentaine d'années, avec une tendance légère à la diminution : de 10,5 pour mille en 1960 à 10,0 en 1989, avec un maximum de 10,7 en 1975 et un minimum de 9,9 en 1987.

Les systèmes de santé européens s'inspirent du modèle allemand ou anglais.

L'assurance sociale obligatoire a été créée dans les années 1880 en Allemagne par le chancelier Bismarck. Elle couvre aujourd'hui l'ensemble de la population et elle est financée par des cotisations de l'employeur et de l'assuré, par le canal de caisses d'assurance publiques. La propriété des équipements de santé est publique et/ou privée. Le modèle allemand conduit à des services de très bonne qualité, mais à un coût élevé ; la participation individuelle est de l'ordre de 20 %. La Belgique, la France et, dans une moindre mesure, les Pays-Bas, ont adopté le système allemand.

Après la Seconde Guerre mondiale (1948), les travaillistes anglais créèrent le *National health service* (NHS). Il couvre aussi l'ensemble de la population, tout en limitant les dépenses des malades. Les médicaments et les visites aux médecins sont gratuits, à l'exception d'une participation individuelle de 6 à 10 %. Le système est financé par un impôt général national. L'Etat garde la propriété et/ou le contrôle des équipements et des divers intervenants.

1 % DE DÉCÈS PAR AN

Taux de mortalité globale (1989, décès pour 1 000 habitants) :

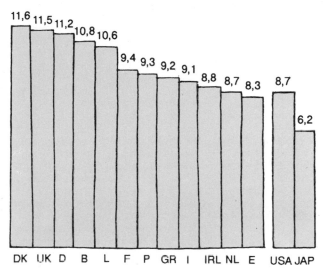

| DK | UK | D | B | L | F | P | GR | I | IRL | NL | E | USA | JAP |
| 11,6 | 11,5 | 11,2 | 10,8 | 10,6 | 9,4 | 9,3 | 9,2 | 9,1 | 8,8 | 8,7 | 8,3 | 8,7 | 6,2 |

Eurostat

Le Danemark, l'Irlande et les pays du Sud ont suivi le Royaume-Uni, tout en développant des spécificités nationales.

L'assurance privée complémentaire tend à se développer.

Un troisième système coexiste de plus en plus avec les deux précédents : celui de l'assurance privée. Les personnes ou les entreprises achètent une assurance santé privée, financée par les contributions des assurés et/ou des employeurs. La propriété des facteurs de production est privée.

D'une manière générale, les systèmes de soins en place dans la Communauté sont très développés. C'est le cas en particulier des régimes publics d'assurance-maladie, qui concernent pratiquement la totalité des populations, sauf aux Pays-Bas, où les régimes privés occupent une grande place. A titre de comparaison, seuls 40 % des Américains sont couverts par le régime public pour les soins hospitaliers, 25 % pour les soins ambulatoires (soins ne nécessitant pas d'hospitalisation).

■ Au Royaume-Uni, les hôpitaux sont nationalisés depuis 1040.

■ 60 % de la population médicale grecque sont concentrés à Athènes (pour 40 % de la population totale).

Armando Testa SpA

TOUR D'EUROPE DE LA SANTÉ

Caractéristiques principales des systèmes de santé en place dans les pays de la Communauté :

Belgique	Danemark	Espagne	Luxembourg	Grèce	Portugal
Structure administrative complexe. Les revenus des soins de santé sont répartis par l'Institut national d'assurance maladie-invalidité (INAMI) entre les six groupements de caisses de maladie. Deux types d'assurances complémentaires sont offerts : assurance « obligatoire-volontaire » (non obligatoire par la loi mais l'adhésion à une caisse de maladie oblige l'assuré à souscrire) ; assurance volontaire, correspondant à des prestations légales de « haut-de-gamme ».	Couverture totale, financée par l'impôt. Choix du type d'adhésion : les assurés du groupe 1 (environ 90 %) bénéficient d'une quasi-gratuité pour tous les soins ; ceux du groupe 2 ont droit à des soins hospitaliers gratuits et des remboursements limités pour les soins de base (avec choix du médecin). Médicaments fournis par un réseau privé de pharmacies ; participation des malades jusqu'à 50 % du prix. Faible importance de l'assurance privée.	Régime général et régimes spéciaux pour les agriculteurs, indépendants, employés de maison. Tous les soins dispensés par les médecins de la Sécurité sociale ou les hôpitaux agréés (interventions chirurgicales) sont gratuits ; dans les autres cas, un ticket modérateur est appliqué. Médicaments gratuits pour les retraités, pensionnés, accidentés du travail, personnes hospitalisées ; participation de 40 % pour les autres.	Assurance maladie obligatoire pour l'ensemble de la population, financée à égalité par les cotisations des travailleurs et des employeurs (ou caisses de retraite). Consultations remboursées à 95 % (80 % pour les visites), médicaments remboursés en général à 80 %, soins et médicaments gratuits à l'hôpital. Trois organismes d'assistance financière mutuelle complètent le système national. Faible rôle de l'assurance privée.	Les salariés sont affiliés à l'Institut d'assurances sociales (IKA), sauf les fonctionnaires et certains salariés qui bénéficient de régimes spéciaux, gérés par des caisses professionnelles. Médicaments, appareillages, prothèses, accessoires habituels ou spéciaux pris en charge, avec parfois une participation des assurés (de 20 à 25 %).	Affiliation en principe obligatoire pour les salariés et les travailleurs indépendants. Ticket modérateur imposé pour la plupart des prestations, sauf pour certaines catégories (femmes enceintes, invalides...). Les patients s'adressent normalement à un dispensaire officiel ou, à défaut, à un médecin conventionné dans les limites précisées par la convention.

Italie	Irlande	Pays-Bas	FRANCE	RFA	Royaume-Uni
Service sanitaire national depuis 1978, financé par l'impôt. Assurance-maladie obligatoire pour tous les citoyens depuis 1980. Le patient doit choisir son médecin sur une liste conventionnée. Celui-ci est rémunéré directement par le service de santé sur la base d'un forfait et peut envoyer son patient à un spécialiste. La part de l'assuré ne doit pas dépasser 25 % pour les frais hors consultations (exonération pour les grands malades et invalides). Pas de caisses complémentaires ni de mutuelles.	Soins financés par l'impôt général. Seulement un tiers de la population est couverte pour les soins de base par le *General medical service*. Les titulaires peuvent s'inscrire auprès d'un généraliste et ont droit aux mêmes services que les malades privés qui payent des honoraires. Ils bénéficient de la gratuité des soins (y compris dentaires) et des médicaments achetés aux pharmaciens membres du GMS. Les personnes ayant un statut d'admissibilité limitée ne peuvent bénéficier des services des médecins du système gouvernemental et ont des remboursements partiels. Le *Voluntary health insurance board* a le monopole de l'assurance privée.	Tous les travailleurs (salariés ou non) peuvent bénéficier de la Sécurité sociale. L'affiliation n'est pas obligatoire au-dessus d'un certain salaire (environ 30 % de la population, qui peuvent adhérer à des régimes privés). Un régime complémentaire peut améliorer les prestations du régime général. Choix d'un généraliste agréé lors de l'inscription. Consultation possible de spécialistes sur ordonnance du généraliste. Soins gratuits sauf pour certains travaux dentaires. Forfait de 2,5 florins par médicament à la charge du malade (maximum: 35 florins par an par famille). Hospitalisation gratuite en salle commune.	Système d'assurance obligatoire pour tous les salariés. Cotisations prélevées sur les salaires. Régimes spéciaux pour certains salariés (fonctionnaires, cheminots...) et non-salariés (artisans, commerçants, agriculteurs, professions libérales...). Régimes complémentaires (mutuelles, organismes professionnels ou privés) pour les remboursements ou la prise en charge de certains risques. Assistance médicale pour la population dépourvue de droits ou de ressources (environ 2 %). Libre choix du médecin. Prise en charge de 75 % des consultations médicales, de 80 % des frais hospitaliers (parfois 100 %) et de 70 % ou 40 % des frais de médicaments .	Affiliation obligatoire en dessous d'un seuil de ressources pour les salariés, chômeurs, retraités, etc., et les non-salariés qui ne relèvent pas d'un régime spécial (au total environ 90 % de la population). Possibilité d'affiliation volontaire pour les autres catégories. Régimes complémentaires, généralement privés. Libre choix du médecin. Soins de généralistes, spécialistes et dentistes gratuits. Forfait de 2 DM par médicament ; médicaments de confort non remboursés. Hospitalisation gratuite en chambre commune (mais forfait de 5 DM par jour pendant 14 jours).	Les patients doivent s'inscrire tous les ans auprès d'un généraliste de leur circonscription, directement payé par l'Etat. Soins gratuits. Un secteur privé payant et non remboursé par le NHS permet seul l'accès aux spécialistes et l'admission sans attente dans les hôpitaux. Beaucoup d'entreprises souscrivent pour leur personnel des assurances couvrant les frais de médecine privée. Un régime d'assurance national verse aux cotisants des indemnités en cas de maladie. Forfait de 2,2 livres par médicament à la charge du malade (nombreuses exonérations). Hospitalisation gratuite dans les établissements du NHS.

Les Etats prennent en charge environ les trois quarts des dépenses de santé.

Les dépenses d'hospitalisation sont en général financées entre 80 % et 100 % par les administrations publiques de santé (68 % seulement en Belgique). Les dépenses ambulatoires sont financées à plus de 80 % dans la plupart des pays de la CE, sauf aux Pays-Bas (44 %), en Irlande (47 %) et en Belgique (50 %).

Le montant et la répartition des cotisations sont très variables. En Grande-Bretagne, le financement du NHS est assuré uniquement par l'impôt, les cotisations au régime d'assurance national (voir page précédente) étant proportionnelles aux revenus des assurés. Il en est de même en Irlande et au Danemark. En RFA, les cotisations sociales sont intégralement payées par les employeurs. Au Portugal, ceux ci versent 24 % des salaires (11 % pour les salariés). La répartition est différente pour les salariés en Espagne (24 % et 5 %). En France, les contributions respectives sont de 13 % et 5,5 %. La cotisation représente environ 16 % de la base imposable des salariés en Italie, 5,5 % en Grèce.

LE CAPITAL SANTÉ

Dépenses de santé par habitant (1987, en écus) :

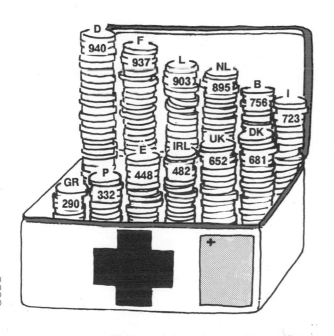

Depuis les années 60, les dépenses de santé ont augmenté une fois et demi à deux fois plus vite que le PIB.

Les dépenses de santé absorbent en moyenne 7 % du PIB des pays de la Communauté. Elle représentent un peu plus de 5 % en Grèce contre près de 9 % en France. On a constaté jusqu'au milieu des années 80 une tendance générale à la hausse, notamment des dépenses hospitalières.

Cette croissance s'explique par l'élargissement de la protection à l'ensemble de la population, la meilleure couverture des risques, l'augmentation du nombre et du coût des actes médicaux. Le vieillissement de la population, l'attachement croissant des Européens à leur santé, la pléthore de médecins et de lits d'hôpitaux ont également largement contribué à cette évolution.

LA SANTÉ DE PLUS EN PLUS CHÈRE

Evolution des dépenses globales de santé (en % du PIB) :

	1960	1980	1987
• FRANCE	4,2	7,6	8,6
• Pays-Bas	3,9	8,2	8,5
• RFA	4,7	7,9	8,2
• Luxembourg	-	6,8	7,5
• Irlande	4,0	8,5	7,4
• Belgique	3,4	6,6	7,2
• Italie	3,9	6,8	6,9
• Portugal	-	5,9	6,4
• Royaume-Uni	3,9	5,8	6,1
• Danemark	3,6	6,8	6,0
• Espagne	2,3	5,9	6,0
• Grèce	2,9	4,3	5,3
• Etats-Unis	5,2	9,2	11,2
• Japon	3,0	6,4	6,8

OCDE

Recherche : l'Europe perd du terrain

Au début des années 60, la part de la Communauté dans la découverte des substances actives utilisées pour des médicaments était de 58 %, contre 21 % aux Etats-Unis et 10 % au Japon. Entre 1981 et 1985, 38 % seulement des nouvelles substances ont été découvertes dans les pays de la CE, 25 % aux Etats-Unis, 22 % au Japon, 8 % en Suisse, 3 % dans les pays de l'Est, 3 % en Scandinavie. C'est surtout la part de la France qui a baissé (7 % contre 18 %), tandis que celle du Japon passait de 10 % à 22 %.

OCDE

■ Aux Pays-Bas, les assurés sociaux doivent se faire enregistrer dans une pharmacie pour pouvoir ensuite y acheter leurs médicaments.

■ Parmi les fumeurs européens, 14 % sont des « grands fumeurs », 57 % des « moyens fumeurs » et 23 % des « petits fumeurs ».

Les dépenses de santé se sont stabilisées au cours des années 80.

Face à la forte augmentation des précédentes décennies, certains pays ont adopté des mesures radicales. L'Italie a institué un service national de santé financé à la fois par les cotisations d'assurance maladie et par prélèvement fiscal. Certains pays d'Europe du Nord (Danemark, Pays-Bas, RFA) ont fait un effort massif pour rationaliser les équipements hospitaliers, réduire le nombre de lits d'hôpital, contrôler le nombre de médecins en formation. Dans la majorité des pays membres, il existe un *numerus clausus* qui limite l'entrée des étudiants dans les facultés de médecine.

Aujourd'hui, la part des dépenses de santé stagne presque partout. Elle représente un peu plus du tiers des dépenses de protection sociale, sauf au Luxembourg, en France et en Grande-Bretagne, et en Grèce où elle est inférieure. Elle reste prépondérante aux Pays-Bas.

Les experts prévoient une augmentation modérée des dépenses de santé jusqu'en l'an 2030, sous les effets du vieillissement de la population et du progrès technique. Les plus fortes augmentations concerneraient (par ordre décroissant) l'Irlande, les Pays-Bas, la France et la Grande-Bretagne. La Belgique, le Danemark et l'Italie connaîtraient une stagnation. Les dépenses diminueraient en RFA.

■ L'Europe fournit 96 % des besoins de l'Afrique en médicaments.

■ La proportion de groupes sanguins de type B est inférieure à 15 % à l'ouest d'une ligne Varsovie-Vienne-Zagreb-Sarajevo-Monastir-Salonique. A l'intérieur de ces deux zones, la proportion de personnes ayant un sang de type A et AB s'accroît d'ouest en est.

■ Environ 7 % des nouveaux-nés européens ont un poids considéré comme faible à la naissance.

SOINS

La CE compte environ 900 000 médecins, 800 000 infirmières, 110 000 dentistes, 45 000 vétérinaires, 50 000 sages femmes.

On peut diviser la Communauté en quatre grands groupes de pays, selon l'évolution de leur densité médicale :
– Ceux où elle a toujours été supérieure à la moyenne communautaire (Espagne, Belgique, Grèce) ;
– Ceux qui ont été continuellement au-dessus de la moyenne jusqu'en 1978, ont réduit le nombre des médecins en formation et ont aujourd'hui une densité inférieure (RFA et Danemark) ;
– Ceux qui ont connu une évolution inverse (densité supérieure après 1980) : France et Espagne ;
– Ceux qui ont une densité inférieure à la moyenne depuis 30 ans : Royaume-Uni, Portugal, Pays-Bas, Irlande, Luxembourg.

La conséquence de ces évolutions contrastées est que l'Espagne a aujourd'hui une densité de médecins triple de celle de l'Italie.

LA MACHINE SANITAIRE

Densités de médecins, dentistes, pharmaciens (1987, pour 100 000 habitants) :

	Médecins	Dentistes	Pharmaciens
• Espagne	338	15	80
• Grèce	333	91	66
• Belgique	321	63	112
• RFA	280	63	55
• Portugal	257	8	100
• Danemark	256	93	29
• FRANCE	249	65	88
• Pays-Bas	235	52	14
• Luxembourg	179	49	74
• Irlande	141	34	31
• Royaume-Uni	137	35	-
• Italie	111	13*	-
• Etats-Unis	234	59	68
• Japon	157	55	64

* 1979

Eurostat

■ Sur les 24 000 pharmaciens français, on ne compte que 3 ressortissants de la CE.

■ Le taux de TVA pratiqué sur les médicaments varie de 0 % au Portugal (0,9 % en Espagne) à 22 % au Danemark.

DENSITÉ DE MÉDECINS

Nombre de médecins pour 1 000 habitants (1987) :

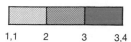

| 1,1 | 2 | 3 | 3,4 |

Eurostat

Grande-Bretagne : les patients mécontents

Plus de 8 Britanniques sur dix (plus de 15 ans) reprochent aux médecins généralistes de ne pas consacrer assez de temps à leurs patients. 91 % regrettent qu'ils ne leur fournissent pas assez d'explications, 89 % se plaignent de ne pas être écoutés. 80 % souhaiteraient être mieux reçus et voudraient pouvoir choisir l'hôpital ou leur médecin de famille.

La surmédicalisation concerne la plupart des pays de la Communauté.

Entre 1950 et 1988, le nombre de médecins a triplé, passant de 263 000 à 900 000, alors que la population n'augmentait que d'un quart. Aujourd'hui, un nombre croissant de médecins sont en situation de chômage relatif, dont 80 000 en Italie, 30 000 en Espagne, 15 à 20 000 en RFA, 5 000 en Grèce. Certains sont contraints de pratiquer un second métier (on connaît des médecins-chauffeurs de taxi), d'autres abandonnent la profession. En France, sur les 155 000 praticiens actifs, 20 000 se trouvent dans une situation précaire (la moitié perçoivent un revenu inférieur au salaire minimum). Un *numerus clausus* (interdiction de créer des cabinets supplémentaires) existe au Danemark, aux Pays-Bas, au Portugal et en Grèce.

On observe par ailleurs un accroissement du nombre des spécialistes : en RFA, ils sont 5 fois plus nombreux que les généralistes. Ils sont également plus nombreux en France, au Royaume-Uni, aux Pays-Bas, au Luxembourg et en Espagne.

Quatre pays, quatre médecines

Une étude comparative, effectuée par Lynn Payer, biochimiste et journaliste médicale à l'*International Herald Tribune* dans trois pays de la CE et aux Etats-Unis, montre que les pratiques médicales ne sont pas universelles. En voici quelques exemples spectaculaires :

– Dans un même groupe de patients, les médecins anglais diagnostiquent 23 % de maniaco-dépressifs, les Allemands 14 % et les Français 5 %.
– Lorsque les Français souffrent de spasmophilie, les Allemands sont atteints d'une dystonie neuro-végétative, les Anglais d'une névrose légère et les Américains d'une angoisse passagère.
– L'hypotension est considérée comme une maladie en RFA et comme un signe de bonne santé aux Etats-Unis.
– En Grande-Bretagne, on surveille ses intestins, en France son foie.
– Un Américain a deux fois plus de « chances » qu'un Britannique de se faire opérer et six fois plus de subir un pontage coronarien.
– Les durées de consultation s'échelonnent entre quatre-vingts secondes minimum en Allemagne et vingt minutes aux Etats-Unis.
– La posologie (doses de médicaments prescrites) varie de un à vingt selon les pays.

La pléthore de médecins est surtout sensible dans les grandes villes.

On compte 6 médecins pour 1 000 habitants à Paris, 4,4 à Rome, 3,8 à Bruxelles, 3,4 à Hambourg, 3,2 à Copenhague. La densité est en revanche insuffisante dans des provinces comme le Limbourg en Belgique (1,2), Roskilde au Danemark (1,3), Nuoro en Italie (1,4), la Zélande aux Pays-Bas (1,1) ou la Picardie en France (1,1).

La libre circulation des médecins à l'intérieur de la CE n'a pas provoqué de migration massive : moins de 1 % des effectifs ont décidé d'aller exercer leur métier dans un autre pays membre, surtout vers la RFA, le Royaume-Uni et la Grèce. Les raisons principales de cette faible mobilité sont la barrière linguistique, les différences culturelles et les protectionnismes nationaux.

La pratique des cabinets de groupe tend à se généraliser : la moitié des généralistes danois, les trois quarts des Britanniques s'y sont ralliés. On observe enfin une tendance générale au rajeunissement et à la féminisation de la profession : un peu plus du quart des médecins exerçant au Royaume-Uni, en RFA et en France sont des femmes.

Transplantations : premières européennes

La première transplantation de rein a été effectuée en 1956 au Royaume-Uni, 1957 en Italie, 1959 en France. Les autres pays ont suivi au cours des années 60, à l'exception du Luxembourg, (1980).

La première greffe du cœur date de 1968 en France. Elle n'a été tentée qu'en 1984 aux Pays-Bas et en Espagne, 1985 en Irlande. Le nombre annuel des greffes du cœur est proche de 150 en France et au Royaume-Uni, moitié moins en RFA.

Les premières transplantations de foie remontent à la fin des années 60 en France et en Belgique ; elles sont beaucoup plus récentes aux Pays-Bas (1979), en Italie (1981), en Espagne (1984) et en Irlande (1985).

Le prix des consultations varie dans de larges proportions.

Le nombre de consultations médicales (personnes non hospitalisées) est de l'ordre de 5 par habitant et par an. Mais les habitudes médicales sont très différentes selon les pays. Les Portugais et les Néerlandais voient beaucoup moins souvent un médecin que la moyenne. A l'inverse, le nombre de consultations moyen dépasse 10 en RFA et en Italie.

5 VISITES PAR AN

Evolution du nombre moyen de consultations de médecins par personne et par an :

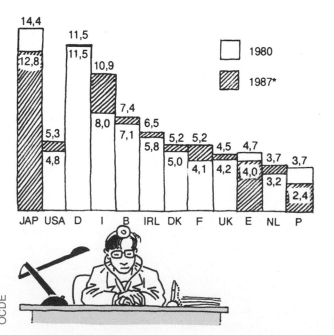

* Ou année la plus proche.

Le coût d'une visite à un généraliste varie entre 80 et 110 francs dans les pays les plus développés (RFA, Danemark, France, Belgique, Pays-Bas, Luxembourg). Les écarts sont plus marqués dans le cas d'interventions particulières, comme par exemple un accouchement.

Mais le coût restant à la charge du malade dépend surtout du système se santé en vigueur : les consultations sont gratuites dans la plupart des pays, dans la mesure où l'on s'adresse à un médecin agréé (RFA, Pays-Bas, Danemark), contractant (Royaume-Uni) ou salarié (Italie, Grèce, Espagne, Portugal).

En France, en Belgique et au Luxembourg, les patients paient un ticket modérateur proportionnel.

FRANCE

■ Au Danemark, les cabinets médicaux ferment à 16 h, sauf un jour par semaine où ils reçoivent les patients jusqu'à 18 h ou 19 h.

■ Entre 1971 et 1986, le nombre de Britanniques soignés dans les hôpitaux a augmenté de 24 %, alors que le nombre de lits diminuait de 22 %.

■ Dans tous les pays de la CE, les pharmaciens ont le monopole de la distribution des médicaments délivrés sur ordonnance. La vente de ceux destinés à l'automédication leur est aussi réservée en France, Belgique, Italie, Espagne, Danemark. Elle est libre au Royaume-Uni et en RFA. Aux Pays-Bas, certaines spécialités peuvent être vendues par des droguistes.

■ Il y a 180 000 kinésithérapeutes en Europe. La densité est de un pour 600 habitants en Belgique et un pour 1 400 en France.

■ Entre 1960 et 1980, le taux d'occupation des hôpitaux a diminué ou stagné dans la plupart des pays, sauf en Belgique et en Grèce où il a augmenté. En 1982, il était compris entre 70 % (Grèce et Espagne) et 90 % (Pays-Bas).

La consommation de médicaments varie de un à cinq entre le Danemark et la France.

Les Français achètent chaque année une trentaine de produits pharmaceutiques par personne ; les Italiens et les Portugais une vingtaine. La consommation est inférieure à dix au Danemark, au Royaume-Uni, en Irlande, en Belgique et en Grèce.

On observe aussi des écarts importants dans les prix des médicaments. Globalement, les pays du Sud pratiquent les prix les plus bas. Un « panier » de 125 médicaments coûtait 15 800 francs en RFA en 1989, contre 6 600 francs au Portugal. Dans un cas sur quatre, l'écart maximum de prix dépassait 500 %.

Mais ces différences s'estompent lorsqu'on tient compte des pouvoirs d'achat respectifs de chaque pays. Surtout, la part restant à la charge du malade est très différente : 47 % au Danemark, 34 % en France, 32 % en Espagne, 29 % en Belgique, contre 7 % en RFA ou 8 % aux Pays-Bas.

LES MÉDICAMENTS PLUS CHERS AU NORD

Comparaison du prix d'un ensemble représentatif de médicaments (en indice*) :

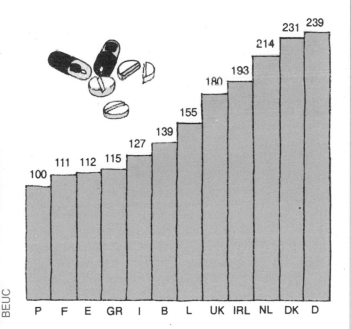

BEUC

	P	F	E	GR	I	B	L	UK	IRL	NL	DK	D
	100	111	112	115	127	139	155	180	193	214	231	239

* Lecture : Un médicament qui vaut 100 au Portugal vaut près du double en Irlande (193) et près de deux fois et demie plus en RFA (239).

LES FRANÇAIS AIMENT LES MÉDICAMENTS

Nombre moyen de médicaments prescrits (par personne) :

	1960*	1980*	1987*
• FRANCE	-	27,6	28,9
• Italie	6,3	19,9	19,3
• Portugal	5,9	15,4	17,2
• RFA	-	13,5	12,2
• Espagne	4,7	14,4	11,3
• Irlande	9,0	11,4	9,9
• Belgique	9,0	10,3	8,4
• Royaume-Uni	4,7	6,6	7,3
• Danemark	4,8	6,5	6,1
• Luxembourg	8,9	12,4	-
• Pays-Bas	6,8	-	-
• Grèce	3,3	6,9	-
• Etats-Unis	4,7	6,1	6,5
• Japon	-	0,5	0,9

* Ou année la plus proche.

OCDE

■ La durée moyenne de séjour dans les hôpitaux est comprise entre 9 jours (Irlande) et 34 jours (Pays-Bas). Elle est partout en diminution depuis une vingtaine d'années (souvent de moitié).

■ Afin d'inciter les Espagnols à donner leur sang, un centre médical de Madrid avait organisé en 1988 une loterie mensuelle, qui permettait aux donateurs de gagner un magnétoscope ou une chaîne hi-fi.

■ La vente des médicaments dits « de confort » est libre seulement dans deux pays de la Communauté : Grande-Bretagne et RFA.

■ Les ventes de médicaments sans ordonnance représentent 47 % des ventes totales de produits pharmaceutiques aux Pays-Bas, 37 % en RFA, 35 % en France, 24 % en Belgique, 22 % au Royaume-Uni, 13 % en Italie, 9 % en Espagne.

■ Parmi les douze plus grosses entreprises pharmaceutiques mondiales, trois appartiennent à la CE : Hoechst (RFA), Bayer (RFA) et Glaxo (Grande-Bretagne) respectivement situées aux 2e, 3e et 6e places. Six sont américaines (dont la première, Merck), deux sont suisses (Ciba-Geigy et Sandoz), une est japonaise (Takeda).

■ Les marges bénéficiaires des entreprises pharmaceutiques sont très variables selon les pays et les législations : environ 10 % en moyenne aux Etats-Unis, de 5 à 6 % en RFA, Grande-Bretagne, Japon, de 1 à 2 % en France.

■ Les taux de marge appliqués par les grossistes en pharmacie (en pourcentage du prix de revente aux pharmaciens) varient de 7,2 % au Danemark à 19,7 % en Italie. Le taux est de 9,9 % en France, entre 12 et 13 % en Espagne, Luxembourg et Belgique, entre 14 et 16 % en RFA, Irlande et Pays-Bas.

■ En France, les patients ressortent de chez le médecin avec une ordonnance en moyenne deux fois plus élevée que le prix de la consultation.

Maladies

*Les maladies du système circulatoire
sont à l'origine de près de la moitié des décès.*

Sur les quelque 3 millions de décès qui se produisent chaque année dans l'ensemble de la Communauté, entre 36 % (France) et 51 % (RFA) sont dus aux maladies cardiovasculaires. Les dix autres pays connaissent des taux situés entre 43 et 50 %. La situation particulière de la France serait liée à une alimentation plutôt moins riche en lipides (conséquence des campagnes d'information et de la consommation croissante de produits allégés) et à l'efficacité des services de soins cardiologiques.

Plus de la moitié des maladies du système circulatoire concernent le cerveau (maladies cérébro-vasculaires) et les arrêts cardiaques (ischémies). Viennent ensuite les problèmes liés à l'hypertension.

Les maladies de l'appareil respiratoire (pneumonies, bronchites, emphysèmes et asthme) sont à l'origine d'environ 5 % des décès. Leur incidence est la plus élevée en Irlande (9 %), contre seulement 2,4 % en France et 2,7 % en Grèce.

La mort en chiffres

Causes de mortalité dans la Communauté, par ordre décroissant d'importance (1986) :
- Appareil circulatoire : 44,9 % des décès
- Tumeurs malignes : 23,9 %
- Accidents de la circulation : 1,5 %
- Suicides : 1,3 %
- Maladies infectieuses : 0,7 %
- Autres causes : 27,7 %

Les causes de mortalité varient selon l'âge. Entre 25 et 34 ans, les tumeurs malignes causent 11 % des décès des hommes et 27 % chez les femmes. Leur part est respectivement de 33 % et 50 % entre 45 et 54 ans, de 32 % et 31 % entre 65 et 74 ans.

Chaque année, environ 750 000 Européens meurent d'un cancer. Un Européen sur quatre est concerné au cours de sa vie.

Le cancer est la seconde grande cause de mortalité en Europe. Il est à l'origine de plus d'un décès sur cinq (voir ci-après). Les Pays-Bas sont le pays le plus touché ; le cancer y est responsable de 27 % des décès, contre 16 % au Portugal. 1,2 % des Européens âgés de 15 ans et plus ont (ou ont eu) personnellement un cancer ; 56 % ont une personne touchée dans leur entourage.

Globalement, les causes du cancer se répartissent en trois catégories égales : un tiers sont dus au tabac ; un tiers aux modes alimentaires (abus d'alcool, de graisses, etc.) ; un tiers aux produits chimiques et radioactifs ainsi qu'aux expositions excessives au soleil.

Si la progression du nombre des cancers observée ces dernières années se poursuivait jusqu'en l'an 2000, un Européen sur trois serait alors atteint d'un cancer au cours de son existence.

CANCER : UN DÉCÈS SUR QUATRE

Nombre de décès par cancer en Europe (1982) :

	Total décès par cancer	Dont poumons (hommes)	Dont seins (femmes)	Part des cancers dans les décès (%)
• Belgique	26 821	5 433	2 024	24
• Danemark	13 774	2 170	1 145	25
• Espagne (1)	56 854	7 476	3 351	20
• FRANCE (2)	126 632	15 635	8 927	23
• Grèce	17 035	3 278	1 171	20
• Irlande	6 220	1 046	500	19
• Italie (2)	123 717	20 779	8 729	23
• Luxembourg	1 036	178	86	25
• Pays-Bas	31 811	7 104	2 897	27
• Portugal	14 727	1 232	1 148	26
• RFA	159 958	21 326	13 327	22
• Royaume-Uni	147 659	29 426	13 941	22
• **CE**	726 244	115 083	52 246	22

(1) 1979.
(2) 1981.

Les régions sont inégalement touchées.

Les cas de cancer du poumon chez les hommes et de cancer du sein chez les femmes sont plus fréquents dans le nord de l'Europe. On observe en France une proportion élevée de cancers de l'œsophage masculin ; à l'est du pays, et dans une moindre mesure au sud, c'est l'œsophage féminin qui est concerné.

■ Plusieurs milliers d'Européens meurent chaque année de la grippe. En 1988, on a compté 2 000 décès en France, loin devant l'Espagne et l'Italie.

■ On estime à 50 000 le nombre de cas de lèpre en Europe occidentale (15 millions dans le monde), dont 6 000 en Espagne et 3 000 au Portugal (surtout dans les districts de Leiria et de Coimbra).

■ 3 millions d'Espagnols ont été atteints d'hépatites virales, dont 800 000 d'hépatite B.

Les causes de cette répartition géographique des tumeurs ne sont pas connues avec certitude. On remarque cependant que les régions les plus touchées sont celles où la consommation de tabac était la plus forte il y a une quinzaine d'années, délai habituel entre l'exposition à la fumée et l'apparition du cancer du poumon (90 % des cancers du poumon et 65 % des cancers de la bouche sont imputables à la consommation de tabac).

Pour expliquer le fort taux de cancers du sein chez les femmes britanniques, irlandaises, néerlandaises et danoises, les experts évoquent l'excès de poids et une alimentation trop riche en graisses animales. Le cancer de l'estomac, particulièrement fréquent chez les femmes du sud de l'Allemagne, de l'Italie du Nord et du Portugal pourrait être lié à une alimentation déficitaire en fruits et en légumes frais.

CANCER DU POUMON CHEZ L'HOMME

Nombre de décès pour 100 000 habitants, à âge constant (années 70) :

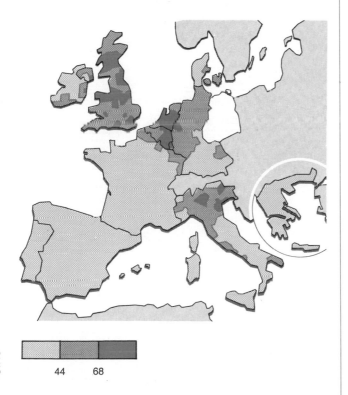

44   68

CIRC

■ 25 000 à 45 000 décès dus à des appendicites, tuberculoses, affections de la gorge, accouchements, etc., pourraient être évités chaque année si on améliorait l'efficacité des services sanitaires, ainsi que l'information et l'éducation sanitaire des populations.

CANCER DE L'ESTOMAC CHEZ LA FEMME

Nombre de décès pour 100 000 habitants, à âge constant (années 70) :

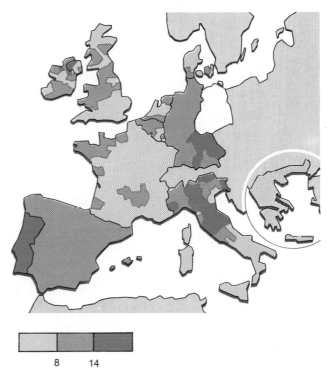

8   14

CIRC

35 000 cas de sida avaient été détectés en Europe à fin septembre 1990.

Découvert en 1983, le virus du sida s'est développé de façon très rapide en Europe (on ne comptait que 63 cas à fin 1982). On estime qu'il double tous les ans, du fait du nombre élevé de personnes séropositives, c'est-à-dire porteuses du virus mais non malades. En l'absence d'un traitement efficace, la plupart risquent de développer la maladie à une échéance de cinq à dix ans.

La France arrive en tête du nombre des cas détectés, du fait peut-être d'une apparition plus précoce du virus (les premiers cas identifiés datent de 1978). Le Portugal, l'Irlande et la Grèce sont les moins touchés. Les principales victimes sont les homosexuels et les toxicomanes, mais l'ensemble de la population hétérosexuelle est également concerné.

Les pays de la Communauté ont réagi différemment au fléau.

En Belgique, la déclaration des malades par les médecins est nominative, alors qu'elle est anonyme en France ou en Grande-Bretagne. La loi italienne permet aux entreprises de ne pas embaucher de séropositifs. En Bavière, la séropositivité est un obstacle à l'exercice de certaines professions (juge, notaire, fonctionnaire) et un test de dépistage est imposé aux candidats à un emploi dans la fonction publique.

35 000 CAS DE SIDA

Proportion de personnes atteintes du sida (pour 100 000 habitants) et cumul à septembre 1990 (chiffres verticaux entre parenthèses) :

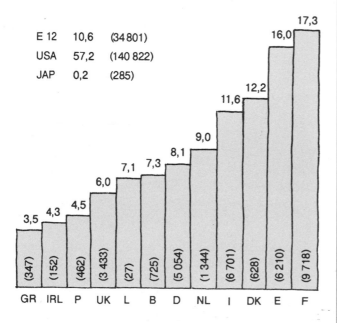

E 12	10,6	(34 801)
USA	57,2	(140 822)
JAP	0,2	(285)

GR	IRL	P	UK	L	B	D	NL	I	DK	E	F
3,5	4,3	4,5	6,0	7,1	7,3	8,1	9,0	11,6	12,2	16,0	17,3
(347)	(152)	(462)	(3 433)	(27)	(725)	(5 054)	(1 344)	(6 701)	(628)	(6 210)	(9 718)

OMS

Dans certains pays, l'arrivée du sida a déclenché des réactions de peur et de rejet vis-à-vis des minorités homosexuelles ou des toxicomanes. Le manque d'informations précises et sûres et l'absence de législation précise ont entraîné des abus : enfants interdits d'école ; employés licenciés, etc. S'il est évidemment d'abord médical, le problème du sida est aussi social et moral. L'évolution de l'éthique collective, à partir des prises de position de l'Eglise (défavorable, dans le cas de l'Eglise catholique, à l'utilisation des préservatifs), des partis politiques et de l'opinion publique, peut avoir des conséquences importantes sur les libertés individuelles.

■ En Belgique, le malade peut choisir un médecin conventionné ou non. Le remboursement est de 75 % au maximum en médecine générale.

■ Au Danemark, le malade inscrit sur une liste auprès d'un médecin hospitalier bénéficie de soins gratuits.

■ Les rhinites, asthmes et dermites sont la seconde cause d'absentéisme au travail.

Sida et publicité

Les campagnes d'information sur le sida ont été abordées de manières très différentes selon les pays. La plupart sont destinées en particulier aux jeunes et recommandent l'utilisation des préservatifs. Au Royaume-Uni, les slogans sont réalistes : « Ne mourez pas par ignorance. Ayez un seul partenaire ou utilisez le préservatif. » Les Néerlandais organisent des cours pour apprendre aux jeunes à se protéger. En Grèce, des dépliants techniques et informatifs ont été envoyés à l'ensemble de la population avec les quittances d'électricité. En France, les campagnes cherchent à responsabiliser les jeunes (« Le sida, il ne passera pas par moi »). Les résultats obtenus ne sont pas toujours probants ; beaucoup de jeunes sont encore peu conscients des risques et restent réticents quant à l'usage des préservatifs.

RFA

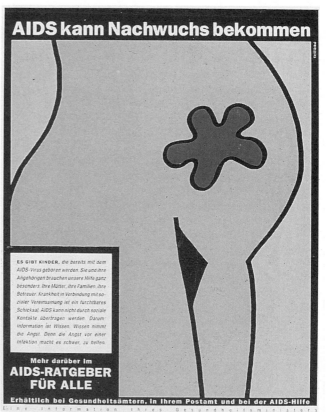

LVH/Alliance

« Le sida, ça peut arriver à n'importe qui. »

*La Communauté compte environ
30 millions de personnes handicapées,
soit 10 % de la population.*

Les personnes considérées comme handicapées sont celles qui souffrent de maladies physiques, psychologiques ou sensorielles réduisant leur mobilité, y compris d'invalidités invisibles, comme les maladies cardiaques, respiratoires, les périodes difficiles de la grossesse et les maladies mentales. En Grande-Bretagne, par exemple, près d'un famille sur sept comporte une personne handicapée.

La difficulté de recensement explique en partie la proportion très variable selon les pays : environ 2 % en France et en Italie, plus de 5 % en Belgique, au Luxembourg et au Portugal. Environ 9 millions de personnes ont une mobilité réduite, 4,3 millions éprouvent de graves difficultés pour marcher ou doivent utiliser une chaise roulante, 1,7 million sont totalement ou partiellement aveugles.

L'intégration : plus facile au Nord

Dans un certain nombre de pays (RFA, Espagne, France, Italie, Luxembourg, Grèce, Danemark), les entreprises du secteur public ou privé sont tenues de réserver une part de leurs emplois à des handicapés : de 2 à 7 %. Seules les entreprises privées sont concernées au Royaume-Uni et aux Pays-Bas ; seules les entreprises publiques en Irlande et en Belgique.

D'une manière générale, les pays du Nord sont ceux qui ont fait jusqu'ici le plus d'efforts pour intégrer les handicapés dans la vie professionnelle et sociale. Les lois, mais surtout les mentalités, y sont plus favorables à une véritable intégration.

■ En Grèce, le malade dépend d'une caisse (en fonction de sa profession) qui l'adresse à un médecin et le rémunère.

■ Au Luxembourg, les tarifs médicaux sont proportionnels aux revenus des patients qui se font rembourser.

■ Aux Pays-Bas, les malades s'inscrivent auprès d'un médecin et peuvent en changer deux fois par an.

ACCIDENTS

*Près de 100 000 personnes meurent
chaque année dans des accidents
(route, maison, loisirs).*

En 1988, 90 000 Européens sont morts à la suite d'accidents divers (route, logement, école, loisirs, sports). Le taux de mortalité accidentelle atteint son maximum en France : 70 pour 100 000 habitants chez les hommes et 55 chez les femmes. Les taux sont respectivement de 40 et 30 en RFA, 30 et 20 au Royaume-Uni et aux Pays-Bas. Par rapport à l'ensemble des décès, les morts accidentelles représentent moins de 3 % en Grande-Bretagne, mais plus de 6 % en France, au Danemark et au Portugal.

*Les accidents de la vie privée (maison et
loisirs extérieurs) sont la cause de
30 000 décès par an et 50 millions de blessures.*

Les décès dus à des chutes accidentelles, au domicile ou à l'extérieur, constituent la seconde cause de décès par accident après ceux de la circulation. Dans des pays comme les Pays-Bas, la RFA et la Grande-Bretagne (en particulier en Angleterre et au pays de Galles), les accidents de la vie privée sont à l'origine de plus de décès que ceux de la circulation.

8 000 enfants meurent chaque année dans des accidents survenant au logement ou dans le cadre de loisirs pratiqués à l'extérieur et plus de 10 millions se blessent ; environ 40 % des décès d'enfants de 5 à 14 ans sont dus à des accidents. Pour les seuls accidents domestiques, la France compte plus de 20 000 morts par an ; 5 millions d'accidents nécessitent le recours à un médecin, 450 000 une hospitalisation.

Les accidents de la route constituent la principale cause de mort violente.

Bien qu'une amélioration ait été constatée depuis une dizaine d'années, près de 50 000 Européens trouvent encore la mort chaque année dans un accident de la circulation et plus de 1,5 million sont blessés. Les hommes sont plus concernés que les femmes, surtout les jeunes de 15 à 24 ans et les personnes âgées de plus de 65 ans.

Les écarts de mortalité s'expliquent d'abord par les comportements des automobilistes de chaque pays (voir *Foyer*). L'alcool est responsable de beaucoup d'accidents mortels (environ un tiers dans les pays du Sud). D'autres facteurs interviennent à un bien moindre degré, tels que la qualité des équipements routiers nationaux, la densité de circulation, l'état du parc automobile ou la réglementation en vigueur.

Ça n'arrive pas qu'aux autres

11 % des Européens ont eu un proche tué dans un accident de voiture. C'est le cas de 20 % des Italiens, 13 % des Espagnols, mais seulement 4 % des Belges, 5 % des Irlandais, 6 % des Luxembourgeois.

16 % des conducteurs ont été impliqués dans un accident, 7 % ont été blessés personnellement. Enfin, 58 % avouent qu'il leur arrive parfois de ne pas boucler leur ceinture de sécurité en ville, 37 % sur autoroute.

77 % reconnaissent dépasser parfois la vitesse autorisée, 37 % conduisent parfois après avoir bu de l'alcool.

LA MORT EN ROUTE

Nombre de décès par accident de la route (1987, par million de véhicules) :

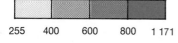

255   400   600   800   1 171

CEMT

■ Les accidents corporels provoqués par des motocyclistes coûtent en moyenne deux fois plus cher que ceux des conducteurs de voitures.

■ Dans les mines de charbon souterraines de la CE, le taux d'accidents mortels est passé de 6 pour 10 millions d'heures de travail en 1958 à 2,6 en 1985. Dans le même temps, la production a plus que doublé.

Les accidents sont à la fois moins nombreux et moins graves dans les pays du Nord.

C'est au Portugal que le nombre des tués dans des accidents est le plus élevé (1 163 par million de véhicules en 1988, voir carte), devant deux autres pays du sud de la Communauté (Grèce et Espagne). C'est dans les pays situés plus au Nord (Royaume-Uni, Pays-Bas, RFA) que l'on constate les taux les plus faibles.

C'est au Luxembourg et en Espagne que les accidents sont les plus graves : respectivement 2 555 et 1 610 tués ou blessés pour 1 000 accidents corporels. Le taux le moins élevé est celui des Pays-Bas : 1 164. On observe que les accidents sont plus graves sur les routes qu'en milieu urbain. C'est ce qui explique que les pays à forte densité urbaine enregistrent de meilleurs résultats que les autres.

La proportion de piétons tués par des véhicules est également élevée : elle dépasse 20 % du nombre total de tués par accident dans des pays comme l'Italie ou le Danemark.

MORTELLES RANDONNÉES

Accidents de la route et victimes (1988) :

	Accidents pour 1 000 véhicules*	Victimes (blessés et tués) pour 1 000 véhicules*	Nombre de véhicules* pour 1 000 habitants	Décès de moto-cyclistes par million de motos
• Belgique	15,5	21,8	404	840
• Portugal	14,0	20,8	288	630
• RFA	11,0	14,7	506	578
• Royaume-Uni	10,2	13,4	422	1 033
• Grèce	9,3	13,9	222	770
• Espagne	8,2	13,2	333	617
• Pays-Bas	7,3	8,5	391	459
• FRANCE	6,5	9,4	486	1 139
• Italie	6,4	9,0	453	521
• Irlande	6,3	9,9	252	2 120
• Danemark	5,3	6,6	370	952
• Luxembourg	3,6	9,2	515	-
• Etats-Unis	13,7	21,2	773	-
• Japon	10,7	13,3	449	-

* Voitures, autobus, cars, camionnettes, camions, véhicules spéciaux, tracteurs routiers.

CEMT

Sobriété danoise ?

Au Danemark, plus de 20 000 automobilistes sont appréhendés chaque année pour conduite en état d'ivresse. On estime qu'environ 11 000 automobilistes ayant consommé de l'alcool roulent quotidiennement et peuvent parcourir 500 000 km avant d'être arrêtés. Ceux qui sont pris préfèrent purger discrètement une peine de prison pendant leurs vacances plutôt que payer de lourdes amendes. Cette situation n'empêche pas le Danemark de figurer à un rang honorable (septième) dans la liste des pays où l'automobile est la plus meurtrière.

ITALIE

« Finalement, un nouveau visage. »

Les deux-roues sont plus dangereux que les voitures.

La proportion de décès par accident dus aux deux-roues est proche de 25 % en France, en Belgique et au Royaume-Uni. Les accidents corporels en moto sont moins nombreux aux Pays-Bas que dans les autres pays de la Communauté : un tué pour 2 200 motos, contre un pour 1 800 en Italie, un pour 1 700 en RFA, un pour 1 200 en Belgique, un pour 1 050 au Danemark, un pour 1 000 au Royaume-Uni et un pour 900 en France.

Les statistiques concernant les blessés placent également les Pays-Bas en tête de la sécurité, ainsi que le Danemark, avec un blessé pour 64 motos, devant l'Italie (un pour 62), l'Espagne (un pour 53), la Belgique et la France (un pour 45), la RFA (un pour 36) et le Royaume-Uni (un pour 22).

Le train plus sûr

Contrairement au nombre d'accidents de la route, le nombre de catastrophes ferroviaires est très variable selon les années. Il représente généralement moins de 2 000 victimes par an dans l'ensemble de la CE et un peu plus de 200 tués. La proportion d'accidents et de décès est donc faible par rapport au nombre de personnes transportées : environ 4 milliards par an.

Les accidents du travail sont plus nombreux mais moins graves que ceux de la circulation.

Le nombre des décès dus à des accidents du travail est de trois à vingt fois moins élevé que celui des accidents de la route. En revanche, le nombre de personnes blessées à la suite d'un accident du travail est souvent élevé : entre un et deux millions par an en RFA, France, Italie. Les pays du Nord, en particulier le Danemark, l'Irlande et les Pays-Bas,

sont dans ce domaine encore les moins concernés, du fait des efforts importants de prévention réalisés dans les entreprises.

La fréquence et la gravité des accidents varient beaucoup selon le secteur d'activité. Ceux qui se produisent par exemple dans la sidérurgie représentent un taux de fréquence variable, entre 13 accidents par million d'heures travaillées et par employé en Grande-Bretagne et 70 en Belgique. Moins de un pour cent d'entre eux sont mortels.

QUAND LE TRAVAIL TUE

Taux de décès dus aux accidents du travail
(1988, pour 100 000 actifs) :

N.B. : Les chiffres fournis par le BIT sont supérieurs à ceux du Comité économique et social pour la RFA (3 668 décès contre 2 834), le Danemark (80 contre 28), l'Italie (1 580 contre 1 330). Les chiffres retenus sont ceux du BIT ou, à défaut, ceux du Comité économique et social européen.

■ Le taux d'accidents de la route mortels le plus élevé du monde est celui du Chili (35 pour 100 000 habitants, devant l'Arabie Saoudite et l'Afrique du Sud (environ 28).
Dans les pays développés, le record est détenu par la Nouvelle-Zélande, devant le Luxembourg, l'Australie et la France.

ALCOOL, TABAC, DROGUE, SUICIDE

La consommation d'alcool est liée à de nombreuses maladies et décès.

L'alcool est à l'origine de graves maladies (cyrrhoses, psychose alcoolique, cancer de l'œsophage, du foie, etc.) et de morts accidentelles, en particulier sur la route. La grande majorité des personnes concernées sont des hommes.

Les Français, Luxembourgeois et Espagnols sont les plus gros consommateurs d'alcool, avec environ 13 litres d'équivalent d'alcool pur (vin, bière et spiritueux) par personne et par an, soit plus de deux fois plus que les Irlandais ou les Grecs.

Ces écarts s'expliquent par les habitudes nationales sur le plan quantitatif et surtout qualitatif. Le vin contient environ deux fois plus d'alcool que la bière.

CONSOMMATION D'ALCOOL

Evolution de la consommation d'alcool pur (en litres par habitant) :

	1960	1970	1980	1987
• FRANCE	18,2	17,3	14,4	13,0
• Luxembourg	11,1	10,1	18,4	13,0
• Espagne	8,6	12,1	14,1	12,7
• Belgique	6,4	8,9	10,8	10,7
• RFA	6,8	10,3	11,5	10,6
• Portugal	10,4	15,6	11,0	10,5
• Italie	13,8	13,8	11,5	10,0
• Danemark	4,6	6,8	9,2	9,6
• Pays-Bas	2,5	5,6	8,8	8,3
• Royaume-Uni	5,1	6,4	7,1	7,3
• Grèce	5,3	4,7	6,7	5,4
• Irlande	3,9	4,5	7,3	5,4

Produktschap, UEAES

Les écarts entre les consommations nationales diminuent.

La consommation moyenne de vin des Français, des Italiens et des Espagnols, traditionnellement élevée, est en diminution régulière, tandis qu'elle augmente dans les pays où elle était faible (voir *Consommation*). La consommation de bière tend aussi à stagner ou diminuer dans les pays où elle était forte : RFA, Belgique, Danemark, Grande-Bretagne, Irlande.

Celle des spiritueux est en baisse sensible en RFA et surtout aux Pays-Bas. En Belgique, la tendance est aussi à la baisse, après une forte croissance jusqu'en 1980. On constate le phénomène inverse en Espagne, où un redémarrage de la consommation s'est produit entre 1980 et 1985 pour diminuer ensuite.

France : 35 000 décès par an dus à l'alcool

Plus de 15 000 personnes meurent chaque année d'alcoolisme ou de maladies le plus souvent liées à la consommation d'alcool telles que les cirrhoses du foie. Il faut y ajouter au moins les trois quarts des décès par tumeurs de la cavité buccale et de l'œsophage, soit environ 11 000 cas. Il faut aussi prendre en compte une partie des accidents de la route et d'autres accidents, ainsi que des suicides, ce qui porte le total à environ 35 000 décès dus directement ou non à l'alcool. Les hommes ont 3 fois plus de risques que les femmes de subir une cirrhose ou une psychose alcoolique et 9 fois plus d'être touchés par un cancer des voies aérodigestives supérieures.

La consommation de tabac est à l'origine de plus de 200 000 décès par cancer chaque année (30 % du nombre total).

33 % des Européens âgés de 15 ans et plus déclarent être fumeurs (3 % fument le cigare ou la pipe). 19 % étaient fumeurs et ont arrêté de fumer et 45 % n'ont jamais fumé. Plus de 20 % des Britanniques, des Français et des Irlandais ont déjà arrêté de fumer, ce sont surtout les fumeurs âgés, mais les jeunes commencent de plus en plus tôt, souvent vers l'âge de 12 ans. La proportion d'hommes qui fument tend à diminuer, tandis que celle des femmes et des jeunes augmente.

Conscients des risques que font peser ces habitudes sur la santé, les Européens sont en majorité favorables aux mesures de lutte contre le tabagisme : 84 % sont pour l'interdiction de la vente aux moins de 16 ans ; 77 % pour l'interdiction de fumer dans les lieux publics ; 73 % pour l'interdiction de la publicité ; 71 % pour une augmentation des taxes ; 54 % pour l'interdiction de la vente hors taxes dans les aéroports. Les Danois, qui sont les seconds plus gros fumeurs après les Grecs, sont les moins favorables à ces mesures.

■ La culture du tabac concerne 230 000 producteurs en Europe, particulièrement implantés dans les régions défavorisées de l'Europe du Sud ; l'Espagne et le Portugal produisent près de 50 000 tonnes de feuilles de tabac. L'industrie de transformation et de distribution compte 1 800 000 salariés. L'industrie britannique du tabac est dominante, avec 170 milliards d'unités produites par an (cigarettes et cigares), devant l'allemande (165), l'italienne (75), la française (63). L'Irlande est le pays qui produit le moins : 8 milliards d'unités par an.

UN TIERS DE FUMEURS

Proportion de personnes déclarant fumer (1988, en %) :

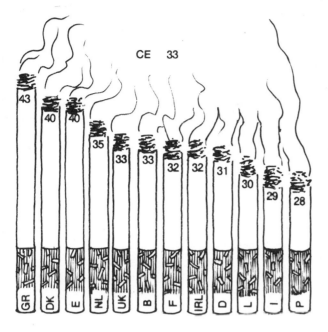

Eurobaromètre

*Les Européens consacrent
entre 1,5 et 5 % de leurs revenus au tabac.*

Les Grecs sont ceux qui dépensent le plus (5 % de leur revenu disponible), bien qu'ils bénéficient du prix du tabac le moins élevé (voir encadré). Leur record s'explique à la fois par le fait que ce sont les plus gros fumeurs et par leur revenu faible par rapport aux autres pays de la Communauté.

Les Irlandais et les Danois consacrent aussi des sommes importantes au tabac, du fait du prix élevé des cigarettes dans ces pays. Les Espagnols, les Belges, les Allemands, les Français et les Néerlandais dépensent seulement 1,5 %.

■ Chaque cigarette fumée raccourcit la durée de vie du fumeur de 2 minutes.

■ Un fumeur sur huit mourra de cancer du poumon.

■ L'infarctus du myocarde est 2 fois plus fréquent chez les fumeurs.

■ 11 % des naissances prématurées sont imputables au fait que la mère fume. Le tabac est responsable d'un tiers des retards de poids et de taille chez les nourrissons.

■ La fumée qui se dégage d'une cigarette contient 5 fois plus d'oxyde de carbone, 3 fois plus de goudron et de nicotine, quatre fois plus de benzopyrène et 46 fois plus d'ammoniac que celle qui est inhalée par le fumeur.

La plupart des pays de la Communauté (surtout ceux du Nord) ont pris des mesures pour réduire la consommation de tabac : limitation de la publicité ; accroissement des taxes ; campagnes d'information sur les risques inhérents au tabac. Mais les résultats obtenus sont encore limités ; le nombre de ceux qui ont cessé de fumer a été compensé par le nombre croissant de jeunes et les femmes, qui tendent à fumer davantage.

GRÈCE

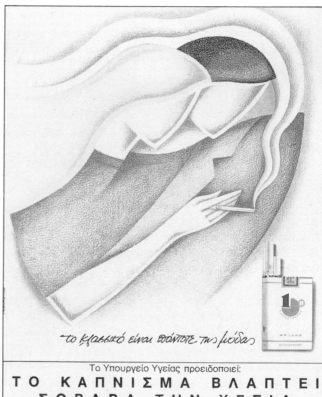

FCB

« Le classique est toujours à la mode ».
« Le ministère de la Santé vous informe :
fumer nuit sérieusement à la santé ».

Le tabac trois fois moins cher en Grèce qu'au Danemark

Début 1990, le prix d'un paquet de cigarettes variait de 7,20 F en Grèce à 23,8 F au Danemark. Les prix pratiqués dans les autres pays étaient, par ordre décroissant : Irlande (17,1 F), Royaume-Uni (16,3 F), RFA (13,1 F), Italie (12,6 F), Pays-Bas (11,3 F), Belgique (10,8 F), Portugal (10,4 F), France (9,8 F), Luxembourg (8,7 F), Espagne (7,8 F).

La part des taxes représente en moyenne environ 75 % du prix du paquet (53,5 % en Espagne, 86 % au Danemark).

La drogue représente
l'une des plus graves menaces sur la santé.

On constate depuis quelques années une forte augmentation du nombre de décès dus à l'usage de drogues dans la Communauté. L'accélération semble s'être produite vers 1986 dans de nombreux pays, après une période de relative stabilisation.

D'après les estimations effectuées par le Parlement européen et les Nations unies, il y aurait environ 15 millions de consommateurs de cannabis en Europe, 1,5 million d'utilisateurs de cocaïne et autant d'héroïne. Les quantités de cannabis consommées semblent se stabiliser, voire décliner légèrement au profit d'autres substances. L'usage de la cocaïne est plus répandu dans les pays du sud de l'Europe.

Le problème de la drogue est aujourd'hui aggravé par celui du sida. Les toxicomanes constituent en effet le milieu privilégié de développement de la maladie. C'est ce qui explique les mesures mises en place dans certains pays pour tenter de limiter les risques liés à l'échange des seringues par les héroïnomanes.

La moitié des arrestations effectuées
dans la CE sont liées à des affaires de drogue.

Les informations disponibles montrent que les principaux points d'entrée de la drogue sont Amsterdam, Copenhague, Francfort, Lisbonne et Madrid. Mais les saisies, malgré leur accroissement, ne représentent qu'entre 3 et 5 % du volume total en circulation. L'Espagne semble devenue la plaque tournante des importations de cocaïne et de haschisch en Europe, du fait de la proximité du Maroc, fournisseur de haschisch, de l'importance des échanges commerciaux et des similarités culturelles avec les pays d'Amérique du Sud.

Mais des produits de substitution, fabriqués en Europe, prennent une importance croissante. On observe ainsi en RFA, au Royaume-Uni ou au Danemark l'utilisation de produits pharmaceutiques psychoactifs tels que les amphétamines, fabriqués clandestinement (aux Pays-Bas ou en RFA), dont le prix tend à baisser.

Du producteur au consommateur

Les neuf dixièmes de l'héroïne consommée en Europe et dans le monde proviennent du nord-ouest du Pakistan, aux frontières de l'Afghanistan, ainsi que des trois pays du Triangle d'or : Thaïlande, Laos, Birmanie. De même, 90 % de la cocaïne sont produits en Amérique du Sud, essentiellement en Colombie, en Bolivie et au Pérou. La quantité d'héroïne disponible en Europe s'est accrue, malgré la reconversion des cultures, aidée par les institutions internationales ; au Pakistan, la production d'opium est passée de 800 tonnes en 1979 à 45 tonnes en 1985.

Les législations nationales diffèrent largement.

Les politiques mises en place mélangent plus ou moins l'approche *pénale* du problème de la drogue, qui tend à considérer les toxicomanes d'abord comme des délinquants, et l'approche *sociale*, qui met l'accent sur la nécessité de les soigner et de les réinsérer.

En Italie, la possession et la consommation de stupéfiants « pour usage personnel » n'est plus sanctionnée depuis 1975. Il en est de même en Espagne depuis 1982. La situation des Pays-Bas est encore plus libérale en pratique (voir encadré). Au Royaume-Uni et en Irlande, la législation distingue plusieurs catégories de drogues, traitées avec plus ou moins de sévérité. La méthadone (drogue de substitution moins dangereuse que les drogues dures mais qui ne supprime pas l'accoutumance) est utilisée dans ces cinq pays.

En France, l'usage de substances illicites est un délit, mais les toxicomanes peuvent spontanément demander à être soignés. En RFA, la consommation de drogue n'est pas un délit, mais sa possession fait l'objet de poursuites. On observe un glissement général vers une politique plus répressive, dirigée principalement contre les trafiquants.

GRANDE-BRETAGNE

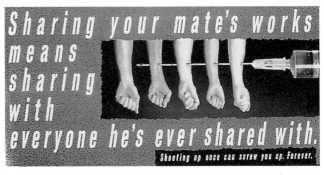

Yellow Hammer

« Partager avec votre partenaire signifie partager avec ses partenaires précédents. »

Pays-Bas : la drogue en vente libre

Malgré la loi qui interdit la possession et le commerce de plus de 30 grammes (passibles d'une peine de deux à quatre ans de prison), le haschisch et la marijuana sont souvent en vente libre dans les *coffee-shops* néerlandais. La consommation ne semble pas avoir profité de cette situation : au contraire, la proportion d'usagers habituels de cannabis serait passée en dix ans de 15 à 2 % parmi les jeunes de 13 à 25 ans. Des bus assurent l'échange des seringues usagées et fournissent aux drogués des doses quotidiennes de méthadone. De nouvelles dispositions ont été prises par les autorités pour réduire la consommation et éviter le transit de la drogue (qui arrive massivement par le port de Rotterdam) vers d'autres pays de la Communauté.

LES CIRCUITS DE LA DROGUE

Provenance de la cocaïne et de l'héroïne et plaques tournantes européennes :

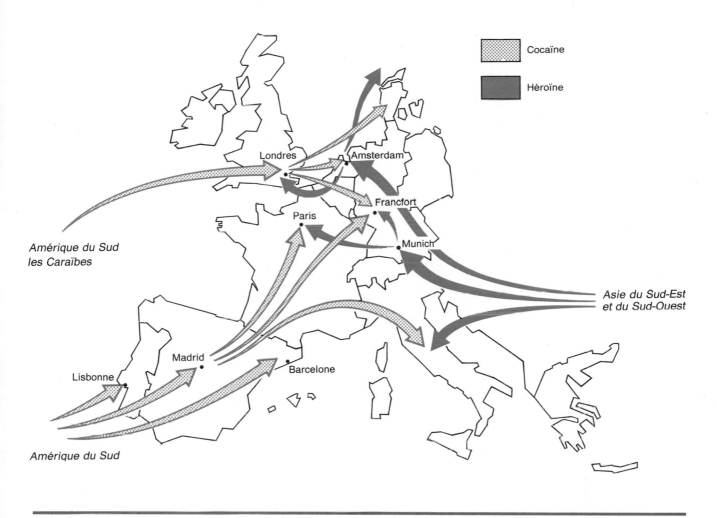

Environ 50 000 personnes se suicident chaque année en Europe.

Le suicide, qui n'est pas un accident mais représente une forme volontaire de mort brutale, est en Europe la quatrième cause de mortalité. Bien qu'on en parle beaucoup moins, il est à l'origine d'autant de décès que les accidents de la circulation. On estime d'ailleurs dans des pays comme la France que le nombre des tentatives de suicide est dix fois supérieur au nombre des décès. Le nombre de ces derniers est d'ailleurs probablement sous-évalué, certains suicides étant déclarés comme morts accidentelles.

Les taux varient selon les pays (voir tableau) : le plus élevé se trouve au Danemark, où il est proche de 40 pour 100 000 chez les hommes et 20 pour 100 000 chez les femmes ; le plus faible est celui de la Grèce (respectivement 6 et 2 pour 100 000 en moyenne).

Les hommes sont deux à trois fois plus touchés que les femmes. Les taux tendent à s'accroître avec l'âge, beaucoup plus fortement dans la population masculine.

On observe une forte augmentation, en particulier dans les pays du Nord et chez les jeunes.

La plupart des pays industrialisés ont connu un accroissement spectaculaire du nombre des suicides. C'est le cas en particulier dans les pays du nord de la Communauté. En Belgique, il a plus que doublé chez les femmes et augmenté de 40 % chez les hommes. Il a beaucoup augmenté aussi chez les hommes aux Pays-Bas, au Danemark, au Royaume-Uni, en Irlande (triplement entre 1950 et 1980) et chez les femmes en France, au Danemark et en Irlande. On constate au contraire une légère diminution en Espagne et au Portugal.

Les jeunes de 15 à 25 ans sont de plus en plus concernés, bien que leur poids dans le nombre total de suicides reste faible.

■ 6 000 à 12 000 cas d'euthanasie auraient lieu chaque année aux Pays-Bas. 2 à 5 % seulement seraient déclarés à la justice.

LE SUICIDE EN HAUSSE

Evolution du taux de suicide (pour 100 000 habitants) :

| | HOMMES | | | FEMMES | | | JEUNES (15 - 24 ans) | | | |
| | | | | | | | HOMMES | | FEMMES | |
	1950	1970	1987 (1)	1950	1970	1987 (1)	1970	1987 (1)	1970	1987 (1)
• Belgique	20	-	31	7	-	14	-	16	-	6
• Danemark	39	27	36	18	16	20	11	17	6	5
• Espagne	11	7	10	3	2	3	3	6	1	2
• FRANCE	29	23	33	9	8	13	9	16	4	5
• Grèce	-	5	6	-	2	2	2	6	2	2
• Irlande	4	3	12	1	1	4	4	14	1	3
• Italie	12	8	11	4	4	5	4	4	2	2
• Luxembourg	-	21	25	-	8	15	8	14	4	11
• Pays-Bas	7	10	14	4	6	8	6	8	2	4
• Portugal	16	12	14	5	3	5	6	9	4	3
• RFA	27	28	27	29	15	12	20	18	7	5
• Royaume-Uni (2)	16	21	12	8	7	5	6	9	3	2
• Etats-Unis	18	16	21	5	6	5	12	22	4	4
• Japon	24	17	26	15	13	14	14	12	12	7

(1) Ou année la plus proche.
(2) Angleterre et pays de Galles seulement.

L'accroissement de la compétition et les frustrations sociales sont sans doute à l'origine de l'augmentation des suicides.

Les causes de cette évolution sont évidemment multiples et individuelles. Mais on est tenté de mettre en relation ce phénomène avec les problèmes surgis depuis quelques années dans les sociétés développées. Les premières sont d'ordre moral et existentiel : recherche d'identité et de valeurs dans un monde en mutation ; déclin des guides traditionnels (religion, Etat, école, autres institutions) ; craintes vis-à-vis de l'avenir (menaces écologiques, difficultés d'adaptation) ; prépondérance de la vie matérielle et place centrale de l'argent.

Les secondes sont d'ordre économique : difficulté à trouver un premier emploi pour les jeunes ; compétition professionnelle croissante et angoisse du chômage pour les adultes.

Enfin, on assiste à une montée des frustrations face aux modèles et aux modes de vie proposés en permanence par les médias et la publicité et qui aboutissent à la diffusion de « normes sociales implicites » (voir *Société*).

■ Les Français sont les plus gros consommateurs de tranquillisants et de somnifères, avec 75 comprimés par an et par adulte. 36 % des femmes et 20 % des hommes y ont recours, au moins occasionnellement.

■ Des distributeurs automatiques de seringues destinées aux toxicomanes ont été installés dans certaines régions de RFA, en particulier en Rhénanie-Westphalie, afin de lutter contre la propagation du sida.

LE NORD MAL DANS SA PEAU

Taux de suicide (1987, pour 100 000 habitants) :

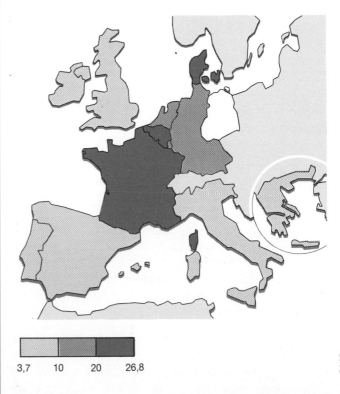

3,7   10   20   26,8

OMS

OMS

CULTURE

Neuf langues officielles ■ Plusieurs dizaines de parlers et dialectes vivants, reflets de l'histoire ■ Un Européen sur trois a appris l'anglais ■ 44 % des Néerlandais et 31 % des Danois parlent au moins deux langues étrangères ■ Majorité de catholiques ■ Danemark, Royaume-Uni, Allemagne protestants ■ Grèce orthodoxe ■ 6 millions de musulmans ■ 2 millions de juifs ■ Baisse de la pratique religieuse, mais la religion influence toujours les modes de vie ■ Cultures multiples sur un fond commun et tendance au rapprochement ■ Ecarts économiques liés aux différences culturelles

LANGUES

La Communauté compte 9 langues officielles.

Tous les pays de la CE ont une langue qui leur est propre, à l'exception de la Belgique, francophone en Wallonie et néerlandophone en Flandres (les deux langues sont à parité à Bruxelles). Le Luxembourgeois, langue officielle du Luxembourg, n'est pas considéré comme une langue officielle de la Communauté. Il en est de même du gaélique parlé en Irlande.

Les trois langues les plus utilisées sont le Français (France, Wallonie belge et Luxembourg), l'Allemand (Allemagne, Luxembourg et une petite partie de la Belgique) et l'Anglais (Royaume-Uni et Irlande). Chacune d'elles est parlée par environ 60 millions de personnes.

Parmi les neuf langues officielles, quatre sont d'origine germanique (anglais, allemand, danois, néerlandais) et quatre d'origine latine (français, italien, espagnol, portugais). Le grec ne se range dans aucune de ces catégories.

■ Des linguistes ont créé dans les années 50 l'*interlingua*, sorte de latin moderne proposé comme langue commune aux Européens.

Les quatre langues du Luxembourg

La vocation internationale du Luxembourg se manifeste entre autres choses par le multilinguisme de ses habitants. 97 % d'entre eux parlent le luxembourgeois à leur domicile, mais la presse d'information est le plus souvent de langue allemande, ce qui explique que les élèves l'apprennent à l'école. Ils apprennent aussi le français, qui joue toujours un rôle important ; les lois et les textes administratifs sont en effet rédigés dans cette langue, qui fut longtemps la langue officielle et reste utilisée par les hommes politiques. Enfin, comme les autres Européens, beaucoup de Luxembourgeois pratiquent la langue anglaise dans le domaine professionnel.

La langue parlée au domicile n'est pas toujours la langue officielle du pays.

Si l'**anglais** est parlé par 100 % des Irlandais et 98 % des Britanniques, il est également utilisé au domicile par 2 % des Danois et des Néerlandais, 1 % des Belges (Flamands) et des Allemands. Il en est de même des autres langues européennes :
– **Espagnol** : 98 % des Espagnols, 1 % des Français, 1 % des Luxembourgeois. Le Catalan est langue officielle en Catalogne, aux Baléares et dans la région de Valence.

LE HIT-PARADE DES LANGUES

Langues utilisées à domicile et autres langues parlées (en % de la population totale de la CE) :

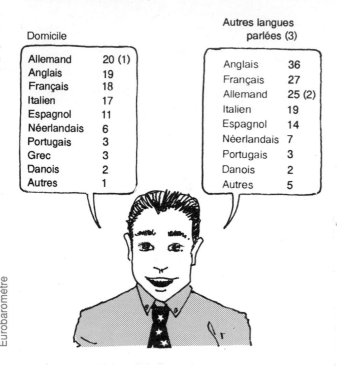

Domicile	
Allemand	20 (1)
Anglais	19
Français	18
Italien	17
Espagnol	11
Néerlandais	6
Portugais	3
Grec	3
Danois	2
Autres	1

Autres langues parlées (3)	
Anglais	36
Français	27
Allemand	25 (2)
Italien	19
Espagnol	14
Néerlandais	7
Portugais	3
Danois	2
Autres	5

Eurobaromètre

(1) Lecture : 20 % des Européens parlent l'Allemand à domicile (hors ancienne RDA).
(2) Lecture : 25 % des Européens parlent l'Allemand (indépendamment de ceux qui l'utilisent à domicile).
(3) Suffisamment bien pour participer à une conversation.

Le Basque est langue officielle dans le Pays basque et certaines provinces de Navarre. Le Galicien est langue officielle de Galicie.
- **Français :** 97 % des Français, 94 % des Belges wallons, 5 % des Luxembourgeois, 3 % des Belges flamands, 1 % des Allemands ; région italienne du Val d'Aoste (langue officielle).
- **Allemand :** 95 % des Allemands, 2 % des Belges (langue officielle à Eupen, Saint-With, pas officiellement reconnu à Montzen et à Arel), 1 % des Danois (à la frontière), 1 % des Néerlandais, nord du Frioul italien (langue officielle du Südtirol).
- **Italien :** 99 % des Italiens, 1 % des Belges wallons, 1 % des Luxembourgeois.
- **Néerlandais :** 96 % des Néerlandais, 95 % des Belges flamands, 2 % des Belges wallons, 1 % des Britanniques.
- Le **portugais** est parlé par 100 % des Portugais (d'une façon dialectisée aux Açores et à Madère).
- Le **grec** par 100 % des Grecs. On note également un certain déclin de l'usage du **gaélique** en Irlande. Au total, 17 millions d'Européens sont au moins bilingues.

Expressions et onomatopées

Les expressions idiomatiques utilisées dans les pays de la Communauté sont aussi variées que drôles. Une chose très improbable se produira *quand les cocherons voleront* en Grande-Bretagne, *quand les poules auront des dents* en France, *quand les grenouilles auront des poils* en Espagne, *quand les chiens aboieront avec la queue* en Allemagne.

Un profiteur vit *comme un asticot dans le lard* en Allemagne, *comme une punaise dans une carpette* en Grande-Bretagne, *comme un coq en pâte* en France.

En Espagne, on est gai *comme des castagnettes*, *comme un pinson* en France. Un fou a des *singes dans le grenier* au Portugal, des *grillons dans la tête* en Italie, une *chauve-souris dans le clocher* en Grande-Bretagne, *une case de vide* en France.

Il pleut des *chats et des chiens* en Grande-Bretagne, *comme vache qui pisse* en France. Pour dire du mal de quelqu'un, on le *traîne dans le cacao* en Allemagne, on lui *casse du sucre sur le dos* en France.

Une histoire stupide n'a *ni pied ni main* en Allemagne, *ni pied ni tête* en Espagne et au Portugal, *ni queue ni tête* en France.

On retrouve aussi des différences dans les onomatopées utilisées dans chaque pays (*Cris d'Europe*, Seuil). Le coq français fait « cocorico ». Son équivalent britannique émet un *cock-a-little-doo*. L'italien lance un *chicchirichi*, tandis que l'allemand fait *kikeriki*.

Les bruits de fusils se traduisent par *bing*, *pang*, *poef* ou *bum* selon les pays. Le Belge qui se fait mal crie « ouille », l'Allemand *autsch*, le Français « aïe ».

Lorsqu'un cheval galope, les Français entendent « tagada, tagada », mais le cheval anglais trotte au rythme de *clippety-clop*.

Les moineaux néerlandais font *piep piep*, alors que les français se reconnaissent à leur « cui-cui ».

Les situations linguistiques actuelles sont le reflet de l'histoire des nations.

La diversité des langues parlées dans un même pays s'explique à la fois par les migrations intraeuropéennes, liées aux déménagements pour raisons professionnelles ou personnelles et, surtout, par l'existence de communautés étrangères plus ou moins bien intégrées. La Belgique est ainsi divisée en deux communautés ethniques et linguistiques bien distinctes, à laquelle s'ajoute une minorité de Belges de langue ou de dialecte allemand située le long de la frontière orientale, dans la province de Liège et au Sud-Est.

En France, l'Alsace-Lorraine, allemande entre 1871 et 1918, utilise encore des patois dérivés du *hochdeutsch*. Le Val d'Aoste italien a gardé un parler proche du savoyard français et du valaisan suisse. Environ 100 000 Albanais, descendants de mercenaires appelés au XVe siècle par le roi Alphonse V d'Aragon, sont encore présents dans diverses régions d'Italie. 130 000 Turcs sont installés en Grèce, dans la région de Thrace orientale.

LANGUES ET RÉGIONS

Langues nationales et régionales parlées dans la Communauté :

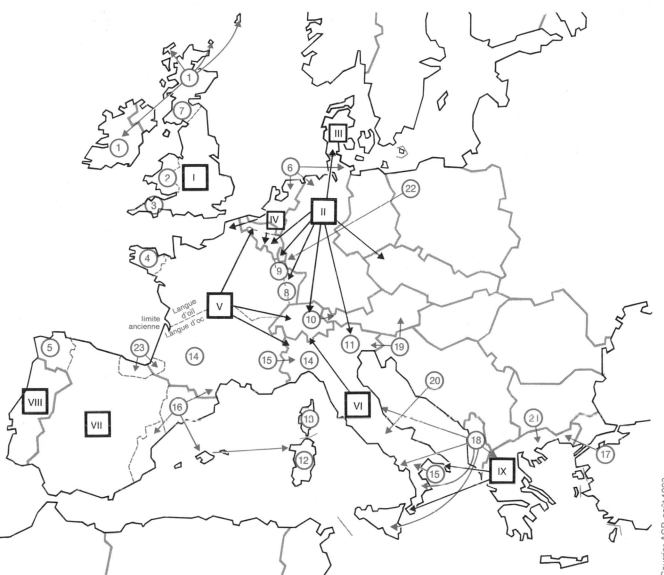

Langues celtiques : 1 : Gaélique 2 : Gallois 3 : Cornouaillais 4 : Breton 5 : Gallicien
Langues germaniques : I : Anglais II : Allemand III : Danois IV : Néerlandais 6 : Frison et vieux saxon 7 : Écossais 8 : Alsacien,
Lorrain 9 : Luxembourgeois
Langues latines : V : Français VI : Italien VII : Espagnol VIII : Portugais 10 : Romanche 11 : Frioulan 12 : Sarde 13 : Corse
14 : Occitan 15 : Franco-Provençal 16 : Catalan
Grec : IX
Turc : 17
Albanais : 18
Langues slaves : 19 : Slovène 20 : Croate 21 : Bulgare 22 : Polonais
Basque : 23

V Langues officielles de la CEE   2 Langues régionales

Courrier ACP, août 1990

Espagne : le mystère de la langue basque

L'origine de la langue basque, appelée *éruskera* ou *euskara,* a fait l'objet de nombreuses hypothèses. La plus courante est qu'elle serait liée aux langues caucasiennes et qu'elle aurait été introduite par des immigrants venus d'Asie Mineure au début de l'âge de bronze, vers 2000 avant J.-C.

Le basque est aujourd'hui parlé par environ 600 000 personnes dans le nord de l'Espagne : province de Guipuzcoa, une partie des provinces de Biscaye et quelques communes d'Alava. Elle est aussi pratiquée par 100 000 personnes en France, dans la partie occidentale des Pyrénées-Atlantiques. Des mots basques figurent dans le premier texte castillan conservé (Code *Emilianense*, vers 977).

Les dialectes et les cultures d'origine ont conservé ou retrouvé un certain dynamisme.

La plupart des Européens restent attachés à leurs cultures et à leurs traditions. Ils s'efforcent même depuis quelques années de les faire revivre, persuadés que l'Europe des régions constitue une opportunité. La nation galloise (*Cymru*), réunie à l'Angleterre en 1536, n'a jamais renoncé à son particularisme. L'Eire reste le seul Etat souverain de tradition celtique. Au pays de Galles comme en Irlande, les panneaux routiers sont rédigés à la fois en gaélique et en anglais. De même, les îles anglo-normandes (Jersey, Guernesey...) ont gardé une réelle autonomie par rapport à la Grande-Bretagne.

Les volontés d'intégration ou de « résistance » des minorités linguistiques et ethniques diffèrent selon les régions. Descendants des Celtes galates, les Galiciens espagnols ont

FRANCE

un folklore proche de celui des Bretons, des Gallois et des habitants de Cornouailles. Ils se reconnaissent pourtant dans la nation espagnole, contrairement aux Basques, qui revendiquent leur propre nation *(Euzkadi)*, ou aux Catalans.

En mars 1988, une charte européenne des langues et des régions minoritaires a été élaborée, dans le but de faciliter le développement de l'enseignement, de la vie culturelle, économique et sociale, des services publics et des médias.

Langues et dialectes

En Italie, le *frioulan* est pratiqué par la majorité des 500 000 habitants du Frioul, l'*albanais* par 80 000 personnes dans les territoires de Palerme, Reggio de Calabre, Catanzo, Cosenza, Matera, Potenza, Lecce, Taranto, Foggia, Avellino, Campobasso, Pescara, le *croate* dans les Abruzzes, le *ladin* dans le nord, le *meneghino* dans le Milanais, des dialectes *occitans* à Cuneo et Imperia et au Val d'Aoste, sans oublier le *piémontais*, le *sarde* (Sardaigne), le *veneto* (Padoue, Vicenza, Rovigo, Belluno, Verone), le *slovène* (vallées de Natisone, Torre, Erbezzo, Resia et Treviso) et le *romanche* (ou rhéto-romanche).

Beaucoup de parlers et dialectes concernent des régions frontalières. En France, l'*alsacien*, constitué des dialectes alémanique et francique (beaucoup plus répandu que le *thiois*), est parlé dans les régions limitrophes de l'Allemagne ; le *flamand* dans l'arrondissement de Dunkerque, entre la Lys, l'Aa, la frontière belge et la mer ; le *basque* et le *catalan* entre la France et l'Espagne, respectivement à l'ouest et à l'est. L'*occitan* (nord-occitan, occitan méridional et gascon) s'étend sur le tiers sud de la France, limité au nord par les dialectes de la langue d'oïl (principalement *gallo* et *picard*) et à l'est par les parlers provençaux. Le *breton* s'est maintenu en basse Bretagne et le *corse* dans l'île. Le *créole* est couramment pratiqué dans les départements français d'outre-mer, aux Antilles et en Guyane.

En Espagne, l'*aragonais* est parlé dans les vallées des Pyrénées centrales, l'*aranais* dans la vallée d'Aran, au nord-ouest de la Catalogne, le *bable* (voisin du castillan) dans les Asturies, le *chesan* dans la vallée de Hechno (Pyrénées aragonaises espagnoles), le *galicien* en Galicie.

En Angleterre, on utilise encore le *cornish*, au pays de Galles le *gallois*, en Ecosse le *gaélique* et le *scots* (ou écossais du Lowland). Au Danemark, on parle le *feroan* dans les îles danoises Féroé, le *groenlandais* au Groenland. Aux Pays-Bas, il faut citer le *frison* (également en RFA) et le *gueldres*, dans l'Achterhoek. Le *mirandais* est parlé par les seuls habitants de Mirande, au Portugal. Enfin, plus de 100 000 Grecs installés en Thrace occidentale parlent le *turc* ou le *pomak*.

La zone des parlers bas-saxons (ou *sassisch*) suit une ligne Aix-la-Chapelle, Cassel, Dessau, Guben et s'étend de Groningue aux Pays-Bas jusqu'à Stettin. La situation du bas-saxon en Allemagne est proche de celle de l'occitan en France. Les deux nations se partagent en deux grandes aires géographiques qui correspondent à des ethnies distinctes.

LE MONDE EUROPÉANOPHONE

Utilisation des langues européennes dans le monde :

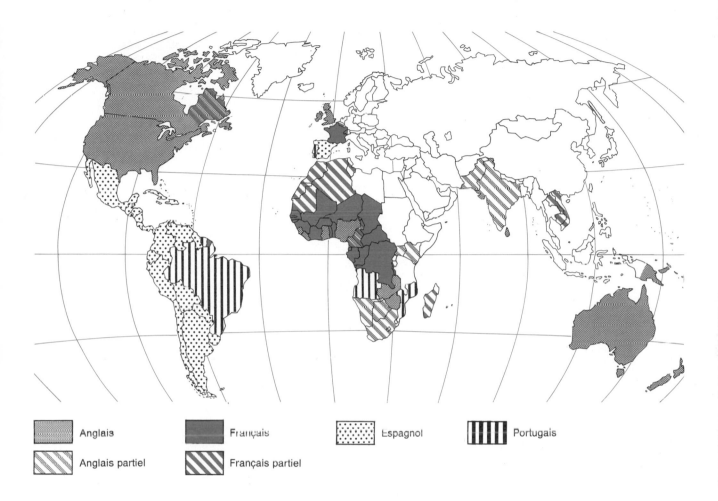

Anglais	Français	Espagnol	Portugais
Anglais partiel	Français partiel		

Plus d'un milliard de personnes dans le monde utilisent une langue européenne.

La langue européenne la plus répandue hors de la CE est l'anglais, parlé en tant que langue maternelle par environ 440 millions de personnes dans le monde. L'anglais est la seconde langue mondiale, derrière le chinois (mandarin, utilisé par un milliard de personnes).

Les autres langues européennes les plus pratiquées dans le monde en tant que langue maternelle sont, par ordre décroissant : l'espagnol (340 millions), le portugais (170), le français (120), l'allemand (120), l'italien (60).

■ En France, il existe un enseignement universitaire du corse, basque, breton, occitan, alsacien.

■ Depuis le XVIIIᵉ siècle, environ 500 « langues universelles » ont été proposées (Kosmos, Sol-Ré-Sol, Volapük, Esperanto...).

Francophonie

Sur les 120 millions de francophones dans le monde, 8 millions se trouvent en Amérique du Nord (surtout au Canada). Les principaux pays non francophones où l'enseignement du français est important sont : la Grande-Bretagne (3 millions d'élèves), l'URSS (2,5), l'Italie (2,1), la RFA (1,7), l'Egypte (1,5), l'Espagne (1,5), les Etats-Unis (1,1), le Nigeria (1).

35 Etats sont considérés comme francophones, même partiellement, du fait du statut particulier qui est réservé au français. D'autres pays utilisent le français dans les instances internationales (Italie, Portugal, Grèce, Vatican...).

Le gouvernement français a nommé en 1988 un secrétaire d'Etat chargé de la francophonie. Un « commot de la francophonie » a lieu chaque année dans un pays francophone différent.

Un tiers des Européens ont appris l'anglais à l'école.

A l'exception des Luxembourgeois, champions du multilinguisme, la plupart des Européens attachent assez peu d'intérêt à l'apprentissage des langues. 76 % des Italiens, 74 % des Britanniques, 68 % des Espagnols, 67 % des Français et 60 % des Allemands ne parlent pas d'autre langue que la leur. C'est le cas de seulement 28 % des Néerlandais, 40 % des Danois, 46 % des Belges flamands et 56 % des Wallons. 44 % des Néerlandais et 31 % des Danois parlent d'ailleurs au moins deux langues étrangères, contre seulement 6 % à 7 % des Britanniques, Italiens, Espagnols, Français et Allemands.

Les jeunes apprennent en moyenne plus de langues étrangères que leurs aînés : 17 % seulement des 20-24 ans ne connaissent que leur langue maternelle, contre 49 % des personnes âgées de plus de 25 ans. Le nombre moyen de langues étrangères apprises par les 15-24 ans est de 1,47, contre 0,84 chez les plus âgés. 35 % des Européens apprennent ou ont appris l'anglais comme langue étrangère, 27 % le français, 14 % l'allemand, 7 % l'espagnol, 4 % l'italien. Au Luxembourg, 16 heures sont consacrées chaque semaine à l'apprentissage de trois langues. Au Portugal, deux langues sont obligatoires à l'école : le français et l'anglais.

Proverbes européens

Un même mot a parfois des résonances différentes dans les cultures nationales.

Les proverbes et maximes concernant par exemple l'amour en témoignent :

Grèce. L'amour est nu, mais masqué.

Allemagne. L'amour parle, même à lèvres closes.

Angleterre. L'amour rampe quand il ne peut marcher.

Espagne. L'amour est un ennemi que l'on ne peut vaincre corps à corps, mais par la fuite.

France. L'amour est un égoïsme à deux.

Irlande. La soif et le mal d'amour sont sans vergogne.

Italie. Qui n'est en feu n'enflamme point.

Portugal. La lune et l'amour, quand ils ne croissent pas, décroissent.

Belgique. On aime aussi bien la femme qui a du bien que celle qui n'a rien.

L'argent est, lui, considéré de façon assez semblable dans les divers pays :

Danemark. L'argent est plus éloquent que douze membres du Parlement.

Grèce. On se lasse de tout, sauf de l'argent.

Allemagne. Dieu règne au ciel, et l'argent sur terre.

Angleterre. Quand l'argent précède, toutes les portes s'ouvrent.

Espagne. Autant tu possèdes, autant tu vaux.

Irlande. Dieu ne paye pas ses dettes en argent.

France. Qui n'a point d'argent n'a point d'ami.

Données nationales

LES LANGUES A L'ÉCOLE

Nombre de langues obligatoires à l'école (second degré) et durée hebdomadaire des cours :

	Langues obligatoires	Durée des cours (h)
• Belgique	1	4
• Danemark	1	3
• Espagne	1	2
• FRANCE	1	3
• Grèce	1	3
• Irlande	1	2
• Italie	1	3
• Luxembourg	3	16
• Pays-Bas	2	9
• Portugal	2	6
• RFA	1	5
• Royaume-Uni	1	2

L'anglais apparaît comme la seule langue commune possible entre les Européens.

L'absence d'une langue commune représente un obstacle au développement des échanges commerciaux et culturels au sein de la Communauté. C'est en fait l'anglais qui fait office de langue universelle en Europe. Il joue le rôle que jouait le latin au Moyen Age parmi les intellectuels.

Les raisons qui ont permis à l'anglais de s'imposer sont à la fois économiques (puissance industrielle des Etats-Unis) et technico-culturelles : beaucoup d'innovations techniques ou liées aux modes de vie sont venues d'outre-Atlantique et le vocabulaire initial a été conservé. Il existe aussi des raisons d'ordre sémiologique : l'anglais est une langue monosyllabique, ce qui facilite la création de mots nouveaux, indispensable dans une période où la science et la technologie évoluent très vite. C'est ce qui explique que la plupart des communications scientifiques se font en anglais.

Les adversaires de l'usage généralisé de l'anglais lui reprochent de favoriser le Royaume-Uni, en particulier sur le plan économique, et de ne pas être le meilleur dénominateur commun des cultures européennes. Mais leur combat risque fort de ne pas être victorieux.

■ Derik Hernig, 58 ans, professeur dans un lycée des îles Shetland, parle 23 langues, parmi lesquelles le français, l'espagnol, l'italien, l'islandais, deux sortes de norvégien, le russe, le polonais, le tchèque, le bulgare, le serbo-croate, le grec moderne, etc.

■ Les dépenses de traduction représentent plus de 60 % du budget de fonctionnement du Parlement européen. 2 000 personnes sont concernées par les activités liées aux problèmes linguistiques.

RELIGIONS

Les trois quarts des Européens sont chrétiens.

Un peu plus de 80 % des Européens déclarent appartenir à une religion. Ils se répartissent inégalement entre les trois religions chrétiennes : 54 % sont des catholiques romains ; 21 % sont protestants ; 5 % sont orthodoxes. Les autres religions représentent une faible partie de la population (environ 2 %) essentiellement composée de musulmans et de juifs.

Seuls 18 % des Européens se disent sans religion. La proportion la plus élevée est celle des Pays-Bas, où près de la moitié des habitants sont athées, devant le Royaume-Uni. La France et le Danemark comprennent aussi un peu plus de 20 % d'athées.

Les catholiques sont largement majoritaires.

Près de 200 millions d'Européens se déclarent catholiques, soit un peu plus de la moitié de la population communautaire. On les trouve surtout dans les pays du Sud, à l'exception de la Grèce (orthodoxe). En Espagne, en Italie et en Irlande, neuf personnes sur dix se disent catholiques.

On trouve aussi une très forte proportion de catholiques en République d'Irlande, en Belgique et au Luxembourg. Il s'y ajoute un tiers de la population d'Irlande du Nord, un tiers de celle des Pays-Bas (soit 54 % de la population néerlandaise « religieuse ») et la moitié de celle habitant l'ancien territoire de la RFA (surtout concentrée en Rhénanie-Palatinat, Sarre et Bavière). L'ancienne RDA ne compte qu'environ 6 % de catholiques.

Les 10 % de catholiques présents en Grande-Bretagne sont pour la plupart descendants des catholiques irlandais qui avaient immigré en Angleterre à la fin du XVIIIe siècle et au cours du XIXe siècle.

Ethnies et religions

Certaines ethnies ont été au moins autant déterminées par la religion que par la langue. Ainsi, en Irlande, c'est le souvenir des persécutions religieuses du XVe au XVIIIe siècles qui fut à l'origine de la lutte pour l'indépendance nationale (à partir de 1916), plus que la volonté de préserver la langue gaélique.

De même, la formation de la Belgique en 1830 résulte du clivage religieux. Le rayonnement du français en Flandre et la rivalité entre les villes d'Anvers et de Rotterdam n'ont joué qu'un rôle secondaire. Aujourd'hui, le critère religieux tend cependant à s'estomper et à passer derrière les différences linguistiques.

Trois pays sont à majorité protestante : Danemark, Allemagne, Royaume-Uni.

La religion protestante est très largement répandue au nord d'une ligne continue qui traverse la Belgique, les Pays-Bas et l'Allemagne (voir carte). La presque totalité de la population danoise est membre de l'Eglise évangélique luthérienne. Les régions d'Allemagne à majorité protestante sont situées au nord du pays. Les territoires de l'ancienne RDA sont à très forte majorité protestante (plus de 40 % de la population, avec un fort taux d'athéisme, surtout dans le Nord). Aux Pays-Bas, les protestants se trouvent dans les régions situées du sud-ouest (Zélande) au nord-est (Groningue).

Le statut de la religion protestante au Royaume-Uni n'est pas unifié. En Angleterre, la reine est le chef de l'Eglise officielle anglicane, connue sous le nom d'Eglise d'Angleterre. En Ecosse, l'Eglise presbytérienne et calviniste est prédominante. Le pays de Galles et l'Irlande du Nord n'ont pas d'Eglise officielle.

54 % DE CATHOLIQUES

« Considérez-vous que vous appartenez à une religion ? Si oui, laquelle ? » (1990, en %) :

	B	DK	D	E	F	GR	IRL	I	L	NL	P	UK	CE
• Catholique	71,8	1,6	38,3	83,8	66,8	0,8	93,4	93,7	89,4	30,2	88,7	9,7	**53,9**
• Protestant	1,4	74,2	50,5	0,4	1,7	0,4	3,0	0	0,3	14,1	0,7	46,0	**20,7**
• Orthodoxe	1,0	1,2	0,1	1,3	0	97,3	0	0	0	7,8	0,1	6,1	**4,6**
• Juif	0,3	0,2	0	0	0,5	0	0	0	0	0,4	0	0,2	**0,1**
• Musulman (1)	0,1	0,1	0,4	0,1	0	0,2	0	0	0	0,2	0	0,2	**0,1**
• Autre (2)	0,9	0,8	1,5	1,0	1,8	0,2	0,4	0,5	1,1	3,1	1,0	3,2	**1,7**
• Aucune	11,2	21,9	9,1	13,4	28,9	1,1	3,1	5,8	7,6	44,0	9,5	34,6	**18,4**
• Sans réponse	13,3	0	0,1	0	0,3	0	0,1	0	1,6	0,2	0	0	**0,5**
Total	100,0	100,0	100,0	100,0	100,0	100,0	100,0	100,0	100,0	100,0	100,0	100,0	**100,0**

Eurobaromètre

(1) Les pourcentages indiqués correspondent à la population nationale de 15 ans et plus ; elle n'inclut donc pas les résidents étrangers et les jeunes.
(2) Bouddhisme, hindouisme, etc.

L'EUROPE CHRÉTIENNE

Répartition des catholiques, protestants, orthodoxes :

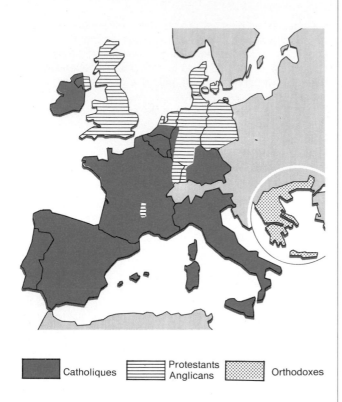

■ Catholiques   ▦ Protestants Anglicans   ▨ Orthodoxes

RFA : l'Eglise riche

L'originalité de la RFA (et aussi du Danemark) est de financer par l'impôt les « sociétés religieuses » et les « sociétés à but idéologique » reconnues comme organismes de droit public. C'est ce qui explique les revenus considérables des Eglises d'Allemagne, qui les placent parmi les plus riches du monde. Les personnes baptisées qui ne souhaitent pas payer cet impôt obligatoire doivent faire une déclaration solennelle et demander à « sortir de l'Eglise ».

La Grèce est le seul pays orthodoxe.

Avec à peine 5 % de personnes concernées, la religion chrétienne orthodoxe arrive très largement derrière les deux précédentes. Elle est essentiellement pratiquée en Grèce, où elle est religion d'Etat. Si l'Eglise orthodoxe grecque dispose de son autonomie en matière administrative et économique, elle conserve en effet des liens institutionnels avec l'Etat. L'article 3 de la Constitution établit que la religion prévalant en Grèce est l'Eglise orthodoxe orientale et précise ses relations avec l'Etat. Celui-ci protège l'Eglise, rémunère les prêtres (considérés comme des fonctionnaires),

donne son accord pour la nomination des évêques ou la construction d'une église.

Eglises et Etats

L'Eglise joue un rôle institutionnel plus ou moins marqué en Grande-Bretagne, Irlande, Danemark, Belgique, Luxembourg, Pays-Bas, Allemagne, Italie et Grèce. En France, la séparation de l'Eglise et de l'Etat date de 1905. Au Portugal, une tradition laïque, maintenue par Salazar, a été confirmée par l'avènement de la république. L'Espagne a décidé plus récemment, dans sa Constitution de 1978, qu'aucune confession n'aurait un caractère étatique. En Italie, les rapports privilégiés entre l'Eglise et l'Etat datant des pactes de Latran (1929) ont été révisés en 1984.

Mais certains pays ayant établi des Eglises d'Etat se comportent aujourd'hui largement comme des Etats laïques. La sécularisation s'est ainsi fortement accéléré en Grande-Bretagne (Angleterre, Ecosse), au Danemark ou dans la Belgique wallonne.

La CE compte environ 6 millions de musulmans...

L'immigration en provenance des pays musulmans (principalement Maghreb et Turquie) concerne particulièrement certains pays de la Communauté. D'après certaines estimations, au moins 5 % de la population française, 3 % de la population allemande, 2 % de celle du Royaume-Uni, un peu plus de 1 % de celle de Belgique ou des Pays-Bas seraient de confession islamique. Mais d'autres font état de chiffres beaucoup plus élevés : la France compterait à elle seule quelque 5 millions de musulmans, ce qui ferait de l'islam la seconde religion.

L'importance numérique de cette communauté et les différences culturelles ou religieuses avec les pays d'accueil rendent parfois difficile la cohabitation (voir *Société*).

... et 2 millions de juifs.

Un quart des 15 à 18 millions de juifs de la Diaspora vivent en Europe continentale, dont la moitié en URSS. Leur nombre était estimé à 11 millions en 1939, avant le génocide nazi. Les pays de la CE où ils sont aujourd'hui les plus nombreux sont la France (600 000), la Grande-Bretagne (450 000) et l'Italie (320 000). Leur part dans la population est partout inférieure à 1 %, sauf en France où elle atteint 1,1 %, du fait de la présence de nombreux juifs originaires d'Afrique du Nord.

La majorité des juifs européens sont d'origine ashkénaze (de langue et de culture yiddish). Ils sont moins attachés que les séfarades (originaires du Sud) aux institutions et à la pratique de leur religion. Leur intégration dans les pays de la Communauté est généralement assez facile, et favorisée par les nombreux mariages mixtes. Mais le sentiment antisémite n'a pas totalement disparu dans les pays comme la RFA, la France ou le Royaume-Uni, où des mouvements d'extrême droite (parfois néo-nazis) se sont récemment structurés.

ISLAM ET JUDAÏSME

Proportion de musulmans et de juifs (en % de la population) :

ISLAM

| D, F > 2,5 % | 1,0 % < 1,5 %
B, GR, NL , UK | 0 % < 0,2 %
DK, E, IRL, I, L, P |

JUDAÏSME

| F > 1,0 % | 0,4 % < 0,8 %
B, UK | 0 % < 0,2 %
IRL, I, L, NL, P,
DK, D, E, GR |

La croyance en Dieu reste stable,
mais la pratique religieuse est partout en baisse.

65 % des Européens se disent religieux (enquête *Euroba-romètre* de 1990), soit une proportion pratiquement identique que à celle mesurée en 1981 (enquête Stoetzel effectuée dans neuf pays). Les chiffres varient sensiblement selon les pays : plus de 80 % en Grèce, au Portugal et en Italie ; moins de 50 % aux Pays-Bas et au Danemark.

En moyenne, un Européen sur cinq se déclare non religieux et 6 % se disent athées. 5 % refusent de se situer par rapport à la religion. C'est en France que l'on trouve la plus forte proportion d'athées (14 %), alors qu'elle est très faible en Irlande et ne dépasse pas 3 % en RFA, en Grèce, en Italie et au Portugal. Dans l'ensemble, les hommes et les personnes âgées croient plutôt moins en Dieu et se disent moins pratiquants que les femmes (surtout les inactives) ou les jeunes.

Si la croyance en Dieu reste stable, la pratique religieuse est partout en baisse depuis une vingtaine d'années : moins

d'un catholique sur trois et moins d'un protestant sur dix se rendent à la messe régulièrement le dimanche (de 1 à 3 % seulement des Danois). L'exception la plus notable est l'Irlande (y compris l'Irlande du Nord), dont les habitants sont restés très pratiquants.

Pays-Bas : la crise religieuse

Au début du siècle, près de 60 % de la population néerlandaise étaient protestants, la grande majorité d'entre eux étant d'inspiration luthérienne. Aujourd'hui, les protestants représentent moins de 30 % de la population. Si la proportion de calvinistes est restée stable (environ 8 %), celle des luthériens a beaucoup chuté : 20 % contre 50 % au début du siècle.

Plus de la moitié des Néerlandais considèrent qu'ils n'ont aucune appartenance religieuse ; ils n'étaient que 24 % en 1971. A Amsterdam, le nombre des pratiquants a été divisé par quatre en 20 ans. Des églises ont dû fermer et les objets du culte (vitraux, statues, etc.) ont même été vendus aux enchères. En même temps, la crise des vocations est telle que le primat de Hollande a décidé de faire appel à des prêtres polonais pour assurer les services religieux.

La religion continue cependant d'influencer
les mentalités et les modes de vie.

Les valeurs religieuses font partie de la « mémoire culturelle » des peuples et la baisse de la pratique religieuse n'implique pas la disparition de l'influence de l'Eglise dans la vie quotidienne. Dans les pays du Nord, la culture protestante valorise le travail, l'effort, l'efficacité économique, la vie intérieure, le dépouillement, l'égalité des sexes. Dans le Sud, la culture catholique explique que le travail soit vécu comme une obligation. Les sentiments y sont aussi plus extériorisés (comme la richesse), les inégalités sociales plus apparentes et les positions personnelles plus radicales.

Malgré le rapprochement qui s'est produit entre les deux cultures, les différences restent sensibles dans de nombreux domaines. Ainsi, une étude sur les attitudes des Européens à l'égard des ordinateurs dans la vie courante réalisée en 1985 a montré que l'attirance qu'ils exercent a priori sur les individus (indépendamment de leur degré d'utilisation, qui est dépendant du degré de développement économique des pays) est liée à l'histoire et à la culture. Elle est plus forte dans les pays de culture catholique que dans ceux de tradition protestante. On peut expliquer ce résultat par les positions différentes prises par ces deux religions chrétiennes par rapport aux notions de devoir et de plaisir.

■ 5 % des Européens qui se déclarent catholiques et 9 % des protestants affirment ne pas croire en Dieu, mais 23 % des « sans religion » y croient.

■ La fondation de l'Eglise d'Angleterre remonte à 1534, date de la reconnaissance du roi Henri VIII comme chef suprême.

Eurobaromètre

FERVENTE IRLANDE

« Vous rendez-vous aux services religieux... ? » (en %) :

	B	DK	D	E	F	GR	IRL	I	L	NL	P	UK	CE
• Au moins une fois par semaine	32,7	4,1	18,4	31,2	16,3	21,5	85,6	44,8	28,2	34,4	42,8	24,3	**28,4**
• Quelquefois dans l'année	37,1	40,2	40,3	32,0	38,8	53,6	9,5	37,1	36,4	36,7	29,3	32,9	**36,9**
• Moins souvent	17,3	36,3	26,9	19,8	23,3	18,1	2,4	9,4	19,5	12,3	12,3	17,1	**18,8**
• Jamais	11,4	19,0	12,9	16,2	21,3	6,8	1,9	8,1	15,1	14,8	14,0	24,3	**14,9**
• Non précisé	1,5	0,4	1,5	0,7	0,3	0,1	0,6	0,6	0,7	1,7	1,7	0,3	**0,8**
Total	100,0	100,0	100,0	100,0	100,0	100,0	100,0	100,0	100,0	100,0	100,0	100,0	**100,0**

Mort et tradition

Les pratiques funéraires varient fortement selon les pays. Elles sont à la fois traditionnelles et démonstratives dans le Sud. Les Italiens aiment les cercueils dorés, jugés de mauvais goût dans d'autres pays. Les familles espagnoles viennent communier à la Toussaint avec leurs parents décédés en partageant des pâtisseries faites en leur honneur. Les Grecs déterrent les morts au bout de trois ans pour laver leurs restes.

Dans les pays du Nord, la mort est entourée d'une grande discrétion. Les Allemands sont de plus en plus nombreux (surtout dans les régions septentrionales) à se faire enterrer sans cérémonie funèbre, sans pierre tombale ni fleurs ou épitaphe ; leurs dépouilles sont ensevelies sous le gazon, à des emplacements réservés dans les cimetières. D'autres choisissent l'incinération (40 % dans certaines régions) ou demandent que leurs cendres soient dispersées en mer. En Grande-Bretagne, 70 % des morts sont incinérés, contre moins de 10 % en France.

Les réglementations sont également très hétérogènes. Certains pays n'admettent que les cercueils en bois massif ; d'autres comme l'Espagne ou le Royaume-Uni tolèrent le bois aggloméré. Un accord signé à Berlin en 1927 prévoit qu'un corps doit être placé dans un cercueil en zinc pour passer une frontière.

Chaque année, 3 millions d'Européens meurent et leurs familles dépensent des sommes considérables pour les enterrer. Les considérations commerciales s'ajoutent donc à la dimension religieuse. En France, par exemple, les sociétés de pompes funèbres détiennent un quasi-monopole qui leur permet de pratiquer des prix élevés.

■ 30 % des Britanniques croient en un Dieu personnel, 39 % en un « Etre surnaturel ».

■ Il y a en France un millier de mosquées ou lieux de prière musulmans, contre 4 en 1965.

ITALIE

DA OGGI A TORINO
LA CREMAZIONE È UN SERVIZIO A SPESE DEL COMUNE

La cremazione non cancella il ricordo. Non brucia l'anima. Non è peccato. E non prende spazio.

ASSESSORATO AI SERVIZI DEMOGRAFICI DELLA CITTÀ DI TORINO

Armando Testa SpA

« Dorénavant, à Turin, l'incinération est un service payé par la commune. L'incinération n'empêche pas le souvenir. Elle ne brûle pas l'esprit. Elle n'est pas un péché. Et elle ne prend pas de place. »

DEUX TIERS DE RELIGIEUX

« Indépendamment du fait que vous êtes pratiquant ou non, diriez-vous que vous êtes... » (en %) :

	B	DK	D	E	F	GR	IRL	I	L	NL	P	UK	CE
• Religieux	62	48	63	68	50	85	72	82	62	48	86	58	**65**
• Non religieux	18	36	25	14	23	10	24	5	22	34	7	27	**20**
• Agnostique	4	1	1	6	5	2	0	7	1	3	1	6	**4**
• Athée convaincu	7	5	3	7	14	2	1	3	4	7	3	5	**6**
• Sans réponse	9	10	8	5	8	1	3	3	11	8	3	4	**5**
Total	100	100	100	100	100	100	100	100	100	100	100	100	**100**

Eurobaromètre

Les rapports entre l'Eglise et la société se sont transformés.

La religion a été pendant des siècles le ciment de la société, en même temps que sa conscience morale. Elle imposait un certain nombre de rites et de contraintes, comme la participation au culte et le respect de règles de vie et de grands principes. On assiste depuis quelques années à la disparition de la « civilisation paroissiale », dans laquelle l'appartenance religieuse et l'appartenance sociale étaient intimement mélangées.

L'urbanisation, la transformation de la vie professionnelle, l'accès généralisé à l'information, l'accroissement du pouvoir d'achat et de l'avènement de la société de consommation ont donné à l'individu un poids prépondérant dans les pays développés. Les citoyens sont moins dépendants des institutions au sens large et ressentent parfois les préceptes religieux comme des ingérences dans leur vie privée.

Le besoin de spiritualité n'a pas disparu.

Certains signes montrent même qu'il est en pleine renaissance. L'Eglise catholique a vu se développer depuis quelques années des courants nouveaux et parfois contradictoires. C'est le cas en France où le traditionalisme intégriste de Mgr Lefebvre (qui n'a pas hésité à créer un schisme) côtoie le Renouveau charismatique. D'abord protestant (il est né aux Etats-Unis au début du siècle), celui-ci s'est surtout affirmé dans le catholicisme ; il est composé de communautés et de groupes de prière.

La difficulté de vivre et de comprendre le présent, l'accroissement des menaces concernant l'avenir du monde et l'incapacité des institutions (Etat, école, syndicats...) à jouer un rôle de guide devraient renforcer le besoin de transcendance et de spiritualité. Mais il faut s'attendre à ce que se développent des tentatives nouvelles de vivre sa foi, autorisant des aménagements personnels avec l'Eglise, afin de rapprocher la vie spirituelle et la vie quotidienne.

Cloches d'Europe

La plupart des cloches en usage dans la Communauté sont faites d'un même alliage de bronze à un cinquième d'étain et quatre cinquièmes de cuivre. Elles ont toutes une forme évasée, sauf en Castille où elles sont cylindriques. En Italie comme en Espagne, on sonne les cloches en leur faisant faire une rotation complète autour de leur axe. En Grande-Bretagne, on sonne « à l'envers », la cloche étant dirigée vers le haut au repos. En RFA, elles sont le plus souvent électrifiées (beaucoup ont été fondues au cours de la guerre ou détruites par les bombardements). La cathédrale de Cologne abrite la plus grosse cloche d'Europe, d'un poids de 40 tonnes. Dans les pays du Benelux, les carillonneurs sont des fonctionnaires municipaux ; les écoles de Malines en Belgique et de Anversfoort aux Pays-Bas sont les plus célèbres. Au Danemark, un conseiller aux cloches a été nommé auprès du gouvernement.

■ En France, une cinquantaine de villages alsaciens à majorité protestante conquis par Louis XIV vivent encore sous le régime de *simultaneum* mis en place en 1685. Les protestants partagent leurs églises avec les catholiques ; ces derniers en occupent le chœur, les réformés utilisant la nef. Les petits problèmes de cohabitation (horaires des messes, occupation de l'église) n'empêchent pas les mariages mixtes de se développer. C'est alors la religion de la mère qui, selon la tradition, s'impose aux enfants.

■ Aux Pays-Bas, 33 enfants de Staphorst ont été victimes en 1972 de la poliomyélite parce que la religion de leurs parents (fondamentalistes) interdisait qu'ils soient vaccinés.

■ En France, le concordat est toujours en vigueur en Alsace et en Moselle, et accorde au catholicisme une position privilégiée .

■ 28 % des musulmans britanniques ont approuvé la sentence de mort prononcée par l'ayatollah Khomeiny contre l'écrivain Salman Rushdie. 79 % étaient favorables à une punition de l'auteur, 62 % à l'autodafé du roman.

VIE CULTURELLE

Les cultures nationales sont le produit d'affrontements et de mélanges.

Les différences entre les peuples provoquent plus de changements que leur ressemblance. Si elles sont à l'origine de nombreux conflits, elles ont aussi eu pour effet de stimuler la réflexion, encourager la créativité. C'est pourquoi l'Europe a été pour la culture un véritable creuset. Pour les idées, souvent venues de l'extérieur, elle a été un catalyseur.

La lutte entre les peuples (Celtes, Romains, Germains) s'est toujours accompagnée de la confrontation des cultures. Ainsi, l'opposition traditionnelle entre le Romantisme et les Lumières traduit les différences entre les conceptions allemande et française de la civilisation. La première affirme le génie du peuple ; la seconde privilégie l'appartenance à l'humanité tout entière. La richesse des cultures européennes vient pour une bonne part de ces mélanges.

Un livre, trois lectures

Pour les besoins d'une étude conduite en 1989 par le Conseil de l'Europe, un même livre (*le Grand Cahier*, de l'écrivain hongrois Agota Kristof) a été donné à lire à 300 Allemands, Espagnols et Français. La compréhension de l'histoire (l'apprentissage de deux enfants jumeaux livrés à eux-mêmes dans le chaos de la guerre) et la conception de la morale se sont révélées assez différentes selon les nationalités. Pour les lecteurs français, un personnage romanesque est moral s'il se conforme aux principes qu'il confesse. Les Allemands, plus « kantiens », pensent qu'il ne peut y avoir qu'une seule morale, à vocation universelle. Les lecteurs espagnols ont développé de leur côté une morale de la bonté, du sentiment. Les conclusions tendent à renforcer les archétypes associés à chaque pays : le Français individualiste et cartésien ; l'Allemand discipliné ; l'Espagnol sentimental.

La culture européenne est à la fois commune et diverse.

On peut parler d'une culture européenne dans la mesure où les conceptions philosophiques, religieuses, artistiques des peuples ont des fondements communs. Pour l'écrivain Paul Valéry, « toute race et toute terre qui a été successivement romanisée, christianisée et soumise, quant à l'esprit, à la discipline des Grecs, est absolument européenne ».

Mais la diversité de la culture européenne est aussi démontrable que son unité. Son histoire est faite en effet de périodes de ruptures importantes : la Réforme, sur le plan religieux ; la Renaissance dans le domaine artistique ; le début du XVIIᵉ siècle en matière scientifique ; le XVIIIᵉ siècle en ce qui concerne la philosophie.

La religion a beaucoup influencé la culture.

Le christianisme a été un puissant facteur d'unification de l'Europe. Avant l'invention de l'imprimerie, ce sont les religieux qui conservaient, recopiaient et transmettaient les manuscrits. Les universités, instruments privilégiés de la diffusion culturelle, ont d'abord été religieuses. Mais les divisions et les rivalités entre les Eglises et au sein de chacune d'elles sont aussi à l'origine de nombreux conflits et de déchirements entre les peuples. La religion aura donc favorisé à la fois l'unité de l'Europe et les différences nationales.

Aujourd'hui, la culture est devenue plus autonome ; comme les Etats, elle s'est éloignée des Eglises. La rupture, née de la Révolution, entre la foi chrétienne et les droits de l'homme est aujourd'hui en voie de résorption. Il reste à savoir si la présence croissante d'autres confessions (en particulier l'islam) dans certains pays européens remettra en cause l'équilibre trouvé au fil des siècles.

Pères Noël européens

Le père Noël contemporain, avec sa barbe blanche et son manteau rouge et blanc, aurait été créé aux Etats-Unis en 1822 par Thomas Nast. Il est arrivé en Europe après la Première Guerre mondiale. Il fait sa tournée dans presque tous les pays d'Europe, sous des noms et à des dates parfois différents. Au Benelux, il est appelé saint Nicolas et passe dans la nuit du 5 au 6 décembre. En Espagne, ce sont les Rois mages qui font la distribution des cadeaux, 12 jours après Noël. En Grèce, c'est saint Vassilis qui s'en charge, le 31 décembre.

L'attente du généreux donateur diffère également d'un pays à l'autre. Les enfants français et allemands déposent leurs chaussures devant la cheminée. Les Irlandais accrochent des chaussettes au pied du lit. La veille du passage de saint Nicolas, les Luxembourgeois lui préparent un verre de vin, et aussi quelques noisettes pour son âne.

La vie culturelle de l'Europe est favorisée par de nombreux équipements collectifs.

Les pays de la Communauté sont largement pourvus de bibliothèques et de musées, gardiens d'innombrables œuvres littéraires et artistiques. Aux nombreuses bibliothèques publiques s'ajoutent des bibliothèques nationales (chargées de conserver l'ensemble des publications éditées dans le pays), scolaires, spécialisées. L'Europe compte, à Amsterdam, Paris, Londres, Berlin, Florence ou Madrid quelques-uns des musées les plus riches du monde (voir ci-après).

Beaucoup de grandes villes européennes disposent d'une salle d'opéra. Toutes sont largement subventionnées par les fonds publics. Les salles de cinéma restent nombreuses, mais le nombre des places (10 à 20 pour 1 000 habitants selon les pays) a diminué, du fait de la concurrence croissante de la télévision (voir *Loisirs*).

Les merveilles de l'Europe

Liste des biens et sites culturels et naturels des sept pays de la CE présents sur la *Liste du patrimoine mondial* de l'UNESCO :

RFA. Cathédrale d'Aix-la-Chapelle ; cathédrale romane de Spire ; résidence de Wurzbürg, palais baroque des princes-évêques ; église de pèlerinage de Wies (Bavière) ; châteaux d'Augustusburg et de Falkenlust à Brühl (XVIIIe) ; cathédrale Ste-Marie et église St-Michel d'Hildesheim (romanes) ; monuments de Trèves, ancienne ville impériale romaine ; ensemble monumental de la ville hanséatique de Lübeck (XIIIe-XVe).

Espagne. Mosquée de Cordoue (VIIIe-X[e]) ; Alhambra et Generalife de Grenade (XIIIe-XVe) ; cathédrale gothique de Burgos ; palais-monastère (XVIe) et site de l'Escurial (province de Madrid) ; parc Güell, palais Güell et Casa Milá à Barcelone (fin XIXe-début XXe) ; grotte préhistorique d'Altamira et peintures animalières d'époque magdalénienne (province de Santander) ; vieille ville de Ségovie et acqueduc romain ; églises de l'ancien royaume des Asturies à Oviedo (VIIIe-IXe) ; vieille ville de Saint-Jacques de Compostelle ; vieille ville d'Ávila et églises extérieures ; architecture mudéjare des églises de Teruel (influence islamique, XIIIe-XVe) ; ville historique de Tolède ; parc national du mont Garajonay à Gomera (Canaries) ; vieille ville de Cáceres (Estrémadure) ; cathédrale, Alcazár et « Architectes des Indes » (Casa Lonja) à Séville.

France. Mont Saint-Michel (abbaye X[e]) et sa baie ; cathédrale gothique de Chartres ; palais et parc de Versailles (XVIIe-XVIIIe) ; basilique (XIIe) et colline de Vézelay ; grottes préhistoriques ornées de la vallée de la Vézère (Dordogne) : Font-de-Gaume, les Combarelles, la Madeleine, Lascaux, musée des Eyzies ; palais et parc de Fontainebleau (XVIe-XIXe) ; château (XVe) et domaine de Chambord ; cathédrale gothique d'Amiens (XIIIe) ; monuments romains d'Orange (théâtre, arc de triomphe) ; monuments romains (amphithéâtre, théâtre...) et romans (église St-Trophime...) d'Arles ; ancienne abbaye cistercienne de Fontenay (XIIe, Côte d'Or) ; saline royale d'Arc-et-Senans (bâtiments entrepris en 1775) ; places Stanislas, de la Carrière et d'Alliance à Nancy (XVIIIe) ; église romane de Saint-Savin-sur-Gartempe (peintures pariétales) ; baie de Girolata, golfe de Porto et réserve naturelle de Scandola en Corse (falaises de porphyre rouge et orgues de basalte, flore marine, oiseaux) ; pont-acqueduc romain du Gard (Ier).

Grèce. Temple d'Apollon Epikourios à Bassæ (V[e] av. J.-C.) ; site archéologique de Delphes (vestiges du grand sanctuaire d'Apollon, VIIe-IIe av. J.-C.) ; acropole d'Athènes (ruines de monuments construits ou reconstruits à partir du Ve siècle av. J.-C., dont le Parthénon).

Italie. Art rupestre du val Camonica (représentations gravées ou piquetées dans le roc, du néolithique au Ier siècle apr. J.-C., province de Brescia) ; centre historique de Rome ; église et couvent dominicain de S.Maria delle Grazie à Milan (avec *la Cène* de Léonard de Vinci) ; centre historique de Florence ; Venise et sa lagune ; place de la cathédrale à Pise.

Portugal. Centre historique de la ville d'Angra do Heroísmo à Terceira (Açores) ; monastère des Hiéronymites et tour de Belém à Lisbonne (styles plateresque et manuélin, début du XVIe) ; monastère royal dominicain de Batalha (fin XIVe-début XVIe) ; couvent du Christ à Tomar (XIIe-XVIe) ; centre historique d'Evora.

Royaume-Uni. La Chaussée des Géants (môle naturel de colonnes de basalte et sa côte, comté d'Antrim, Irlande du Nord) ; cathédrale (XIe) et château (XIIe-XVIIe) de Durham ; gorge d'Ironbridge (premier pont en fonte du monde, 1779, près de Shrewsbury) et musée d'archéologie industrielle ; parc de Studley Royal (XVIIIe) et ruines de Fountains Abbey (abbaye cistercienne, XIIe) ; Stonehenge, Avebury et sites associés (monuments mégalithiques, vers 2400-1700 av. J.-C.) ; châteaux forts et enceintes du roi Edouard Ier (ancienne principauté de Gwynedd, pays de Galles) ; Saint Kilda (île écossaise au large des Hébrides, réserve d'oiseaux) ; palais de Blenheim (XVIIIe, près de Woodstock) ; Bath (vestiges romains, abbatiale gothique et urbanisme du XVIIIe) ; mur d'Hadrien (vestiges du rempart de 118 km au nord de la Tyne) ; palais de Westminster (abbatiale reconstruite XIIIe-XVe) et église Ste-Marguerite à Londres.

■ Pour 75 % des Britanniques, les mathématiques sont le domaine prioritaire pour la culture générale d'un Européen d'aujourd'hui, devant l'actualité économique et politique (42 %) et la littérature (37 %). Les Espagnols donnent aussi la priorité aux mathématiques (35 %), mais hésitent entre la littérature, l'actualité et l'histoire (32 %).

■ Les Français citent en premier la littérature (57 %), devant l'histoire (43 %) et les mathématiques (40 %). Le tiercé des Italiens est proche de celui des Français : littérature (55 %), histoire (39 %), actualité (36 %). Les Allemands choisissent l'actualité économique et politique (56 %), l'histoire (45 %) et les mathématiques (44 %).

UNESCO

BIBLIOTHÈQUES, MUSÉES, CINÉMAS

Nombres de bibliothèques, musées, cinémas :

	Bibliothèques publiques (1)	Musées (2)	Cinémas (3)
• Belgique	2 351	-	407
• Danemark	250	280	396
• Espagne	1 677	610	2 234
• FRANCE	1 141	1 437	5 063
• Grèce	615	-	-
• Irlande	31	49	125
• Italie	47	112	4 143
• Luxembourg	-	-	-
• Pays-Bas	473	539	445
• Portugal	178	134	358
• RFA	11 529	2 025	3 252
• Royaume-Uni	160	-	1 226

(1) Hors bibliothèques scolaires, spécialisées, nationales.
(2) Publics.
(3) Salles pour films de 35 mm et plus, établissements fixes.

Culture et décalages horaires

Neuf des douze pays de la Communauté vivent officiellement à la même heure ; le Royaume-Uni et l'Irlande ont deux heures de retard sur la Grèce et une sur les autres pays. Mais les décalages réels des emplois du temps sont beaucoup plus marqués.

Les Européens du Nord sont plutôt du matin : la journée de travail commence vers 8 heures en Irlande ; le déjeuner français ou allemand se prend vers 12 h 30 ; le dîner danois a lieu vers 18 h.

Les pays du Sud pratiquent des horaires plus tardifs : les Espagnols prennent leur café à 10 h ; les Italiens déjeunent à 13 h 30, heure de fermeture des banques et des administrations ; les Grecs avalent un en-cas à 15 h ; les Madrilènes dînent à 22 h 30 (heure à laquelle les programmes de télévision danois se terminent). En Grèce, il est courant d'avoir un rendez-vous chez le dentiste à 21 heures, alors que l'activité entre 15 et 17 h est réduite à cause de la sieste. La seule plage horaire permettant aux entreprises de communiquer se situe donc entre 10 h et 12 h 30 le matin !

Les vraies frontières de l'Europe ne sont pas géographiques ou politiques, mais culturelles.

Les différences entre les modes de vie des Européens sont la conséquence très directe de celles qui existent entre les cultures. L'anthropologue Edward Hall considère que les pays anglo-saxons sont *monochromes* ; leurs habitants ne font qu'une seule chose à la fois. Ainsi, les Allemands, les Danois ou les Néerlandais se sentent plus à l'aise avec un emploi du temps professionnel ou personnel précis et un en-vironnement ordonné. Ils trouvent l'efficacité en se concentrant sur les tâches successives à accomplir et le respect des délais prévus.

Les habitants des pays méditerranéens sont au contraire *polychromes*. Ils mènent souvent de front plusieurs activités, sont motivés par la variété des tâches plus que par leur profondeur et entretiennent des rapports différents avec le temps.

Les écarts de développement économique sont liés aux différences culturelles.

Certains économistes expliquent les écarts de richesse entre le Nord et le Sud par les conceptions respectives de l'emploi du temps et du travail. L'esprit de planification et l'exactitude, caractéristiques du Nord, sont des facteurs d'efficacité et de fiabilité que ne compensent pas la fantaisie et la créativité que l'on trouve au Sud.

Dans cette optique, il semble que les différences entre le nord et le sud de l'Europe continentale soient plus grandes qu'entre l'est et l'ouest. On peut d'ailleurs constater que l'intégration dans les pays de la Communauté de Polonais, Russes, Tchécoslovaques, etc., n'a pas posé pas de problème particulier. C'est l'histoire, plus que les religions ou les aspirations individuelles, qui explique les distances existantes. Le mur de Berlin n'était pas un mur idéologique, mais un obstacle posé par des dirigeants conscients de l'attirance du modèle occidental sur leurs peuples.

L'ARGENT DE LA CULTURE

Part des budgets consacrés à la culture dans 6 états (1988, en % des dépenses totales) :

DK	F	D	UK	P	I
2,4	2,0	1,7	1,3	1,2	1,1

OCDE

Grands musées

Principaux musées européens d'art et d'archéologie :

Amsterdam. Rijksmuseum. Peintres néerlandais : Saenredam, Hals, Rembrandt *(Ronde de nuit),* Vermeer, Terboch, Steen, Van Ostade, J. Van Ruisdael. Ecoles étrangères, sculpture et arts décoratifs, cabinet des estampes et des dessins.

Anvers. Musée royal des Beaux-Arts. Ecole flamande : Van Eyck, Van der Weyden, Memling, Bouts, Metsys, Van Orley, Patinir, Rubens, Van Dyck, Joardens... Ecole belge des XIXe et XXe siècles, écoles étrangères.

Athènes. Musée national. Antiquité grecque, sculpture, céramique peinte, objets d'art, salle mycénienne. Complété par le musée de l'Acropole (Korës).

Berlin. Galerie de peintures du Musée d'Etat du patrimoine culturel prussien. Ecoles européennes (primitifs italiens, peintres flamands et allemands, peinture française du XVIIIe).

Bruxelles. Musée d'Art ancien. Ecoles européennes du XIVe au XIXe siècle, école flamande (Van der Weyden, Bouts, Memling, Metsys, David, Bruegel le Vieux, Rubens, Jordaens...).

Florence. Galerie des Offices. Cimabue *(Maestà),* Giotto, Masolino et Masaccio *(la Vierge et sainte Anne),* Uccello *(Bataille),* Filippo Lippi, Piero Della Francesca, Botticelli *(le Printemps, la Naissance de Vénus),* Michel-Ange *(Sainte Famille),* Raphaël, Bronzino, le Parmesan, Titien *(Vénus d'Orbino),* le Caravage, Van der Goes, Dürer *(Adoration des Mages),* Rembrandt.

Iráklion. Musée archéologique. Du néolithique à l'époque romaine (art minoen, 2600 à 1100 av. J.-C.).

Londres. British Museum. Antiquités assyriennes, grecques (frise du Parthénon), romaines, médiévales. Victoria and Albert Museum. Arts appliqués d'Europe et du monde : mobilier, céramiques, tapisseries...). Peintures, sculptures, dessins et estampes. National Gallery. Ecoles européennes, depuis les primitifs et la Renaissance italienne jusqu'à Turner, Cézanne et Seurat.

Munich. Ancienne Pinacothèque. Peinture allemande (Pacher, Altdorfer, Dürer, Grünewald), flamande (Bruegel, Brouwer, Rubens, Van Dyck, Rembrandt), italienne, espagnole, française.

Naples. Musée archéologique national. Peintures campaniennes, mosaïques, statues, bronzes, vases peints, verrerie, camées, etc.

Paris. Musée du Louvre. Antiquités orientales, antiquités grecques et romaines, peintures (prédominance écoles française, flamande, hollandaise, italienne), sculptures, objets d'art, arts graphiques (cabinet des dessins et estampes). Musée d'Orsay. Collections permanentes du XIXe siècle et début du XXe. Musée national d'art moderne. Arts du XXe siècle en Occident, excellentes séries d'art français et de « l'école de Paris ».

Rome. Musées du Capitole. Sculptures, éléments architecturaux, vases et œuvres d'art provenant des fouilles de Rome, pinacothèque. Galerie Borghèse. Sculpture (*David, Apollon et Daphné* de Bernin, *Pauline Borghèse* de Canova), peinture (Raphaël, Caravage, Corrège, Titien). Galerie nationale d'art ancien. Tableaux du XIIIe au XVIIIe siècle : Raphaël, Caravage, etc.

Le livre reste le principal support de la connaissance.

Une étude réalisée en 1989 pour *Encyclopedia Universalis* montre que le livre est considéré par 60 % des Européens des cinq principaux pays comme le meilleur moyen d'enrichissement des connaissances, largement devant la télévision et la radio, les voyages, les conversations et discussions, les journaux et revues, les expositions et musées (par ordre décroissant).

Les Italiens et les Français demeurent fidèles à une conception classique de la culture privilégiant la littérature, les arts et la philosophie. Les Britanniques affichent une préférence pour les sciences et les mathématiques. Les Allemands s'intéressent en priorité à l'actualité et à l'histoire. D'une façon générale, les jeunes accordent plus de prix aux relations humaines pour leur enrichissement culturel, les personnes âgées préférant la télévision.

■ « Si l'Europe était à refaire, il faudrait peut-être commencer par la culture. » Jean Monnet.

■ Chaque année, environ 300 000 titres sont publiés dans les pays de la CE, en première édition ou réédition d'ouvrages originaux. La RFA, le Royaume-Uni, la France et l'Espagne représentent à eux quatre les deux tiers de la production.

LECTURE POUR TOUS

Nombre de livres publiés* dans les pays de la CE (1987) :

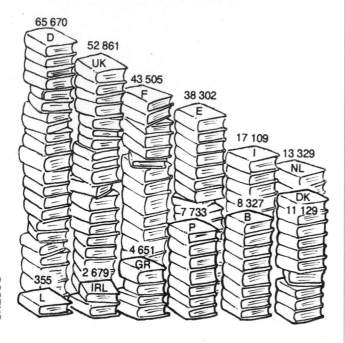

UNESCO

* Nombre des titres des premières éditions et des rééditions d'ouvrages originaux ou de traductions.

Prix littéraires

Le prix Nobel de littérature, créé en 1901 en Suède, a été décerné 42 fois à un Européen : 12 fois à un Français, 7 fois à un Britannique, 6 fois à un Allemand, 5 fois à un Italien, 4 fois à un Espagnol, 3 fois à un Irlandais et à un Danois, 2 fois à un Grec.

Les prix nationaux décernés à des livres tendent à se multiplier dans les pays de la CE. On peut citer en Espagne le *Planeta*, le *Nadal* ou le *Cervantes* (doté de 700 000 F), en France, le *Goncourt*, le *Renaudot* ou le *Femina*, en Belgique le *Victor Rossel* (créé en 1938 par le journal *le Soir*) ou le prix de la Communauté française, en Angleterre le *Booker* ou le *Whitebread Literary Award*, en RFA le prix de la Paix, créé après la guerre. L'Italie détient le record du nombre de prix décernés (environ 1 500) parmi lesquels les plus prestigieux sont le *Campiello*, le *Viareggio* et le *Primio Strega*.

Dans la création culturelle contemporaine, le rêve tend à se substituer à la réalité.

Dans l'art contemporain, le réalisme n'est plus à la mode. Au cinéma ou à la télévision, les héros du quotidien attirent moins de spectateurs que les histoires fantastiques ou de science-fiction. En rupture avec l'hyperréalisme des années passées, la peinture moderne est souvent peu descriptive. Les sculpteurs ne reproduisent pas des formes ; ils donnent du volume et du poids à des images abstraites. La photographie, la bande dessinée, les clips musicaux mettent en scène des héros symboliques qui évoluent dans des univers oniriques. La musique utilise des instruments et des sonorités propres à déclencher le rêve.

La publicité, qui participe de toutes ces disciplines artistiques, cherche aussi de plus en plus souvent à transcender la réalité du produit qu'elle vante. Les décors, acteurs, éclairages, angles de prise de vues et le montage contribuent à inscrire les images publicitaires dans un « autre monde ».

Tous les créateurs semblent donc s'être donné le mot pour donner à l'imagination une place plus grande qu'à l'observation. Comme leurs concitoyens, ils tendent à fuir une réalité qui les inquiète plus qu'elle ne les rassure. Ne trouvant plus leur inspiration dans le quotidien, ils en inventent un autre, qui se plie plus facilement à leurs désirs ou à leurs fantasmes.

FRANCE

Les médias audiovisuels occupent une place privilégiée dans la vie culturelle contemporaine.

Interrogés sur les formes d'art qu'ils préfèrent, les Européens des cinq principaux pays (Allemagne, France, Royaume-Uni, Italie, Espagne) citent en priorité la musique, devant la littérature, le cinéma, la peinture, le théâtre et l'architecture. La France et l'Espagne sont les deux seuls pays à citer le cinéma en seconde position.

Cependant, on constate, dans la plupart des pays, que l'évolution culturelle de ces dernières années a beaucoup plus profité à l'image (télévision, vidéo...) et au son (radio, disques, cassettes, matériel hi-fi) qu'au support écrit (voir *Loisirs*).

Les médias jouent aujourd'hui un double rôle par rapport à la vie culturelle. Ils sont à la fois l'instrument privilégié de la culture populaire et le médiateur entre la production artistique et le public. Cette situation s'accompagne de contraintes économiques (recherche de l'audience maximale, présence croissante des « sponsors »...) qui ne sont pas sans conséquences.

Certaines formes de recherche artistique (musique, cinéma, théâtre...) ne sont guère aidées ni même montrées au public. La cuisine, la bande dessinée, la haute couture ou la musique de variétés figurent au rang des arts au même titre que la danse, la peinture ou la sculpture. La culture populaire apparaît donc souvent comme la seule existante.

La peinture et l'argent

Les dix œuvres européennes ayant atteint les plus fortes cotes aux enchères au cours des dernières années sont, par ordre décroissant (conversion avec un dollar à 6 francs) :

— *Les Iris* de Van Gogh (323 millions de francs, septembre 1987) ;
— *Les Noces de Pierrette* de Picasso (300 millions, novembre 1989) ;
— *Yo Picasso* de Picasso (287 millions, mai 1989) ;
— *Les Tournesols* de Van Gogh (239 millions, mars 1987) ;
— *Acrobate et jeune arlequin* de Picasso (231 millions, novembre 1988) ;
— *Portrait de Cosme Ier de médicis* de Pontormo (211 millions, mai 1989) ;
— *Maternité* de Picasso (149 millions, novembre 1988) ;
— *Dans la prairie* de Monet (146 millions, juin 1988) ;
— *Mata Mua* de Gauguin (145 millions, mai 1989) ;
— *Le Pont de Trinquetaille* de Van Gogh (121 millions, juin 1987).

On trouve dans ce palmarès quatre œuvres de Picasso et trois de Van Gogh.

L'architecture est la forme d'art qui traduit le mieux l'évolution des mentalités et des connaissances au cours du XXe siècle.

Les difficultés linguistiques, le manque de recul et aussi d'informations rendent très difficile la comparaison de toutes les formes de productions artistiques des douze pays de la Communauté. On peut éviter ces écueils en s'intéressant à l'architecture, qui témoigne à la fois des évolutions artistique, technologique, sociale et politique.

Le début du siècle avait correspondu à la rupture avec l'architecture classique. Au cours des années 20, le *Bauhaus* allemand puis Le Corbusier (France) ou les artistes du mouvement « avant-garde » cherchèrent à réinventer la ville et les rapports entre ses habitants.

Les destructions de la Seconde Guerre mondiale provoquèrent une reconstruction hâtive et fonctionnelle qui dura jusqu'aux années 60, période de remise en question culturelle et d'utopie. La décennie suivante fut marquée par le concept de « postmodernité », rupture avec la modernité héritée des années 20. Les constructions devinrent moins linéaires, plus complexes, cherchant à s'adapter à leur environnement immédiat.

L'architecture a connu une véritable renaissance au cours des années 80.

On observe aujourd'hui deux tendances principales, qui distinguent une fois encore les pays du Nord et ceux du Sud. La tendance « high tech », présente dans le Nord (surtout au Royaume-Uni, voir encadré), privilégie le modernisme, la technologie, la recherche de style ; elle fait appel à l'ordinateur pour concevoir des formes. Au Sud, l'histoire culturelle est plus présente dans la conception des monuments, à travers les emprunts au passé. Les architectes recherchent des harmonies, des passerelles entre les siècles, comme ils l'ont fait au cours de toutes les grandes périodes créatives : Grèce, Rome, Renaissance, seconde moitié du XVIIIe siècle.

Il existe d'autres courants de recherche formelle, représentés par des architectes comme l'Allemand Ungers, le néerlandais Koolhas ou le Français Nouvel. Ce foisonnement récent montre que l'architecture redevient un art qui intègre tous les autres, en même temps qu'elle prend en compte les dimensions sociologiques de l'époque dans laquelle elle s'insert.

■ La forme d'art globalement préférée des Européens de cinq pays (Grande-Bretagne, RFA, France, Espagne, Italie) est la musique (49 %), devant la littérature, le cinéma, la peinture, le théâtre et l'architecture. Les Britanniques sont ceux qui l'apprécient le plus (61 %), au contraire des Espagnols (32 %). Les Allemands sont les plus sensibles à la littérature (41 %) mais les moins sensibles à la peinture (13 %), au contraire des Français et des Italiens (24 %). Les Français sont ceux qui aiment le plus le cinéma (35 % contre 22 % en Grande-Bretagne).

PAYS-BAS

« Le béton est-il toujours rectiligne ? »

Architectes européens

Représentants de la tendance « high tech » :
– Norman Foster (Royaume-Uni) : nouvel aéroport de Londres-Heathrow ; centre de distribution Renault à Swindon (Wiltshire).
– Michaël Hopkins (Royaume-Uni) : laboratoire Schlumberger à Cambridge.
– Richard Rogers (Royaume-Uni) : centre Beaubourg (avec Renzo Piano) à Paris ; tour Lloyds dans la City de Londres ; centre de production Fleetguard à Quimper (France).

Représentants de la tendance « postmoderne historiciste » :
– Ricardo Bofill (Espagne) : complexe industriel Antigone à Montpellier (France).
– Rafael Moneo (Espagne) : musée de Merida (Espagne).
– Paolo Portoghesi (Italie) : aménagement de la commune de Vallo di Diano (Italie).
– Christian de Portzamparc (France) : conservatoire Eric-Satie à Paris.

Autres tendances :
– Ralf Erskine (Royaume-Uni) : immeuble de logements de Byker Wall à Newcastle.
– Lucien Kroll (Belgique) : faculté de Louvain.
– Jean Renaudie et Renée Guilhoustet (France) : ensemble de logements d'Ivry-sur-Seine (France).

Depuis le XVIIIe siècle, les cultures européennes tendent à se rapprocher.

Le mouvement s'est d'abord opéré à l'intérieur de chaque pays. L'exode rural a provoqué un appauvrissement des traditions régionales au profit des grandes villes où se sont développés de nouveaux modes de vie.

L'unité s'est faite aussi largement par des emprunts à d'autres pays européens. Les artistes et les hommes cultivés du XVIIIe siècle étaient cosmopolites. Les auteurs anglais et les compositeurs allemands ont largement influencé la création littéraire et musicale européenne.

Les cultures populaires se sont surtout rapprochées au XXe siècle, sous l'impulsion des médias (presse, cinéma, radio et télévision) et des moyens de communication (avion, train, téléphone) qui favorisèrent les échanges et les voyages. Les pays non européens ont aussi exercé une fascination : l'art chinois ou africain au début du siècle ; le folklore et le « western » américain ; la musique de jazz latino-américaine.

Aujourd'hui, les Etats-Unis ne représentent plus un véritable modèle culturel pour l'Europe, mais continuent d'exercer une influence dominante, par l'intermédiaire de la langue, des médias. Le *rock and roll* a contribué à créer une culture des jeunes dont Londres est la capitale depuis l'époque des Beatles, mais que l'on retrouve à la fois au nord et au sud de la Communauté. L'influence du Japon est surtout limitée à l'univers économique, bien qu'elle s'exerce aussi sur les enfants à travers les dessins animés largement diffusés par les chaînes de télévision européennes.

LA CULTURE DES VILLES

Principaux équipements culturels des grandes villes (1989) :

	Nombre de musées	Nombre habitants/ cinéma	Nombre habitants/ théâtre	Nombre habitants/ bibliothèque
• Paris	159	6 219	35 682	55
• Bruxelles	33	2 614	9 065	7 998
• Lisbonne	23	11 527	39 524	75 454
• Londres	22	56 458	112 916	169 375
• Berlin Ouest	60	22 371	313 204	13 617
• Hambourg	26	52 375	196 408	25 758
• Munich	46	18 210	98 055	16 996
• Rome	78	16 301	35 284	69 687
• Athènes	20	25 019	36 473	-
• Madrid	72	29 125	84 949	78 414
• Dublin	11	38 673	100 549	16 758
• Copenhague	30	7 041	19 866	19 529
• Amsterdam	43	11 158	9 883	23 856

■ L'opéra le moins aidé (et le plus actif ; près de 500 représentations par an) est Covent Garden. Il ne reçoit de l'Etat britannique que 46 % de ses recettes, contre 72 % au palais Garnier de Paris, 81 % à l'opéra de Berlin, 73 % à ceux de Cologne et Munich.

■ Les trois quarts des livres traduits en Europe sont des livres de langue anglaise.

L'Europe à l'avant-garde

De nombreux mouvements artistiques sont nés en Europe depuis la fin du XIXᵉ siècle. L'Impressionnisme en peinture apparaît en France en 1874 ainsi que, plus tard, le Fauvisme et le Cubisme ; le Surréalisme concernera aussi la littérature, l'architecture et la musique. Le Symbolisme et l'Art Nouveau trouvent leurs racines en Grande-Bretagne et en Belgique. L'Expressionnisme se développe en Allemagne (1912) comme le Moderne/Bauhaus. Le Futurisme naît en Italie (Milan, Turin) vers 1909.

Le rapprochement culturel devrait se poursuivre à l'avenir.

Le mouvement de convergence des cultures et des modes de vie européens devrait être amplifié par la multiplication des échanges et les réalisations communes. Un orchestre des jeunes de la Communauté a été créé en 1979 ; un opéra est en cours de formation. La sauvegarde du patrimoine architectural et archéologique est financée par la Communauté. Chaque année, une ville européenne est désignée comme capitale culturelle de l'Europe (Athènes en 1985, Florence en 1986, Amsterdam en 1987, Berlin en 1988, Paris en 1989, Glasgow en 1990). Le Conseil de l'Europe a également soutenu de grandes expositions artistiques et historiques : Charlemagne à Aix-la-chapelle ; les sources du XXᵉ siècle à Paris ; les Médicis à Florence ; les grandes découvertes à Lisbonne, etc. Pourtant, la création d'un Institut européen à Florence n'a pas jusqu'ici donné les résultats attendus et le projet d'une fondation européenne de la culture a été abandonné.

Les pays de la Communauté ont en commun la religion chrétienne, une longue histoire et un certain nombre de valeurs. Le rapprochement culturel amorcé ne pourra se poursuivre que si le sentiment d'appartenance à une entité européenne est plus fort que les résistances nationales ou régionales. Il ne faut pas sous-estimer non plus le principal obstacle à cette unité, qui est linguistique.

■ « La culture européenne a connu plusieurs moments où une pensée, un principe, une évidence ont cru enfin fonder la certitude absolue. L'humanisme a cru que l'homme, mesure de toutes choses, pouvait être fondement de toutes choses, la Raison a cru fonder dans sa logique la vérité de son discours, la Science la certitude de ses théories sur la certitude de ses expériences. Mais ces principes, pensées, évidences, fondations ont été, à chaque fois, mis en question en une génération et la problématisation a repris sans cesse possession de la culture européenne ». Edgar Morin (*Penser l'Europe*, Gallimard, 1987).

■ L'auteur européen le plus traduit dans le monde est la romancière anglaise Agatha Christie, avec plus de 200 traductions par an dans une vingtaine de pays, devant le Français Jules Verne (entre 150 et 200 traductions par an) et deux autres Anglais, E.Blyton et Barbara Cartland (environ 150). Trois auteurs allemands approchent régulièrement les 100 traductions annuelles (Grimm, Marx, Engels), ainsi que le Danois Andersen, les Anglais Shakespeare et Conan Doyle, les Français Perrault et Goscinny et le Belge Simenon.

■ Dans le domaine des livres, idées, films, œuvres d'art, c'est la France qui attire le plus la curiosité des habitants des pays européens (Grande-Bretagne, RFA, Espagne, Italie) avec 34 % des suffrages, devant l'Italie (29 %), la Grèce (21 %), la Grande-Bretagne (19 %), l'Espagne (18 %), la RFA (15 %).

■ On traduit deux fois plus de livres en RFA qu'en France.

■ Aux Pays-Bas ont été créés des cabinets où les clients viennent pour discuter de questions philosophiques, pour le prix d'une consultation médicale.

■ L'écrivain américain James Baldwin définit l'Européen comme un individu qui, pénétrant dans la cathédrale de Chartres, est capable d'éprouver un sentiment d'appartenance.

■ Aux Pays-Bas, des pratiques sataniques ont été dénoncées il y a quelques années : des enfants auraient été contraints de boire du sang, de forniquer avec des cadavres, de participer à des sacrifices d'animaux ou même d'humains...

LA CULTURE EUROPÉENNE, MYTHE OU RÉALITÉ ?

par Félix MARTI*

Les pratiques démocratiques caractérisent actuellement la vie européenne. Durant l'année 1990, les citoyens des pays de l'Est ont fait en sorte que leurs régimes autoritaires soient remplacés par des modèles politiques démocratiques. Ils consolidaient, ce faisant, leur appartenance à la grande culture européenne commune. La démocratie ne constitue pas uniquement un moyen de faire fonctionner les institutions politiques, c'est aussi une conception de la vie au sein de la société. Les sociétés démocratiques sont celles qui reconnaissent et organisent de manière constructive leur pluralisme interne. Tous les Etats européens sont composés de citoyens, religions, langues, idéologies, critères moraux et formes de vie différents. Les Européens considèrent normal de vivre au milieu de gens ou d'avoir des amis appartenant à d'autres groupes culturels, sociaux ou politiques.

L'Europe est une vaste mosaïque où le pluralisme constitue un aspect positif.

* Félix Marti est directeur de la revue *Catalonia Culture*, directeur du centre Unesco de Catalunya, expert du Conseil technique du ministère de la Culture du gouvernement de la generalitat de Catalunya et éditeur de la version espagnole de la *Revue internationale de sciences sociales*.

Au fond, la démocratie, c'est d'avoir dépassé les dogmatismes et les visions unilatérales. Nulle façon de voir la réalité n'est parfaite ou infaillible au point de vouloir éliminer ou dévaluer celle des autres. Nul choix moral n'est convaincant au point de pouvoir condamner les autres. Les Européens, au cours de leur histoire, ont appris à connaître les limites de toutes les idéologies, de toutes les propositions libératrices, de tous les enthousiasmes politiques, religieux et culturels. C'est la raison pour laquelle les Européens sont des êtres plutôt sceptiques et peu crédules. En Europe, les religions ne peuvent être intolérantes et fondamentalistes. Les philosophes ont tendance à être critiques. La vie politique s'efforce d'exclure les discours grandiloquents et d'éviter la violence. L'Europe s'applique à vivre dans la paix et la mesure.

Vue d'autres continents, l'Europe se caractérise par sa dimension culturelle. C'est peut-être là l'originalité la plus marquante des Européens. Qu'ils soient commerçants ou hommes de science, techniciens ou fonctionnaires, chefs d'entreprise ou femmes au foyer, les Européens ont des préoccupations d'ordre culturel. Ils ne s'intéressent pas uniquement à leur salaire, niveau de vie ou succès professionnel, mais se soucient aussi de la qualité de la vie et de l'ensemble des activités dites culturelles. Ils sont prêts à consacrer une certaine attention à des dimensions de la vie ne rapportant rien et ne servant qu'à se sentir davantage soi-même, plus conscients, plus sensibles, plus fraternels, plus enracinés, plus lucides ou plus vivants. Quels sont les éléments que composent le patrimoine culturel commun à tous les Européens ? On peut en distinguer cinq.

Le premier élément du patrimoine commun est l'héritage de la pensée grecque.

Dès les philosophes présocratiques, en passant par Platon et Aristote, c'est la rationalité qui l'emporte en Europe. On ne saurait comprendre l'histoire de l'Europe sans faire allusion à l'histoire des idées, c'est-à-dire l'histoire de la philosophie. La France et l'Allemagne, les pays ibériques et les pays nordiques, l'Italie, le Royaume-Uni et les pays de l'Est jusqu'à la Russie ont donné des noms illustres à la philosophie européenne. Mentionnons, entre autres, Descartes, Kant, Unamuno, Kierkegaard, Thomas d'Aquin, Hume, Dostoievski. Il s'agit d'une seule histoire, d'un seul débat, de langages communs, de questions partagées et de méthodologies affinées. En Europe, on respecte les mythes de chacune des différentes cultures tout en acceptant la plate-forme de la raison comme base commune.

La culture européenne a toujours mis l'accent sur l'individualité humaine.

Dans d'autres traditions culturelles, l'accent est mis sur la communauté et non sur la personne. Eu Europe, dès le droit romain, et en bonne mesure grâce aux idées chrétiennes, on a vu se développer une préoccupation systématique pour la dignité de l'être humain. On s'est efforcé tour à tour de mettre en pratique diverses propositions de libération politique, sociale et psychologique, ayant contribué à respecter davantage et mieux chaque citoyen européen. On a dénoncé les préjugés à l'égard des groupes sociaux marginaux tels que les femmes, les minorités culturelles ou les immigrés. On a mis sur pied des initiatives et des institutions destinées à venir en aide aux plus pauvres et à permettre à tous les citoyens, sans exception, de bénéficier de l'ensemble des progrès économiques. L'Europe inventa les droits de l'homme, et les sociétés européennes ont fait respecter les lois s'inspirant des déclarations des droits des personnes.

L'Europe a été influencée durant des siècles par les grandes églises chrétiennes.

Les idées chrétiennes ont façonné la mentalité et le comportement des Européens. La croyance en la liberté de l'homme contre la fatalité, l'ouverture à l'espérance et le refus des conceptions cycliques ou fermées de l'histoire, l'invitation à vaincre les tendances purement égoïstes, tout cela constitue des aspects importants du message chrétien ayant pénétré toutes les cultures européennes. Les pays catholiques et méditerranéens ont souligné le caractère aimable et sacré de la vie et de la nature. Les pays protestants du Centre et du Nord se sont intéressés à la responsabilité morale de l'homme. Les pays orthodoxes de l'Est ont exploré l'expérience de la vie intérieure en tant que conduite à suivre pour atteindre la plénitude.

Le christianisme, en général, a aidé à définir des utopies et a éveillé la générosité de beaucoup de gens. A certaines époques, il a encouragé l'intolérance et la peur psychologique, mais c'est dans son appel à la responsabilité morale et à la construction de sociétés temporelles correspondant aux désirs d'un Dieu partisan de la dignité humaine, de la justice et de la fraternité que réside sa précieuse contribution à la culture européenne commune.

Les sociétés européennes sont progressivement devenues des sociétés laïques et sécularisées.

Chaque domaine de la culture existe en tant que tel, sans que le domaine religieux, ni aucune autre instance ou autorité supérieure ait besoin de le légitimer. Les arts, les sciences, les idéologies, les religions, les mouvements sociaux et politiques, les associations et les institutions sont présents dans la vie publique, sans imposer de monopole ni de hiérarchie quelconque. La sécularité ne revient pas à exclure la religion ou à la confiner à la vie privée. Elle signifie que le statut social des religions n'implique aucun privilège ni droit de s'imposer en utilisant les mécanismes du pouvoir.

Dans les sociétés séculaires, par ailleurs, les pouvoirs ne sont pas investis d'attributions surnaturelles. Le pouvoir est considéré comme un instrument servant à gérer la vie collective et également comme un pis-aller. L'existence de monarchies dans certains pays de l'Europe n'altère pas ce critère général. Les monarchies sont au service d'une conception démocratique du pouvoir. Le caractère sacré des monarchies et des présidences est d'ordre esthétique et symbolique. La culture européenne est très sécularisée. Tout le monde en Europe sait que les modes esthétiques sont éphémères, que les théories scientifiques dominantes sont provisoires, que les philosophes ne détiennent pas toute la vérité, ni les personnes saintes toute la sainteté, que les systèmes politiques ne garantissent jamais assez bien ni les libertés, ni les solidarités. Les Européens ont appris à vivre en faisant preuve d'une certaine modestie culturelle.

L'Europe a constitué durant de longues époques de son histoire un espace aux frontières très peu marquées.

Les personnes, les idées et les courants artistiques y ont circulé avec grande facilité. L'art roman, l'art gothique, la Renaissance, le romantisme, le baroque, l'art nouveau ainsi que les tendances esthétiques du xxe siècle dans tous les arts ont enrichi les petites et grandes villes de l'Europe entière. Dans les universités, le corps enseignant provenait généralement de tous les pays d'Europe. Les étudiants ont dépassé certaines barrières linguistiques pour lire les œuvres dans le texte.

Ce qui fait la beauté du patrimoine commun européen, c'est l'existence ensemble d'éléments analogues et d'éléments dissemblables. Le gothique de Majorque ressemble à celui de Strasbourg, mais chaque ville européenne est différente et sans pareille. Tout le charme de l'Europe provient de son extraordinaire diversité et de la discrète présence des éléments communs. Une partie importante du patrimoine commun est constituée par le savoir scientifique et technique accumulé durant les derniers siècles.

Pourtant, en Europe, la culture scientifique et technologique ne monopolise pas la connaissance ni l'esprit humain. Les Européens sont, culturellement parlant, multidimensionnels et ne se contentent pas de la culture d'une spécialisation. La sensibilité esthétique et les questions d'ordre moral enrichissent la rationalité scientifique. Du point de vue culturel, l'Europe peut donc se faire sur des bases solides. Cependant, d'importantes questions relatives au présent et à l'avenir de la culture européenne restent à résoudre. Trois questions synthétisent les enjeux actuels. Quels sont les défis auxquels doit faire face la culture européenne actuelle ? Quel est le modèle proposé pour l'unité culturelle européenne ? Quels mécanismes faudra-t-il mettre en place pour que la concertation culturelle désirée soit efficace ?

La culture européenne devra se définir par rapport à trois objectifs principaux.

En premier lieu, il faudra qu'elle se développe indépendamment du modèle culturel nord-américain. Les Etats-Unis exercent une influence marquante sur les idées dominantes et le style de vie de la majorité de la population. La culture nord-américaine est une culture du succès, de la concurrence et de la consommation. Ce ne sont point les paradigmes traditionnels de la culture européenne. L'Europe ne devrait pas opter pour un modèle économiste, mais pour un modèle humaniste permettant d'intégrer dans la vie publique et privée des éléments de type éthique, écologique et esthétique.

Le deuxième défi réside dans la nécessité d'assumer une responsabilité universelle qui soit en harmonie avec les principes fondamentaux de la vie en Europe : la protection des libertés, l'affirmation de la dignité de l'homme et le fonctionnement démocratique. L'Europe devrait donc s'intéresser sérieusement au développement des pays pauvres et veiller à ce que les libertés et la démocratie gagnent du terrain dans le monde entier, ces deux objectifs devant passer avant ses intérêts économiques.

Le troisième défi est la vertigineuse croissance de la culture scientifique et technologique. Pour agir sur la nature et la société même, les sociétés disposent aujourd'hui de pouvoirs que l'on ne pouvait pas imaginer à d'autres époques. Elles peuvent également avoir une influence sur les aspects jusqu'ici mystérieux de la vie humaine. De tels pouvoirs ne serviront les hommes que si l'on développe la conscience morale et multiplie les instances de réflexion et de contrôle. Il nous faut donc encore inventer une démocratie capable de gérer les nouveaux pouvoirs. Les démocraties actuelles ne contrôlent qu'une partie du pouvoir. D'autre part, les réseaux de pouvoir du monde moderne ne tiennent guère compte des frontières délimitant les Etats.

L'unité culturelle de l'Europe n'exclut pas la diversité.

Il faut comprendre l'unité en tant que multiplication des relations culturelles et création d'instances communes, destinées à impulser la créativité des intellectuels, des artistes et de tous les agents culturels, sans vouloir uniformiser. La biologie nous enseigne que la diversification et l'adaptation des espèces constituent leur garantie de survie et de succès. Dans le domaine culturel, l'uniformité aussi appauvrit. La richesse culturelle de l'Europe repose sur la grande diversité de ses langues, traditions, styles, groupes, écoles et tendances. La société civile doit sans cesse engendrer de nouvelles initiatives, et les administrations locales, nationales et européennes doivent être au service des initiatives de la base. Les institutions européennes doivent créer le cadre juridique permettant la concertation internationale, mais ne doivent pas être les protagonistes de la vie culturelle.

La culture possède des aspects subversifs qui ne peuvent être exploités par les administrations. Les institutions européennes peuvent être particulièrement utiles à trois niveaux. D'abord en multipliant les centres européens de recherche dans tous les domaines du savoir et de la créativité. Ensuite, en créant des conditions favorables à la mise en place d'industries culturelles de dimension européenne. Enfin, en favorisant la création d'un réseau de télécommunications au service de la culture européenne et en empêchant les phénomènes de colonisation culturelle au sein de l'Europe et dans chacune des cultures européennes.

Les systèmes scolaires européens doivent contribuer à ce que tous les citoyens aiment leur culture propre et soient capables de se mouvoir avec aisance dans les registres linguistiques et mentaux d'une ou de deux autres cultures. A cet égard, l'enseignement des langues doit faire de sérieux progrès dans la plupart des pays d'Europe durant les années à venir. Au plan culturel, l'évolution des systèmes éducatifs peut être décisive dans le processus d'acheminement vers l'unité européenne. En effet, c'est à l'école que l'on peut apprendre à considérer comme un bien propre le patrimoine commun des Européens et à dépasser les rivalités entre les nations, les confessions religieuses et les options idéologiques. La travail discret des écoles est beaucoup plus important que les grands spectacles de la culture européenne, tels que les expositions, les festivals de masse ou les cérémonies accueillant des personnages célèbres. Les spectacles encouragent la passivité alors que la culture implique créativité et participation. D'autre part, il faudrait penser à un renforcement de la concertation entre universités en tant qu'expérience pionnière pour une Europe de la culture. Les programmes Erasmus et Lingua sont déjà des exemples encourageants de coopération intellectuelle.

L'unitée sera favorisée par des formules nouvelles de concertation culturelle internationale.

Les institutions créées jusqu'ici l'ont été pour stimuler l'unité économique et politique européenne, elles n'ont pas privilégié les aspects ayant trait à l'unité culturelle et tous les pays ne sont pas membres de ces institutions. Dans un tel contexte, il serait utile d'imaginer un Conseil de l'Europe élargi aux pays d'Europe n'en faisant pas encore partie et plus décidé à se convertir en une assemblée responsable de la concertation culturelle. Les représentants des Etats devraient donc être choisis en fonction de leur compétence en matière culturelle, ainsi que pour leur aptitude à élaborer une politique culturelle pour l'Europe. En relation avec le Conseil de l'Europe ou avec l'Unesco, on pourrait créer une conférence permanente pour les cultures européennes ainsi que des conférences par zones géographiques, dont les représentants ne seraient pas avant tout les Etats, mais les cultures nationales, étant donné que dans de nombreux Etats européens il existe en même temps plusieurs langues et cultures. Il faudrait admettre qu'indépendamment de leur poids géographique et politique toutes les cultures sont également dignes. Les administrations correspondant à chacune des cultures européennes enverraient leurs représentants à ces conférences.

L'Europe de la culture n'est pas une invention nouvelle. La culture européenne, unique et diversifiée, existe depuis des siècles. La responsabilité des Européens d'aujourd'hui consiste à créer de nouvelles structures et de nouveaux contenus, afin que l'Europe demeure, dans le monde moderne, un espace où la culture constitue une option prioritaire dans la vie, pour les personnes et pour les peuples.

INSTRUCTION

Un Européen sur deux a arrêté ses études avant 16 ans ■
Analphabétisme au Sud (16 % au Portugal, 8 % en Grèce, 6 % en Espagne),
illettrisme partout ■ Budget danois dix fois supérieur au budget grec
(par habitant) ■ Rapprochement des systèmes d'éducation
et équivalence des diplômes ■ Rythmes scolaires très différents
d'un pays à l'autre ■ Proportion croissante de filles,
mais cycles d'études plus courts ■ Sélection et taux d'échec
en hausse dans l'enseignement supérieur ■
Plus de 6 millions d'étudiants ■ Malaise des enseignants
et déficit de recrutement (sauf RFA, Pays-Bas, Luxembourg)

EDUCATION

42 % des Européens ont arrêté leurs études avant l'âge de 16 ans.

Les personnes ayant fait le moins d'études se trouvent surtout dans les pays du Sud. Les trois quarts des Portugais ont quitté l'école avant 16 ans. C'est le cas aussi d'environ la moitié des Italiens, des Espagnols et des Grecs. Dans tous les pays, les femmes ont fait en moyenne moins d'études que les hommes (surtout en RFA et au Royaume-Uni) et leur proportion est d'autant plus élevée qu'elles sont plus âgées. L'histoire des mentalités et des rapports entre les sexes est inscrite en filigrane dans celle de l'éducation.

A l'inverse, 30 % des Danois ont poursuivi des études à temps plein jusqu'à l'âge de 22 ans ou plus. Ce chiffre s'explique par le fait que l'éducation se situe depuis longtemps au premier rang des priorités danoises (l'évêque Grundtvig fondait la première « haute école populaire » en 1844). La proportion constatée aux Pays-Bas est également élevée : 19 %.

Pourtant, les personnes qui ont fait le plus d'études (jusqu'à 20 ans ou plus) ne sont pas plus nombreuses dans les pays du Nord. Leur proportion est en effet plus grande en Espagne qu'en RFA (mais la proportion d'étudiants est aujourd'hui élevée en Allemagne, voir p. 196) ; elle est presque identique, en Grèce et en Italie, à celle du Royaume-Uni. L'existence de classes sociales plus différenciées et l'attrait des classes aisées pour la culture en Europe méridionale est une explication probable.

L'analphabétisme et surtout l'illettrisme sont encore répandus.

Le nombre d'adultes analphabètes (ne sachant ni lire ni écrire) représente une proportion non négligeable de la population de certains pays : il est estimé à environ 16 % au Portugal, 8 % en Grèce, 6 % en Espagne, 4 % aux Pays-Bas, 3 % en Italie, 2 % en Grande-Bretagne, 1 % en France. A titre de comparaison, le taux d'analphabétisme est estimé à 0,5 % aux Etats-Unis, mais 22 % au Brésil, 31 % en Turquie, 50 % en Algérie, 56 % en Egypte, 57 % en Inde, 67 % au Maroc.

Mais, plus que l'analphabétisme, c'est l'illettrisme (incapacité à lire, comprendre et restituer le sens de textes simples) qui mesure le mieux les difficultés de nombreux Européens à trouver leur place dans la société. Malgré l'école obligatoire, leur nombre ne diminue pas de façon significative. On a pu mesurer qu'une fraction importante des élèves qui entrent dans le second degré se trouve dans cette situation (un quart à l'entrée en 6e en France).

Eurobaromètre

L'INSTRUCTION INEGALE

« A quel âge avez-vous arrêté vos études à temps complet ? » (1989, en %) :

	B	DK	D	E	F	GR	IRL	I	L	NL	P	R-U	CE
• 15 ans ou moins	27,5	16,7	39,2	52,6	30,0	49,3	35,8	57,4	26,4	21,0	73,6	37,1	**41,7**
• 16 - 19 ans	46,6	24,8	46,3	25,5	47,0	34,7	53,3	25,7	48,2	41,1	17,9	44,9	**38,5**
• 20 ans ou plus	25,8	58,5	14,5	22,0	23,0	16,0	10,9	16,8	25,4	37,9	8,5	18,1	**19,8**
Total	100,0	100,0	100,0	100,0	100,0	100,0	100,0	100,0	100,0	100,0	100,0	100,0	100,0

Eurobaromètre

LES LONGUES ÉTUDES

Proportion de personnes ayant poursuivi des études à temps complet jusqu'à l'âge de 20 ans ou plus (1989, en % de la population de plus de 18 ans) :

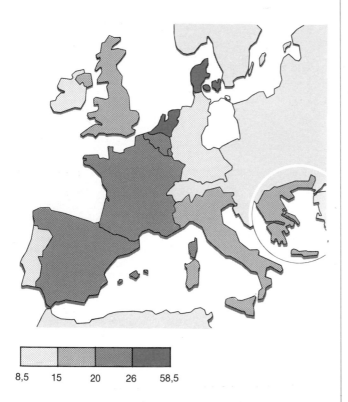

8,5   15   20   26   58,5

■ Au Portugal, les femmes sont plus diplômées que les hommes dans les domaines des sciences, des mathématiques et de la technologie.

■ La durée de la formation pédagogique des enseignants du second degré est de un à deux ans en RFA, un an en France, au Royaume-Uni, en Espagne et aux Pays-Bas, de 5 mois au Danemark, de 16 à 28 semaines en Belgique et de 4 semaines en Grèce.

Les dépenses d'éducation sont du même ordre que celles de santé : entre 3 et 7 % du PIB.

68 millions de jeunes Européens vont à l'école, soit un habitant sur cinq. Le montant total des dépenses d'enseignement représente en moyenne 6 % du PIB, ce qui est comparable au niveau des dépenses de santé. La Grèce, l'Espagne et le Portugal sont ceux qui dépensent le moins (environ 3 %), bien que des efforts importants aient été réalisés depuis quelques années. Le faible taux du Luxembourg s'explique par la quasi-absence d'enseignement supérieur, les étudiants n'étant pas assez nombreux pour justifier la création d'universités.

La part prise en charge par l'Etat dans le financement de l'enseignement est partout prépondérante, la participation de sources privées représentant généralement moins de 1 % du PIB, sauf au Royaume-Uni, où elle dépasse 5 %.

Cultures générales

12 % des Européens pensent que c'est le soleil qui tourne autour de la terre. Les plus convaincus sont les Néerlandais (18 %), les Britanniques (16 %) et les Irlandais (15 %). Les mieux informés sont les Italiens (5 % seulement donnent la mauvaise réponse), les Grecs (6 %), les Espagnols (7 %), les Luxembourgeois (8 %) et les Portugais (9 %). Il semble donc que ceux qui voient le soleil le plus souvent (pays du Sud) connaissent mieux son fonctionnement que ceux des pays au climat moins favorable (à l'exception des Luxembourgeois). Mais la culture générale comprend bien d'autres domaines... (Eurobaromètre, 1989).

43 % des Italiens, 28 % des Britanniques, 26 % des Français et 14 % des Allemands sont incapables de situer les Etats-Unis sur une carte du monde. 67 % des Italiens, 63 % des Français, 61 % des Britanniques et 33 % des Allemands sont incapables de situer le Japon. 31 % des Britanniques, 30 % des Italiens, 14 % des Allemands et 8 % des Français sont incapables de situer la France (Gallup, 1988).

ANALPHABÉTISME : 3 SIÈCLES D'ÉCART

Date de franchissement du seuil de 50 % d'hommes de 20 à 30 ans alphabétisés :

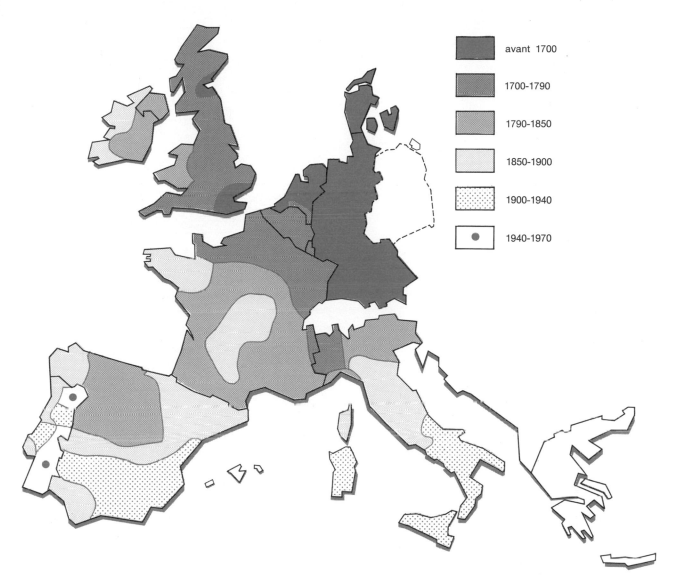

- avant 1700
- 1700-1790
- 1790-1850
- 1850-1900
- 1900-1940
- 1940-1970

Emmanuel TODD, *l'Invention de l'Europe* (Seuil)

Le Danemark dépense dix fois plus par habitant que la Grèce.

Si on ramène les budgets totaux d'éducation au nombre d'habitants, on constate une variation de un à dix entre la Grèce, qui consacre un peu plus de 700 F par habitant à ce poste, et le Danemark, qui en dépense près de 8 000. Les disparités habituelles entre pays riches et moins riches présentent une exception notable, l'Irlande, où le chiffre (plus de 3 000 F par habitant) est voisin de celui du Royaume-Uni. La formation professionnelle des adultes représente en moyenne 5 % des dépenses publiques d'éducation.

Le niveau de priorité accordé à l'éducation et à la formation professionnelle est fortement corrélé à celui du développement économique. Les changements de nature attendus dans les emplois au cours des prochaines années rendent encore plus nécessaire la mise en œuvre de politiques d'éducation adaptées.

La durée de la scolarité obligatoire varie entre 8 et 12 ans.

L'école est en général obligatoire à partir de 6 ans, sauf au Royaume-Uni, aux Pays-Bas et au Luxembourg, où elle commence à l'âge de 5 ans, et au Danemark (7 ans). L'âge de fin de scolarité obligatoire est le plus souvent fixé à 16 ans. Il est de 18 ans en Belgique et en RFA, les études pouvant être suivies à temps partiel entre 15 et 18 ans, dans le cadre d'une formation en alternance. Il est fixé à 14 ans en Irlande, en Italie et en Espagne (un projet de loi prévoit une prolongation jusqu'à 16 ans dans ce pays). En règle générale, les enfants peuvent quitter l'école après y avoir effectué le nombre d'années requis, même s'ils n'ont pas l'âge de fin d'études légal.

5 % POUR L'ÉDUCATION

Dépenses totales consacrées à l'enseignement*
(1988, en % du PIB) :

2,6   3,5   4,9   6,0   7,2

SME, UNESCO

* Y compris les dépenses publiques pour l'enseignement privé au Portugal et au Danemark.

Aux Pays-Bas, une grande réforme est entrée en application en août 1985. L'école primaire et l'école maternelle ont disparu, elles ont été remplacées par l'« école de base ». Le passage du jeu à l'étude se fait de façon plus progressive et à des rythmes différents selon les élèves. Les notions de redoublement et d'échec scolaire sont bannies.

Au Portugal, la réforme mise en place en 1980 prévoit que la maternelle concerne tous les enfants. L'enseignement est obligatoire pendant six ans, bientôt neuf.

L'ÉCOLE MINIMUM

Ages de scolarisation obligatoire :

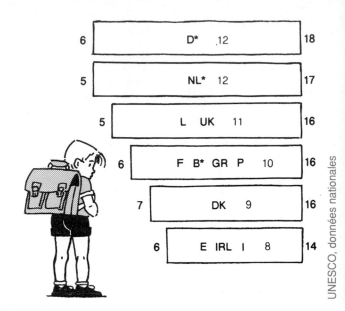

UNESCO, données nationales

* Dont un an à temps partiel aux Pays-Bas (entre 16 et 17 ans), trois ans en Belgique et en RFA (entre 15 et 18 ans).

L'enseignement privé coexiste en général avec l'enseignement public.

La plupart des Constitutions des pays de la Communauté prévoient un droit des parents à choisir le type d'enseignement qu'ils souhaitent donner à leurs enfants. La plupart des pays admettent aussi le principe des subventions à l'enseignement privé. Certains imposent cependant des contraintes en matière de programmes et de pédagogie, afin d'harmoniser l'enseignement privé et public. Ainsi, l'Irlande fixe des normes en matière d'horaires et de jours de classe. L'Italie impose également des horaires, mais laisse la liberté dans la mise en place des structures et des programmes. La RFA et la Belgique reconnaissent la liberté pédagogique des créateurs d'écoles. Aux Pays-Bas, chaque école est libre de s'organiser pour répondre aux objectifs pédagogiques, mais elle doit communiquer son plan à l'inspection. Au Danemark, les programmes d'enseignement sont élaborés par les municipalités.

■ Au Danemark, un même professeur principal accompagne les élèves pendant toute leur scolarité obligatoire et assure la coordination entre les enseignants des diverses matières. La notation est supprimée pendant les sept premières années et réintroduite au cours des huitième et neuvième, pour permettre l'élaboration du livret scolaire final.

DOUZE FAÇONS D'ÉDUQUER

Belgique	Danemark	Espagne	FRANCE
L'enseignement traditionnel comporte trois filières : enseignement général préparant à l'enseignement supérieur ; sections techniques et artistiques préparant à l'enseignement supérieur court (non universitaire) ; enseignement professionnel. Un enseignement « rénové », créé en 1971, coexiste avec le précédent et regroupe la majorité des élèves. Les filières sont remplacées par des options choisies après deux années de « tronc commun ». La première année comporte, parallèlement à la section normale, une section d'accueil pour les élèves en difficulté. La scolarité secondaire est sanctionnée par un certificat d'enseignement secondaire. Le passage dans l'enseignement supérieur nécessite en outre un « certificat de maturité ».	Le système est caractérisé par un « tronc commun » de 9 ou 10 ans, qui commence dès l'âge de 7 ans (*folkeskole*). A partir de la huitième année, les élèves peuvent quitter l'école (s'ils ont quatorze ans) ou se diriger vers un enseignement technique supérieur. Ils peuvent aussi choisir pendant deux ou trois ans des options générales et professionnelles. Ils peuvent enfin entrer dans un premier cycle d'enseignement secondaire (section *real*) et obtenir en deux ans un diplôme de fin d'études (*realksamen*) qui leur ouvre les portes des écoles techniques ou d'enseignement paramédical, ou l'enseignement secondaire du second cycle des lycées (*gymnasium*). L'examen final du second cycle (*studentereksamen*) conditionne l'entrée à l'université.	L'éducation générale de base (*Educacíon general básica*) est obligatoire et gratuite de 6 à 14 ans. L'enseignement religieux n'est plus obligatoire, mais le droit à une formation morale et religieuse conforme aux convictions des parents est garanti. Les 17 communautés autonomes peuvent se voir accorder des compétences en matière d'éducation. Après avoir terminé l'enseignement primaire, les élèves entrent normalement dans l'école secondaire (*Bachillerato unificado polivalente*). Celle-ci dure trois ans pour des élèves de 14 à 16 ans. Les autres vont dans des écoles de formation professionnelle, à partir de 15 ou 16 ans. L'entrée dans les universités d'Etat ou privées se fait après réception au cours d'orientation universitaire (COU) et examen d'entrée.	La scolarité est obligatoire jusqu'à 16 ans. L'entrée au collège est automatique après l'école primaire. Les deux premières années constituent un « cycle d'observation » commun, qui peut donner lieu à une orientation vers des classes de préapprentissage, ou préparant en un an au certificat d'études primaires, ou en trois ans au certificat d'aptitude professionnelle. Il est suivi de deux années de « cycle d'orientation », qui propose des options. L'enseignement au collège est sanctionné par un brevet. Les lycées d'enseignement général et les lycées techniques dispensent un enseignement long : après une année de « détermination », les élèves choisissent une spécialisation en sciences, lettres, économie ou technique. Ce cycle conduit au diplôme du baccalauréat. Les lycées d'enseignement professionnel dispensent un enseignement court et préparent en deux ans au brevet d'études professionnelles ou au CAP déjà mentionné.

Grèce	Irlande	Italie	Luxembourg
De façon à lutter contre l'analphabétisme, la Grèce a créé depuis quelques années un grand nombre d'écoles primaires. L'enseignement du grec ancien a été abandonné en 1976 au profit du grec courant (démotique). L'enseignement religieux est dispensé dans toutes les écoles, publiques ou privées. Après les six années d'école primaire, l'enseignement secondaire s'étale aussi sur six ans : trois au *gymnase* (instauré en 1976), trois au lycée (établissement d'enseignement général ou technique et professionnel). L'entrée est subordonnée à la réussite à un examen. Un diplôme (*apolitirion*) est délivré aux élèves à la sortie. L'entrée aux universités se fait sur concours.	Les écoles secondaires sont privées. Les établissements sont pour la plupart gérés par les autorités religieuses. L'Etat contrôle les programmes et les nominations de personnel et prend en charge les trois quarts des dépenses. Il existe quatre types d'établissements : écoles secondaires de premier et second cycle ; *comprehensive schools* dispensant un enseignement à la fois classique et professionnel ; *community schools* polyvalentes (créées en 1972) ; écoles professionnelles, administrées par un comité élu par les autorités locales, que les élèves peuvent quitter à 16 ans ou à l'obtention d'un certificat de fin d'études. L'accès à l'enseignement supérieur est lié à la réussite à un examen, ainsi qu'à l'obtention de distinctions dans au moins six matières.	La *licenza elementara*, qui sanctionne les études de premier degré (d'une durée de cinq ans), permet d'accéder au secondaire par l'école moyenne (*scuòla media* créée en 1962). L'enseignement se compose d'un tronc commun de matières et de disciplines facultatives. L'enseignement religieux est obligatoire. A la fin de ce cycle, la *licenza di scuòla media* permet d'entrer dans le second cycle : lycées classiques, scientifiques ou artistiques, ou instituts techniques donnant accès à l'enseignement supérieur. Des instituts professionnels forment des ouvriers qualifiés qui peuvent ensuite intégrer l'enseignement postsecondaire.	L'enseignement primaire débouche sur trois types d'établissements secondaires : cours complémentaires jusqu'à l'âge de 15 ans ; lycées d'enseignement général ; lycées d'enseignement technique. Après une année d'orientation, les élèves choisissent l'enseignement classique (latin) ou moderne (langues vivantes). L'enseignement moyen de cycle court, créé en 1965, dure cinq ans. L'enseignement professionnel est dispensé par l'école des arts et métiers en ce qui concerne l'industrie et l'artisanat, l'école technique pour les ingénieurs-techniciens et diverses écoles de spécialisation (commerce, hôtellerie, agriculture). Le nombre de jeunes susceptibles de suivre un enseignement supérieur étant réduit, celui-ci se déroule dans d'autres pays. Leurs diplômes sont reconnus par l'administration.

L'Europe des Communautés (la Documentation française)

DOUZE FAÇONS D'ÉDUQUER (Fin)

Pays-Bas	Portugal	RFA	Royaume-Uni
Le système éducatif se caractérise par sa flexibilité. Après l'école primaire, la première année du cycle secondaire *(burkglass)* constitue une orientation vers l'un des trois types d'enseignement. L'enseignement général préparant aux études supérieures *(VWO)* est dispensé dans les *gymnasiums* (de type classique), les *athenums* (langues vivantes, sciences d'observation ou sciences sociales) ou les *lyceums* (mixtes) et dure six ans. L'enseignement général dure quatre ans *(MAVO)* ou cinq ans *(HAVO)* ; il ne conduit pas à l'université mais à un enseignement postsecondaire supérieur. Enfin, l'enseignement technique et professionnel comporte trois niveaux (premier et second cycle, cycle universitaire).	Le réseau d'écoles couvre aujourd'hui tout le pays (au moins une école par commune). La maternelle est en principe obligatoire pendant un an, mais la plupart des enfants arrivent sans préscolarisation à six ans, du fait d'un nombre d'écoles insuffisant. Depuis 1987, les élèves doivent effectuer six années dans le primaire, composées de quatre années de cycle primaire et de deux de cycle préparatoire. Elles précèdent les trois années de cours général unifié de l'enseignement secondaire. Le troisième cycle dure trois ans et prépare à un métier dans une école spécialisée ou l'entrée dans l'enseignement supérieur (trois ans). Le Portugal compte douze universités d'Etat (contre trois en 1970), cinq privées et quinze instituts polytechniques offrant un enseignement supérieur de courte durée (niveau licence).	L'enseignement est l'une des missions confiées aux *Länder* par la loi de 1948. La coordination est assurée par la conférence permanente des ministres de l'Education et la commission pour la planification de l'enseignement. Après une scolarité primaire réduite à quatre années, les élèves sont orientés vers l'un des trois types d'enseignement secondaire distincts. L'enseignement court de la *Hauptschule* dure cinq ans, procurant un accès rapide à la vie professionnelle ; la scolarité est obligatoire jusqu'à 15 ans et se poursuit à temps partiel jusqu'à 18 ans, en même temps que l'apprentissage. Il permet d'accéder à l'enseignement technique, puis aux écoles d'ingénieur. L'enseignement moyen de la *Realschule* compte une année de plus et prépare aux professions tertiaires. Enfin, l'enseignement long du *Gymnasium* (lycée) mène en neuf ans au diplôme de l'*Abitur* et constitue la filière normale vers l'enseignement supérieur. Pendant leur scolarité, les élèves peuvent passer d'un cycle à la classe correspondant d'un autre cycle. L'école intégrée *(Gesamtschule),* créée récemment, prévoit un enseignement en trois étapes : une période indifférenciée ; une période de différenciation progressive ; un cycle terminal pour certains élèves. Elle n'accueille que 6 % des effectifs.	En Angleterre et au pays de Galles, l'enseignement secondaire est dispensé après quatre ou six années d'école primaire par trois types d'établissements : écoles intégrées (*comprehensive schools* créées en 1964) accueillant 90 % des élèves jusqu'à 16 ans, fin de la scolarité obligatoire ; enseignement classique dans les *grammar schools* jusqu'à 18 ans, après admission sur examen ; enseignement général court, orienté vers la vie moderne, dans les *modern secondary schools*. Un système d'éducation post-scolaire *(further education)* est destiné aux jeunes ayant terminé leur scolarité obligatoire. Ils étudient à temps partiel ou plein, en cours du soir ou en alternance avec des périodes de travail. Le système en vigueur en Ecosse est particulier. L'enseignement secondaire commence à l'âge de 13 ans par une période d'orientation et conduit au certificat d'études de niveau ordinaire ou supérieur.

L'éducation est partout conditionnée par des valeurs à la fois universelles et nationales.

Selon Miklos Szabolcsi, historien de la pédagogie en Europe, l'introduction de données ou de conceptions nationales dans l'éducation a commencé au XVIIIe siècle. Elle s'est amplifiée au XIXe, sous l'impulsion des pouvoirs politiques et des opinions publiques. Les identités nationales étaient alors devenues moins dépendantes des valeurs religieuses et idéologiques et accordaient une place plus grande aux traditions. Dans des pays comme l'Allemagne et l'Italie, l'idée de nation commença à supplanter la religion d'Etat à partir de la fin du XIXe siècle. Dans beaucoup de pays, l'ethnocentrisme prit le pas sur l'universalisme qui avait longtemps imprégné l'éducation.

Ce réveil des nationalismes peut s'expliquer par une peur du modernisme qui met en cause les valeurs établies et perd ou détourne le sens de certaines coutumes ancestrales. Il est à nouveau à l'ordre du jour dans certains pays, en réaction contre l'incertitude engendrée par l'évolution géographique, politique et culturelle de l'Europe.

La hiérarchie des disciplines dépend des particularismes nationaux.

Si les matières enseignées dans la CE sont pratiquement identiques, le contenu des programmes varie selon les pays. L'importance accordée aux matières littéraires semble être liée à l'existence d'une forte tradition culturelle, comme dans les pays latins, à l'exception de la France (pays de Descartes), où les mathématiques jouent un rôle prépondérant et servent très tôt de critère de sélection entre les élèves.

Le pragmatisme de l'enseignement, qui passe surtout par les disciplines scientifiques, est plus apparent dans les pays du Nord comme la RFA, le Danemark ou les Pays-Bas. La culture professionnelle, destinée à permettre aux individus de s'intégrer facilement et efficacement dans leur vie professionnelle est privilégiée par rapport à la culture générale, considérée comme plus personnelle.

Certaines matières non scientifiques comme l'histoire laissent place à des interprétations spécifiquement nationales que l'on retrouve dans les manuels (voir ci-dessous).

La guerre racontée aux enfants

Les manuels d'histoire transmettent des visions différentes de la Seconde Guerre mondiale selon les pays. D'après l'historien Marc Ferro (auteur de *Comment on raconte l'histoire aux enfants à travers le monde entier*, éditions Payot), ceux de RFA insistent sur le nombre de civils morts par suite des bombardements et sur celui des personnes déplacées. En Italie, ils montrent que ce sont les Italiens qui ont le mieux protégé les juifs de la menace nazie. Les livres français ne s'appesantissent pas sur le soutien populaire accordé à Pétain, ni sur l'hostilité à la Résistance due à la peur des représailles allemandes. Les manuels espagnols parlent peu des dimensions psychologique et idéologique de la guerre. Les textes anglais, dans l'ensemble plutôt objectifs, n'évoquent guère les résistances qui se sont développées dans les divers pays, de même que la terreur nazie en Tchécoslovaquie, en Pologne ou en Russie.

Les manuels non européens ne sont pas moins discrets sur certains aspects de la guerre : aux Etats-Unis, ils ne comportent aucune illustration du bombardement d'Hiroshima ; en URSS, ils omettent le massacre de Katyn, l'annexion des pays baltes ou le rôle de l'Armée rouge lors des soulèvements de Varsovie.

Les systèmes d'éducation se sont rapprochés.

Si les différents pays de la Communauté ont gardé certaines spécificités en matière d'éducation, on constate dans tous les pays un certain nombre de tendances semblables : allongement de la scolarité obligatoire ; multiplication des « troncs communs » avant les périodes d'orientation ; développement des classes mixtes ; sélection croissante à l'entrée dans l'enseignement supérieur.

On observe en outre depuis quelques années une tendance à l'harmonisation, dans la perspective de l'Europe de 1993 et de la libre circulation des étudiants. Celle-ci devrait se poursuivre, sous l'effet des directives et des programmes mis en place par la Commission européenne (voir ci-après).

La sélection, officielle ou non, est de plus en plus courante.

Le passage dans le cycle secondaire inférieur est automatique dans certains pays : Danemark, Espagne, France, Grèce, Portugal, ainsi qu'en Ecosse. Dans les autres pays, il est soumis à une orientation sur dossier ou sur examen.

Le « tronc commun » des études secondaires était apparu dans beaucoup de pays comme la meilleure façon d'accueillir sans sélection ni discrimination tous les élèves de 11 à 16 ans. Le collège unique français ou la *comprehensive school* anglaise avaient été créés dans ce but. L'expérience montre qu'il est très difficile de supprimer toute forme de sélection et d'offrir à tous les jeunes la même culture générale. La sélection réapparaît donc dans de nombreux cas (classes bilingues des collèges français réservées aux meilleurs élèves du primaire, instauration d'options hiérarchisées en Grande-Bretagne, filières longues et courtes de l'Allemagne, etc.). Au Portugal, l'accès à l'université dépend du nombre de places disponibles et des notes obtenues ; les étudiants sont donc souvent contraints à de grands déplacements ou à des orientations qu'ils n'ont pas choisies. La démocratisation de l'enseignement reste un objectif louable, mais difficile à atteindre.

Une harmonisation de l'enseignement est en cours dans la Communauté.

Si elle veut former des diplômés compétitifs face à ceux des Etats-Unis et du Japon, l'Europe devra réformer et harmoniser les systèmes éducatifs des pays membres. Les experts préconisent en particulier l'établissement de liens plus étroits entre l'école et l'entreprise, une actualisation plus régulière des connaissances par le biais de la formation continue et l'enseignement systématique de trois langues (dont l'anglais).

Dans ce contexte, le programme ERASMUS *(European community action scheme for the mobility of university students)*, adopté en juin 1987, finance des programmes d'échanges interuniversitaires qui concernent potentiellement 3 600 établissements d'enseignement supérieur et 6 millions d'étudiants. L'objectif poursuivi est que 10 % d'entre eux fassent leurs études dans un autre pays de la CE. La proportion n'était que de 1 % avant la mise en place du programme, soit moins qu'au Moyen Age !

Le programme COMETT *(Community program in education and training for technology)*, adopté en juillet 1986, a pour vocation de susciter et de soutenir des projets de formation aux nouvelles technologies qui associent des établissements d'enseignement supérieur et des entreprises. Comme ERASMUS, il a connu un très rapide succès :

IRLANDE

BY 1992 WILL YOU BE ABLE TO
SPEAK THEIR LANGUAGE?

EUR**OPE**N
THINK AHEAD – *ACT NOW*

The Helme Partnership

« D'ici à 1992, saurez-vous parler leur langue ? »

Les écoles à l'heure européenne

Les écoles font de plus en plus d'efforts pour mettre en œuvre des programmes d'enseignement communs et décerner des diplômes européens. Le Collège d'Europe de Bruges (Belgique), fondé en 1949, est le plus ancien des instituts ayant un enseignement axé en totalité sur l'Europe. Les études durent un an et sont consacrées aux questions économiques et politiques. A Florence, l'Institut universitaire européen accueille des étudiants chercheurs en provenance des pays de la Communauté et leur fournit une formation scientifique et culturelle en sciences sociales et humaines.

Les établissements d'enseignement supérieur qui jouent la carte européenne sont de plus en plus nombreux, surtout parmi les écoles de commerce. L'*European business school* proposait dès 1967 une formation obligatoire et des stages à Londres, Francfort et Paris. Elle s'est depuis implantée à Madrid et Bruxelles. L'association entre HEC (Paris), l'*Escuela superior de administracion y direccion de empresas* (Barcelone), l'*Universita commerciale Luigi Bocconi* (Milan) et l'*Universität* de Cologne a donné naissance à la *Community of european management schools*.

2 544 projets présentés en 1987 (618 retenus); plus de 1600 en 1988 (733 retenus). Le programme COMETT II, qui a pris le relais en 1990, dispose d'un budget plus important : 200 millions d'écus pour une période de cinq ans, contre 45 millions sur trois ans pour le précédent.

Le principe de l'équivalence des diplômes est reconnu.

L'accord signé en juin 1988 prévoit une reconnaissance mutuelle des diplômes dans tous les pays de la Communauté. Tous ceux qui disposent d'un diplôme sanctionnant une formation d'au moins trois années après la fin du second degré (baccalauréat français ou équivalent) peuvent exercer leur profession indifféremment dans l'un des douze pays membres. Certaines professions faisaient déjà l'objet de réglementations particulières (médecins, dentistes, vétérinaires, sages-femmes, architectes, avocats, etc.). Un ingénieur italien peut donc se faire recruter par une entreprise espagnole, un pilote de ligne anglais travailler dans une compagnie aérienne néerlandaise, un agent de change français opérer sur une place financière allemande, etc.

Dans certains cas, cependant, il est nécessaire de passer des « tests d'aptitude » ou de suivre des stages d'adaptation permettant de vérifier ou d'améliorer la connaissance des spécificités du pays dans lequel on veut exercer. Des mesures protectionnistes existent encore au niveau national ou corporatiste. Des monopoles d'embauche existent ainsi au niveau syndical en Grande-Bretagne (2,5 millions de salariés sont concernés) ou en France (chez les dockers et les employés du livre). Enfin, l'accès aux emplois de fonctionnaires échappe à la liberté d'établissement.

■ Au Portugal, les instituteurs élisent leur directeur d'école.

■ En Angleterre, la *Broad Heath School* de Coventry accueille 450 enfants de 4 à 12 ans dont plus de 80 % ont des parents originaires de l'Inde, du Pakistan ou des Antilles. On y parle douze langues ; on y enseigne quatre religions et on y célèbre les fêtes chrétiennes et asiatiques.

■ En Espagne, les femmes analphabètes sont presque trois fois plus nombreuses que les hommes : 1 300 000 (soit 8,8 %) des plus de 16 ans, contre 500 000 hommes (3,6 %).

■ S'ils avaient (ou avaient eu) le choix, 36 % des Européens de 18 à 30 ans auraient fait leurs études aux Etats-Unis, 15 % en Grande-Bretagne, 11 % en France, 5 % en RFA.

■ Les instituteurs luxembourgeois enseignent couramment en trois langues : le luxembourgeois pour les échanges quotidiens ; l'allemand pour les sciences et les mathématiques, le français pour les disciplines d'éveil non scientifiques.

■ En Allemagne, un accord signé en 1964 entre les *Länder* a permis une harmonisation des systèmes scolaires : rythmes scolaires, dénominations des établissements, critères d'évaluation, etc. Pour faciliter l'enseignement global, il est prévu que, sur 40 semaines de classe, 10 sont consacrées à la réalisation de projets choisis par les enseignants.

■ Une directive de la Communauté adoptée en 1977 oblige les Etats membres à offrir aux enfants des travailleurs étrangers un enseignement gratuit dans la langue du pays d'accueil, ainsi qu'un enseignement de leur langue maternelle et de leur culture d'origine.

■ Aux Pays-Bas et au Royaume-Uni, les enseignants ne font pas partie de la fonction publique. Ils peuvent donc aller enseigner dans un autre pays de la Communauté.

■ Le programme Lingua adopté en 1989 est destiné à développer la connaissance et l'apprentissage des langues nationales de la Communauté. Il dispose d'un crédit de 200 millions d'écus à dépenser entre 1990 et 1994.

SCOLARITÉ

A 6 ans, la plupart des enfants de la CE sont scolarisés.

L'école obligatoire commence entre 5 et 7 ans selon les pays. Elle est généralement précédée d'une période prépri-maire entre 3 et 4 ans, sauf au Danemark où elle ne débute qu'à l'âge de 4 ans et demi et n'est pas obligatoire.

L'abaissement récent de la natalité a entraîné une dimi-nution des effectifs dans le préprimaire et le primaire (pre-mier degré). Au contraire, le « baby-boom » des années 60 a provoqué une forte progression du nombre des élèves dans le second degré et surtout dans les universités. L'allongement de la durée de la scolarité explique égale-ment ce phénomène : à 19 ans, 27 % des jeunes Européens sont encore scolarisés ; ils n'étaient que 19 % en 1970.

Au total, près des trois quarts des jeunes âgés de 5 à 25 ans suivent un enseignement. La plus forte proportion est de 82 % en Belgique et en France, la plus faible est de 63 % en Grande-Bretagne. 12 % de l'ensemble des élèves sont inscrits dans le préprimaire, 34 % dans le premier degré, 45 % dans le second degré, 9 % dans le troisième degré.

La population scolaire européenne, tous niveaux confon-dus, a atteint son maximum en 1977-1978 : 72 millions d'élèves et étudiants. On n'en comptait plus que 68 millions à la rentrée 1988-1989, soit 21 % de la population totale.

Maternelles ou jardins d'enfants

Le nombre de places offertes dans des structures (collectives ou familiales) ne permet d'accueillir en général qu'une faible proportion des enfants de moins de 3 ans : 1,2 % aux Pays-Bas, 2 % en RFA et au Luxembourg, 5 % au Portugal et en Italie. La capacité d'accueil atteint 13 % en Belgique, 17 % en France et 42 % au Danemark (où le taux d'activité féminine est élevé). Elle est insignifiante en Irlande.

A partir de 3 ans, la maternelle supplante le plus souvent les autres formes de garde. C'est le cas par exemple en France, où 95 % des enfants de 3 ans fréquentent l'école maternelle (33 % à 2 ans). La proportion est de 93 % en Belgique, 85 % en Italie, 80 % en RFA, 66 % au Danemark, mais seulement 16 % aux Pays-Bas, 12 % au Portugal, 10 % au Luxembourg.

Dans les pays anglo-saxons, le système de préscolarisation est plus familial. En Grande-Bretagne, 20 % des enfants de moins de 5 ans vont dans des *nursery schools* d'Etat, 30 % dans des *play groups* quelques demi-journées par semaine. Les autres restent à la maison.

Les cours sont répartis très différemment sur la journée, la semaine et l'année selon les pays.

Les élèves britanniques, danois, néerlandais, italiens, luxembourgeois et allemands ont au moins 200 jours de classe par an dans l'enseignement primaire (jusqu'à 240 aux Pays-Bas) ; les autres travaillent environ 180 jours. Dans le secondaire, l'année scolaire a la même durée que dans le primaire, sauf dans quatre pays : elle diminue en Espagne, passant de 220 jours à 170 jours, et aux Pays-Bas (195 au lieu de 200 à 240) ; elle augmente au contraire en France et en Irlande, passant de 180 jours à 200 jours (maximum).

Les procédures de fixation des rythmes scolaires sont plus ou moins décentralisées selon les pays. Au Royaume-Uni, l'année scolaire dure 200 jours répartis sur trois tri-mestres ; les autorités locales sont libres de fixer les dates des vacances. En Grèce, l'année scolaire ne dure que 175 jours dans le primaire et le secondaire ; les dates des va-cances scolaires sont fixées par l'autorité centrale.

Dans la plupart des pays, les élèves du premier degré travaillent essentiellement le matin.

Les écoliers espagnols sont les seuls à aller en classe jus-qu'à 17 h (mais ils ont une longue interruption entre 12 h et 15 h). La journée s'arrête en général à 13 h 30 en RFA, en Grèce, au Portugal et en Italie (12 h 30 dans le primaire), à 14 h 30 en Irlande et au Luxembourg, à 15 h 30 au Royaume-Uni et aux Pays-Bas, à 15 h 55 en Belgique.

Les élèves commencent à 8 h en RFA, au Luxembourg et au Danemark, à 8 h 15 en Grèce, 8 h 30 au Portugal, en Italie et en France, à 8 h 45 aux Pays-Bas, à 9 h au Royaume-Uni, en Irlande et en Espagne. Les Belges commencent à 7 h 50 dans le premier cycle (8 h 25 dans le primaire). Les interruptions pour le déjeuner sont aussi très variables : 1 heure 30 au Royaume-Uni et aux Pays-Bas, 1 heure 40 en Belgique, 2 heures au Luxembourg, 3 heures en Espagne. Elles ne sont pas prévues dans les pays où les enfants terminent à 13 h 30.

Les élèves français, italiens et luxembourgeois sont les seuls à avoir classe le samedi. C'est aussi le cas des Alle-mands une semaine sur deux et des Portugais dans certaines écoles.

■ La journée anglaise comprend habituellement quatre sessions (deux le matin, deux l'après-midi) ; les plus jeunes travaillent en moyenne 4 heures et demie par jour, les plus grands 5 heures et demie.

■ Au Portugal, les vacances scolaires du primaire vont du 1er juillet au 21 septembre. Elles vont du 1er juillet au 14 septembre en Espagne, du 1er juillet au 18 août aux Pays-Bas, du 1er juillet au 24 août au Danemark.

■ Les écoles grecques et luxembourgeoises ne disposent pas de cantines ou de restaurants scolaires.

À CHACUN SON RYTHME

Durée des cours dans le primaire et le secondaire (1989-1990) :

	Primaire			Secondaire (1er cycle)	
	Séquences par semaine	Durée de la séquence (minutes)	Heures/an	Heures/semaine	Heures/an
• Belgique	25	60	950	32 à 36	1 216 à 1 368
• Danemark	18 à 26 (1)	45	540 à 780	27	1 080
• Espagne	25	60	875	31	1 085
• FRANCE	27	55	972	30,3	1 067
• Grèce	23 à 25 (1)	40	603 à 658	30	1 020
• Irlande	23	60	805 à 897	30	1 050 à 1 170
• Italie	24	60	792 à 864	30	1 080
• Luxembourg	26,5	60	954	26,5	954
• Pays-Bas	22 à 25	45	660 à 768	28 (2)	1 120 à 1 148
• Portugal	24 à 30	45 à 55	750 à 860	33	1 056 à 1 120
• RFA	20 à 26 (1)	45	600 à 780	32	1 280
• Royaume-Uni	24 à 26	35	560 à 620	27 (2)	1 080

(1) Horaire croissant progressivement d'une classe à l'autre.
(2) Horaire minimum.

Les systèmes éducatifs en Europe

ESPAGNE

« Tendres études. »

RCP/S & SA

Vacances à géométrie variable

Les vacances d'été durent six semaines aux Pays-Bas, en RFA, au Royaume-Uni et au Danemark, deux mois pleins en Belgique et au Luxembourg, neuf semaines en France, deux mois et demi en Espagne, trois mois en Italie et en Grèce. Celles de Noël et de Pâques durent une quinzaine de jours dans tous les pays. Celles de la Toussaint n'existent qu'en RFA, en France et au Luxembourg. Seule la France a intégré dans le calendrier scolaire des vacances en février.

Au Royaume-Uni, en Italie et surtout en RFA, les dates des vacances d'été dépendent des autorités locales. La France, la Belgique et le Luxembourg s'efforcent d'équilibrer les périodes de classe et de vacances (toutes les 7 semaines en France).

Les filles sont de plus en plus nombreuses à poursuivre des études, mais elles suivent des cycles plus courts que les garçons.

On constate une nette augmentation de la présence féminine à la fin du second degré et dans le troisième degré (enseignement supérieur). Entre 1970 et 1985, la proportion de lycéennes parmi les filles de 15 ans est passée de 62 % à 94 % ; à 18 ans, elle est de 39 %, contre 23 % quinze ans plus tôt. Dans le troisième degré, la proportion de femmes est proche de 90 %, contre 60 % en 1972. Le cas le plus spectaculaire est celui de l'Espagne où il n'y avait que 35 filles pour 100 garçons à l'université en 1970, alors que les deux sexes sont pratiquement à parité aujourd'hui.

On constate cependant que les filles entreprennent plus souvent des études de type court que les garçons. Ainsi, les jeunes filles poursuivant des études supérieures de type non

ÉCOLIERS ET VACANCIERS

Semaines de classe et de vacances par an, 1990 (primaire et secondaire) :

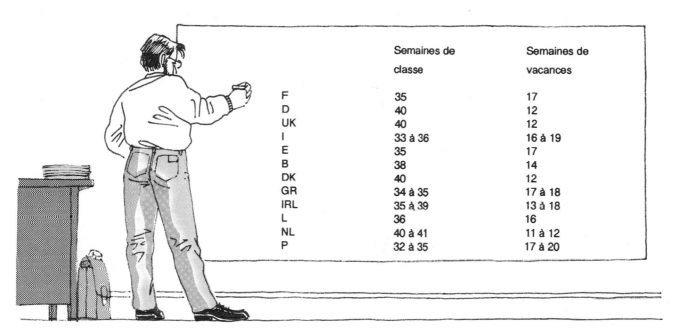

	Semaines de classe	Semaines de vacances
F	35	17
D	40	12
UK	40	12
I	33 à 36	16 à 19
E	35	17
B	38	14
DK	40	12
GR	34 à 35	17 à 18
IRL	35 à 39	13 à 18
L	36	16
NL	40 à 41	11 à 12
P	32 à 35	17 à 20

Les systèmes éducatifs en Europe, La Documentation française

universitaire sont majoritaires en Belgique, RFA, Italie. Mais elles sont très minoritaires dans ces trois pays (ainsi que dans les neuf autres, à l'exception de la France) dans les effectifs d'étudiants de niveau plus élevé.

L'échec scolaire commence dès le premier degré.

Le nombre des diplômés a augmenté régulièrement dans les pays de la CE, du fait de l'accroissement des effectifs lié à la pyramide des âges et à l'entrée en nombre des femmes dans l'enseignement supérieur. Mais l'échec scolaire reste élevé, surtout dans les couches défavorisées des populations, en particulier chez les enfants d'immigrés.

L'âge moyen des paliers d'orientation varie largement selon les pays. Il se situe très tôt en RFA (10 ans) et très tard au Danemark (16 ans), deux pays très attachés à l'éducation. Il a lieu vers 12 ans dans les pays du nord de la Communauté (Royaume-Uni, Irlande, Luxembourg, Pays-Bas) et 13 ans en France et en Belgique. Il est plus tardif dans les pays du Sud : 14 ans en Espagne, Portugal, Italie ; 15 ans en Grèce.

En Belgique et au Portugal, le taux de redoublement dépasse 10 % (premier degré).

C'est le système de sélection mis en place qui explique la situation de la Belgique. Celle du Portugal est due au manque d'écoles et de professeurs et à la difficulté de nom-

breuses familles à permettre à leurs enfants de suivre une scolarité normale. Dans d'autres pays comme le Danemark, une politique de promotion automatique est au contraire assurée dans le premier degré (voir encadré page suivante).

Les taux de redoublement sont toujours plus élevés dans le second degré. Au total, entre un tiers et la moitié des jeunes d'une génération obtiennent un diplôme de fin d'études secondaires leur permettant théoriquement d'accéder à l'enseignement supérieur. Les filles sont partout plus nombreuses que les garçons dans ce cas, sauf en RFA.

La proportion de personnes d'une génération obtenant un diplôme d'enseignement supérieur est en général supérieure à 10 %, sauf au Portugal, en Italie et en Grèce. Dans tous les pays, les jeunes femmes sont plus nombreuses que les hommes à obtenir un diplôme supérieur de type non universitaire, mais la situation est inversée pour les niveaux supérieurs.

■ Le nombre d'élèves par classe dans le primaire varie est voisin de 20 en RFA, Italie, Belgique, Danemark, France. Il atteint ou dépasse 30 au Royaume-Uni et en Espagne.

■ Un enseignement des langues vivantes est prévu à l'école primaire dans cinq pays : Belgique, Danemark et Pays-Bas (2 heures par semaine pendant les deux dernières années) ; Italie (3 heures par semaine à des périodes non fixées) ; Luxembourg (5 à 7 heures par semaine pendant toute la scolarité).

■ En 1960, moins de 10 % des 20-24 ans suivaient une formation complémentaire ; la proportion est aujourd'hui de 25 %.

UNESCO

ÉCHECS ET MATHS

Proportion de redoublants (vers 1988, en %) :

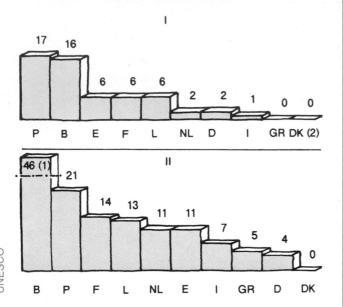

I

17 16 6 6 6 2 2 1 0 0

P B E F L NL D I GR DK (2)

II

46 (1) 21 14 13 11 11 7 5 4 0

B P F L NL E I GR D DK

(1) Les données se rapportent à l'ensemble de l'enseignement du second degré.
(2) Politique de promotion automatique.

Danemark : des expériences originales

Au Danemark, l'ensemble du système scolaire a pour but de réduire ou de supprimer l'échec scolaire. Ainsi, certains établissements (réseau *Tvind*) accueillent les élèves en difficulté et construisent leurs programmes autour d'un projet de voyage lointain effectué dans un car acheté d'occasion. La préparation du voyage est l'occasion d'étudier une langue étrangère et la civilisation correspondante... et la mécanique. A l'étranger, les élèves effectuent des stages chez des artisans. Les connaissances accumulées servent de support à la formation après le retour.

Dans une optique similaire, les bacheliers danois qui n'ont pas assez de points pour aller à l'université de leur choix peuvent travailler un ou deux ans pour acquérir les points manquants.

La CE compte plus de 6 millions d'étudiants.

Le nombre des étudiants de l'enseignement supérieur (troisième degré) n'a cessé d'augmenter, passant de 3,5 millions en 1970 à 6,5 millions aujourd'hui. Parmi eux, environ 300 000 sont des étrangers qui viennent faire leurs études en Europe. Plus du tiers ont choisi la France.

Moins de 2 % des étudiants de la Communauté font leurs études dans un autre pays de la CE. La Grèce, le Portugal et l'Espagne « exportent » beaucoup plus d'étudiants qu'ils n'en accueillent. La France, la RFA, l'Italie et la Belgique sont dans la situation inverse. La Grande-Bretagne, l'Irlande et le Danemark ont des bilans plus équilibrés.

Les étudiants britanniques se répartissent entre la France et l'Allemagne. Les Italiens et les Néerlandais sont attirés par la Belgique et l'Allemagne, les Danois par l'Allemagne. Les plus mobiles sont les Grecs, qui se rendent en majorité en Italie et en Allemagne, mais aussi en France et en Grande-Bretagne. Les étudiants allemands sont beaucoup plus nombreux en France que les Français en Allemagne.

FRANCE

Grand Larousse en 5 volumes.
Il veille à ce que le corps et l'esprit
se développent harmonieusement.

Grand Larousse en 5 volumes. Si grand que nous l'avons coupé en 5.

Saatchi & Saatchi Advertising

■ 55 % des étudiants allemands (RFA) et 49 % des français considèrent que la meilleure formation des cadres supérieurs est une formation généraliste initiale de haut niveau. 71 % des étudiants espagnols, 71 % des britanniques, 63 % de ceux du Benelux et 62 % des italiens donnent la préférence à une formation initiale de base complétée par une formation continue de haut niveau après quelques années d'expérience professionnelle.

6 MILLIONS D'ÉTUDIANTS

Nombre d'étudiants du 3ᵉ degré (nationaux, 1987-1988, et étrangers, 1985-1986, en milliers) :

RFA : le *Dual System*

Le système alterné d'enseignement professionnel et d'apprentissage mis en place en Allemagne apparaît comme une parade efficace contre le chômage. Depuis 1983, les *Länder* doivent assurer à tous les jeunes en fin de scolarité au moins six mois de formation de base et/ou d'expérience professionnelle. Les apprentis sont liés aux entreprises par un contrat de formation, complété par un enseignement théorique à temps partiel (souvent un jour par semaine) dans une école professionnelle. Les entreprises privées sont responsables de la formation interne, contrôlée par la législation fédérale. Dans de nombreuses régions existent également des ateliers de formation extérieurs.

Le système permet après deux ans à trois ans et demi d'obtenir une qualification correspondant au niveau d'ouvrier spécialisé ou d'employé dans différents secteurs (technique, industriel, commercial, agricole, etc.).

Les sciences sociales et médicales sont les disciplines les plus recherchées.

L'intérêt des étudiants pour les différentes disciplines s'est modifié depuis quelques années. Les lettres, qui arrivaient en tête en 1970, ne sont plus qu'en troisième position, après les sciences sociales, qui ont considérablement progressé (20 % des étudiants contre 12 % vingt ans plus tôt) et les sciences médicales, stables.

Le plus grand changement concerne les filières de formation des enseignants, qui ne concernent plus que 7 % des étudiants contre 15 % en 1970. On constate aussi une progression du nombre des étudiants en beaux-arts (5,5 % contre 3,4 %).

Chères études

Les sommes consacrées à l'enseignement supérieur sont très variables selon les pays. En 1986, un étudiant espagnol coûtait en moyenne 3 000 F par an à la collectivité, contre 38 000 F aux Pays-Bas, les autres pays se situant entre ces deux extrêmes.

Les aides accordées aux étudiants permettent de compenser en partie ces écarts. La proportion d'étudiants bénéficiaires est très diverse : 90 % en Grande-Bretagne contre 15 % en France.

Beaucoup d'enseignants sont mécontents de leur sort.

Les 4 millions d'enseignants européens ont des statuts, des rémunérations et des conditions de travail différents selon les pays. Ainsi, un professeur de collège ou de lycée français doit assurer seulement 15 à 19 h 30 de cours par semaine en fonction de son grade. Son collègue allemand effectue 23 à 33 heures selon la matière. De même, la durée des vacances annuelles varie de 10 semaines minimum en

2 % D'ÉTUDIANTS

Proportion d'étudiants du troisième degré (1988, pour 1 000 habitants) :

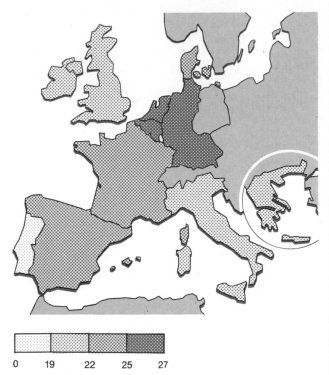

SME, UNESCO

| 0 | 19 | 22 | 25 | 27 |

* Le Luxembourg envoie la plupart de ses étudiants dans les universités à l'étranger.

Italie à 17 en France. Au Portugal, les enseignants doivent consacrer une partie de leurs 16 semaines de congés à des tâches administratives (notamment la préparation de la rentrée). C'est le cas aussi en Grèce, où les professeurs rentrent deux semaines avant les élèves.

Indépendamment de ces différences matérielles, beaucoup d'enseignants des pays les plus développés ont le sentiment d'une dégradation de leur l'image dans la société. Leur profession s'est aujourd'hui banalisée et les parents d'élèves, plus éduqués, ont moins de respect ou d'admiration pour elle. De plus, la télévision apparaît de plus en plus comme un concurrent de l'école ; celle-ci lui a donc abandonné une partie du monopole de la formation des jeunes dont elle bénéficiait.

Le manque d'enseignants se fait sentir dans la plupart des pays.

La conséquence de ce malaise est que les pays de la CE, à l'exception de l'Allemagne, des Pays-Bas et du Luxembourg, manquent d'enseignants pour faire face aux besoins actuels et futurs de formation. La densité d'instituteurs varie de 3,1 pour 1 000 habitants en France à 7,9 au Danemark ; elle se situe entre 3,6 et 4,8 pour les autres pays.

Si l'on compare la proportion totale d'enseignants à la population scolarisée, on s'aperçoit que les plus grands déficits d'enseignants concernent, par ordre décroissant, l'Irlande, la Grande-Bretagne et la France.

Les rémunérations sont en général jugées insuffisantes.

Indépendamment des difficultés d'ordre psychologique (statut), la baisse des vocations s'explique aussi par les niveaux de salaires proposés, qui sont en général peu incitatifs. Seuls les 40 000 enseignants luxembourgeois bénéficient de rémunérations concurrentielles avec le secteur privé : environ 12 000 F par mois en début de carrière, le double à la fin.

Les avantages traditionnels de la profession (faibles horaires de travail hebdomadaire, longues vacances) ne suffisent donc plus aujourd'hui à assurer le recrutement des enseignants, alors que l'accroissement de la durée de la scolarité est un objectif commun à la plupart des pays. Des efforts ont été entrepris dans plusieurs pays (Grande-Bretagne, RFA, France) pour réévaluer les salaires et revaloriser la fonction. Mais il s'agit de réformes difficiles et surtout coûteuses, compte tenu des effectifs concernés.

ENSEIGNANTS

Proportion d'enseignants par degré* (1988, pour 1 000 habitants) :

	Premier degré	Second degré	Troisième degré
• Belgique	6,9	10,5	2,0
• Danemark	6,7	6,1	-
• Espagne	-	-	-
• FRANCE	4,3	7,3	1,1
• Grèce	3,8	5,2	1,2
• Irlande	4,5	5,8	1,7
• Italie	-	-	-
• Luxembourg	-	-	-
• Pays-Bas	5,8	6,8	-
• Portugal	6,9	4,0	-
• RFA	2,2	6,6	3,0
• Royaume-Uni	3,8	7,1	1,4
• Etats-Unis	4,4	5,2	2,9
• Japon	3,8	5,2	2,0

SME

* A plein temps et temps partiel, sauf pour l'Irlande (plein temps seulement).

■ La proportion de femmes enseignantes (maternelle, primaire, secondaire) dépasse 50 % dans huit pays de la Communauté. Elle atteint 75 % au Luxembourg, 72 % en Italie et 63 % en France. Elle n'est que de 41 % au Danemark et de 38 % aux Pays-Bas.

■ 40 % des jeunes de la CE (de 15 à 50 % selon les pays) quittent l'école sans avoir une formation à un métier.

■ A 16 ans, la moitié des élèves britanniques quittent l'école et vont travailler. A 18 ans, 15 % seulement deviennent étudiants, compte tenu de la difficulté à entrer dans une université.

FAMILLE

Baisse des mariages pendant 20 ans, enrayée depuis 1988 ■
Plus d'unions libres ■ Couples plus égalitaires (surtout Danemark,
Royaume-Uni, France) ■ Trois fois plus de divorces en vingt ans
(sauf Irlande) ■ Forte baisse de la fécondité, amorcée depuis un siècle,
amplifiée dans les années 60 ■ Renouvellement des générations
non assuré (sauf Irlande) ■ RFA, Italie, Espagne :
taux de fécondité les plus bas du monde ■ Fécondité des femmes
plus tardive (France, Danemark) ■ Transformation de la condition féminine
et maîtrise de la fécondité ■ Nouvelles formes de familles :
ménages d'une personne ; familles monoparentales ;
couples sans enfant... ■ 17 % de naissances illégitimes
(45 % au Danemark, 2 % en Grèce)

VIE DE COUPLE

*Le mariage a connu une forte désaffection
à partir du début des années 70.*

Dans la plupart des pays de la Communauté, le nombre des mariages a décliné brutalement depuis une vingtaine d'années. Jamais les sociétés européennes n'avaient connu un tel rejet de cette vieille institution.

Entre 1970 et 1987, le taux de nuptialité (nombre de mariages pour 1 000 habitants) était passé de 7,8 à 5,7 pour l'ensemble de la CE. Tous les pays étaient touchés ; le taux minimum était celui de la France (4,7), le plus bas depuis 1946.

La baisse a porté sur les premiers mariages, en particulier ceux contractés avant l'âge de 25 ans. Elle s'est produite après celle de la fécondité (voir p. 203 et suivantes), comme si la conséquence précédait la cause. Si les femmes continuaient d'adopter à l'avenir le même comportement vis-à-vis du mariage, le taux de célibat définitif pourrait atteindre 50 %.

On observe un renversement de tendance depuis 1988.

Le nombre des mariages a globalement augmenté au cours des dernières années. La Communauté a retrouvé en 1989 le taux de nuptialité qu'elle avait en 1981. Le retournement est sensible dans des pays comme le Danemark (mais il avait commencé au début des années 80), la Belgique, l'Espagne, le Luxembourg ou la France. Il est cependant trop tôt pour dire s'il s'agit d'un renversement de tendance durable ou d'un phénomène conjoncturel.

C'est au Portugal que le taux de nuptialité est le plus élevé (7,1 en 1989). Mais le poids de la tradition tend à diminuer ; le taux était de 9,4 en 1977. Pour des raisons liées à la rigidité des lois (beaucoup de jeunes réagissent mal à l'interdiction du divorce et de l'avortement), l'Irlande connaît une baisse régulière de la nuptialité depuis dix ans. Elle partage la dernière place de la Communauté avec la France, où le nombre des mariages a diminué sans interruption de 1972 à 1987, favorisé par l'évolution de la femme, la mode et parfois la fiscalité (les couples biactifs vivant en union libre payaient moins d'impôts que les couples mariés).

Eurostat

TRENTE ANS DE MARIAGES

Evolution du taux brut de nuptialité et de l'âge au premier mariage :

	Taux de nuptialité (1)			Age moyen au premier mariage					
				Hommes			Femmes		
	1960	1980	1989	1960	1980	1988	1960	1980	1988
• Belgique	7,2	7,6	6,4	25,8	24,7	26,6	23,4	22,3	24,2
• Danemark	7,8	5,2	6,0	26,0	27,5	29,6	22,9	24,8	27,1
• Espagne	7,7	5,9	5,6	28,8	25,8	26,7 (2)	26,1	23,4	25,5 (2)
• FRANCE	7,0	6,2	5,0	26,1	25,2	27,2	23,5	23,0	25,2
• Grèce	7,0	6,5	6,1	28,4	27,1	27,7	24,4	22,3	23,3
• Irlande	5,5	6,4	5,0	30,8	26,1	27,5	27,1	24,1	25,5
• Italie	7,7	5,7	5,4	28,6	27,2	27,9	24,8	24,1	24,9
• Luxembourg	7,1	5,9	5,8	-	25,9	27,0	-	23,0	24,6
• Pays-Bas	7,8	6,4	6,1	26,6	25,4	27,5	24,3	23,1	25,3
• Portugal	7,8	7,4	7,1	26,9	25,1	25,9	24,8	22,6	23,9
• RFA	9,4	5,9	6,4	25,9	26,1	28,0	24,4	23,4	25,5
• Royaume-Uni	7,5	7,4	6,9	25,7	25,2	26,7	23,3	23,0	24,6
• CE	7,8	6,3	6,0	26,9	25,9	27,1	24,1	23,3	24,6

(1) Nombre de mariages au cours de l'année divisé par la population totale en milieu d'année.
(2) 1986.

LA (DÉ)MARCHE NUPTIALE

Taux brut de nuptialité (mariages pour 1 000 habitants, 1989) et époque de la baisse :

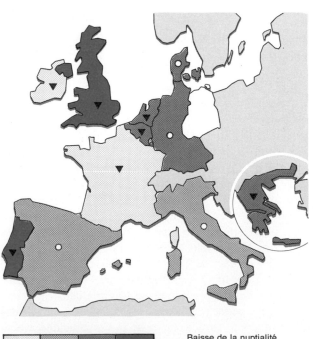

Eurostat

| 5 | 5,3 | 5,9 | 6,5 | 7,1 |

Baisse de la nuptialité intervenue pendant :
O les années 60
▼ les années 70

Mariage et superstition

Pour beaucoup d'Allemands, le chiffre 8 porte bonheur. L'association de plusieurs 8 dans une date est donc considérée comme une accumulation de chances. C'est ce qui explique le nombre élevé des mariages le 8 août 1988 (8-8-88) : plus de 50 000 couples se sont mariés, soit trente fois plus qu'un jour ordinaire. Dans certaines localités, les mairies ont même ouvert leurs portes à 8 h 08 et ont offert 88 DM en cadeau aux jeunes mariés.

En Grèce, la superstition porte sur les années bissextiles, qui sont considérées comme particulièrement favorables. C'est pourquoi les Grecs sont particulièrement nombreux à se marier au cours de ces années.

L'âge moyen au premier mariage a diminué entre 1950 et 1975, puis augmenté fortement depuis 1980.

L'une des causes avancées pour expliquer la baisse de la nuptialité est l'élévation de l'âge au mariage qui s'est produite en même temps dans la majorité des pays. Vers 1965, la moitié des femmes âgées de 21 ou 22 ans étaient mariées ; elles sont moins d'un tiers aujourd'hui. L'accroissement le plus spectaculaire est celui constaté au Danemark : 3,9 ans chez les femmes entre 1960 et 1987 ; 3,4 ans chez les hommes. Dans d'autres pays comme la France, la RFA, le Luxembourg et les Pays-Bas, l'augmentation s'est produite dans les années 70 et représente un an et plus.

On pouvait donc s'attendre à un simple décalage dans le temps des mariages, qui auraient dû ensuite retrouver leur rythme habituel. Pourtant, le recul dont on dispose aujourd'hui laisse à penser que la nuptialité devrait rester durablement inférieure à ce qu'elle était il y a vingt ans.

L'âge moyen au mariage s'est au contraire abaissé dans d'autres pays : environ 3 ans en Espagne et en Irlande depuis le début des années 60 ; au moins un an en Grèce et au Portugal. Il est resté stable en Italie. Ce phénomène peut s'expliquer par le fait que l'âge au mariage était traditionnellement plus élevé dans ces pays et que l'on assiste à un rapprochement des comportements entre les pays du Nord et ceux du Sud (mortalité infantile, fécondité, vieillissement, etc., voir *Démographie*).

Environ 3 % des couples vivent en union libre.

La baisse des mariages s'est accompagnée d'un accroissement important de la cohabitation. Au Danemark, la proportion de couples vivant en union libre par rapport au nombre total de couples est passée de 9,6 % en 1974 à 14 %. En France et en RFA, on estime que plus d'un million de couples vivent en union libre. Aux Pays-Bas, leur nombre a triplé entre 1977 et 1982 et représente plus de 600 000 couples aujourd'hui. Les chiffres sont plus faibles au Royaume-Uni (environ 5 % des couples), où la cohabitation est encore considérée comme une étape préalable au mariage.

L'union libre concerne surtout les jeunes : près de la moitié des couples où l'homme est âgé de moins de 25 ans dans des pays dans des pays comme la France ou le Danemark. Elle est plus répandue dans les grandes villes, parmi les personnes ayant un niveau d'instruction élevé et chez les non-croyants. On constate aussi que les femmes sont plus nombreuses que les hommes à préférer cette solution, qui leur apparaît plus égalitaire et moins contraignante que le mariage.

Contrairement à ce qui se passait auparavant, la cohabitation est beaucoup moins considérée comme un « mariage à l'essai » que comme un véritable mode de vie.

Le mariage en proverbes

Bien que très répandu, le mariage n'a pas toujours été considéré avec la plus grande bienveillance, comme en témoignent ces proverbes européens anciens :
Grèce. Le mariage est le seul mal qui soit recherché.
Allemagne. Le mariage, au rebours de la fièvre, commence par le chaud et fini par le froid.
Angleterre. L'âge estropie les bêtes et le mariage les gens.
Espagne. Le mariage et le melon, par hasard, sont bons.
Italie. Le mariage et le macaroni ne sont bons que chauds.
Irlande. Quand une femme se remarie, c'est qu'elle détestait son premier mari ; quand un homme se remarie, c'est qu'il adorait sa première femme.
On trouve quand même un proverbe français qui glorifie l'institution : Le mariage est la traduction en prose du poème de l'amour.

L'UNION LIBRE, SPÉCIALITÉ DANOISE

Proportion de couples vivant en cohabitation (1989, en % de la population de 15 ans et plus) :

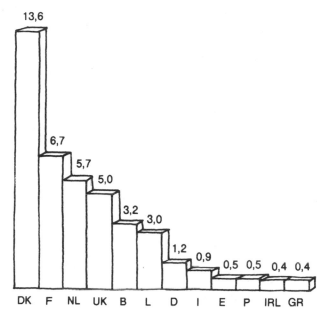

Eurobaromètre

La répartition des rôles entre l'homme et la femme varie considérablement selon les pays.

Une enquête réalisée en 1987 par *Eurobaromètre* a permis de mettre en évidence les préférences des Européens quant aux rôles respectifs de l'homme et de la femme au sein du couple. Le modèle le plus ancien est celui où l'homme est seul à exercer une profession, la femme s'occupant de la maison et des enfants. Il recueillait globalement 25 % des suffrages, contre 28 % en 1983 (voir tableau), avec des scores particulièrement élevés au Luxembourg et en Irlande.

Le second type de partage est celui où la femme a une profession moins absorbante que celle de l'homme et assume une plus grande part que lui des tâches ménagères et des soins donnés aux enfants. Ce modèle était choisi par 30 % des Européens (le même taux qu'en 1983) et privilégié par les Allemands.

Le modèle du couple égalitaire se développe.

Il existe un troisième modèle, plus égalitaire que les deux précédents : les deux conjoints ont un métier qui les absorbe autant l'un que l'autre ; les tâches ménagères et les soins donnés aux enfants sont également partagés. C'est le modèle choisi par le plus grand nombre : 40 %, contre 36 % en 1983. On le rencontre en particulier au Danemark, au Royaume-Uni et en Espagne. L'idée d'égalité est également répandue dans les autres pays (à l'exception du Luxembourg), mais elle ne progresse pas en Italie et diminue en Grèce par rapport à 1983. En Belgique, en Grèce, en Italie et au Portugal, les femmes sont beaucoup plus nombreuses que les hommes à choisir ce modèle, au contraire de ce qui se passe au Royaume-Uni.

Le mouvement vers un couple plus égalitaire apparaît chez les hommes et les femmes de tous âges ; il est cependant moins sensible chez les femmes âgées. C'est parmi les hommes de 25 à 54 ans dont l'épouse a une activité professionnelle qu'il est le plus net.

FRANCE

UN PEU DUR POUR LES HOMMES, NON ?

VODKA ERISTOFF

ERISTOFF. VODKA BRUT !

McCann Erickson

Le poids des traditions et l'évolution de la condition féminine expliquent les différences d'attitude.

L'appartenance au bloc scandinave, où la femme a trouvé très tôt son émancipation, explique la situation particulière du Danemark, très attaché au modèle égalitaire. La législation y prévoit d'ailleurs le partage de l'autorité entre les deux parents, mariés ou non, vivant ensemble ou séparément, afin de répondre aux demandes des pères célibataires.

Trois pays sont très en retrait par rapport à la moyenne européenne : la RFA, le Luxembourg et surtout l'Irlande. Ce résultat recoupe la carte des types familiaux établie par Emmanuel Todd (voir p. 213) ; l'autorité et l'inégalité sont en effet plus présents dans les traditions familiales (famille *souche*) des trois pays les moins égalitaires.

Le poids des traditions nationales et religieuses (en particulier pour l'Irlande), la proportion de femmes actives et l'influence des mouvements féministes sont quelques-uns des facteurs qui expliquent les différences d'attitude entre les pays. Un autre facteur, non mesurable, est la sincérité des réponses données, en particulier par les hommes à des questions de nature assez intime.

L'égalité des tâches reste théorique.

Il faut faire la part entre les attitudes, majoritairement favorables à l'égalité, et les comportements dans la vie quotidienne : rares sont encore les hommes qui s'adonnent régulièrement aux joies du ménage, de la vaisselle ou du repassage, même dans les couples modernes.

Dans la plupart des pays de la Communauté, les épouses consacrent encore quatre à cinq fois plus de temps aux tâches domestiques et éducatives que leurs maris. L'écart est de un à trois lorsqu'elles exercent une activité professionnelle. On constate cependant que l'éducation, les soins des enfants et les décisions du ménage (y compris dans le domaine financier) sont mieux partagés, surtout lorsque la femme contribue par une activité rémunérée au budget familial.

LES MACHOS SONT AU SUD

Taux de participation régulière (au moins une fois par semaine) aux tâches ménagères dans cinq pays de la Communauté (en %) :

	Espagne	FRANCE	Italie	RFA	Roy.-Uni
• Vaisselle	26	55	22	38	77
• Courses alimentaires	45	60	43	41	48
• Ménage (rangement, aspirateur)	32	51	34	40	73
• Cuisine	15	40	25	21	47
• Lessive	11	25	5	16	34
• Repassage	5	20	3	10	29

Synapse-RES

La sexualité est mieux partagée que les tâches ménagères.

Les statistiques sont peu nombreuses, et encore moins fiables, dans un domaine qu'il est de toute façon très difficile à étudier à l'échelon collectif. Il est néanmoins perceptible que la plupart des pays de la Communauté ont fait dans les années 60 et 70 leur révolution sexuelle. Il suffit de regarder la télévision, d'aller au cinéma, de lire certaines annonces de la presse ou de s'intéresser à la publicité pour s'en convaincre.

La prostitution, l'homosexualité (malgré le sida) et certains anciens tabous sexuels sont de mieux en mieux acceptés, en particulier dans des pays comme les Pays-Bas, le Danemark et la France. L'érotisme et le sexe y sont de plus en plus présents. Ils font à la fois vendre et rêver, mais ils créent aussi beaucoup de frustrations parmi les individus qui ne peuvent participer à cette « fête du sexe » abondamment célébrée par les médias.

TROIS MODÈLES FAMILIAUX

Type de modèle familial préféré (en %) :

	BEL	DAN	ESP	FRA	GRE	IRL	ITA	LUX	P-B	POR	RFA	R-U
Réponses des hommes												
N° 1	28	51	46	43	38	31	36	19	42	40	25	51
N° 2	36	28	20	29	29	22	31	29	28	23	35	27
N° 3	24	12	28	25	28	38	30	43	24	29	29	19
N° 4	9	6	5	2	4	5	2	4	4	6	4	2
Sans réponse	3	3	1	1	1	4	1	5	2	2	7	1
	100	100	100	100	100	100	100	100	100	100	100	100
Réponses des femmes												
N° 1	39	55	48	47	48	36	47	21	44	46	27	46
N° 2	26	24	18	28	29	18	30	31	28	24	33	34
N° 3	26	23	28	22	18	40	21	36	29	21	34	17
N° 4	7	5	4	2	3	5	1	88	3	6	3	2
Sans réponse	2	3	2	1	2	1	1	4	2	3	3	1
	100	100	100	100	100	100	100	100	100	100	100	100

Réponse n° 1 : Les deux conjoints ont un métier qui les absorbe autant l'un que les autres et les tâches ménagères et les soins donnés aux enfants sont partagés également.
Réponse n° 2 : La femme a une profession moins absorbante que l'homme et assume une plus grande part des tâches ménagères et des soins aux enfants.
Réponse n° 3 : L'homme seul exerce une profession et la femme s'occupe de la maison.
Réponse n° 4 : Autre réponse.

Eurobaromètre, 1987

Trois exemples d'éducation sexuelle à l'école

En Irlande, toute forme d'éducation sexuelle a longtemps été bannie à l'école comme dans le milieu familial. Elle a commencé à se faire de façon discrète dans les années 80, avant de reculer devant l'opposition des groupes conservateurs (qui aboutit à l'interdiction de l'avortement par le référendum de 1983).

Au Danemark, l'éducation sexuelle est une longue tradition qui a commencé dans les écoles au début du siècle, en même temps que l'apprentissage de l'hygiène. Elle est obligatoire dans les écoles publiques depuis 1970.

Au Portugal, la réflexion sur ce sujet, commencée en 1972, n'a abouti (de façon peu précise) qu'en 1984 en même temps que la loi sur l'avortement et le planning familial.

La révolution sexuelle s'est faite au bénéfice de la femme.

C'est surtout l'évolution de la femme, plus libre et plus autonome qu'elle ne l'a jamais été, qui explique l'évolution récente de la sexualité dans le couple. Dans des pays comme l'Espagne, et à un moindre degré le Portugal et l'Italie, la libéralisation politique s'est accompagnée d'une libération sexuelle, et l'on y sent comme une volonté de rattraper le temps perdu.

L'Italie (même si on y trouve des écoles qui enseignent l'art du *Corteggiamento*, ou « drague ») fait partie, avec la Belgique, la Grèce et l'Irlande, des pays les moins permissifs. L'Allemagne et le Royaume-Uni gardent une réputation plus austère que les pays latins. On prête aux Anglais des déclarations peu flatteuses sur l'intensité de leur vie amoureuse : « Les autres ont une vie sexuelle ; nous, nous avons les bouillottes ! »

Grands lits au Sud, lits jumeaux au Nord

Le clivage est net entre les pays méditerranéens fidèles au lit à deux places à sommier unique et ceux du Nord où les lits jumeaux sont de plus en plus fréquents. 80 % des Allemands de 25 à 40 ans avouent leur préférence pour ces derniers, contre 3 % des Français.

D'une manière générale, les pays du Nord attachent plus d'importance à la qualité des matelas et à leur influence sur le dos. En Grèce, on trouve encore beaucoup de lits « à l'orientale » : sur une estrade ; à même le sol ; constitués de banquettes placées le long des murs.

La couette, élément unique de couchage, est aussi beaucoup plus répandue dans le Nord, alors que les habitants des pays latins préfèrent les draps et couvertures.

FRANCE

Combien de fois ?...

JEAN PATOU
PARIS

Le nombre des divorces a triplé en vingt ans.

En 1967, il y avait eu 171 000 divorces dans l'ensemble de la Communauté. Vingt ans plus tard, on en comptait 530 000. Pendant la même période, le nombre des mariages avait baissé de près de 20 %. Le taux de divorce (nombre de divorces pour 1 000 habitants) a donc presque triplé en vingt ans. Il semble s'être stabilisé depuis 1988.

Le pays le plus touché est le Royaume-Uni (taux de divorce multiplié par 6 entre 1960 et 1988). Le Danemark a un taux voisin, mais son augmentation est beaucoup plus ancienne, comme dans l'ensemble des pays scandinaves. La conséquence est qu'on enregistre globalement un divorce pour trois mariages (un pour 18 en 1960). La proportion atteint même un sur deux au Danemark, la même que celle des Etats-Unis.

UN TAUX QUADRUPLÉ EN 30 ANS

Evolution du taux de divorce (pour 1 000 habitants) :

	1960	1970	1980	1989
• Belgique	0,5	0,7	1,5	2,0
• Danemark	1,5	1,9	2,7	2,9
• Espagne	0,0	0,0	0,3	0,5
• FRANCE	0,6	0,8	1,5	1,9
• Grèce	0,3	0,4	0,7	0,6
• Irlande	0,0	0,0	0,0	0,0
• Italie	0,0	0,0	0,2	0,5
• Luxembourg	0,5	0,6	1,6	2,3
• Pays-Bas	0,5	0,8	1,8	1,9
• Portugal	0,1	0,1	0,6	0,9
• RFA	0,9	1,3	1,6	2,1
• Royaume-Uni	0,5	1,1	2,8	2,6
• CE	0,4	0,7	1,3	1,6

Si le divorce est inexistant en Irlande (voir tableau), c'est parce qu'il est interdit par la loi. C'était également le cas en Italie et en Espagne avant la libéralisation des régimes juridiques, à la fin des années 70.

D'une manière générale, le divorce est moins fréquent dans les pays où l'Eglise catholique, qui lui est opposé, joue un rôle important. C'est au Portugal qu'il a le plus augmenté ; il se situe à mi-chemin entre les pays du Sud et ceux du Nord. Dans la Grèce orthodoxe, le respect dont jouit encore l'institution du mariage explique un taux de divorce assez peu élevé.

UN DIVORCE POUR TROIS MARIAGES

Proportion de divorces pour 1 000 mariages (1989) :

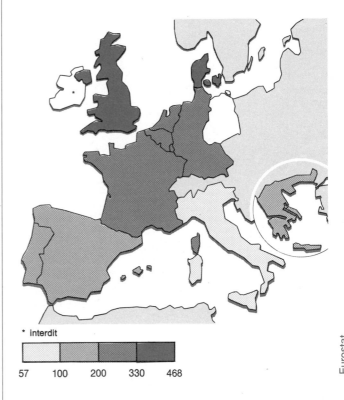

* interdit

| 57 | 100 | 200 | 330 | 468 |

Le phénomène concerne l'ensemble des catégories sociales.

Dans les pays à fort taux de divorce, celui-ci est plus fréquent chez les employés que chez les agriculteurs. Il s'accroît avec le niveau d'instruction de la femme et lorsque les deux époux ont des statuts professionnels et des revenus éloignés.

Si les hommes font en général la demande en mariage, ce sont les femmes qui, dans la majorité des cas, font la demande de divorce. On constate aussi que la durée du mariage diminue moins le risque de divorce que dans le passé ; on hésite moins aujourd'hui à divorcer après dix ou vingt ans de mariage. Il en est de même de la présence d'enfants, qui n'est plus considérée comme une raison suffisante pour continuer à vivre ensemble si l'on ne s'entend pas. Enfin, on note depuis quelques années une nette diminution de la proportion de remariages, qui accroît encore la proportion de personnes vivant seules.

L'évolution des modes de vie et les moindres pressions sociales sont les principales causes de la hausse des divorces.

La modification des modes de vie, en privilégiant les valeurs hédonistes et le court terme, a sans doute entraîné une plus grande instabilité des individus et des couples. De plus, l'allongement de la durée de vie a été telle qu'à 25 ans les jeunes mariés d'aujourd'hui ont une « espérance de vie de couple » de 50 ans. Ce phénomène, qui s'ajoute à la mobilité croissante de l'environnement personnel et professionnel, est une incitation à vivre plusieurs vies de couple successives.

Il semble aussi que la vie affective et sexuelle tienne une place plus grande dans le mariage, au détriment de son aspect institutionnel. D'une façon générale, les partenaires sont plus exigeants et souhaitent tout réussir à la fois ; ils veulent en fait être heureux ensemble... et séparément.

Enfin, les pressions familiales et sociales contre le divorce, autrefois très fortes, ont presque disparu dans la plupart des pays de la CE dans lesquels la religion (catholique en particulier) joue un moindre rôle.

■ Le mariage entre homosexuels de sexe masculin ou féminin est autorisé au Danemark. La seule condition est que l'un des deux conjoints soit de nationalité danoise.

■ En France, la garde alternée de l'enfant par les deux parents divorcés est plus fréquente.

■ En Grande-Bretagne, un père n'est pas tenu de contribuer au financement de l'éducation et de l'entretien de son enfant naturel.

■ En France, en Irlande et au Luxembourg, le fisc applique un quotient conjugal pour les personnes mariées. Au Royaume-Uni, en Espagne et aux Pays-Bas existe un abattement à la base des revenus imposables. En Belgique, le couple bénéficie d'un fractionnement (73/27) ou d'un abattement fixe si c'est plus favorable. En Grèce, les femmes inactives bénéficient d'un crédit d'impôt. Au Danemark, chaque personne dispose d'un crédit d'impôt librement réparti entre les époux.

■ S'ils devaient avoir une histoire d'amour avec une personne d'un pays européen différent du leur, 31 % des Européens de 18 à 30 ans choisiraient un partenaire italien, 24 % un français, 10 % un espagnol, 13 % un britannique, 13 % un danois.

■ Environ un mariage sur cinq est un remariage.

FÉCONDITÉ (*)

La fécondité est en régression depuis un ou deux siècles dans les pays de la Communauté.

La baisse de la fécondité n'est pas un phénomène récent pour la plupart des pays de la CE. Elle a débuté vers le milieu du XIXᵉ siècle en Angleterre et au Danemark, vers 1880 en Allemagne et aux Pays-Bas. Elle n'a commencé que vers la fin du XIXᵉ et au début du XXᵉ siècle dans les pays méditerranéens. Le mouvement a été particulièrement précoce en France, puisqu'il remonte aux décennies qui précédèrent la révolution de 1789. Certains historiens l'expliquent par la diffusion des idées propres à la philosophie des Lumières au XVIIIᵉ siècle, qui donnaient à l'individu une place nouvelle et prépondérante.

Le XIXᵉ siècle a correspondu en Europe à une période de forte hétérogénéité, avec des taux de fécondité très différents et des évolutions peu comparables entre les pays. Le XXᵉ siècle a été au contraire une période de forte convergence, avec la secousse générale du milieu des années 60 (voir ci-après).

La baisse est longtemps passée inaperçue.

La diminution de la fécondité s'était d'abord accompagnée d'une forte poussée des mariages et d'une diminution du nombre des femmes sans enfant ou avec un seul enfant. Au total, la natalité s'était donc maintenue. Plus récemment, le nombre des mariages s'est effondré et plusieurs facteurs se sont conjugués pour accélérer la chute de la fécondité.

La crainte commune à beaucoup de pays de la Communauté est que la baisse démographique s'accompagne d'un déclin économique, à l'exemple de ce qui s'est passé à plusieurs reprises dans l'histoire. En Grèce, la natalité a baissé à partir du Vᵉ siècle, précédant la période de décadence. On a observé le même phénomène à Rome (à une date mal définie) et au XVIᵉ siècle à Venise.

La baisse s'est fortement amplifiée à partir du milieu des années 60.

Elle a frappé simultanément et de façon semblable la plupart des pays et des régions, malgré les différences de conditions politiques ou religieuses. Toutes les catégories de population sont aujourd'hui concernées, quels que soient leur milieu social, leur niveau culturel ou leur religion.

(*) Le texte qui suit reprend certains éléments d'une communication de Gérard Calot, directeur de l'INED (Institut national d'études démographiques), à l'occasion du *Symposium on population change and European society* (Florence, décembre 1988).

Entre 1965 et 1975, l'indicateur conjoncturel de fécondité a diminué presque partout d'au moins un enfant par femme, atteignant des niveaux sans précédent dans l'histoire en période de paix.

Les pays méditerranéens ont connu une baisse plus tardive, mais plus brutale (voir encadré). Le cas de l'Irlande est particulier : la fécondité y est demeurée très élevée (plus de 4 enfants par femme au milieu des années 60) et elle a baissé très rapidement depuis, pour atteindre 2,3 en 1987.

DÉNATALITÉ GALOPANTE

Evolution des taux de natalité (*) :

	1960	1970	1980	1989
• Belgique	17,0	14,8	12,6	12,2
• Danemark	16,6	14,4	11,2	12,0
• Espagne	21,7	19,6	15,2	10,5
• FRANCE	17,9	16,8	14,9	13,6
• Grèce	18,9	16,5	15,4	10,1
• Irlande	21,5	21,8	21,8	14,6
• Italie	18,1	16,8	11,3	9,7
• Luxembourg	15,9	13,0	11,4	12,4
• Pays-Bas	20,8	18,3	12,8	12,7
• Portugal	23,9	20,0	16,2	11,5
• RFA	17,4	13,4	10,1	10,9
• Royaume-Uni	17,5	16,2	13,4	13,6
• CE	18,5	16,4	13,0	11,8

(*) Rapport du nombre de naissances vivantes au cours d'une année à la population totale au milieu de l'année.

Eurostat

Fécondité idéale, fécondité réelle

Une enquête effectuée en 1979 avait montré que, pour 59 % des habitants des pays de la CE, la famille idéale comptait deux enfants, 24 % la préféraient avec trois enfants, 7 % avec un seul enfant, 4 % sans aucun enfant, 26 % avec quatre enfants et plus. L'enquête faisait apparaître des écarts importants entre certains pays. Les Français étaient aussi nombreux à préférer une famille de deux ou de trois enfants, alors que les Allemands, les Italiens et les Britanniques étaient trois à quatre fois plus nombreux à préférer une famille de deux enfants à une famille de trois enfants. Ces différences d'attitude expliquent en partie les écarts de fécondité existant réellement entre ces pays.

■ En France, les naissances doivent être déclarées dans les trois jours à l'état civil, sur présentation du livret de famille et du certificat établi par le médecin accoucheur ou l'hôpital. Le délai est de six semaines en Grande-Bretagne, de trente jours au Portugal. En Grèce, on peut attendre le moment du baptême religieux.

REPRODUCTION INTERDITE

Taux net de reproduction (1988 environ) (1) :

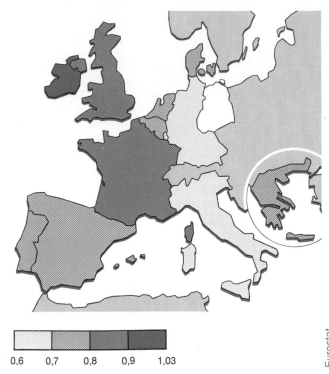

0,6 0,7 0,8 0,9 1,03

(1) Nombre de filles que mettrait au monde une génération fictive de 100 femmes soumises à chaque âge aux conditions de fécondité observées pendant l'année considérée.

Eurostat

Pays du Sud : une baisse tardive, mais brutale

D'une manière générale, les pays méditerranéens ont longtemps semblé à l'écart des grands mouvements démographiques qui affectaient ceux du Nord. D'abord moins touchés que les autres, ils ont connu une baisse d'autant plus brutale au cours de la période suivante : l'Italie est passée de 2,4 à 1,3 enfant par femme entre 1974 et 1987, l'Espagne de 2,8 à 1,5 entre 1976 et 1986, le Portugal de 2,6 à 1,6 pendant la même période, la Grèce de 2,3 à 1,6 entre 1979 et 1986.

La RFA, l'Italie et l'Espagne ont aujourd'hui les taux de fécondité les plus bas du monde.

Dès 1975, la RFA avait enregistré un nombre moyen d'enfants par femme de 1,5 enfant. Le niveau atteint en 1985 (1,28) est le plus bas jamais enregistré dans un pays développé. Il a été presque égalé en 1987 par l'Italie (1,31), qui s'est maintenue depuis à ce niveau (1,29 en 1989) alors que la fécondité de la RFA remontait un peu (1,39).

L'Espagne a connu une baisse particulièrement nette au cours des dernières années, pour arriver en 1989 au niveau des deux pays précédents : 1,3. La chute est vertigineuse par rapport au maximum de 1964 (3,01). Elle s'explique en partie par la transformation rapide de la société espagnole depuis son accession à la démocratie en 1978.

1,58 ENFANT PAR FEMME

Indicateur conjoncturel de fécondité (nombre d'enfants par femme, 1989) :

CE 1,58

Eurostat

Les familles nombreuses sont de moins en moins nombreuses.

Dans la plupart des pays, la proportion de naissances de rang un ou même de rang deux n'a guère varié en l'espace de vingt ans. La quasi-totalité de la baisse est due au déficit des naissances de rang trois et plus. En dehors de l'Irlande, où les troisièmes naissances représentent encore plus de 40 % de l'ensemble des naissances (mais 61 % en 1960), les taux constatés dans les autres pays sont souvent inférieurs à 20 %, contre environ 35 % en 1960.

L'absence du troisième enfant s'explique surtout par des raisons d'ordre économique. Son coût pour la famille est en effet plus élevé que pour les deux premiers : il représente en particulier un frein très fort à l'activité professionnelle de la mère, nécessite souvent un déménagement, un changement de voiture, etc. Il provoque donc une rupture dans le budget du ménage, malgré les aides accordées par les Etats.

Dans certains pays, la dénatalité a été accentuée par l'accroissement du nombre de femmes sans enfant : en

RFA, près d'une femme sur quatre n'a pas d'enfant du tout, contre à peine une sur dix en France. Il est probable, dans chaque pays, que les attitudes et comportements en matière de natalité sont influencés par une attitude collective. La pression exercée par cette dernière pourrait expliquer la moindre dispersion du nombre d'enfants par famille dans certains pays.

LE TROISIÈME ENFANT RARE

Proportion de naissances de rang trois et suivantes par rapport au total des naissances (en %) :

	1960	1970	1980	1988
• Irlande	60,9	51,3	46,6	41,1
• FRANCE	38,8	29,9	21,2	24,9
• Roy.-Uni	33,2	28,6	22,8	23,8
• Espagne	-	-	26,1	21,6
• Pays-Bas	41,8	27,5	19,8	20,4
• Belgique	37,3	29,2	19,2	19,2
• Portugal	45,3	40,7	23,2	18,7
• Luxembourg	27,8	25,9	15,9	17,0
• RFA	28,2	26,3	17,0	16,8
• Italie	34,8	30,2	19,1	16,6
• Danemark	36,0	22,2	17,1	16,3
• Grèce	27,4	20,5	17,7	16,2

Eurostat

La fécondité des femmes est plus tardive, ce qui pourrait compenser en partie sa baisse récente.

Pour que le remplacement des générations s'effectue à l'identique, il faut que la *descendance finale* des femmes (nombre d'enfants qu'elles ont au cours de leur vie féconde, entre 15 et 49 ans) soit au moins égal à 2,1. Cet indicateur est différent de l'indicateur conjoncturel de fécondité, qui mesure la situation de la natalité pour une année donnée. C'est ainsi qu'en Angleterre la descendance finale des femmes ayant terminé leur période féconde (nées au début des années 50) est de 2,0, alors que l'indicateur conjoncturel est actuellement de 1,85. Elle est de 1,9 aux Pays-Bas, 1,8 en Belgique et au Danemark, 1,7 en RFA, supérieure dans chaque cas au taux de fécondité actuel.

Ces écarts s'expliquent bien sûr par la baisse de fécondité intervenue depuis quelques années, mais aussi par l'évolution du « calendrier » de la fécondité des femmes (les âges auxquels elles ont des enfants). Il apparaît dans certains pays que la fécondité tend aujourd'hui à être plus tardive et que ce retard compense en partie la baisse de fécondité aux âges traditionnels. C'est le cas par exemple en France, où il semble que la descendance finale des femmes encore en âge de procréer se stabilise à un niveau proche de 2,1. Cette tendance, également vérifiée en Suède, n'est pas encore sensible dans les autres pays de la Communauté. Elle devrait en tout état de cause se stabiliser nettement en dessous de 2 enfants par femme dans des pays comme la Belgique ou la RFA.

IRLANDE : LES GRANDES FAMILLES

Proportion de naissances de rang trois et plus (1988, en % du nombre total des naissances) :

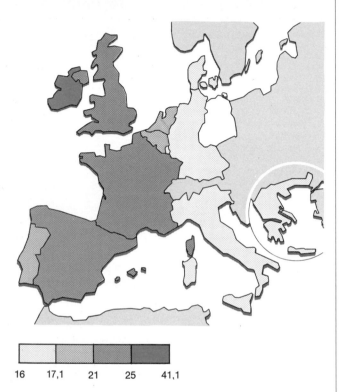

| 16 | 17,1 | 21 | 25 | 41,1 |

Eurostat

Travailler ou garder les enfants

Dans la plupart des pays, la garde des enfants non scolarisés (avant l'âge de 3 ans) constitue souvent un frein à l'activité des femmes. Les pays dans lesquels ce problème est le mieux pris en compte par les pouvoirs publics et/ou les entreprises sont l'Italie (90 % des moins de 3 ans sont pris en charge dans des structures officiellement agréées), le Danemark (42 % des moins de 2 ans), la France et la Belgique (10 à 20 %).

Les moins bien équipés sont les Pays-Bas, le Luxembourg, la RFA et la Grande-Bretagne. Dans ce dernier pays, moins de 2 % des enfants de moins de 3 ans sont gardés dans des garderies financées par l'Etat, alors que 8 % des mères concernées travaillent à temps plein et 19 % à temps partiel.

■ En RFA, le père non marié d'un enfant n'a aucun droit sur lui, même s'il l'a reconnu.

L'avenir démographique n'est pas encore tracé.

La légère augmentation du nombre des naissances (et des mariages) dans plusieurs pays (Danemark, France) est peut-être le présage d'un retournement de tendance, bien qu'il soit impossible de l'affirmer encore. Plus que l'indicateur conjoncturel de fécondité, c'est la descendance finale des femmes qu'il est important de surveiller. Le décalage dans le temps des naissances pourrait compenser au moins en partie la baisse de la fécondité au début de la vie féconde, de sorte que le remplacement des générations n'est pas, dans certains pays comme le Danemark, le Royaume-Uni ou la France, un objectif irréaliste.

Il est probable en tout cas que les sociétés vont continuer d'intégrer dans leurs comportements les transformations qui se sont produites au cours des deux dernières décennies en ce qui concerne la condition féminine, l'influence religieuse et les aspirations individuelles.

La modernisation des sociétés engendre une diminution de la natalité.

Selon la théorie de la *transition démographique*, toute société accédant à la modernisation crée les conditions d'une baisse de sa fécondité. L'industrialisation a provoqué depuis plus d'un siècle une forte urbanisation des populations européennes (voir *Démographie*). Les progrès de la médecine ont permis un abaissement spectaculaire de la mortalité infantile (voir *Santé*). L'élévation du niveau d'instruction (surtout celui des femmes, voir *Instruction*) a modifié les rapports au sein du couple. Le développement des systèmes de prévoyance sociale et de retraite (voir *Santé*), lié à la généralisation du salariat, a rendu les personnes âgées moins dépendantes de leurs enfants. Il en est de même de la diminution de la part de l'agriculture dans l'économie. Ces différentes évolutions vont toutes dans le sens d'une diminution du nombre d'enfants souhaité par les couples.

Tous les pays de la Communauté ont été concernés, à des périodes diverses, par ces évolutions. Le phénomène a été renforcé par l'apparition de nouveaux systèmes de valeurs, conséquence de la montée de l'individualisme et la baisse de la pratique religieuse. D'autres facteurs, comme le développement de la contraception, ont joué un rôle essentiel dans la baisse de la fécondité constatée.

Dictature et démographie

On constate que la baisse de fécondité est plus forte dans les pays européens qui ont connu la dictature : RFA, Espagne, Italie, Grèce, Allemagne. Une explication proposée est que la culture politique autoritaire a provoqué une certaine crainte de l'avenir des populations dans ces pays. Elle a aussi encouragé la passivité des individus, qui ont plus de mal à se décider à procréer.

H storical Statistics 1750-1970, Eurostat

RECORDS DÉMOGRAPHIQUES

Taux de mariages et de naissances les plus élevés
enregistrés depuis le XIXᵉ siècle dans dix pays de la CE
(pour 1 000 habitants) :

	Mariages		Naissances	
	Date	Taux	Date	Taux
• Belgique (1)	1920	28,8	1838	35,2
• Danemark (2)	1815	20,4	1822	33,7
• Espagne (3)	1900	17,7	1861	39,0
• France (4)	1920	31,9	1814	33,9
• Grèce (5)	1965	18,9	1890	35,3
• Irlande (6)	1970	14,2	1871	28,1
• Italie (7)	1920	28,2	1863	39,4
• Pays-Bas (8)	1946	22,8	1876	37,1
• RFA (9)	1920	29,0	1872	20,6
• Royaume-Uni (10)	1940	22,5	1876	36,3

(1) Depuis 1830.
(2) Depuis 1800, duchés de Schleswig, Holstein et Lowenburg non inclus.
(3) Depuis 1858 (îles Canaries incluses).
(4) Depuis 1800 (Nice et la Savoie incluses depuis 1861, Alsace-Lorraine depuis 1917).
(5) Depuis 1860 (et chiffres non disponibles entre 1891 et 1921).
(6) Depuis 1864.
(7) Depuis 1862.
(8) Depuis 1840.
(9) Depuis 1817 (Empire germanique jusqu'en 1913, Alsace-Loraine exclue depuis 1917).
(10) Depuis 1838 (Angleterre et pays de Galles seulement).

L'émancipation des femmes a eu des effets sensibles sur la natalité.

On observe que la fécondité des femmes est d'autant plus basse que leur niveau d'instruction est élevé. La scolarisation des filles au niveau secondaire et supérieur a incité un nombre croissant d'entre elles à vivre une vie personnelle extérieure au foyer. C'est ce qui explique l'accroissement massif de l'activité professionnelle féminine salariée et son corollaire, la difficulté d'élever des enfants. L'importance de la consommation et le recours croissant au crédit (pour l'achat du logement ou des biens d'équipement) conduisent d'ailleurs beaucoup de couples à ne plus pouvoir se passer d'un second salaire.

La maîtrise de la fécondité a joué un rôle essentiel.

L'invention et la diffusion des contraceptifs oraux, puis le stérilet, la stérilisation et l'avortement légal sont sans aucun doute une cause importante de la baisse de la natalité. Elles a permis en effet aux couples d'avoir le nombre d'enfants qu'ils souhaitent. Dans les conditions actuelles de durée de la vie de couple, une femme aurait environ dix enfants en moyenne si elle n'utilisait aucun procédé destiné à prévenir les grossesses. On estime qu'en France, par exemple, le nombre des naissances non désirées est trois fois

moins élevé aujourd'hui qu'en 1965, avant la législation sur la contraception de 1967.

Il est possible aussi que la diffusion de la contraception ait contribué à la désaffection vis-à-vis du mariage. Avec la contraception moderne et l'avortement, il devient en effet possible de vivre en couple sans s'exposer au risque d'avoir un enfant non désiré. La garantie sociale du mariage n'est plus alors nécessaire.

Moins d'une femme sur trois utilise la contraception orale.

Les méthodes utilisées par les femmes exposées au risque d'avoir un enfant varient selon les pays. Les quelques statistiques disponibles montrent qu'environ un tiers des Françaises ou des Italiennes, un quart des Espagnoles, une Allemande sur cinq et une Britannique sur dix n'utilisent aucune méthode.

La contraception orale (pilule) concerne environ un tiers des femmes dans les pays du Nord (voir tableau page suivante). La stérilisation est une pratique peu courante, sauf au Royaume-Uni et aux Pays-Bas, où elle s'est banalisé et concerne près du quart des femmes. Les prises de position médicales expliquent souvent les différences de comportement dans ce domaine selon les pays.

L'utilisation des préservatifs est plus répandue au Danemark, mais elle s'est développée récemment dans les autres pays, sous l'effet de la peur du sida et des campagnes d'incitation engagées par les pouvoirs publics.

L'avortement est autorisé partout, sauf en Irlande.

Longtemps pratiquée clandestinement, l'interruption volontaire de grossesse a été légalisée depuis longtemps au Royaume-Uni (1967), au Danemark (1973), en France (1975), en RFA (1976), en Italie (1978). Elle l'a été au cours des années 80 en Espagne, Grèce, Portugal, Pays-Bas et très récemment (1990) en Belgique, où elle n'était cependant guère pénalisée. L'Irlande est le seul pays où elle est encore interdite.

La proportion d'avortements est généralement inférieure à 20 pour 1 000 femmes de 15 à 44 ans dans les pays de la Communauté. Les taux sont beaucoup plus élevés dans certains pays d'Europe de l'Est : 180 pour 1 000 en URSS, 91 en Roumanie, 62 en Bulgarie, 37 en Hongrie.

Dans la plupart des pays de la CE, plus de 10 % des avortements légaux sont pratiqués sur des adolescentes de 15 à 17 ans, à peu près autant entre 18 et 19 ans. Le recours à l'avortement dépend non seulement de la législation en vigueur (très libérale aux Pays-Bas, restrictive au Portugal, où manquent des décrets d'application), mais aussi des modes de contraception utilisés.

En Espagne, avant la légalisation de l'avortement, on estimait que 300 000 avortements clandestins étaient pratiqués chaque année ; 2 % des femmes en mouraient. En Irlande, 4 000 femmes se rendraient chaque année en

PILULE ET TRADITION

Principaux moyens contraceptifs utilisés dans neuf pays (vers 1985, en % des couples mariés) :

	Belgique	Danemark	Espagne	FRANCE	Italie	Pays-Bas	Portugal	RFA	Roy.-Uni
Méthode contraceptive, dont :	**81,0**	**63,0**	**59,4**	**78,7**	**78,0**	**76,0**	**66,3**	**77,9**	**83,0**
• Méthodes traditionnelles (1)	17,0	4,0	21,5	31,1	46,0	4,0	33,6	10,1	8,0
• Stérilisation	7,0	-	4,6	4,6	1,0	25,0	1,0	12,4	28,0
• Pilule	32,0	22,0	15,5	26,6	14,0	30,0	19,1	33,7	24,0
• Stérilet	8,0	9,0	5,7	10,3	2,0	9,0	3,6	14,6	7,0
• Barrières vaginales (2)	0,0	4,0	-	-	2,0	-	2,0	1,2	3,0
• Préservatifs	6,0	25,0	12,2	6,1	13,0	8,0	5,6	5,7	17,0

(1) Abstinence périodique et *coïtus interruptus*.
(2) Diaphragmes, spermicides, ovules.

ONU

Grande-Bretagne pour avorter. Les femmes belges étaient également nombreuses à aller avorter aux Pays-Bas avant le changement de législation intervenu en 1990. La plupart des femmes concernées sont jeunes, non mariées et ne pratiquent pas la contraception.

BELGIQUE

« Enfants désirés, enfants heureux. »

WIM

■ Plus de 30 % des Néerlandaises accouchent à domicile, pour un prix forfaitaire de 600 florins (2 000 F), qui comprend les soins prénataux, la naissance et la suite de couches. En France ou en Grande-Bretagne, ce type d'accouchement ne concerne pas plus de 1 % des naissances.

■ En Italie, la naissance d'un enfant est annoncée par un ruban, bleu ou rose selon le sexe, accroché aux portes des habitations.

AVORTEMENTS

Proportion d'avortements légaux dans quelques pays (pour 1 000 femmes de 15 à 44 ans, vers 1984) :

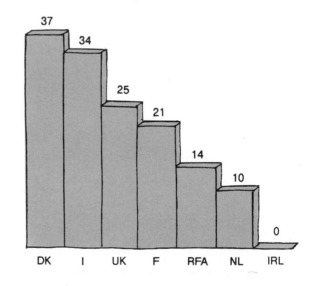

La baisse de la natalité n'a pas été subie mais voulue par les Européens.

Les changements qui se sont produits depuis quelques années dans les attitudes et les valeurs ont renforcé l'individualisme, au détriment de la vie collective et de la famille traditionnelle. C'est ce qui explique le développement de la cohabitation, la montée du divorce et la baisse de la

LA LOI ET L'AVORTEMENT

Législations en vigueur concernant l'interruption volontaire de grossesse :

Belgique	Danemark	Espagne	FRANCE	Grèce	Irlande
La loi d'interdiction de 1867 a été abrogée en 1990. L'avortement médical est autorisé dans certains conditions. Des interventions illégales étaient pratiquées depuis 1970.	Autorisé depuis 1973 en cas de risque physique, mental, médico-social ou socio-économique pour la mère ou le fœtus (délai maximum de 12 semaines). Autorisation d'un médecin et consentement parental pour les moins de 18 ans. Remboursé.	Autorisé depuis 1985 pour risque physique ou mental de la femme (non limité), eugénisme (22 semaines) ou viol (12 semaines). Avis requis de deux médecins.	Autorisé depuis 1975 sur requête (10 semaines) ou risque pour la santé physique de la mère ou du fœtus (second trimestre). Consultation médicale et entretien social obligatoires ; autorisation parentale pour les moins de 18 ans ; certificats de deux médecins experts auprès des tribunaux, dont un psychiatre. Remboursé à 80 %. Toujours inscrit au Code pénal.	Autorisé depuis 1986 sur requête (12 semaines) ou risque (eugénisme, médico-psychologique, viol, 20 semaines). Consentement parental pour les mineures.	Interdit par une loi de 1861. Risque de réclusion à vie. Un amendement de 1983 le rend anticonstitutionnel. Des milliers de femmes vont chaque année avorter en Angleterre.

Italie	Luxembourg	Pays-Bas	Portugal	RFA	Royaume-Uni
Autorisé depuis 1978. Motifs sociaux, médico-sociaux ou socio-économiques (90 jours), risque médical, eugénisme, viol (second trimestre). Certificat médical obligatoire ; délai de réflexion de 7 jours ; consentement parental ou d'un juge pour les mineures. Gratuit. Poids considérable de la clause de conscience ; avortements illégaux encore nombreux.	Autorisé depuis 1978. Motifs sociaux et médico-sociaux (12 semaines) ; risque pour la santé physique ou mentale de la mère ou du fœtus, viol (second trimestre). Certificat médical et délai de réflexion de 7 jours. Remboursé.	Autorisé depuis 1981. Risques pour la vie ou la santé mentale de la femme (24 semaines). Consentement parental pour les mineures ; délai de réflexion de 5 jours ; attestation par un médecin de la liberté de décision. Remboursé. Loi interprétée de façon libérale ; pas de distinction entre résidents et étrangers.	Autorisé depuis 1984. Motifs de risque pour la santé physique ou mentale de la femme (12 semaines), eugénisme ou viol (16 semaines). Autorisation parentale pour les mineures ; deux avis favorables de médecins ; 3 jours de réflexion (viol). Gratuit.	Autorisé depuis 1976. Motifs de risques sociaux-médicaux et psychiatriques (non limité), eugénisme (22 semaines), raisons psycho-sociologiques et viol (12 semaines). Autorisation d'un médecin ; décision du médecin pratiquant l'avortement ; soutien d'une conseillère sociale ; 3 jours de réflexion. Gratuit pour les assurées sociales et bénéficiaires de l'aide sociale. Fortes disparités régionales.	Autorisé depuis 1967. Motifs sociaux, socio-médicaux et socio-économiques (28 semaines), mentaux, eugénisme. Consentement de deux médecins ; consentement parental pour les mineures. Gratuit.

natalité. La diminution du poids de la religion catholique dans les pays méditerranéens a par ailleurs favorisé la diffusion des méthodes contraceptives. Elle semble être à l'origine de l'effondrement de la fécondité en Italie et au Portugal depuis 1974, en Espagne depuis 1975.

La baisse massive de la fécondité en Europe, depuis 1965, n'a donc pas été subie, mais voulue. La plupart des experts considèrent que l'Europe est durablement installée dans un régime de basse fécondité : rares sont les pays dont la descendance finale excédera le niveau de remplacement des générations (2,1 enfants par femme). Mais il faut se rappeler qu'ils n'avaient pas prévu le *baby-boom* des années qui ont suivi la Seconde Guerre mondiale, pas plus que la baisse de la fécondité des années 1965-1975...

*Les politiques familiales
ne sont pas explicitement natalistes.*

Par crainte de toucher aux libertés individuelles, aucun pays de la Communauté ne s'est véritablement engagé dans des politiques de type nataliste cherchant à contrer les tendances récentes en matière de mariage, union libre, divorce, contraception ou avortement. Les démographes estiment pourtant que des politiques familiales adaptées peuvent avoir un effet sur la fécondité d'environ 0,3 enfant supplémentaire par femme.

Les mesures les plus couramment mises en œuvre sont celles destinées à atténuer les contraintes économiques et morales des naissances (voir encadré), afin que le nombre d'enfants mis au monde soit le plus proche possible de celui qui est souhaité idéalement. Le désir d'enfant ne s'est d'ailleurs pas tari puisque de nombreuses mères regrettent aujourd'hui de ne pas avoir eu davantage d'enfants. Cependant, on sait que ce désir se forme dès l'enfance ; la généralisation des familles réduites pourrait donc avoir un effet d'imitation qui entretiendrait la situation actuelle.

La maternité encouragée

Les Danoises bénéficient de 28 semaines de congés de maternité, les Italiennes de 20. Les plus défavorisées sont les Portugaises (13 semaines), les Belges, les Irlandaises et les Allemandes (14). En France, le congé est de 16 semaines (6 avant la naissance et 10 après) ; il augmente avec le nombre d'enfants, jusqu'à 28 semaines. Les autres disposent aussi d'un congé de 16 semaines. La Grande-Bretagne est le seul pays de la Communauté où le congé-maternité n'est pas obligatoire. Les jeunes mamans grecques et portugaises bénéficient en outre de deux heures de travail en moins par jour pendant la première année. Au Danemark, les hommes ont droit depuis 1978 à trois mois de congé de paternité après la naissance d'un enfant.

Le taux de remplacement du salaire de la mère est en général compris entre 80 et 100 %, sauf en Irlande (maximum 70 %) et en Espagne (75 %). Les allocations familiales varient très sensiblement d'un pays à l'autre : début 1989, elles représentaient 28 F par mois en Espagne pour une famille avec deux enfants, 100 F en Grèce et au Portugal, 560 F en France et aux Pays-Bas, 640 F en Grande-Bretagne et en Belgique, 860 F au Luxembourg. En Italie, elles variaient de 70 à 420 F selon les revenus du ménage. L'allocation pour un second enfant était de 700 F en France, 320 F en Grande-Bretagne et 13 F en Espagne.

Dans le cas d'une maladie longue et coûteuse de la mère, le gouvernement néerlandais rembourse les frais de garde des enfants pendant toute la durée de son hospitalisation.

■ Entre 1965 et 1986, le nombre moyen d'enfants par femme a presque diminué de moitié dans des pays comme la RFA, les Pays-Bas, l'Espagne ou le Portugal.

NOUVELLES FAMILLES

La famille prend de nouvelles formes.

Dans la plupart des pays de la Communauté, le modèle traditionnel de la famille comportant un couple marié et des enfants issus de ce mariage coexiste de plus en plus avec des modèles nouveaux. Ainsi, au Danemark, en France et au Royaume-Uni, la baisse du nombre des mariages a entraîné la hausse du nombre des familles comportant des enfants illégitimes.

Dans ces mêmes pays (ainsi qu'au Luxembourg), l'accroissement des divorces a provoqué celui des familles monoparentales (voir page suivante). Les remariages ont multiplié les situations dans lesquelles des enfants vivent avec un ou plusieurs demi-frères et demi-sœurs, parfois issus de plusieurs mariages successifs. Les cas de cohabitation de personnes du même sexe (homosexuels, amis, communautés...) y sont en outre de plus en plus fréquents.

Dans tous les pays, l'allongement de l'espérance de vie a fortement accru le nombre de familles comportant quatre, voire cinq générations. On trouve aussi des familles avec des retraités de deux générations successives et il n'est pas rare que le nombre de retraités soit comparable au nombre d'enfants. Ceci est particulièrement apparent dans les pays du Sud, où la cohabitation entre les générations reste plus forte.

---

44 % de ménages sans enfants

Sur les 128 millions de ménages européens, 56 % des ménages comptent un ou plusieurs enfants. Un cinquième (21 %) sont des couples sans enfant habitant au foyer. La moitié (51 %) comportent un ou plusieurs enfants vivant avec leurs parents. 15 % sont constitués d'un seul adulte, sans enfant. 4,9 % sont des familles monoparentales (un seul adulte élevant un ou plusieurs enfants, voir ci-après).

En moyenne, 25 % des ménages sont constitués d'une seule personne, célibataire, divorcée ou veuve, une proportion très proche de celle des ménages de quatre personnes et plus (28 %). Les ménages nombreux (5 personnes et plus) se trouvent essentiellement en Irlande, en Espagne et au Portugal.

---

*Les ménages composés d'une seule personne
se sont multipliés.*

Plus de la moitié des ménages danois, plus du tiers des allemands, un quart des français, des néerlandais et des belges ne comptent qu'une personne, célibataire, veuve ou divorcée.

PETITS ET GRANDS MÉNAGES

Nombre de ménages et répartition selon le nombre de personnes (1987) :

	Nombre de ménages (milliers)	Nombre de personnes (% du total)					Nombre d'enfants par ménage (2)
		1	2	3	4	5 et plus	
• Belgique	3 842	23,6	30,0	20,1	16,9	9,4	1,6
• Danemark	2 924	56,9	23,7	8,9	8,2	2,2	2,3
• Espagne	10 818	10,1	22,7	20,1	22,5	24,6	1,5
• FRANCE	21 096	26,6	30,0	18,0	15,7	9,7	1,9
• Grèce	3 295	16,0	25,9	20,3	24,2	13,5	1,1
• Irlande	1 028	18,5	21,4	14,6	16,4	29,2	3,2
• Italie	20 447	21,1	24,3	22,5	22,0	10,0	1,9
• Luxembourg	138	23,1	29,1	20,1	17,9	9,7	1,8
• Pays-Bas	5 634	26,2	30,3	15,2	18,9	9,3	1,6
• Portugal	3 145	12,2	24,3	22,6	22,0	18,9	2,3
• RFA	33 300 (1)	34,1	30,0	17,2	12,9	5,8	1,4
• Royaume-Uni	22 042	24,4	32,3	16,6	17,5	9,1	2,3
• CE	127 709	25,3	28,3	18,4	17,5	10,4	-
• Etats-Unis	79 000	22,5	31,3	17,5	15,8	12,9	-
• Japon	37 980	18,1	14,1	-	-	-	-

(1) Y compris ex-RDA.
(2) Moins de 18 ans.

Eurostat

L'accroissement de la proportion de personnes seules est la conséquence de plusieurs phénomènes : allongement de l'espérance de vie ; augmentation de l'âge moyen au premier mariage (en partie compensé par le fait que les enfants restent plus longtemps chez leurs parents) ; séparation plus fréquente de la génération actuelle des parents et de celle de leurs propres parents. Mais l'explication essentielle réside dans la diminution du nombre d'enfants par foyer et renvoie au problème de la dénatalité.

5 % des familles sont monoparentales.

Un nombre croissant d'enfants sont élevés par un seul de leurs parents. Il s'agit dans la plupart des cas de la mère : 90 % dans le cas d'enfants de moins de 16 ans ; 80 % lorsqu'ils ont 16 ans et plus. La plus forte proportion de familles de ce type se trouve en Belgique (7,2 %) ; la plus faible en Grèce (2,6 %).

Cette situation est souvent la conséquence des divorces et des séparations, qui représentent respectivement 31 % et 15 % des cas. Mais l'origine la plus courante est le décès du conjoint (38 %). Les parents célibataires ne représentent que 6 % des cas, mais leur part est croissante. Les familles monoparentales sont plus fréquentes dans les villes qu'en milieu rural.

Contrairement à ce que l'on pourrait penser, les pays protestants, dans lesquels le divorce est entré dans les mœurs depuis longtemps, ne sont pas dans ce domaine différents des pays catholiques, où l'institution du mariage est demeurée plus forte. L'Espagne et l'Italie ont même des taux lé-

gèrement supérieurs à ceux observés au Danemark ou en RFA.

Enfin, on constate que 13 % des parents concernés et 16 % des enfants se déclarent « très heureux », soit moins que la moyenne des Européens (21 %).

BELGIQUE

Garbarski .V. RSCG

LES FAMILLES ÉCLATÉES

Proportion de ménages comportant des enfants élevés par un seul de leurs parents (1989, en % du nombre total de ménages) :

Eurobaromètre

7,2 — B
6,1 — UK
5,2 — NL
4,8 — E
4,7 — I
4,7 — F
4,6 — D
4,5 — DK
4,0 — L
3,7 — P
3,3 — IRL
2,6 — GR

La proportion de naissances illégitimes a été multipliée par quatre par rapport à 1960.

Les naissances hors mariage ont été largement favorisées par le développement de l'union libre. Le taux était de 17 % pour l'ensemble de la Communauté en 1989, contre 4,5 % en 1960, mais il est très inégal selon les pays. Il concerne près d'une naissance sur deux au Danemark (45 %), un taux semblable à celui d'autres pays nordiques comme la Suède ou l'Islande. Au Royaume-Uni et en France, il dépasse 25 % (contre environ 6 % vers 1960). Il est très inférieur dans les pays où l'union libre est rare : 2 % en Grèce ; à 6 % en Italie ; 10 % à 15 % dans les autres pays.

Comme pour les mariages et les divorces, les changements de mentalité, la diminution des pressions sociales et de l'influence religieuse expliquent l'augmentation très forte des naissances en dehors du cadre traditionnel du mariage. Il faut y ajouter la volonté de certaines femmes d'avoir un enfant et de l'élever seules.

Malgré son évolution, la famille reste la cellule de base.

L'existence de nouvelles formes familiales n'est pas sans incidence sur l'éducation des enfants et sur leur conception de la famille. Elles leur serviront de modèles qu'ils chercheront sans doute, consciemment ou inconsciemment, à reproduire au cours de leur vie d'adulte.

Il faut cependant souligner que la diversité croissante des formes familiales n'exclut pas la stabilité des relations au sein d'une même famille et l'existence de solidarités. Malgré l'individualisme ambiant, la famille reste aujourd'hui le pôle central des sociétés européennes.

UN ENFANT SUR CINQ « ILLÉGITIME »

Evolution du taux de naissances hors mariage (pour 100 naissances) :

	1960	1970	1980	1989
• Belgique	2,1	2,8	4,1	11,0
• Danemark	7,8	11,0	33,2	45,0
• Espagne	2,3	1,4	3,9	10,0
• France	6,1	6,8	11,4	28,4
• Grèce	1,2	1,1	1,5	2,1
• Irlande	1,6	2,6	5,0	12,6
• Italie	2,4	2,2	4,3	6,1
• Luxembourg	3,2	4,0	6,0	11,8
• Pays-Bas	1,4	2,1	4,1	10,7
• Portugal	9,4	7,3	9,2	14,5
• RFA	6,3	5,5	7,6	10,3
• Royaume-Uni	5,2	8,1	11,5	26,6
• CE	4,5	4,8	7,9	17,1

Eurostat

L'adoption difficile

Les demandes d'adoption sont souvent très supérieures au nombre d'enfants adoptables, en particulier dans les pays du nord de la Communauté. En Belgique et aux Pays-Bas, le nombre d'enfants à adopter est limité et des organisations privées proposent, moyennant finances, des enfants d'autres pays. En RFA, on compte environ 10 000 adoptions par an pour 15 000 demandes. Le nombre est comparable au Royaume-Uni, mais il est en diminution. Au Danemark, seuls les enfants étrangers sont disponibles pour l'adoption.

■ L'âge moyens des femmes à la naissance du premier enfant est passé de 24,4 ans en 1970 à 25,9 ans en 1988.

■ La proportion d'enfants illégitimes est près de quatre fois plus élevée dans l'ancienne RDA qu'en RFA : 34 % des naissances contre 10 %.

■ 8 000 bébés-éprouvette sont nés en France depuis 1981. Le coût d'un enfant est estimé à environ 10 000 F par tentative et 70 000 F par naissance.

■ Une proposition de loi interdisant les châtiments corporels (fessée, gifle...) a été repoussée au Danemark. Ils sont interdits en Suède, Norvège, Finlande.

■ Au Portugal, toute personne qui adopte un enfant bénéficie de deux mois de congés.

LE JEU DES QUATRE FAMILLES

Dans *l'Invention de l'Europe* (Seuil, 1990), l'historien Emmanuel TODD identifie quatre types familiaux principaux présents régionalement dans les différents pays et pratiquement stables dans le temps depuis le XVIᵉ siècle. L'auteur fait l'hypothèse que les structures familiales conditionnent largement les attitudes et les comportements idéologiques, économiques et religieux. Elles expliqueraient par exemple la pluralité des réactions régionales à la Réforme protestante ou à la Révolution française, la multiplication des formes de socialisme et de nationalisme au XXᵉ siècle, la rapidité de diffusion de l'alphabétisation, de l'industrialisation ou de la contraception, les attitudes vis-à-vis de l'immigration.

Les systèmes familiaux sont définis par les rapports existant entre parents et enfants et entre frères, lesquels reposent sur des valeurs d'autorité ou de liberté, d'égalité ou de non-égalité. Les quatre principaux types présents dans les pays de la Communauté sont les suivants :

Famille nucléaire absolue. Relations parents-enfants de type libéral ; relations entre frères de type non égalitaire. A l'âge adulte, les enfants quittent le domicile parental ; le partage des biens n'est pas équitable. Valeurs : liberté et individualisme. Idéologies : à gauche, travaillisme ; à droite, libéral-isolationnisme.

Famille nucléaire égalitaire. Relations parents-enfants de type libéral ; relations entre frères de type égalitaire. A l'âge adulte, les enfants quittent le domicile parental ; au décès des parents, le patrimoine est partagé équitablement. Les principales valeurs sont la liberté et l'égalité. Elles ont engendré à gauche l'anarcho-socialisme, à droite le libéral-militarisme.

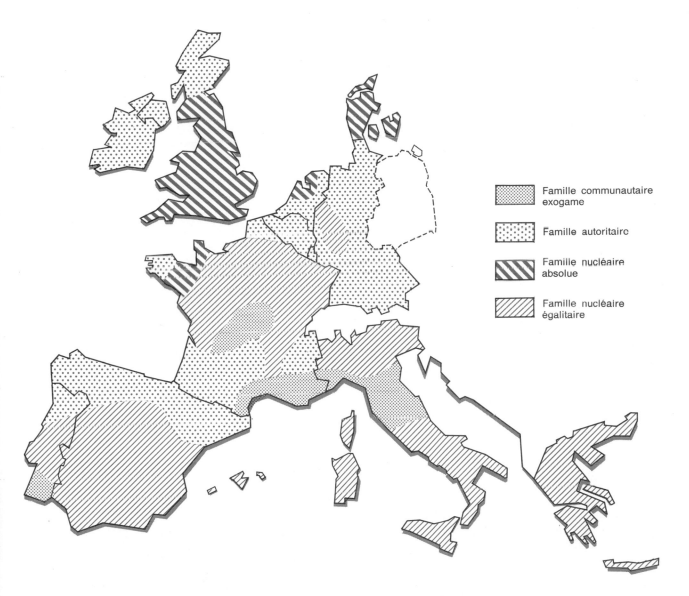

Légende :
- Famille communautaire exogame
- Famille autoritaire
- Famille nucléaire absolue
- Famille nucléaire égalitaire

Emmanuel TODD

Famille souche. Relations parents-enfants de type autoritaire ; relations entre frères de type non égalitaire. L'un des enfants reste avec le père et fait fructifier le patrimoine. Les autres ont le choix entre rester célibataire au domicile parental ou se marier à l'extérieur. Principales valeurs : autorité et inégalité. Idéologies : à gauche, social-démocratie ; à droite, pangermanisme, nazisme, neutralisme.

Famille communautaire. Idéologies : Relations entre parents et enfants de type autoritaire ; relations entre frères de type égalitaire. Les enfants se marient et demeurent au domicile parental ; un patriarche règne sur trois générations qui travaillent ensemble. Valeurs : autorité, égalité. Idéologies : à gauche, communisme ; à droite, fascisme.

CHRONIQUE DU CHANGEMENT FAMILIAL

par D.J. Van de KAA*

Les changements démographiques successifs qui ont affecté les pays de l'Europe des Douze et qui ont reçu le nom de « deuxième transition démographique » se sont essentiellement manifestés dans la direction nord-sud (voir la carte typologique). La question de savoir si tous les pays considérés subiront les changements de la formation des familles à tous les stades identifiés reste encore partiellement ouverte : des différences appréciables sont observées quant aux dates et quant au rythme. Quoi qu'il en soit, la séquence complète de ces changements, qui trouvent leur origine après la Seconde Guerre mondiale, peut être développée en 4 grandes étapes.

Le mariage et la procréation sont d'abord plus précoces.

Beaucoup de jeunes dans l'Europe de l'après-guerre et dans le sillage du service militaire font l'expérience de la contraception et de la nécessité d'éviter les maladies vénériennes. Des enquêtes rétrospectives montrent alors un accroissement continu de la proportion d'adultes ayant des relations sexuelles préconjugales. Elles indiquent également que l'âge auquel ces relations débutent baisse régulièrement. Mais les attitudes sociales et les opinions concernant les relations pré- ou extraconjugales ne suivent pas au même rythme. Ce qui conduit les partenaires à chercher refuge dans la légitimité du mariage, fournissant également une solution au problème des naissances hors mariage. La plupart des couples qui s'unissent au début des années cinquante le font de leur plein gré et sont économiquement suffisamment solides pour fonder une famille. Ils se marient jeunes et ont rapidement des enfants. Un accroissement de la procréation à un âge jeune compense largement le déficit de la fécondité des couples plus âgés, ce qui conduit à un solde positif, du moins jusqu'au milieu des années soixante.

Le troisième et le quatrième enfant commencent à se faire rares.

Les méthodes contraceptives disponibles conviennent encore dans la plupart des cas aux couples qui ont atteint le nombre d'enfants souhaités, même si ces moyens n'agissent qu'imparfaitement et si des naissances non désirées se présentent encore occasionnellement. Dans la mesure où la familiarisation avec l'usage des contraceptifs s'améliore, où les jeunes se marient de plus en plus

* D.J. Van de Kaa est directeur du Netherlands Institute for Advanced Study in the Humanities and the Social Sciences à Wassenaar aux Pays-Bas. Il est également professeur de démographie à l'université d'Amsterdam et vice-président de la National Science Foundation de La Haye. Ses ouvrages les plus récents sont *Population : Growth and Decline* et *Cultural Literacy in the Netherlands*.

tôt, le « planning familial » gagne en popularité et contribue à éviter les naissances non souhaitées en début de mariage. Les jeunes couples donnent la priorité à l'acquisition de biens avant de réaliser l'agrandissement de la famille. C'est à ce moment aussi que des contraceptifs sûrs et efficaces comme la pilule et le stérilet font leur apparition sur le marché et sont acceptés rapidement. La fécondité en dessous de trente ans descend en flèche et le troisième et le quatrième enfant deviennent rares, tandis que cinq enfants ou plus deviennent exceptionnels. En même temps, l'intervalle entre le mariage et le premier enfant s'accroît et le nombre de naissances non désirées devient plus rare.

La fécondité s'installe durablement au-dessous du seuil de remplacement des générations.

Au début des années 70, la perspective réelle et l'espoir d'une législation de l'avortement ouvrent la possibilité de terminer sans danger la conception et contribuent à la réduction de la descendance. La disparition graduelle du mariage forcé accroît également l'âge de la première naissance et cet âge devient de plus en plus élevé. L'avortement contribue ainsi de manière non négligeable à la diminution des naissances non souhaitées et aux naissances illégitimes. Ensuite, une pratique croissante de la stérilisation permet aux couples d'arrêter la procréation à partir du moment où le nombre souhaité d'enfants a été atteint, favorisant l'absence d'enfants de rang supérieur à deux ou trois. Finalement, la fécondité atteint au début des années 70 un niveau inférieur à celui requis pour assurer le remplacement des générations.

La famille traditionnelle est ébranlée et prend des formes nouvelles.

Une étape supplémentaire est franchie lorsqu'on admet de manière de plus en plus générale que les relations sexuelles ne se limitent pas à la fonction naturelle de procréation et lorsque la contraception entre définitivement dans les mœurs. En même temps, les modifications de la législation relative au mariage vont de pair avec des changements importants affectant le divorce et la séparation. Ces derniers se présentent à tous les âges et ont lieu de plus en plus tôt après le mariage. Dès lors que les couples s'unissent avec l'intention expresse de repousser la procréation de plusieurs années, la nécessité de chercher ou d'obtenir la légitimisation du consensus conjugal est mise en question. Pourquoi dès lors ne pas vivre en union libre et se marier plus tard, quand se présentera la perspective d'enfants désirés ou lorsque l'enfant conçu s'annoncera ? Ainsi la cohabitation gagne en popularité et prend des formes plus générales. Le taux de nuptialité montre à la baisse le déclin du nombre des premiers mariages. Certes, au début une pression sociale est exercée sur ces couples « unis sans papiers » pour qu'ils se marient lorsque l'enfant paraît... et un nombre croissant de grossesses préconjugales sont suivies d'un mariage dans les huit mois. Mais, au-delà d'un certain temps, cette pression s'atténue au point que les couples ne se sentent plus du tout contraints de se marier, même avant la naissance du premier enfant. La proportion des couples mariés connaît un déclin constant, le nombre de remariages diminue constamment tandis que le nombre d'enfants nés hors mariage croît régulièrement. Pour compléter ce tableau, on constate que certaines femmes choisissent de manière délibérée de mettre au monde un enfant en dehors de toute relation stable avec un partenaire masculin. Une vie sans procréation n'est plus uniquement un choix délibéré pour ceux qui ne souhaitent pas se marier, car être marié ou vivre en union stable ne différencie plus les hommes ni les femmes quant au désir d'avoir des enfants ou de souhaiter fonder une famille d'une certaine taille. Et la fécondité se maintient alors de manière quasi stable et définitive en dessous du seuil de remplacement des générations. Les styles de vie se modifient et le nombre de familles constituées de parents mariés avec des enfants perd de l'ampleur. Le nombre de personnes vivant seules et les ménages monoparentaux gagnent du terrain, et ce dans des proportions de plus en plus importantes.

12 pays, 5 familles.

En prenant en considération les données disponibles les plus récentes, on peut créer une échelle qui permet de situer les pays de l'Europe des Douze les uns par rapport aux autres. Les indicateurs retenus pour la nuptialité sont : le taux de primonuptialité, le pourcentage d'unions consensuelles, le taux de divortialité et l'âge moyen au mariage. Pour la fécondité, le taux de fécondité synthétique a été sélectionné ainsi que la proportion des naissances hors mariage.

La carte de la page précédente fournit une typologie des pays de l'Europe des Douze dans l'ordre de la séquence des événements tels qu'ils ont été décrits précédemment.

Groupe 1 : Danemark.

C'est le seul pays qui a traversé toutes les étapes de la séquence décrite. La fécondité et la fréquence conjugale sont les plus basses d'Europe. La fécondité hors mariage est extrêmement élevée (45 % de toutes les naissances).

La fréquence de divorce, de cohabitation et l'âge au mariage sont les plus élevés du monde. La contraception est complètement généralisée et les enfants quittent la famille très tôt.

Groupe 2 : RFA, Belgique, Luxembourg et Pays-Bas.

Ces 4 pays suivent le Danemark d'assez près. La différence primordiale étant le fait que la fécondité extraconjugale y est plus modeste, que le divorce se présente dans de moindres proportions et que la tendance à se marier est légèrement plus élevée qu'au Danemark.

Groupe 3 : France et Grande-Bretagne.

Ces 2 pays sont également fort avancés dans la séquence décrite, mais ils présentent un taux de fécondité relativement élevé (1,8 enfant par femme) tandis que plus de 20 % des naissances ont lieu hors mariage. Le taux de divorce est légèrement, mais systématiquement plus élevé que dans le deuxième groupe et la pratique contraceptive est quelque peu moins parfaite.

Groupe 4 : Espagne, Grèce, Italie et Portugal.

Ces pays de l'Europe du Sud accusent une baisse récente, mais fort rapide, de la fécondité et rejoignent ainsi les pays d'Europe ayant les plus basses natalités. Néanmoins, la modernisation décrite précédemment ne s'est pas encore manifestée en ce qui concerne les normes et les valeurs relatives au mariage et à la formation des familles. Le divorce est largement absent et la cohabitation plutôt rare. Les taux des premiers mariages observés sont parmi les plus élevés. Les étapes dans les signes de modernisation qui les caractérisent se limitent à la procréation à l'intérieur du mariage.

Groupe 5 : Irlande.

C'est le pays le moins avancé dans la séquence proposée. C'est le seul pays où le taux de fécondité dépasse le seuil de remplacement des générations. L'âge au mariage est élevé, mais ceci relève d'une longue tradition. La pratique de la contraception est encore peu répandue et par conséquent le niveau des naissances illégitimes est assez important. Le divorce est interdit et les unions consensuelles sont pratiquement inexistantes. Par de multiples aspects, ce pays n'est pas encore touché par les facteurs de changement rapide qui ont profondément modifié la famille dans le reste de l'Europe.

FOYER

60 % des ménages en maison (39 % en Italie) ■ 62 % de propriétaires
(46 % aux Pays-Bas, 47 % en RFA) ■ Forte disparité des prix de l'immobilier ;
flambée à Londres, Paris, Bruxelles ■ Un foyer sur trois avec chien ou chat ■
Confort plus répandu au Nord, mais en hausse au Sud ■
Plus de machines à coudre que de machines à laver ;
plus de téléviseurs que de baignoires ■ 80 % des ménages équipés
du téléphone ■ Une voiture pour trois habitants (une pour deux en RFA,
une pour sept en Grèce) ; une japonaise sur dix

LOGEMENT

**60 % des Européens habitent
en maison individuelle.**

Plus de 90 % des Irlandais habitent une maison. C'est le cas de plus de huit Britanniques, Luxembourgeois ou Belges sur dix, mais seulement de quatre Italiens sur dix. Ces écarts s'expliquent davantage par les habitudes nationales et les politiques de logement mises en place depuis des décennies que par l'espace disponible pour la construction de maisons individuelles ou la proportion d'agriculteurs. L'Espagne a commencé récemment un effort de construction de logements individuels. L'Italie connaît des difficultés, du fait de la forte pression des prix de l'immobilier.

L'évolution récente des structures familiales (voir *Famille*) a modifié la demande en matière de logement. Les familles traditionnelles avec enfants restent attirées par l'accession à la propriété d'une maison individuelle, généralement dans des zones proches des villes. Les personnes seules, les couples sans enfant, les familles monoparentales, et les divorcés dont les effectifs sont en forte augmentation, préfèrent souvent la location d'un appartement.

■ 64 % des logements britanniques sont antérieurs à 1950, contre seulement 28 % en Espagne et 35 % en Grèce.

MAISONS IRLANDAISES

Proportion de ménages logés en maison individuelle (1990, en %) :

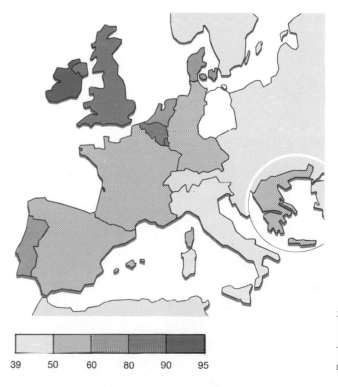

| 39 | 50 | 60 | 80 | 90 | 95 |

Eurobaromètre

Grèce : les maisons sans toit

D'après la législation grecque, les impôts sur les habitations ne sont dus que lorsque les bâtisses sont achevées. C'est la raison pour laquelle beaucoup de maisons restent sans toit pendant des années, se limitant à un rez-de-chaussée et aux armatures de l'étage supérieur. Leur surface habitable peut ainsi être modulée selon le nombre de personnes à loger, et s'agrandir à l'occasion des naissances successives, tout en permettant des économies fiscales à leurs occupants. Les pouvoirs publics s'efforcent de faire cesser ces pratiques en modifiant la législation et en contrôlant son application.

Près de deux ménages sur trois sont propriétaires de leur logement.

La proportion de propriétaires est inférieure à 50 % en RFA et aux Pays-Bas. Elle est proche de 80 % au Luxembourg, en Irlande, en Grèce et en Espagne. Dans ces trois derniers pays, les taux élevés s'expliquent en partie par la forte proportion d'agriculteurs, traditionnellement propriétaires de leur logement (86 % en moyenne dans la Communauté). L'Espagne, l'Italie et le Royaume-Uni (ce dernier surtout jusqu'en 1988) ont mis en place des politiques destinées à favoriser l'accession à la propriété. En Espagne et en Italie, la proportion de propriétaires a augmenté respectivement de 8 % et 12 % entre 1979 et 1985.

Une proportion importante de ménages est logée gratuitement (en général par l'employeur) en France (9 %) et en Espagne (7 %). Les taux sont de 3 à 4 % en RFA, Belgique, Italie, Royaume-Uni. Les plus faibles sont ceux observés au Danemark et aux Pays-Bas.

On constate un accroissement de la proportion de ménages propriétaires occupant leur logement, au détriment de l'investissement locatif.

62 % DE PROPRIÉTAIRES

Proportion de ménages propriétaires de leur logement en 1990 (1) et en 1960 (chiffres entre parenthèses) [2], en % :

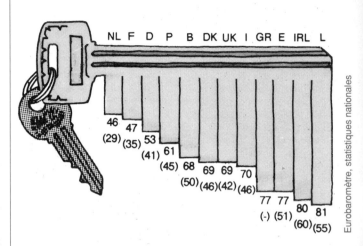

Eurobaromètre, statistiques nationales

(1) Réponses à la question : « Etes-vous locataire ou propriétaire, vous et votre famille, de votre logement » (enquête *Eurobaromètre*, juin 1990). Certains chiffres sont plus élevés que ceux fournis par les statistiques nationales (généralement plus anciennes).
(2) Statistiques nationales.

Grande-Bretagne

« Elle a eu la maison, le yacht, la société et les voitures. Mais j'ai tenu bon pour le mobilier. »

First City/BBDO Advertising

France : record des résidences secondaires

12 % des ménages Français possèdent une résidence secondaire, record d'Europe, devant le Danemark (10 %). Les taux constatés dans les autres pays sont très inférieurs : environ 2 % en Irlande et aux Pays-Bas, 4 % en Italie et en Belgique. La proportion élevée en France s'explique par la faible densité de population, l'attirance pour la pierre et l'existence de zones d'attraction très diversifiées : campagne, mer, montagne.

On observe depuis quelques années une certaine désaffection due aux coûts élevés d'entretien, aux difficultés de circulation pendant les week-ends et à la volonté de varier les lieux de vacances. Les achats de résidences en France par des étrangers (Britanniques, Néerlandais, Belges) sont cependant de plus en plus nombreux dans certaines régions comme le Nord, la Normandie ou le Sud-Ouest.

Chaque logement compte en moyenne un peu moins de 3 personnes.

Le nombre de personnes par ménage varie de 2,2 en moyenne au Danemark contre 3,7 en Irlande ou en Espagne. Cet écart s'explique surtout par la taille moyenne des ménages : près de 60 % des ménages danois ne comptent qu'une personne, contre seulement 10 % des ménages espagnols. A l'inverse, 25 % des ménages comptent au moins 5 personnes en Espagne contre seulement 2 % au Danemark (entre 5 et 10 % en RFA, France, Pays-Bas, Belgique, Royaume-Uni, Luxembourg, Italie).

Les facteurs démographiques, économiques et culturels jouent aussi un rôle. Le nombre plus élevé de personnes par logement en Irlande est dû à un niveau de vie relativement peu élevé qui incite les jeunes à rester au foyer parental et à la prééminence d'un modèle de famille élargie aux ascendants. L'interdiction du divorce explique aussi le nombre moins élevé de ménages solitaires. Dans d'autres pays comme le Danemark, la RFA ou la France, le modèle de la famille nucléaire, peu nombreuse et fortement individualiste, s'est au contraire largement imposé.

Squatters et sans-abri

Le nombre des personnes sans abri est estimé à 400 000 en France, 200 000 en Grèce, 100 000 en RFA. Il est très faible en Irlande (3 000) et au Luxembourg. Il est compris entre 20 000 et 40 000 dans les autres pays. La population mal logée est beaucoup plus nombreuse, bien que les définitions varient d'un pays à l'autre. Deux millions de familles seraient concernées en France, quatre fois plus qu'en RFA.

L'occupation de logements ou locaux non habités *(squats)* est tolérée dans certains pays comme la RFA, les Pays-Bas et le Royaume-Uni. Dans ce dernier pays, des organismes comme l'*Advisory Service for Squatters* en Grande-Bretagne proposent même des listes de locaux disponibles ainsi que la durée approximative jusqu'à la fin des travaux de réfection ou démolition.

Un quart des ménages habitent des logements sociaux locatifs.

Ce type de logement est particulièrement développé aux Pays-Bas, où 35 % des ménages sont locataires d'un appartement ou d'une maison individuelle appartenant à un organisme de type HLM (Habitations à loyer modéré). Il est répandu aussi au Royaume-Uni (22 % des ménages), en RFA (16 %) et en Irlande (15 %). La proportion est d'environ 5 % en Italie, en Espagne et au Portugal, semblable à celle de la Belgique ou du Danemark. La Grèce ne possède pas de parc locatif à caractère social. Il représente 9 % de l'ensemble des résidences principales en France.

La part de ces logements dans la construction neuve est loin d'être négligeable ; elle représente 30 % aux Pays-Bas, 20 % en France et au Danemark, 17 % en Grande-Bretagne, 12 % en RFA, 8 % en Italie, 2 % en Belgique (contre 20 % en 1980).

L'importance de la demande de logements en location s'explique par les prix élevés de l'immobilier dans certains pays (voir ci-après) et les taux de crédit élevés. Elle répond aussi à l'accroissement du nombre des ménages peu nombreux, plus mobiles et moins motivés par le « placement pierre ».

Royaume-Uni : la loi *bed and breakfast*

La loi britannique oblige les collectivités locales à fournir un logement à tous les ménages, au besoin dans un hôtel ou un meublé. C'est pour faire face à cette obligation que 6 millions de logements sociaux ont été construits à partir de la fin de la Première Guerre mondiale.

Par ailleurs, une mesure gouvernementale prise en 1980 contraint les conseils locaux à vendre les logements sociaux *(Council Homes)* dont ils étaient propriétaires à tout locataire qui en fait la demande, ceci dans des conditions de prix avantageuses. En neuf ans, plus d'un million de logements ont ainsi été achetés et la proportion de ménages propriétaires s'est accrue de près de dix points.

La construction de logements neufs a diminué au cours des années 80.

Sur les 126 millions de logements existant dans la CE, seuls 10 à 20 %, selon les pays, ont été construits après 1970. La proportion de ceux construits avant 1945 est proche de 50 % au Royaume-Uni, en Irlande, en Belgique, au Danemark et en France. Elle est nettement inférieure dans les pays du sud de la Communauté ainsi qu'aux Pays-Bas.

La situation démographique est en partie responsable de cette situation. En RFA, par exemple, la diminution de la population explique le nombre des logements vacants. La croissance de la proportion de ménages inactifs est une autre cause du fléchissement des besoins de constructions neuves. Les taux d'intérêts réels élevés (après déduction de l'inflation) ont également joué un rôle dissuasif pour les constructeurs comme pour les particuliers.

Le marché de la réhabilitation de logements anciens est aujourd'hui pratiquement au même niveau que celui de la construction neuve. Il est même supérieur au Royaume-Uni, où 90 % des accédants à la propriété se tournent vers le marché de l'ancien.

■ Les frais et taxes imputables à l'acheteur d'une propriété valant environ un million de francs représentent 19,5 % du prix d'achat en Belgique, 15,4 % en Grèce, 14 % en Italie, 12,7 % en France, 8,9 % aux Pays-Bas, 7,7 % au Luxembourg, 6 % en RFA, 5,7 % en Espagne, 2,9 % en Irlande (3 % aux Etats-Unis et 5,7 % au Japon).

QUAND LE BÂTIMENT VA...

Nombre de logements construits (1988, pour 1 000 habitants) :

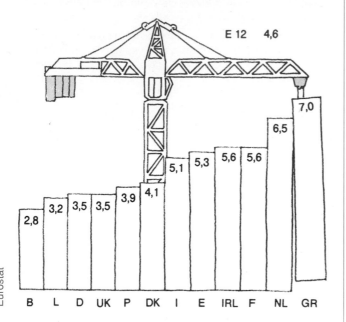

Eurostat

E 12   4,6

Valeurs : B 2,8 | L 3,2 | D 3,5 | UK 3,5 | P 3,9 | DK 4,1 | I 5,1 | E 5,3 | IRL 5,6 | F 5,6 | NL 6,5 | GR 7,0

Les Européens mobiles, mais sur de courtes distances

La mobilité résidentielle est la conséquence logique de la mobilité matrimoniale (cohabitations successives, mariages, divorces, remariages). Chaque année, 5 à 10 % des habitants de l'Europe du Nord changent de domicile (ils sont plus de 10 % aux Etats-Unis) : 9 % des Britanniques et des Allemands, 7 % des Français. La mobilité reste moins forte dans le Sud, mais elle s'est fortement accrue depuis quelques années.

Le plus souvent, le changement de domicile se fait dans une zone géographique proche : entre 1975 et 1982, 80 % des Français qui ont déménagé sont restés dans la même zone de peuplement industriel et urbain ; au Royaume-uni, 70 % des changements intervenus entre 1971 et 1981 ont eu lieu dans un rayon de 10 km. La mobilité lointaine (d'une aire urbaine ou d'une région à une autre) est souvent liée aux problèmes d'emploi.

La mobilité résidentielle est en général plus forte dans les pays où la proportion de propriétaires est faible (RFA, Pays-Bas), mais aussi au Royaume-Uni, où les frais de mutations et taxes sont peu élevés.

■ La densité d'architectes varie de un pour 176 habitants aux Pays-Bas à un pour 1 136 en Italie. Elle est proche de un pour 1 000 au Danemark, en RFA et en Grèce, proche de un pour 300 en Espagne, France, Irlande, Luxembourg. Elle est de un pour 600 en Belgique.

La hausse des prix de l'immobilier a été spectaculaire à Londres, Paris, Bruxelles.

Depuis quelques années, la tendance générale est à la hausse des prix de l'immobilier, en particulier dans les capitales, dont la plupart espèrent profiter des effets induits par le marché unique de 1993. Agents et promoteurs immobiliers, administrateurs de biens, notaires, banques et organismes de crédit se sont mobilisés pour tirer le meilleur parti de la libre circulation des capitaux, effective depuis le 1er juillet 1990. A Bruxelles, Paris et Londres, les hausses des loyers ou des prix de vente ont souvent atteint 25 % par an, voire 50 % en un an dans certains quartiers. Elles ont été entretenues par les achats d'investisseurs étrangers, européens ou non (en particulier scandinaves à Madrid ou Bruxelles). Le marché londonien a cependant connu un brutal retournement depuis 1988, à cause des niveaux élevés des taux d'intérêt des crédits.

En 1990, les prix de vente des logements neufs dépassaient souvent 30 000 F/m² à Paris et Londres. Ils étaient très inférieurs dans des villes comme Athènes, Lisbonne, Bruxelles, Amsterdam, Barcelone, Madrid, Hambourg (entre 5 000 et 10 000 F). Les prix de l'ancien variaient entre 3 000 et 9 000 F dans ces villes, soit environ le tiers de ceux de Paris ou de Londres.

Le maquis du crédit

Les conditions d'obtention des crédits immobiliers pour l'acquisition d'un logement sont très variables d'un pays à l'autre. En Grande-Bretagne, les prêts consentis peuvent atteindre 100 % du prix d'achat. Dans les autres pays, on exige un apport personnel : 15 % minimum en RFA ; 20 % en Belgique ; 25 % en Italie et aux Pays-Bas ; 25 à 30 % en Espagne. La durée maximale est en général de 15 ans en Espagne, de 15 à 20 ans en France et en Italie, de 15 à 25 en Belgique, de 15 à 30 aux Pays-Bas, de 20 à 25 en Grande-Bretagne. Les taux d'intérêt varient en fonction du type de logement (neuf, ancien, conventionné), de la durée du prêt et des conditions économiques (inflation). En 1989, ils étaient voisins de 8 % aux Pays-Bas, 9 % en Irlande et en France, 14 % au Royaume-Uni, en Italie, 16 % en Espagne.

Malgré les politiques mises en place, l'évolution des loyers a suivi celle des prix de vente.

Dans la plupart des pays d'Europe, les réglementations concernant les loyers non aidés font référence aux prix du marché, avec le plus souvent un contrôle, voire un « encadrement » des prix pratiqués. Ainsi, en RFA, les loyers pratiqués ne doivent pas s'écarter de plus de 20 % de ceux des logements comparables. Au Danemark, le taux de rendement annuel de la location ne doit pas dépasser 7 % de la valeur vénale du logement. Aux Pays-Bas, le régime de marché est compliqué par la survivance de mesures de blocage et de rattrapage des loyers. En Grande-Bretagne, les loyers sont libres, mais les deux parties peuvent demander un arbitrage à un fonctionnaire spécialisé *(rent officer)*. En France, la « surface corrigée » des logements sert de base au calcul des nouveaux loyers, ainsi que ceux des logements comparables dans le voisinage. Les augmentations sont limitées à celles de l'indice de la construction ; des arbitrages peuvent être demandés en cas de rattrapage. Les loyers varient de un à trois dans les capitales, les plus élevés étant, comme à l'achat, ceux de Londres et Paris.

ACHETER À ATHÈNES

Prix moyen des constructions neuves dans 12 villes (1989, en francs par m²) :

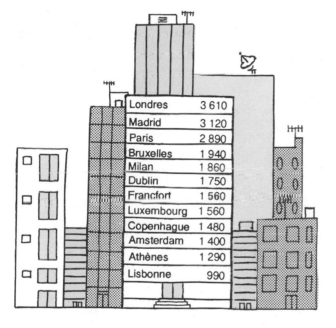

Londres	3 610
Madrid	3 120
Paris	2 890
Bruxelles	1 940
Milan	1 860
Dublin	1 750
Francfort	1 560
Luxembourg	1 560
Copenhague	1 480
Amsterdam	1 400
Athènes	1 290
Lisbonne	990

FNAIM

Logements pour personnes âgées

Le vieillissement de la population de la CE pose le problème du logement des personnes qui ne sont plus autonomes. Certains pays ont développé des formules nouvelles. La Grande-Bretagne construit des *sheltered housing*, habitations regroupant des logements indépendants (souvent une trentaine, constitués d'une seule pièce) reliés par un système d'alarme et bénéficiant de services de soins à domicile, de restauration collective ou individualisée. En France, les « résidences services » sont des immeubles de logements indépendants (de une à trois pièces) dans lesquels sont prévus les soins médicaux, les services ménagers, la restauration (collective ou individuelle), des parties communes (salons, bars, etc.) et des chambres d'hôte.

Les dépenses consacrées au logement varient entre 18 % des dépenses totales des ménages en Irlande et 33 % au Danemark.

Dans des pays comme l'Allemagne, la France ou les Pays-Bas, les dépenses de logement (loyer, entretien courant, charges et dépenses d'énergie, ameublement, appareils de chauffage et de cuisine) constituent le poste le plus important. Dans les pays comme l'Espagne, l'Irlande ou l'Italie, ce sont les dépenses d'alimentation qui sont prioritaires.

Depuis 1979, les dépenses de loyer et d'entretien ont augmenté assez vite, du fait de l'accroissement du coût de l'énergie (et de la distribution d'eau en Irlande). Celles d'équipement ont au contraire diminué en francs constants, du fait de la baisse des prix des appareils électroménagers. La part des dépenses de logement est d'autant plus élevée que les revenus des ménages sont faibles ; à l'inverse, la part des dépenses d'aménagement du logement augmente avec le niveau de revenu.

UN QUART POUR LE LOGEMENT

Dépenses de logement et d'entretien (1987, en % de la consommation totale des ménages) :

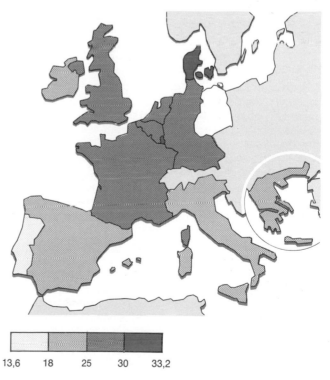

| 13,6 | 18 | 25 | 30 | 33,2 |

Eurostat

■ On compte environ 75 000 professionnels de l'immobilier au Royaume-Uni, contre 15 000 en Italie, 12 000 en RFA et en France.

LOUER À LISBONNE

Loyers moyens dans 13 villes pour un appartement de 3 pièces non meublé (1989, en francs*) :

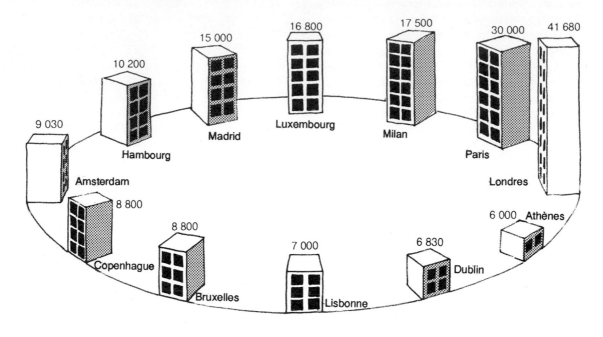

Union de Banques suisses

* Convertis à partir de francs suisses, au taux de 3,8 francs français pour un franc suisse et arrondis à la dizaine de francs supérieure.

L'Europe des quartiers en crise

Partout en Europe, des quartiers de certaines villes sont dans une situation difficile : immeubles et logements dégradés ; absence d'équipements collectifs et de services publics. La population étrangère y est souvent majoritaire (75 % à Cureghem, quartier d'Anderlecht, Belgique ; 32 % à Nordstadt, quartier de Dortmund, Allemagne). En France, ce sont souvent des « grands ensembles » de 500 ou 1 000 logements HLM (Sarcelles, en banlieue parisienne, les Minguettes dans la région de Lyon). Mais l'urbanisme des quartiers à problèmes peut être fort différent : pavillons avec jardins et espaces verts à Korreveg (Groningen, Pays-Bas) ; immeubles bordant le centre-ville à Cureghem ; ancien quartier industriel à Ferguslie Park (Paisley, Ecosse).

La réhabilitation de ces quartiers passe par une amélioration des logements et des équipements, mais aussi des conditions de santé, de l'éducation et de l'emploi. Elle ne peut être réalisée que par une étroite collaboration entre l'Etat, les services publics, les autorités locales, les entreprises privées et les habitants, souvent constitués en associations.

■ Au Danemark, les étrangers ne sont pas autorisés à acheter des résidences de loisirs. En Irlande, l'autorisation est nécessaire pour les ressortissants des pays n'appartenant pas à la CE.

LE TEMPS DE SE LOGER

Temps de travail nécessaire à un ouvrier pour acquérir une maison « moyenne » (1987, pour une famille de quatre personnes, en heures) :

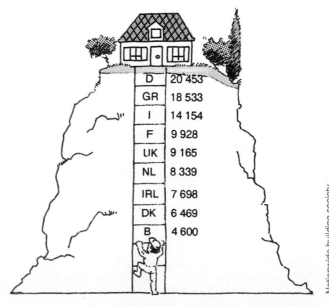

D	20 453
GR	18 533
I	14 154
F	9 928
UK	9 165
NL	8 339
IRL	7 698
DK	6 469
B	4 600

Nationwide building society

Un ménage sur trois possède un animal familier.

On compte 66 millions de chiens et de chats dans la Communauté, sans compter les hamsters, lapins, canaris, tortues et autres animaux familiers. Leur présence est plus fréquente dans les zones rurales et les petites agglomérations, du fait de l'existence de maisons et de jardins et d'habitudes anciennes. Les Belges, les Français et les Irlandais sont ceux qui en possèdent le plus, proportionnellement à la population.

C'est en Irlande que les chiens sont les plus nombreux (40 % des ménages, dont beaucoup sont chasseurs), devant la France, autre pays à forte tradition agricole et cynégétique. C'est en Belgique que l'on trouve le plus de chats (25 %). L'Italie et les Pays-Bas sont les seuls pays dans lesquels la proportion de chats est comparable à celle des chiens. La Grèce est de loin le pays le moins concerné : moins de 10 % des ménages.

66 MILLIONS D'AMIS

Nombre de chiens et chats (en millions) et taux de possession des ménages, dans dix pays (1989, en %) :

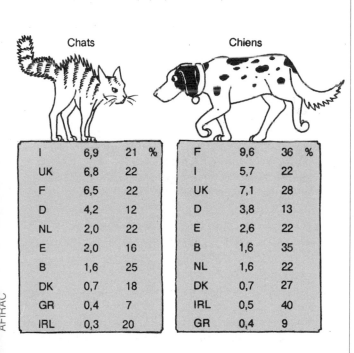

	Chats				Chiens		
I	6,9	21	%	F	9,6	36	%
UK	6,8	22		I	5,7	22	
F	6,5	22		UK	7,1	28	
D	4,2	12		D	3,8	13	
NL	2,0	22		E	2,6	22	
E	2,0	16		B	1,6	35	
B	1,6	25		NL	1,6	22	
DK	0,7	18		DK	0,7	27	
GR	0,4	7		IRL	0,5	40	
IRL	0,3	20		GR	0,4	9	

AFRAC

- La Suisse est le seul pays d'Europe occidentale où l'on trouve plus de chats que de chiens : 22 % des ménages ont un chat, 13 % un chien.

- La Communauté compte 63 000 vétérinaires.

RFA : des animaux et des hommes

En RFA, les animaux étaient considérés par le Code civil comme des « choses » ou des biens. Les pressions de l'opinion publique, indignée de voir les traitements infligés à certains animaux (abattage, expériences de laboratoire, etc.) ont été à l'origine d'une réforme au terme de laquelle ils sont considérés comme des « créatures de chair et de sang ».

Les animaux jouent de plus en plus un rôle de compensation sociale.

La tradition et l'amour des animaux ne suffisent pas à expliquer l'accroissement du nombre des animaux domestiques (surtout pendant les années 70) dans les pays les plus développés de la Communauté. La crise économique, le sentiment d'insécurité (chômage, délinquance) et la détérioration du climat social sont d'autres causes de ce phénomène.

RFA

« Formidable ! Extra pour nous les petits. »

Dans des pays comme la France ou le Royaume-Uni, les chats et les chiens sont parfois mieux traités et mieux soignés que les enfants. Le nombre de cabinets vétérinaires a beaucoup augmenté. Des cliniques pour animaux ont été créées, ainsi que des services d'ambulances, des taxis canins, des centres de kinésithérapie (soins pour chiens obèses), des *dog-sitters* (garde de chiens), des cimetières pour animaux.

Certains possesseurs d'animaux tentent d'établir avec leurs compagnons des relations qu'ils ne peuvent avoir avec leurs semblables ou même leurs enfants. Tout se passe en fait comme si l'homme, reconnu aujourd'hui coupable de détruire la nature, tentait de se racheter en retrouvant sa place parmi les mammifères. L'évolution des rapports entre les hommes et les animaux traduit aussi les problèmes qu'ont les hommes entre eux, leurs inquiétudes face à l'avenir.

Pollution canine

A Paris, les 200 000 chiens de la ville produisent 15 à 20 tonnes de déjections par jour. A Londres ou à Rome, les propriétaires de chiens qui polluent la chaussée sont passibles d'amendes de 100 à 500 francs. A Amsterdam (70 000 chiens), ils doivent posséder une petite pelle spéciale. A Bonn (10 000 chiens), il existe des distributeurs automatiques de balayettes et de sacs en papier.

■ En France, les salariés désirant acquérir un logement bénéficient d'une aide patronale représentant 1 % du montant de l'achat.

■ Au Royaume-Uni, la plupart des crédits immobiliers sont à taux variable. La hausse sensible des taux d'intérêt depuis trois ans explique la baisse des prix (particulièrement sensible dans les *docklands*, le nouveau quartier de Londres construit sur les anciens docks.

■ Environ les deux tiers des logements européens comprennent entre 3 et 5 pièces. L'existence d'un garage rattaché au logement est fréquente (entre un tiers et la moitié) en France, RFA, Royaume-Uni.

■ La signature d'une promesse de vente d'un bien immobilier est obligatoire en Belgique, France, Irlande. Elle est facultative en Italie, Espagne, Grèce, Luxembourg, Danemark, Pays-Bas. Elle ne fait pas partie des usages en RFA.

■ En Grèce, l'achat de propriétés dans les zones frontalières est interdit aux non-Grecs. Pour les Grecs, le transfert de devises pour acheter un bien immobilier à l'étranger est interdit.

■ Aux Pays-Bas, les baux résidentiels ont une durée illimitée. Leur non-renouvellement n'est possible que dans des conditions très strictes.

EQUIPEMENTS

*Les pays les plus riches
sont les mieux équipés.*

L'équipement des ménages européens en téléphones, téléviseurs, machines à laver ou voitures est en relation directe avec le niveau de prospérité économique de chaque pays. Les ménages des pays les plus riches de la Communauté (Luxembourg, Danemark, RFA, France) sont en moyenne mieux équipés que ceux des pays moins développés, en particulier la Grèce, l'Irlande et le Portugal. Il en est de même des éléments de confort des logements (eau courante, sanitaires, chauffage, ascenseur...).

Les classements varient cependant selon les types de biens : les Italiens ont proportionnellement plus de voitures que de téléviseurs ; les Grecs sont dans la situation inverse.

*Plus de huit ménages sur dix disposent
de W.-C. intérieurs et d'une baignoire ou douche.*

Depuis une trentaine d'années, les progrès réalisés dans le domaine du confort ont été spectaculaires. En 1960, une proportion considérable des logements ne possédaient pas d'installations sanitaires, de chauffage central, parfois même d'eau courante. La reconstruction de l'après-guerre était encore en cours en RFA ou aux Pays-Bas, qui possédaient alors aussi peu de logements (environ un pour quatre habitants) que les pays les plus pauvres.

Aujourd'hui, la presque totalité des logements disposent de l'eau courante ; plus de 90 % en Irlande, Italie, Espagne, Portugal. Mais l'eau chaude n'est disponible en moyenne que dans 80 % environ des logements (70 % seulement en Belgique). La proportion de logements équipés de toilettes et d'une salle d'eau est proche de 100 % au Luxembourg, aux Pays-Bas et au Royaume-Uni. La baignoire et la douche sont un peu moins répandues au Portugal, en Italie et en Grèce, tant pour des raisons financières qu'à cause des habitudes culturelles.

La présence de chauffage central dépend à la fois de l'âge des logements, du niveau de vie du pays et des conditions climatiques habituelles. La majorité des logements en sont équipés au Danemark, aux Pays-Bas, au Luxembourg et au Royaume-Uni, mais seulement de 20 à 30 % en Espagne, au Portugal et en Grèce.

Les machines à coudre sont plus nombreuses que les machines à laver.

Dans les huit pays les plus développés, au moins 80 % des ménages sont équipés d'une machine à laver le linge. Les lave-vaisselle sont beaucoup moins répandus : un ménage sur quatre dans les huit pays riches ; un sur dix dans les quatre autres. Les machines à coudre électriques sont

CONFORT POUR TOUS

Proportion de logements équipés de W.-C., baignoire ou douche, chauffage central (début des années 80, en %) :

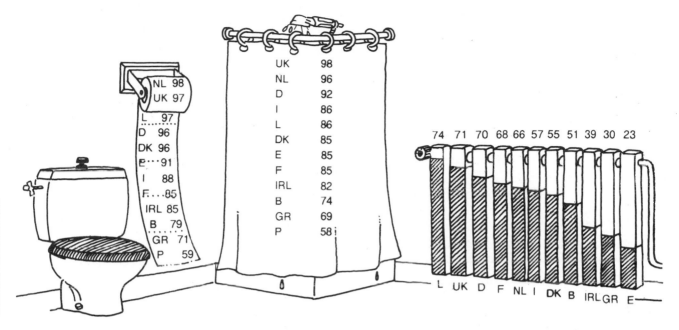

WC		Baignoire/douche		Chauffage central	
NL	98	UK	98	74 71 70 68 66 57 55 51 39 30 23	
UK	97	NL	96	L UK D F NL I DK B IRL GR E	
L	97	D	92		
D	96	I	86		
DK	96	L	86		
E	91	DK	85		
I	88	E	85		
F	85	F	85		
IRL	85	IRL	82		
B	79	B	74		
GR	71	GR	69		
P	59	P	58		

Eurostat, Eurobaromètre

Confort nordique

Les Européens du Nord semblent plus attachés à leur logement que ceux du Sud. Ces derniers vivent davantage à l'extérieur, du fait d'un climat plus clément et de l'importance plus grande des lieux publics tels que les cafés et restaurants. Les Néerlandais, les Danois et les Britanniques font des efforts pour créer des intérieurs chaleureux et lumineux : meubles confortables ; utilisation fréquente du bois ; larges baies vitrées ; rideaux inexistants ou rarement tirés ; bougies ; éclairages indirects ; pièces immaculées. Le souci de bon voisinage explique l'absence fréquente de clôtures ou de haies entre les maisons aux Pays-Bas. C'est aussi dans ce pays que l'on trouve le plus de fleurs dans les maisons. Les Néerlandais dépensent en moyenne environ 500 F par personne et par an pour la décoration florale. Les Allemands arrivent en seconde position (450 F), devant les Belges, les Luxembourgeois et les Danois. Les Britanniques sont ceux qui dépensent le moins (environ 100 F).

fréquemment présentes dans la plupart des pays, à l'exception de la France, de la RFA, du Danemark et de l'Italie.

Les gros appareils électroménagers les plus répandus sont sans conteste l'aspirateur et le réfrigérateur. Celui-ci est le plus souvent combiné avec un compartiment congélateur, présent dans plus de neuf foyers sur dix. Les congélateurs sont de plus en plus souvent présents. Le taux d'équipement en fours à micro-ondes est évidemment étroitement dépendant de celui des congélateurs ; il dépasse 50 % au Royaume-Uni.

ITALIE

Frigoriferi Polo. Dal la dinastia dei Rex.

« Réfrigérateurs Polo. La dynastie Rex. »

Canard Advertising

LES OUTILS DU CONFORT

Evolution de l'équipement électroménager des foyers (en % du nombre total des ménages) :

	Lave-linge		Lave-vaisselle		Réfrigérateur (1)		Congélateur (2)	
	1980	1987	1980	1987	1980	1987	1980	1987
• Belgique	80	88	16	24	94	95	51	59
• Danemark	58	77	17	31	98	97	65	78
• Espagne	80	89	6	11	91	95	-	9
• FRANCE	74	94	13	33	95	99	26	50
• Grèce	57	72	3	9	95	97	2	8
• Irlande	63	87	5	11	86	98	14	29
• Italie	81	95	14	20	94	98	18	33
• Luxembourg	97	97	13	48	98	98	73	83
• Pays-Bas	87	90	8	9	98	96	37	41
• Portugal	30	51	-	12	72	88	-	29
• RFA	81	92	15	29	96	99	57	60
• Royaume-Uni	77	91	3	9	93	97	29	55

(1) Avec ou sans congélateur intégré.
(2) Indépendant du réfrigérateur.

Eurostat, Eurobaromètre

Les postes de télévision sont plus nombreux que les baignoires.

Certains équipements de loisir sont parfois prioritaires par rapport aux équipements sanitaires. C'est le cas de la télévision, dont sont équipés près de 90 % des foyers européens, la plupart en couleur. Seuls le Portugal et la Grèce ont un taux de possession inférieur à 60 %. Il est cependant en forte croissance en Grèce, puisqu'on compte aujourd'hui près de 300 téléviseurs pour 100 habitants contre 117 en 1977, ce qui la met au niveau de l'Espagne, de l'Italie ou du Luxembourg.

Le taux d'équipement en magnétoscopes s'est aussi beaucoup accru en quelques années, en même temps que le nombre des chaînes disponibles et du câblage des foyers réalisé dans différents pays (voir *Loisirs*). Plus de la moitié des Britanniques ont un magnétoscope. Les Italiens et les Grecs sont les moins bien équipés. Les Luxembourgeois et les Belges ont un taux assez peu élevé par rapport au nombre de chaînes accessibles et à leur pouvoir d'achat.

Plus de 80 % des ménages sont équipés du téléphone.

Au début des années 60, le Luxembourg était le seul pays où plus de la moitié des ménages disposaient du téléphone. Le taux d'équipement a beaucoup progressé dans les autres pays depuis une vingtaine d'années : 94 % des Français en disposent aujourd'hui, contre 14 % en 1963 ; 86 % des Allemands contre 18 %. Les moins équipés restent logiquement les pays les moins développés : Portugal, Irlande, Grèce et Espagne.

En 1988, le temps d'attente pour obtenir une ligne de téléphone (pour les particuliers) variait de 2 semaines en moyenne en France et aux Pays-Bas à 2 ou 3 ans en Grèce. Il était de 3 semaines au Danemark, 5 en Belgique et RFA, 6 au Royaume-Uni, 1 mois au Luxembourg, 3 mois en Irlande, 4 mois en Italie, 5 mois en Espagne et au Portugal.

L'ÈRE DE L'AUDIOVISUEL

Taux d'équipement en téléviseurs et magnétoscopes (1990, en % des ménages*) :

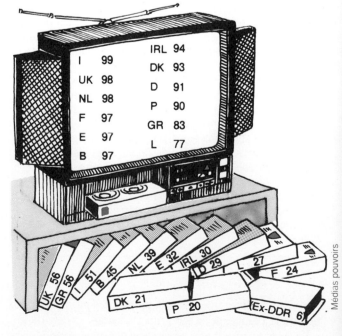

I	99	IRL	94
UK	98	DK	93
NL	98	D	91
F	97	P	90
E	97	GR	83
B	97	L	77

UK 56 · GR 56 · I 51 · B 45 · NL 39 · E 32 · IRL 30 · D 29 · L 27 · F 24 · DK 21 · P 20 · EX-DDR 6

Médias pouvoirs

* En % des foyers équipés de la télévision.

TÉLÉPHONE : LE SUD DÉCROCHE

Evolution du taux d'équipement en téléphone (nombre de lignes principales pour 1 000 habitants).

1970	
DK	344
L	327
NL	263
UK	251
D	226
B	211
I	175
F	174
E	136
GR	119
IRL	104
P	84

1987	
DK	865
D	659
NL	644
F	624 (1)
L	610 (2)
UK	523 (1)
I	490
B	478
GR	414
E	400
IRL	266 (1)
P	202

(1) 1985.
(2) Estimation.

Eurostat

France : la révolution du Minitel

Début 1990, cinq millions de Français (environ un ménage sur quatre) étaient équipés d'un Minitel. Cet appareil sans équivalent en Europe est un téléphone muni d'un écran et d'un clavier, relié à une multitude de services (environ 13 000) : annuaire électronique ; « messageries roses » (sortes de clubs de rencontres permettant aux utilisateurs de communiquer entre eux) ; jeux ; services pratiques ; banques de données ; achats à distance ; consultation des journaux ; opérations sur les comptes bancaires ; réservation de spectacles, applications professionnelles spécialisées, etc.

L'appareil de base est mis à disposition gratuitement des abonnés, qui payent les communications (sauf pour la consultation de l'annuaire). En 1989, les minitélistes ont effectué 1,2 milliard d'appels et 86,5 millions d'heures de connexion. L'utilisation des services professionnels par les entreprises représente 52 % du trafic.

En moyenne, chaque Minitel est utilisé 90 minutes par mois. Les services des « messageries roses », qui sont en quelques sorte des clubs de rencontre électroniques, ont donné lieu à quelques abus, et font aujourd'hui l'objet d'une législation et d'un contrôle plus stricts.

Les tarifs des communications sont très hétérogènes.

Les pays où les communications sont les moins chères sont le Luxembourg, la France et le Danemark ; ceux où elles sont les plus coûteuses sont le Portugal, l'Irlande et la Grèce. Tous les pays, à l'exception de la Grèce et de l'Irlande, pratiquent une tarification à la durée pour les communications locales : de une minute pour une unité de base en tarif normal en Grande-Bretagne à 6 minutes en France, Belgique, Portugal, Italie. En 1989, le prix d'une communication locale de 5 minutes variait entre 0,35 F (Espagne, Portugal) et 1 F (Belgique, Irlande) ; entre 2,1 F (Danemark, Pays-Bas, Royaume-Uni) et 13,5 F (Grèce) pour un appel dans un rayon de 150 km. Une communication de 5 minutes d'une capitale de la CE à une autre coûtait au minimum 10 F (Luxembourg-Amsterdam) et au maximum 44 F (Athènes-Dublin).

Un effort d'harmonisation est en cours au sein de la Communauté. Il porte sur la réduction du nombre de paliers de tarification et des écarts entre les tarifs extrêmes. La distance devrait aussi jouer un moindre rôle sur la tarification, ainsi que les effets de frontières.

Les Européens ont fait des efforts pour réduire leur consommation d'énergie.

La crise énergétique des années 70 a contraint les pays les plus de la Communauté, pour la plupart dépendants de l'approvisionnement énergétique extérieur (voir *Economie*) de diminuer leurs consommations, tant pour les véhicules que dans les logements. 28 % des Européens déclarent avoir réduit leur consommation d'essence en circulant moins, en changeant leur façon de conduire, etc. 47 % ont réduit leurs dépenses de chauffage en améliorant l'isolation de leur maison, 39 % ont chauffé un peu moins. 44 % ont économisé sur l'éclairage ou le fonctionnement des appareils électriques. Les Danois sont ceux qui ont fait le plus d'efforts, tandis que les Grecs, les Espagnols et les Portugais semblent beaucoup moins sensibilisés, sauf en ce qui concerne l'éclairage et les appareils électriques.

Malgré les efforts entrepris et les nouvelles habitudes acquises, la progression de la consommation s'est néanmoins poursuivie dans les années 80, sous l'effet de l'accroissement des taux d'équipement en matériel électroménager (congélateur, four à micro-ondes, magnétoscopes...) et en multiéquipement de voitures.

■ En 1987, on recensait 50 000 entreprises fabriquant des meubles dans la CE. Il y en avait 69 000 en 1980.

■ Début 1988, la proportion de cabines publiques acceptant les cartes magnétiques était inférieure à 2 % dans les pays de la CE à l'exception de la Belgique (20 %) et de la France (16 %).

LE SIÈCLE DES LUMIÈRES

Consommation d'électricité des ménages (en kWh par habitant) :

	1980	1988
• Belgique	1 157	1 482
• Danemark	1 445	1 744
• Espagne	525	708
• FRANCE	1 145	1 638
• Grèce	590	877
• Irlande	1 060	1 189
• Italie	671	858
• Luxembourg	1 279	1 680
• Pays-Bas	1 110	1 053
• Portugal	337	498
• RFA	1 395	1 593
• Royaume-Uni	1 530	1 620
• CE	1 066	1 283

Eurostat

Chauffage et cuisson

9 % des ménages de la CE se chauffent au charbon. La proportion est de 61 % en Irlande, mais de 4 % seulement en Italie et au Luxembourg. 23 % utilisent le pétrole (fuel) : le taux maximum est de 54 % en Grèce, le minimum de 3 % aux Pays-Bas. 45 % utilisent le gaz : 88 % aux Pays-Bas, 4 % en Grèce. 18 % recourent à l'électricité : 52 % au Portugal, 6 % aux Pays-Bas.

Pour la cuisson des aliments, le gaz est le moyen le plus utilisé (66 % en moyenne). Les Danois, les Allemands et les Grecs lui préfèrent l'électricité (respectivement 83 %, 77 % et 63 %).

Pour un nombre croissant d'Européens, le foyer tend à devenir une « bulle ».

Les Britanniques sont depuis longtemps attachés à leur *sweet home*, les Danois à leur *hygge*, les Néerlandais au *gezelling*, les Allemands au *Gemutlichkeit*... Les années de crise, économique autant que morale ou culturelle, ont largement renforcé cette tendance. Beaucoup d'Européens considèrent aujourd'hui le foyer comme une sorte de « bulle stérile », à l'abri des menaces extérieures : pollution, bruit, délinquance, etc. Un phénomène semblable au « cocooning » des Américains.

Cette évolution a été facilitée par celle des équipements électroniques domestiques, qui permettent aux individus une autonomie de plus en plus complète. On peut aujourd'hui s'informer, se distraire, se cultiver par l'intermédiaire de la télévision (et de son complément, le magnétoscope), de la radio ou de l'ordinateur individuel. On peut communiquer ou faire ses achats par téléphone, ou comme en France, par Minitel. Le contact avec l'extérieur est donc de plus en plus souvent indirect, « stérilisé ». La diffusion des

nouveaux équipements électroniques d'aide ménagère, de loisir ou de communication permet à ceux qui le souhaitent de rester à l'écart du monde tout en l'observant de chez eux et de vivre leur vie « par procuration ».

■ La quasi-totalité des foyers européens disposent de l'eau courante et potable en milieu urbain (95 % seulement dans les villes de Belgique). La proportion reste inférieure dans certains pays en milieu rural : 22 % des Portugais, 81 % des Espagnols.

■ Un magnétoscope coûte deux fois plus cher au Danemark qu'au Royaume-Uni.

■ En 1989, les achats de fours à micro-ondes ont chuté de 30 % en Grande-Bretagne : 1,3 million d'unités contre 1,8. Cette baisse est due à la saturation du marché (plus de 50 % de foyers sont équipés) et à la crainte des salmonelles, qui résistent aux températures de cuisson de ces fours.

■ Le système de téléphone portable sans fil *Telepoint* sera progressivement utilisable en RFA, Belgique, Espagne, France, Portugal. Il fonctionne à proximité de relais-radio signalés par des panneaux. Il sera utilisable d'ici 1993 dans toutes les grandes villes, aéroports et gares principales des pays concernés.

■ 37 % des logements néerlandais ont été construits depuis 1970, contre moins de 20 % au Royaume-Uni, en Belgique, au Danemark et en Allemagne (entre 20 et 30 % dans les autres pays).

VOITURES

*La Communauté compte en moyenne
une voiture pour trois habitants.*

Le parc de véhicules européen comprend 125 millions de véhicules à moteur (à l'exclusion des deux roues), dont 410 000 autocars et autobus. Il faut y ajouter 12 millions de camions et camionnettes, un peu moins d'un million de tracteurs routiers. Le parc de motos (d'une puissance supérieure à 50 cm³) se monte à 6,5 millions.

Dans les pays les plus développés, on compte aujourd'hui une voiture pour deux habitants, contre une pour dix en 1960 et une pour trois en 1980. En RFA, France, Belgique, Royaume-Uni, Luxembourg ou Danemark, environ un quart des ménages ont au moins deux voitures. Grecs, Portugais et Irlandais sont ceux qui en ont le moins, mais le taux de possession continue de s'accroître, en particulier en Espagne. Il faut noter la très forte proportion de camionnettes et de poids lourds en Grèce : 15 % des véhicules, contre 3 % dans l'ensemble de la CE.

AUTOSUFFISANCE

Evolution du nombre de voitures (pour 1 000 habitants) :

	1960	1980	1987
• Belgique	86	320	355
• Danemark	88	271	296 (2)
• Espagne	9	202	264
• FRANCE	121	343	396
• Grèce	5	92	144
• Irlande	62	217	210
• Italie	40	310	412 (1)
• Luxembourg	118	352	440
• Pays-Bas	47	322	343
• Portugal	18	128	203
• RFA	78	377	456
• Royaume-Uni	108	281	332
• Etats-Unis	339	545	-
• Japon	5	203	-

(1) 1986.
(2) 1985.

*24 % des voitures sont des petites cylindrées
(moins de 1 000 cm³).*

C'est le cas en particulier de 41 % des Italiens, 33 % des Espagnols, 29 % des Portugais. Les grosses cylindrées (2 000 cm³ ou plus, en moyenne 7 % sur l'ensemble de la CE) sont l'apanage des Allemands, des Belges (11 %) et des Luxembourgeois (10 %).

58 % des Européens de plus de 18 ans possèdent un permis de conduire. Les proportions les plus faibles sont celles du Portugal (27 %), de la Grèce (31 %), de l'Espagne (40 %) et de l'Irlande (48 %). Elles sont évidemment fortement corrélées avec le taux de possession de véhicules, c'est-à-dire en fait au niveau de pouvoir d'achat.

Malgré le développement des transports par train et par avion, la voiture reste de loin le moyen de transport le plus utilisé. 48 % des Européens utilisent une voiture tous les jours ou plusieurs fois par semaine (64 % des hommes et 33 % des femmes). La proportion de non-conducteurs est de l'ordre de 30 à 40 % en France, Luxembourg, Danemark, Belgique, RFA, Italie. Elle atteint 60 % en Espagne, 69 % en Grèce, 73 % au Portugal. On constate que ceux qui conduisent sont plus souvent des personnes dotées de niveaux d'instruction et de revenus élevés.

Dans les cinq grands pays de la Communauté, les automobilistes parcourent environ 10 000 km par an et 80 % des vacanciers utilisent leur voiture.

Le tiers des voitures circulent en Europe

En 1950, il y avait 53 millions de voitures particulières dans le monde, dont les trois quarts aux Etats-Unis. Le nombre total actuel est d'environ 400 millions et la part du parc américain n'est plus que d'un tiers. On compte 2,8 habitants pour une voiture en Europe, contre 1,8 aux Etats-Unis, mais 4,2 au Japon, 15 en Amérique du Sud, 24 en URSS, 110 en Afrique, 554 en Inde, 1 374 en Chine. La proportion moyenne dans le monde est de 12 habitants pour une voiture.

ITALIE

« Croma. La vraie voiture. »

D'Arcy Masius Benton & Bowles

■ Le premier groupe automobile dans la CE est Volkswagen (15,0 % des ventes en 1989), devant Fiat (14,8 %), General Motors (10,8 %), Peugeot (12,7 %), Renault (10,4 %), Ford Europe (11,6 %).

LA RAISON ET LA PASSION

Nombre de voitures (1987, pour 1 000 habitants)* :

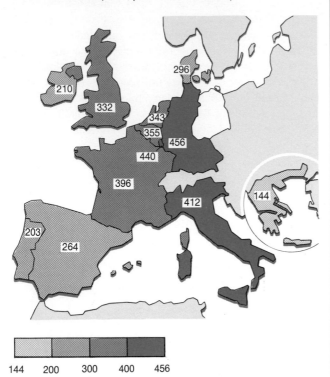

Eurostat

144   200   300   400   456

(*) Voitures particulières, y compris taxis, voitures de garage
et véhicules à usage limité.

Une voiture européenne sur dix est japonaise.

Malgré les quotas adoptés par certains pays de la CE pour l'importation des voitures japonaises (surtout en France, Italie, Espagne), celles-ci accentuent régulièrement leur pénétration. Les constructeurs japonais ont d'ailleurs trouvé la parade en créant des usines d'assemblage américaines, puis européennes. Leur capacité de montage en Amérique du Nord devrait être de 2,6 millions de véhicules en 1995, dont une partie sera réexportée vers l'Europe.

Les usines créées en Europe, notamment en Grande-Bretagne, permettent une valeur ajoutée locale (coût des composants achetés en Europe et de la main-d'œuvre) de 60 à 80 % du prix de revient des voitures, qui sont donc considérées comme européennes. La production de voitures japonaises dans la CE pourrait atteindre 2,5 millions par an en 1995, ce qui devrait accroître sensiblement la part de marché réelle des constructeurs japonais. Au Royaume-Uni, elle représenterait le tiers de la production totale, avec 700 000 véhicules.

■ Le tiers du parc automobile grec dépasse dix ans d'âge.

■ La France, l'Espagne et l'Italie sont les seuls pays où les autoroutes sont payantes.

La petite italienne moins chère

En juin 1989, les petites voitures (4 CV, modèle de base) étaient moins chères en Italie (40 800 F TTC), contre 41 300 F au Portugal, 42 800 F en Belgique, 43 100 F en France, 45 600 F au Luxembourg. Elles étaient vendues entre 50 000 et 60 000 F en Espagne, RFA, Royaume-Uni, Pays-Bas et plus de 70 000 F en Irlande et en Grèce. Le record était détenu par le Danemark : 84 300 F.

Une autre étude, réalisée sur six pays, montrait qu'une Citroën BX 16 TRS était vendue 78 000 F aux Pays-Bas et 91 000 F en France. Une Mercédès 190 E valait 138 000 F en Allemagne et 157 000 F en France. D'une manière générale, les prix les plus bas étaient pratiqués en Belgique et aux Pays-Bas, les plus élevés en Espagne et surtout en Grande-Bretagne. La France et la RFA se situaient dans une position moyenne.

Ces écarts s'expliquent d'abord par les écarts concernant les taxes : 6 % de TVA en Grèce ; 12 % au Luxembourg ; 15 % en Grande-Bretagne ; 19 % en Italie sur les véhicules de moins de 2 000 cm^3 (mais jusqu'à 38 % sur les grosses cylindrées) ; 33 % en Espagne. Au Danemark, la TVA est de 22 %, mais la taxe d'immatriculation qui s'y ajoute peut atteindre jusqu'à 195 % du prix du véhicule au Danemark.

Mais les différences de prix s'expliquent aussi par les politiques commerciales des constructeurs, qui pratiquent des marges différentes selon les pays pour préserver ou accroître leurs parts de marché. Elles s'expliquent surtout par le système de « distribution sélective » autorisé par la Commission européenne entre 1985 et 1991, afin de limiter la concurrence sur les différents marchés nationaux, donc à maintenir les disparités de prix.

UN PEU D'ESSENCE, BEAUCOUP DE TAXES

Part des taxes dans le prix de l'essence (1989, supercarburant, en % du prix de vente à la pompe) :

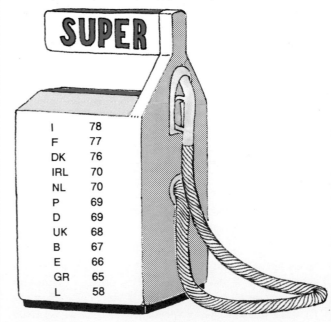

I	78
F	77
DK	76
IRL	70
NL	70
P	69
D	69
UK	68
B	67
E	66
GR	65
L	58

LES BELLES JAPONAISES

Parts de marché des constructeurs japonais (1989, en % du parc automobile des particuliers) :

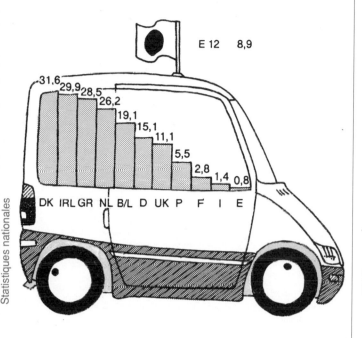

Statistiques nationales

E 12   8,9

31,6
29,9
28,5
26,2
19,1
15,1
11,1
5,5
2,8
1,4   0,8

DK IRL GR NL B/L D UK P F I E

Les Européens sont massivement favorables aux mesures destinées à accroître la sécurité routière.

Un tiers des habitants de la CE ont eu dans leur entourage une victime d'un accident de la route (tué ou blessé, voir *Santé*). 7 % ont même été personnellement blessés : 2 % en Irlande, mais 10 % en RFA et en France. Au moins neuf sur dix considèrent que la vérification de l'état du véhicule, la sobriété, le port du casque en deux-roues, le respect des limitations de vitesse et le port de la ceinture de sécurité (surtout sur route) permettent de réduire sensiblement le nombre et la gravité des accidents de la route. Le souhait d'un renforcement des contrôles concernant l'alcool concerne l'ensemble des pays et des catégories sociales. Sept personnes sur dix estiment que le port de la ceinture de sécurité devrait être obligatoire en agglomération. Cette opinion est moins forte (entre 40 et 50 %) dans les pays où le port n'est pas obligatoire : Italie, Espagne, Portugal.

D'une manière générale, l'attitude à l'égard de la sécurité routière est plus stricte chez les non-conducteurs que chez les conducteurs réguliers.

■ La France est le seul pays de la CE à avoir adopté les phares jaunes (ils sont blancs dans les autres pays).

■ Le réseau autoroutier belge est éclairé la nuit et visible du ciel par les cosmonautes.

Densité automobile et accidents : le paradoxe

Les pays qui comptent le moins de voitures par rapport à la population sont ceux où il se produit le plus grand nombre d'accidents mortels. Le Portugal, la Grèce, l'Espagne et l'Irlande, où les parcs automobiles sont les plus réduits, sont en effet ceux qui connaissent la plus grande mortalité par accident de la route.

Ce paradoxe n'est en fait qu'apparent. Les pays concernés sont aussi ceux où le pouvoir d'achat est le plus réduit. Les véhicules y sont donc en moyenne moins récents et moins bien entretenus. Les réseaux routiers y sont moins développés et souffrent d'un manque d'investissement (il n'y a pas d'autoroutes en Irlande). Par ailleurs, les réglementations sont souvent moins sévères qu'ailleurs. Enfin, les automobilistes des pays du Sud (auxquels il faut ajouter la France) ont souvent des habitudes de conduite plus « sportives », voire agressives.

CODES DE LA ROUTE

Principales législations concernant la circulation routière :

	Limitations de vitesse (km/h)			Port de la ceinture obligatoire en ville (1)
	sur route	sur autoroute	en ville	
• Belgique	90	120	60	Oui
• Danemark	80	100	50	Oui
• Espagne	90	90	60	Non
• FRANCE	90	130	50	Oui
• Grèce	80	100	50	Oui
• Irlande	97	97 (2)	48	Oui
• Italie	90/110	90/140 (3)	50	Non
• Luxembourg	90	120	60	Oui
• Pays-Bas	80	100	50	Oui
• Portugal	90	120	60	Non
• RFA	100	Non	50	Oui
• Royaume-Uni	97	112	48	Oui

(1) Le port de la ceinture est obligatoire dans les 12 pays.
(2) En fait, « dual carriage », l'Irlande ne disposant pas d'autoroutes.
(3) En fonction des cylindrées.

Données nationales

La majorité des automobilistes avouent être parfois en situation d'infraction.

77 % des conducteurs reconnaissent dépasser (souvent, parfois ou rarement) les limitations de vitesse. 58 % ne bouclent pas toujours leur ceinture de sécurité en ville, 36 % sur route ou autoroute. 39 % conduisent souvent ou parfois après avoir bu des boissons alcoolisées. Les plus fréquemment tentés par ces infractions sont les Danois, les Néerlandais et les Allemands : neuf sur dix ne respectent pas les

VÉHICULES EN TOUT GENRE

Evolution du parc de véhicules à moteur (en milliers) :

	1970			1987		
	Voitures	Motos (1)	Autres véhicules (2)	Voitures	Motos (1)	Autres véhicules (2)
• Belgique	2 060	-	238	3 498	131	318
• Danemark	1 077	1 077	257	1 501	41	266
• Espagne	-	-	-	10 219	821	1 986
• FRANCE	12 470	250	1 606	21 970	648	3 348
• Grèce	227	69	118	1 433	189	656
• Irlande	393	13	60	743	13	123
• Italie	10 181	1 179	1 307	23 495	2 204	2 350
• Luxembourg	85	4	11	162	3	28
• Pays-Bas	2 564	69	318	5 020	128	470
• Portugal	-	-	-	2 073	113	597
• RFA	13 941	229	1 279	27 908	1 367	1 932
• Royaume-Uni	11 669	609	1 866	18 859	764	2 110

(1) Au moins 50 cm^3.
(2) Camions, autobus, tracteurs, etc.

Eurostat

limitations de vitesse et plus d'un tiers avouent que cela leur arrive souvent. Mais il faut souligner que les limitations en vigueur dans ces deux premiers pays sont plus strictes que dans la moyenne de la Communauté ; la situation est inverse en RFA.

Les moins respectueux des réglementations sont les conducteurs réguliers. On constate aussi que les personnes qui ont déjà été impliquées dans un accident grave sont plutôt moins respectueuses que les autres du port de la ceinture, de l'interdiction de consommer de l'alcool et des limitations de vitesse.

■ Une voiture européenne moyenne pesait 720 kg en 1986. On estime qu'elle ne pèsera plus que 560 kg en 1995, du fait de l'accroissement de la part des plastiques dans la construction en remplacement partiel du fer et de l'acier.

■ Le nombre des stations service a diminué au cours des dernières années dans la quasi totalité des pays de la CE, sauf en Espagne et au Portugal où il est stable (respectivement 5 000 et 2 600). C'est en Italie et en France qu'elles sont les plus nombreuses (35 000 et 31 000), devant le Royaume-Uni et la RFA (environ 20 000).

CONSOMMATION

Budgets allemand, danois et français quatre fois supérieurs au budget portugais ■ Alimentation et habillement en baisse ■ Santé, loisirs, logement et communication en hausse ■ Moins de magasins d'alimentation, plus de grandes surfaces ■ Distribution plus concentrée au Nord et consommateurs mieux protégés ■ Modes de consommation convergents, mais pas de consommateur européen ■ Habitudes alimentaires : pommes de terre en Irlande, peu de viande au Portugal, fromage en France et en Grèce ■ Bière au Nord, vin au Sud ■ Croissance des produits diététiques, surgelés, fast-foods, eau minérale ■ Repas moins longs et de plus en plus souvent pris à l'extérieur ■ Rapprochement des habitudes, mais diversité nationale et régionale

BUDGETS

Les dépenses de consommation varient de un à quatre entre le Portugal et la RFA.

Le montant moyen des dépenses de consommation des Européens (environ 7 000 écus par habitant en 1990, soit 50 000 F) est très directement lié au niveau de richesse nationale, bien que cet indicateur masque les disparités existant entre les catégories sociales à l'intérieur d'un même pays.

L'écart maximum est celui qui sépare les Portugais, qui disposent d'un budget annuel moyen proche de 2 000 écus par habitant (environ 14 000 F) et les habitants des six pays les plus riches, qui dépensent plus de 8 000 écus. Placés à l'avant-dernière position, les Grecs dépensent tout de même 50 % de plus que les Portugais (environ 3 000 écus). Les Espagnols et les Irlandais sont presque à égalité de consommation, avec un peu moins de 4 000 écus. Il faut noter que les budgets les plus élevés de la Communauté restent assez sensiblement inférieurs à ceux des Américains (plus de 10 000 écus).

Les disparités sont moins fortes si on tient compte des pouvoirs d'achat nationaux.

Un même budget, exprimé dans une même monnaie ou en écus, ne permet pas d'acheter la même quantité de biens et de services dans les différents pays, car les taux de change ne reflètent pas nécessairement le pouvoir d'achat réel d'une monnaie sur le territoire national. C'est pourquoi on utilise souvent comme unité de comparaison le « standard de pouvoir d'achat » (SPA) qui élimine les écarts entre les niveaux de prix des différents pays. Il présente aussi l'avantage de gommer les variations des taux de change entre différentes périodes, lorsqu'on effectue des comparaisons dans le temps.

Exprimés de cette façon, les revenus disponibles entre les pays ne varient plus que de un à trois entre le Luxembourg, nettement détaché, et les trois pays les moins favorisés : Grèce, Portugal, Irlande. Ils ont d'ailleurs tendance à se rapprocher (voir chapitre *Argent*).

■ Le prix du kWh pour les particuliers (taxes comprises) varie de 0,32 F au Royaume-Uni (Londres) à 0,65 F au Danemark. Dans la plupart des autres pays, il est compris entre 0,40 et 0,60 F.

LES COMPTES DES MÉNAGES

Evolution de la structure des dépenses des ménages (en % de la consommation totale) :

	Alimentation		Habillement		Logement		Equipement		Santé		Transports		Loisirs		Autres		Total SPA (2)
	1970	1988	1970	1988	1970	1988	1970	1988	1970	1988	1970	1988	1970	1988	1970	1988	1988
• Belgique	27,9	19,7	8,7	7,3	15,5	17,1	11,7	10,7	6,8	11,0	13,3	12,8	4,7	6,5	13,6	15,3	10 097
• Danemark	29,9	22,3	7,7	5,8	18,1	26,2	9,6	7,1	2,0	2,0	14,9	15,6	8,2	10,0	9,6	11,0	8 450
• Espagne	32,0	26,1	8,0	7,4	18,1	14,3	7,8	7,1	2,9	3,6	10,2	14,8	5,8	6,6	11,8	20,2	7 622
• FRANCE	25,9	19,6	9,5	6,7	15,3	18,7	10,2	8,1	7,1	9,2	13,4	16,8	6,9	7,4	11,7	13,4	10 314
• Grèce	41,4	38,2	12,4	9,1	14,0	11,7	7,4	8,3	4,1	3,6	8,3	12,3	4,8	6,5	7,5	10,2	5 760
• Irlande	45,0	40,6	9,8	6,5	11,4	11,0	7,6	7,4	2,5	3,4	9,3	11,9	7,8	10,4	6,6	8,9	5 485
• Italie	38,6	22,7	8,8	9,6	12,1	14,3	7,0	8,7	3,8	6,1	10,1	12,8	7,7	8,6	11,9	17,2	10 222
• Luxemb.	28,4	21,1	9,4	6,5	17,5	20,2	9,4	10,2	5,3	7,7	10,9	17,4	4,0	4,3	15,0	12,6	11 620
• Pays-Bas	26,0	18,6	10,7	7,1	12,5	18,6	11,6	8,2	8,5	12,6	9,4	11,1	8,4	9,7	12,9	14,1	9 642
• Portugal	41,0	37,1	9,1	10,3	6,8	4,9	10,1	8,6	3,9	4,5	12,6	15,4	5,0	5,7	11,6	13,4	3 977
• RFA	23,4	16,4	9,6	7,8	15,2	18,4	9,6	8,7	9,5	15,0	13,3	14,6	9,6	9,1	9,8	10,0	10 822
• Roy.-Uni	26,5	17,1	8,8	7,0	17,1	19,3	7,8	6,8	0,9	1,3	12,6	17,2	8,6	9,2	17,6	22,0	10 158
• CE	29,8	21,3	9,2	7,8	15,0	16,8	8,8	8,1	5,1	7,4	11,9	14,9	7,7	8,2	12,4	15,7	9 818
• Etats-Unis	-	13,4	-	6,2	-	19,6	-	5,7	-	14,8	-	14,9	-	9,6	-	15,5	-
• Japon (1)	-	21,0	-	6,2	-	18,8	-	5,6	-	10,8	-	9,5	-	10,2	-	17,9	-

(1) 1987 pour les Etats-Unis et le Japon.
(2) SPA : standard de pouvoir d'achat (voir définition p. 233).

Eurostat

La part des dépenses consacrée à l'alimentation est inversement proportionnelle au niveau de vie.

La césure entre les pays riches et les pays pauvres est particulièrement apparente dans le domaine alimentaire. Ainsi, les trois pays disposant des plus faibles revenus (mesurés par le PIB/habitant) sont aussi ceux qui dépensent proportionnellement le plus pour se nourrir. Les Irlandais, les Grecs et les Portugais consacrent encore environ 40 % de leur budget à l'alimentation, alors que sa part est inférieure de moitié dans les pays les plus riches : 16 % en RFA ; 17 % au Royaume-Uni ; 19 % aux Pays-Bas et 20 % en France. L'Espagne occupe une position intermédiaire, avec 26 %.

D'autres facteurs exercent une influence sur le poids de l'alimentation dans les budgets. Les habitudes culturelles conditionnent l'attachement plus ou moins grand à la nourriture et privilégient des produits plus ou moins coûteux (voir *Alimentation*). C'est peut-être la raison du niveau de dépense peu élevé au Royaume-Uni par rapport au revenu disponible. De plus, un faible degré d'autosuffisance alimentaire oblige à importer certains produits, ce qui peut expliquer en partie la situation du Danemark et du Luxembourg qui, au contraire du Royaume-Uni, dépensent plus pour se nourrir que leur niveau de revenu ne le laisserait supposer.

La part des dépenses d'alimentation diminue régulièrement.

Au milieu des années 60, la part de l'alimentation (à domicile, mais aussi à l'extérieur, dans les restaurants d'entreprises ou commerciaux) représentait en moyenne 40 %

des dépenses des ménages européens. Elle ne compte plus que pour 23 % aujourd'hui. La baisse concerne tous les pays, bien que l'on observe toujours des différences sensibles selon les niveaux de développement économique (voir ci-dessus).

L'ALIMENTATION MOINS PRIORITAIRE

Evolution des dépenses alimentaires (en % des dépenses totales des ménages) :

Eurostat

LES PANIERS DES MÉNAGÈRES

Niveaux de prix comparés d'un ensemble représentatif de biens et services* (mai 1990, en indices) :

	B	DK	D	E	F	GR	IRL	I	L	NL	P	UK	USA	Japon
B	**100**	73	91	122	96	140	104	104	110	107	166	113	124	98
DK	137	**100**	124	167	131	191	142	142	151	146	227	154	170	134
D	110	81	**100**	135	106	154	115	114	122	118	183	125	137	108
E	82	60	74	**100**	79	114	85	85	90	87	136	92	102	80
F	104	76	94	127	**100**	145	108	108	115	111	173	118	129	102
GR	72	52	65	88	69	**100**	75	74	79	77	119	81	89	70
IRL	96	70	87	118	92	134	**100**	100	106	103	159	109	119	94
I	96	70	87	118	93	134	100	**100**	106	103	160	109	120	94
L	91	66	82	111	87	127	94	94	**100**	97	151	103	113	89
NL	94	68	85	114	90	130	97	97	103	**100**	155	106	116	92
P	60	44	55	74	58	84	63	63	66	64	**100**	68	75	59
UK	89	65	80	108	85	124	92	92	98	95	147	**100**	110	87
USA	80	59	73	98	77	112	84	84	89	86	134	91	**100**	79
Japon	102	75	93	125	98	143	106	106	113	109	169	115	127	**100**

OCDE

(*) Ces niveaux de prix comparés sont définis comme les rapports entre les parités de pouvoir d'achat pour la consommation finale privée et les taux de change.
Ce tableau doit être lu verticalement. Chaque colonne indique le nombre d'unités monétaires du pays considéré nécessaire à l'achat d'un même panier représentatif de biens de consommation et de services dans chacun des autres pays. Dans chaque colonne, le panier représentatif coûte cent unités du pays dans sa monnaie.

Exemples de lecture : un Grec doit dépenser 154 unités monétaires pour acheter en RFA ce qu'il paie 100 unités dans son pays ; à l'inverse, un Allemand ne dépensera que 65 unités pour acheter en Grèce ce qu'il paie 100 unités en RFA.

Cela ne signifie pas, bien sûr, que les Européens se nourrissent moins bien, mais que leur pouvoir d'achat a augmenté et qu'ils utilisent cet accroissement à d'autres fins (notamment la santé, le logement et les loisirs). De plus, la quantité de calories nécessaire au fonctionnement du corps tend à diminuer dans des pays où les agriculteurs et les ouvriers sont moins nombreux et le travail physique moins pénible grâce à la mécanisation des tâches.

Enfin, la concurrence entre les entreprises du secteur agroalimentaire et le développement des grandes surfaces ont eu pour effet de faire baisser les marges, donc les prix.

La part des dépenses d'habillement est aussi en régression.

Le budget habillement comprend les achats de vêtements, chaussures, accessoires vestimentaires (bijoux, montres, sacs), produits d'hygiène-beauté, frais de nettoyage et de réparation ; il représente un peu moins de 8 % des dépenses des Européens.

Dans la majorité des pays, il a diminué régulièrement depuis une vingtaine d'années : entre 1964 et 1988, il est passé de 10,2 % à 7,8 % en RFA, de 9,3 % à 6,7 % en France, de 11,2 % à 7,4 % en Espagne. Il avait augmenté au Royaume-Uni entre 1964 et 1979 (7,9 % à 8,7 %), pour descendre ensuite à 7,0 % en 1988.

ROYAUME-UNI

if it's not in

ELLE

it's out

HDM, Horner Collis et Kirvan

« Si ce n'est pas dans Elle, c'est *out*. »

■ En 1988, les Européens ont acheté en moyenne 4,2 paires de chaussures par an et par habitant. Le maximum était de 5,8 paires en France (dont 1,4 paire de pantoufles, record d'Europe), devant le Royaume-Uni (5,3).
Le minimum était de 1,8 paire en Espagne et 2,1 en Grèce. 37 % des chaussures achetées dans la CE sont importées. 21 % des chaussures fabriquées sont exportées.

Cette baisse générale des dépenses d'habillement s'explique par des raisons à la fois économiques et sociologiques. Comme pour l'alimentation, la concentration des fabricants et la modification des circuits de distribution ont favorisé une baisse relative des prix plus ou moins marquée (elle l'est par exemple davantage en France qu'en RFA). La stagnation ou la baisse du pouvoir d'achat des ménages pendant les années de crise économique a favorisé les achats en période de soldes. D'une manière générale, les achats courants des consommateurs sont devenus plus rationnels, la recherche du meilleur rapport qualité/prix plus systématique.

La mode moins suivie

On assiste depuis quelques années à une nette diminution de l'influence de la mode. Dans les pays les plus créateurs dans ce domaine (France, Italie, Espagne), les pressions sociales sont beaucoup moins fortes, en particulier en ce qui concerne les femmes, qui ne se sentent plus obligées de renouveler aussi souvent leur garde-robe.

De plus, les vêtements sont devenus moins formels et moins coûteux, pour répondre aux souhaits de la grande majorité de la clientèle. Les vêtements de sport (survêtements, *sweat-shirts*, chaussures de tennis ou baskets...) se sont imposés dans la plupart des situations de la vie courante.

LES ITALIENS AIMENT S'HABILLER

Dépenses d'habillement (vêtements et chaussures, 1988, en SPA) :

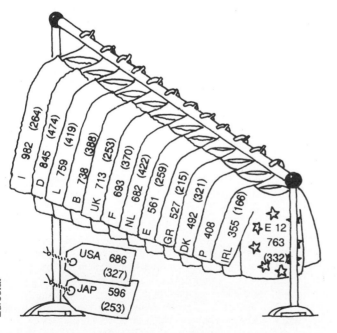

Eurostat

Les dépenses de santé sont difficilement comparables, du fait de la diversité des systèmes de prise en charge par les Etats.

La part des soins (consultations, médicaments, hospitalisation) prise en charge par les ménages est très variable selon les pays (voir *Santé*). C'est ce qui explique l'écart important entre les dépenses des Allemands, qui consacrent 15 % de leur budget à la santé, et les Anglais (1,3 % seulement) ou les Espagnols (3,6 %).

En France, l'accroissement avait été spectaculaire (8,3 % du revenu disponible en 1964, 11,3 % en 1977). Il s'est ensuite stabilisé à un niveau inférieur. C'est le cas aussi dans des pays comme la RFA, l'Italie, la Grèce ou l'Espagne.

On observe une préoccupation générale et croissante pour l'entretien du corps et du « capital santé ». Dans la plupart des pays, l'apparence physique est un facteur important. Les médias et la publicité participent largement à ce mouvement en diffusant le modèle d'hommes et de femmes dynamiques, en forme et séduisants. Le vieillissement des populations a accentué cette préoccupation en même temps qu'elle a accru les dépenses individuelles et collectives de santé.

Les dépenses de loisirs représentent en moyenne 8 % du budget des Européens.

Ce poste regroupe les dépenses de loisirs proprement dites (sports, sorties, café, jeux, loteries...), de culture (livres, journaux, magazines, disques, cinéma, spectacles, concerts...), d'équipements de loisirs (télévision, magnétoscope, chaîne hi-fi...) et d'éducation (frais de scolarité, garde d'enfants, jouets).

C'est logiquement dans les pays les plus riches que les habitants consacrent le plus d'argent aux loisirs. Leur part dans le budget disponible atteint ou dépasse 9 % au Danemark, en RFA, aux Pays-Bas, au Royaume-Uni. Elle est beaucoup moins élevée en Grèce et au Portugal. Le taux étonnamment bas du Luxembourg et celui, élevé, de l'Irlande, sont dus à des modes de comptabilisation particuliers.

L'accroissement de ces dépenses (même au cours des années 70) montre l'importance que prennent les loisirs dans la vie des Européens, au fur et à mesure de la progression de leur niveau de vie. L'évolution des dépenses de logement montre aussi que le foyer en est le lieu privilégié, grâce aux équipements électroniques de plus en plus nombreux et sophistiqués (télévision, magnétoscope, matériel hi-fi, ordinateur, etc.).

■ Les soldes sont autorisées deux fois par an en Italie, pour une période inférieure à quatre semaines. En RFA, les soldes d'été et d'hiver ne durent que 12 jours ouvrables. En Grande-Bretagne, elles ne font l'objet d'aucune réglementation spécifique. En France, elles sont soumises à une autorisation préfectorale.

Les traditions culturelles, différentes selon les pays et les régions, jouent évidemment un rôle sur le montant et surtout la nature des activités de loisirs (voir chapitre *Loisirs*).

Monoménages et consommation

L'accroissement du nombre des monoménages (ménages constitués d'une seule personne, voir *Famille*) a compensé les effets sur la consommation de la baisse démographique. C'est le cas en particulier des dépenses d'équipement du logement, d'achats et d'utilisation d'automobiles, de loisirs et de services.

Les enquêtes montrent que les monoménages sont beaucoup plus nombreux en milieu urbain et qu'ils ont des comportements de consommation assez homogènes dans les différents pays de la Communauté.

Les dépenses de transport sont partout en forte croissance.

Ce poste comprend les frais d'achat de véhicules (automobiles, deux-roues, etc.), les frais d'utilisation et d'entretien, les assurances, les transports en commun sur courte ou longue distance et les télécommunications. Il représente en moyenne 15 % des dépenses des ménages européens. L'écart le plus important se situe entre les Néerlandais (qui ne lui consacrent que 11 % de leur budget) et les Français, Luxembourgeois et Britanniques (17 %).

A l'exception des Pays-Bas, ce poste n'a cessé de s'accroître en Europe depuis 1970, malgré la crise économique. Les dépenses de transports et télécommunications occupent une place croissante dans la plupart des pays et traduisent l'importance de la communication, avec ou sans déplacement, dans les sociétés modernes.

Le développement des transports en commun, celui du téléphone et de ses dérivés (télématique) n'ont pas remis en cause le rôle essentiel de la voiture, comme le démontrent les taux croissants de ménages équipés d'au moins deux véhicules. Outre les déplacements de loisirs, l'automobile est de plus en plus utilisée pour faire les courses dans les grandes surfaces, permettant ainsi un gain de temps appréciable.

■ Entre 1985 et 1988, la consommation par habitant a augmenté de 10 % dans la Communauté. Les plus forts accroissements ont eu lieu au Portugal (17 %), en Espagne et au Royaume-Uni (14 %) et en Italie (12 %) ; les plus faibles au Danemark (2 %), en Irlande et en Grèce (5 %).

■ La prime d'assurance-décès payée par un homme de 30 ans pour une même couverture (10 ans) varie de un à dix : 88 écus au Royaume-Uni à 900 écus au Portugal. Le Portugal et la Grèce, sont les pays les plus chers, le Royaume-Uni, l'Irlande et les Pays-Bas sont les moins chers.

TRANSPORTS URBAINS

Prix des transports dans les grandes villes de la CE (1987, en écus) :

6,8	Amsterdam	44,0
1,3	Athènes	13,6
5,5	Bruxelles	37,2
9,5	Copenhague	47,6
7,2	Dublin	35,2
6,4	Francfort	46,4
3,3	Lisbonne	24,4
12,8	Londres	57,2
5,2	Luxembourg	27,2
6,4	Madrid	26,4
3,1	Milan	53,6
4,5	Paris	29,2

(1) Trajet de 10 km ou 10 stations au minimum.
(2) Course de 5 km par jour dans le périmètre urbain, service compris.

L'Individuel préféré au collectif

A l'exception du Danemark, la progression de la part des transports en commun tend à se ralentir en Europe. Les principales causes sont l'augmentation du nombre des voitures, les déplacements de population vers les banlieues, et le courant d'individualisme qui a touché l'ensemble des pays développés. En dehors des villes et des agglomérations, l'autobus représente environ 5 % des transports publics régionaux. Sa part atteint 20 % dans les agglomérations urbaines.

Le logement et son équipement représentent en général le premier poste de dépenses.

Si l'on ajoute les dépenses liées au logement (loyers et charges, remboursements de prêts, travaux, chauffage, impôts et assurances) à celles d'équipement (mobilier, gros électroménager, vaisselle, bricolage, plantes, animaux, services domestiques, téléphone...), le total représente environ 25 % des dépenses des ménages, soit plus que l'alimentation dans les pays les plus riches. Seuls la Grèce, l'Irlande, le Portugal (et, dans une moindre mesure, l'Italie et l'Espagne) présentent encore un budget alimentation plus important que celui du logement et de son entretien.

Les charges de logement ont augmenté régulièrement depuis le début des années 70, surtout en France, en RFA et en Belgique. Elles sont relativement faibles dans les pays à forte proportion rurale : Portugal, Irlande, Grèce, Italie, Espagne.

LES CHOSES DE LA VIE

Prix comparés de certains produits dans des villes de la Communauté (1988, en francs) [1] :

	Alimentation (2)	Equipement ménager (3)	Services (4)
• Amsterdam	1 160	9 879	1 255
• Athènes	909	14 488	847
• Bruxelles	1 223	9 879	1 129
• Copenhague	1 568	16 746	1 631
• Dublin	1 192	9 910	972
• Düsseldorf	1 317	10 694	1 129
• Francfort	1 317	9 847	1 255
• Lisbonne	972	9 345	753
• Londres	1 129	9 659	1 223
• Luxembourg	1 160	10 098	1 035
• Madrid	1 412	12 952	1 098
• Milan	1 317	10 098	1 129
• PARIS	1 348	13 736	1 129

(1) Sommes converties en parités de pouvoir d'achat.
(2) Panier de 39 denrées alimentaires (données pondérées).
(3) Un réfrigérateur (contenance 225/250 litres), une poêle, une machine à coudre électrique, un téléviseur couleur, un appareil photo (autofocus), un fer à repasser à vapeur, un aspirateur (type traineau) et un sèche-cheveux.
(4) Choix pondéré de 19 biens et services.

Comme les dépenses d'habillement, les achats d'équipement du foyer sont souvent ralentis en période de stagnation du pouvoir d'achat. C'est pourquoi elles ont eu tendance à se stabiliser pendant la première moitié des années 80 (à l'exception du Royaume-Uni), après avoir beaucoup augmenté pendant les années 70, époque du grand démarrage de l'équipement en électroménager.

Les dépenses d'assurances sont en progression régulière.

Le besoin de sécurité s'est beaucoup accru dans la plupart des pays. Il a entraîné à la fois l'augmentation des dépenses concernant les produits d'assurance et celle des placements d'assurance-retraite. Compte tenu de l'évolution démographique (vieillissement de la population et diminution de la proportion d'actifs), ces derniers sont des compléments de plus en plus nécessaires aux pensions versées par les caisses nationales de retraite. Les pays qui dépensent le plus dans ce domaine sont la RFA et le Royaume-Uni devant les Pays-Bas, le Danemark et la France. Le Portugal et la Grèce arrivent en dernière position.

Les écarts s'expliquent en partie par la disparité des systèmes de protection sociale. Les Français, les Néerlandais et les Luxembourgeois ont une couverture sociale plus favorable que les Allemands et surtout les Britanniques. En France, par exemple, la plupart des salariés bénéficient de contrats d'assurances collectifs souscrits par leur entreprise. Les Français versent en outre chaque année plus de 200 milliards de francs de cotisations d'assurance-vieillesse.

ITALIE

« Avec une compagnie aussi sérieuse, vous pouvez même en rire. »

LE NORD BIEN ASSURÉ

Primes d'assurances moyennes par habitant (1986, en francs) :

	Prime	Dont assurance vie
• RFA	6 775	2 872
• Royaume-Uni	5 593	3 321
• Pays-Bas	5 462	2 491
• Danemark	5 152	2 137
• FRANCE	4 559	1 774
• Irlande	4 267	2 511
• Luxembourg	3 696	886
• Belgique	3 536	979
• Italie	1 750	320
• Espagne	953	194
• Portugal	527	51
• Grèce	320	98

Services financiers à tous prix

Les services en général prennent une place croissante dans les dépenses des ménages. Leur coût est très variable selon les pays. C'est le cas en particulier des services financiers. En 1989, une prime moyenne d'assurance automobile (responsabilité civile et dégâts matériels) variait de 2 200 F au Royaume-Uni à 6 700 F en Italie. Le coût d'un crédit à la consommation annuel de 3 500 F était de 85 F en Belgique et de 330 F en RFA. Un prêt hypothécaire de 175 000 F coûtait 2 000 F au Royaume-Uni et 5 600 F en Espagne.

LE POIDS DES BESOINS PRIMAIRES

Part du total alimentation + logement dans les dépenses globales des ménages (1988, en %) :

Eurostat

| 35,4 | 40 | 45 | 51,6 |

L'évolution des prix relatifs explique en partie celle de la consommation.

Les tendances de consommation décrites précédemment reflètent l'évolution des goûts et des modes de vie dans les pays de la Communauté. Elles montrent en particulier l'importance prise par la santé, les loisirs, le logement, de même que la part croissante des achats de services dans des sociétés de plus en plus attirées par le confort et la qualité de vie.

Mais la structure des dépenses des ménages est aussi largement influencée par l'évolution des prix relatifs des produits et services. Ainsi, la hausse des prix de l'énergie au cours des années 70 (après le premier choc pétrolier) explique l'accroissement des dépenses de transport ou de chauffage des logements.

De même, les prix des services, essentiellement composés de main-d'œuvre, ont plus augmenté que ceux des biens manufacturés, qui ont bénéficié des économies d'échelles et de la meilleure productivité des entreprises. Le prix des montres ou des téléviseurs a diminué en unités monétaires constantes, alors que les tarifs des coiffeurs, des garagistes ou des plombiers ont connu de fortes hausses dans la plupart des pays.

ACHATS

La densité de magasins varie de un à trois selon les pays.

A populations semblables, on trouve un peu plus d'un million de points de vente en Italie (soit environ un pour 50 habitants), mais 340 000 au Royaume-Uni (un pour 167), 410 000 en RFA (un pour 148), 660 000 en France (un pour 84). Ces chiffres comprennent tous les types de points de vente.

Dans la plupart des pays de la Communauté, les circuits de distribution ont connu une profonde transformation. Elle a commencé d'abord dans les pays du Nord, dès les années 60, avant de s'étendre à l'ensemble de la Communauté.

Trois grandes tendances sont progressivement apparues :
– Réduction du nombre des magasins d'alimentation générale (d'environ un tiers) ;
– Augmentation de la part des « grandes surfaces », en particulier des hypermarchés (alimentaires et non alimentaires) ;
– Concentration croissante de la distribution.

Les distributeurs les plus puissants sont les allemands et les britanniques.

Parmi les vingt premiers distributeurs européens (voir tableau), on trouve huit groupes allemands, sept britanniques trois français et deux néerlandais, dont le premier, l'association de grossistes Spar. Il faudrait ajouter à la liste Metro,

---

UN MAGASIN POUR 500 PERSONNES

Densité de magasins d'alimentation générale* et part des grandes surfaces dans le chiffre d'affaires alimentaire total (en %) :

	Nombre de magasins pour 1 000 habitants		Part des hyper-marchés dans le CA
	1970	1988	1988
• Belgique	3,6	1,5	17
• Danemark	-	1,1	11
• Espagne	3,9	2,9	20
• FRANCE	2,7	1,3	46
• Grèce	-	2,6	5
• Irlande	5,9	3,2	8
• Italie	3,6	1,8	5
• Luxembourg	-	-	-
• Pays-Bas	1,3	0,7	5
• Portugal	5,2	4,1	10
• RFA	3,9	1,2	21
• Royaume-Uni	2,1	0,9	31

* Hors magasins spécialisés (boucheries, boulangeries...).

Nielsen

OÙ ALLER FAIRE SES COURSES

Nombre de magasins d'alimentation générale (hors magasins spécialisés : boucheries, boulangeries...) [1988, pour 1 000 habitants] :

0,7   1   2   3,2   4,1

Nielsen

numéro un européen par le chiffre d'affaires, qui a essentiellement une activité de grossiste, et le groupe hollando-allemand C & A, dont les résultats ne sont pas divulgués.

Le premier distributeur anglais, Sainsbury, représente environ 19 % du chiffre d'affaires des produits de grande consommation (1989), devant Tesco (15 %) et Gateway (13 %). En RFA, le groupe Rewe représente 16 % de l'activité, à égalité avec Edeka, devant Aldi (11 %). En France, la concentration est moins forte : Leclerc et Intermarché réalisent chacun 12 % du chiffre d'affaires total, devant Carrefour (7 %).

Le nombre des grandes surfaces a considérablement augmenté.

Entre 1970 et 1986, le nombre des supermarchés (d'une surface comprise entre 400 et 2 500 m2) est passé de 1 800 à 6 000 en France, de 2 000 à 7 000 en RFA, de 540 à 2 900 en Italie. Le nombre d'hypermarchés (plus de 2 500 m2) est passé pendant la même période de 116 à 639 en France, de 437 à 956 en RFA, de 2 à 72 en Espagne, de 3 à 51 en Italie. Les comparaisons sont cependant délicates, dans la mesure où les définitions nationales des types de magasins varient : un hypermarché est un magasin à dominante ali-

mentaire de plus de 2 500 m² en France, en Espagne, en Italie et en Belgique, mais de plus de 1 000 m² seulement en RFA, 4 600 m² au Royaume-Uni.

Cette évolution s'est accompagnée d'un développement important du « libre service », qui représente plus de 90 % du chiffre d'affaires alimentaire dans des pays comme la RFA, les Pays-Bas, le Royaume-Uni ou la France (mais seulement 25 % au Portugal, 40 % en Grèce, 50 % en Italie).

LE HIT-PARADE DE LA DISTRIBUTION

Les 20 premiers distributeurs européens (1988) :

	Chiffre d'affaires*	Effectif	Résultat net*
1. Spar international (NL)	88 238	149 800	-
2. Carrefour (F)	56 503	40 400	761
3. DEE (R-U)	47 606	84 240	1 891
4. J. Sainsbury (R-U)	47 143	54 168	1 961
5. Dalgety (R-U)	45 874	23 966	706
6. Stinnes (RFA)	42 710	17 859	325
7. Marks & Spencer (R-U)	41 528	66 704	2 714
8. Otto-Versand (RFA)	40 715	-	-
9. Tesco (R-U)	40 527	50 192	1 513
10. Karstadt (RFA)	39 921	66 328	573
11. Edeka zentrale (RFA)	37 798	797	19
12. Kloeckner (RFA)	36 535	9 845	25
13. Promedes (F)	34 702	30 309	150
14. Franz Haniel (RFA)	34 677	18 704	278
15. Coop (RFA)	34 641	48 700	213
16. Casino (F)	34 038	40 217	351
17. Ahold (NL)	32 847	61 217	389
18. Thyssen Handelsunion (RFA)	32 325	11 722	110
19. Argyll group (R-U)	31 841	63 247	980
20. S & W Berisford (R-U)	30 058	9 937	634

* En millions de francs.

Dans les pays d'Europe du Sud, la « distribution moderne » a connu un développement très inégal selon les régions : en Espagne, par exemple, les zones les mieux desservies sont la Catalogne, le Pays basque, l'Andalousie, les régions de Madrid et de Séville. Au Portugal, seules les régions de Lisbonne et Porto sont concernées. En Italie, ce sont principalement les régions du nord de la péninsule.

■ Les dix plus gros distributeurs européens représentent 28 % du chiffre d'affaires total (1989), alors que les dix premiers américains pèsent 35 % du marché. Pour réaliser le chiffre d'affaires européen, il faut 580 000 magasins, contre 170 000 aux Etats-Unis.

Italie : l'attachement au petit commerce

Malgré sa diminution au cours des dernières années, le commerce traditionnel reste puissant en Italie, où il représente encore une force économique et politique. Jusqu'à la crise des années 70, il a bénéficié d'un coût de travail moins élevé que les grandes surfaces, renforcé par des avantages fiscaux. Il reste bien implanté dans le sud du pays ainsi que dans les zones faiblement urbanisées qui offrent un potentiel insuffisant au grand commerce moderne. Il favorise le mode de vie traditionnel, en contribuant à maintenir les relations et les services de voisinage. Il est complété dans ces régions par le commerce ambulant, surtout spécialisé dans la vente de produits non alimentaires : chaussures, vêtements, appareils électroménagers.

Les grandes surfaces représentent de 10 à 50 % des achats alimentaires.

La part des hypermarchés et supermarchés dans les achats alimentaires dépasse 50 % au Danemark et au Luxembourg. Elle se situe entre 30 et 50 % en Espagne, France, Pays-Bas, Royaume-Uni. Elle est faible en Grèce, au Portugal et en Italie (environ 10 %).

La contrepartie du développement des grandes surfaces a été la disparition d'un grand nombre de magasins d'alimentation générale : en RFA, leur nombre est passé de 127 000 en RFA en 1970 à 66 000 en 1985. La diminution a été importante aussi en Belgique (16 000 contre 35 000 pendant la même période), aux Pays-Bas (10 000 contre 18 000). La densité de magasins, qui était de l'ordre de 4 pour 1 000 habitants en 1970 pour l'ensemble de la CE, est aujourd'hui inférieure de moitié.

Les magasins « franchisés » (qui utilisent une enseigne, des produits et des modes de gestion communs) se sont aussi multipliés dans toute l'Europe. On en comptait 23 000 en France en 1989, 20 000 au Royaume-Uni, 18 000 en RFA, environ 8 000 en Espagne, Italie, Pays-Bas, 2 800 en Belgique.

Des efforts importants ont été faits pour offrir un meilleur service au consommateur.

La multiplication des grandes surfaces a d'abord entraîné une concurrence impitoyable sur les prix. Les distributeurs ont progressivement réduit leurs marges et distribué certains produits sous leur propre marque. Les magasins anglais Marks et Spencer ont été dans ce domaine des précurseurs, avec leur marque *San Michael*. Les « marques de distributeurs » représentent couramment 20 ou 30 % du chiffre d'affaires des grandes surfaces dans le secteur alimentaire.

La guerre des prix s'est ensuite accompagnée d'un effort pour améliorer les relations avec la clientèle : propreté des locaux ; comptoirs d'information ; installation de systèmes de lecture optique afin de diminuer l'attente aux caisses ; offre de cartes de crédit propres aux distributeurs ; création de mini-boutiques spécialisées à l'intérieur des magasins (traiteur, boulangerie-pâtisserie, fromagerie à la coupe, charcuterie, fruits et légumes...).

Le Sud plus « ouvert » que le Nord

Les pays du Sud sont les plus libéraux en matière d'ouverture des magasins (voir tableau page suivante), en particulier les grandes surfaces. Elle est autorisée le dimanche au Portugal et en Espagne (avec des législations particulières en Catalogne et à Valence). Au Danemark et en RFA, les magasins sont obligatoirement fermés le samedi après-midi et le dimanche. En Angleterre, au pays de Galles et en Italie, ils sont fermés le dimanche et une demi-journée dans la semaine ; en revanche, la liberté est totale en Ecosse. En Belgique, une fermeture de 24 heures est imposée pendant la fin de semaine. En France, les grandes surfaces peuvent être exceptionnellement ouvertes quelques dimanches dans l'année ou sur autorisation préfectorale. En Grèce, les supermarchés ne sont ouverts que trois jours par semaine, avec des horaires discontinus ; cette contrainte explique le développement des magasins de type *convenience stores* à horaire libre, qui vendent à des prix non contrôlés.

Les achats par correspondance ne représentent qu'une part assez faible (2 à 3 % des dépenses non alimentaires des ménages).

Grâce à des sociétés comme Otto ou Quelle, la VPC détient 5 % du marché non alimentaire en RFA, soit une dépense d'environ 1 500 francs par personne en 1989 (la moitié seulement de celle des Etats-Unis). Le Royaume-Uni occupe la seconde place, avec un peu plus de 1 000 francs par personne, devant la France (700), les Pays-Bas (400) et l'Italie (100).

L'importance de la VPC devrait s'accroître à l'avenir, avec les perspectives offertes par la télématique. Mais son évolution sera différente selon les secteurs. Ainsi, la vente sur catalogue de produits textiles est de plus en plus concurrencée par l'existence de circuits de distribution concurrents (solderies, magasins d'usine, grands magasins type C & A, etc.) et par les nouveaux comportements d'achat : importance croissante du rapport qualité-prix et des périodes de soldes ; souhait du consommateur de voir ce qu'il achète et de pouvoir l'emporter tout de suite (achats d'impulsion).

> ■ Avec 400 franchiseurs et 20 000 commerçants franchisés, la France arrive en seconde position dans le monde derrière les Etats-Unis.

DES HORAIRES TRÈS VARIABLES

Jours et horaires d'ouverture des magasins et de divers services :

Pays	Magasins	Banques	Postes	Administrations
Belgique	8/9 h - 18 h 30/20 h Vendredi : ouverture plus tard Samedi : jusqu'à 18 h 30 Dimanche : certains petits magasins ouverts	9 - 12 h et 14 - 15 h certaines le samedi et pendant le déjeuner	Réglementation locale, mais en général du lundi au vendredi de 9 à 16 h	Ouvertes seulement 4 h le matin en général et fermées le samedi
Danemark	8/9 h - 17 h 30 Samedi : jusqu'à 13/14 h 6 h supplémentaires pour ouverture tard le soir (par exemple le vendredi)	9 h - 16 h Jeudi : jusqu'à 18 h Horaire plus court en dehors des villes	9 h - 17 h 30 du lundi au vendredi et samedi matin Horaire plus court en dehors des villes	Réglementation locale. Ouvertes le matin en général, plus tard le jeudi
Espagne	8/9 h - 13 h 30/14 h et 16 h 30 - 20 h	9 h - 13 h du lundi au vendredi plus 1 h supplémentaire en hiver	Comme les banques le matin, et de 16 à 18 h l'après-midi	Comme les postes, plus le samedi de 9 à 14 h
FRANCE	Beaucoup ouverts, de 8 h à 12/13 h par jour du lundi au samedi. Certains sont ouverts le dimanche	8 h 30 - 17 h Fermées le samedi à Paris, le lundi ailleurs	8 h - 19 h du lundi au vendredi samedi : 8 h - 12 h	9 h - 17 h avec ou sans interruption le midi, du lundi au vendredi
Grèce	Lundi : 13 h 30 - 19 h Mardi au samedi : 9 h - 19 h avec une interruption pendant midi	8 h - 14 h du lundi au jeudi Vendredi : 8 h - 13 h		
Irlande	9 h - 17 h 30 du lundi au samedi Plus tard certains soirs Certains sont ouverts le dimanche	10 h - 12 h 30 et 13 h 30 - 15 h (17 h le jeudi)	9 h - 18 h du lundi au vendredi Samedi : 9 h - 13 h	10 h - 12 h et 14 h - 16 h généralement
Italie	Orientations : les magasins doivent fermer entre 20 h et 7 h et 2 h pour la sieste et ouvrir au minimum de 9 h 30 à 12 h 30	8 h 30 - 13 h 30		
Luxembourg	Magasins fermés à 19 h d'octobre à mars et à 20 h le reste de l'année Samedi à 20 h, dimanche à 13 h	8/9 h - 12 h et 13 h 30/14 h - 16 h 30/17 h	Comme les banques	Situation variable Les horaires de travail sont : 8 h - 12 h et 14 h - 18 h
Pays-Bas	Magasins fermés de 18 h à 6 h et à 7 h le samedi Ouverts 1 soir jusqu'à 20/21 h	9 h - 16 h	8/8 h 30 - 17 h, plus tard dans les villes et le vendredi Samedi : 9 h - 12 h	Variable selon les villes et les services fournis
Portugal		8 h 30 - 12 h et 13 h - 14 h 30 du lundi au vendredi		
RFA	7 h - 18 -h 30 Samedi : 7 h - 14 h 1er samedi du mois et décembre jusqu'à 18 h	9 h - 13 h et 14 h - 16 h jeudi jusqu'à 18 h	8 h - 18 h du lundi au vendredi samedi : 8 h - 14 h	Réglementation locale, horaires semblables aux magasins
Royaume-Uni	9 h - 17 h 30 du lundi au samedi avec 1/2 jour de fermeture En Ecosse : pareil, plus le dimanche	9 h 30 - 15 h 30	9 h - 17 h 30 du lundi au vendredi Samedi : 9 h 30 - 13 h 30	Situation variable : horaires plus ou moins semblables à ceux des bureaux

SHOPPING EUROPÉEN

Prix comparés dans la Communauté (par rapport au pays le moins cher, indice 100, en 1987) :

	Appareils photo compacts	Films	Lecteurs de disques compacts	Disques compacts	Magné-toscopes	Baladeurs	Chaussures de sport	Raquettes de tennis
• Belgique	127	122	135	114	115	143	157	192
• Danemark	153	170	163	139	163	202	168	225
• Espagne	145	120	157	136	148	130	147	186
• FRANCE	131	133	138	139	132	162	117	118
• Grèce	257	174	-	125	-	188	165	100
• Irlande	138	160	-	125	-	138	100	148
• Italie	135	100	137	115	127	118	142	168
• Luxembourg	-	-	-	-	-	-	-	-
• Pays-Bas	124	138	126	131	100	124	161	211
• Portugal	174	156	-	127	-	152	130	161
• RFA	100	104	113	110	101	114	147	161
• Royaume-Uni	105	131	100	100	-	100	106	140

BEUC

Les attitudes et les comportements des consommateurs se rapprochent...

On constate dans les pays de la CE une certaine uniformisation des besoins et des produits destinés à les satisfaire. La croissance économique des périodes 1945-1975, retrouvée entre 1985 et 1990, a favorisé le développement de la consommation et son homogénéisation. L'innovation technologique, l'évolution des circuits de distribution, la mise en place du Marché commun, l'internationalisation des entreprises, des marques et de la communication publicitaire ont largement contribué à ce rapprochement. Enfin, la multiplication des échanges (voyages, informations) et la diminution des écarts entre les niveaux de revenus ont entraîné un rapprochement des modes de vie.

On retrouve donc un certain nombre de tendances communes à l'ensemble de la Communauté, notamment dans l'évolution de la structure des dépenses des ménages. Ainsi, dans la plupart des pays, une place plus grande est faite à la santé, aux loisirs, aux transports, alors que les budgets consacrés à l'alimentation ou à l'habillement diminuent. Les valeurs de référence sont également communes à un grand nombre d'Européens (voir *Société*), dans la mesure où l'information disponible et les conditions de vie sont semblables.

■ En 1975, les capitales les plus chères de l'Europe des neuf (en excluant les dépenses de santé et de loyer), étaient Bonn, Paris et Copenhague. Les moins chères étaient Rome, Londres et Dublin. Bruxelles, Luxembourg et Amsterdam occupaient une position intermédiaire. A cette époque (aux taux de change d'octobre 1975), une paire de chaussures pour hommes coûtait 197 francs à Paris, 125 francs à Rome et 114 francs à Londres. Manger à Paris, habiter Rome et aller au théâtre à Londres constituait la manière de vivre la plus « économique ».

Cette harmonisation devrait se poursuivre avec la mise en place du Marché unique de 1993. La disparition des frontières économiques devrait s'accompagner logiquement d'une diminution de l'importance des frontières culturelles.

... mais le consommateur européen n'existe pas.

Parallèlement à ces convergences, on constate une demande croissante pour des produits personnalisés, voire uniques, et une grande diversité d'attitudes et de comportements entre les pays et, à l'intérieur d'un même pays, entre les régions. C'est pour répondre à la variété des besoins que le choix proposé pour un même type de produit s'est considérablement élargi, que ce soit dans le domaine alimentaire ou dans celui des biens d'équipement. Les hypermarchés espagnols, britanniques, allemands ou danois contribuent de distribuer des produits différents, parfois destinés à des usages différents.

Dans tous les pays développés, la consommation tend à se « démassifier ». Les catégories de consommateurs deviennent à la fois plus nombreuses et plus complexes : monoménages, ménages biactifs, familles monoparentales, etc. Les critères socio-démographiques traditionnels (âge, sexe, lieu d'habitation, activité professionnelle...) ne suffisent plus à les définir. Car les modes de vie individuels s'expliquent au moins autant par les attitudes, les opinions et les valeurs que par le statut matrimonial ou le revenu.

Le rapprochement économique se heurte aux différences culturelles.

L'évolution convergente des niveaux de vie dans les pays de la Communauté ne se traduit pas partout par les mêmes comportements économiques. Si les pays les plus pauvres tendent à rattraper les autres, on constate que les pays de niveau comparable ont parfois des comportements très différents. Ainsi, les Britanniques sont moins nombreux à posséder un lave-vaisselle (9 % en 1988) que les Français, les Danois ou les Allemands (plus de 30 %) et même que les Espagnols (11 %) ou les Portugais (12 %). Ils sont en revanche beaucoup plus intéressés par les fours à micro-ondes (48 % en 1989) que les Allemands (27 %) ou les Français (21 %).

GRÈCE

« Elle provoque votre goût. »

Les traditions culturelles continuent donc de jouer un rôle important en matière de consommation. Bien que la pratique religieuse soit en baisse (voir *Culture*), la religion influe encore largement sur les attitudes vis-à-vis de l'argent, du corps, de la vie matérielle. Ainsi, l'Europe protestante utilise deux fois plus de savon par habitant que l'Europe catholique. La tradition, à la fois agricole et culturelle, explique aussi la séparation entre les habitudes alimentaires : consommation de bière, de vin, de pain, etc. (voir *Alimentation*).

Odeurs et pays

Les odeurs préférées varient selon les pays. Les Allemands aiment les odeurs de pin, qu'ils utilisent pour les assouplissants, les savons ou les bains moussants. Les Britanniques aiment le patchouli, réminiscence probable des coffrets de soie venus des Indes. Les Français et les Italiens ont un goût particulier pour la lavande. Les Espagnols lui préfèrent la fougère et sont de gros consommateurs d'eau de Cologne (pourtant créée en Allemagne au XVIIᵉ siècle par un chimiste italien, Jean-Marie Farina). Le citron est partout considéré comme le symbole de la propreté, des serviettes rafraîchissantes aux liquides vaisselle, en passant par les produits de nettoyage des sols.

Dans chaque pays, les modes de consommation varient selon la catégorie sociale...

En France, l'alimentation pèse deux fois plus lourd dans le budget des manœuvres que dans celui des professions libérales. La part consacrée aux vacances y est cinq fois plus importante. Les écarts entre les revenus expliquent bien sûr en grande partie ces différences.

Pour les mêmes raisons, la présence d'enfants a des répercussions sur la structure des dépenses : les familles avec deux enfants dépensent trois fois plus pour l'achat de certains produits alimentaires (lait, yaourts, etc.) que les familles sans enfant. Leurs dépenses d'alcool ou de restaurants sont en revanche inférieures.

Le rapprochement général entre les consommateurs européens coexiste donc avec un mouvement de sens contraire entre les catégories sociales. La conséquence est qu'il y a aujourd'hui plus de ressemblance dans les modes de consommation de personnes appartenant à des groupes sociaux semblables de pays différents qu'entre les consommateurs d'un même pays.

... et selon la région.

La constatation précédente s'applique aussi aux régions. On trouve souvent plus de similitude entre des régions comparables de pays distincts qu'entre toutes les régions d'un même pays (voir première partie). Un habitant de Hambourg sera dans certains domaines plus proche d'un habitant de Copenhague que d'un Bavarois. Un Lillois se reconnaîtra davantage dans le mode de vie d'un Bruxellois que dans celui d'un Marseillais. Ce ne sont pas les frontières nationales qui délimitent le mieux les différences de goût et de comportement entre les individus, mais celles qui séparent les régions.

Beaucoup d'entreprises européennes sont aujourd'hui conscientes que les marchés ne sont plus nationaux. Ils sont constitués de l'addition de marchés régionaux appartenant à des pays distincts ou de groupes de consommateurs ayant des attitudes semblables, situés à la fois dans différentes régions d'un même pays et dans différents pays de la Communauté.

Le poids des marques

La notoriété et l'image des marques jouent un rôle croissant dans les choix effectués par les consommateurs. A qualité égale, beaucoup sont prêts à payer plus cher la garantie apportée par une marque réputée ou le statut social qu'elle confère dans des domaines tels que l'habillement et les accessoires, les voitures ou les produits d'équipement du foyer.

Malgré la concentration des entreprises, le nombre de marques tend à augmenter. Ainsi, au Royaume-Uni, on comptait 52 marques de café instantané en 1986, contre 14 en 1976 ; 51 marques de thé en sachets contre 8 ; 39 marques de haricots préparés contre 20. L'importance des marques explique les sommes considérables qui sont investies par les entreprises en publicité et en actions de *sponsoring*. La communication est souvent différente sur les divers marchés européens, du fait des disparités culturelles et linguistiques. Un même produit est parfois positionné différemment sur plusieurs marchés : les pâtes *Barilla* sont vendues comme des produits de gamme moyenne en Italie ; elles sont présentées comme des pâtes de luxe en France (emballage, publicité) ; à l'inverse, la bière *Kronenbourg* a une image populaire en France et plus raffinée à l'étranger.

La protection des consommateurs est une préoccupation croissante des individus et des pouvoirs publics.

Les années 70 furent en Europe celles de la véritable naissance de l'écologie et du consumérisme, qui en constituait l'un des prolongements. L'abondance, la variété et la complexité des biens et services disponibles étaient à l'origine de ce mouvement. Il fut plus précoce dans les pays du Nord, plus attentifs aux libertés individuelles. Le consumérisme est apparu en Grande-Bretagne dès la fin du XIXe siècle (voir encadré page suivante).

Des associations de défense ont vu le jour, pour faire valoir les droits des consommateurs à la qualité, la sécurité et l'information, dans des marchés de masse devenus planétaires. Devant l'audience croissante de ces associations, les gouvernements ont dû créer des services publics spécialisés et élaborer des lois protégeant les consommateurs.

Les entreprises se sentent davantage responsables.

Depuis quelques années, les entreprises sont de plus en plus nombreuses à jouer le jeu du consommateur, conscientes de la vulnérabilité de leur image en cas de problème. Périodiquement, des produits sont retirés du marché lorsque apparaît un risque pour l'utilisateur : en janvier 1983, Renault rappelle 100 000 R 18 Diesel et Fuego pour vérifier le circuit de freinage ; en décembre 1983, BMW fait rentrer 20 000 véhicules de la série 3 équipés d'antivols de direction défectueux ; en février 1990, Perrier retire toutes ses bouteilles dans le monde, après avoir constaté des traces de benzène...

La Commission européenne s'est préoccupée depuis 1975 de ces questions en créant un service, puis une direction générale de l'environnement et de la protection des consommateurs. Des mesures ont été adoptées pour limiter les risques en matière de publicité mensongère ou trompeuse, de démarchage à domicile, de responsabilité du fabricant en cas de dommage provoqué par un produit défectueux, de crédit à la consommation.

RFA

« L'art d'écrire. »

■ Les boutiques *duty free* les moins chères d'Europe sont celles des aéroports de Milan et d'Amsterdam pour les alcools, d'Athènes pour les cigarettes et les parfums. Les plus chères sont celles des aéroports de Madrid, Dublin et Londres pour les alcools, Cologne et Lisbonne pour les cigarettes, Lisbonne et Londres pour les parfums.

■ Les tailles standards des taies d'oreiller varient selon les pays : 50 x 75 cm en Grande-Bretagne ; 65 x 65 cm en France ; 60 x 70 cm aux Pays-Bas, 80 x 80 cm en RFA.

■ Le cap des 800 hypermarchés et des 6 500 supermarchés était franchi en France en 1990 (contre respectivement 550 et 5 700 en 1985).

■ En 1987, 12 000 distributeurs automatiques de billets étaient installés en Grande-Bretagne, 10 000 en France et 4 000 en RFA.

■ En 1987, 70 000 terminaux pour paiement par carte étaient installés en France, 15 000 en Grande-Bretagne et 200 en RFA.

Euroconsumérisme

Principales associations de défense des consommateurs :

Grande-Bretagne. Précurseur en matière de défense des consommateurs (le *Factor act* fut voté en 1889), elle compte plusieurs institutions, comme l'*Office of Fair Trading* et le *National Consumer Council*. La principale association est la *Consumer's Association* qui publie la revue *Which ?*

Irlande. En dehors des ministères concernés et du Conseil consultatif national des consommateurs, il existe des associations privées, telles que l'Association irlandaise des consommateurs créée en 1966.

Luxembourg. La seule organisation est la puissante Union luxembourgeoise des consommateurs, d'origine syndicale, fondée en 1961.

Belgique. La plus importante association est l'Association des consommateurs *(Verbruikersunie),* qui rassemble environ 250 000 adhérents et publie la revue *Budget-hebdo*, le mensuel *Test-achats* et la revue bimestrielle *Budget et droits*.

RFA. Il n'existe pas d'institution officielle chargée de la consommation. La plus connue des organisations est la *Stifung Warentest*, qui publie le mensuel *Test*, tiré à près de 650 000 exemplaires. L'*Arbeitgemeinschaft der Verbraucher*, créée en 1952, rassemble 33 associations et publie un mensuel et une lettre hebdomadaire. Il faut noter que le boycott d'un produit est interdit en Allemagne.
   Les consommateurs allemands sont cependant très vigilants quant à la qualité des produits alimentaires qu'ils achètent. Sur la foi d'informations plus ou moins fondées, ils ont ainsi boudé successivement la viande de veau à cause des hormones, le poisson (vers filiformes), l'eau minérale (soude), le vin (sucre), le saumon (larves), la bière (nitrosamine), les pâtes (œufs couvés), etc. Plusieurs mois après la catastrophe de Tchernobyl, ils ne consommaient plus de lait, de salades ni de fruits.

France. 21 associations à but non lucratif sont agréées. Les plus importantes sont l'Institut national de la consommation, créé en 1969, qui publie le mensuel *50 Millions de consommateurs* et l'UFC (Union fédérale des consommateurs), qui publie *Que choisir ?*, lancé en 1961. Il existe aussi des associations coopératives comme la FNCC (Fédération nationale des coopératives de consommateurs), familiales comme la FFF (Fédération des familles de France), syndicales comme l'AFOC de Force ouvrière ou l'ASSECO de la CFDT.

Italie. Comme dans la plupart des pays du sud de l'Europe, les mouvements de protection des consommateurs ne sont pas encore très structurés. L'Union nationale des consommateurs, créée en 1955, publie une lettre quotidienne d'actualité *(UNC Notizie)* diffusée à 20 000 exemplaires. Le Comité de défense des consommateurs, créé en 1973, diffuse le mensuel *Altroconsumo*.

Espagne. La défense du consommateur a commencé en même temps que la démocratie, avec l'article 51 de la Constitution de 1978 et la « loi générale de défense des consommateurs et des usagers » de juillet 1984. En plus des OMIC (bureaux municipaux d'information des consommateurs) et des commissions d'arbitrage, il existe un Institut national de la consommation, et plusieurs organisations, telles que l'*Organizacion de consumidores y usuarios* ou *Eroski*, coopérative basque.
   Le poste de *defensor del pueblo* (défenseur du peuple) a été créé en 1981 pour venir en aide aux citoyens, à l'exemple du modèle suédois de l'*ombudsman*. Désigné par les deux assemblées, indépendant des partis, il est doté d'un véritable pouvoir. Il peut envoyer ses enquêteurs partout, sans prévenir, interpeller les administrations, dénoncer les atteintes à la liberté et aux droits des citoyens, saisir le Tribunal constitutionnel et proposer des modifications législatives. Son action a porté notamment sur le fonctionnement des hôpitaux, des prisons, des maisons de retraite, des écoles publiques en milieu rural.

Portugal. L'Institut national de la défense du consommateur a été créé en application des lois de 1976 et 1981, qui suivaient l'instauration de la démocratie portugaise. L'association à but non lucratif la plus importante est la *Associação portuguesa para a defensado consumidor-Deco*, qui diffuse le mensuel *Proteste*.

Grèce. Avec l'Italie, c'est le pays le plus mal équipé dans ce domaine. La principale structure capable de répondre aux questions des consommateurs est le ministère du Commerce. Il existe aussi l'INKA *(Instituto prostasias katanaloton)* créé en 1972 et un Centre de protection des consommateurs qui publie la revue *Katanalokita vimata*.

Danemark. Il fait figure de pionnier, avec le Royaume-Uni. Plusieurs lois ont été inspirées par les travaux du Conseil nordique des pays scandinaves et plusieurs institutions dépendent du ministère de l'industrie: l'ombudsman des consommateurs *(Forbrugerombudsmanden)* ; le Conseil danois de l'économie domestique *(Statens Husholdningsrad),* créé en 1935, qui rassemble 18 organisations. Parmi les associations, le Conseil des consommateurs *(Forbrugerradet)* rassemble 22 organisations et édite le mensuel *Taenk*.

Pays-Bas. La principale organisation est la *Consumentenbond* (Union des consommateurs), qui existe depuis 1953 et compte près de 500 000 adhérents ; elle publie le mensuel *Consumertengids*. Il faut citer aussi le ministère des Affaires économiques, l'Institut de la sécurité des consommateurs et la Fondation des tests comparatifs.

ALIMENTATION

Les modes d'alimentation se transforment dans la plupart des pays.

Dans tous les pays de la Communauté, la part du budget des ménages consacrée à l'alimentation est en recul (voir *Budgets*), passant d'un tiers à la fin des années 60 à moins d'un quart aujourd'hui. Les éléments conjoncturels (crise économique), le transfert d'une partie du budget sur d'autres postes (santé, logement, loisirs, déplacements) et l'évolution des prix (concentration de la distribution et apparition de nouveaux produits) expliquent cette diminution des dépenses en valeur relative. On observe aussi de nombreux changements qualitatifs dans les habitudes alimentaires :

– Le temps consacré aux repas quotidiens diminue. Les produits pratiques permettant de réduire le temps de préparation (surgelés, conserves, plats préparés) sont de plus en plus recherchés. Il en est de même des formules de restauration commerciale du type *fast-food* ;
– La consommation d'aliments de base (pain, féculents) diminue au profit de produits plus chers : poisson ou viande ;
– Les produits laitiers occupent une place croissante ;
– Les préoccupations diététiques sont de plus en plus répandues ; elles s'accompagnent d'un intérêt croissant pour les produits allégés ;
Les boissons non alcoolisées et l'eau minérale sont largement et uniformément consommées.

Ces tendances sont évidemment plus ou moins nettes selon les pays, en fonction de l'évolution des pouvoirs d'achat et des habitudes nationales.

Irlandais, Britanniques, Espagnols et Portugais consomment plus de 100 kg de pommes de terre par personne et par an.

La pomme de terre reste un élément de base de l'alimentation des Européens, avec une moyenne de 81 kg par personne en 1988, soit 220 g par jour. Cinq pays approchent ou dépassent les 100 kg (par ordre décroissant) : Irlande, Royaume-Uni, Espagne, Belgique, Luxembourg.

Les Italiens sont très en deçà, avec 42 kg, mais on sait qu'ils préfèrent les pâtes. Ils détiennent d'ailleurs le record européen de consommation de céréales (117 kg par an contre 84 kg en moyenne dans la CE), devant les Irlandais. Le blé représente l'essentiel de leur consommation, en forte augmentation (110 kg en 1988 contre 77 kg en 1974).

Le maïs en grain a connu au contraire un fort développement (3 kg en 1974, 7 kg en 1988) avec de très fortes disparités selon les pays : 13 kg par personne en Irlande et au Royaume-Uni, 1 kg en Espagne et en Grèce.

Le seigle est seulement consommé, sous forme de pain, par les Danois (17 kg par personne en 1988), les Allemands (13 kg) et les Portugais (6 kg) ; il est presque inconnu dans les autres pays, à l'exception des Pays-Bas. Quant au riz, il est peu utilisé dans les pays de la Communauté (4 kg par personne) à l'exception du Portugal (15 kg).

La consommation de légumes présente également de gros écarts : 77 kg par personne et par an au Danemark et en RFA ; près de trois fois plus en Grèce (195 kg).

CONSOMMATION VÉGÉTALE

Consommation de produits végétaux (1988, en kg par habitant) :

	Céréales (1)	Riz	Maïs en grain	Pommes de terre	Sucre (2)	Légumes	Fruits (3)	Agrumes
• Belgique/Luxembourg	72	3	2	96	38	93	51	20
• Danemark	68	2	2	65	39	77	47	15
• Espagne	71	6	1	106	24	148	57	23
• FRANCE	79	4	9	74	35	119	55	22
• Grèce	98	5	1	78	28	195	76	62
• Irlande	105	2	13	141	38	95	33	14
• Italie	117	5	7	42	27	173	74	40
• Pays-Bas	55	3	2	89	39	104	61	101
• Portugal	91	15	9	102	27	123	30	13
• RFA	74	2	7	72	35	77	94	35
• Royaume-Uni	79	3	13	111	45	86	36	16
• **CE**	**84**	**4**	**7**	**81**	**34**	**119**	**62**	**31**

(1) Total, sans riz.
(2) Equivalent sucre blanc,
(3) Sauf agrumes. Y compris les conserves et jus de fruits.

Eurostat

Eurostat, FAO, OCDE

LES NOURRITURES TERRESTRES

Consommation par grande région du monde (1987, en kg par habitant) :

	CE	Etats-Unis	Japon	URSS
• Céréales	85	66	33	167
• Riz	6	5	81	9
• Légumes	118	100	110	99
• Pommes de terre	80	33	15	107
• Sucre	32	28	21	44
• Graisses et huiles végétales	20	11	12	10
• Poissons (1985)	15	7	36	-

La consommation de viande est faible au Portugal.

La consommation de viande varie beaucoup moins d'un pays à l'autre que celle des céréales. Le seul pays très en retrait par rapport à la moyenne est le Portugal, où le poisson (particulièrement la morue) constitue l'aliment de base.

La répartition entre les différents types de viande est moins homogène. La viande de porc est la plus consommée, avec une moyenne de 39 kg par personne et par an ; les Danois et les Allemands sont de loin les plus grands mangeurs de charcuterie. Malgré l'habitude du bacon, les Britanniques ne mangent pas plus de porc que les Grecs ou les Portugais.

Les Espagnols et les Portugais consomment beaucoup moins de bœuf que les autres Européens : respectivement 8 et 11 kg par personne contre 21 kg en moyenne. Les amateurs de viande de veau se trouvent principalement en France (7 kg) et, à un moindre degré, en Espagne et en Italie.

La consommation de volaille est moins différenciée ; les quantités les plus faibles sont celles du Danemark et de la RFA, qui lui préfèrent le porc. Enfin, la viande ovine et caprine (surtout l'agneau) n'est guère consommée qu'en Grèce (14 kg), deux fois plus qu'en Irlande et au Royaume-Uni, qui occupent pourtant la deuxième place.

Irlande, Royaume-Uni : une assiette pour deux

Les consommations alimentaires de l'Irlande et du Royaume-Uni sont très proches, et souvent différentes du reste de la Communauté. On retrouve dans les deux pays le même goût pour les pommes de terre, les produits laitiers frais ou le mouton. Le désintérêt pour le veau, le fromage, les fruits et légumes ou le vin est également commun.

Malgré les siècles d'affrontement, la proximité géographique et le statut insulaire ont créé et entretenu une indéniable similitude culturelle. Contrairement à ce que l'on aurait pu imaginer, celle existant en matière alimentaire n'a pas été remise en question par les écarts de pouvoir d'achat entre les deux pays.

Les Français et les Grecs consomment plus de 20 kg de fromage par an.

Champions de la consommation de pain et de vin, les Français sont aussi de grands amateurs de fromage. Ils partagent ce goût avec les Grecs (23 kg par an) et les Italiens (16 kg). Les Portugais, Irlandais et Espagnols en consomment 3 à 5 kg ; les Britanniques ne font guère mieux, avec 7 kg.

CONSOMMATION ANIMALE

Consommations moyennes de viande, poisson et œufs (1987, en kg par habitant) :

	Bœuf	Veau	Porc	Mouton et chèvre	Volaille	Œufs	Poissons
• Belgique/Luxembourg	21	3	46	2	16	15	18
• Danemark	15	0	66	1	12	14	25
• Espagne	8	4	39	5	21	-	34
• FRANCE	25	7	37	7	19	16	26
• Grèce	24	2	24	14	16	13	18
• Irlande	21	0	3	7	20	11	15
• Italie	23	4	29	2	19	12	18
• Pays-Bas	18	2	44	1	16	9	9
• Portugal	11	1	25	3	17	-	43
• RFA	22	2	62	1	11	16	10
• Royaume-Uni	23	0	25	7	18	14	19
CE	**21**	**3**	**39**	**4**	**17**	**-**	**20**

Eurostat

Les fromages sont de plus en plus souvent pasteurisés, au grand regret des amateurs qui ne trouvent plus sur le marché les pâtes artisanales traditionnelles. Il faut dire que certains fromages à pâte molle sont suspectés de contenir des bactéries porteuses d'une maladie appelée listériose, qui a déjà fait des victimes en France et en Suisse.

Les Irlandais, les Danois, les Néerlandais et les Britanniques préfèrent le lait sous d'autres formes (lait de consommation et produits frais). Le lait de longue conservation UHT, très répandu dans des pays comme la France ou la RFA, est presque inexistant au Danemark et en Irlande.

LA TABLE DES MATIÈRES GRASSES

Consommation de produits laitiers et de margarine (1988, en kg par habitant) :

	Fromage	Beurre	Crème	Marga-rine	Huile
• Belgique/ Luxembourg	12	8	3	14	5
• Danemark	12	7	9	15	23
• Espagne	5	7	-	1	19
• FRANCE	22	9	3	4	12
• Grèce	23	2	1	3	22
• Irlande	4	8	3	4	13
• Italie	16	2	2	1	21
• Pays-Bas	13	4	4	10	6
• Portugal	-	1	-	6	15
• RFA	15	8	6	8	6
• Royaume-Uni	7	5	1	7	10

Eurostat

Des multiples usages du fromage

Si la consommation de fromage diffère considérablement selon les pays, la façon de le consommer est également très diversifiée.

Les Français et les Belges le mangent entre le plat principal et le dessert et apprécient les plateaux variés.

Les Britanniques le servent à la fin des repas et se limitent souvent au *cheddar* et à ses dérivés.

Les Néerlandais le préfèrent au petit déjeuner (pâtes pressées non cuites) et en tartines au moment de la collation de midi.

C'est le cas aussi des Allemands, amateurs de pâtes cuites en tranche (en complément ou à la place de la charcuterie), qui le consomment vers 6 heures du soir, avec du café.

En Italie, le fromage est un ingrédient ou un condiment des plats traditionnels *(parmesan),* en même temps qu'un aliment autonome.

Les habitudes grecques sont semblables ; la *feta*, caillé de lait de brebis, est présente dans les salades, les plats cuisinés, les yaourts et certains desserts.

À CHACUN SES SPÉCIALITÉS

Produits alimentaires à forte consommation individuelle pour chaque pays :

- Belgique/Lux. Sucre, beurre, margarine
- Danemark Sucre, porc, volaille, margarine
- Espagne Pommes de terre, légumes
- FRANCE Bœuf, veau, fromage, beurre
- Grèce Céréales, légumes, fruits frais, agrumes, mouton, fromage
- Irlande Pommes de terre, sucre
- Italie Céréales, légumes, fruits frais, bœuf
- Pays-Bas Sucre, agrumes, volaille
- Portugal Céréales, maïs
- RFA Fruits frais, porc
- Royaume-Uni Maïs, pommes de terre

Les Français boivent 27 fois plus de vin que les Irlandais, mais les écarts diminuent.

Les Irlandais boivent en moyenne 4 litres de vin par personne et par an. Les Français, qui détiennent en ce domaine le record du monde, en ont bu 75 litres en 1988. Mais leur consommation a fortement chuté en trente ans (135 litres en 1950). Elle a également beaucoup diminué en Italie (72 litres contre 100 en 1975). Elle a au contraire presque doublé au Royaume-Uni et au Danemark en dix ans.

Les habitudes de consommation dépendent étroitement de l'existence et de la nature des productions nationales. L'Europe représente 70 % de la superficie mondiale de vignobles (9,5 millions d'hectares). Elle fournit 85 % de la production totale de 330 millions d'hectolitres, principalement en France, en Italie et en Espagne.

D'une manière générale, les Européens tendent à consommer davantage de vins de qualité, y compris dans les pays du Nord, traditionnellement buveurs de bière. Après les vins de Bourgogne, de Bordeaux ou de Champagne, les vins français du Beaujolais bénéficient d'une renommée croissante. Chaque année, le troisième jeudi de novembre, des millions de bouteilles de « Beaujolais nouveau » sont acheminées par avion dans de nombreux pays.

■ Les Allemands consomment 208 g de pain par jour, les Italiens 186, les Espagnols 184, les Français 175, les Grecs 170, les Belges 164, les Néerlandais 163 et les Luxembourgeois 118.

■ Les Pays-Bas sont le premier pays exportateur de fromages du monde (320 000 tonnes, essentiellement de l'Edam-Gouda, sur une production de 490 000 tonnes). Le deuxième est la RFA (260 000 tonnes), devant la France (250 000 tonnes).

■ Au Danemark, le fromage à la coupe a pratiquement disparu, alors qu'il représente 40 % des achats en France en grandes et moyennes surfaces.

LES BUVEURS DE BIÈRE MAJORITAIRES

Consommation de vin et de bière (1988, en litres par personne) :

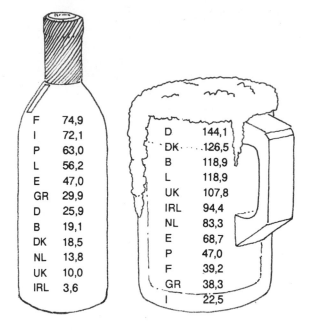

F	74,9	D	144,1
I	72,1	DK	126,5
P	63,0	B	118,9
L	56,2	L	118,9
E	47,0	UK	107,8
GR	29,9	IRL	94,4
D	25,9	NL	83,3
B	19,1	E	68,7
DK	18,5	P	47,0
NL	13,8	F	39,2
UK	10,0	GR	38,3
IRL	3,6	I	22,5

CBMC

France : record du monde pour le vin... et l'eau

Si les Français sont ceux qui boivent le plus de vin au monde, on constate une diminution assez nette de leur consommation de vins courants (dits « de table ») : 53 litres par personne en 1989, contre 96 litres en 1970. On observe au contraire une augmentation de la consommation de vins de meilleure qualité (dits « d'appellation d'origine contrôlée ») : 21 litres par personne en 1989, contre 8 en 1986.

On sait moins que les Français détiennent aussi le record du monde de consommation d'eau minérale, avec plus de 80 litres par personne et par an (voir page suivante). La France a en effet la chance de posséder à la fois des vignobles et des sources naturelles, ce qui explique cet étonnant double record. Il s'explique peut-être aussi par le caractère contrasté du pays et de ses habitants.

Les Allemands sont les plus gros consommateurs de bière, avec près de 150 litres par personne et par an.

Trois pays ont une consommation moyenne annuelle supérieure à 100 litres par personne : RFA (144 litres en 1988, soit 40 cl par jour) ; Danemark (127), Royaume-Uni (108). L'Irlande et les Pays-Bas suivent, avec respectivement 94 et 83 litres.

La bière est depuis toujours une consommation typique des pays nordiques, mais elle tend aujourd'hui à diminuer. Les pays méditerranéens restent très en deçà, mais leur consommation tend au contraire à augmenter, à l'exception de la France, où elle stagne à environ 40 litres. L'Italie, qui occupe la dernière place, est passée de 15 litres en 1970 à près de 23 litres en 1988.

Les bières allégées (moins de 2,5°) et sans alcool connaissent une forte croissance, surtout en RFA, Grande-Bretagne et France. Mais on observe en même temps une augmentation de la consommation de bières de haut-de-gamme, à forte teneur en alcool et à goût typé.

RFA

« Et maintenant, le test Weissbier. »

Heye + Partner

Royaume-Uni : le royaume des pubs

Six grandes brasseries se partagent le marché de la bière consommée au Royaume-Uni : Allied, Bass, Courage, Grandmet, Scottish et Whitbread. Elles possèdent aussi les trois quarts des pubs. La MMC, commission chargée d'étudier les monopoles et les fusions, s'est prononcée pour une limitation à 2 000 du nombre de pubs détenus par un même brasseur (7 500 appartiennent à Bass).

Depuis 1988, les pubs anglais et gallois peuvent être ouverts de 11 h à 23 h sans interruption. La fermeture traditionnelle de l'après-midi datait de 1915 ; elle était destinée à empêcher les ouvriers de boire. L'Ecosse avait déjà libéralisé les heures d'ouverture depuis 1976.

■ Le premier brasseur européen est Heineken (Pays-Bas). Sa production (43 millions d'hectolitres en 1987) se situe derrière celle de deux brasseurs américains (Anheuser Bush et Miller Brewing), devant celle du Japonais Kirin et de l'Australien Bond.

L'ALCOOL EN BAISSE

Consommation d'alcool (1987, en litres d'alcool pur par habitant) et évolution 1960-1986 (en %) :

Évolution 1960-1986, en %

−30   0   +20   +60   +250

CBMC

Les boissons sans alcool connaissent une forte progression.

Les Européens achètent de plus en plus de boissons rafraîchissantes sans alcool (boissons gazeuses, jus de fruits, sirops). Les préoccupations croissantes pour la santé et le souci diététique expliquent ce phénomène. La consommation annuelle varie de 27 litres au Portugal à 77 litres par personne en RFA. Les boissons fruitées représentent plus de 40 % du total au Portugal, au Danemark et en Italie, 39 % en France, mais seulement 3 % au Royaume-Uni et 8 % en Belgique et en Irlande.

Les achats de boissons gazeuses (carbonatées) restent cependant considérablement inférieurs en Europe à ceux des Etats-Unis : environ 50 litres par personne et par an, contre 165. Ils ont beaucoup augmenté au Royaume-Uni et en Italie, mais diminué en RFA, au Danemark et aux Pays-Bas. La mise sur le marché de produits à faible teneur calorique ou sans caféine devrait favoriser leur progression au cours des prochaines années.

Les colas deviennent une boisson de plus en plus familiale, mais les écarts entre les consommations nationales restent élevés : 5 litres par personne au Portugal, contre 34 en Belgique et 31 en RFA.

Les plus forts taux de progression concernent les jus de fruits et les nectars. La consommation européenne a doublé en dix ans, profitant en particulier de l'impulsion donnée par les emballages carton de type « brique ». La RFA, le Royaume-Uni et l'Italie représentent ensemble près des trois quarts de la consommation totale.

JUS DE FRUITS ET COLAS EN HAUSSE

Consommation de boissons non alcoolisées (1987, en litres par habitant) :

	Jus de fruits	Colas	Autres boissons gazeuses	Boissons non gazeuses
• Belgique/ Luxembourg	5	34	33	1
• Danemark	18	12	25	2
• Espagne	12	20	33	1
• FRANCE	10	7	13	8
• Grèce	7	21	17	3
• Irlande	4	12	39	0
• Italie	11	9	9	0
• Pays-Bas	17	25	34	1
• Portugal	12	5	19	4
• RFA	10	31	40	6
• Royaume-Uni	1	22	35	1

SECODIP, UNESDA

La consommation d'eau minérale s'accroît fortement depuis quelques années.

Chaque Européen boit en moyenne environ 50 litres d'eau minérale par an. Mais il existe de fortes disparités entre les Français, qui en absorbent plus de 80 litres par an, et les Irlandais (2 litres seulement, mais plus de 200 litres de thé !) ou les Britanniques (3,5 litres). Les Belges, les Allemands et les Italiens en consomment environ 60 litres par an. La crainte de la pollution et le phénomène de mode qui s'est créé autour de ce type de produit expliquent l'engouement actuel.

Depuis quelques années, les eaux aromatisées connaissent une forte croissance. Le citron représente environ les deux tiers de la consommation, devant la menthe et l'orange.

■ 8 % des Européens boivent de la bière tous les jours : 17 % des Belges, 15 % des Espagnols et 12 % des Allemands. 38 % n'en boivent jamais : 50 % des Français, 47 % des Portugais, 46 % des Irlandais et des Néerlandais ; 14 % seulement des Danois.

■ Pour une surface de vignobles semblable, l'Italie compte 4 fois plus d'exploitations viticoles que la France : 1,3 million contre 236 000.

FRANCE

Perrier. Die prickelnde Begegnung.

St Paul et Associés

Le café du Nord

La consommation de café décroît progressivement lorsqu'on descend vers le sud. Elle atteint son maximum au Danemark, avec 10,2 kg par habitant et par an, devant les Pays-Bas (9,9 kg), la RFA (8,3) et la Belgique (7,1). Le minimum est d'environ 2,4 kg au Portugal, en Grèce... et au Royaume-Uni, où l'on affiche une nette préférence pour le thé. Les Italiens, champions de l'*espresso*, arrivent devant les Espagnols (4,4 kg contre 3,6) mais derrière les Français (5,8).

Le café soluble ne représente qu'une faible proportion de la consommation. Elle est presque nulle au Danemark et en Italie et n'atteint pas un kilogramme par personne dans les autres pays (maximum 0,9 kg au Royaume-Uni).

Les habitudes alimentaires des Européens tendent à se rapprocher.

Si les habitudes alimentaires restent fortement imprégnées des traditions nationales et régionales (voirp. 256), on constate un rapprochement entre les comportements, surtout en ce qui concerne les repas quotidiens. La part du budget des ménages consacrée à l'alimentation a baissé dans la plupart des pays, au fur et à mesure de leur dévelop-

pement économique. La structure des dépenses alimentaires évolue de façon semblable : on constate un transfert général des nourritures « pauvres » (pain, pommes de terre, lard...) vers les nourritures « nobles » (viande, sucre, lait, œufs, fruits...).

On constate donc une convergence des consommations moyennes de nombreux produits : ceux qui étaient « en retard » par rapport aux autres tendent à consommer davantage (poussés par les campagnes de publicité des fabricants et l'envie d'accéder à des produits valorisants) ; ceux qui étaient « en avance » s'intéressent à d'autres produits qui leur paraissent nouveaux ou « exotiques ». Bien que les écarts restent élevés, la convergence est nette en ce qui concerne le vin ou la bière, le sucre ou le pain.

La transformation de l'alimentation suit celle des modes de vie.

Cette tendance à l'uniformisation dans le domaine alimentaire suit celle que l'on constate plus généralement dans les modes de vie. Elle est la conséquence de la multiplication des échanges, de nature commerciale et culturelle, entre les pays de la Communauté. Les produits proposés par les grands groupes alimentaires internationaux sont de plus en plus souvent les mêmes dans les différents pays. Les consommateurs les adoptent d'autant plus facilement qu'ils sont adaptés au « goût moyen », présentés de façon pratique et qu'ils permettent une préparation rapide.

Cette évolution devrait être favorisée par la mise en œuvre du Marché unique, qui facilitera l'activité des groupes alimentaires européens et des distributeurs. La réglementation de la fabrication et de la vente des produits, aujourd'hui très disparate (voir encadré) devrait aussi être progressivement harmonisée.

Aliments et règlements

Les règlements nationaux en matière alimentaire constituent un véritable maquis, fruit de l'histoire et, parfois, de la volonté protectionniste de certains pays. Les définitions légales des produits varient largement. Ainsi, le foie gras espagnol est un mélange de graisse de porc et de foie maigre de canard, à la différence de son équivalent français. L'Italie vend sous le nom de « truffes » des champignons de surface. La Belgique et les Pays-Bas utilisent des polyphosphates rétenteurs d'eau pour accroître le poids des jambons. Seules la RFA, la France et la Grèce imposent l'emploi exclusif de matières grasses laitières dans les glaces alimentaires ; les Britanniques et les Belges les fabriquent avec du lait mélangé à des matières grasses végétales. Le saumon danois est ionisé, ce qui permet de le conserver 8 semaines au lieu de 3 en France, où cette pratique est interdite. Les saucisses anglaises contiennent seulement 60 % de viande, mais 12 % de farine ; les néerlandaises contiennent de la couenne de porc. Les Allemands vendent des pâtes faites avec du blé tendre, les Italiens et les Français n'utilisent que le blé dur, plus cher...

Le temps consacré à l'alimentation tend à diminuer.

L'accroissement général du temps libre (voir *Loisirs*) n'a pas profité à l'alimentation quotidienne. Les Européens ont réduit le temps qu'ils consacrent aux repas, tant à leur préparation qu'à leur consommation, afin d'en disposer pour d'autres occupations. Les différences nationales restent cependant sensibles : plus on va vers le sud, plus les repas se prolongent, avec un record pour la France (90 minutes par jour et par personne) contre 73 par exemple aux Pays-Bas.

Le raccourcissement de la durée des repas a été facilité par le développement de produits alimentaires faciles à préparer (conserves, déshydratés, lyophilisés, surgelés, plats préparés) et l'explosion de la restauration rapide. Un tiers des Allemands se nourrissent aujourd'hui exclusivement de surgelés, de snacks, ou fréquentent régulièrement les *fast-foods*.

Les repas sont de plus en plus souvent pris à l'extérieur.

Dans beaucoup de pays de la Communauté, les actifs disposent de moins de temps à la mi-journée, avec le développement de la journée continue et des horaires variables. La plupart sont donc contraints de déjeuner sur place, dans un restaurant d'entreprise ou commercial. Ce phénomène est renforcé par le fait que les femmes sont elles-mêmes de plus en plus souvent actives. Il en résulte aussi qu'un nombre croissant d'enfants d'âge scolaire doivent déjeuner à l'école. Dans les pays les plus développés, un repas sur trois est pris à l'extérieur du foyer.

Avec plus de 5 000 restaurants implantés dans la CE à fin 1989 (dont 1 000 en Grande-Bretagne, un peu moins en RFA et en France), l'invasion du *hamburger* américain est un fait indéniable, même dans des pays à forte tradition gastronomique comme la France ou l'Italie. 786 restaurants à l'enseigne McDonald's, le leader mondial, étaient ouverts dans les pays de la Communauté, à l'exception de la Grèce et du Portugal. On les trouve en plein centre de la plupart des grandes villes européennes, aux meilleurs emplacements commerciaux.

Malgré leur croissance, les dépenses des Européens dans les *fast-foods* ne représentent que 5 % du chiffre d'affaires de la restauration. Elles restent 20 fois inférieures à celles des Américains.

- ■ L'invention du « sandwich » date du XVIIIe siècle. Elle est due au cuisinier de lord Sandwich, aristocrate anglais, qui préparait pour son maître des petits pains fourrés, afin de lui permettre de rester à sa table de jeu.

- ■ Les Allemands ne consomment pas de viande de cheval, au contraire des Belges, Français, Italiens ou Luxembourgeois.

Fast-food à l'européenne

Chaque pays européen dispose de sa propre version du repas rapide et bon marché. Le *souvlaki* grec est une brochette contenant de la viande de mouton, de porc ou de bœuf, de l'oignon et de la tomate ; le *pita* est un chausson de pâte à la viande et à l'oignon. Les Allemands ont la saucisse de porc, bouillie puis grillée, servie dans un pain rond et mou. On trouve en Espagne les traditionnelles *tapas* ou le *bocadillo* de veau dans du pain. Les Irlandais mangent des tartines de pâté de viande et d'œuf finement hâché, décorées d'une feuille de salade et d'une rondelle de tomate. Les Belges achètent des frites en barquette qu'ils trempent dans la sauce mayonnaise ou tartare et qu'ils accompagnent de *pickles*. Les Britanniques préfèrent le *fish and ships* aux hamburgers (10 000 unités de vente sur un total de 20 000 *fast-foods*). En France, le sandwich a encore beaucoup d'adeptes, même si certains lui préfèrent le « croque-monsieur » (jambon et gruyère entre deux tranches de pain de mie, le tout passé au four) ou les croissants. Au Portugal, on retrouve le croissant français, mais garni d'une tranche de jambon. Le *milano* italien est un sandwich au gros saucisson, sans beurre, mais dans un petit pain, lui aussi « français » ; mais la *pizza*, d'origine napolitaine, reste l'archétype du produit de restauration rapide.

Les Européens s'intéressent de plus en plus aux produits diététiques ou allégés.

Dans la plupart des pays, la préoccupation croissante pour la santé et la forme conduit les habitants à être plus attentifs au contenu nutritionnel de leur alimentation. La meilleure information sur les risques liés à une alimentation trop riche ou déséquilibrée ont joué un rôle important dans la modification des habitudes alimentaires. Le développement de la pratique sportive, la volonté de vivre en bonne santé et les pressions sociales (relayées par les médias) ont accéléré ce phénomène.

Les produits diététiques ou allégés sont donc de plus en plus recherchés, des produits laitiers (beurre, yaourts, crèmes, lait, etc.) aux plats cuisinés à faible teneur en calories, en passant par les boissons (gazeuses en particulier). Un nombre croissant de produits sont aujourd'hui proposés en version allégée.

Les surgelés occupent une place croissante dans les repas des Européens.

Les produits surgelés ont connu depuis une dizaine d'années une forte progression. Entre 1980 et 1988, leur consommation a doublé dans la majorité des pays de la Communauté ; elle est de l'ordre de 15 à 20 kg par personne dans les pays les plus développés. Les légumes et les produits à base de pommes de terre représentent environ un quart des achats. Les plats préparés, les pizzas et les des-

ALIMENTATION ET NUTRITION

Contenu nutritionnel moyen journalier (en % du nombre de calories total absorbé), en 1988 et nombre de calories moyen journalier, absorbé (1986) :

	Consommation moyenne			Quantités recommandées			Calories consom- mées
	Protéines	Lipides	Glucides	Protéines	Lipides	Glucides	
• Belgique	-	42/43	40/45	15	max. 30	50/55	-
• Danemark	13/14	43/45	41/42	10/15	max. 35	50/60	3 633
• Espagne	13	40	-	10/12	30	50	3 359
• FRANCE	13	42	45	12	30/35	53/78	3 336
• Grèce	-	-	-	-	-	-	-
• Irlande	12	40	48	1 g par kg	max. 35	-	3 632
• Italie	-	32	45	-	27/31	55/70	3 523
• Luxembourg	-	-	-	-	-	-	-
• Pays-Bas	13	40	47	11	max. 35	-	3 326
• Portugal	-	6	-	-	-	-	3 151
• RFA	12	36/39	41/42	0,8 g par kg	25/35	-	3 528
• Royaume-Uni	11	43	44	-	-	-	3 256

FRANCE

serts connaissent une forte demande, devant les légumes et les poissons.

Certains produits sont très inégalement consommés : la volaille représente un quart des achats des Britanniques et des Allemands, mais une part très faible de ceux des Néerlandais, des Français ou des Italiens. La part des plats préparés est pratiquement nulle au Danemark et au Royaume-Uni, alors qu'elle représente un tiers des achats aux Pays-Bas.

Cet engouement pour les surgelés s'explique d'abord par la rapidité de préparation. La qualité et la variété ont renforcé cette tendance ; de même que le prix, souvent inférieur à celui des produits frais.

L'accroissement du parc de congélateurs (qui atteint ou dépasse 80 % en Grande-Bretagne, au Danemark et aux Pays-Bas) et celui, plus récent, de fours à micro-ondes (50 % en Grande-Bretagne, près de 30 % en RFA et en France) devraient assurer le succès de ce type de produits.

CHAUDS, LES SURGELÉS

Evolution de la consommation de produits alimentaires surgelés (en kg par habitant) :

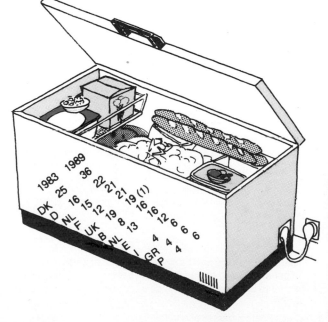

(1) hors volaille.

CUISINES D'EUROPE

Plats familiaux typiques (nationaux ou régionaux) de chaque pays de la Communauté :

Belgique	Danemark	Espagne	FRANCE	Grèce	Irlande
Bouillon aux tomates. Soupe verte hochepot (mélange de viandes et de légumes cuits ensemble et mijotés). Salade d'endives à la mayonnaise. Carbonade flamande (bœuf cuit avec de la bière). Salade liégeoise. Lapin à la bière. *Waterzooï* de poulet à la gantoise (poulet bouilli avec des légumes, du persil et de la crème fraîche). Moules marinière avec des frites. Quiche brabançonne. Anguilles au vert. Choux de Bruxelles. Pain perdu (restes de pain dans du lait et des œufs).	*Smørrebrød* (tranches de pain recouvertes de beurre, saindoux ou margarine et garnies de multiples façons). Omelette au lard. Œufs brouillés à l'anguille fumée. Harengs au curry. Beignets de cervelle de veau. Canard farci aux pruneaux. Poulet danois (avec crème et bouquets de persil). Rôti de porc farci aux pruneaux et aux pommes. *Pebernødder* (petits gâteaux au miel et au citron).	*Tapas* (« amuse-gueule »). *Gazpachoo* (soupe froide). *Empanadillas* (petites tourtes individuelles). *Migas* (pain, ail et huile). *Paella*. Morue à la biscaïenne. Calmars dans leur encre. Poulet « *al chilindron* » (sauce aux poivrons verts, tomates, oignons, piment rouge). Pot-au-feu à la madrilène (viande, pois chiches, légumes verts). Poulet à l'ail. *Churros* (beignets). *Polea* (crème parfumée au citron et à la cannelle).	Quiche lorraine. Foie gras. Soufflé au fromage. Terrine de foies de volaille. Soupe à l'oignon. Gratin dauphinois. Tomates farcies. Cuisses de grenouilles sautées. Bouillabaisse (mélange de poissons à chair ferme et à chair tendre cuits dans un bouillon et servis avec une « rouille »). Raie au beurre noir. Blanquette de veau. Hachis parmentier. Choucroute. Cassoulet. Magrets de canard. Charlotte aux fraises. Clafoutis aux cerises. Ile flottante. Mousse au chocolat. Tarte « Tatin ».	Soupe de haricots. *Tarama* (salade d'œufs de poisson). Aubergines en moussaka. Feuilles de vignes farcies. *Tzatjiki* (concombre au yaourt). *Sfougato* (omelette aux courgettes et à la viande). Courgettes farcies. *Souvlaki* (brochettes de mouton). Croquettes de viande. Brochettes d'agneau. *Stifado* (bœuf braisé). *Halvas* (entremets). Gâteau au yaourt. Petits fours au miel.	Soupe au mouton. Gâteaux de pommes de terre. Rutabagas au lard. Saumon poché. Harengs doux. Bœuf à la bière brune. *Dublin coddle* (jambon et saucisses de porc bouillis). *Irish stew* (ragoût irlandais). Oie de la Saint-Michel (farcie à la pomme de terre et au lard). *Barm brack* (gâteau du jour de *Hallowe'en*, 31 octobre).

Italie	Luxembourg	Pays-Bas	Portugal	RFA	Royaume-Uni
Minestrone (soupe de légumes). Pizza à la napolitaine. Spaghettis à la *carbonara* (pâtes aux lardons presque brûlées). *Tagliatelle* à la crème. Lasagne au four. *Polenta* (semoule de maïs et parmesan) *Osso buco* (jarret de veau). *Carpaccio* (filet de bœuf coupé très fin). *Saltimbocca* (noix de veau, jambon cru). Veau à la sauce au thon. Tarte sucrée à la « *Ricotta* » (fromage blanc égoutté). *Sabayon* (crème dessert). *Tirami sù* (crème au café).	*Bouneschlupp* (soupe aux haricots verts). Fèves à l'étuvée. *Gebootschter* (pommes de terre au lard). Quenelles de sarrasin. Ecrevisses à la luxembourgeoise. Collet de porc fumé aux fèves. *Tirtech* (restes de porc, purée, choucroute). Bretzels. Gâteau au kirsch. Gâteau de kermesse (brioche cuite dans un moule en couronne). Pensées brouillées (beignets). Tarte aux quetsches.	Soupe aux légumes et au bœuf. Soupe aux pois cassés (porc, saucisson à cuire, pois, céleri-rave et en branches, oignons, poireaux). Chou rouge aux pommes. *Rijstkoekjes* (petites crêpes). Harengs marinés. *Hutspot* (mélange de légumes écrasés et de viande très cuite). Stamppot au chou frisé (saucisse fumée, pommes de terre, chou). Foudre brûlante (purée de pommes de terre, lard et saucisson à cuire). Biscottes au jus de groseille. *Pannekoeken* (grosses crêpes).	Soupe de l'*Alentejo*. Pot-au-feu à la portugaise (recettes variables). Cochon de lait rôti. Feuilles de chou farcies (à base de saucisses fraîches). Steaks à la purée de pommes de terre. Calderade de poissons (encornets, congre, anguilles, coques, pommes de terre). Beignets de morue. Morue « *à bràs* ». Salade de morue grillée. œufs mous (crème très sucrée). Pain « *de Lo* » (pâtisserie légère). Lard du ciel.	Soupe aux boulettes de foie. Velouté au chou frisé. Boulettes de Thuringe (pommes de terre à la semoule). Chou rouge braisé. Escalopes du Holstein (veau, anchois, œufs, cornichons). Fromage de foie (échine de porc, bœuf et lard). Chevreuil rôti. *Labskaus* (bœuf mijoté, haché et mélangé à une purée de pommes de terre aux oignons). Saucisse en salade. Confiture d'airelles. Gâteau forêt noire (chocolat, crème, cerises).	Soupe écossaise (au haddock fumé). œufs au bacon. *Pudding* aux herbes (porc) ou *Yorkshire pudding* (accompagne le bœuf). *Pork pie* (pâté de porc). *Curry* de mouton. *Toad in the hole* (bœuf, mouton ou chipolatas dans une pâte). *Chicken pie* (tourte au poulet). *Steak and kidney pie* (tourte au bœuf et aux rognons). *Bubble and squeak* (restes de bœuf au chou et aux pommes de terre). *Cake* au fromage. *Muffins. Christmas pudding* (gâteau aux fruits confits). *Scones* (petits gâteaux à tartiner).

Le grand livre de la cuisine européenne, Compagnie douze/Fixot

Plus de glaces dans les pays froids

Contrairement à ce que l'on pourrait imaginer, la consommation de glaces est beaucoup plus élevée dans les pays du nord de la Communauté. Le Danemark, pays le plus septentrional, arrive en tête avec 9 litres par an et par personne, alors que la moyenne communautaire est un peu supérieure à 5 litres. Un chiffre très inférieur à celui des Etats-Unis (22 litres) ou de la Finlande (20 litres).

Le Nord et le Sud ont conservé des habitudes alimentaires distinctes.

Les modes de cuisson définissent une ligne de séparation nette entre les pays de la Communauté. Les corps gras solides (beurre, margarine, saindoux) sont utilisés dans le Nord. C'est la margarine qui est la plus employée au Danemark (15 kg par habitant et par an) et en Belgique (14 kg). La consommation de beurre est importante en France (9 kg) et en Irlande (8 kg). Les pays méditerranéens sont utilisateurs d'huile : entre 15 et 20 litres en Espagne, Grèce, Italie, Portugal (mais 23 litres au Danemark, fort consommateur de matières grasses en général). Les Français appartiennent aux deux cultures gastronomiques : ils utilisent le beurre au nord de la Loire et l'huile au sud.

D'autres types de consommation permettent de tracer des frontières alimentaires similaires. Les régions du nord de l'Europe consomment beaucoup de pommes de terre, tandis que celles situées au sud consomment plutôt des céréales sous forme de farines. Le fromage et le vin sont aussi plus fréquents sur les tables des pays du Sud, auxquels il faut ajouter la France.

Le poids du passé

Malgré le rapprochement des habitudes alimentaires, un certain nombre de traditions, nationales ou régionales, tendent à se perpétuer. Ainsi, on sert encore souvent du poisson lors des repas du vendredi ou de l'agneau à Pâques dans les pays catholiques, bien que les pressions religieuses soient de moins en moins fortes. En France, on continue de manger plus souvent de la volaille et de la pâtisserie le dimanche. Aux Pays-Bas, la coutume de rouler les noix de muscade dans la chaux tamisée ou de les plonger dans un lait de chaux pour empêcher la germination s'est perpétuée, bien qu'on sache aujourd'hui qu'elle est totalement inefficace.

Les traditions familiales restent aussi très fortes ; beaucoup d'adultes continuent de manger ce que leur mère leur a appris à manger. C'est sans doute pourquoi il est souvent inenvisageable pour un non-Français de manger des grenouilles ou des escargots ou pour un Britannique de manger de la viande de cheval.

BEURRE OU MARGARINE ?

Consommation de beurre et de margarine (1988, en kg par habitant) :

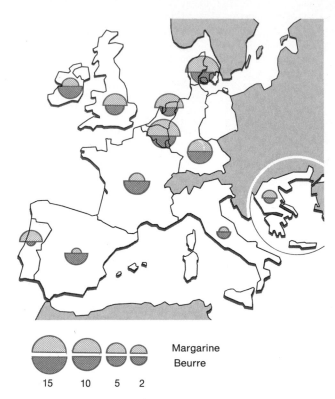

Margarine
Beurre

15   10   5   2

Eurostat

■ Chaque Européen mange environ 100 000 fois dans sa vie. Il consacre environ 15 années de sa vie éveillée à son alimentation et consomme plus de 50 tonnes de nourriture (boissons comprises).

■ Les cent premiers groupes de restauration commerciale de la Communauté ont réalisé en 1988 un chiffre d'affaires de 85 milliards de francs, dans 19 800 établissements. La Grande-Bretagne occupe la première place, avec le groupe Bass, qui gère 7 082 pubs et 200 grills à l'enseigne Toby.

■ Les Français fabriquent plus de 300 sortes de fromages.

■ Les Portugais connaissent 365 façons d'accommoder la morue (*bacalhau*).

■ Les Allemands ont à leur disposition 1 456 sortes de saucisses et saucissons.

■ L'Italie est le pays où le lait est le plus cher : 6,5 F pour un litre d'UHT demi-écrémé, contre un prix minimum de 2,70 F en Belgique. C'est aussi le seul où le prix est fixé par les pouvoirs publics.

L'EUROPE À TABLE

par Léo MOULIN*

Même si le niveau de vie des pays de l'Europe, à tout le moins de l'Europe occidentale, tend à s'unifier et si les façons de vivre, comme la mode, s'homogénéisent rapidement, le boire et le manger, qui connaissent la même évolution, n'en continuent pas moins à marquer des différences notables qu'explique seule la présence du passé.

Le Royaume-Uni, les Pays-Bas, la Belgique ont, grosso modo, le même climat et des niveaux de vie comparables : comment expliquer, dès lors, que leurs petits déjeuners soient aussi différents ?

Tous les êtres humains aiment le sucre (et les femmes, plus que les hommes), mais pourquoi certains, les pays protestants sensiblement plus que d'autres, les pays catholiques, par exemple ?

Et pourquoi ces différences notables à l'intérieur de chacun de ces deux groupes ? Et même, de province à province, en Allemagne notamment ? Ce qui est dit du sucre s'étend évidemment aux autres produits de consommation : graisses, fruits, légumes, pommes de terre, eaux minérales, cafés, alcools, abats, etc., sans oublier le sel et les épices.

Les pays à niveau de vie élevé utilisent plus volontiers la margarine que le beurre. Pourquoi ? L'Italie du Nord aime les pâtes plates, celle du Sud les pâtes tubulaires. Pourquoi ?

Le passé gastronomique reste très présent.

Toutes ces différences de goûts et d'aversions (essayez de faire manger de la cervelle d'agneau à un Hollandais ou du cheval à un fils de la verte Irlande) n'ont d'autre explication que celle d'être enracinées dans le passé, dans notre passé. Un passé très lointain puisque, au XIIe siècle déjà, certains textes recommandent aux moines anglais de ne pas exagérer l'importance et la délicatesse du *breakfast* (en latin : *jentaculum*).

Il en va de même des manières de table. Si aujourd'hui encore il est malséant de couper le pain à table, c'est parce que, lors de la Cène, il est dit : « Il prit le pain et le rompit. »

Si nous nous essuyons la bouche avant de boire, c'est parce que, dans certaines circonstances, les moines ne disposaient que d'un verre pour deux. Il leur était donc recommandé de s'éponger les lèvres avant d'y porter le récipient, afin, disent les coutumiers monastiques, de ne laisser aucune trace de gras, ni miettes de pain, ni poils de barbe, susceptibles de dégoûter *(nausea)* l'autre.

* Léo Moulin est un historien, sociologue et universitaire belge, et l'un des meilleurs spécialistes de l'alimentation en Europe. Il est l'auteur de nombreux ouvrages, dont : *les Liturgies de la table* (Albin Michel) ; *l'Art de manger en Belgique* ; *Trente Portraits, trente maisons* (Esco Books) ; *L'Europe à table* (Communauté européenne) ; *le Monde vivant du religieux* (Calmann-Lévy) ; *les Repas de Noël et l'Europe* (Le guide des connaisseurs) ; *les Pratiques alimentaires dans la société de consommation* (Oost-West). Il est aussi un fin gourmet.

Il n'est pas jusqu'aux noms des repas qui ne s'enracinent dans le passé. « Dîner », « déjeuner », signifient, étymologiquement, « rompre le jeûne », exactement le *breakfast* britannique. C'est que, dans les premiers siècles de la vie monastique, les frères ne faisaient qu'un repas par jour (c'est encore le cas aujourd'hui chez les Chartreux), rompant ainsi un jeûne (pas même l'autorisation de boire) de 24 heures.

Présence du passé...

Le présent est, comme le passé, composé.

Autre société, autres mœurs.

Dans le « bel et vivace aujourd'hui » que nous vivons, que deviennent nos traditions alimentaires ? Que signifient les termes « nouvelle cuisine » ? Les McDonald's font-ils véritablement peser une menace (le « néfaste food » dénoncé par certains) sur le riche passé culinaire de notre société ? Et les restaurants exotiques ?

Nos traditions, nos cuisines régionales se maintiendront (j'ajouterais volontiers : tant bien que mal), car elles sont liées à « la cuisine de la mère », à notre enfance, à nos racines et donc à nos raisons de vivre. Il suffit, pour s'en convaincre, de se rappeler la joie que nous ressentons tous, au retour d'un long voyage, fût-ce dans son propre pays, en retrouvant les saveurs de la cuisine familiale et du pain de toujours, les couverts familiers, l'odeur du pot-au-feu.

La « nouvelle cuisine » ? On n'en parle déjà plus guère... Au mieux, ces mots vont voulu proposer une cuisine innovatrice (poissons et légumes, poissons et viandes, huîtres et volailles) dégagée des lourdeurs dogmatiques propres aux recettiers du siècle dernier, une cuisine légère, inventive et d'ailleurs enracinée beaucoup plus qu'on ne le croit, que ne l'ont cru ses promoteurs, dans les cuisines du passé.

Le McDonald's ? C'est là un phénomène de société, qui triomphe dans tous les pays, comme la mode des jeunes, le jeans, les baskets, la coiffure, la cigarette (pour les filles), Madonna ou Prince. Il correspond à une civilisation dans laquelle le lieu de travail du père est trop éloigné de son domicile pour qu'il y puisse déjeuner, où la mère travaille, où les enfants n'ont aucune raison de réintégrer à midi le « paternel logis ».

C'est un lieu où l'on peut faire une « petite bouffe », à n'importe quelle heure et vêtu n'importe comment. Où l'on se tient à table comme l'on veut, où l'on mange dans n'importe quel ordre et n'importe quoi. Un *milkshake* chocolat avec des frites suivi d'un hamburger accompagné d'un verre de bière, à moins que ce ne soit d'un coca. Ou pire encore...

Le restaurant exotique, quant à lui, répond à un autre besoin : celui de se dépayser à bon compte. J'entends, facilement, sans trop se déranger et, en général, pour pas cher.

Notre planète est devenue si petite que les cuisines exotiques sont désormais l'équivalent des cuisines régionales d'autrefois. Nous nourrissons à leur égard le même sentiment de curiosité que pour l'auvergnate ou l'alsacienne, il n'y a guère. On s'en délecte. Et puis... on retrouve avec plaisir les habitudes familières (et familiales) de toujours.

Au total, l'Europe est devenue une mosaïque de saveurs, dans laquelle cohabitent les apports des cuisines nationales (l'italienne est partout), des potées régionales, des aigre-doux et des curries asiatiques. La cuisine française donne partout le *la*, à tout ce qui est recherche, invention, raffinement. A l'image du monde, chaque jour présent sur nos étranges lucarnes. Une civilisation animée par un cosmopolitisme heureux. Un cosmopolitisme qui n'anéantit nullement la diversité qui caractérise l'Europe, mais qui l'exalte au contraire.

Située au carrefour de trois cultures différentes et donc de trois sensibilités (la française, l'anglo-saxonne et la germanique), la Belgique qui fabrique et savoure trois cents espèces de bière, accueille en ses murs des bières anglaises, allemandes, hollandaises, tchèques, françaises, grand-ducales, irlandaises. Cette immense palette de saveurs n'induit nullement le peuple belge à se dénationaliser, mais bien plutôt à jouir pleinement de l'intarissable créativité des hommes, y compris ceux de son « Plat Pays ». Il en va de même des fromages. La Belgique, encore elle, en fabrique une bonne centaine, peut-être même plus, excellents et divers, dont le fameux Herve que La Reynière place, avec raison, parmi les meilleurs fromages d'Europe. Cela ne l'empêche nullement d'importer des fromages français, hollandais, suisses, écossais, italiens, espagnols et allemands.

Le fait d'être capable de s'orienter dans ce choix succulent et de l'adapter aux exigences de la table et du moment ne peut qu'enrichir les Européens. Notre présent composé s'offre à nous dans l'infinie diversité des fruits et légumes, venue de partout et transgressant les saisons (cela ne nous interdit nullement de préférer nos propres produits au moment de leur pleine maturité).

Entre la perfection éphémère et réservée aux « happy few » d'autrefois et la corne d'abondance offerte à tous, déversant des produits qui, tout compte fait, sont loin d'être exécrables, notre société a décidé. Il n'y a là aucune raison de désespérer et cela d'autant moins qu'il y a mille raisons d'espérer.

Le futur culinaire est déjà présent.

Les premières résident dans le fait observable qu'en se donnant quelque peine il est possible de trouver des pains campagnards authentiques (ah ! la saveur du pain d'épeautre !), des fromages fermiers, des charcuteries de charcutier, des petits vins venus tout droit de leur pays (j'ai dégusté, il y a peu, des monocépages qui ne devaient

rien à personne). Qui le veut et qui y croit, peut se procurer des produits écologiques ou biologiques qui valent ceux qu'appréciaient (peut-être) nos grands-parents.

D'autre part, nous assistons à une véritable explosion gastronomique européenne. Même les pays que leur histoire n'avait guère favorisés jusqu'à présent, soyons charitables, nous ne les citerons pas, s'éveillent aux douces sensualités de la bonne cuisine. Il y a, désormais, des restaurants bi- et tristellés dans toute l'Europe occidentale et beaucoup d'autres en passe de l'être ou qui mériteraient de l'être.

Et qu'y trouve-t-on ? les 35-40 ans, comme dans les musées, les concerts, les expositions, qui, il y a quelques années encore, fréquentaient les McDonald's, les Friteries, les Croissanteries, les Viennoiseries, etc.

Il y a mieux : parmi ces jeunes adultes, on rencontre un nombre relativement élevé de personnes qui ne s'intéressent pas seulement passivement aux Arts de la Table, mais encore s'y emploient activement. La Cuisine, ayant cessé d'être le Saint des Saints de la gente féminine, le pourcentage d'hommes qui s'adonnent au plaisir d'en faire, très souvent excellente et toujours inventive, va en augmentant. Il n'est même pas rare de voir les jeunes clients des McDonald's s'y exercer, le week-end et non sans succès, réservant aux moments de loisir les préparations de loisir, aux heures de l'amitié de la camaraderie ou de l'amour la cuisine de la fête, se contentant durant la semaine d'une restauration fonctionnelle, adaptée aux exigences de la société d'aujourd'hui et de demain, y compris les surgelés, les boîtes, les conserves et les sous-cellophanes.

D'autres faits observables aujourd'hui incitent à envisager l'avenir du Bien Boire et du Bien Manger avec confiance. Il n'y a guère, le président de la Fédération internationale de la presse gastronomique et du vin (FIPREGA), le docteur Alexander Scarlat, me disait que dans son pays, la Suède, les innombrables ressortissants des pays de l'Est, dont les titres et les qualifications n'ont guère de chance d'être reconnus rapidement, connaissaient une situation comparable à celle qui s'était produite dans les années 20, avec l'émigration russe : il en était résulté à l'époque une floraison de restaurants dans lesquels s'affirmaient, outre les inévitables *Yeux noirs*, le *bortsch*, les *blinis* et les *pirochki*. Il en va de même aujourd'hui, m'a dit Scarlat, avec les nouveaux immigrés polonais, lituaniens, russes ou hongrois. Son goulash le plus récent le faisait saliver.

Convivium et *Connuvium*

« Mariage et repas pris ensemble » : c'est ainsi que les Romains définissaient les conditions de la parfaite assimilation. Faute de pouvoir pratiquer le système du *A girl in every port* pour des raisons qui n'ont guère besoin d'être détaillées, il ne nous reste que l'art de manger et de boire pour bien connaître l'Autre.

Qui veut être Européen, en cette heure où cette petite péninsule de l'Asie qu'est l'Europe a plus que jamais conscience d'être une, se doit d'être disponible pour accueillir les fruits innombrables de sa diversité. A commencer par les plus délectables, ceux de toutes les cuisines de « chez nous », Européens.

SOCIÉTÉ

Solitude et malaise social (pays les plus développés) ■ 45 % des Européens adhèrent à une association ■ Montée de l'intolérance et du racisme dans les pays du Nord (sauf Irlande) et en Italie ■ Délinquance élevée, sauf au Portugal, en Irlande et en Belgique ■ Savoir-vivre et usages reflètent les cultures nationales ■ Systèmes de valeurs proches ■ Satisfaction générale par rapport à la vie, au fonctionnement de la démocratie (sauf Italie) ■ Réformisme majoritaire ■ Fort sentiment européen (sauf Danemark et Royaume-Uni) ■ Insertion sociale difficile des jeunes et des étrangers ■ Amélioration sensible de la condition des femmes et des personnes âgées

CLIMAT SOCIAL

*Les moyens de déplacement
et de communication se sont multipliés...*

Les contacts entre les Européens ont été facilités par l'accroissement des moyens de déplacement. On compte en moyenne une voiture pour trois habitants (en RFA ou en France, un quart des ménages disposent même de deux voitures, voir *Foyer*). D'importants efforts ont été réalisés dans les grandes villes en matière de transports en commun. Le trafic aérien ne cesse de se développer ; avec 180 milliards de passagers transportés en 1990, le ciel européen est de plus en plus encombré. Enfin, le train est un moyen de transport plus en plus efficace, avec la mise en service de trains à grande vitesse (voir *Etats*).

Les relations peuvent aussi s'effectuer facilement à distance. Plus de 80 % des ménages disposent du téléphone. Son développement ne semble pas avoir porté préjudice aux échanges de courrier. La Communauté compte au total 90 000 bureaux de poste et emploie 1,3 million d'agents. Le nombre de lettres et d'objets expédiés continue d'augmenter régulièrement : environ 70 milliards en 1989. Mais la plupart concernent les entreprises, et les envois à carac-

CORRESPONDANCES

Coût de l'affranchissement d'une lettre (moins de 20 g) :

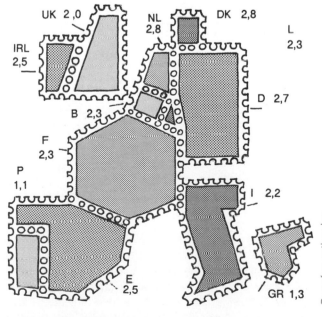

UK 2,0
IRL 2,5
NL 2,8
DK 2,8
L 2,3
B 2,3
F 2,3
D 2,7
P 1,1
I 2,2
E 2,5
GR 1,3

Données nationales

tère publicitaire (publipostage) prennent une part croissante : + 50 % entre 1982 et 1988. La RFA, la France et la Grande-Bretagne représentent à elles seules 70 % du volume total. Un Danois expédie en moyenne dix fois plus d'objets par la poste qu'un Grec.

Les Italiens aiment les télégrammes

Dans la plupart des pays de la Communauté, le nombre des télégrammes expédiés tend à diminuer : environ 5 millions en 1988 en Espagne contre 18 millions en 1970 (destination nationale) ; moins de 4 millions en RFA (contre 11 millions en 1970) ; moins de 100 000 au Danemark et en Irlande. La Grande-Bretagne a, quant à elle, supprimé ce service en 1983. Le télégramme reste cependant largement utilisé en Grèce : plus de 2 millions (mais 5,5 en 1977). Il est surtout très courant en Italie, où les habitants en expédient chaque année quelque 23 millions, soit la moitié du nombre total (47 millions).

... mais la solitude tend à s'accroître.

Avant d'être un état psychologique, la solitude est d'abord un état civil. Dans tous les pays de la Communauté, le nombre des « monoménages » (composés d'une seule personne) s'est beaucoup accru et représente aujourd'hui un ménage sur quatre. Il est la conséquence de la proportion croissante de célibataires, de la « décohabitation des générations » (les parents habitent moins souvent avec leurs enfants adultes) et de l'allongement de la durée de vie moyenne.

La proportion de personnes seules dépasse la moitié au Danemark et le tiers en RFA. Avant la réunification, la RFA détenait le record européen du nombre de personnes vivant seules : environ 8 millions. Le nombre de ménages composés d'une seule personne y était plus élevé que celui des ménages composés d'un couple ou de plus de deux personnes. L'apport de la population plus jeune et moins souvent célibataire de la RDA a modifié cette situation.

Aux Pays-Bas, le nombre des ménages solitaires a triplé entre 1960 et 1980 ; il a presque doublé en Belgique. L'Espagne et le Portugal sont les pays les moins touchés par ce phénomène, avec environ un ménage sur dix solitaire.

Le malaise s'accroît dans les pays les plus développés de la Communauté.

Les vingt dernières années ont été pour l'Europe une période de crise à la fois économique et culturelle. Les sociétés sont devenues plus dures, du fait d'une concurrence croissante dans tous les domaines de la vie quotidienne. Les jeunes, les femmes, les immigrés ont été largement touchés par le chômage et la difficulté de s'intégrer dans la vie professionnelle ou sociale.

UN MÉNAGE SUR QUATRE SOLITAIRE

Proportion de ménages composés d'une personne (1987, en % du nombre total de ménages) :

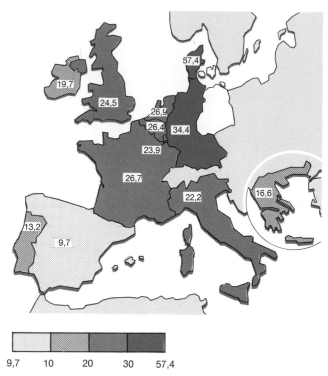

9,7	10	20	30	57,4

Eurostat

L'ensemble des populations s'inquiète des menaces qui pèsent sur l'avenir (sida, risques écologiques, déséquilibres démographiques, nouveau découpage du monde, etc.). La difficile recherche de l'identité personnelle ou nationale a rendu plus difficile la cohabitation entre les catégories sociales (voir plus loin). Le phénomène est plus sensible dans des pays comme la France, le Royaume-Uni, les Pays-Bas ou l'Italie, parvenus à un niveau élevé de développement où il apparaît difficile de préserver l'acquis. Il a été renforcé par l'accroissement récent des inégalités sociales en matière de sécurité d'emploi, de revenus, de patrimoine ou d'instruction.

La vie associative ne compense pas l'insuffisance des relations sociales.

45 % des Européens appartiennent à une association. Les clubs et associations sportives arrivent en tête, surtout chez les jeunes, devant les syndicats et associations professionnelles (sauf chez les 15-24 ans, très peu concernés) et les organisations à caractère religieux.

Les taux de participation sont très variables selon les pays. Ils sont la conséquence des traditions et de cultures nationales. Une fois encore, le clivage entre les pays du

Nord et ceux du Sud est très marqué. Dans ces derniers, la faible participation à des réseaux associatifs est compensée par l'importance des réseaux familiaux et locaux. Les contraintes de la vie familiale, à laquelle s'ajoute souvent une activité professionnelle, expliquent que 40 % seulement des femmes font partie de mouvements associatifs, contre 56 % des hommes.

PAYS-BAS

VW&A/HDM

« Pour nous tous les hommes sont semblables. »

LA VIE ASSOCIATIVE

Taux de participation à des organisations ou associations (1988, ensemble CE, en %) :

Clubs ou associations sportives	18
Syndicats ou associations professionnelles	12
Organisations religieuses ou paroissiales	10
Action sociale, entraide, bienfaisance	7
Groupes culturels ou artistiques	6
Mouvements pour la protection de la nature ou des animaux, mouvements écologistes	5
Mouvements ou partis politiques	5
Organisations pour la jeunesse (scouts, maisons de jeunes)	3
Associations de consommateurs	2
Organisations s'occupant des droits de l'homme dans votre pays ou à l'étranger	1
Autres	7
Aucune association	55

Eurobaromètre

LES EUROPEENS ASSOCIÉS

Taux d'appartenance à une association (en %) :

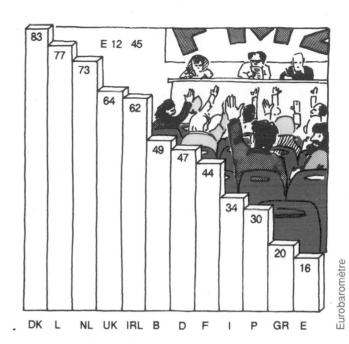

Eurobaromètre

Des « normes sociales » implicites sont diffusées par les médias...

Sans en être véritablement conscients, les médias des pays de la Communauté (surtout parmi les plus développés) diffusent une même image de l'individu « idéal » de cette fin de siècle : séduisant, en forme, efficace, riche et heureux... Tel est en tout cas le personnage que l'on peut voir dans la publicité, les magazines, les livres de « développement personnel », les films de cinéma ou les séries télévisées (souvent d'origine américaine) en Allemagne, Royaume-Uni, France, Italie, Espagne...

Etre petit, âgé, obèse, chauve, fumeur, alcoolique, velléitaire, malade ou malchanceux tend donc à devenir un véritable handicap social. Avoir un emploi non valorisant, un salaire modeste, une petite voiture, des enfants en situation scolaire difficile est souvent ressenti comme un échec. La dictature rampante des « normes sociales » impose de réussir en même temps sa vie professionnelle, familiale, amoureuse, personnelle, sociale.

...les entreprises et les pouvoirs publics.

Les entreprises contribuent à renforcer ce phénomène en proposant avec insistance le modèle de l'« excellence », lui aussi importé des Etats-Unis, voire du Japon. La vie professionnelle est de plus en plus codifiée (recrutement, méthodes de travail, comportements, apparence, modes de rémunération...) et les comportements « déviants » sont directement ou indirectement sanctionnés.

Enfin, les pouvoirs publics participent à cet état d'esprit normatif en multipliant les campagnes institutionnelles contre le tabac, l'alcool, la drogue, pour l'usage des contraceptifs, le respect du port de la ceinture de sécurité, voire la dénonciation des contrevenants.

Cette accumulation de conseils plus ou moins autoritaires engendre beaucoup de frustration parmi tous ceux qui ne peuvent prétendre ressembler aux modèles qui leur sont proposés. On en sent les effets dans la montée de la délinquance et de la violence, celle des taux de suicide (en particulier chez les jeunes, voir *Santé*) ou la détérioration du climat social dans certains pays comme la France, le Royaume-Uni ou l'Italie.

L'intolérance est de plus en plus répandue.

Selon une enquête réalisée par *Eurobaromètre* fin 1989, un Européen sur dix trouve gênante la présence de personnes « différentes » : 11 % lorsqu'elles sont d'une autre nationalité, 14 % d'une autre race, 11 % d'une autre religion, 10 % d'une autre culture, 13 % d'une autre classe sociale.

Les réponses varient cependant considérablement d'un pays à l'autre. La Belgique, la RFA, la France et la Grande-Bretagne sont les pays les moins tolérants aux différences, surtout raciales, en même temps que les plus concernés par l'immigration. Les Danois, les Grecs et les Italiens sont très attentifs aux différences de religion, les Irlandais et les Allemands à celles de classe. Les Portugais, les Espagnols et les Luxembourgeois sont les plus tolérants.

La facilité de cohabitation avec les autres apparaît très liée aux opinions politiques ; 9 % des personnes proches de l'extrême gauche trouvent gênante la présence de personnes d'une autre race, contre 24 % des personnes proches de l'extrême droite.

Si les étrangers, surtout de race ou de religion différente, sont souvent considérés avec méfiance, d'autres catégories bénéficient d'une acceptation croissante. C'est le cas par exemple des homosexuels qui, bien qu'ayant souffert de l'association de leur image avec celle du sida, sont plutôt mieux tolérés, légalement et socialement, dans des pays comme la France, la RFA, le Danemark et le Benelux. L'Irlande est le seul pays où l'homosexualité, bien que tolérée, n'est pas reconnue légalement.

■ C'est le Royaume-Uni qui compte le plus de bureaux de poste (21 000). Le nombre d'habitants par poste est de l'ordre de 3 000 dans la CEE (seulement 1 300 au Portugal). C'est en RFA que l'on trouve le plus de boîtes à lettres publiques (711 000), soit plus du double de l'Italie de la France ou des Pays-Bas (environ 300 000).

■ Le temps d'acheminement moyen des lettres varie de 3 jours entre la France et la RFA à 8 à 10 jours entre la Grèce et le Portugal.

L'Europe des « skin heads »

Ils sont âgés d'une vingtaine d'années et animés d'une véritable haine contre les Noirs, les Juifs, les communistes, les clochards, les drogués ou les homosexuels. On les trouve plutôt dans les pays du nord de la Communauté, où ils se défoulent en brutalisant, voire en assassinant au nom d'une idéologie raciste. En France, ils sont environ 2 000, que l'on retrouve parfois dans des manifestations d'extrême droite. On en dénombre à peu près autant en Belgique, dont 500 réellement dangereux, courtisés par les partis d'extrême droite, comme le *Vlamse Blok* et le *VMO*.

En Grande-Bretagne, ils sont nés dans les années 60 avec les *mods*, en réaction au mouvement *Peace and Love* des *beatniks* américains. Ils ont fait place aujourd'hui aux *hooligans*, qui hantent les stades à la recherche de la bagarre, comme les *skins* de Nimègue, Amsterdam ou Rotterdam, aux Pays-Bas.

En RFA, une partie des 2 500 *skin heads* recensés participent activement à la propagande néonazie. Ils sont également nombreux sur le territoire de l'ancienne RDA.

Le racisme tend à se développer à l'intérieur de la Communauté.

Un rapport publié par le Parlement européen en 1990 indique que les violences racistes ont augmenté au cours des dernières années. A Londres, on a enregistré en 1989 une moyenne de six incidents racistes par jour ; les menaces téléphoniques, les affiches et graffitis, les agressions des *skin heads* proches du *British National Party*, l'extrême droite anglaise, se sont multipliés. En Italie, l'extrême droite tente d'exploiter l'arrivée massive (un million et demi) de nouveaux immigrés clandestins en provenance d'Afrique. En France, elle infiltre les forces de police.

En RFA, la justice ne fait guère de zèle pour condamner les actes de violence raciste ; une étude de l'université de Cologne conclut que près de 50 % des Allemands « éprouvent des sentiments d'hostilité », affichés ou latents, à l'égard des Juifs ; des sentiments que l'on trouve aussi chez les ressortissants de l'ancienne RDA. Dans certains pays, le discours raciste se banalise ; en Belgique, un ministre de l'Intérieur a qualifié les immigrés de « Barbares ».

Italie : la lutte contre le racisme

La FILCAMS (Fédération des travailleurs du commerce, des services et du tourisme, affiliée à la CGIL) est le syndicat le plus actif contre le racisme. Ses 200 000 adhérents travaillent dans les secteurs où l'on trouve le plus d'immigrés. Elle organise des fêtes multiraciales comme « United Colours », publie un agenda destiné à faire connaître l'Italie aux immigrés et gère la « Maison des peuples », lieu de rencontre, d'information et de distraction ouvert à tous.

Moins répandu et violent, le racisme existe aussi dans les autres pays de la Communauté. En Espagne, il est dirigé contre les Gitans et les Maghrébins. Au Portugal, il a pour cible les Africains. Aux Pays-Bas, il vise les Surinamiens, les Turcs et les Marocains.

L'Irlande, où la morale catholique joue un rôle prépondérant, est le pays le moins touché.

La délinquance est partout élevée, sauf au Portugal.

Les comparaisons entre les statistiques de délinquance dans les pays de la Communauté sont difficiles à établir, du fait du manque de fiabilité de certaines d'entre elles, des délais de publication et surtout des différences de législation ct de méthodologie. Les informations existantes montrent cependant que la délinquance est en général plus forte dans les pays anglo-saxons (Danemark, RFA, Royaume-Uni, Pays-Bas). Le Portugal et l'Irlande sont moins touchés, de même que la Belgique.

C'est au Luxembourg que les homicides sont les plus nombreux, alors que les statistiques sont plus favorables pour les autres catégories de délits. La Grande-Bretagne détient le record de la violence, si on la mesure par le nombre de délits de coups et blessures (le phénomène *hooligan* n'y est sans doute pas étranger). La France se distingue par le nombre d'escrocs, en particulier ceux qui opèrent en « col blanc » (fraude informatique, financière, etc.). C'est en RFA, aux Pays-Bas ct au Danemark que les cas de viol sont les plus fréquents.

GRANDE-BRETAGNE

Saatchi & Saatchi

« Bien sûr, j'ai entendu les cris, mais j'ai pensé que quelqu'un d'autre appellerait la police. »

La peine de mort abolie

La peine de mort n'existe plus dans les pays de la CE. La dernière suppression date de mars 1990 et concerne la Belgique (mais la grâce était systématiquement prononcée, la dernière exécution remontant à 1867). L'abolition a été prononcée de droit au Portugal (en 1867), aux Pays-Bas (1870), au Danemark (1930), en Italie (1944), en RFA (1949), en Irlande (1964), en Grande-Bretagne (1969), en Espagne (1978) et en France (1982). Certaines réserves juridiques existent au Royaume-Uni et en Irlande ; l'abolition ne s'applique pas dans le cas de meurtres de policiers, gardiens de prison, représentants de gouvernements étrangers. En Italie et en Espagne, elle ne s'applique qu'en temps de paix.

CRIMES ET DÉLITS

Evolution de la délinquance et de la criminalité (nombre de délits constatés pour 100 000 habitants*) :

	Cambriolages		Homicides		Stupéfiants		Viols		Nombre total de délits	
	1983	1988(1)	1983	1988(1)	1983	1988(1)	1983	1988(1)	1983	1988(1)
• Belgique	704	586	2,6	3,2	23,8	52,7	5,3	5,0	2 085	2 842
• Danemark	2 052	2 398	5,0	5,6	97,0	206,7	7,1	10,7	8 142	10 653
• Espagne	777	1 079	1,8	1,8	18,5	66,1	2,9	3,6	2 117	3 444
• FRANCE	3 488	3 569	4,3	4,6	125,1	85,8	5,1	6,8	6 524	5 619
• Grèce	69	-	1,8	1,6	5,8	13,8	1,1		4 007	3 038
• Irlande	1 048	846	1,3	1,4	-	1,1	1,6	2,1	2 927	2 410
• Italie	-	-	5,3	1,9	19,9	37,7	1,8	-	3 600	3 300
• Luxembourg	504	985	7,4	9,7	160,0	151,0	2,5	3,8	3 959	5 710
• Pays-Bas	1 954	2 792	11,2 (3)	1,1	45,2	34,9	7,4	8,0	6 787	7 499
• Portugal	86	102	4,5	4,8	12,6	18,6	1,8	1,6	683	783
• RFA	1 532	2 064	4,5	4,3	103,6	122,5	11,0	8,6	7 060	7 268
• Royaume-Uni (2)	1 643	1 803	1,4	2,0	10,1	14,3	2,7	4,9	6 560	7 796

Interpol

* La comparaison entre les pays n'est pas totalement significative, car chaque pays enregistre les crimes et délits selon sa propre législation et ses propres méthodes de comptabilisation.

(1) Ou 1987 selon les pays.
(2) Angleterre et pays de Galle.
(3) Y compris tentatives.

Le nombre des délits a beaucoup augmenté depuis la fin de la Seconde Guerre mondiale.

La criminalité, le trafic de stupéfiants, le terrorisme et surtout la petite délinquance (vols) se sont accrus dans la plupart des pays de la Communauté jusqu'au début des années 80. Ce phénomène semble lié à l'avènement de la société de consommation un peu partout en Europe et à l'importance prise par les biens matériels, signes de réussite personnelle et symboles d'appartenance collective. Son accroissement a été favorisé dans beaucoup de pays par la crise économique des années 70.

On a assisté au cours des années 80 à une stabilisation, voire même un recul de certaines formes de criminalité. Sur les douze pays, dix ont enregistré une diminution de la petite délinquance. Le ralentissement a commencé en 1981 au Danemark, 1983 en Grande-Bretagne et en Irlande, 1984-1985 en RFA, France, Italie, Grèce, en 1986 en Belgique, Pays-Bas et Portugal. Seuls le Luxembourg et l'Espagne ont connu une hausse constante.

Prisons ouvertes ou fermées

La plupart des pays de la Communauté cherchent des solutions au problème de l'incarcération et de ses conséquences néfastes sur le moral des détenus et leur réinsertion ultérieure. Certains, comme la RFA, le Danemark ou la France substituent des amendes ou des peines restrictives ou privatives (interdiction de conduire, de fréquenter certains lieux...) à l'emprisonnement. Des travaux d'intérêt général sont proposés en RFA (depuis 1953) en France et en Grande-Bretagne. Au Danemark, en Irlande et aux Pays-Bas, le système n'est retenu qu'en remplacement d'une peine de prison. En Espagne, il n'est utilisé que pour les détenus préventifs. La détention de nuit ou de fin de semaine est appliquée au Portugal et en RFA.

Au Danemark, les détenus ont la possibilité de suivre des cours à l'extérieur de la prison ; plus de la moitié se trouvent dans des établissements ouverts. Les Pays-Bas ont adopté un régime particulièrement libéral. Le nombre des détenus y est le plus faible d'Europe : 40 prisonniers pour 100 000 habitants, contre environ 100 au Royaume-Uni, plus de 80 en RFA, Luxembourg, France, entre 55 et 80 dans les autres pays. De plus, 90 % des peines prononcées sont inférieures à six mois.

La question des visites conjugales est également traitée différemment selon les pays. Des « chambres d'amour » et des prisons mixtes existent au Danemark, comme dans les autres pays scandinaves.

■ Le taux de crimes et délits est de 21 pour 100 habitants à Francfort et Copenhague, 16 à Hambourg, 15 à Paris, 5 à Rome et à Bruxelles.

■ Le taux de détention varie de 36 pour 100 000 habitants au Danemark à 103 au Luxembourg (98 au Royaume-Uni).

La délinquance est liée à la fois au niveau de développement des pays et aux caractéristiques culturelles nationales.

On vole proportionnellement plus d'automobiles en Grande-Bretagne qu'en Grèce, dans la mesure où le parc automobile y est beaucoup plus dense. Mais les écarts de développement ne suffisent pas à expliquer que le taux de vols de voitures en Grande-Bretagne est 43 fois supérieur à celui de l'Irlande. Il faut recourir à des raisons d'ordre culturel, et en particulier religieux, déjà évoquées à propos de l'Irlande.

Contrairement à une idée reçue, la délinquance ne semble pas être l'apanage des pays méridionaux. Les vols sont proportionnellement plus nombreux au Danemark qu'en Italie, en Espagne ou en Grèce. On compte en RFA et au Royaume-Uni environ 20 cambriolages pour 1 000 habitants par an (appartements et maisons individuels, locaux commerciaux et industriels) contre 1 au Portugal. Il faut savoir que le taux de cambriolage est plus élevé en milieu urbain que dans les zones rurales, ce qui favorise les pays à faible densité. Enfin, ces comparaisons doivent être nuancées, par le fait que les habitudes de déclaration et de comptabilisation les vols sont différentes selon les pays.

Culture et criminalité

Si les pratiques criminelles sont distinctes selon les pays, c'est qu'elles sont influencées par des traditions culturelles différentes. L'importance attachée aux dettes d'honneur explique les habitudes de violence propres à la Sicile, la Sardaigne ou la Corse et les taux d'homicides supérieurs à ceux du continent. L'examen des statistiques montre que les crimes sont plutôt plus nombreux au Nord (Danemark) qu'au Sud. Il en est de même des délits sexuels. Une explication possible est que la religion protestante est plus tolérante que la catholique vis-à-vis des déviances sexuelles ; elle semble confirmée par le fait que les viols sont plus nombreux dans le nord de l'Allemagne, protestant, que dans le sud, catholique.

Bien sûr, la dimension culturelle ne constitue pas la seule explication à la délinquance. Les facteurs psychologiques, familiaux et sociaux jouent un rôle qui est sans doute prépondérant.

On compte en moyenne environ un policier pour 300 habitants en Europe.

Le nombre de policiers est voisin de 200 000 en France, en Italie, en RFA, et en Espagne. Il n'est que de 120 000 au Royaume-Uni et compris entre 34 000 et 44 000 au Portugal, en Grèce, aux Pays-Bas, en Belgique. Il est très peu élevé en Irlande (11 000) et au Luxembourg (925).

La densité des forces de l'ordre est en général plus forte dans les pays méridionaux. La Grèce, l'Espagne et le Portugal arrivent en tête avec chacun 4,3 policiers pour 1 000 habitants, devant la France (3,7). Cette situation s'explique par l'existence dans les pays latins d'un corps militaire de gendarmes chargé de la protection des campagnes, alors que les policiers s'occupent de la sécurité des villes. C'est aussi le cas en Belgique et aux Pays-Bas, influencés par le Code Napoléon, où les densités sont cependant inférieures. Le Danemark, pays le plus septentrional, est aussi le moins « policé » de la Communauté, avec une densité inférieure à 2 pour 1 000 habitants.

LA POLICE EST AU SUD

Densité de policiers (1989, pour 1 000 habitants) :

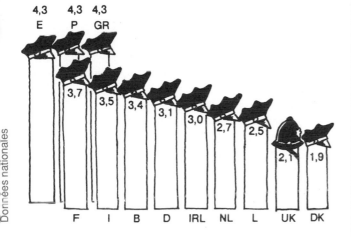

Les villes les plus sûres

Dans une enquête réalisée en 1989 par le magazine *le Point* sur une cinquantaine de villes européennes, Malaga (Espagne) obtenait la première place du classement de la sécurité (vols avec violence, vols de véhicules et homicides). Elle précédait Thessalonique (Grèce), Anvers (Belgique) et Athènes (Grèce). La ville la plus mal classée était Glasgow (Ecosse), derrière Birmingham (Angleterre), Francfort (RFA) et Valence (Espagne).

■ 22 villes européennes disposent d'un métro : Amsterdam, Athènes, Barcelone, Berlin, Bruxelles, Copenhague, Francfort, Glasgow, Hambourg, Lille, Lisbonne, Londres, Lyon, Madrid, Marseille, Milan, Munich, Newcastle, Nuremberg, Paris, Rome, Rotterdam. Le plus ancien est celui de Londres, dont la construction a commencé en 1863.

SAVOIR-VIVRE

Les règles du savoir-vivre sont le reflet des cultures nationales.

Pour saluer, un Portugais s'approche et donne l'accolade, alors qu'un Allemand se raidit et incline la tête. Allemands et Britanniques déjeunent à midi, Français et Italiens une demi-heure plus tard ; les Espagnols et les Grecs ne commencent pas avant 14 h ou 14 h 30. Une invitation à « prendre le café » en France se situe après le déjeuner ; elle correspond au goûter en Belgique, à une collation vers 11 h en Grande-Bretagne... On pourrait multiplier les exemples d'usages distincts et parfois contradictoires entre les pays de la Communauté.

Bien que les différences tendent à s'estomper, du fait de la multiplication des échanges entre les pays et d'un moindre attachement aux traditions nationales, la connaissance de certaines règles de savoir-vivre ou habitudes nationales reste utile, sous peine de commettre quelques erreurs. Certains gestes apparemment anodins sont par exemple interprétés différemment selon les pays. En Italie, se pincer le lobe de l'oreille en parlant à quelqu'un peut signifier qu'on le prend pour un *orecchioni* ou un *finocchi*, termes utilisés pour désigner les homosexuels. Le V formé par l'index et le majeur, le dos de la main tourné vers l'extérieur, signifie la victoire pour les Français, mais une insulte pour les Britanniques (l'équivalent du bras d'honneur français).

Qu'elles soient écrites ou non, les habitudes de vie et les règles du savoir-vivre portent le poids du passé. Leur utilisation plus ou moins fidèle est aussi révélatrice des mentalités actuelles. Les pages qui suivent décrivent quelques règles et usages en vigueur dans les pays de la Communauté.

Allemagne

Comme les Italiens, les Allemands utilisent largement les titres. Toute personne ayant suivi des études de doctorat (en droit, médecine, économie, etc.) a droit à celui de docteur. Les différences sociales et les hiérarchies tendent à s'atténuer. Mais l'amour de l'ordre, le sens de la discipline et celui de la perfection restent forts, surtout dans le sud du pays.

Lors d'une invitation à déjeuner ou à dîner, les fleurs ne s'envoient pas à l'avance à la maîtresse de maison ; l'invité lui offre le bouquet en arrivant, après avoir pris soin de retirer le papier qui l'enveloppe (contrairement à l'usage français). L'invité d'honneur est placé à la gauche de la maîtresse de maison. Le maître de maison lève son verre le premier, en prononçant le rituel « prosit ».

Au café, le petit verre de bière contient environ 20 centilitres (*kleines Bier*) ; *ein halbes Bier* représente un demi-litre de bière. L'eau servie au restaurant n'est jamais une eau du robinet, mais une eau minérale en bouteille ; elle n'est donc jamais gratuite. La viande cuite « bleue » est « à l'anglaise » *(english gebraten)*.

ITALIE

« Chapeau bas à l'air pur. »

Teaser

Belgique

Les expressions francophones surprennent souvent les Français. Ainsi, les Bruxellois accueillent leurs invités en leur disant « mettez-vous », après leur avoir « donné une baise » (embrasser). Le nombre de baisers échangés lors d'une rencontre avec un membre de la famille ou un ami est toujours de trois. « Je voudrais aller à la cour » est une expression utilisée pour demander les toilettes. « Avoir une fourche » signifie avoir du temps de libre, un moment libre dans son emploi du temps. On « déjeune » le matin, on « dîne » à midi et on soupe le soir.

Le protocole entourant la cour et l'aristocratie belges s'est simplifié et adapté ; un industriel connu aura la préséance sur un « petit noble ». On continue cependant de s'adresser au roi Baudouin Ier à la troisième personne. Beaucoup de parents lui adressent un faire-part, lors du mariage d'un enfant.

Avant une invitation à dîner, on envoie des fleurs ou un « ballotin de pralines » (chocolats) à la maîtresse de maison. Le baisemain se pratique dans les salons, jamais dans un lieu public ; on l'évite lorsque la main de la dame est gantée. Les dames ne portent des bijoux en or ou des diamants que l'après-midi.

■ En Grèce comme au Danemark ou dans les pays du Sud, le tutoiement devient de plus en plus fréquent. Les seules personnes qui ne sont jamais tutoyées sont les popes. Les diminutifs y sont souvent plus longs que les noms : Maria devient Maroula ou Maraki ; Dimitri devient Dimitrakis.

Humour franco-belge

Un Français demande à un Belge la différence qu'il y a entre un Belge et un miroir. Le Belge ignorant la réponse, le Français explique : « Un miroir, ça réfléchit. » Le Belge demande alors au Français quelle est la différence entre un Français et un miroir. Le Français ignorant la réponse, le Belge lui explique : « Le miroir, lui, est toujours poli. »

Espagne

L'accolade entre hommes *(abrazo)* est d'autant plus courante qu'on descend vers le sud (c'est le cas aussi de la sieste). Les jeunes gens s'embrassent à la première rencontre. Entre personnes du même âge et de même condition, le tutoiement est de règle, dès que les présentations ont été faites, mais ses règles sont à la fois subtiles et changeantes. Il n'est pas rare, dans un magasin, qu'une employée tutoie une jeune cliente sans la connaître.

Il existe plusieurs types d'invitations distinctes : la *tertulia*, réunion amicale à jour et lieu fixes ; la *velada*, réunion après le dîner ; la *sarao*, soirée mondaine ; la *guateque*, surprise-partie ; la *francachela*, festin. Les heures des repas sont très tardives par rapport aux autres pays européens : le petit déjeuner se prend entre 8 et 9 heures, le déjeuner vers 14 h 30 ou 15 heures, le dîner entre 21 et 22 heures. Le *chateo* est une habitude consistant à prendre l'apéritif dans plusieurs cafés, selon un itinéraire déterminé, avant de dîner.

Les Espagnols ne fument pas sans proposer une cigarette à leurs voisins. Ils les retirent complètement du paquet et les offrent à la main.

Les femmes conservent leur nom de famille en se mariant, mais elles tendent aujourd'hui à utiliser celui de leur mari.

Royaume-Uni

Bien que les Anglais passent pour les inventeurs de la poignée de main *(shake-hand),* ils en font un usage très modéré, la réservant pour les grandes occasions. Le baisemain est considéré comme une pratique plutôt grossière. Dans la conversation, il est de mauvais goût de parler d'une partie du corps, surtout celles situées entre le menton et les genoux. En cas d'extrême nécessité, on parlera par exemple de *stomach* pour évoquer le ventre ou le bas-ventre. Les Britanniques tiennent aussi pour incorrect de s'adresser à une personne sans lui avoir été présenté. C'est ainsi que Stanley, parti à la recherche de l'explorateur Livingstone et le découvrant en plein centre de l'Afrique s'approcha de lui, ôta sa casquette et lui dit : *Doctor Livingstone, I presume ?*

Il est préférable de s'abstenir de porter en Grande-Bretagne des cravates « club », car elles font partie d'uniformes, souvent très anciens, de collèges ou de régiments.

En indiquant à son invité où il peut se laver les mains *(wash your hands)*, la maîtresse de maison lui indique où se trouvent les toilettes.

La préparation du thé obéit encore dans certains foyers à la tradition : l'eau doit être bouillante et la théière ébouillantée à l'avance, de façon à conserver la chaleur ; on laisse infuser quelques minutes, puis on remue. On peut ajouter ensuite du lait froid ou une rondelle de citron. Il est d'usage de tenir la soucoupe avec une main et la tasse de l'autre, sans tenir le petit doigt en l'air.

Les *pubs* comportent souvent deux salles (surtout en province) : le *public-bar* est destiné à la clientèle populaire ; la *lounge*, ou *saloon*, est destinée à la clientèle plus huppée. Cette discrimination ne fait l'objet d'aucune règle, mais s'opère spontanément.

Irlande

L'existence d'une longue (mais douloureuse) histoire commune explique que la proximité géographique du Royaume-Uni et de l'Irlande s'accompagne d'une proximité culturelle. Les règles et usages principaux du savoir-vivre y sont donc assez semblables.

Cependant, les rapports entre les Irlandais, comme d'ailleurs l'essentiel de leur vie quotidienne, sont davantage conditionnés par le poids des traditions et de la religion. Ils sont sensibles aussi dans la nature de l'accueil des étrangers. Tous ceux qui ont eu l'occasion de se rendre en Irlande peuvent témoigner de l'hospitalité exceptionnelle qu'on y trouve.

Les femmes ont longtemps été en retrait de la vie sociale. Elles étaient mal acceptées dans les *pubs*, où les hommes préféraient se retrouver entre eux pour boire une bière. L'activité professionnelle leur était peu accessible, du fait d'une qualification souvent faible et d'un système fiscal peu avantageux pour les femmes mariées qui travaillaient (il a été revu en 1980).

La vie et les conversations des Irlandais restent rythmés par les fêtes, nationales ou locales, et les manifestations typiques. Les sports gaéliques bénéficient toujours d'un fort engouement : football gaélique (mélange de football et de rugby) ; hurling, etc. Les courses de chevaux ou de lévriers, combats de coqs (bien qu'officiellement interdits). L'amour des Irlandais pour les chevaux explique d'ailleurs que la viande de cheval ne fasse pas partie de leur alimentation.

France

Les Français ont gardé le goût des titres et des honneurs. Mais la politesse a diminué en même temps que se développait l'individualisme, héritage de la révolution de 1789, et l'usage de l'automobile. Le baisemain, invention française, n'est plus guère pratiqué que dans certains salons ; il est réservé aux femmes mariées (ou à celles qui l'ont été) et ne se pratique jamais dans la rue ou dans un lieu public. Tout le monde se serre plutôt la main, mais l'homme ne doit pas tendre la main le premier à une femme ou à un autre homme censé avoir priorité sur lui.

La superstition interdit de prévoir un dîner avec treize convives, sous peine que l'un d'entre eux meure dans l'année. Le pain ne doit pas être posé à l'envers (au Moyen Age, les boulangers réservaient au bourreau un pain qu'ils retournaient pour le reconnaître). On prendra garde aussi de ne pas renverser une salière, d'ouvrir un parapluie à l'intérieur d'une maison, de poser un chapeau sur un lit, d'offrir des œillets ou des hortensias.

Invité à un dîner, il est de bon ton d'arriver de 15 à 30 minutes après l'heure indiquée. Les convives ne s'assoient et ne commencent à manger et à boire qu'après la maîtresse de maison. Les hommes aident leurs voisines à s'asseoir. On ne choisit pas dans le plat, on ne « sauce » pas avec du pain, on ne porte jamais son couteau à la bouche, on ne fume pas (sauf éventuellement au dessert).

La galanterie implique que les hommes entrent les premiers dans les restaurants (comme dans les taxis, s'il n'est pas possible à l'homme de faire le tour de la voiture), passent les commandes, goûtent les vins, laissent le « haut du pavé » aux femmes (côté le plus éloigné de la chaussée).

France-Angleterre : la règle des contraires

Des siècles de guerres et d'hostilité entre la France et l'Angleterre ont laissé quelques traces dans les coutumes respectives, dont beaucoup sont opposées. A table, lorsqu'ils ne mangent pas, les Français laissent leurs mains sur la table, tandis les Anglais les gardent sous la table, l'une d'entre elles au moins étant posée sur les genoux.

Contrairement aux français, les couverts anglais sont posés pointe en l'air (les cuillers ont la partie concave vers le haut), car c'est de ce côté qu'étaient visibles les armoiries gravées. La cuiller à soupe anglaise doit être portée à la bouche sur le côté et non de face, à la française. Les Anglais coupent le gigot parallèlement à l'os, les Français perpendiculairement.

Les maîtres de maison anglais président chacun à un bout de table, alors qu'en France, ils se placent face à face, au milieu du plus grand côté de la table. Les Anglais mangent la peau des pommes de terre bouillies, tandis que les Français l'épluchent. Le fromage est servi en Grande-Bretagne après le dessert, alors qu'il le précède en France.

Certaines expressions ont aussi des traductions opposées de part et d'autre du Channel : *to take the french leave* signifie en français « filer à l'anglaise » ; les *french letters* sont pour les Français des « capotes anglaises ». Certains mots anglais couramment utilisés en français ont un sens différent dans la langue originale. Le « smoking » français, costume de soirée, est appelé *dinner-jacket* outre-Manche. Le « parking » est en réalité un *car park*. Le « footing » est un *jogging*, le « brushing » un *blow-dry*, le « speaker » un *announcer*.

Grèce

Les Grecs se tutoient assez facilement, et s'appellent par leur prénom. Le pluriel de politesse a un caractère très officiel. Pour dire oui (qui se dit *né*), les Grecs remuent la tête de gauche à droite ; pour dire non, ils la secouent de bas en haut. La main brandie, côté paume, avec les cinq doigts écartés, signifie que l'on jette un sort. Un moyen de conjurer le mauvais sort est de fermer l'œil gauche et de se passer l'index sur la paupière.

Les *komboloia* sont des « chapelets d'ennui », sans aucune signification religieuse. En vente dans les bureaux de tabac, ils sont destinés à faciliter la concentration de ceux qui les égrènent.

L'*ouzo* est l'apéritif traditionnel, souvent servi avec des petits canapés de tomates, concombres, poivrons, fromage, jambon, olives, etc. Le menu habituel comporte un seul plat, mais souvent les *mézèdes*, succession de hors-d'œuvres, tiennent lieu de repas. Les *zakouski* sont accompagnés de la traditionnelle salade grecque. Le vin résiné est la boisson habituelle.

On fête plus volontiers sa fête (saint du nom de baptême) que son anniversaire. Les corporations ont aussi toutes leur saint patron, des marins aux aviateurs, des médecins aux chasseurs.

Italie

Les poignées de main sont fréquentes et chaleureuses. Elles s'accompagnent souvent d'accolades et d'embrassades, y compris entre hommes. Les titres universitaires ou honorifiques sont largement utilisés : *dottore, professore, maestro, commendatore, ingegnere*, etc.

Les superstitions sont nombreuses. Les Italiens n'aiment guère les nombres 13 et 17, le mardi et le vendredi. A Venise, la première personne qui frappe à la porte le 1er janvier ne doit pas être un homme. Pour conjurer le mauvais sort, on touche du fer. Lorsqu'on renverse du vin blanc, on se tamponne l'oreille avec quelques gouttes du liquide renversé. Dans le cas du sel, on jette trois pincées derrière l'épaule gauche. Certains gestes ont des significations particulières : faire un quart de tour avec l'index enfoncé dans la joue est un geste d'admiration.

La plupart des repas commencent avec des pâtes en hors-d'œuvre. Les spaghetti ne se coupent jamais ; ils s'enroulent autour de la fourchette inclinée à 45 degrés. Le café (*espresso*) peut se boire *macchiato* (additionné d'une goutte de lait) ou *coretto* (avec de l'alcool). On ne trouve pas de sel dans les épiceries, mais dans les bureaux de tabac, car le sel appartient à l'Etat.

Les antagonismes régionaux sont assez marqués. Les Italiens du Nord considèrent toujours avec une certaine condescendance ceux du Sud, moins riches et qu'ils considèrent comme moins travailleurs. Les habitants de Lucques, distante de vingt kilomètres de Pise, disent volontiers qu'il « vaut mieux avoir un mort dans sa maison qu'un Pisan à sa porte ». A Pise, pour se moquer de l'esprit mercantile des Lucquois, on raconte que lorsque Christophe Colomb débarqua en Amérique, il trouva sur la plage un Lucquois en train de vendre des souvenirs ! Les enterrements dans la région de Naples sont encore souvent des événements dramatiques et grandioses ; de longues processions suivent le cercueil placé dans un carrosse tiré par des chevaux harnachés pour la circonstance. Dans le Sud, faire la cour à une jeune fille implique d'accepter de l'épouser.

Dans les églises, la photographie est interdite et il est recommandé d'être correctement habillé.

ITALIE

« L'amant idéal est toujours à l'heure. »

Portugal

La politesse occupe moins de place que dans le passé. Les Portugais s'embrassent en général deux fois sur la joue, une seule fois entre personnes très distinguées. Le baisemain reste d'usage, surtout en cas de différence d'âge. Il est courant d'utiliser le terme de *Dona* avant le nom, en s'adressant à une femme d'un certain âge et d'une condition sociale modeste. On dira *Senhora* à des femmes de milieux plus aisés. Dans la plus haute classe, le mot « femme » s'emploiera à la place de celui d'épouse. Le vouvoiement est le plus courant, le tutoiement apparaissant à partir d'un certain degré d'amitié. Les titres honorifiques tendent à disparaître.

L'humour est l'une des vertus portugaises. Mais il est recommandé de ne pas blesser l'amour-propre national lorsque la conversation porte sur le passé (les Portugais ont joué un rôle de découvreurs unique dans l'histoire), les relations avec l'Espagne, les équipes de football (qui comptent parmi les meilleures du monde), les traditions nationales et provinciales, les spécialités culinaires, qui dépassent largement l'accommodement de la morue.

Pour beaucoup de Portugais des classes moyennes, la voiture est un objet coûteux et précieux. C'est pourquoi ils l'utilisent plutôt en fin de semaine pour effectuer la « promenade des tristes », occasionnant de nombreux embouteillages aux entrées et sorties des villes.

Pays-Bas

Les Néerlandais sont très attachés aux principes de liberté individuelle, d'égalité sociale et de tolérance à l'égard des autres. D'un abord un peu réservé, ils ne donnent leur confiance que progressivement et n'apprécient guère l'extravagance, l'agitation ou les propos grivois.

Autrefois, les enfants vouvoyaient leurs parents et leurs professeurs, mais la tendance est aujourd'hui à généraliser le tutoiement. Même les membres du gouvernement se tutoient et s'appellent par leur prénom.

La sécularisation de l'Eglise a beaucoup diminué son poids dans la société. Rares sont aujourd'hui les calvinistes qui respectent rigoureusement les anciennes coutumes ; il leur était demandé de ne pas aller au spectacle et de ne pas utiliser les transports en commun le dimanche.

Il faut enfin préciser que, contrairement à ce que l'on imagine souvent, la Hollande n'est que l'une des provinces des Pays-Bas.

Luxembourg

La discrétion est l'une des vertus nationales. Ainsi, les Luxembourgeois n'aiment guère parler d'argent, ni évoquer leurs propres revenus, ou montrer quelque excentricité dans leur habillement ou leur comportement. Les titres sont peu utilisés. Cette discrétion n'exclut pas un goût prononcé pour les fêtes. Ils bénéficient d'ailleurs d'une journée fériée de compensation chaque fois qu'une fête légale tombe un samedi ou un dimanche.

Les déjeuners d'affaires se font généralement au restaurant, les dîners entre « relations » ont lieu les soirs de semaine, les dîners entre amis sont plutôt prévus le vendredi ou le samedi soir. Les personnes de sexe opposé qui se connaissent s'embrassent trois fois sur la joue. L'ambiance des relations humaines est en général sans affectation, sauf lorsqu'il s'agit de la cour. Son Altesse Royale le Grand-Duc et Son Altesse Royale Madame la Grande-Duchesse ont préservé un protocole très précis.

Danemark

L'un des mots les plus utilisés est *tak*, qui signifie merci. On tend la main pour saluer, pour se présenter, pour remercier.

Bien que les Danois ne soient guère formels, il est de bon ton d'offrir des fleurs, une boîte de chocolat ou un petit objet lorsqu'on se rend chez des gens pour la première fois, et d'arriver à l'heure prévue. Les fleurs doivent être présentées dans leur papier d'emballage. A table, les couples ne sont pas placés ensemble, à l'exception des fiancés et des jeunes mariés. L'un des invités fait parfois avant le dessert un petit discours en hommage à la maîtresse de maison. On ne fume qu'après le plat principal.

Le tutoiement est de plus en plus répandu. Les journalistes peuvent par exemple utiliser le *du* pour s'adresser au Premier ministre. Mais ils diront « vous » à la reine. L'ha-

billement est en général décontracté. Les hommes sont souvent sans cravate (y compris à la télévision) ; les femmes sont souvent sans soutien-gorge.

Compte tenu de l'importance du vélo, il existe quelques règles simples : rester sur les voies cyclables ; ne pas dépasser par la droite ; sonner quand on dépasse.

■ 92 % des Allemands de l'Est jugent le système occidental bon, mais 60 % considèrent que le bien-être matériel a son revers de médaille (par exemple le chômage, la concurrence, l'individualisme, la solitude...) et pensent qu'on est plus heureux en RDA qu'en RFA (novembre 1989).

■ 82 % des Allemands se sentent « assez distants » de la manière de travailler des Français (39 % des Français vis-à-vis des Allemands), 62 % de leur culture (contre 34 %), 64 % de leur façon de se distraire (contre 35 %), 68 % de leur tempérament (contre 60 %), 76 % de leur système politique (contre 37 %), 64 % de leurs habitudes culinaires (contre 65 %), 67 % de leur comportement amoureux (contre 17 %).

N.B. Cette synthèse s'inspire de plusieurs ouvrages, dont *le Guide des bonnes manières et du protocole en Europe* de Jacques Gandoin (Fixot) et *le Nouveau Savoir-vivre à l'étranger*, de Dominique Perrin et Brigitte du Tanney (Hermé), ainsi que de sources diverses.

VALEURS

Les systèmes de valeurs ont été remis en question par l'accélération des changements.

Les bouleversements économiques, politiques et technologiques qui se sont succédé depuis une vingtaine d'années à l'échelon national et international ont eu des répercussions sensibles sur les systèmes de valeurs européens. Ils ont engendré partout l'incertitude, la disparition des idéologies, la perte de confiance dans les institutions et la crainte de l'avenir. Ils ont favorisé la montée de l'individualisme.

Dans des pays comme la France, la RFA, le Royaume-Uni ou l'Italie, cette quête d'identité a commencé vers le milieu des années 60, avec la mise en question de la société industrielle et du fonctionnement des institutions (Etat, Eglise, armée, entreprise, syndicats...). Plusieurs indicateurs sociaux s'étaient alors mis au rouge, sans que personne, à l'époque, n'y attache vraiment d'importance : baisse de la natalité ; chute de la pratique religieuse ; montée des revendications libertaires ; dégradation de l'image du capitalisme. Ces changements furent à l'origine des grands mouvements de la fin des années 60, inspirés par les modèles, alors exotiques et romantiques, de la Chine ou de l'Amérique latine.

La crise économique a retardé ou dilué ce mouvement de fond, mais elle ne l'a pas interrompu.

La « révolution des mœurs » s'est faite dans la plupart des pays, entraînant dans son sillage la transformation de la condition féminine ou la libération sexuelle. En même temps que le choix des Européens se portait sans équivoque sur la consommation, le confort et l'individualisme, le malaise social et existentiel se développait. Le patriotisme ne fait plus recette, pas plus que l'engagement politique ou syndical. Les systèmes de valeurs des Européens hésitent aujourd'hui entre la rigueur et la permissivité, l'égalité et la liberté, la sécurité des traditions et la nécessité du modernisme.

■ La convention de Dublin sur le droit d'asile prévoit qu'un seul Etat est chargé de traiter une demande d'asile et qu'il est responsable du demandeur si celui-ci franchit irrégulièrement une frontière. Le Danemark a été le seul pays de la CE à refuser de signer cette convention.

■ En Grèce, les femmes célèbrent le 8 janvier de chaque année le souvenir de Bouboulina, héroïne de la résistance contre les Turcs.

Les valeurs au début des années 80

L'enquête réalisée en 1981 par Jean Stoetzel dans neuf pays d'Europe (Royaume-Uni, RFA, France, Italie, Espagne, Pays-Bas, Belgique, Irlande, Danemark) avait fourni pour la première fois des informations précieuses sur les valeurs des Européens.

C'est à la famille que les Européens étaient le plus attachés, mais un sur cinq pensait que la notion même de famille était périmée. Un sur quatre approuvait la liberté sexuelle, mais trois sur quatre condamnaient l'avortement, lorsque l'accouchement ne met en danger ni la vie de la mère ni celle de l'enfant.

Parmi les vertus à inculquer aux enfants, l'honnêteté arrivait en première position, devant la tolérance et le respect d'autrui. Le sens du commandement venait en dernière place des vertus (sauf en RFA où il occupait un rang plus élevé). L'enquête montrait que les Irlandais étaient les plus stricts par rapport au respect des règles morales.

Moins d'une personne interrogée sur cinq partait du principe que l'homme est fondamentalement bon. 60 % considéraient que les notions de « bien » et de « mal » dépendent uniquement des circonstances et du moment. 62 % des Européens estimaient que l'entraide avait diminué depuis une dizaine d'années et qu'on ne pouvait pas faire confiance aux autres.

FRANCE

IL N'Y A QUE MOI QUI M'AILLE.

Certains pays privilégient l'égalité, d'autres la liberté.

D'après une enquête *Eurobaromètre* (novembre 1989), 44 % des Européens considèrent que « la liberté est plus importante, c'est-à-dire que chacun puisse vivre en liberté et se développer sans contrainte ». Mais la même proportion, exactement, considère que « l'égalité est plus importante, c'est-à-dire que personne ne soit défavorisé et que la différence entre classes sociales ne soit pas aussi forte ».

Ceux qui ont une préférence pour la liberté sont les Belges, les Danois, les Grecs, les Néerlandais et les Britanniques. Les Espagnols, les Italiens et les Luxembourgeois donnent au contraire la priorité à l'égalité, tandis que les préférences sont équilibrées dans les autres pays.

On constate que les personnes ayant un niveau d'instruction élevé, des revenus élevés et surtout des opinions politiques de droite sont plus attachées à la liberté. A l'inverse, l'égalité est une valeur plus fréquente parmi les gens de gauche et les moins favorisés.

La réduction des inégalités est une revendication croissante dans la plupart des pays.

La réduction des inégalités entre les régions d'un même pays est souhaitée en particulier par les Grecs, les Espagnols, les Portugais et à un moindre degré les Italiens. La priorité est donnée dans ces trois premiers pays à la réduction des inégalités entre les individus, afin que la société compte moins de gens très riches et de gens très pauvres. L'aide aux pays pauvres non européens est citée comme une priorité par les Espagnols, les Luxembourgeois et les Danois.

Ce sentiment est amplifié depuis quelques années par la prise de conscience de l'accroissement des inégalités qui s'est produit dans certains pays comme le Royaume-Uni ou la France. La restructuration de l'emploi a engendré le chômage et la « nouvelle pauvreté ». Parmi ceux qui disposent d'un emploi, les écarts se sont creusés en matière de revenus et surtout de patrimoines (du fait des performances des placements en bourse et des plus-values immobilières).

Malgré quelques divergences, les attitudes et les comportements des Européens sont proches.

Les sondages montrent que la plupart des Européens adhèrent aux mêmes valeurs (famille, travail, justice, égalité, liberté...), privilégient les mêmes vertus (honnêteté, tolérance, efficacité...) même s'ils ne les respectent pas toujours. Ils condamnent les mêmes délits (violence, non-respect des droits de l'homme...), ont les mêmes hésitations dans le présent et les mêmes craintes devant l'avenir. L'Europe présente donc une assez forte cohérence éthique et morale, qui est celle, plus généralement, du monde occidental. Comme lui, elle se différencie des autres régions du monde par la place centrale qu'elle confère à l'individu.

Ces valeurs communes n'empêchent pas des particularismes nationaux importants et des différences marquées entre les divers groupes sociaux à l'intérieur d'un même pays. Il y a d'ailleurs souvent plus de différence entre des individus d'un même pays qui adhèrent à des systèmes de valeurs distincts qu'entre des individus de différents nations qui partagent les mêmes principes et les mêmes modes de vie.

La famille multi-fonctions

Si les Européens sont tous très attachés à la famille, le rôle qu'ils lui attribuent dans la société diffère quelque peu selon les pays. Ainsi, les Britanniques sont beaucoup moins persuadés que les autres que sa principale fonction soit d'élever, éduquer et instruire les enfants (24 % contre 47 % en moyenne et 63 % en Grèce). Sans doute pensent-ils que c'est la mission de l'école. Ils sont en revanche beaucoup plus nombreux à considérer qu'elle doit procurer amour et affection (41 % contre 25 % en moyenne).

Les Néerlandais attendent plus que les autres qu'elle protège la santé de ses membres (18 % contre 8 % en moyenne et 4 % en France), bien que la protection sociale y soit développée. Les Luxembourgeois estiment que la famille doit prendre soin des plus âgés (13 % contre 5 % en moyenne et 1 % en Belgique). Enfin, les Allemands sont les plus nombreux à lui assigner le rôle d'assurer la survie de l'humanité (11 % contre 5 % en moyenne).

Eurobaromètre, juin 1990

Les Européens sont satisfaits de la vie qu'ils mènent.

Environ un Européen sur cinq se déclare « très satisfait » de la vie qu'il mène, 60 % sont « plutôt satisfaits ». Seuls environ 5 % se disent « très insatisfaits ». Les plus heureux se rencontrent surtout dans les pays du Nord : Luxembourg, Danemark et Pays-Bas (voir page suivante). Le plus faible score, qui est cependant élevé dans l'absolu, est celui enregistré en Grèce (66 %, mais il était de 58 % seulement en 1986). Le Portugal occupe l'avant-dernière position, mais son score est aussi en augmentation : 71 %, contre 56 % en 1985.

Si l'on compare la richesse des pays, mesurée par le PIB/habitant, avec le niveau de satisfaction de leurs habitants, il apparaît que l'argent fait plutôt le bonheur (voir première partie du livre). Il existe en effet une forte corrélation entre les deux classements. Seuls quatre pays présentent une certaine distorsion : la France et l'Italie ont un classement de satisfaction moins favorable que leur classement de richesse ; les Pays-Bas sont dans le cas contraire.

Par rapport à 1973, première date de l'enquête, les indices de satisfaction ont baissé en Belgique et en Irlande. Ils ont au contraire augmenté au Luxembourg, en RFA, en France, en Italie et en Espagne.

Le fonctionnement de la démocratie est jugé plutôt satisfaisant, sauf en Italie.

Une très large majorité des Luxembourgeois, Allemands, Néerlandais et Danois sont (par ordre décroissant) satisfaits du fonctionnement de la démocratie dans leur pays. La stabilité des gouvernements et des institutions et la participation des citoyens explique sans doute ce sentiment.

Les taux sont compris entre 50 et 60 % dans les autres pays, à l'exception de l'Italie, où 27 % seulement sont satisfaits. Il est clair que les Italiens ressentent l'instabilité politique comme un obstacle au fonctionnement de leur pays.

Les proportions de satisfaits se sont accrues assez nettement dans tous les pays (à l'exception de la Belgique) depuis plus de vingt ans. Les chiffres sont en stagnation en Italie et en Grèce.

LE NORD PLUS SATISFAIT

« Etes-vous satisfait de la vie que vous menez ? » (en % de réponses positives) :

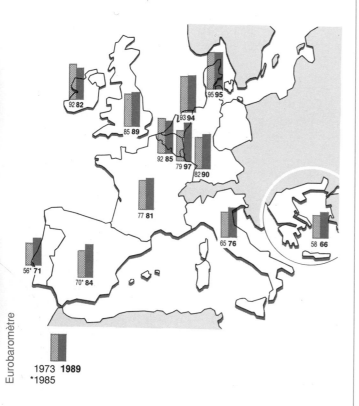

92 82
95 95
93 94
85 89
92 85
79 97
82 90
77 81
65 76
58 66
56* 71
70* 84

1973 **1989**
*1985

Eurobaromètre

La plupart des Européens sont partisans de réformes sociales.

L'attitude réformiste, qui consiste à vouloir changer petit à petit la société, est la plus répandue chez les Européens ; elle est particulièrement fréquente chez les Espagnols et les Italiens. Leur proportion a augmenté au Danemark, en Grèce, en Espagne et au Royaume-Uni ; elle a diminué dans certains pays comme la France et les Pays-Bas.

La proportion de personnes favorables à des actions de type révolutionnaire destinées à changer radicalement la société ne dépasse guère aujourd'hui 5 % dans les pays de la Communauté, sauf en Grèce (11 %) et au Portugal (10 %).

Elle a eu tendance à diminuer depuis une vingtaine d'années.

La plupart des Européens ont une attitude plutôt conformiste et pensent qu'il faut défendre la société dans laquelle ils vivent contre toutes les forces subversives. C'est ce qui explique que beaucoup regardent avec inquiétude les redécoupages géopolitiques qui s'opèrent dans les pays de l'Est ou au Moyen-Orient.

Les priorités nationales diffèrent.

Une enquête *Eurobaromètre* de novembre 1989 montre que la plupart des habitants de la Communauté donnent la priorité à la lutte contre le chômage, surtout en Irlande et en France. La préoccupation écologique sont également fortes, principalement au Danemark et au Luxembourg. Elles le sont moins en Irlande, où les problèmes de pollution et d'environnement se posent avec moins d'acuité. La lutte contre le terrorisme est considérée comme essentielle en Espagne et, de façon plus inattendue, au Danemark.

L'approvisionnement énergétique inquiète davantage les habitants de pays dépendant des importations : Danemark et Luxembourg. Mais il préoccupe également des Britanniques, pourtant plus autonomes dans ce domaine (l'enquête avait cependant été réalisée avant la crise du golfe Persique). Les Grecs sont beaucoup plus inquiets quant à leur capacité de défense militaire contre des ennemis éventuels, et devancent largement les Britanniques et les Espagnols.

La grande majorité des Européens sont favorables à la construction communautaire.

Depuis 1952, date de la première enquête effectuée par la Commission de Bruxelles (portant sur 4 pays jusqu'en 1967, 6 en 1970, 9 de 1973 à 1980, 10 entre 1981 et 1986, 12 ensuite), le sentiment européen se maintient à des niveaux très élevés (voir ci-après). Plus de 60 % des Européens pensent que le fait que leur pays appartienne à la Communauté est une bonne chose. Les plus convaincus sont les Néerlandais (84 %) et les Italiens (79 %). Les plus sceptiques sont les Danois (42 %) et les Britanniques (48 %). En dehors de la RFA, où le sentiment européen a diminué (55 % en 1989 contre 63 % en 1973), il a augmenté, souvent dans de fortes proportions, dans les autres pays ; en particulier au Portugal, en Belgique, Grèce, Irlande, Pays-Bas.

■ Lorsqu'ils pensent à l'avenir, les principales craintes des jeunes Européens de 18 à 30 ans sont, par ordre décroissant : la guerre (46 %) ; la maladie (44 %) ; la pollution (33 %) ; le chômage, la crise économique (30 %) ; le fanatisme religieux (18 %) ; le sida (16 %) ; l'immigration (3 %). A propos de l'Europe, 24 % sont inquiets de la domination américaine, 21 % de la domination japonaise, 21 % de la domination soviétique (30 % ne sont pas inquiets).

OPINIONS PUBLIQUES

Evolution des opinions publiques dans quelques domaines (années différentes indiquées entre parenthèses) :

	Fonctionnement de la démocratie (1)		Attitude à l'égard de la société (2)		Appartenance à la CE (3)		Satisfaction de la vie (4)	
	1973	1989	1973	1989	1973	1989	1973	1989
• Belgique	62	53	69	68	57	73	92	85
• Danemark	45	70	51 (76)	67	42	42	95	95
• Espagne	51 (85)	57	69 (85)	84	58 (80)	74	70 (85)	84
• FRANCE	41	54	78	70	61	68	77	81
• Grèce	53	52	58 (80)	66	42 (81)	67	58	66
• Irlande	55	59	60 (76)	68	56	76	92	82
• Italie	27	27	73	78	69	79	65	76
• Luxembourg	52	82	65	69	67	77	79	97
• Pays-Bas	52	71	75	67	63	84	93	94
• Portugal	34 (85)	57	60 (85)	59	24 (80)	70	56 (85)	71
• RFA	44	76	70	63	63	55	82	90
• Royaume-Uni	44	57	60 (76)	71	31	48	85	89
• CE	51 (84)	56	-	-	-	65	74 (85)	83

Eurobaromètre

(1) « Dans l'ensemble, êtes-vous très satisfait, plutôt satisfait, plutôt pas satisfait ou pas satisfait du tout du fonctionnement de la démocratie dans votre pays ? » Les pourcentages donnés sont ceux correspondant aux réponses « très » et « plutôt satisfait ».
(2) Pourcentage de personnes ayant répondu positivement au choix « Il faut améliorer petit à petit notre société par des réformes » ; les autres choix étant : « Il faut changer radicalement toute l'organisation de notre société par une action révolutionnaire » et « Il faut défendre courageusement notre société actuelle contre toutes les forces subversives. ».
(3) « D'une façon générale, pensez-vous que le fait pour votre pays de faire partie de la Communauté européenne est une bonne chose, une mauvaise chose, ou une chose ni bonne ni mauvaise ? » Les pourcentages donnés sont ceux correspondant au choix « bonne chose ».
(4) « D'un façon générale, êtes-vous très satisfait, plutôt satisfait, plutôt pas satisfait ou pas satisfait du tout de la vie que vous menez ? » Les pourcentages donnés sont ceux correspondant aux réponses « très » et « plutôt satisfait ».

Deux Européens sur trois sont favorables à la création des Etats-Unis d'Europe.

La proportion atteint même 70 % parmi les habitants des six pays fondateurs de la CE. Si les Luxembourgeois et les Italiens sont partisans d'une unité européenne accrue, les Danois sont plus sceptiques, voire hostiles. L'Espagne et le Portugal sont plus « européens » que la Grèce et l'Irlande.

Les Britanniques évoluent progressivement vers des positions pro-européennes : en 1970, 30 % d'entre eux étaient favorables aux « Etats-Unis d'Europe » et 70% étaient contre ; en 1987, la proportion était inversée : 52 % pour et 37 % contre.

Pour ses habitants, l'Europe est davantage qu'une simple entité géographique. Elle est perçue comme un ensemble psychologiquement et affectivement proche de pays et de peuples qui partagent à la fois des racines, une culture, un mode de vie, des valeurs humanitaires et des systèmes politiques démocratiques dont l'Europe est le berceau.

■ Sept jeunes européens sur dix (15 à 24 ans) ont déjà effectué des séjours à l'étranger. C'est le cas de la quasi-totalité des Luxembourgeois, Danois et Néerlandais. Les pays les plus visités par les jeunes sont aussi les plus touristiques : Espagne, France, Italie. Mais 74 % des Grecs, 63 % des Espagnols et 53 % des jeunes Portugais ne sont jamais allés à l'étranger.

L'avenir européen en rose

Dans une enquête effectuée en 1987, les Européens devaient dire si, selon eux, chacune des dix idées proposées serait réalisée d'ici l'an 2000. Les résultats montrent une large confiance dans l'avenir de la Communauté :

– Réception d'une ou plusieurs chaînes européennes : 92 % des personnes ayant répondu pensaient que ce serait une réalité.
– Lutte au niveau européen contre les catastrophes écologiques : 83 %
– Lutte en commun contre le terrorisme : 83 %.
– Liberté de circulation, de résidence, de travail : 72 %.
– Apprentissage d'une langue étrangère de plus qu'aujourd'hui : 71 %.
– Référendum sur une Constitution européenne proposée par le Parlement européen : 68 %.
– Election d'un chef du gouvernement de l'Europe : 63 %.
– Défense européenne commune : 62 %.
– Monnaie européenne : 60 %.
– Le chef du gouvernement européen parle d'égal à égal avec les dirigeants des Etats-Unis et de l'URSS : 56 %.

Les Français arrivaient en tête du nombre moyen de réponses favorables aux 10 propositions (6,47), devant les Luxembourgeois (6,44), les Italiens (6,23), les Britanniques (6,15), les Belges (6,08), les Grecs (5,09), les Allemands (5,85), les Espagnols (5,79), les Néerlandais (5,42), les Danois (4,89) et les Portugais (4,23).

Eurobaromètre

TOUS EUROPÉENS !

« D'une façon générale, pensez-vous que le fait pour votre pays de faire partie de la CEE est une bonne chose ? » (en % de réponses positives) :

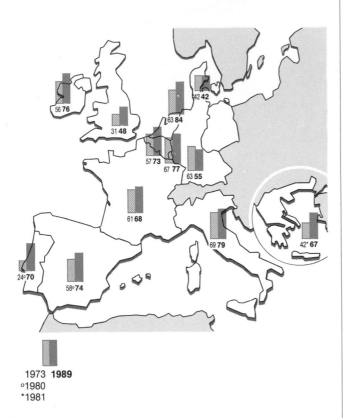

1973 **1989**
°1980
*1981

Le clivage entre les pays du Nord et ceux du Sud est fortement ressenti.

Pour l'ensemble des Européens, les pays du nord de la Communauté incarnent les valeurs de travail, d'effort, de sérieux, de sens de l'organisation. Ceux du Sud représentent la spontanéité, la chaleur, la convivialité, l'affectivité. On observe que dans tous les pays s'exprime un sentiment de confiance majoritaire, mais qu'il est plus élevé dans les pays du Nord que dans ceux du Sud.

Chaque pays a une conscience particulière de son propre rôle. En France, apparaît le sentiment d'une identité, voire d'une suprématie culturelle, historique, intellectuelle, qu'il s'agit de maintenir et d'affirmer. Les Britanniques sont conscients de la richesse de leur histoire, mais sont plus pessimistes quant au rayonnement possible de leur pays à l'avenir. En Allemagne, le sentiment de puissance s'accompagnait (avant la réunification) d'une inquiétude liée à l'affaiblissement démographique, au vieillissement des structures.

En Italie, la volonté européenne se double d'une attirance pour le modèle américain. Aux Pays-Bas, les habitants revendiquent pour leur pays un rôle de guide spirituel et moral, de gardien et de défenseur des valeurs humanitaires. Les Belges recherchent une identité qu'ils trouvent difficilement en raison des affrontements culturels internes. Au Danemark, on note un réel optimisme pour l'avenir, fondé sur une croyance en la qualité et la créativité des hommes, en même temps qu'une crainte que le modèle social danois ne se dissolve dans l'harmonisation communautaire.

BELGIQUE

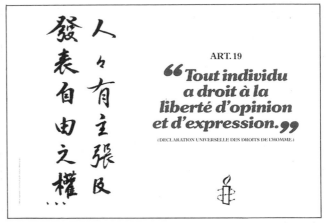

ART. 19

" Tout individu a droit à la liberté d'opinion et d'expression. "

(DÉCLARATION UNIVERSELLE DES DROITS DE L'HOMME)

■ 39 % des Italiens se déclarent préoccupés par l'état de la couche d'ozone. Mais 7 % seulement utilisent des *sprays* « écologiques ».

■ 68 % des Allemands de l'Ouest disent n'avoir aucune envie de travailler en ex-RDA.

■ En Grèce, les entreprises de plus de 500 employés ont l'obligation d'avoir une crèche pour les enfants de leur personnel.

CONNAISSANCE ET CONFIANCE

Une enquête menée dans le cadre de l'Eurobaromètre en 1976, 1980 et 1986 permet d'approcher l'image des différentes nations à travers le degré de confiance que chaque nation de la Communauté accorde aux autres. La question posée était la suivante : « Chacun des peuples suivants vous inspire-t-il une grande confiance, assez confiance, pas tellement confiance ou pas confiance du tout ? »

Deux types d'analyse peuvent être effectués à partir des réponses recueillies :
- *L'indice de connaissance* des autres peuples (donc la capacité à porter un jugement sur eux) à partir des taux de non-réponses ;
- *L'indice de confiance*, à partir d'un indice calculé de la façon suivante :

$$I = \frac{G - B}{G + B}$$

Dans cet indice G est le total des réponses positives pondérées (« grande confiance » = 2 et « assez confiance » = 1) et B le total des réponses négatives pondérées (« pas tellement confiance » = 1 et « pas confiance du tout » = 2). Les valeurs de l'indice peuvent varier de -1,00 à +1,00. Les résultats obtenus (voir page suivante) sont riches d'enseignements.

La connaissance des autres peuples varie considérablement d'un pays à l'autre.

Par ordre décroissant en 1986, les Britanniques obtenaient le taux minimum de non-réponses de la part des habitants des autres pays (17 %), devant les Allemands (18 %), les Français (19 %), les Italiens et les Espagnols (20 %). Les peuples obtenant les taux de non-réponses les plus élevés étaient les Luxembourgeois (36 %), les Danois (34 %), les Portugais et les Irlandais (31 %), les Grecs et les Belges (30 %), les Néerlandais (29 %).

Il paraît assez logique que l'image des habitants des grands pays (par la taille, la population, etc.) soit plus précise car ils sont plus fréquemment visités, cités dans les médias, présents dans l'histoire des autres pays.

L'enquête montre que plus les personnes interrogées expriment une opinion à propos d'un peuple (donc plus il est connu), moins ils lui accordent un degré élevé de confiance. Les peuples qui inspirent le plus leur confiance sont ainsi (par ordre décroissant) ceux des quatre pays les plus petits de la Communauté : Danemark, Pays-Bas, Luxembourg et Belgique.

Les pays du Nord continental de l'Europe sont ceux qui sont jugés les plus dignes de confiance.

Ce sont les pays du Nord continental de la Communauté (la RFA arrive tout de suite après la Belgique). On trouve ensuite, assez loin derrière, un groupe de trois peuples à degré de confiance moyen : Irlandais, Français et Britanniques.

On retrouve cette hiérarchie dans la liste des peuples qui accordent une grande confiance à un ou plusieurs autres (scores supérieurs à 0,7) :
- La Belgique vis-à-vis du Luxembourg.
- Le Danemark vis-à-vis de la Belgique, de la RFA, de l'Irlande, du Luxembourg, des Pays-Bas, du Royaume-Uni.
- La France vis-à-vis de la Belgique, du Danemark et du Luxembourg.
- Les Pays-Bas vis-à-vis de la Belgique, du Danemark, du Luxembourg et du Royaume-Uni.
- Le Royaume-Uni vis-à-vis du Danemark, du Luxembourg et des Pays-Bas.

Les peuples de l'Europe méridionale inspirent moins confiance.

Au classement de la confiance, les Espagnols, les Grecs, les Portugais et les Italiens occupaient les quatre dernières places en 1986 avec un indice global inférieur à 0,1. Les résultats obtenus étaient très proches de ceux de 1970 et 1980.

Cette situation s'explique sans doute aux images culturelles traditionnelles (et souvent stéréotypées) des différents peuples. On constate cependant que les préjugés des gens du Nord par rapport à ceux du Sud sont plutôt partagés par ces derniers lorsqu'ils se jugent entre eux. Les Danois et les Néerlandais sont les plus confiants à l'égard des peuples du Sud ; ils le sont davantage que chacun des pays du Sud à l'égard de ses voisins. Entre peuples méridionaux, les Espagnols et les Italiens obtiennent des scores plus élevés que les Portugais et les Grecs. Dans l'opinion des peuples du Nord, ce sont les Portugais qui bénéficient du meilleur score de confiance.

On retrouve cette hiérarchie dans la liste des peuples qui font très peu confiance à un ou plusieurs autres (scores négatifs) :
- Les Belges vis-à-vis des Grecs.
- Les Français vis-à-vis des Italiens.
- Les Allemands vis-à-vis des Italiens.
- Les Grecs vis-à-vis des Italiens.
- Les Irlandais vis-à-vis des Grecs.
- Les Italiens vis-à-vis des Belges, des Grecs, des Irlandais, des Luxembourgeois, des Portugais et des Britanniques.
- Les Luxembourgeois vis-à-vis des Grecs et des Portugais.
- Les Espagnols vis-à-vis des Français, des Portugais et des Britanniques.
- Les Britanniques vis-à-vis des Français et des Espagnols.

Les Luxembourgeois constituent un cas particulier car ils ne jugent pas aussi favorablement quatre peuples qui leur accordent une grande confiance : les Belges, les Français, les Néerlandais et les Britanniques.

CONFIANCE

Matrice des relations de confiance entre les peuples de la Communauté :

Confiance des / Envers les	Alle-mands	Belges	Britan-niques	Danois	Espa-gnols	FRAN-ÇAIS	Grecs	Irlandais	Italiens	Luxem-bour-geois	Néerlan-dais	Portu-gais	Moyen-ne CE
Allemands													
Belges													
Britanniques													
Danois													
Espagnols													
FRANÇAIS													
Grecs													
Irlandais													
Italiens													
Luxembourgeois													
Néerlandais													
Portugais													

Couples qui se font très confiance. Indice supérieur à 0,7 (voir définition de l'indice dans le texte).

Couples qui se font assez confiance. Indice de 0,4 à 0,7.

Couples qui se font assez peu confiance. Indice de 0 à 0,39.

Couples qui se font très peu confiance. Indice inférieur à zéro.

L'ensemble Royaume-Uni-Danemark-Pays-Bas apparaît très homogène.

Trois couples de nations présentent un degré de confiance à la fois élevé et réciproque :
– Les Danois et les Néerlandais.
– Les Danois et les Britanniques.
– Les Néerlandais et les Britanniques.

A l'inverse, il n'existe qu'un seul couple où la confiance est faible et réciproque : les Grecs et les Italiens.

L'enquête met enfin en lumière plusieurs faits intéressants mais difficiles à expliquer :
– Les Italiens et les Luxembourgeois sont ceux qui portent les jugements les plus sévères sur les autres. Les Danois et les Belges sont au contraire les plus généreux.
– Les Néerlandais semblent hésiter à se prononcer sur les Danois, bien qu'ayant une frontière commune avec eux.
– Les Espagnols ne font guère confiance à leurs voisins immédiats, Français et Portugais.
– Les Irlandais, Portugais, Danois et Grecs sont ceux qui obtiennent les taux de non-réponses les plus élevés de la part des autres pays, sans doute du fait qu'ils sont situés à la périphérie de la Communauté.

Images en proverbes

L'opinion que les peuples ont des autres ou d'eux-mêmes est reflétée, avec plus ou moins d'exagération, par les proverbes nationaux :

Allemagne : La poudre à canon et l'hérésie sont sorties de l'Allemagne (proverbe français).

Angleterre : Non seulement l'Angleterre, mais tout Anglais est une île (proverbe allemand).

Belgique : La patience est la vertu des Belges (proverbe espagnol).

Espagne : Il n'y a qu'à être en Espagne pour ne plus avoir envie d'y bâtir des châteaux (proverbe français).

France : La France est le plus beau royaume après celui du ciel (proverbe néerlandais).

Grèce : Dieu, ne voulant pas départir les Grecs, leur donna la poésie (proverbe français).

Irlande : L'Irlandais n'est jamais en paix que lorsqu'il se bat (proverbe irlandais).

Italie : Un homme qui n'a jamais été en Italie est toujours conscient de son infériorité (proverbe anglais).

Pays-Bas : Dieu a créé la mer, les Hollandais ont fait les Pays-Bas (proverbe latin médiéval).

Portugal : La « saudade » est un mal dont on jouit, un bien dont on souffre (proverbe portugais ; la saudade est une mélancolie propre aux Portugais).

JEUNES

Les moins de 15 ans représentent 19 % de la population européenne.

67 millions d'Européens (y compris l'ancienne RDA) ont moins de 15 ans, soit un peu moins de un sur cinq (contre un tiers dans l'ensemble du monde et jusqu'à 50 % dans certains pays d'Afrique ou d'Amérique centrale). La part des jeunes est particulièrement faible en RFA et en Italie, du fait des bas taux de fécondité ; le seul pays où elle dépasse 25 % est l'Irlande (voir *Démographie*). 93 millions d'Européens ont moins de 20 ans, soit 27 % de la population totale, ex-RDA comprise.

La plupart des jeunes poursuivent des études ; le taux de scolarisation à 20 ans est de 20 %. C'est l'une des raisons pour lesquelles ils habitent de plus en plus longtemps chez leurs parents : ils sont 75 % entre 15 et 24 ans contre 70 % en 1982. Les filles quittent le domicile des parents nettement plus tôt que les garçons, car elles se marient plus jeunes. Les autres raisons tiennent à l'augmentation de l'âge moyen au mariage (voir *Famille*) et aux difficultés de trouver un premier emploi (voir *Travail*).

LES JEUNES AU FOYER

Proportion de jeunes (15-24 ans) vivant chez leurs parents (1989, en %) :

I	L	E	IRL	GR	B	P	F	D	NL	UK	DK
91	90	85	84	79	79	77	75	67	65	63	48

Leur hiérarchie des valeurs est proche de celle des adultes.

Une enquête réalisée en 1987 par *Eurobaromètre* a montré que lorsqu'on propose aux jeunes une liste de valeurs à inculquer aux enfants, leurs réponses ne sont pas très différentes de celles des adultes. Trois éléments arrivent nettement en tête : les bonnes manières, le sens des responsabilités et la tolérance. Cette dernière est plus souvent citée par les femmes que par les hommes. Elle est prioritaire pour les Britanniques, les Danois et les Néerlandais ; elle l'est beaucoup moins pour les Grecs. Les bonnes manières sont également plus prisées au Royaume-Uni, en Italie et en Irlande qu'au Portugal. Le sens des responsabilités apparaît particulièrement important aux Allemands et aux Danois. Les jeunes Irlandais citent la foi religieuse deux fois plus que la moyenne et sont plus attachés à la notion de loyauté.

En matière politique, un jeune sur cinq refuse de se situer sur une échelle droite-gauche. La position moyenne se situe vers le centre, mais les jeunes sont plutôt plus à gauche que les adultes.

Oui à l'Europe

Les jeunes âgés de 15 à 34 ans de sept pays de la Communauté interrogés pour un sondage (*Le Monde-Campus/Renault/Faits et Opinions*, mars 1988) sont majoritairement favorables à l'Europe. Les plus enthousiastes sont les Espagnols et les Italiens. Les plus inquiets sont les Français et les Anglais. Les Belges et les Néerlandais sont neutres, tandis que les Allemands sont réservés.

20 % des étudiants de ces sept pays sont prêts à partir étudier ou travailler dans un autre pays de la Communauté et considèrent que l'échéance de 1993 est une chance pour eux. 7 % pensent d'ailleurs que dans dix ans ils auront changé de pays, 22 % de région. Ce qu'ils attendent d'un séjour dans un autre pays européen, c'est d'abord une « expérience » susceptible de leur apporter une plus-value professionnelle. Leur mobilité n'est pas seulement géographique : 80 % pensent qu'ils n'exerceront pas un métier proche de celui de leurs parents ; les deux tiers pensent qu'ils auront changé d'activité dans un délai de dix ans.

Les jeunes recherchent davantage les moyens d'expression personnelle que leurs aînés et sont plus ouverts sur le monde.

Les jeunes Européens s'intéressent à tout ce qui contribue à l'expression individuelle : sports, activités artistiques, spectacles. Ils sont davantage concernés que les adultes par l'égalité des sexes, la protection de l'environnement, les droits de l'homme et toute forme de discrimination vis-à-vis des minorités (étrangers, handicapés...). C'est pourquoi ils sont aussi plus nombreux à participer à des associations.

Eurobaromètre

Les principales causes qui, pour eux, valent la peine que l'on prenne des risques et que l'on accepte des sacrifices sont, par ordre décroissant : la paix dans le monde ; les droits de l'homme ; la lutte contre la misère ; la protection de la nature ; la liberté individuelle ; l'aide au tiers monde. Des causes comme la défense du pays, l'égalité des sexes, la foi religieuse, l'unification de l'Europe et la révolution arrivent derrière, dans cet ordre.

S'ils sont souvent préoccupés par la situation actuelle de la société dans laquelle ils vivent, ils considèrent qu'on ne doit pas la changer de façon radicale (4 % seulement sont tentés par l'action révolutionnaire), mais par des réformes progressives.

Sport, société, arts et spectacles

Les centres d'intérêt des 15-24 ans sont très proches dans les différents pays. Le sport, les problèmes de société, les arts et spectacles et les questions concernant l'environnement arrivent en tête dans la presque tous les pays.

La différence est beaucoup plus marquée entre filles et garçons. Les premières s'intéressent davantage aux questions de société ou aux autres pays qu'aux sports ; elles sont assez indifférentes à la science et à la technologie. Les deux sexes affichent un même désintérêt à l'égard des questions politiques et de la vie des régions.

L'insertion sociale des jeunes est devenue plus difficile.

Beaucoup de jeunes Européens éprouvent actuellement des difficultés à poursuivre leurs études, trouver un emploi et s'intégrer dans la société des adultes. Les moins de 25 ans représentent 20 % de la population active, mais 40 % des chômeurs ; un tiers d'entre eux cherchent un emploi depuis plus d'un an. La crise économique et les transformations qu'elle a engendrées ont accru la concurrence entre les individus, à l'école comme dans l'entreprise.

Pourtant, la formation des jeunes est en progrès constant. Ils effectuent en moyenne deux années d'études après la fin de la scolarité obligatoire. Leur connaissance des langues étrangères est aussi bien meilleure que celle des adultes : plus de 80 % en ont appris au moins une, contre moins de 60 % dans l'ensemble de la population. Enfin, près d'un sur deux acquiert des connaissances en informatique. La contrepartie de ces évolutions est qu'un jeune sur quatre estime aujourd'hui occuper un emploi sous-qualifié par rapport à ses connaissances.

Dans la perspective du Marché unique, les pays dans lesquels les jeunes souhaiteraient aller travailler sont en priorité la France et le Royaume-Uni, suivis de la RFA (voir ci-dessous). La Grande-Bretagne est de loin le pays dans lequel ils aimeraient faire des études, suivi de la France et de la RFA.

ITALIE

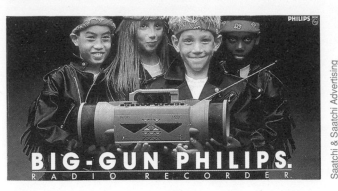

« Gros calibre. »

De la drogue au suicide

La difficulté qu'éprouvent les jeunes à vivre dans des sociétés de plus en plus dures et compétitives se manifeste par un certain nombre de problèmes d'importance croissante : problèmes psychologiques ; fugues ; délinquance ; consommation de tabac, alcool, drogue ; suicide... La drogue, partout présente en Europe, est le principal fléau (voir *Santé*) ; on estime que 85 % des toxicomanes ont moins de 30 ans (10 % ont entre 15 et 19 ans). Les trois quarts sont des garçons.

Le suicide a aussi beaucoup augmenté depuis une dizaine d'années parmi les 15-24 ans, plus que dans les autres tranches d'âge (voir *Santé*). Il faut noter que ces diverses manifestations de refus sont davantage individuelles que dans les années 60.

Le travail des enfants est un problème préoccupant dans les pays du Sud.

Les législations du travail protégeant les mineurs existent depuis le XIXᵉ siècle dans la plupart des pays de la Communauté (1873 en Espagne, 1841 en France, 1859 en Italie, 1874 aux Pays-Bas, 1875 au Danemark) ou le début du XXᵉ en Grèce (1912) et au Portugal (1911). Elles sont pourtant souvent violées dans certains pays, en particulier ceux de l'Europe du Sud. Ainsi, au Portugal, environ 200 000 enfants de 9 à 14 ans sont employés dans divers secteurs de l'économie, surtout le textile, la confection et la chaussure, mais aussi la maçonnerie et les carrières de pierre. Ils travaillent de 8 à 12 heures par jour pour des salaires mensuels de 5 000 à 7 500 escudos (200 à 300 francs).

Beaucoup d'enfants sont ainsi contraints de travailler dans des conditions inacceptables : cadences trop élevées, périodes trop longues, tâches dangereuses ou insalubres, parfois avilissantes, contre une rémunération faible ou inexistante et en l'absence de toute protection sociale. Cette situation a des répercussions sur leur santé, leur développement physique et intellectuel. Le plus souvent, le travail se substitue à l'éducation et à la formation.

Le travail des enfants n'est pas limité aux seuls pays du Sud. On le trouve aussi en France et au Royaume-Uni dans le secteur agricole ; dans ce dernier pays, un accident du travail sur cinq concerne un enfant de moins de quinze ans.

Malgré les difficultés, les jeunes se disent plutôt satisfaits.

Le jugement global que les jeunes portent sur la vie qu'ils mènent est très nettement positif : 97 % d'entre eux se disent heureux au Danemark, 94 % aux Pays-Bas, 92 % au Luxembourg. Les proportions sont plus faibles, quoique encore largement majoritaires en Espagne et au Portugal (78 %), en Italie (73 %) et en Grèce (66 %). Le classement de la satisfaction des jeunes est donc très semblable à celui des adultes (voir p. 272) ; comme celle de leurs aînés, la vie des 15-25 ans est plus facile dans les pays du nord de la Communauté que dans ceux du sud. Ici encore, le lien entre satisfaction et niveau de vie est très apparent.

Plus de huit jeunes sur dix se déclarent également très ou plutôt satisfaits des relations qu'ils entretiennent avec leurs amis ou avec leurs parents. Les différences nationales sont ici très faibles ; c'est aux Pays-Bas et en Irlande que les réponses sont les plus positives. Quant aux vacances et aux loisirs, les taux de satisfaction sont proches de 70 %.

Les relations amoureuses apparaissent plutôt moins satisfaisantes, puisque 22 % des jeunes déclarent que les choses vont dans ce domaine « moyennement bien », 7 % « plutôt mal » et 4 % « très mal ». Mais ce sont les perspectives d'avenir personnel (mariage, famille, etc.) et surtout professionnelles qui obtiennent les taux de satisfaction les plus bas : environ 50 %.

■ Au Brésil, 500 000 enfants travaillent plus de 49 heures par semaine. En Inde, 16,3 millions d'enfants travaillent. Aux Etats-Unis, 800 000 enfants n'ayant pas atteint l'âge minimum travaillent aux récoltes avec leurs parents et ne sont pas protégés contre les pesticides.

■ En 1987, un jeune sur cinq déclarait avoir de sérieuses difficultés financières, contre un sur six cinq ans plus tôt.

■ Parmi les jeunes de 15 à 24 ans qui occupent un emploi, un tiers l'ont trouvé grâce à des relations : parents, amis, membres de la famille. Un quart l'ont trouvé en s'adressant directement à des employeurs (candidatures spontanées). Le rôle des bureaux de placement et des petites annonces est très limité : environ un emploi sur quatre. Les enquêtes montrent que les jeunes chômeurs disposent en général de réseaux de relations moins étendus que ceux qui disposent d'un emploi.

PERSONNES ÂGÉES

La Communauté est la région du monde qui compte la plus forte proportion de personnes âgées.

Avec 14 % de personnes âgées de 65 ans et plus, la CE est la région la plus vieille du monde ; la proportion n'est que de 12 % aux Etats-Unis, 10 % en URSS, 5 % en Chine, 3 % en Inde. Lorsque les personnes nées pendant le « baby boom » (1945-1965) arriveront à l'âge de la retraite, vers 2010-2030, la part des personnes ayant au moins 65 ans sera égale à celle des moins de 15 ans (à l'exception de l'Irlande). C'est déjà le cas aujourd'hui en RFA. En 2025, un Européen sur quatre pourrait avoir 65 ans ou plus.

L'espérance de vie des personnes âgées de 60 ans dépasse aujourd'hui 17 ans pour les hommes et 20 ans pour les femmes dans la quasi-totalité des pays de la Communauté (voir *Démographie*). Elle s'est accrue d'environ 3 ans pour les hommes et 4 ans pour les femmes depuis 1960.

DÉPENDANCE DÉMOGRAPHIQUE

Nombre de personnes de 65 ans et plus pour 1 000 personnes de moins de 15 ans (estimation pour l'an 2000) :

| 260 | 320 | 420 | 475 | 515 |

* Hors ex-RDA.

OCDE

Les personnes âgées souffrent souvent de la solitude.

On constate presque partout une forte augmentation du nombre de personnes âgées vivant seules. 26 millions d'Européens sont dans cette situation. Au Portugal, plus de la moitié des personnes seules ont plus de 65 ans. En RFA, 53 % des personnes âgées de 65 ans et plus vivent seules. La proportion n'est que de 16 % en Espagne. Le phénomène concerne surtout les femmes, du fait de la surmortalité masculine.

La solitude des personnes âgées est aggravée par le fait que les générations cohabitent de moins en moins, surtout dans les pays du nord de la Communauté. La mobilité professionnelle et les différences de conceptions entre les générations expliquent aussi que les enfants sont souvent éloignés de leurs parents. Enfin, l'amélioration sensible de la situation financière des personnes âgées dans la plupart des pays d'Europe (voir ci-après) a sans doute favorisé cet éloignement à la fois géographique et moral par rapport aux anciens.

Les retraités coûtent de plus en plus cher aux collectivités.

Partout en Europe, le paiement des retraites par les actifs représente une charge croissante, du fait de l'importance du nombre de chômeurs et de l'allongement de la durée de la vie. Entre 1977 et 1984, les dépenses de retraite ont augmenté de 24 % par an en Espagne, alors que les cotisations progressaient seulement de 15 %. En Grande-Bretagne, le rapport entre actifs cotisants et retraités passera de 2,3 en 1985 à 1,8 en 2005. En RFA, les cotisations de retraite payées par les salariés ont doublé entre 1960 et 1982 ; pendant cette période, la proportion de retraités est passée de 37 pour 100 salariés à 60. En Italie, le rapport entre cotisants et retraités a chuté de plus de la moitié en vingt ans. Au total, les dépenses publiques de retraite représentent entre 10 et 15 % du PIB selon les pays, en incluant les fonds des régimes complémentaires, qui sont parfois considérés comme privés (Royaume-Uni).

Certains pays ont adopté un système de retraite de type « commutatif » (*)...

Ce modèle est celui des pays qui ont opté pour le droit de type napoléonien (France, Belgique, Italie). Les droits à la retraite y sont liés au travail fourni pendant la vie active et constituent la contrepartie des cotisations versées. Le montant des pensions dépend du profil de carrière, du nombre d'années de cotisations ; la proportionnalité entre pension et revenu est limitée par l'existence de planchers et de plafonds. Les pensions peuvent ainsi représenter au maximum 80 % du salaire de référence en Italie, 75 % en Bel-

(*) Etude publiée par François-Xavier Albouy et Denis Kessler dans la *Revue française des affaires sociales* (novembre 1989).

LES INACTIFS BIENTÔT MAJORITAIRES

Evolution du rapport entre les personnes de 60 ans et plus inactives par rapport à la population active (pour 1 000 actifs) :

	1950	1980	2000	2025
• Belgique	311	424	468	671
• Espagne	179	376	452	544
• FRANCE	235	361	386	560
• Grèce	153	366	494	559
• Irlande	200	304	257	342
• Italie	196	416	515	685
• Luxembourg	219	388	470	734
• Pays-Bas	210	364	401	756
• Portugal	158	263	313	428
• RFA	222	385	469	701
• Royaume-Uni	242	348	344	460

ONU, BIT

gique (pour les personnes mariées, sinon 60 %) et en RFA ; 50 % en France.

Ce sont les partenaires sociaux, syndicats salariés et patronaux qui gèrent les systèmes de retraite, souvent par le biais d'organes paritaires. Les décisions sont prises par les représentants des entreprises et des salariés et étendues par des conventions collectives.

... d'autres appliquent un système de type « distributif ».

C'est le cas des pays anglo-saxons (Danemark, Pays-Bas, Royaume-Uni). Il couvre l'ensemble de la population et dépend de la *qualité* des personnes, en général la citoyenneté et l'âge. Au Danemark, par exemple, il suffit d'avoir été résident pendant 40 ans pour percevoir une pension complète. Aux Pays-Bas et au Royaume-Uni, il est nécessaire d'avoir cotisé pour avoir droit à une allocation forfaitaire. La pension est complète au Danemark si le bénéficiaire a cotisé entre 15 et 64 ans, au Royaume-Uni s'il a cotisé pendant les neuf dixièmes de sa vie active. Contrairement au modèle précédent, les sommes perçues sont assez peu dépendantes des revenus de la vie active ; elles sont même totalement indépendantes au Luxembourg (pension constante, avec réduction pour chaque année sans cotisation).

L'Etat joue un rôle primordial dans la régulation du système, en liaison avec des organismes privés (fonds privés de retraite ou sociétés d'assurances) participant au financement des pensions. L'impôt reste la principale source de financement.

■ Le revenu des personnes âgées de 65 à 74 ans est égal à 84 % de celui de l'ensemble de la population en RFA, 76 % au Royaume-Uni. A partir de 75 ans, les chiffres sont respectivement de 77 % et 67 %.

Répartition ou capitalisation

Dans tous les pays de la Communauté, le financement de base des retraites est assuré par le système de la *répartition* entre les retraités des cotisations versées par les actifs. La France et l'Italie utilisent ce système à la fois pour les régimes de base et pour les régimes professionnels.

En RFA, au Royaume-Uni et aux Pays-Bas, le régime de base est celui de la répartition, mais les régimes professionnels ou d'entreprises recourent à la *capitalisation* ou à des systèmes mixtes (répartition et constitution de réserves). La Belgique et l'Espagne, qui fonctionnaient selon un système de répartition, ont récemment mis en vigueur des systèmes de capitalisation.

Aucun pays de la Communauté ne fonctionne aujourd'hui selon un système unique de capitalisation, mais celui-ci constitue un complément de plus en plus important à la répartition. Il concerne aussi bien les personnes que les entreprises, ou même la constitution de réserves au sein des régimes de répartition. L'harmonisation des systèmes de retraite (âge de la retraite, pensions, modes de financement...) n'a guère été abordée au sein de la Communauté.

Les revenus des retraités européens sont les plus élevés au monde.

De gros efforts ont été faits, depuis la Seconde Guerre mondiale, pour améliorer la situation des retraités. Dans la plupart des pays de la CE, la couverture sociale a été étendue aux catégories de non-salariés et les pensions ont été largement revalorisées, profitant de la longue période de prospérité économique.

Les taux de remplacement des salaires (montant de la pension exprimé en pourcentage des gains de l'année précédant la retraite) ont presque partout augmenté : en 1980, il était de 75 % en France (contre 56 % en 1969), 69 % en Italie (contre 61 %), 52 % au Danemark (contre 45 %), 47 % au Royaume-Uni (contre 43 %).

France : les retraités favorisés

L'âge moyen de cessation d'activité est plus bas en France qu'ailleurs : du fait de l'âge légal de la retraite et des mises en préretraite (souvent à partir de 55 ans) qui ont été effectuées au début des années 80, on ne compte parmi les personnes âgées de 55 à 64 ans qu'un actif sur deux, contre deux sur trois en Grande-Bretagne et quatre sur cinq au Japon. De plus, les retraités français disposent d'un revenu moyen supérieur à celui des actifs salariés.

Cette situation représente une charge importante et croissante pour la collectivité et les entreprises. En outre, certaines mesures d'harmonisation par rapport aux autres pays de la Communauté devront sans doute être prises dans la perspective de 1993. La protection sociale obligatoire devra de plus en plus être complétée par une protection facultative financée individuellement (retraite par capitalisation).

La consommation des personnes âgées est sensiblement différente de celle des autres ménages.

Les dépenses de santé des personnes âgées de 65 ans et plus sont en moyenne beaucoup plus élevées que celles des moins de 65 ans : le rapport varie de 2,2 (Italie) à 4,5 (Pays-Bas). Les postes alimentation et logement sont aussi proportionnellement plus élevés, du fait qu'ils sont difficilement compressibles et se rapportent à des revenus en général inférieurs à ceux du reste de la population.

Les postes habillement, transports et loisirs sont au contraire moins élevés, du fait d'une moindre mobilité et d'une plus faible pratique d'activités de loisirs. Ceci est d'autant plus vrai que les personnes sont plus âgées, car les « jeunes retraités » s'efforcent de plus en plus de profiter de leurs loisirs et de leurs revenus en voyageant, en partant en vacances plusieurs fois dans l'année.

■ Les personnes de 65 ans et plus représentent 14 % de la population de la CE, et seulement 5 % de celle de la Chine, 3 % de celle de l'Inde et de l'Indonésie.

■ Il y aura plus de 60 millions de personnes âgées de 65 ans et plus en Europe en 2040, soit une augmentation de 55 % en un demi-siècle.

■ A prestations constantes et à taux d'activité inchangés, la charge des retraités doublera dans l'ensemble de la Communauté d'ici à 2040.

■ En RFA, Belgique, Danemark, Espagne et Pays-Bas, les fonds de pension utilisés dans le cadre d'un système de capitalisation bénéficient d'exonérations fiscales.

FEMMES

Les femmes sont plus nombreuses que les hommes.

Bien qu'il naisse plus de garçons que de filles, les femmes représentent 51,4 % de la population de la CE (52 % en RFA, mais seulement 49,9 % en Irlande, voir *Démographie*). Ce phénomène est dû à la surmortalité masculine et aux deux guerres mondiales, qui ont fait davantage de victimes parmi les hommes. Il existe une zone en Europe dans laquelle on compte au moins 106 femmes pour 100 hommes ; elle couvre la totalité de la RFA, le sud de la Belgique, le Centre-Ouest français, le sud et le nord-ouest de l'Angleterre, le pays de Galles et l'Ecosse. On retrouve le même phénomène en Aquitaine, dans le Languedoc-Roussillon (France), la Ligurie, le Frioul-Vénétie Julienne (Italie) et la région de Copenhague.

La proportion de femmes s'accroît avec l'âge. Elles représentent environ 60 % des plus de 65 ans et près des trois quarts des plus de 85 ans.

ITALIE

« Je ne sais pas pour vous, mais moi je bois Aperol. »

Alberto Cremona

Une femme sur trois vit seule

L'accroissement du nombre des célibataires, de celui des divorces et la plus grande espérance de vie des femmes expliquent que beaucoup d'entre elles vivent seules. A partir de 75 ans, les femmes sont deux fois plus nombreuses que les hommes : 13 millions contre 6,7 millions pour l'ensemble de la CE.

Plus de la moitié des femmes en âge de travailler sont actives (ou à la recherche d'un emploi).

La proportion de femmes actives parmi la population féminine âgée de 15 à 64 ans atteint 78 % au Danemark, 59 % au Portugal, mais seulement 37 % en Irlande et 39 % en Espagne. Elle est en forte augmentation partout depuis le début des années 70 et traduit à la fois le désir des femmes d'affirmer leur autonomie, voire leur indépendance et d'améliorer le revenu du ménage.

Globalement, 40 % des actifs de la CE sont des femmes, contre 34 % en 1970, 38 % en 1980. La grande majorité (71 %) travaillent dans le secteur des services, 21 % dans l'industrie, 8 % dans l'agriculture. Les proportions sont très variables selon les pays : près de 90 % des Néerlandaises sont employées dans les services, contre 45 % des Grecques (15 % dans l'agriculture).

Elles sont plus touchées par le chômage et la précarité de l'emploi que les hommes.

12 % % des femmes actives sont au chômage, contre 7 % des hommes. La principale raison de la vulnérabilité des femmes est le manque de qualification. De plus, 84 % des travailleurs à temps partiel sont des femmes. Ce type de travail ne bénéficie pas toujours d'une protection sociale comparable à celle des emplois à temps plein. Surtout, il ne favorise pas la prise de responsabilités ni la promotion au sein des entreprises.

Partout en Europe, on retrouve les mêmes inégalités entre hommes et femmes sur le plan professionnel : formation insuffisante ; orientation inadaptée ; poids excessif des responsabilités familiales sur le déroulement de la carrière (mariage, maternité, entretien de la maison, éducation des enfants) ; concentration dans certains emplois moins qualifiés et dans des secteurs plus vulnérables ; rémunération inférieure. Des directives ont été adoptées par la Commission pour imposer aux Etats de supprimer toute discrimination fondée sur le sexe et donner à toute personne s'estimant victime de telles pratiques la possibilité de demander réparation. Autant que par la législation, le meilleur partage des responsabilités familiales et professionnelles passera par de nouveaux progrès dans les mentalités.

■ Au Danemark, seulement une femme sur 100 se marie avant 20 ans (plus des deux tiers au Bangladesh).

LES EUROPÉENNES

Evolution de la part des femmes dans la population, la population active et le chômage :

Eurostat

Les femmes poursuivent des études de plus en plus longues.

A 18 ans, on trouve aujourd'hui la même proportion d'étudiantes que d'étudiants (environ 40 %) ; en 1970, il y avait 28 % de garçons et 23 % de filles. Bien que minoritaires, après 19 ans, les filles sont plus nombreuses qu'auparavant à poursuivre des études. Mais le type d'études qu'elles choisissent reste davantage déterminé par les traditions : les disciplines scientifiques sont plus souvent réservées aux garçons, tandis que le secrétariat, l'enseignement, les professions paramédicales, les soins de beauté, la coiffure ou les arts ménagers restent des domaines typiquement féminins.

Elles sont encore très peu présentes dans la vie politique.

La part des femmes dans les organes de la vie politique et sociale reste faible, depuis les pouvoirs locaux jusqu'aux institutions européennes, en passant par les gouvernements et les parlements nationaux.

Même si la situation est en train de changer, on trouve encore très peu de femmes aux niveaux les plus élevés des administrations nationales et internationales, dans les entreprises privées, les organes de représentation des travailleurs et des employeurs ou dans les partis politiques. On constate cependant une percée dans les structures élues au sein des entreprises (conseils d'entreprises, comités d'hygiène et de sécurité).

Les Danoises mieux représentées en politique

On trouve environ une femme sur cinq parmi les ministres, diplomates et députés au Danemark et une sur trois à l'Assemblée *(Folketing)*. Les Néerlandaises occupent 21 % des sièges au *Tweede kamer*, les Allemandes 16 % de ceux du *Bundestag* et 13 % du *Bundesrat*, les Luxembourgeoises 11 % de la Chambre des députés, les Belges 8,5 % de la Chambre des représentants, les Irlandaises 8,4 % du *Dail Eireann* et 8,3 % du *Seanad Eireann*.

Les pays d'Europe du Sud restent les plus fermés à la présence féminine dans les institutions politiques ; on ne trouve que 4 % de femmes au *Vouliton Ellinn* grec, 6 % au *Senato della Republica* italien (mais 13 % à la *Camera dei deputati*), 6 % au *Senado* et 8 % au *Congreso diputados* espagnols, 6 % à l'Assemblée nationale et 2,5 % au Sénat français. Il faut ajouter le Royaume-Uni, qui ne compte que 6,5 % de femmes à la *House of Commons* et 5,6 % à la *House of Lords*.

■ Les politiques et lois d'égalité de rémunération entre hommes et femmes datent des années 70 dans la plupart des pays de la CE, mais 1960 en Italie, 1980 en RFA, 1984 en Grèce. Celles concernant l'égalité des chances face à l'emploi datent généralement des années 80.

LES FEMMES ET LA LOI

Principales législations* concernant les femmes :

	Divorce	Nom de l'épouse	Régime fiscal	Congé de maternité	Viol
Belgique	Admis. Possibilité de consentement mutuel. Adultère toujours considéré comme un délit, pour l'homme et la femme.	La femme peut garder son nom, mais la coutume veut qu'elle prenne le nom de son mari.	Revenus cumulés des deux époux imposés collectivement.	14 semaines à 79,5% du salaire.	Assimilé à un crime. Peine de 5 à 10 ans.
Danemark	Admis. S'il y a consentement mutuel, le divorce est simplifié et accordé par une autorité administrative.	L'épouse garde son nom si elle en fait la demande. L'époux peut prendre le nom de sa femme s'il en fait la demande.	Imposition séparée des revenus professionnels de la femme et commune pour les revenus mobiliers.	28 semaines. Salaire versé intégralement.	Assimilé à un crime. Peine de 1 à 10 ans.
Espagne	Admis. Réintroduit en 1981.			16 semaines à 75 % du salaire.	
FRANCE	Admis. Séparation de fait reconnue. Possibilité de consentement mutuel.	La femme peut garder son nom, mais la coutume veut qu'elle prenne le nom de son mari.	Le principe est le cumul des revenus du mari, de la femme et des enfants à charge.	16 semaines. Salaire versé intégralement. 7 mois au 3e enfant.	Assimilé à un crime. Peine de 10 à 20 ans.
Grèce	Admis. En aucun cas une séparation de fait n'est reconnue. Divorce toujours fondé sur la faute. L'adultère est un délit.	La femme au foyer porte obligatoirement le nom de son mari. La femme qui travaille peut garder le sien avec consentement du mari.	Imposition séparée de tous les revenus.	16 semaines. Salaire versé intégralement.	Assimilé à un cime. Peine de 5 à 10 ans.
Irlande	Interdit. Possibilité de vie séparée.	La femme peut garder son nom officiellement si elle le déclare devant un avoué.	Le principe est la taxation séparée des revenus des conjoints, mais un couple marié peut demander à être taxé sur les revenus cumulés, ce qui est plus intéressant.	14 semaines. Salaire versé intégralement.	Assimilé à un crime. Peine maximale : emprisonnement à vie.
Italie	Admis depuis 1970, confirmé par référendum depuis 1974. Possibilité de consentement mutuel.	La femme doit accoler officiellement à son nom le nom de son mari. Dans la pratique, elle garde souvent son nom de jeune fille seul.	Egalité des époux, contribuables distincts. Droit de choisir l'imposition commune, abattement pour conjoint à charge.	2 mois avant la naissance et 3 mois après à 80 % du salaire.	Assimilé à un crime. Peine de 3 à 10 ans.
Luxembourg	Admis. Possibilité de consentement mutuel.	Pas de loi. La coutume veut que la femme prenne le nom de son mari.	Cumul des revenus. Une seule déclaration pour deux, avec responsabilité collective.	16 semaines. Salaire versé intégralement.	Assimilé à un crime. Peine maximale : 15 ans.
Pays-Bas	Admis. Possibilité de consentement mutuel. L'enfant de plus de 14 ans est entendu par le juge.	La femme garde son nom. Elle peut, si elle le demande, prendre le nom de son mari.	Imposition séparée pour les revenus professionnels. Le reste est imposé sous le nom du mari.	16 semaines. Salaire versé intégralement.	Assimilé à un crime. Peine maximale : 12 ans.
Portugal	Admis.	La femme garde son nom et ajoute celui de son mari..		13 semaines.	

LES FEMMES ET LA LOI (fin)

	Divorce	Nom de l'épouse	Régime fiscal	Congé de maternité	Viol
RFA	Admis. Possibilité de consentement mutuel. Depuis 1980, fonds de garantie pour la pension alimentaire.	L'homme et la femme choisissent au moment du mariage le nom qu'ils désirent prendre. Obligation du même nom pour les deux.	Les couples choisissent de déclarer leurs revenus en commun ou séparément. Si l'un des deux veut l'imposition individuelle, chaque conjoint est imposé séparément.	14 semaines. Salaire versé intégralement.	Non assimilé à un crime. Peine minimale de 2 ans.
Royaume-Uni	Admis. Possibilité de consentement mutuel.	La femme peut garder son nom si elle en fait la demande.	Cumul des revenus, taxés comme un seul revenu. Possibilité peu avantageuse de taxer séparément les revenus propres de la femme.	18 semaines, non obligatoire. Versement d'une allocation fixe.	Réprimé à la discrétion des tribunaux.

* L'avortement est traité dans *Famille*.

Eurostat, OCDE

La condition légale des femmes reste très différente d'un pays à l'autre.

L'harmonisation européenne est encore loin d'être faite en ce qui concerne certains domaines touchant aux droits de la femme (voir tableau). Si la contraception est accessible partout, elle est interdite aux mineures en Grèce et en Irlande, et n'est remboursée qu'en Grande-Bretagne, en France, en Italie, Luxembourg et Pays-Bas. L'avortement reste interdit en Grèce et en Irlande (où il est vraiment réprimé).

D'une manière générale, les épouses peuvent garder leur nom de jeune fille dans la plupart des pays, mais à la condition le plus souvent d'en faire la demande ; la coutume veut qu'elles prennent le nom de leur mari. La règle est inversée aux Pays-Bas : les femmes gardent leur nom et ne prennent celui de leur mari que sur demande.

Les congés légaux de maternité varient de 13 à 28 semaines, entre le Portugal et le Danemark, avec des conditions de rémunération variables : plein salaire dans la majorité des pays, mais allocation fixe en Grande-Bretagne.

Le viol est assimilé à un crime dans la plupart des pays de la Communauté, à l'exception de la RFA (c'est d'ailleurs dans ce pays qu'il est le plus fréquent) et de la Grande-Bretagne ; les peines minimales encourues varient de 1 à 10 ans. Il n'existe de ministère de la Femme qu'en France et aux Pays-Bas (secrétariat d'Etat).

Enfin, l'égalité des salaires n'est réalisée nulle part (voir *Argent*). Le salaire moyen des femmes représente au maximum 86 % de celui des hommes (au Danemark), au minimum 63 % au Luxembourg. Ce pays est d'ailleurs le seul où l'égalité hommes-femmes n'est pas garantie par une loi.

La femme à la télévision

Une étude réalisé en 1988 dans la Communauté a montré que les spots publicitaires des télévisions mettent principalement en scène des femmes : jusqu'à 68 % en Grèce et en RFA. Les « voix off », qui résument les arguments et conseillent les téléspectateurs, sont le plus souvent masculines : 94 % en Irlande et 72 % au Luxembourg. La plupart des femmes sont présentées comme des ménagères (40 %), des épouses (19 %) ou des mères (17 %). Dans les feuilletons télévisés, les femmes sont présentées dans des situations érotiques dans 34 % des cas (contre 7 % pour les hommes). Enfin, la proportion de femmes journalistes présentant les journaux d'information est de 15 %.

Commission européenne

■ Une Allemande a dû faire, en 1979, un procès pour avoir le droit d'être embauchée sur un chantier. Les femmes grecques n'ont le droit d'être employées comme facteurs que depuis 1984. En France, les femmes n'ont pas le droit d'accéder aux professions sous-marines (pas de femmes-grenouilles !).

■ En Espagne, environ 9 % des femmes sont analphabètes et 6 % seulement poursuivent des études supérieures.

■ Au Portugal, il y a 20 ans, une femme n'avait pas le droit de sortir de son pays sans le consentement de son époux. Jusqu'en 1976, celui-ci avait encore légalement le droit d'ouvrir le courrier de son épouse.

■ Les mouvements féministes s'essoufflent un peu partout en Europe. Ils restent cependant très actifs à Berlin où existent des centaines d'associations et clubs réservés aux femmes.

IMMIGRÉS

La Communauté compte environ
13 millions d'étrangers.

Ce nombre constitue une estimation par défaut, dans la mesure où il ne tient pas compte des immigrés en situation irrégulière, sans doute assez nombreux dans des pays comme l'Italie ou la France. Plus de la moitié des immigrés (61 %) viennent de pays non européens (voir *Démographie*).

D'après une enquête réalisée par *Eurobaromètre* (décembre 1989), un habitant de la Communauté sur trois est en contact professionnel avec une personne d'une autre nationalité (deux sur trois au Luxembourg), un sur quatre avec une personne d'une autre race. La proportion est plus élevée aux Pays-Bas, en France et au Royaume-Uni. Bien que la majorité des Européens (plus de 80 %) déclarent qu'ils ne sont pas gênés par la présence d'étrangers, les différences culturelles, religieuses, d'instruction et de qualification rendent difficile l'intégration des immigrés dans la vie sociale et professionnelle.

La moitié environ des immigrés
sont musulmans.

Leur nombre est estimé en effet à 6,5 millions, dont la plupart sont originaires des pays du Maghreb. Près de 90 % d'entre eux vivent dans les trois principaux pays d'immigration : France, RFA, Royaume-Uni par ordre d'importance décroissante. Leur fécondité est plus élevée que celle des nationaux (bien qu'elle tende à s'en rapprocher après un certain nombre d'années de présence, voir *Démographie*), de sorte que leur poids dans la population augmente naturellement. Il faut noter qu'il y a autant de musulmans en Europe de l'Est que dans la CE.

Beaucoup de musulmans installés dans les pays de la Communauté ne sont pas des étrangers. Ils appartiennent en effet à la seconde génération. Nés de parents étrangers sur le sol du pays d'accueil, ils ont été pour la plupart naturalisés. C'est le cas par exemple en France (où environ 130 000 étrangers obtiennent chaque année la nationalité française) ou aux Pays-Bas.

La faible qualification professionnelle des immigrés et les réticences de certains employeurs font que le taux de chômage des immigrés ou enfants d'immigrés naturalisés est plus élevé que celui du reste de la population. Ils disposent donc d'un pouvoir d'achat plus faible et d'une plus grande vulnérabilité économique. Autant de facteurs qui tendent à renforcer leur marginalité.

La proportion croissante de musulmans dans les pays de la Communauté est à l'origine de débats nationaux sur la prise en compte des différences culturelles et religieuses (voir encadré).

6 MILLIONS DE MUSULMANS

Présence de musulmans (en milliers) (1) :

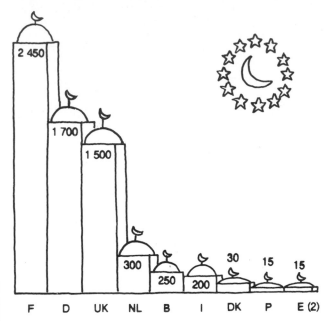

Estimations

(1) Entre 1980 et 1986.
(2) 1977.

Les musulmans à l'école

En France, le port du voile islamique par les jeunes filles dans les écoles laïques a fait l'objet d'un grand débat fin 1989. La majorité des Français le considèrent comme une provocation intégriste et un signe de soumission de la femme ; d'autres l'acceptent au nom de la liberté individuelle et de l'intégration.

Au Danemark, certaines municipalités ont supprimé la viande de porc des repas servis dans les écoles à la demande des familles musulmanes, soulevant de vives protestations auprès des autres parents.

En RFA, où l'enseignement de la religion catholique ou protestante est obligatoire à l'école (à moins d'une demande écrite des parents), celui du Coran a été laissé aux soins de centres musulmans. En Rhénanie-Westphalie, la crainte de voir des confréries islamiques politisées accroître leur emprise sur la communauté turque a entraîné des expériences d'enseignement du Coran dans des écoles primaires.

Au Royaume-Uni, le pouvoir de décision en matière d'éducation appartient aux collectivités locales et aux chefs d'établissement. La situation vis-à-vis de l'islam est donc différente selon les villes.

■ Aux Pays-Bas, la proportion d'enfants étrangers dans le secteur préscolaire et à l'école primaire a triplé en dix ans. Elle a doublé en RFA, où elle représente 13 % des effectifs du primaire et 19 % de ceux des maternelles.

L'autorisation de séjour est accordée selon les mêmes principes dans tous les pays.

Le principe de base, appliqué par tous les Etats de la Communauté, est que les étrangers désirant séjourner dans un pays membre doivent y avoir été préalablement autorisés, pour exercer un emploi ou dans le cadre du regroupement familial. Ce dernier cas est prévu dans les législations de tous les pays sauf l'Irlande et le Luxembourg, où il existe cependant en pratique.

Dans la majorité des cas, les titres de séjour ont une validité d'un an, susceptible d'être prolongée si les conditions initiales restent remplies sauf si leur titulaire a fait l'objet de sanctions pénales, a porté atteinte à l'ordre public ou, dans certains cas, lorsqu'il a recours aux fonds publics pour subvenir à ses besoins. La durée du séjour est illimitée en Belgique, en RFA, aux Pays-Bas et au Royaume-Uni ; elle est de 10 ans en France, 5 ans au Portugal et au Luxembourg, de 6 à 12 mois en Grèce. La validité du séjour est souvent liée à celle du permis de travail ; elle fait l'objet d'un document unique en France et en Irlande.

Les législations en matière d'immigration sont très distinctes.

Après la Seconde Guerre mondiale, seule la France disposait d'une véritable législation en matière d'immigration. Les autres pays ont dû progressivement définir leurs politiques et législations, sans tenir compte le plus souvent les uns des autres. Ainsi, l'enfant d'étrangers né en RFA ou au Danemark et y ayant vécu depuis au moins cinq ans lors de sa majorité restera étranger, tandis qu'il acquiert automatiquement la nationalité française.

Les législations sur le travail et le statut des réfugiés politiques sont également très différentes d'un pays à l'autre. Aux Pays-bas, tout étranger résidant depuis au moins cinq ans peut voter aux élections municipales s'il a plus de 18 ans ; il peut se présenter s'il a plus de 21 ans. En Italie, la loi de janvier 1987 garantit aux immigrés extracommunautaires et à leurs familles une égalité de traitement et de droit avec les travailleurs italiens, ainsi que l'accès à tous les droits sociaux et sanitaires, à l'enseignement, au logement, au maintien de l'identité culturelle. Malgré la libéralité du système, 110 000 immigrés clandestins seulement avaient demandé la régularisation de leur situation à fin 1988, à cause des complications administratives et du manque d'information.

- En grec, le mot *xenos* signifie à la fois étranger et invité.

- 45 % des Danois se déclarent « un peu » ou « tout à fait » racistes.

- On estime que l'Italie compte entre 300 000 et un million d'immigrés en situation irrégulière, l'Espagne 300 000, le Portugal 70 000 et la Grèce 40 000.

RFA : le rachat des *Volksdeutsche*

En 1988, 200 000 Polonais, Russes, Tchécoslovaques et Roumains, tous d'origine allemande, ont émigré vers la RFA. Ils appartenaient à la colonie germano-roumaine installée depuis deux siècles dans la plaine du Banat. Leurs visas d'immigration ont été achetés officiellement 8 000 DM (25 000 FF) auxquels s'ajoute l'équivalent en pots de vin. La colonie ne comptait plus que 200 000 personnes en 1988, contre 800 000 en 1939. Son « rachat » définitif pourrait être négocié par le gouvernement allemand pour un montant de 2 milliards de dollars.

Le droit au sol et le droit du sang déterminent les deux principales politiques de naturalisation.

La France, le Royaume-Uni ou la Belgique (comme les Etats-Unis, le Canada ou l'Australie) appliquent le principe du *droit au sol,* qui facilite l'acquisition de la nationalité du pays d'accueil par naturalisation. Les immigrés peuvent aussi l'obtenir par filiation, par la naissance (à l'arrivée à majorité) ou en cas de mariage avec un conjoint possédant la nationalité du pays.

En revanche, un pays comme la RFA applique le principe du *droit du sang.* Les possibilités d'accéder à la nationalité sont plus limitées et impliquent le renoncement à la nationalité d'origine. Pourtant, des procédures de naturalisation existent, qui tiennent compte de la durée de séjour et de la maîtrise de la langue, ce qui favorise les personnes de la « seconde génération ». Ce système explique la croissance lente mais régulière des chiffres de naturalisation en RFA.

D'une manière générale, l'acquisition de la nationalité est facilitée pour les enfants nés sur le territoire du pays d'accueil, sauf au Danemark, en Irlande et au Portugal (voir encadré). Le mariage avec un ressortissant national permet aussi d'obtenir facilement la nationalité du conjoint, sauf en Grèce.

FRANCE

« Couleurs unies de Benetton. »

Eldorado

Commission européenne, juin 1989

L'acquisition de la nationalité

Belgique. Par option, mariage ou naturalisation.
Danemark. Par mariage seulement.
Allemagne. Décision discrétionnaire des autorités (elle n'est un droit que pour le conjoint étranger d'un ressortissant allemand).
Espagne. Par naissance en Espagne, naturalisation ou résidence de 10 ans (2 ans pour les pays d'Amérique latine, d'Andorre, des Philippines et de Guinée-Equatoriale).
Grèce. Naissance ou naturalisation (par décision des autorités).
France. Naissance, naturalisation par voie de décret, ou acquisition par déclaration.
Irlande. Mariage ou naturalisation (si la résidence date d'au moins 5 ans).
Italie. Mariage, octroi après 5 ans de résidence, décret du président de la République, option pour les enfants étrangers nés en Italie.
Luxembourg. Option pour les enfants étrangers nés au Luxembourg, mariage mixte, scolarisation au Luxembourg, acquisition par les parents ou naturalisation après 10 ans de séjour.
Pays-Bas. Naissance aux Pays-Bas, déclaration individuelle des étrangers nés aux Pays-Bas ou naturalisation par voie de décret royal après un séjour d'au moins 5 ans.
Portugal. Décision discrétionnaire après un séjour d'au moins 6 ans ou mariage mixte.
Royaume-Uni. Naissance, naturalisation après un séjour d'au moins 5 ans, enregistrement pour les mineurs ou les conjoints de ressortissants britanniques.

Les étrangers bénéficient en général des mêmes droits que les nationaux.

Dans la plupart des pays de la Communauté, l'accès à l'enseignement, à l'apprentissage et à la formation professionnelle n'est pas discriminatoire. En Allemagne, il existe cependant un quota de 8 % d'étudiants étrangers dans les instituts d'enseignement supérieur. En Belgique, les étrangers présents depuis plus de 2 ans ont droit à des bourses d'études, mais ils doivent payer des droits d'inscription. Au Royaume-Uni, les droits d'inscription des étrangers sont plus élevés ; l'attribution des bourses d'études est liée à un séjour d'au moins trois ans avant le début des études.

Les problèmes d'intégration commencent à l'école.

L'intégration de la seconde génération d'immigrés passe par une formation scolaire satisfaisante, susceptible de déboucher sur un emploi qualifié. La population d'enfants étrangers (ou ayant des parents étrangers) est en augmentation rapide, alors que les populations scolaires nationales diminuent, du fait de la baisse de la fécondité. La proportion d'étrangers dans les classes augmente donc rapidement : en RFA, la population scolaire nationale a baissé de 9 % entre 1975 et 1983, alors que la population scolaire étrangère augmentait de 95 %.

Les enfants d'immigrés connaissent des échecs scolaires beaucoup plus fréquents que les autres. Moins qualifiés, ils éprouvent donc plus de difficultés à trouver un emploi. C'est ce qui explique que les jeunes de la seconde génération sont deux à quatre fois plus souvent chômeurs que les autres jeunes. Ceux qui travaillent doivent souvent se contenter de postes précaires et mal rémunérés.

L'intégration sociale et professionnelle s'effectue lentement.

Les difficultés d'installation et de cohabitation des immigrés de pays non communautaires sont nombreuses et croissantes (voir *Climat social*). Pourtant, la plupart des immigrés quittent leur pays avec la volonté de s'implanter dans le pays d'accueil. La durée des séjours des résidents étrangers tend à s'accroître : 87 % des Algériens en France sont présents depuis plus de dix ans ; c'est le cas de 74 % des Yougoslaves et 51 % des Turcs en RFA. Entre 1975 et 1985, un million d'immigrants ont été naturalisés en Europe. Aux Pays-Bas, les personnes naturalisées représentent 19 % de la population étrangère. Environ 3 millions d'immigrés ont une double nationalité.

Avec le temps, les travailleurs immigrés acquièrent une meilleure qualification et peuvent obtenir des postes mieux rémunérés. Mais la promotion est lente et les deux tiers restent dans l'industrie et le bâtiment, contre 38 % pour la population totale. L'immigration constituera sans aucun doute l'un des grands problèmes des pays de la Communauté au cours des prochaines années.

■ Parmi les pays d'immigration traditionnels, seuls la Belgique et le Luxembourg comptent moins de ressortissants d'Etats tiers que de ressortissants d'autres Etats membres de la CE.

■ 87 % des étrangers originaires de pays non membres de la CE résident en Allemagne (3,2 millions), en France (2,1 millions) et en Grande-Bretagne (1,7 million).

■ La population non communautaire d'étrangers est particulièrement nombreuse dans les tranches d'âge 0-14 ans et 15-44 ans. Elle est faible dans le groupe des plus de 65 ans.

■ Au Royaume-Uni, la moitié des immigrés originaires du Bangladesh ont moins de 16 ans.

■ En Belgique, Allemagne et Pays-Bas, les familles turques et marocaines comptent deux fois plus d'enfants (0-15 ans) que les familles autochtones.

■ En France, 40 % des familles d'au moins 4 enfants sont des familles d'immigrés.

■ En France, environ 9 % des mariages sont mixtes (un Français et un étranger).

L'opinion publique face à l'immigration

L'attitude des Européens à l'égard des immigrés varie fortement d'un pays à l'autre. 5 % seulement des Italiens dénoncent la « malhonnêteté » ou la « mauvaise éducation » des étrangers. 7 % des Français considèrent qu'« en général, les travailleurs immigrés sont plutôt moins travailleurs ». Mais 17 % des Belges estiment que les étrangers sont « arrogants dans la rue » et 19 % qu'ils « volent plus dans les magasins ». 20 % des Allemands jugent les Turcs « moins intelligents » qu'eux et 17 % les trouvent « brutaux et agressifs ».

Arabes ou non

L'acceptation des immigrés dépend largement de leur nationalité d'origine. 86 % des Français ne verraient pas d'inconvénient à avoir des Chinois pour voisins ; ils ne sont que 77 % dans le cas de Noirs et 59 % lorsqu'il s'agit d'Arabes. En RFA, les proportions sont respectivement de 50 %, 48 % et 24 %. C'est en Grande-Bretagne, aux Pays-Bas et en RFA que les relations entre nationaux et immigrés se sont le plus dégradées.

Assimilation ou intégration

Les attitudes à l'égard des différences culturelles sont généralement favorables. Près des trois quarts des Belges déclarent accepter que les étrangers gardent leurs coutumes, célèbrent leurs fêtes ou pratiquent leur religion. Les deux-tiers des Français trouvent normal que les musulmans puissent disposer de mosquées et 80 % pensent que les immigrés doivent avoir les mêmes possibilités de promotion professionnelle.

Mais ces déclarations apaisantes masquent en fait une réelle inquiétude des Européens. Dans tous les pays, le nombre d'immigrés et leur poids dans la population sont toujours surestimés. 85 % des Anglais, 80 % des Néerlandais, environ 60 % des Italiens et des Allemands jugent excessive la présence des étrangers.

Passé et présent

50 à 70 % des Français, Italiens, Allemands et Belges considèrent que les immigrés ont contribué dans le passé à l'essor industriel dans certains secteurs comme le bâtiment ou les travaux publics et reconnaissent leur utilité dans des travaux peu gratifiants souvent délaissés par les nationaux. Leur contribution actuelle est moins reconnue ; une proportion croissante d'Européens pensent même qu'ils sont la cause du chômage. C'est en Allemagne que l'argument paraît le moins convaincant.

Maintien ou renvoi

La moitié des Allemands demandent le renvoi des immigrés « si le travail se fait rare » ; la proportion de ceux qui considèrent que les étrangers devraient rentrer chez eux est passée de 39 à 68 % entre 1978 et 1982. L'opinion est plus nuancée dans d'autres pays ; dans environ 25 % des cas, les solutions d'interdiction ou de limitation des nouvelles immigrations sont préférées au renvoi des immigrés présents. L'opinion est massivement défavorable aux immigrés clandestins et à ceux qui ont commis un délit. Les plus sévères sont les Français ; 82 % sont favorables au renvoi, contre 63 % des Belges.

Cohabitation ou ghettos

En Grande-Bretagne, 87 % des personnes interrogées considèrent que les communautés asiatiques ou antillaises ne doivent pas se tenir à l'écart des Blancs. Les émeutes sanglantes d'octobre-novembre 1981 dans plusieurs quartiers de Londres (Brixton, Peckham, Tottenham) ont laissé des souvenirs douloureux. 52 % des Français sont favorables à la cohabitation ; 37 % préféreraient un regroupement des étrangers. Aux Pays-Bas, la proportion de personnes n'ayant pas d'objection à avoir des voisins d'autres races est passée de 86 à 46 % entre 1966 et 1981.

Droits civiques ou pas

La crainte d'une perte ou d'une diminution de l'identité nationale est forte dans la plupart des pays de la CE. Elle se traduit par une certaine hostilité à l'octroi de droits civiques aux étrangers. En RFA, les deux tiers des habitants refusent que l'on facilite l'accès à la nationalité allemande ; l'octroi automatique à la seconde génération n'est admis que par 42 % (32 % pour les Turcs en particulier). En Grande-Bretagne et aux Pays-Bas, les droits existants pour les immigrés originaires du Commonwealth ou le droit de vote aux élections municipales ne sont pas remis en cause.

Sondages divers

■ Le droit au regroupement familial concerne en général le conjoint et les enfants de moins de 18 ans (entre 16 et 21 ans selon les pays). Il s'applique parfois aux parents des immigrés.

■ La Belgique et l'Allemagne n'accordent plus le regroupement familial après une certaine période de résidence et le refusent aux étrangers qui en ont bénéficié eux-mêmes.

■ Aux Pays-Bas, le regroupement familial est accordé aux couples non mariés.

■ Entre juillet 1985 et juin 1986, l'Espagne a régularisé la situation de 58 000 étrangers. La France avait procédé à une régularisation en 1981-1982. Dans les deux cas, le nombre des demandes avait été plus réduit que prévu.

■ La Belgique et la France ont signé à l'époque de la pénurie de main-d'œuvre des conventions bilatérales avec l'Algérie, le Maroc, la Tunisie, la Turquie et la Yougoslavie. La RFA en a signé avec le Maroc, la Tunisie, la Turquie, la Yougoslavie et la Corée (mineurs). Le Luxembourg a signé avec la Yougoslavie. Les Pays-Bas avec le Maroc, la Tunisie, la Turquie, la Yougoslavie.

ÂGE ET SEXE :
LA FORCE DES MINORITÉS

par Michel LORIAUX*

Il y a beaucoup de manières différentes de regarder une société et le point de vue retenu ici repose sur une approche structurelle des principaux groupes sociétaux porteurs d'innovations ou de changements et susceptibles de constituer des facteurs de transformation de la société européenne dans les prochaines années et au début du xxie siècle.

Ces groupes sont principalement au nombre de trois : il s'agit des jeunes, des vieux et des femmes (surtout actives) qui forment chacun des minorités, mais qui, ensemble, représentent une énorme puissance de mutations sociologiques. Ce n'a pourtant pas toujours été le cas : pendant des siècles, on a douté que les femmes avaient une âme ; dans la société traditionnelle, les enfants étaient négligés ou réduits au rang de bêtes de somme ; quant aux personnes âgées, leur meilleure chance a longtemps été de ne pas perdre leur validité pour ne pas être contraintes à la mendicité.

Les évolutions récentes ont bouleversé la situation des groupes sociaux.

Les femmes ont progressivement conquis, depuis la fin du xixe siècle, leur indépendance politique et économique, à travers de lents mouvements de libération, qui ont parfois pris les formes de manifestations de suffragettes, de guerres des ventres ou de listes publiques d'avorteuses.

Il n'empêche que les Françaises n'ont eu accès au suffrage universel qu'en 1945 et que, dans la majorité des pays européens, les femmes parlementaires ne représentent encore que moins d'un dixième des effectifs des élus nationaux.

De même, les enfants ont vu leur cote monter à la bourse des valeurs, en même temps que leur « qualité » (mesurée par l'importance des biens et des services nécessaires à leur entretien) l'a emporté sur leur seule quantité, et lorsque les générations « pleines » du baby boom sont arrivées, elles ont bouleversé le marché de la consommation avant de porter la révolution au cœur même de la société, en mai 68.

Enfin, les vieillards relégués d'antan sont devenus des aînés courtisés, depuis que leur nombre est apparu un argument politique décisif, et la montée continue du troisième âge annonce l'avènement prochain de la civilisation des loisirs.

* Michel Loriaux est sociologue et économiste, chercheur et professeur à l'Institut de démographie de l'université catholique de Louvain (Belgique) et au Centre international de formation et de recherche en population et développement, sous l'égide des Nations-Unies. Il a dirigé la publication de *Populations âgées et révolution grise : les hommes et les sociétés face à leurs vieillissements* (Ciaco, 1990), ainsi que plusieurs autres ouvrages.

Les hommes actifs jouent un moindre rôle que dans le passé.

Le paradoxe est bien celui-là : à l'aube du troisième millénaire, le groupe le plus porteur n'est plus celui des adultes, mâles, actifs et bien-portants, qui a longtemps constitué le noyau dur de l'appareil productif économique, mais celui des femmes qui ont renoncé à être les potiches de la société, des jeunes qui ont compris que la formation était la plus grande richesse humaine et des vieux qui ont décidé de ne plus être les retraités de la vie.

Les personnes âgées de 65 ans et plus ne représentent encore que 15 % de la population totale, mais si la longévité continue à croître au rythme de ces dernières décennies pour atteindre 90 ans à l'horizon 2020 ou 2030, elles verraient alors leur poids relatif au moins doubler.

De l'autre côté de la pyramide, les jeunes de moins de 25 ans constituent encore environ un tiers de la population, malgré la chute continue de la fécondité enregistrée depuis 1965, et, parmi ceux qui sont en âge de scolarisation, un adolescent sur trois est engagé dans des études supérieures. Les femmes, enfin, contribuent déjà à l'emploi total à concurrence d'un tiers également des effectifs de travailleurs et le taux d'activité des plus jeunes d'entre elles ne cesse d'augmenter au fur et à mesure que la relève est assurée par des générations féminines mieux formées et plus participantes.

Nos sociétés sont entrées dans une ère de géritude, de féminisation et de valorisation du capital humain.

Une telle perspective pourrait être effrayante si on y reconnaissait surtout le spectre du dépeuplement, de la sénilité et de la disparition des valeurs viriles. Par contre, elle devient rassurante si on y voit d'abord une occasion de générer de nouveaux modèles de comportement, de produire des valeurs plus douces et de recréer des solidarités intergénérationnelles.

Mais les choses ne se joueront pas seulement au niveau culturel. Les trois groupes retenus sont également appelés à exercer une fonction de redynamisation économique et sociale en provoquant l'émergence de nouvelles normes de consommation et en participant à la vie collective au titre d'acteurs sociaux à part entière. Les jeunes, parce qu'ils seront avides de formation, soutiendront la demande dans les secteurs de l'éducation qui feront de plus en plus appel à des technologies avancées en matière d'enseignement programmé, de manipulation de l'information et de communication.

Il en ira de même des aînés, dont les besoins en matière de santé, de sécurité ou de loisirs contribueront au développement de secteurs à haute productivité : génie génétique, bionique, télématique, etc.

Quant aux femmes, leur participation accrue à la force de travail accentuera encore l'automatisation du travail domestique et le besoin de services de substitution pour « l'élevage » des enfants. Tous tiendront lieu d'interface entre la société technologique et la société de communication qui se déploient sous nos yeux, parallèlement à l'entrée en scène de la troisième révolution scientifique et industrielle.

Le sexe et l'âge seront des critères de différenciation sociale croissante.

Cette nouvelle stratification sociale aura pour effet de réhabiliter des individus considérés jusque-là comme marginaux ou comme des charges pour la collectivité et de revaloriser des activités sociales trop longtemps reléguées au rang des dépenses improductives. L'Europe sociale se construira peut-être un jour, en dépit des obstacles dressés par l'Europe des financiers et des marchands, parce que des jeunes, des femmes et des vieux auront réussi à imposer, grâce à leur poids sociologique, mais aussi à leurs caractéristiques rénovées et à leurs besoins spécifiques, un modèle de société différent de celui qui domine depuis des siècles, et qui a engendré quelques-uns des plus grands maux auxquels l'humanité est actuellement confrontée : misère, famine, analphabétisme, pollution, mal-développement, chômage, drogue, criminalité, etc. Un rêve ? Pas sûr !

UN TIERCÉ GAGNANT :
LES JEUNES, LES FEMMES ET LES VIEUX

Structures par sexe et âge de la population européenne vers 1990 :

Rétrécissement à la base, gonflement au sommet, surféminisation des classes âgées, tendance à la rectangularisation constituent les principales caractéristiques de cette pyramide des âges européenne qui met en évidence les trois groupes porteurs d'innovations.

Les jeunes de moins de 25 ans (bleu clair) sont forts de 113 millions, parmi lesquels environ 70 millions sont engagés dans des cycles d'études (à temps plein). Les femmes de 25 à 64 ans (bleu moyen) représentent un effectif de 83 millions et, par rapport à l'ensemble de la population féminine, 55 millions de femmes sont actives (blanc). Les vieux de 65 ans et plus (bleu foncé) atteignent déjà les 45 millions, parmi lesquels 10 millions sont des vieillards de 80 ans et plus.

Ces groupes sont fortement différenciés : ils ont des ressources, des valeurs, des modèles de référence spécifiques, prenant leur origine dans la diversité de leurs histoires générationnelles.. Mais ils ont aussi en commun d'avoir des besoins nouveaux, de réclamer un statut social révisé adapté à leur condition et de revendiquer des changements profonds de société. En cela, ils seront les principaux initiateurs du changement social et les plus grands animateurs de la vie communautaire de demain.

En particulier, les femmes d'âge intermédiaire (de 45 à 64 ans) exerceront un rôle central de relais entre les générations les plus jeunes et les plus âgées, puisqu'elles seront à la fois « mères » de leurs parents âgés (sinon

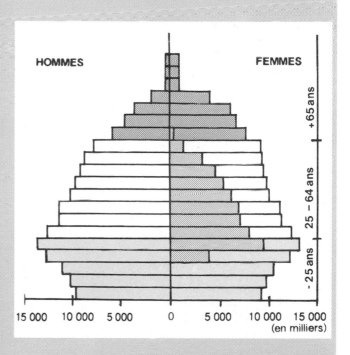

de leurs grands-parents) et mères de leurs enfants : une double filiation lourde à assumer, conjointement à des prises de participation plus fréquentes à la vie économique, mais qui pourrait déboucher sur l'apparition de nouvelles formes d'échanges intergénérationnels et de solidarité familiale.

ESSAI DE RÉGIONALISATION DES FACTEURS DE CHANGEMENT SOCIAL

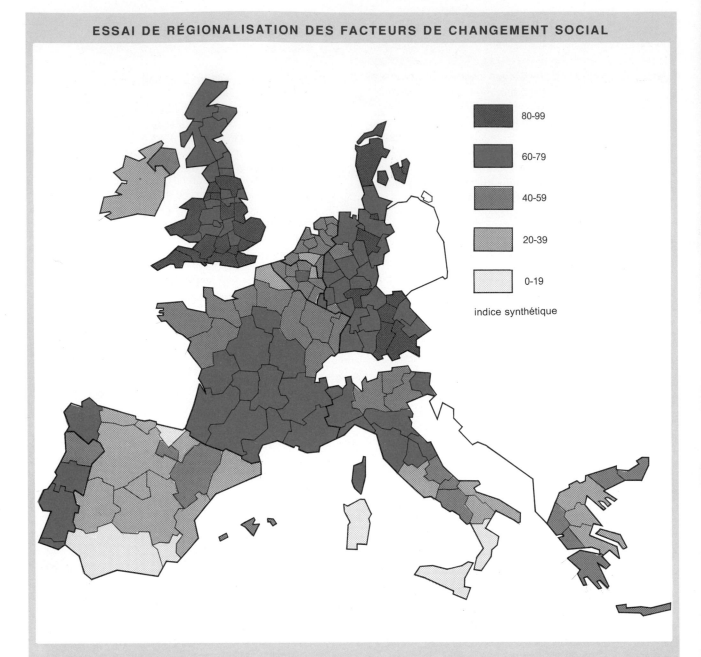

80-99

60-79

40-59

20-39

0-19

indice synthétique

Une société est une réalité complexe et qui tend même à le devenir de plus en plus au fur et à mesure où l'histoire avance. Pourtant, cette « complexification » accrue va de pair avec une tendance à l'uniformisation entre les pays. Autrement dit, l'évolution rapide de nombreux phénomènes n'empêche pas une convergence des situations vers un standard commun.

Il reste néanmoins que le paysage européen n'est pas plat et qu'il subsiste dans nos sociétés suffisamment de différences pour faire le bonheur des statisticiens. La constatation de ces différences s'impose d'autant plus lorsque les unités d'analyse sont infranationales, qu'il s'agisse de régions, provinces, départements, etc. Le niveau II de la nomenclature des unités territoriales statistiques (NUTS) de la CE regroupant 168 régions a été retenu pour mettre en évidence cette diversité et tenter de détecter les proximités et les similitudes qui peuvent structurer les divergences observées.

L'analyse a consisté à extraire par une méthode statistique les dimensions principales qui se profilent derrière un ensemble de dix indicateurs relatifs aux trois groupes sociaux observés et qui étaient, pour une part, des mesures de structures démographiques et, pour une autre, des mesures d'activité et de chômage. L'hypothèse sous-jacente était la suivante : les régions accueillant « généreusement » un ou plusieurs des trois groupes et leur réservant une place privilégiée (par des taux d'activité élevés et/ou de chômage faibles) sont celles dans lesquelles les mutations socio-culturelles seront vraisemblablement les plus rapides et les plus importantes. Autrement dit, l'avenir appartiendrait aux régions où la pression innovatrice liée aux minorités agissantes serait la plus forte.

Les notes en facteur obtenues sur la première composante principale (qui concentre environ 50 % de la variabilité initiale des données régionales) ont été transformées en une échelle codée de 0 à 100, qui a ensuite été réduite à 5 classes d'égale importance utilisées pour la représentation cartographique.

Les résultats font apparaître des contrastes internationaux assez grands, doublés de variations régionales plus limitées, mais non négligeables. Les valeurs les plus faibles de l'indice concernent le sud de l'Espagne et de l'Italie, ainsi que l'Irlande ; les valeurs les plus fortes le sud de l'Angleterre, l'est de l'Allemagne et le Danemark. Le centre et le sud de la France forment, avec le nord de l'Italie, une grande région homogène de niveau intermédiaire.

TRAVAIL

45 % d'actifs (38 % en Espagne, 57 % au Danemark) ■ 33 % de femmes actives (26 % en Espagne, 51 % au Danemark) ■ 5 millions de travailleurs étrangers ■ 70 % d'ouvriers dans l'industrie ■ 60 % des emplois dans les services, 8 % dans l'agriculture (plus de 20 % en Grèce et au Portugal) ■ Huit actifs sur dix salariés (50 % en Grèce) ■ 10 à 25 % de fonctionnaires ■ Travail au noir plus fréquent dans le Sud ■ 8,6 % de chômeurs (16 % en Espagne et en Irlande) ■ Femmes, jeunes et immigrés plus touchés par le chômage ■ Allongement de la durée de recherche d'emploi ■ Réglementation du travail moins formelle au Royaume-Uni et au Danemark ■ 1 700 à 2 000 heures de travail effectif par an ■ Développement des emplois précaires ■ 14 % des actifs à temps partiel (surtout dans le Nord) ■ 80 % de syndiqués au Danemark, 10 % en France

POPULATION ACTIVE

150 millions d'Européens sont actifs, soit 45 % de la population totale.

Le nombre total d'actifs comprend toutes les personnes occupant effectivement un emploi, mais aussi les chômeurs, y compris les personnes à la recherche de leur premier emploi. Il comptabilise à la fois les civils et les non-civils (militaires du contingent ou de carrière) et prend en compte l'ancienne RDA.

La proportion d'actifs varie de 38 % en Espagne à 57 % au Danemark. L'ampleur de cet écart s'explique par les différences concernant l'emploi des femmes : celles-ci représentent 46 % de la population active civile au Danemark, contre 34 % en Espagne. De plus, une forte proportion de Danois travaille à temps partiel : 24 % des actifs (dont 80 % sont des femmes).

L'évolution de l'emploi au cours des dernières années s'est faite dans quatre directions particulières : la « tertiarisation » (importance croissante des activités de services) ; la féminisation (augmentation du nombre de femmes actives) ; la précarisation (montée des emplois de type précaire : contrats à durée déterminée, intérim, stages, travaux d'intérêt collectif...) ; les difficultés croissantes des plus jeunes et des plus âgés sur le marché du travail.

Entre 20 et 50 ans, trois Européens sur quatre sont actifs.

Dans la tranche d'âge qui précède (14-19), ils sont un peu moins d'un tiers (31 %), du fait de la poursuite des études, obligatoires jusqu'à 16 ans dans la plupart des pays de la Communauté (voir *Instruction*). Au-delà de 50 ans, le taux d'activité diminue assez rapidement : 68 % entre 55 et 59 ans ; 26 % entre 60 et 64 ans ; 9 % entre 65 et 69 ans. Il faut noter que près de 3 % des Européens travaillent

PLUS DE FEMMES ET MOINS D'HOMMES AU TRAVAIL

Evolution de la part de la population active dans la population totale (1988, en %) :

	Total		Hommes		Femmes	
	1960	1988	1960	1988	1960	1988
• Belgique	39,2	42,8	55,8	51,5	23,2	34,4
• Danemark	45,7	56,6	63,7	62,2	28,0	51,1
• Espagne	39,7	38,4	64,0	51,7	16,8	25,5
• FRANCE	43,6	43,2	60,0	51,0	28,2	35,8
• Grèce	43,3	39,5	59,8	50,7	27,6	28,7
• Irlande	39,4	37,0	58,3	51,5	20,3	22,6
• Italie	45,0	42,9	64,1	56,3	26,9	30,3
• Luxembourg	41,9	47,3	62,4	63,4	22,0	32,0
• Pays-Bas	37,6	45,0	59,3	56,2	16,1	34,0
• Portugal	37,6	47,2	65,3	56,4	12,7	38,6
• RFA	47,7	48,2	63,7	60,8	33,6	36,5
• Royaume-Uni	46,8	49,4	65,2	58,8	29,6	40,5
• CE	44,2	44,8	62,9	55,8	26,8	34,4
• Etats-Unis	39,6	50,1	54,0	57,0	25,5	43,5
• Japon	48,4	50,3	58,4	61,3	38,7	39,7

OCDE

encore à 70 ans et plus (environ 7 % en Irlande, en Grèce et au Portugal).

La forme actuelle de la pyramide des âges fait que le nombre des jeunes entrant dans la vie active a commencé à diminuer depuis le début des années 80. Il continuera à décliner sous l'effet de la baisse de la natalité (voir encadré ci-dessous).

Population active et démographie

La croissance de la population active devrait diminuer dans la CE au cours des prochaines années, sous l'effet de certains facteurs démographiques comme la baisse de la fécondité et le déséquilibre de la pyramide des âges dû au vieillissement. Le ralentissement sera très net en Italie et au Royaume-Uni, modéré en France ou en Espagne.

D'ici 1995, il faudrait que la France crée 250 000 emplois par an pour retrouver son taux de chômage d'avant le second choc pétrolier de 1979. La situation de l'Allemagne sera très contrastée entre l'Ouest, où la population active va peu croître, et l'Est, où beaucoup d'emplois vont disparaître du fait de la restructuration économique. Dans tous les pays, l'immigration et le travail féminin joueront également un rôle important dans l'évolution du nombre d'actifs.

La répartition des emplois s'est transformée depuis la crise économique de 1974.

Les quinze dernières années ont été marquées par des changements de fond dans la structure des emplois en Europe. La diminution de la croissance, entre le milieu des

années 70 et le début des années 80, a provoqué à la fois la montée du chômage et une restructuration des économies. La redistribution des activités de production dans le monde, notamment au profit des pays d'Asie du Sud-Est et de l'Est (Taiwan, Hongkong, Singapour, Corée du Sud, Thaïlande, Chine, Pakistan, Malaisie...) a eu des conséquences notables sur les emplois. Des secteurs comme l'habillement (textile et chaussure), les chantiers navals, la sidérurgie, la construction mécanique et les biens d'équipement, ont subi une concurrence nouvelle. La Communauté a perdu dans ces secteurs 1,4 million d'emplois entre 1980 et 1986.

L'évolution technologique (électronique, biotechnologie, industrie nucléaire...) a également joué un rôle important sur la répartition, la nature et la qualification des emplois. De nouveaux emplois, mais aussi des formes nouvelles d'emploi (temps partiel, intérim, contrats à durée déterminée...) se sont développées dans tous les pays afin de répondre au souci de flexibilité des entreprises. Enfin, la structure de l'emploi s'est largement modifiée ; le poids de l'agriculture et même de l'industrie a diminué, au profit des services qui sont les seuls créateurs d'emplois.

■ En RFA, 43 % des ouvriers de l'industrie ont au moins 10 ans d'ancienneté dans leur entreprise, contre 25 % au Danemark et 10 % en France et en Belgique. C'est le cas d'environ un non-ouvrier sur deux dans l'ensemble de la CE.

■ En RFA et en France, plus de 50 % des salariés travaillent dans des établissements employant plus de 500 personnes, contre moins de 40 % en Belgique, au Luxembourg, en Irlande et au Danemark.

■ Entre 1983 et 1986, 80 % des emplois créés étaient féminins et les trois quarts étaient à temps partiel.

SERVICES COMPRIS

Répartition de l'emploi civil par secteur d'activité (1988, en % de la population active) :

	Agriculture	Industrie	Services
• Belgique	2,7	28,2	69,1
• Danemark	6,3	26,3	67,4
• Espagne	14,4	32,5	53,1
• FRANCE	6,8	30,4	56,8
• Grèce	26,6	25,4	48,0
• Irlande	15,4	27,8	56,8
• Italie	9,9	32,6	57,5
• Luxembourg	3,4	31,6	65,0
• Pays-Bas	4,8	26,5	68,5
• Portugal	20,7	35,1	44,2
• RFA	4,3	41,2	54,5
• Royaume-Uni	2,2	29,4	68,3
• CE	7,6	33,2	59,2
• Etats-Unis	2,9	18,7	70,2
• Japon	7,9	34,1	58,0

Eurostat

GRANDE-BRETAGNE

« L'homme d'affaires qui attrappe nos vols du soir pour rentrer chez lui ne manque pas les rendez-vous importants. »

Entre 1975 et 1987, la CE a perdu près de 8 millions d'emplois dans l'industrie et 4 millions dans l'agriculture.

Les secteurs industriels les plus touchés ont été le textile, la sidérurgie et, à un moindre degré, la chimie et l'industrie des transports. Pendant cette période, la RFA a perdu 3,8 millions d'emplois (mais elle connaissait en même temps une baisse démographique). Le Royaume-Uni a créé seulement 400 000 emplois, la France 2,5 millions. L'Italie réussissait à en créer 7,1 millions, tout en continuant d'accroître son taux de chômage. A titre de comparaison, les Etats-Unis ont créé 38 millions d'emplois pendant la période 1970-1987.

Les créations d'emploi dans le secteur des services (13,4 millions entre 1975 et 1987) ont permis de compenser seulement en partie les pertes de l'industrie et de l'agriculture. La très grande majorité des postes créés l'ont été dans les petites entreprises. Une bonne partie d'entre eux sont des emplois peu qualifiés et mal rémunérés (commerce de détail, restauration rapide...). Enfin, beaucoup sont des emplois précaires.

L'avenir vu par les patrons

Les dirigeants d'entreprises de huit pays de la Communauté (RFA, Belgique, Espagne, France, Grande-Bretagne, Italie, Irlande et Pays-Bas) considèrent que c'est la fonction commerciale qui est aujourd'hui la plus importante (68 % des réponses), devant la recherche et développement (15 %), la fonction industrielle (12 %) et la finance (4 %). L'évolution de la concurrence les préoccupe davantage que celle des besoins des consommateurs ((32 % contre 20 %).

Les réponses ont permis de réaliser une typologie des chefs d'entreprise par rapport à leur vision de l'Europe de 1992 : les enthousiastes l'emportent (29 %), devant les flegmatiques (qui n'attendent rien de particulier, 21 %), les « filiales avant tout » (considèrent que l'avenir passe par la création de filiales dans les autres pays, 14 %). Un tiers des patrons n'ont pas de vision très claire ou positive de l'avenir européen : les partagés (12 %), les indifférents (11 %) et les craintifs (13 %).

KPMG Peet Marwick

Une femme sur trois exerce une activité professionnelle.

Les proportions varient beaucoup selon les pays : de 26 % en Espagne à 51 % au Danemark. Ces écarts importants s'expliquent surtout par des différences culturelles : dans les pays méditerranéens, la femme travaille traditionnellement plus souvent au foyer que dans une entreprise extérieure. De plus, les possibilités de travail à temps partiel, plus nombreuses dans les pays du Nord, jouent un rôle important d'incitation au travail féminin.

LES FEMMES MOINS QUALIFIÉES

Taux de féminisation ajustés par qualification (*) dans 8 pays (en %) :

	Belgique	Danemark	FRANCE	Irlande	Italie	Luxem-bourg	Pays-Bas	RFA	8 pays
Ouvriers									
- Qualifiés	6	2	8	14	7	2	8	2	6
- semi-qualifiés	26	-	37	28	29	11	21	30	31
- Non qualifiés	42	30	39	22	26	77	47	61	41
Non-ouvriers									
- Cadres supérieurs	10	5	6	-	2	10	2	3	4
- Autres cadres	9	5	8	-	8	13	5	8	7
- Assistants	29	5	24	-	24	36	12	32	22
- Employés	50	17	50	-	50	77	67	76	56
- Maîtrise A	6	37	7	-	7	8	5	1	5
- Maîtrise B	7	31	15	-	15	1	12	10	9

CERC

(*) De telle sorte que les moyennes par pays soient toutes identiques à la valeur du taux de féminisation moyen des 8 pays. Cela évite l'effet des écarts, parfois importants, entre les taux de féminisation globaux des pays.

L'arrivée des femmes sur le marché du travail a été spectaculaire depuis 1977 : le nombre de femmes actives s'est accru de 19 % en dix ans, contre seulement 2 % pour les hommes. L'accroissement a été du même ordre au Japon ; il a atteint 36 % aux Etats-Unis.

On constate aussi que l'évolution du taux d'activité masculine reflète celle de l'activité féminine. Ainsi, le Danemark est le pays où les deux taux sont les plus élevés de la Communauté. A l'inverse, l'Espagne connaît des taux peu élevés pour les deux sexes.

Les femmes travaillent plus à la maison, moins au bureau

D'après des enquêtes effectuées dans quatre pays (Royaume-Uni, Danemark, France, Pays-Bas), les femmes consacrent partout plus de temps que les hommes au travail domestique et moins à une activité professionnelle ; l'écart est important entre les Néerlandaises actives qui travaillent en moyenne 31 heures par semaine et les Anglaises et les Françaises (40 heures). Il serait intéressant de mener des enquêtes similaires dans les autres pays de la CE, afin de savoir si des écarts séparent les pays latins et les pays anglo-saxons.

Les femmes occupent des emplois moins qualifiés que les hommes.

La plupart des ouvrières européennes sont non-qualifiées. Parmi celles qui ne sont pas ouvrières, 90 % occupent des postes d'employées d'exécution ou d'assistantes ; c'est le cas de moins de la moitié des hommes. Les femmes sont largement majoritaires dans certains secteurs d'activité, tels que le textile, la construction électrique ou électronique ou les machines de bureau. Elles sont nombreuses dans l'agriculture, surtout dans le sud de l'Europe où les petites exploitations sont prépondérantes.

Moins de 10 % des femmes actives sont cadres ; la proportion de femmes cadres supérieurs est inférieure à 5 % (elle atteint 10 % en Belgique et au Luxembourg). Elles ont également une moindre ancienneté au travail, du fait d'une entrée plus récente sur le marché du travail et d'interruptions de carrière plus fréquentes (maternités, périodes consacrées à élever des enfants en bas âge).

Les patronnes rares

D'après une enquête réalisée sur les sept pays les plus développés de la Communauté, c'est en France que l'on trouve le plus fort pourcentage de femmes exerçant une fonction de direction : 22 %. La proportion est de 15 % au Danemark et en Italie, 13 % en RFA et en Belgique, 10 % en Grande-Bretagne, 4 % aux Pays-Bas. Les femmes patrons sont plus nombreuses dans les petites entreprises que dans les grandes.

La Communauté compte environ 5 millions de travailleurs étrangers.

Ils sont surtout concentrés en RFA (plus de 2 millions de salariés étrangers), en France (1,2) et au Royaume-Uni (850 000). Au Luxembourg, 65 % des étrangers sont actifs (et ils occupent 36 % des emplois), contre 47 % seulement pour les nationaux. La proportion est de 65 % contre 54 % en RFA. Dans les autres pays, les écarts sont de moindre amplitude. Ils sont inversés dans les pays les moins déve-

PROFESSIONS

Activité professionnelle des Européens de 15 ans et plus (1989, en %) :

	B	DK	D	E	F	GR	IRL	I	L	NL	P	R-U	CE
• Agriculteurs	1	3	1	1	5	10	10	2	1	1	5	1	**2**
• Artisans	8	3	4	7	4	9	4	10	5	2	8	5	**6**
• Indépendants, cadres sup., prof. libérales	4	4	7	3	4	6	5	4	9	6	1	11	**6**
• Cadres moyens, employés	18	28	18	13	21	12	10	18	24	22	18	18	**18**
• Ouvriers	16	22	17	14	13	10	15	11	15	10	23	19	**15**
• Inactifs	53	39	53	62	53	53	56	55	46	59	45	46	**53**

Eurobaromètre

loppés : 42 % d'actifs parmi les étrangers en Grèce, contre 50 % parmi les nationaux ; 40 % en Espagne (contre 46 %), 53 % au Portugal (contre 58 %).

Les travailleurs étrangers occupent pour la plupart des emplois peu qualifiés. C'est pourquoi ils sont plus nombreux que les nationaux à connaître le chômage et les emplois précaires.

Clandestins européens

Les travailleurs clandestins présents dans la CE viennent de plus en plus souvent des autres pays européens. La majorité des infractions constatées en matière de travail illégal (emploi d'étrangers sans titres de travail, travail clandestin...) concernent en effet des citoyens européens. En France, où l'on parle beaucoup des immigrés clandestins en provenance du Maghreb, ce sont en fait les Portugais qui sont les plus nombreux.

Les secteurs qui détournent le plus fréquemment les lois en vigueur sont le bâtiment et les travaux publics, l'agriculture, le textile, le commerce de détail et les hôtels-cafés-restaurants. Un certain nombre d'entreprises profitent de l'absence de moyens de lutte contre ces trafics de main-d'œuvre.

Les ouvriers représentent 70 % des effectifs de l'industrie.

La diversité des pratiques en matière de hiérarchie et de législation du travail rend difficile la comparaison des statuts des actifs. Une étude réalisée sur huit pays montre cependant que plus des deux tiers des travailleurs de l'industrie sont des ouvriers. La proportion est même de trois sur quatre en Italie, en Belgique et au Luxembourg. C'est aux Pays-Bas que la proportion d'ouvriers est la plus faible.

On constate que la main-d'œuvre ouvrière est plus qualifiée dans les pays du Nord, particulièrement en RFA et en France. En RFA, 50 % des élèves en âge scolaire suivent

un apprentissage en entreprise, en introduction à leur vie active. Dans les pays du Sud, l'industrie collabore beaucoup moins fréquemment avec les établissements de formation. Au Portugal, plus de 75 % de la population active n'ont aucune qualification scolaire ou professionnelle. En Espagne, 28 % des jeunes de 16 à 24 ans qui arrivent sur le marché de l'emploi n'ont qu'un diplôme d'enseignement primaire. En Grèce, 75 % des travailleurs ne dépassent pas le niveau d'éducation de base.

GRANDE-BRETAGNE

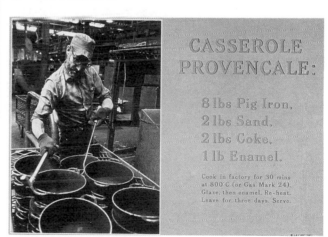

Saatchi & Saatchi

■ Le nombre de niveaux hiérarchiques est plus élevé en France qu'en Allemagne, ce qui se traduit en France par un gonflement des effectifs de cadres moyens.

■ La part des ouvriers dans l'ensemble de la main-d'œuvre industrielle est de 56 % aux Pays-Bas, 66 % en RFA et 77 % en Italie.

■ Entre 1975 et 1987, 26 millions d'emplois ont été créés aux Etats-Unis et 7 millions au Japon.

Travail et classes sociales

Lorsqu'on leur demande à quelle classe sociale ils ont le sentiment d'appartenir, 42 % des Européens se situent dans la classe moyenne et 44 % en dessous : 26 % dans la classe ouvrière, 16 % dans la classe moyenne inférieure (chiffres 1989). Les plus modestes ne sont pas les plus pauvres, puisque 45 % des Britanniques se rangent parmi la classe ouvrière, contre 17 % des Espagnols et 18 % des Italiens.

L'appartenance à la classe supérieure est revendiquée par 1,6 % des Européens. La proportion est de 4 % en Allemagne, 3 % en Belgique, 2 % en France, 1 % aux Pays-Bas et en Italie. Elle est très faible (inférieure à 1 %) dans les sept autres pays. Le refus de se classer est le plus fort au Luxembourg et en Belgique (14 et 9 %, contre 2 % en moyenne).

Cette appréciation subjective de l'appartenance à une classe sociale ne traduit pas la réalité de l'échelle des revenus entre les pays. Elle est la conséquence de divers éléments constitutifs des hiérarchies sociales propres à chaque pays : naissance, niveau d'instruction, patrimoine, activité professionnelle, etc. Elle est enfin étroitement liée à l'histoire sociale.

La majorité des Européens travaillent dans les services.

Près de 60 % des actifs sont aujourd'hui employés dans le secteur des services marchands (commerces, assurances, banques, transports...) et non marchands (essentiellement les administrations). La proportion était de 50 % en 1975. Les deux seuls pays dans lesquels le taux est inférieur à 50 % sont la Grèce et le Portugal, où l'agriculture occupe toujours environ un quart de la population active. Les femmes sont les plus nombreuses dans ce secteur : 72 %, contre 50 % des hommes actifs.

La part des services dans l'emploi total de la CE est inférieure à celle des Etats-Unis (plus de 70 %), et supérieure à celle du Japon (55 %).

La part de la main-d'œuvre employée dans l'industrie a diminué depuis 1973.

Après avoir légèrement progressé pendant les années 50 à 70, le secteur de l'industrie a diminué depuis le premier choc pétrolier. Il s'est stabilisé depuis 1987 à environ un tiers des emplois, contre 40 % en 1973.

La part de l'industrie dans l'emploi pourrait continuer à décroître dans les prochaines années, sans pour autant s'accompagner d'une réduction de la production, du fait des gains de productivité possibles grâce aux technologies nouvelles. Une partie des emplois perdus serait d'ailleurs compensée par l'accroissement des services aux entreprises, qui font partie de leurs « investissements immatériels » : formation, études, communication, etc.

LA MONTÉE DU TERTIAIRE

Evolution de l'emploi par secteur d'activité (ensemble CE, en %) :

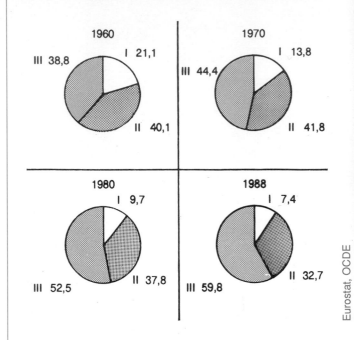

Travailleurs frontaliers

Le flux le plus important de travailleurs frontaliers à l'intérieur de la Communauté s'effectue de France vers la RFA (environ 35 000 personnes par jour). D'autres flux existent depuis la Belgique, la France et la RFA vers le Luxembourg (environ 25 000 personnes), entre la Belgique et les Pays-Bas (20 000 personnes), entre la Belgique et la France (15 000 personnes), des Pays-Bas vers la RFA (plus de 10 000 personnes).

Il faut y ajouter 60 000 Français, 40 000 Italiens et 25 000 Allemands qui vont travailler en Suisse. Les mouvements se font évidemment surtout en direction des pays où les salaires sont les plus élevés et les possibilités d'emploi plus grandes.

Les agriculteurs représentent moins de 8 % des actifs, trois fois moins qu'en 1960.

L'Europe des Dix comptait environ 21 % d'agriculteurs en 1960 (57 % en Grèce) et 15 % en 1965. Elle n'en compte plus que 7,5 % en 1990. L'entrée de l'Espagne et du Portugal, pays à forte tradition agricole, a accru leur part dans l'Europe des Douze. L'agriculture occupe encore une place importante dans les quatre pays les moins développés de la Communauté : plus de 20 % de la population active en Grèce et au Portugal, 15 % en Espagne et en Irlande. Le taux dépasse même 50 % dans de nombreuses régions rurales. Elle est beaucoup moins présente dans l'économie de

LA TRADITION AGRICOLE

Part de l'agriculture dans l'emploi des régions (1986, en % de la population active) :

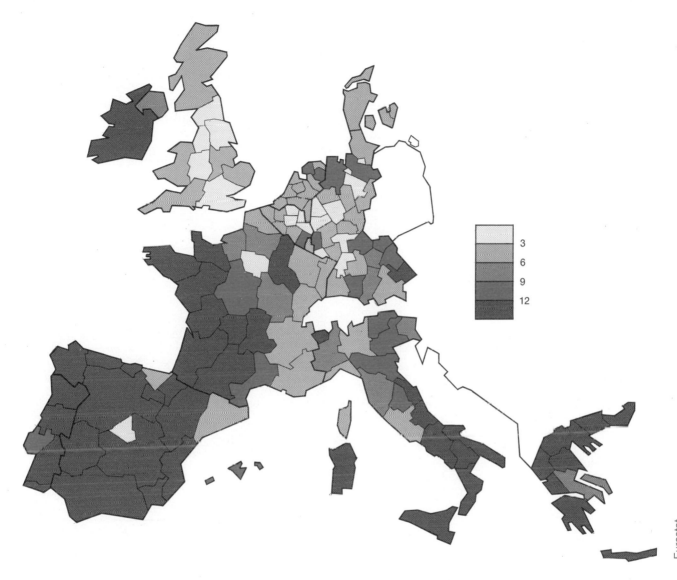

Eurostat

la Grande-Bretagne, de la Belgique, du Luxembourg et des Pays-Bas.

L'exode rural se poursuit néanmoins dans les pays du Sud (voir *Démographie*) et contribue à la diminution de l'emploi agricole. Dans la plupart des pays, la proportion de femmes agricultrices est proche de celle des hommes ; beaucoup d'épouses d'agriculteurs contribuent au travail de l'exploitation.

▪ L'encadrement représente en moyenne environ 8 % des effectifs salariés de l'industrie, 1,4 % étant constitué de cadres supérieurs. La proportion de cadres est élevée en RFA et aux Pays-Bas, faible au Luxembourg et en Belgique.

Paysans du Nord, paysans du Sud

Si la vache frisonne noir et blanc se retrouve un peu partout en Europe, les systèmes d'élevage ne sont pas uniformes et conduisent à des tailles d'exploitations et à des rendements différents) ; il en est de même des cultures. Aux Pays-Bas ou au Danemark, les paysans sont de véritables chefs d'entreprises, alors que ceux du Sud sont plus attachés aux traditions. Ces différences de mentalité et de revenus se traduisent par des modes de vie différents.

Les sociétés européennes ont besoin de leurs paysans pour assurer la production alimentaire, et pour entretenir l'espace végétal et les paysages. C'est pourquoi les paysans allemands sont encouragés à pratiquer la pluriactivité, ce qui permet aux petites exploitations de survivre.

Huit actifs sur dix sont salariés.

La grande majorité des travailleurs européens sont des salariés de l'industrie ou du commerce. Les taux les plus élevés sont ceux du Luxembourg, des Pays-Bas, du Royaume-Uni, du Danemark et de la RFA, proches de 90 %. Les plus faibles sont ceux des pays les moins développés : Espagne (71 %), Portugal (69 %), et surtout Grèce (50 %). Ils sont en hausse dans la quasi-totalité des pays membres. A titre de comparaison, la proportion de salariés est supérieure à 90 % aux Etats-Unis ; elle est de 76 au Japon et de 100 % en URSS.

La proportion de personnes ayant un statut de non-salarié (employeurs, indépendants, aides familiaux) est en moyenne de 19 % pour la CE. Elle reste cependant majoritaire en Grèce (51 %). Elle est également élevée en Italie, en Espagne (30 %) et en Irlande (25 %). Sur les 19 millions de travailleurs indépendants ou patrons, la plupart (15 millions) sont des hommes.

Cadres : une spécialité française

La notion de cadre recouvre des définitions et des statuts différents selon les pays. Leurs motivations sont cependant semblables : salaire (premier critère lors d'un changement d'entreprise) ; titre valorisant et avantages en nature ; qualité de la vie personnelle. L'appellation de cadre revêt une importance particulière en France, où l'on différencie les cadres moyens, les cadres supérieurs et les cadres dirigeants.

Dans les quatre pays les plus développés de la Communauté, les cadres travaillent en moyenne 47 heures par semaine. En règle générale, ils sont assez peu mobiles. Le tennis est leur sport préféré (squash en Grande-Bretagne et en Espagne).

Les fonctionnaires représentent 10 à 25 % de la population active selon les pays.

Les statuts des agents de la fonction publique sont très différents selon les pays (modes de recrutement, formation, attributions). Dans les quatre plus grands Etats de la Communauté, l'effectif du personnel d'administration dépasse 10 % de la population active : 16 % en France et en Belgique ; 12 % en Espagne ; 11 % au Royaume-Uni et en RFA.

Mais les personnes rattachées à la fonction publique sont souvent plus nombreuses. Ainsi, en France, il faut ajouter aux fonctionnaires de type classique (2,6 millions) les agents des collectivités territoriales (800 000), les employés des hôpitaux (650 000), et les quelque 2 millions de salariés des entreprises du secteur public. Au total, un peu plus de 6 millions d'actifs dépendent de l'Etat, soit un actif sur quatre.

Le nombre des fonctionnaires a augmenté de 30 % entre 1970 et 1980 pour la CE, ce qui a entraîné des charges budgétaires très lourdes.

Italie : les fonctionnaires absents

Les 3,5 millions de fonctionnaires italiens détiennent le record de l'absentéisme. Au ministère de l'Industrie, ils cumulent en moyenne 67 jours de maladie par an. Au ministère de l'Intérieur, 55 % des employées sont parties en 1987 en congé de maternité. Près de 300 000 employés ont effectué une cure thermale. La conséquence est une lenteur insupportable pour les usagers ; il faut par exemple six mois pour obtenir un rendez-vous chez un dentiste de la Sécurité sociale.

RFA

« Appelle donc ! »

Le travail au noir concerne souvent plus de 10 % des actifs.

Une part importante de l'activité économique échappe à la comptabilité des nations (voir *Economie*). C'est le cas du « travail au noir » (travail des enfants ou des immigrés clandestins), des activités délictueuses (vols, fraudes, fausse-monnaie, vente de stupéfiants, paris et jeux clandestins...), de la fraude fiscale ou des activités non-marchandes (travail domestique, bénévolat...).

La part de la population active impliquée dans le travail au noir représenterait entre 3 et 6 % en France, 8 à 12 % en RFA, 12 % au Royaume-Uni, 15 à 20 % en Belgique. Elle occupe une place importante en Italie : la ville de Naples ne compte officiellement aucun fabricant de gants ; elle est pourtant le premier producteur du pays dans ce domaine. Les secteurs de l'agriculture, du bâtiment, de la confection et certains services (commerce ambulant, tourisme) sont particulièrement concernés par ce type d'activité.

Espagne : l'œuvre au noir

Une enquête réalisée en 1986 montrait qu'un travailleur espagnol sur cinq travaillait au noir, sans contrat de travail ni cotisation régulière à la Sécurité sociale. 36 % des femmes et 38 % des jeunes étaient concernés, surtout dans les régions du Sud et celles à dominante agricole. 9 % de la population active occupaient plusieurs emplois non déclarés à la fois. Sur les trois millions de chômeurs, près de 500 000 pratiquaient une activité souterraine et souvent aléatoire.

Les Etats hésitent sur l'attitude à adopter face au travail au noir.

La montée du chômage due à la crise économique est sans doute l'une des causes principales du développement du travail au noir. Mais l'accroissement du temps libre, l'avancement de l'âge de la retraite et l'allongement de la durée de vie ont favorisé la recherche d'activités de remplacement ou de complément à l'activité professionnelle normale. L'économie parallèle a aussi été provoquée par la modernisation des productions, qui a rendu difficile la survie des activités traditionnelles, à faible degré de mécanisation. Enfin, la pression fiscale a joué un rôle déterminant dans les pays où elle est très élevée, aussi bien pour les entreprises que pour les particuliers.

Bien qu'il réduise les recettes de l'Etat, le travail noir constitue dans certains pays une sorte de soupape de sécurité au chômage. Il a en outre un effet favorable sur l'inflation, dans la mesure où il tend à faire baisser les prix. C'est pourquoi il est parfois toléré ou peu sanctionné dans certains pays.

Italie : le second métier

En Italie, 10 à 35 % des actifs recourraient au travail clandestin. Dans certaines régions très touchées par le chômage (Mezzogiorno), le travail au noir est en effet presque une condition de survie. Dans les autres, il constitue un moyen de compléter son salaire. A Rome, près de 80 % des fonctionnaires pratiqueraient une seconde, voire une troisième activité clandestine ! Les grandes entreprises du Nord en bénéficient également, par l'intermédiaire de la sous-traitance.

L'Italie est le premier pays à avoir adopté officiellement la semaine de 35 heures. Cet horaire réduit incite les actifs à s'adonner au travail au noir, afin de compléter des revenus souvent modestes. Cette habitude ne concerne pas seulement les plombiers, électriciens ou maçons, mais aussi les fonctionnaires ou employés de bureau.

■ Les Européens représentent 75 % de l'emploi dans le secteur textile, 60 % dans la chaussure, 55 % dans le jouet.

CHÔMAGE

La Communauté compte 13 millions de chômeurs.

Pendant les années 60 et jusqu'au premier choc pétrolier de 1973-1974, le taux de chômage était compris entre 2 et 3 %, sauf en Italie et en Irlande où il atteignait 5 %. Entre 1976 et 1986, le nombre de chômeurs a triplé dans l'Europe des dix. En 1990, 14 millions de personnes étaient sans emploi dans la Communauté à douze (ex-RDA comprise), soit un actif sur dix.

L'Europe a été plus durement et plus longuement touchée que les Etats-Unis ou le Japon. Mais il y aurait aux Etats-Unis un « chômage caché » important, constitué de chômeurs découragés ne figurant plus dans les statistiques. Leur nombre est estimé à 7,5 millions en 1989, de sorte que le taux de chômage serait de 10 %, contre 5,5 % officiellement.

Les deux chocs pétroliers et la récession économique qui a suivi ont entraîné un très fort accroissement du chômage dans tous les pays de la CE, à des dates et à des degrés divers. Seul le Luxembourg a échappé au fléau, du fait de sa structure économique particulière, essentiellement basée sur les services (près de 70 % de la population active).

L'ESCALADE

Evolution des taux de chômage (en % de la population active, définitions nationales, sauf 1990) :

	1960	1968	1980	Moyenne 60-68	1990 (1)
• Belgique	3,3	2,9	7,7	5,7	9,1
• Danemark	1,9	1,2	6,5	-	6,6
• Espagne	2,4	2,9	11,2	7,8	15,9
• FRANCE	1,4	2,7	6,3	-	9,4
• Grèce	6,1	5,6	2,8	4,6	7,8 (2)
• Irlande	5,6	5,3	7,3	8,5	16,7
• Italie	5,5	5,6	7,5	6,9	10,8
• Luxembourg	-	-	-	-	1,6
• Pays-Bas	0,7	1,4	6,0	-	8,9
• Portugal	1,9	2,5	7,7	-	5,0
• RFA	1,0	1,2	3,3	3,3	5,3
• Royaume-Uni	1,3	2,1	5,6	4,8	6,1
• CE	2,4	2,8	6,2	5,2	8,6
• Etats-Unis	5,4	3,5	7,0	6,0	5,2
• Japon	1,7	1,2	2,0	1,8	2,1

(1) Février 1990 - Taux standardisés.
(2) 1989.

Eurostat, OCDE

LE CHÔMAGE DES RÉGIONS

Taux de chômage par région (1988, en % de la population active) :

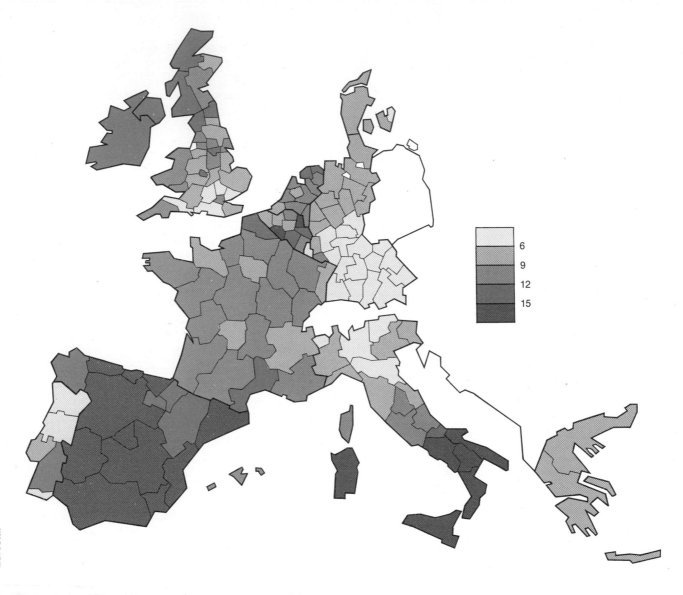

Eurostat

Les régions sont très inégalement touchées.

En 1990, les taux de chômage régionaux variaient de 2 % à plus de 30 %. Les plus élevés étaient ceux du sud de l'Espagne (Andalousie, Canaries, Estrémadure), de l'Irlande, et de la Sardaigne et du Basilicate (Italie). Le Luxembourg, la Thrace et la Crète (Grèce) étaient les régions les plus favorisées, devant le Bade-Wurtemberg et la Bavière (RFA) et le Val d'Aoste italien.

Les régions rurales ont subi avec retard les effets de la restructuration économique, car elles ont profité pendant une quinzaine d'années de la décentralisation industrielle qui s'opérait parallèlement. Aujourd'hui, les caractéris-

tiques de l'environnement économique régional (réseaux d'information et de communication, qualification de la main-d'œuvre) jouent un rôle plus important que le coût de la main-d'œuvre dans les implantations industrielles. Les industries fondées sur les nouvelles technologies ont tendance à se concentrer dans quelques zones à forte tradition scientifique et technique, bien équipées en infrastructures et en services : Allemagne du Sud, Sud-Est de la France, etc.

■ Les chômeurs belges doivent pointer tous les jours au bureau d'emploi.

■ Les chômeurs anglais ne peuvent sortir du territoire britannique sous peine d'être rayés des listes du chômage.

Chômage et productivité

Le niveau de croissance économique insuffisant ne suffit pas à expliquer le très fort accroissement du chômage dans la CE. L'évolution de la « productivité apparente du travail », qui mesure la valeur ajoutée ou le revenu réel par unité de travail, est un facteur important : à main-d'œuvre égale, on crée plus de biens, ou des biens de meilleure qualité qui ont donc une valeur plus élevée. Cette productivité s'est accrue en Europe à un rythme bien supérieur à celui de l'industrie américaine. La croissance économique y a donc été moins créatrice d'emplois.

La montée du chômage est aussi liée aux fortes hausses de salaires dans la plupart des pays de la Communauté. Elles ont eu pour effet de rendre le travail plus cher que le capital, ce qui a empêché les entreprises d'investir. D'autres contraintes sociales ont aussi pesé sur les entreprises. La diminution de la durée du travail et le manque de flexibilité dans les embauches, les horaires de travail et les procédures de licenciement ont rendu difficile l'adaptation à une situation économique instable.

La situation de l'emploi s'est globalement améliorée depuis 1984.

L'amélioration de la conjoncture économique au cours de la seconde moitié des années 70 n'a pas permis de stopper la montée du chômage, sauf en RFA, en Irlande et en Grèce, où il s'est provisoirement stabilisé. La hausse s'est poursuivie au cours de la nouvelle période de récession de 1980-1982. Il s'est à nouveau stabilisé dans un certain nombre de pays à partir de 1984, en particulier en Grande-Bretagne, en Belgique et en Espagne (à un niveau très élevé).

L'évolution récente a été contrastée. Le taux de chômage a augmenté en France, en Irlande et en Italie. Fin 1990, les pays les moins touchés étaient, par ordre décroissant, le Luxembourg, le Danemark, la Grèce, le Portugal et la RFA. Le niveau peu élevé du chômage au Portugal s'explique par un fort taux d'émigration. L'Espagne et l'Irlande étaient en queue de peloton, avec des taux proches de 16 %.

Le taux de croissance nécessaire pour ramener le chômage de chaque pays à son niveau de 1979 (généralement considéré comme acceptable) varie de 0,6 % par an au Danemark à 4,4 % en Irlande. Il est situé entre 3 et 4 % pour les Pays-Bas, la France, l'Espagne et le Royaume-Uni, en dessous de 3 % pour les autres pays.

La crise du golfe Persique a bouleversé les perspectives économiques.

Les perspectives de maintien durable de la croissance dans un contexte d'inflation limitée, qui prévalaient jusqu'en août 1990, ont été balayées par la crise déclenchée par l'Irak. Sans qu'il soit possible de l'estimer avec précision, il est évident que le nouvel environnement géopoli-

ti-que international aura des conséquences négatives sur les économies européennes et sur l'emploi.

En tout état de cause, les pays du Sud de la Communauté risquent de conserver des taux de chômage plus élevés que les pays du Nord si leurs déséquilibres macro-économiques (inflation, contraintes extérieures) demeurent. Ce risque est renforcé par les aspects démographiques et sociaux. Au cours des prochaines années, la population en âge de travailler va augmenter au Sud tandis qu'elle va diminuer au Nord. Le nombre de femmes à la recherche d'un emploi devrait également s'accroître plus fortement au Sud.

D'UNE CRISE À L'AUTRE

Taux de chômage observés pendant les périodes de crises de 1929 et 1973 et évolution (en % de la population active) :

	1929	1933	1937	1973	1983	1987
• Etats-Unis	1,0	24,9	13,2	5,8	9,6	6,0
• FRANCE	0,5	7,2	3,4	6,0	8,9	11,3
• RFA	9,3	26,3	4,6	3,3	8,4	8,1
• Royaume-Uni	7,3	14,1	7,8	4,7	11,6	11,0

Données nationales

Les femmes sont plus touchées par le chômage que les hommes.

Début 1990, 11,6 % des femmes actives étaient sans emploi, contre seulement 6,6 % des hommes. L'écart serait encore plus grand si l'on prenait en compte les femmes travaillant à temps partiel et cherchant un emploi à plein temps ou celles qui, découragées, ont cessé toute recherche et restent au foyer.

C'est encore en Espagne et en Irlande que la proportion de femmes à la recherche d'un emploi est la plus élevée. mais c'est en Italie (surtout en Sicile), en Belgique (en particulier dans le Limbourg) et en Grèce (dans les régions d'Athènes et de Thessalie) que leur handicap est le plus marqué. En revanche, le taux de chômage féminin est plus faible que celui des hommes au Portugal et au Royaume-Uni.

Les emplois féminins sont souvent plus vulnérables.

La disparité entre les sexes s'explique par le fait que les femmes occupent en moyenne des postes moins qualifiés, qui sont plus touchés par les améliorations de productivité. On constate cependant que le nombre des emplois offerts aux femmes continue d'augmenter plus vite que l'emploi masculin (il s'agit souvent d'emplois à temps partiel). Mais la demande féminine de travail s'accroît encore plus vite que l'offre.

FRANCE

Les femmes sont en général en situation plus favorable lorsque le travail à temps partiel est développé, ainsi que dans les grandes agglomérations à forte activité tertiaire (Paris, Bruxelles, Copenhague, Hambourg, Berlin). Elles sont au contraire plus vulnérables dans les régions industrielles : Limbourg belge et néerlandais ; Anvers ; Liège, Braunschweig ; Nord-Wesphalie, Nord-Est espagnol.

LES FEMMES ET LES JEUNES D'ABORD

Evolution de la part des femmes et des jeunes de moins de 25 ans dans le chômage (en % du nombre total de chômeurs) :

	Femmes		Jeunes	
	1968	1989	1970	1989
• Belgique	31,8	60,8	25,0	45,4
• Danemark	32,1	53,3	-	22,5
• Espagne	13,0	51,3	42,6	36,8
• FRANCE	56,9	58,2	14,2	27,1
• Grèce	37,1	60,0	-	27,4
• Irlande	15,0	36,1	-	26,0
• Italie	47,7	57,4	-	41,6
• Luxembourg	-	33,3	-	26,0
• Pays-Bas	10,3	54,4	32,6	32,7
• Portugal	-	61,4	-	35,5
• RFA	27,2	58,2	18,4	16,9
• Royaume-Uni	15,9	38,7	27,3	28,8
• CE	-	52,7	-	38,0*
• Etats-Unis	49,6	45,5*	48,2	57,1*
• Japon	37,3	41,3*	37,3	24,5*

* 1988.

Le difficile premier emploi

Un quart des chômeurs de la CE (principalement des jeunes et des femmes) sont à la recherche d'un premier emploi. La proportion varie de 3 % au Danemark à 62 % en Italie. Elle est également élevée en Grèce (44 %), en Espagne (41 %) et au Portugal (31 %), pays où la formation professionnelle est moins développée. Au total, plus de la moitié des chômeurs de la Communauté arrivent pour la première fois sur le marché du travail ou s'y présentent à nouveau, après une période de découragement.

Un jeune sur cinq est au chômage.

Les jeunes de moins de 25 ans constituent 38 % du nombre des chômeurs, alors qu'ils représentent moins de 20 % de la population. En moyenne, les jeunes sont deux fois plus touchés par le chômage que l'ensemble des actifs : 16,3 % contre 8,6 % début 1990. L'écart est même de un à trois dans des pays comme la Grèce (surtout en Macédoine centrale, Epire et Crète) et l'Italie (Centre et Nord-Ouest) ; dans ces régions, environ la moitié des jeunes sont à la recherche d'un emploi. L'écart est également élevé dans le nord de l'Espagne et dans les régions agricoles françaises. Il est peu élevé au Danemark et pratiquement inexistant en RFA. Les jeunes femmes cumulent les handicaps du sexe et de l'âge et leur taux de chômage dépasse en moyenne 20 %.

Les personnes âgées de 50 à 55 ans connaissent aussi des problèmes particuliers. Ceux qui ont perdu leur emploi à la suite de licenciements économiques ou de fermetures éprouvent des difficultés à retrouver un poste équivalent en termes de responsabilités et de rémunération.

Allemagne : les jeunes ne chôment pas

En RFA, 70 % des jeunes arrivant sur le marché du travail entrent pour trois ans dans un système particulier de formation-emploi. Trois jours par semaine sont consacrés à un emploi rémunéré à un tarif minimum (environ 4 000 F par mois) dans une entreprise ou une administration. Les deux autres jours sont consacrés à la formation. Le résultat de ce système, proche du compagnonnage, est que le chômage des jeunes n'est pas supérieur à celui de l'ensemble de la population active. La plupart des chômeurs sont des apprentis qui n'ont pas réussi l'examen à la fin de la période de formation. Des stages de conversion ont été prévus pour eux.

■ A Naples (Italie), les chômeurs se sont organisés lors de l'épidémie de choléra de 1973. Ils ont créé des commandos de « grèves à l'envers », en nettoyant par exemple les rues.

Eurobaromètre, 1987

Les jeunes souffrent d'un manque de formation ou d'expérience.

Le fort taux de chômage des moins de 25 ans s'explique principalement par la réticence de beaucoup d'entreprises à recruter des jeunes sortant de l'école, alors que les personnes expérimentées, immédiatement opérationnelles, sont nombreuses sur le marché du travail. Les jeunes sont également plus nombreux à occuper des emplois précaires : missions d'intérim ; contrats à durée déterminée (voir ci-après).

Malgré le développement des formations, 40 % d'entre eux quittent l'école après la scolarité obligatoire, sans entreprendre une formation professionnelle ou complémentaire. Dans un certain nombre de pays, tels que la Belgique (depuis 1934), la RFA (1969), le Royaume-Uni (1982) ou la France (1984), ils peuvent effectuer des travaux d'utilité publique rémunérés par l'Etat avec une participation éventuelle d'employeurs privés.

L'attraction de la France et de la Grande-Bretagne

20 % des jeunes Européens (moins de 25 ans) aimeraient travailler en France ; c'est le cas en particulier de 37 % des Portugais, 29 % des Néerlandais, 22 % des Britanniques, 21 % des Allemands. La Grande-Bretagne arrive à égalité avec la France ; elle est choisie par 38 % des Italiens, 36 % des Danois, 28 % des Irlandais, 24 % des Espagnols et des Luxembourgeois, 23 % des Français. L'Allemagne est la troisième destination, choisie par 28 % des Grecs. On constate que le hit-parade des pays en tant que lieux de travail est différent de celui des lieux de vacances (voir *Loisirs*) ou même des lieux d'études (voir *Instruction*).

Les travailleurs étrangers sont aussi particulièrement touchés par le chômage.

Les immigrés ont subi plus durement que les autres les effets de la crise sur l'emploi. En France, par exemple, la proportion de chômeurs étrangers est le double de la moyenne nationale. Elle est cependant variable selon les nationalités : relativement faible chez les Portugais, elle est très élevée chez les Algériens.

Comme les femmes, les immigrés occupent dans la plupart des pays des postes à faible qualification, plus menacés que les autres emplois. Ils exercent aussi leur métier dans des secteurs plus touchés par la crise, comme le bâtiment et les travaux publics. Enfin, ils se heurtent parfois au principe de la « préférence nationale », qui, à compétence égale, privilégie les autochtones au détriment des étrangers.

■ Les techniques existantes dans l'industrie automobile permettraient d'assembler une voiture en 10 heures, mais leur utilisation réduirait de moitié les effectifs actuels.

L'instruction, assurance contre le chômage

Dans tous les pays de la CE, le taux de chômage est inversement proportionnel au niveau d'instruction. Ainsi, en RFA, on trouve près de 5 fois plus de chômeurs parmi les hommes ayant un niveau d'études inférieur au deuxième cycle de l'enseignement secondaire que parmi ceux qui ont obtenu au moins un diplôme universitaire. Le rapport est de un à 4 au Royaume-Uni, un à 3 en Belgique, un à 2,5 aux Pays-Bas, un à 2 en Italie. L'écart est plus faible en Grèce et en Espagne. On constate que le niveau d'instruction est moins important pour les femmes que pour les hommes.

La moitié des chômeurs sont à la recherche d'un emploi pendant plus d'un an.

L'allongement de la durée du chômage est un phénomène général au sein de la Communauté : entre 1980 et 1988, la proportion de personnes au chômage depuis au moins un an est passée de 33 à 44 % en France, de 17 à 47 % en RFA, de 37 à 69 % en Italie, de 19 à 45 % au Royaume-Uni. Elle atteignait même 77 % en Belgique, où la durée de recherche atteint ou dépasse deux ans pour plus de la moitié des chômeurs. Dans le même temps, la proportion passait de 24 à 6 % aux Etats-Unis et elle se maintenait à environ 20 % au Japon.

Les hommes et les femmes sont en général dans des situations semblables, avec quelques variations selon les pays : les femmes trouvent plutôt plus rapidement un emploi que les hommes en Grande-Bretagne, en RFA et en Irlande. La situation est inversée en Belgique, au Danemark, en Grèce, en Espagne, en Italie et au Portugal.

Les jeunes, davantage touchés par le chômage, sont plutôt moins longtemps sans emploi que leurs aînés. Les personnes de plus de 50 ans sont de loin celles qui ont le plus de difficultés à retrouver rapidement un emploi : dans la majorité des pays, les deux tiers d'entre eux attendent au moins un an. Des systèmes de retraite anticipée ont ainsi été mis en place dans certains pays à partir de 55 ans ; en France, par exemple, 750 000 personnes en ont bénéficié entre 1972 et 1983.

Le chômage de longue durée a des conséquences à la fois économiques, psychologiques, familiales.

Le fait d'être sans emploi pendant une longue durée a d'abord des répercussions économiques, avec la perte de pouvoir d'achat qu'il entraîne en général. La proportion de chômeurs qui ne perçoivent aucune indemnité atteint par exemple 60 % en Espagne, 40 % en France et en RFA, 20 % en Belgique et au Royaume-Uni. Pour ceux qui en perçoivent depuis plus de deux ans, les indemnités représentent moins de 40 % des revenus qu'ils tiraient de leur travail en Espagne et en France, 50 à 60 % en Grèce, au

Portugal, en Irlande et au Royaume-Uni (le taux de remplacement est proche de 80 % ailleurs).

Le développement de la pauvreté au cours des dernières années est une conséquence directe de cette situation (voir *Argent*). En Belgique, la proportion de ménages pauvres à cause du chômage est passée de 8 à 17 % entre 1976 et 1985. Entre 1970 et 1985, le pourcentage de ménages bénéficiant d'aides sociales en RFA est passé de 1 à 26 %.

LE CHÔMAGE S'ALLONGE

Proportion de personnes sans emploi depuis au moins un an (1989, en % du nombre total de chômeurs) :

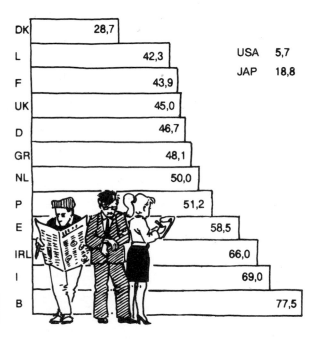

DK	28,7
L	42,3
F	43,9
UK	45,0
D	46,7
GR	48,1
NL	50,0
P	51,2
E	58,5
IRL	66,0
I	69,0
B	77,5

USA 5,7
JAP 18,8

OCDE

Mais les conséquences du chômage sont aussi, et peut-être surtout, psychologiques. Les personnes touchées perdent peu à peu confiance en elles, ce qui nuit à la qualité de leur vie quotidienne et à leur capacité de retrouver un emploi. Les difficultés familiales (divorce, séparation), la marginalisation et l'exclusion sociale sont souvent au bout du chemin. Les personnes peu instruites, handicapées, les personnes élevant seules des enfants, les minorités ethniques sont particulièrement exposées à ce processus d'exclusion.

Les politiques de lutte contre le chômage privilégient la formation.

Différentes tentatives ont été faites dans les pays de la Communauté pour enrayer le chômage. Les plus courantes tentent d'améliorer la formation et la qualification des jeunes. Elles jouent un rôle central en France, au Royaume-Uni, en Italie, en Grèce, en Irlande, en Espagne et au Luxembourg. Leur gamme va de la formation théorique aux stages en entreprise.

Des aides à l'insertion des chômeurs sont également prévues dans la plupart des pays. En Belgique, en Grèce, en Espagne, en France, aux Pays-Bas, en Grande-Bretagne, l'employeur peut bénéficier d'une réduction des charges sociales ou d'une contribution aux frais salariaux.

La création d'entreprise est encouragée.

Dans les pays du Nord (Danemark, Pays-Bas, RFA), l'aide tend à être sélective et privilégie la création d'entreprises opérant dans le secteur des nouvelles technologies. Les pays du Sud, auxquels il faut ajouter la France et la Belgique, aident plutôt celles qui sont susceptibles de créer le plus grand nombre d'emplois. Au Luxembourg et en RFA existent des plans d'épargne création, sur le modèle des plans d'épargne logement.

Le chômeur créateur peut recevoir une somme fixe (France, Irlande, Espagne, Portugal, Grande-Bretagne), continuer de percevoir ses indemnités de chômage pendant un certain temps (RFA, Espagne, Portugal), bénéficier de prêts bonifiés, de subventions d'investissement, d'allègements fiscaux, etc.

En RFA, il est possible à un créateur de trouver 80 % de ses besoins de financement sous formes d'aides publiques ; de plus, 60 % des frais de consultation sont pris en charge, avant la création et pendant les deux premières années de fonctionnement. En Grande-Bretagne, le *Business expansion scheme*, créé en 1979, permet aux particuliers de déduire de leur déclaration de revenus les sommes investies dans des créations d'entreprises. En matière de formation des entrepreneurs, le Danemark, l'Irlande, la Grèce et la RFA font figure de pionniers.

D'autres aides complètent le dispositif de lutte contre le chômage.

Dans certains pays, les chômeurs bénéficient d'aides ou incitations diverses : prise en charge des frais de candidature, de déménagement (RFA, Belgique) ; complément de salaire si la nouvelle activité est moins bien rémunérée que la précédente (Luxembourg, Pays-Bas). Au Danemark, lorsqu'un chômeur de longue durée arrive en fin de droits, une offre d'emploi doit lui être faite pour une durée d'au moins neuf mois dans une entreprise privée ou de sept mois dans sa commune. L'employeur reçoit alors une subvention égale à 70 % de l'allocation-chômage perçue l'année précédente.

Des « emplois d'intérêt général » réservés aux chômeurs ont été créés, particulièrement en RFA, Belgique, Espagne, France, Irlande, Portugal et Grande-Bretagne. Ils concernent des tâches non permanentes dans les services publics ou les entreprises privées et sont financés par l'Etat.

Il faut ajouter à ces dispositifs ceux qui tendent à favoriser le départ des travailleurs étrangers, la réduction du temps de travail, la durée de la vie active, l'allongement de la scolarité, etc.

Licenciements collectifs

Principales dispositions concernant la législation des licenciements collectifs ou économiques :

Italie. Le licenciement est organisé par un accord intersyndical de 1965, qui impose l'information préalable des syndicats, la recherche d'une conciliation et un délai de 25 jours.

Belgique. Il doit concerner au moins 20 personnes. Modalités du licenciement déterminées par la commission paritaire de la branche concernée. Indemnités particulières prévues.

Luxembourg. Même procédure qu'en Belgique.

Pays-Bas. Procédure réglementée par une loi de 1975. Autorisation préalable de l'administration régionale du travail pour les entreprises de plus de vingt salariés. Avis du comité d'entreprise.

Espagne. Il est prévu par la Charte des travailleurs de 1980. Autorisation administrative préalable (ministère de l'emploi) et période de trente jours de négociation entre les partenaires sociaux. Indemnité de vingt jours par année de service, limitée à douze mois.

RFA. Notion de « licenciement socialement justifié ». Procédure de négociation d'un plan social. En cas d'échec, le comité d'entreprise peut l'imposer par une commission de conciliation. Bureau du travail informé de la décision de licencier, pouvant intervenir comme médiateur. Réintégration possible par les tribunaux d'un salarié licencié abusivement.

France. Autorisation administrative de licenciement supprimée en 1986, dans le but de faciliter la création d'emplois. L'administration peut faire des suggestions sur les plans sociaux des entreprises.

Danemark. Pas de réglementation générale contre le licenciement abusif. Indemnité de 1 à 3 mois de salaire pour une ancienneté de 12 à 18 ans.

Royaume-Uni. Il est régi par les lois de 1975 et 1979 de façon peu contraignante pour l'entreprise (pas d'autorisation administrative). Indemnité de licenciement et « période protégée » pendant laquelle le salarié reçoit sa rémunération.

Irlande. Information des autorités administratives. Indemnité unique égale à une semaine de rémunération plus une demi-semaine par année d'ancienneté entre 16 et 41 ans et une semaine après 41 ans.

Grèce. Information des autorités administratives et consultation obligatoire du comité d'entreprise.

Portugal. Syndicats, comité d'entreprise ou représentants syndicaux informés et consultés, afin de parvenir à un accord. L'autorité administrative peut proposer des mesures pour atténuer la rigueur des licenciements, ou même les interdire.

Les licenciements font l'objet d'une réglementation stricte.

Les législations concernant le licenciement sont pour la plupart assez favorables aux salariés ; beaucoup plus par exemple que celle existant aux Etats-Unis. Dans tous les pays, à l'exception du Portugal (où le licenciement individuel « sans juste cause » est interdit), la résiliation d'un contrat de travail individuel à durée indéterminée est subordonnée au respect d'un préavis d'une durée variable. Des délais, recours, indemnisations sont également prévus. Un rôle important est reconnu au syndicats et aux organisations représentatives du personnel ; les représentants des salariés interviennent dans la procédure individuelle en RFA, Grèce, Italie, Espagne, Portugal.

C'est en RFA que les salariés sont le mieux protégés contre les licenciements, en Belgique et au Royaume-Uni qu'ils le sont le moins. L'administration exerce un contrôle direct sur les licenciements collectifs en Espagne, aux Pays-Bas, en Grèce et au Portugal. Le licenciement collectif ou économique bénéficie d'une protection renforcée par rapport au licenciement individuel.

- Au Danemark, tout salarié licencié ou démissionnaire ayant cotisé au moins un an auprès d'une caisse de chômage gérée par les syndicats et travaillé au moins 26 semaines au cours des trois années précédentes a droit à une indemnité de 90 % de son salaire brut antérieur pendant une durée de deux ans et demi. Elle passe ensuite à 70 % ou 50 %

- 70 % des femmes actives travaillent dans les services (50 % pour les hommes), 20 % dans l'industrie (42 % pour les hommes), 7 % dans l'agriculture (8 % pour les hommes).

- Plus de 500 000 jeunes Italiens travaillent avant la fin de leur scolarité, dont 200 000 en Sicile et 50 000 à Naples.

- La création de comités d'entreprise est prévue dans huit pays : Belgique, France, Luxembourg, Pays-Bas, Grèce, RFA, Portugal, Espagne. Le seuil de création varie de 5 salariés en RFA à 150 au Luxembourg.

- Aux Pays-Bas, le comité d'entreprise a un droit de veto sur la désignation des personnes appelées à siéger au conseil de surveillance.

CONDITIONS DE TRAVAIL

La durée de travail hebdomadaire légale varie entre 39 heures et 48 heures.

La durée légale est de 39 heures en France, 40 en Belgique, Espagne, Grèce. Elle atteint 48 heures dans les autres pays, à l'exception du Royaume-Uni et du Danemark où n'existe pas de réglementation dans ce domaine. Mais les durées moyennes prévues par les conventions collectives sont souvent inférieures. Les heures supplémentaires sont généralement réglementées, sauf en Italie et au Royaume-Uni.

Les durées de travail *effectives* sont très variables. C'est au Portugal qu'on travaille le plus : 44 heures par semaine en moyenne pour les ouvriers de l'industrie ; 61 heures dans l'agriculture. Les pays où l'on travaille le moins sont la Belgique, le Danemark et la RFA (environ 38 heures). Des mesures ont été prises au cours des dernières années pour accroître la flexibilité du temps de travail, afin de mieux adapter l'emploi aux contraintes économiques.

Les femmes ont en moyenne des horaires de travail professionnel plus réduits, mais les chiffres sont faussés par l'effet des emplois à temps partiel (voir ci-après).

LES HEURES ET LES JOURS

Temps de travail légal et congés payés (1989) :

	Durée hebdomadaire (heures)		Congés payés (semaines)	
	Légale	Conventionnelle	Légaux	Conventionnels
• Belgique	40	36 à 40	4	4 à 5
• Danemark	-	37,5 à 40	-	5
• Espagne	48	37 à 40	5	4,5 à 5
• FRANCE	39	35 à 39	5	5 à 6
• Grèce	41	35 à 40	4	4
• Irlande	48	35 à 40	3	4
• Italie	48	36 à 40	-	4 à 6
• Luxembourg	40	37 à 40	5	4 à 5*
• Pays-Bas	48	36 à 40	3	4 à 5
• Portugal	48	36 à 40	5	4,5 à 5
• RFA	48	37,5 à 40	3	5,5 à 6
• Royaume-Uni	-	35 à 40	5	4 à 6

* De 25 à 29 jours ouvrables.

■ 55 % des travailleurs européens sont satisfaits de leurs horaires actuels ; 35 % souhaiteraient travailler moins longtemps, à condition que leur salaire horaire reste inchangé et 6 % préféreraient travailler plus longtemps.

Législations : la diversité est la règle

Les réglementations du travail en vigueur dans les différents pays sont loin d'être harmonisées. C'est le cas en particulier en ce qui concerne la durée du travail. Dans neuf pays, les heures supplémentaires ne doivent pas dépasser des plafonds : 80 heures par an en Espagne ; 9 heures par semaine en France et 130 par an ; 2 heures par jour au Portugal et 160 par an ; 2 heures par jour, 12 heures par semaine et 240 heures par an en Irlande ; 3 heures par jour, 18 heures par semaine et 150 heures par an en Grèce ; 2 heures par jour 30 jours par an en RFA. Le travail de nuit n'est pas réglementé au Danemark, en Irlande, au Luxembourg et en Grande-Bretagne. Il est interdit en Belgique et aux Pays-Bas, sauf pour certaines activités faisant l'objet de dérogations...

Un projet de charte européenne devrait rapprocher les systèmes nationaux. L'âge minimal au travail devrait être fixé à 15 ans. Les travailleurs précaires (contrats à durée déterminée, intérim) bénéficieraient d'un traitement égal à celui des autres salariés. Chaque membre de la Communauté aurait droit à une formation professionnelle et un revenu minimum, même s'il est exclu du monde du travail ou retraité.

La durée moyenne du travail a diminué de 2 heures par semaine en 10 ans.

Jusqu'en 1973, la durée du travail avait diminué de façon spontanée et significative, du fait des gains de productivité. La réduction s'est ensuite ralentie, pour reprendre à la fin des années 70, sous l'impulsion des syndicats désireux de mieux partager le travail dans une période de forte montée du chômage. En pratique, cette diminution a été réalisée par la réduction de la durée conventionnelle du travail, par l'avancement de l'âge de la retraite ou l'allongement des congés payés annuels (deux mesures prises en France au début des années 80). C'est en Belgique, au Danemark et au Royaume-Uni qu'elle a le plus diminué (environ 3 heures).

L'idée de partage n'a pas conduit à des résultats très probants. Elle a ensuite donné naissance au concept de *flexibilité*. Celui-ci s'est généralisé au cours des années 80, dans une optique de dérégulation ou d'aménagement du temps de travail.

Les salariés bénéficient en pratique de 4 à 6 semaines de congés payés par an.

Les congés payés annuels réglementaires sont au minimum de 18 jours ouvrables en RFA, Irlande, Pays-Bas (voir tableau). Ils atteignent 30 jours en Espagne, en France, au Luxembourg et au Portugal. Il n'existe pas de législation dans ce domaine au Royaume-Uni, au Danemark et en Italie, les durées étant fixées par les conventions collectives. Celles-ci ont en général pour effet d'augmenter la durée réelle par rapport à la durée légale ; c'est le cas en particulier en RFA, en Irlande et aux Pays-Bas.

Il faut ajouter dans certains pays des journées libres supplémentaires accordées par les entreprises afin de diminuer la durée annuelle effective, ou pour des occasions particulières (mariage, naissance, décès...). Enfin, le nombre de jours fériés légaux est également très différent d'un pays à l'autre.

7 à 11 jours fériés par an

En 1990, les jours fériés légaux variaient de 7 aux Pays-Bas à 11 en Belgique. Les Espagnols et les Danois ont bénéficié de 10 jours, les Italiens et les Britanniques de 8 jours. Dans les six autres pays, l'année a comporté 9 jours fériés. Il faut noter que le Danemark et le Royaume-Uni sont les deux seuls pays à ne pas avoir de législation générale dans ce domaine.

La durée de travail annuelle varie de 1 700 à 2 000 heures.

Pour être tout à fait valides, les comparaisons portant sur la durée du travail doivent être faites sur une base annuelle, qui tient compte des congés payés et des jours fériés. Le Portugal arrive encore en tête avec plus de 2 000 heures, devant l'Espagne, la Grèce et l'Irlande, entre 1 800 et 1 900 heures. Contrairement à une idée largement répandue, la durée annuelle la plus faible est celle des travailleurs allemands (moins de 1 700 heures).

Les Européens travaillent moins que les Américains et les Japonais. La durée de travail annuelle effective moyenne des Japonais est de 2 149 heures, celle des Américains de 1 912 heures, alors que la durée moyenne pour l'Europe des Douze est d'environ 1 800 heures.

Horaires à la carte

Les habitudes en matière d'horaires sont très différentes selon les pays (voir p. 174). Ainsi, les Allemands commencent souvent à travailler vers 8 h, font une traditionnelle pause entre 10 h et 10 h 30, et déjeunent entre 12 h 30 et 14 h, pour terminer vers 16 h. Les Grecs travaillent de 7 h 30 à 15 h, avec des variations selon les branches et la saison ; les journaux sont d'ailleurs obligés de publier les horaires d'ouverture des différents secteurs d'activité.

Les Anglais pratiquent le *nine to five* (9 h-17 h), avec des pauses en cours de journée pour le thé ou le café. Les Espagnols commencent légalement à 9 h (mais plus souvent vers 10 h 30), s'arrêtent à 12 h 30, retournent au bureau de 16 h 30 à 19 h. Ils finissent donc de déjeuner au moment où les Britanniques rentrent chez eux.

Ces différentes pratiques, ajoutées aux décalages horaires (deux heures maximum) font qu'il n'est guère facile à un Européen de joindre des correspondants dans les autres pays de la Communauté au cours de la journée. La période la plus favorable se situe le matin, entre les pauses-café ou thé des uns et des autres.

1 800 HEURES PAR AN

Durée conventionnelle annuelle du travail (1988, en heures) :

| 2 025 | 1 864 | 1 840 | 1 840 | 1 792 | 1 778 | 1 768 | 1 767 | 1 756 | 1 748 | 1 733 | 1 697 |
| P | IRL | GR | E | L | UK | I | F | NL | B | DK | D |

Les formes d'emplois précaires se sont généralisées.

Les besoins de flexibilité et les contraintes légales de licenciement ont incité les entreprises à faire appel à une main-d'œuvre non permanente, lorsque la législation le permettait. Le travail précaire (contrats à durée déterminée, intérim, travail occasionnel ou saisonnier) représente plus de 10 % des emplois au Portugal, en Espagne, au Danemark, en RFA et en Grèce.

Les contrats à durée déterminée concernent plus de 15 % des salariés à temps plein au Portugal, en Grèce et en Espagne. Ils sont beaucoup moins répandus au Luxembourg, en Italie et au Royaume-Uni (moins de 5 %). Leur part dans le travail à temps partiel est généralement comprise entre 10 et 20 % ; elle dépasse 30 % en Irlande et en Italie. Ces contrats ne font l'objet d'aucune disposition légale spécifique au Danemark, en Irlande et au Royaume-Uni, contrairement à la Belgique, la France, l'Italie et le Luxembourg. Leur durée maximale est limitée à 24 mois ou 36 mois en Espagne et au Portugal. Ils relèvent de la législation générale du travail en RFA, en Grèce et aux Pays-Bas.

Le travail temporaire concerne un salarié sur dix.

Pendant la période de croissance économique, le travail intérimaire avait permis à de nombreuses entreprises de faire face à des surcharges de production ou à l'absentéisme. Avec la montée du chômage, il a été remis en question sur le plan légal dans les pays où il était largement pratiqué. Il concerne en moyenne 10 % des salariés ; les taux varient entre 4 % au Luxembourg et 22 % en Espagne. Les organismes de travail temporaire sont interdits en Espagne, en Grèce et en Italie, ce qui n'empêche pas ces trois pays d'avoir les plus fortes proportions de travailleurs de ce type. Il n'est pas réglementé au Portugal.

Les caractéristiques de travailleurs temporaires varient d'un pays à l'autre : en Belgique et en RFA, la plupart sont des « cols bleus » (employés dans des tâches de production) ; au Royaume-Uni, 75 % sont des « cols blancs » (employés dans des tâches de bureau). Les hommes sont largement majoritaires en RFA (quatre sur cinq), Belgique (deux sur trois), France (60 %), mais ils ne sont qu'un tiers au Royaume-Uni. Globalement, les deux tiers des travailleurs concernés ont moins de 30 ans.

Bien que leur nombre ait beaucoup diminué depuis quelques années, on compte encore plus de 1 000 entreprises de travail intérimaire en RFA et en France.

■ En RFA, 1,7 million de contrats de travail à durée déterminée sont conclus chaque année dans le secteur privé, soit un tiers des embauches (un sur deux dans le secteur public). Un sur deux est transformé en contrat à durée indéterminée.

Travail à domicile

Le travail à domicile est très répandu en Italie, où il concerne au moins 700 000 personnes, en Espagne (500 000), en Grèce (230 000) et au Royaume-Uni (230 000). Il est par contre très peu pratiqué en Irlande (6 000 personnes), aux Pays-Bas (8 000). Il bénéficie d'une protection légale en RFA, Espagne, France et Italie.

Il faut s'attendre à un accroissement de ce mode de travail dans les prochaines années avec le développement de l'informatique et de la télématique. De nombreuses tâches de type administratif pourront en effet être effectuées depuis le domicile à l'aide d'un ordinateur muni d'un système de transmission de données. Ce système de télétravail est déjà pratiqué dans plusieurs pays (compagnies d'assurances) mais n'a pas encore connu l'expansion prévue.

FRANCE

Ne me dites pas que cette fille vous plaît, elle n'a aucun charme.

GESTETNER. LA BUREAUTIQUE DES GENS TRES TRES EXIGEANTS.

Gestetner

MGTB Ayer

13 % des salariés de la CE travaillent à temps partiel.

Ce type d'activité est beaucoup plus développé dans les pays d'Europe du Nord (Pays-Bas, Danemark, Royaume-Uni), où il concerne environ un salarié sur cinq. Seuls le Luxembourg et l'Irlande font exception, avec des taux respectifs de 7 et 8 %. Le travail à temps partiel est au contraire presque inexistant dans les pays du Sud, aux habitudes et aux législations plus traditionnelles : entre 4 et 5 % des salariés en Grèce, au Portugal, en Espagne et en Italie. Il est beaucoup plus fréquent dans les secteurs des services et de l'agriculture (respectivement 19 % et 15 % des salariés) que dans l'industrie (5 %). Les conditions de travail applicables sont en général identiques à celles du travail à temps plein.

Les femmes sont plus intéressées que les hommes par cette possibilité de conjuguer vie familiale et vie professionnelle ; 8 % à 45 % des salariées adoptent cette solution. La proportion dépasse même 50 % pour les femmes mariées au Royaume-Uni et au Danemark. Mais le travail à temps partiel n'est pas toujours choisi ; il constitue pour beaucoup une solution provisoire au chômage.

Les non-salariés (patrons et professions indépendantes) sont moins nombreux à travailler à temps partiel : 20 % au Royaume-Uni, 12 % en RFA et 10 % au Danemark, essentiellement dans les services.

TEMPS PARTIEL : UNE FEMME SUR TROIS

Part de l'emploi à temps partiel dans l'emploi des hommes et des femmes (1988, en %) :

	Hommes	Femmes	Total
• Belgique	2,0	23,4	9,8
• Danemark	8,9	41,5	23,7
• Espagne	2,1	13,0	5,4
• FRANCE	3,4	23,8	12,0
• Grèce	2,9	10,3	5,5
• Irlande	3,7	17,0	8,0
• Italie	3,2	10,4	5,6
• Luxembourg	1,9	15,0	6,4
• Pays-Bas	14,5	57,7	30,4
• Portugal	3,6	10,5	6,5
• RFA	2,1	30,6	13,2
• Royaume-Uni	5,5	44,2	21,9
• CE	3,9	28,1	13,2

Eurostat

Royaume-Uni : le temps partiel créateur d'emplois

Le travail à temps partiel ne fait l'objet d'aucune législation spécifique au Royaume-Uni. Cette souplesse de la réglementation semble avoir favorisé la création d'emplois. Les deux tiers des emplois créés entre 1971 et 1985 sont en effet dus au développement de ce type de travail. Le gouvernement britannique avait créé en 1983 une subvention pour les entreprises qui partageaient un poste à plein temps en deux emplois à temps partiel offerts à des chômeurs ou des travailleurs sur le point d'être licenciés pour raisons économiques.

Le taux de syndicalisation varie de 10 % en France à 80 % au Danemark.

Le syndicalisme se rattache en Europe à deux courants principaux. Le premier, de tendance social-démocrate, est caractéristique de l'Europe du Nord, fortement syndiquée : RFA, Danemark, Pays-Bas, Grande-Bretagne et Irlande. Le second est de tendance socialiste ou anarchisante et est plus marqué par la tradition latine : la France, l'Italie et la Grèce,

pays de faible adhésion syndicale, en sont les principaux exemples. La Belgique et le Luxembourg se rattachent aux deux traditions.

Dans la plupart des pays membres, il existe au moins deux organisations syndicales concurrentes sur le plan politique ou idéologique, mais qui peuvent être amenées à coopérer dans certains cas. D'une manière générale, les cadres sont moins syndiqués que les ouvriers ; une enquête réalisée fin 1987 dans les quatre principaux pays (RFA, France, Royaume-Uni, Italie) a montré que moins d'un sur cinq adhère (au sens le plus large, même s'il n'a pas de carte) à une organisation syndicale.

LES HAUTS ET LES BAS DES SYNDICATS

Evolution de la proportion de salariés syndiqués (en % du nombre d'actifs) :

	1900	1930	1960	1989
• Danemark	13	32	70	80
• Belgique	-	28	62	70
• Irlande	-	-	44	50
• Luxembourg	-	-	60	50
• Royaume-Uni	13	25	43	43
• Italie	-	22	55	36
• Grèce	-	-	-	35
• Portugal	-	-	-	35
• RFA*	5	34	38	30
• Pays-Bas	-	25	38	28
• Espagne	-	31	-	16
• FRANCE	5	15	24	10
• Etats-Unis	4	12	-	18
• Japon	-	-	-	28

* Allemagne, avant 1950.

Données nationales, estimations.

La France désyndicalisée

La France est depuis longtemps le pays le moins syndiqué d'Europe. L'érosion s'est accentuée au cours des dernières années : 10 % seulement des salariés étaient syndiqués en 1988 contre 13,4 % en 1983. Le taux d'adhésion est passé de 11 % à 6 % dans le secteur privé, de 24 % à 21 % dans le secteur nationalisé, de 25 % à 17 % chez les salariés de l'Etat, de 18 % à 13,5 % chez les travailleurs indépendants.

Depuis 1986, plusieurs grands mouvements de revendication ont été menés par des travailleurs non syndiqués regroupés en « coordinations » nationales (agents de la SNCF, infirmières, étudiants, etc.).

■ Le droit de grève n'existe pas officiellement dans la loi britannique ; seule figure une mesure d'immunité à l'égard des syndicats.

45 millions de syndiqués

La Confédération européenne des syndicats (CES), créée en 1973, regroupe 34 confédérations syndicales de pays d'Europe occidentale, soit environ 45 millions d'adhérents. Mais la vie syndicale de chaque pays est particulière.

RFA. Le *Deutscher Gewerkschaftsbund* (DGB) est de très loin l'organisation la plus puissante, avec 8 millions d'adhérents regroupés en 17 syndicats de branches. Le seul syndicat de la métallurgie *(IG Metall)* compte 2,6 millions de membres, soit plus que des organisations telles que le DAG (employés, 500 000 membres) ou le DDB (fonctionnaires, 700 000 membres). Le DGB a mené une lutte acharnée pour la réduction du travail hebdomadaire à 35 heures sans diminution de salaire.

Belgique. La Fédération générale du travail de Belgique (FGTB), créée en 1898, est de tendance socialiste et compte plus d'un million de membres. Elle est majoritaire en Wallonie, mais compte plus d'adhérents flamands, du fait de leur importance numérique supérieure. La Confédération des syndicats chrétiens (CSC) est la plus puissante organisation en Flandre et compte 1,2 million d'adhérents. La Centrale générale des syndicats libéraux (CGSL) ne compte qu'environ 100 000 membres.

Danemark. Le taux de syndicalisation y est très élevé (plus de 80 %). La Confédération danoise LO *(Landsorganisationen i Danemark)* compte pratiquement la moitié de la population active, soit 1,2 million de membres. Elle entretient des relations étroites avec le parti social-démocrate (PSD) qu'elle a créé à l'origine. La Fédération des fonctionnaires et employés (FTF), qui compte 300 000 membres, et l'Organisation centrale des diplômés d'université (100 000 membres) ont une influence beaucoup plus limitée. Comme dans tous les pays scandinaves, le mouvement syndical coopère intensivement avec les pouvoirs publics et les employeurs. C'est lui qui gère les fonds d'assurance chômage financés par l'Etat.

France. Le système syndical est pluraliste et le taux de syndicalisation est très faible (environ 10 %). Quatre centrales, regroupant des syndicats d'industries (et non de métiers) sont reconnues par les pouvoirs publics. La Confédération générale du travail (CGT), fondée en 1895, est la plus ancienne, et compte 1,3 million d'adhérents. Elle reste très proche du parti communiste. La Confédération française démocratique du travail (CFDT), compte 750 000 adhérents. Ancienne Confédération française des travailleurs chrétiens, elle a changé de nom en 1964 et s'est développée dans le secteur industriel privé (métallurgie, chimie, habillement), et dans le secteur nationalisé. Force ouvrière (FO, 800 000 adhérents) est née de la scission avec la CGT en 1947. La Confédération française des travailleurs chrétiens (CFTC) est issue de la fraction de l'ancienne CFTC qui n'a pas accepté la déconfessionnalisation du syndicat en 1964. Il existe aussi des organisations catégorielles, comme la Fédération de l'Education nationale (FEN) ou la Confédération générale des cadres (CGC).

Grande-Bretagne. La quasi-totalité des salariés appartiennent à des syndicats affiliés au *Trade union congress* (TUC), créé en 1868. Les deux syndicats les plus puissants sont celui des transports (TGWU, 1,8 million de membres) et celui des ouvriers métallurgistes (AUEW), qui compte un million d'adhérents. Le principal syndicat non affilié est celui des enseignants (NUT). Le TUC entretient des relations étroites avec le parti travailliste ; il est associé à la définition de sa politique.

Grèce. Pendant la période de dictature (1967-1974), un décret avait enlevé aux syndicats la possibilité de négocier et de signer des conventions collectives et avait interdit les grèves. La Constitution de 1975 a restauré la liberté syndicale. La Confédération générale des travailleurs grecs (GSEE), créée en 1918, regroupe la quasi-totalité des syndicats du secteur privé (environ 400 000 adhérents). Elle est liée avec les partis de centre droit. Jusqu'en 1981, elle était la seule organisation à avoir le droit de négocier des accords au niveau central. L'Union générale des syndicats de fonctionnaires (ADEDY) regroupe 65 fédérations de syndicats professionnels. Trois autres centrales, situées à gauche et créés clandestinement sous la dictature des colonels, se partagent 150 000 adhérents : le Mouvement syndical panhellénique (PASKE), proche du parti socialiste ; le Front antididactorial des ouvriers (AEM), proche du parti eurocommuniste ; le Mouvement syndicaliste de combat des ouvriers (ESAK), proche du parti communiste soviétique.

Irlande. Près de 90 % des syndiqués sont affiliés à des organisations dépendant de la Confédération des syndicats irlandais (ICTUC), créée en 1959, qui regroupe 89 syndicats et compte environ 500 000 membres. Le plus important est le Syndicat des transports (ITGWU), qui rassemble 30 % des syndiqués. L'une des caractéristiques du système est la présence dans une même branche de syndicats d'industrie, de syndicats de métier ou de syndicats généraux. L'ICTUC exerce ses activités à la fois en République d'Irlande et en Irlande du Nord.

Italie. En 1923, les syndicats fascistes avaient obtenu le monopole syndical. La liberté et la pluralité du système syndical ne furent rendues qu'après la chute de Mussolini. La Confédération générale italienne (CGIL, 4,5 millions d'adhérents) a été créée en 1944 avec la participation des courants communiste, socialiste et démocrate-chrétien. Elle a éclaté en 1948, du fait des représentants de ce dernier courant, qui ont créé la Confédération italienne des syndicats (CISL, 2,8 millions d'adhérents) en 1950. En même temps s'est créée l'Union italienne du travail (UIL), à majorité social-démocrate et républicaine. Une Fédération unitaire regroupe, depuis 1972, les exécutifs des trois centrales.

Luxembourg. La Confédération syndicale indépendante du Luxembourg (OGBL, créée en 1978) est d'inspiration unitaire et socialiste. Elle compte un peu moins de 50 000 membres. La Confédération luxembourgeoise des syndicats chrétiens (LCGB) est opposée à une conception unitaire du syndicalisme et compte 15 000 membres. Il existe aussi des organisations catégorielles, dont les plus importantes sont la Fédération des employés privés (FEP) et le Syndicat indépendant des artisans non patrons (NHV). Malgré leurs divergences idéologiques, les centrales luxembourgeoises ont des points de vue semblables sur les problèmes immédiats ; des institutions tripartites de concertation ont été créées.

Portugal. Comme en Espagne, le retour à la démocratie (1974) a entraîné la renaissance du mouvement syndical en même temps qu'était reconnu le droit de grève. Il existe deux organisations principales. La Confédération générale des travailleurs portugais-Intersyndicale nationale (CGTP-IN), créée dans les années 70, proche du parti communiste, revendique 1,5 million d'adhérents. L'Union générale des travailleurs (UGT) a été créée en 1979 à l'initiative du parti socialiste et compterait un million d'adhérents. Les deux syndicats tentent de s'opposer en commun à la politique économique du gouvernement libéral.

Espagne. Interdit sous le régime franquiste (1938-1975), le syndicalisme est réapparu avec la démocratie. L'Union générale des travailleurs (UGT), créée en 1888, est proche du parti socialiste ouvrier espagnol (PSOE) ; elle compte environ un million d'adhérents. La Confédération des commissions ouvrières (CCOE) est proche du parti communiste et traversée par des courants divers, regroupe 1,5 million de membres. Les autres syndicats (Union syndicale ouvrière, Confédération nationale du travail, de tradition anarchiste) ont une influence limitée.

Pays-Bas. Le mouvement syndical a été marqué à l'origine par le clivage idéologique entre socialistes et chrétiens, d'une part, et le clivage religieux entre catholiques et protestants. En 1982, la Fédération des syndicats néerlandais (NVV), de tendance socialiste, et la Fédération des syndicats catholiques néerlandais (NKV) se sont réunies au sein des Confédération des syndicats néerlandais (FNV), qui compte environ un million d'adhérents. La Fédération nationale des syndicats chrétiens (CNV), d'inspiration protestante, est indépendante de la FNV, et compte 300 000 membres. La Centrale syndicale des cadres moyens et supérieurs (MHP) compte 120 000 membres.

On constate dans beaucoup de pays une désaffection vis-à-vis des syndicats.

Les syndicats éprouvent depuis quelques années des difficultés à maintenir le nombre de leurs adhérents et à les mobiliser pour des revendications. Le phénomène est particulièrement sensible dans des pays comme la France, les Pays-Bas, l'Italie et la Grande-Bretagne. Le Danemark est le seul pays de la CE où le taux de syndicalisation a augmenté, à l'image des autres pays scandinaves. Il est resté stable en Grèce.

Cette désaffection tient à la transformation des rapports entre les citoyens et les institutions qui s'est produite à l'occasion de la crise économique. Comme les partis politiques, la plupart des syndicats n'ont pas su ou pu répondre aux interrogations et aux craintes des salariés. Ils sont donc devenus moins crédibles.

L'attitude plus individualiste qui prévaut dans la plupart des pays de la Communauté rend aussi plus difficile la mobilisation pour des causes collectives.

- La participation des salariés à la gestion de l'entreprise n'est prévue qu'au Danemark, en France, en RFA et au Luxembourg.

- En Espagne, le droit de grève a été reconnu en 1975. Les syndicats sont libres depuis 1977.

- Dans tous les pays (sauf l'Italie dans certaines conditions), les grèves politiques gouvernementales sont considérées comme illégales ou ne sont pas définies.

SYNDICALISME ET GÉOGRAPHIE

Taux de syndicalisation (1989, en % du nombre d'actifs) ·

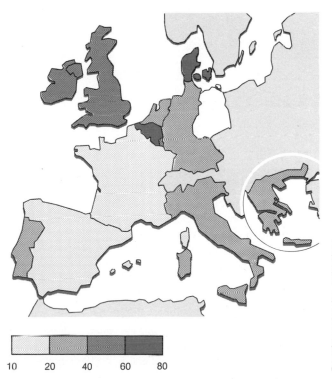

10   20   40   60   80

*Les conflits du travail ont plutôt diminué
avec la crise économique.*

Le nombre de journées de travail perdues pour fait de
grève est évidemment très variable selon les pays et les années. Ainsi, 1979 avait été une année de graves conflits
dans plusieurs pays (Espagne, France, Italie, Irlande). Au
Danemark, le nombre de journées perdues a atteint 1 021
jours pour 1 000 ouvriers en 1985, alors qu'il est le plus
souvent inférieur à 100.

L'ampleur des conflits a tendance à diminuer depuis quelques années. Les pays les moins touchés sont le Luxembourg (sauf en 1982, époque de la restructuration de
l'industrie sidérurgique), les Pays-Bas, la RFA (sauf en
1984, année de tensions entre patronat et syndicats) et la
France. Les pays les moins développés sont aussi ceux où
les conflits sont les plus nombreux, à l'exception du Portugal. D'une manière générale, la fréquence des grèves dans
la Communauté est à peu près comparable à celle constatée
aux Etats-Unis, mais elle est très supérieure à celle du
Japon.

IRLANDE

No contact... No business.

STAY IN TOUCH. *EIRCELL*

« Pas de contacts, pas d'affaires. »

La garantie du droit de grève est prévue par la Constitution en Italie, Grèce, Espagne, Luxembourg, France et Portugal. Elle est implicite en RFA, aux Pays-Bas et en
Belgique et conventionnelle au Danemark. Elle est indirecte au Royaume-Uni et en Irlande, les grévistes étant protégés par un système d'immunités. Le *lock-out* (fermeture
d'une entreprise par la direction pour faire pression sur les
employés) est interdit au Portugal par la Constitution et en
Grèce par la loi.

Si le pluralisme syndical est la règle dans la plupart des
pays de la CE, la représentation patronale est le plus souvent unique. En RFA, Irlande, au Danemark, aux Pays-Bas
et au Portugal, les patrons peuvent cependant choisir entre
deux unions patronales.

Les 12 pays de la Communauté comptent au total 17 organisations patronales.

CINQ ANNÉES DE GRÈVES

Journées de travail perdues pour cause de grève entre 1983 et
1988 (moyenne annuelle, pour 1 000 salariés) :

E	GR	I	IRL	UK	DK	P	F	D	NL	L
733	612	465	373	362	220	123	54	45	13	0

Eurostat

Italie : service minimum

Lors des grèves des services publics italiens,
ce sont les syndicats eux-mêmes qui ont proposé
et créé un service minimum pour les usagers dans les
secteurs comme la santé, les transports, l'énergie,
la protection civile, la justice, la poste, les
télécommunications, l'audiovisuel public, l'éducation,
la distribution des allocations, la douane, le ramassage
des ordures.

Tout mouvement de grève dans ce domaine est soumis
à un préavis de cinq jours et les usagers doivent être
prévenus deux jours à l'avance des conséquences
pratiques de la grève. Le non-respect de la loi entraîne
des mesures disciplinaires pour les employés et une
suspension des subventions pour les organisations
syndicales.

■ S'ils avaient le choix d'être embauchés dans une entreprise
étrangère exerçant une activité dans leur pays, 48 % des
Européens de 18 à 30 ans choisiraient une entreprise
américaine, 43 % une allemande, 22 % une japonaise, 19 %
une britannique, 14 % une française, 10 % une italienne
(octobre 1990).

■ L'âge minimal d'admission au travail est fixé à 14 ans au
Portugal, à 16 ans en France, au Royaume-Uni et en
Espagne. Il est de 15 ans dans les autres pays.

L'AVENIR DU TRAVAIL

par Joachim VOLZ*

En ce début des années 90, l'avenir du travail dans la Communauté présente un double visage, fait de dangers et de chances. Avec la reprise de la croissance, l'emploi a certes augmenté dans la plupart des pays et le nombre des chômeurs a fini par diminuer. Cependant, on constate la persistance d'un taux élevé de chômage, réparti de façon inégale, avec son cortège de conséquences économiques graves.

Cet état de fait s'explique par des facteurs régionaux et structurels, mais aussi par un changement d'attitude face au travail ainsi que par le progrès technique. Par ailleurs, il est possible qu'à terme des emplois du temps plus courts et plus souples permettent aux individus de satisfaire leurs besoins davantage en dehors de l'économie monétarisée. De même, l'humanisation et la démocratisation du monde professionnel pourraient permettre à l'avenir d'améliorer les emplois et de les rendre plus attractifs.

La politique de l'emploi est plus poussée dans le Nord que dans le Sud.

Face à la persistance du chômage, les Douze ont chacun développé des politiques spécifiques. Mais, en tout état de cause, les possibilités d'atteindre le plein-emploi sont limitées. Trop d'objectifs contradictoires sont en jeu, ce qui explique aussi les différences sensibles entre les politiques suivies par les différents gouvernements.

A cet égard, on peut distinguer trois groupes de pays :
- d'abord ceux qui, plus que d'autres, sont à même d'enregistrer des succès sur le front de l'emploi par le recours à une stimulation générale de la croissance économique. Parmi ces pays, le plus souvent caractérisés par une quasi-absence de déficits extérieurs, une grande stabilité des prix, une bonne infrastructure et une formation professionnelle de qualité, on compte l'Allemagne, le Benelux et le Danemark et, à un degré moindre, la France et la Grande-Bretagne ;
- dans le deuxième groupe, l'Espagne, l'Italie et l'Irlande qui connaissent une croissance économique forte, accompagnée d'un taux de chômage particulièrement élevé, pour des raisons essentiellement démographiques et structurelles ;
- enfin, dans le troisième groupe, la Grèce et le Portugal qui subissent un chômage moindre, mais où les problèmes structurels sont encore plus aigus.

Sur l'échelle des priorités, l'objectif du plein-emploi occupe le premier ou le deuxième rang en Allemagne, au Benelux, au Danemark et en France. Il est d'une moindre importance en Grande-Bretagne, en Italie, en Espagne,

en Irlande, en Grèce et au Portugal. Ces derniers pays ne sous-estiment pas pour autant la question du travail, mais le poids des autres contraintes (inflation, déficits extérieurs et budgétaires, problèmes structurels) est tel que la marge de manœuvre en matière d'emploi s'en trouve encore plus réduite.

D'une façon générale, la politique de l'emploi est plus poussée dans le nord de la Communauté que dans les pays méditerranéens, où l'on privilégie souvent des mesures à court terme de création d'emploi ne permettant qu'une amélioration passagère de la situation.

On peut ainsi distinguer trois types d'intervention en matière d'emploi :
- une politique spécifique de l'emploi (politique macroéconomique tendant à favoriser l'emploi, réseau national de placement) menée par presque tous les pays du premier groupe (Allemagne, France, Royaume-Uni, Pays-Bas, Luxembourg), auxquels s'ajoutent l'Italie et le Portugal ; elle est par contre moins affirmée en Belgique, Irlande, Espagne et Grèce ;
- des actions directes pour lutter contre le chômage (primes à l'embauche, subventions, allégement des charges patronales, programmes de créations d'emplois, réduction du temps de travail) ; elles jouent un rôle important dans de nombreux pays (Allemagne, France, Italie, Danemark, Pays-Bas, Portugal, Irlande) ; par contre en Espagne et au Royaume-Uni, elles demeurent secondaires ;
- des actions indirectes (dans le domaine de la formation professionnelle ou de la création d'emplois ou de petites et moyennes entreprises), souvent plus efficaces à long terme parce qu'elles contribuent à améliorer les conditions globales du marché de l'emploi ; elles sont pratiquées surtout en Allemagne, dans le Benelux, au Royaume-Uni et, de façon croissante, en France.

L'histoire et le niveau de développement passent avant la politique.

L'arrière-plan historique comme les données structurelles et idéologiques de chaque pays conditionnent pour une large part leur politique en matière d'emploi. La coopération des partenaires sociaux (cogestion), la décentralisation ainsi qu'une formation professionnelle poussée sont surtout le fait de pays comme l'Allemagne, le Danemark et les Pays-Bas. Le centralisme traditionnel de la France et, dans une moindre mesure, de l'Espagne, ainsi que le poids relativement important du secteur public dans ces deux pays, en Italie et, surtout dans le passé, en Grande-Bretagne posent parfois des problèmes lors-

* Joachim Volz est maître de recherches au DIW (Institut de recherche économique de Berlin). Il est également responsable de la recherche sur la conjoncture en Europe occidentale.

qu'il s'agit de prendre des mesures efficaces, notamment au niveau régional. D'autres pays, parmi lesquels il faut mentionner avant tout la Grèce, l'Irlande et le Portugal, ne disposant que de peu d'institutions économiques performantes ont de graves problèmes structurels et une comptabilité nationale insuffisante ; d'autres, comme l'Italie, ont une tendance à l'instabilité politique.

On ne peut guère établir un lien entre la dominance d'une tendance politique (conservatrice, sociale-démocrate, socialiste) sur une longue période et l'efficacité accrue de la politique de l'emploi. On peut cependant constater que les gouvernements conservateurs tentent d'améliorer la croissance économique et la situation de l'emploi avant tout par des mesures en faveur des entreprises. Les gouvernements sociaux-démocrates ou socialistes, quant à eux, tentent de stimuler l'économie notamment en renforçant le pouvoir d'achat des salariés ; ils ont par ailleurs davantage tendance à prendre des mesures directes de création d'emplois.

De même, le niveau de l'assurance sociale des chômeurs, un autre élément de la politique de l'emploi, ne dépend pas directement de l'orientation en matière de politique économique des pays respectifs. Des nations aussi différentes que la Belgique, fortement inspirée par l'économie de marché, et le Danemark, d'orientation plus socialiste-scandinave, font état tous deux de prestations élevées et de longue durée, ce qui est également vrai pour l'Allemagne, la France, les Pays-Bas, le Luxembourg ainsi que partiellement pour la Grande-Bretagne. De l'autre côté, les pays plutôt « pauvres » (Espagne, Portugal, Grèce, Irlande) ainsi qu'en partie l'Italie offrent des prestations plutôt insuffisantes. Ainsi, le degré du développement économique et l'arrière-plan historique des différents pays sont plus déterminants pour le niveau, les efforts et l'efficacité de la politique - active et passive - de l'emploi que la couleur politique du gouvernement en place.

ARGENT

Ecarts de revenus importants selon le pays, la qualification, l'ancienneté, la région, le secteur d'activité ■ Salaires minimaux dans tous les pays ■ 30 % d'écart entre les hommes et les femmes (51 % en Belgique, 24 % au Danemark) ■ Salaires des cadres 2 fois plus élevés que ceux des ouvriers ■ Pouvoir d'achat européen doublé en 25 ans ■ 45 millions de « pauvres » ■ Epargne en baisse (5 % du revenu disponible au Royaume-Uni, 24 % au Portugal) ■ Recours au crédit de plus en plus répandu ■ Cartes bancaires au Sud, Eurochèques en RFA et au Benelux ■ Un Européen sur cinq actionnaire ■ Pression fiscale variable, mais globalement élevée (Danemark, Pays-Bas) ■ Un ménage sur trois exempté d'impôt sur le revenu (58 % au Portugal, 8 % en Belgique)

REVENUS

Il existe une très grande disparité de revenus dans la CE.

Les rémunérations perçues par les travailleurs de la Communauté sont éminemment variables selon les pays, les régions, les secteurs d'activité, le sexe et la qualification. Les différences sont liées aux structures économiques, à l'histoire et au développement de chaque nation. Une étude comparative conduite par le CERC (Centre d'étude des revenus et des coûts) en 1989 montre que l'on peut ranger les pays en deux catégories principales, selon l'écart existant entre les « cols blancs » (employés) et les « cols bleus » (ouvriers) :

– Pays où le salaire moyen des employés dépasse de plus de 40 % celui des ouvriers : France, Belgique, Pays-Bas, Luxembourg. L'écart atteint même 60 % dans ces deux premiers pays ;
– Pays où l'écart ne dépasse pas 20 % : RFA, Italie, Danemark. Dans ces pays, on observe aussi que l'écart entre ouvriers qualifiés et contremaîtres est moins élevé que dans le premier groupe : 40 % en Belgique et 30 %

en France, contre 15 % en Allemagne et seulement 1 % en Italie.

20 000 ÉCUS PAR SALARIÉ

Evolution des rémunérations des salariés (en écus, aux parités de pouvoir d'achat courants) :

	1970	1980	1988
• Belgique	4 125	16 489	22 677
• Danemark	4 517	13 110	22 368
• Espagne	2 060	9 443	15 237
• FRANCE	4 157	14 690	22 815
• Grèce	2 088	5 889	9 117
• Irlande	2 735	9 573	17 342
• Italie	3 455	10 045	20 176
• Luxembourg	4 447	15 315	22 172
• Pays-Bas	4 570	17 139	24 318
• Portugal	1 054	3 396	6 025
• RFA	4 338	14 543	23 690
• Royaume-Uni	3 134	9 856	16 415
• CE	3 583	12 073	19 870
• Etats-Unis	8 508	13 579	24 471
• Japon	2 396	9 610	27 258

Eurostat

Il faut préciser que les salaires sont indexés sur les prix dans huit pays : Belgique, Danemark, France (uniquement le SMIC, salaire minimum), Grèce, Irlande (en partie seulement), Italie, Luxembourg, Pays-Bas.

RFA

« Les gagnants portent... Sympatex. »

La qualification et l'ancienneté sont des éléments essentiels de la constitution des salaires.

La qualification est le premier facteur explicatif des disparités de salaires. Le clivage entre ouvriers et non-ouvriers (y compris les contremaîtres) est plus marqué en France et dans le Benelux. Le salaire moyen non-ouvrier y est supérieur d'au moins 40 % à celui des ouvriers : 61 % en France, 44 % en Belgique, 40 % aux Pays-Bas. L'écart n'est que de 20 % en RFA et de 22 % en Italie et au Danemark.

L'ancienneté joue également un rôle important. Les salariés qui ont plus de vingt ans de présence dans une entreprise gagnent en moyenne 30 % de plus que ceux qui y travaillent depuis moins de deux ans. Cet écart élevé est dû en partie au fait que l'ancienneté et la qualification vont souvent de pair et que les femmes ont moins d'ancienneté que les hommes. Si l'on fait abstraction de ces phénomènes, l'amplitude est encore de 17 % en France chez les ouvriers, contre seulement 9 % en RFA. Elle est encore plus grande pour les « cols blancs » : 24 % en France, 10 % en RFA.

■ En Grèce, les conventions fixant le salaire minimum font une distinction entre les travailleurs manuels et intellectuels, entre les personnes seules et mariées.

■ Au Danemark, le salaire minimum ne s'applique qu'aux travailleurs de l'industrie mécanique et à quelques travailleurs intellectuels.

RFA : les fonctionnaires privilégiés

En RFA, les fonctionnaires ne cotisent pas pour leur retraite. Celle-ci est financée par l'impôt payé par les contribuables et représente 75 % du dernier traitement brut.

De même, l'Etat prend en charge 50 % des frais de santé des fonctionnaires (70 % pendant la retraite), 70 % de celles du conjoint et 80 % de celles des enfants.

Les salaires varient d'environ 20 % selon le secteur d'activité.

Le secteur de l'énergie vient souvent en tête des branches professionnelles, alors que le commerce et le textile sont les moins rémunérateurs. Les industries de biens intermédiaires (minerais, métaux, matériaux de construction, verre, papier...) arrivent en seconde position, suivies par celles d'équipement (professionnels, ménagers, automobiles...) puis de biens de consommation (vêtements, chaussures, médicaments, livres...). Les hiérarchies de salaires sont semblables d'un pays à l'autre, de même que la répartition des emplois dans les différents secteurs. Les industries d'équipement disposent cependant d'un poids plus important en RFA.

Le niveau de rémunération dépend aussi de la taille des entreprises ou des établissements (il s'accroît avec elle) ; l'écart entre les petites et les grandes unités atteint par exemple 10 % en France.

L'implantation géographique est un autre élément important : les différences régionales de salaires représentent 16 % en France, 12 % en RFA, 8 % en Italie, 5 à 6 % aux Pays-Bas et en Belgique.

Les salariés « intéressés »

Plusieurs pays de la Communauté ont mis en place des systèmes d'intéressement des salariés aux bénéfices de l'entreprise.

En RFA, ils peuvent constituer une épargne maximale d'environ 1 000 DM avec l'aide de l'employeur, en bénéficiant d'une exonération d'impôt et d'une prime égale à 30 % du montant placé.

En Grande-Bretagne, les plans d'options d'actions bénéficient d'importants avantages fiscaux (exonération d'impôt sur le revenu et les plus-values).

En France, un système original de « participation » est obligatoire depuis 1967 pour toutes les entreprises de plus de 100 salariés.

Des systèmes similaires existent aussi à l'extérieur de l'Europe ; au Japon, le « bonus » représente environ 25 % du revenu des salariés.

LES REVENUS DES CITADINS

Revenus nets annuels (après déduction des impôts et des cotisations sociales) de quelques professions relevés dans des villes de la CE (1989, en francs) :

	Instituteur (1)	Chauffeur d'autobus (2)	Mécanicien autos (3)	Manœuvre bâtiment (4)	Outilleur/ tourneur (5)	Chef de service (6)	Secrétaire (7)	Vendeuse (8)
• Amsterdam	96 330	98 670	67 470	57 720	77 610	141 570	65 130	59 280
• Athènes	-	31 590	-	-	-	-	-	-
• Bruxelles	77 610	74 880	57 720	69 420	92430	172 770	77 610	58 500
• Copenhague	89 310	86 970	96 720	78 780	100 230	223 080	91 650	64 740
• Dublin	90 870	53 820	49 530	52 260	70 980	134 550	50 700	49 920
• Francfort	127 920	91 650	75 660	67 470	102 570	273 780	86 870	54 210
• Lisbonne	34 320	19 110	19 110	10 530	23 010	32 760	30 030	13 650
• Londres	82 680	84 240	69 030	65 130	77 220	139 620	80 730	81 120
• Luxembourg	147 810	106 860	72 150	61 620	92 040	211 380	98 670	64 740
• Madrid	70 980	56 940	35 100	40 170	38 610	51 090	42 900	37 440
• Milan	74 100	89 700	68 640	50 310	79 170	102 960	63 570	62 010
• Paris	77 220	92 430	49 140	44 460	59 280	120 900	72 540	42 120

(1) Depuis 10 ans dans l'enseignement public; environ 35 ans, marié, sans enfant.
(2) De transports publics, environ 10 années de pratique ; 35 ans environ, marié, 2 enfants.
(3) Avec diplôme de fin d'apprentissage et 5 années environ de pratique ; 25 ans environ, célibataire.
(4) Ou d'un ouvrier ayant reçu une formation accélérée ; 25 ans environ, célibataire.
(5) Ouvrier qualifié, ayant environ 10 années de pratique et travaillant dans une grande entreprise de transformation des métaux ; 35 ans environ, marié, 2 enfants.
(6) Travaillant dans une grande entreprise de transformation des métaux, ayant une centaine d'ouvriers sous ses ordres ; diplôme d'apprentissage ou diplôme d'une école technique, au bénéfice d'une longue expérience ; 40 ans environ, marié, sans enfant.
(7) D'un chef de service d'une entreprise industrielle, environ 5 années de pratique (sténo-dactylographe, une langue étrangère) ; environ 25 ans, célibataire.
(8) Occupée dans un rayon confection pour dames d'un grand magasin ; de formation accélérée (n'a pas fait d'apprentissage proprement dit de vendeuse), comptant quelques années de pratique ; 20 à 24 ans, célibataire.

UBS

L'argent préféré au temps

Les années 80 ont été caractérisées par une baisse de la durée du temps de travail, en même temps qu'une remise en cause du pouvoir d'achat. C'est sans doute pourquoi la plupart des Européens donnent aujourd'hui la préférence à un accroissement de leur revenu plutôt qu'à l'obtention de temps libre supplémentaire.

Dans une enquête réalisée en 1977 dans l'Europe des Dix, 51 % des travailleurs préféraient une réduction de leur durée de travail sans variation de salaire ; 42 % se prononçaient en faveur d'une hausse de leur salaire pour le même nombre d'heures de travail. En 1985, la même enquête donnait des résultats inverses (ci-contre) : une large majorité des habitants (61 %) se déclaraient favorables à une augmentation de salaire (31 % pour une diminution du nombre d'heures de travail). Les Irlandais, les Britanniques et les Grecs, bien que disposant de revenus moyens très différents, étaient les plus tentés par cette solution. Les Néerlandais étaient partagés. Seuls les Danois affichaient une préférence pour une diminution de la durée du travail.

La préférence majoritaire pour l'argent concernait toutes les catégories sociales, y compris les plus aisées. Ceux qui bénéficiaient de revenus élevés étaient plus nombreux à préférer un accroissement de leur temps libre. Il était plus surprenant de constater que les personnes qui travaillaient plus de 41 heures par semaine étaient beaucoup moins intéressées par un supplément de temps libre que celles qui travaillaient 35 à 40 heures.

LE TEMPS ET L'ARGENT

Préférence entre une augmentation du salaire ou une diminution du temps de travail, en 1985* :

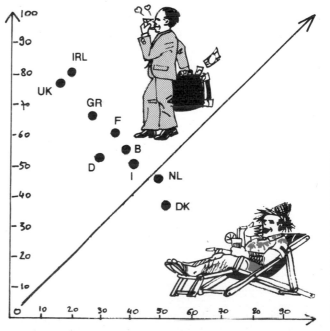

* Actifs salariés, secteur public ou privé.

Commission européenne, Eurobaromètre

Des salaires minima existent dans tous les pays.

La France, l'Espagne, les Pays-Bas, le Portugal et le Luxembourg ont mis en place un système de salaire minimum interprofessionnel légal. Celui-ci est fixé au niveau national, après consultation des partenaires sociaux. Il concerne par exemple environ 10 % des salariés en Espagne et 20 % au Portugal. Tous les travailleurs sont concernés, sauf aux Pays-Bas pour les personnes travaillant moins d'un tiers du temps de travail normal.

En Belgique et en Grèce, le niveau du salaire minimum est fixé nationalement par des négociations collectives. Au Danemark, en Italie et en RFA, des conventions collectives fixent des montants pour chaque secteur économique.

Enfin, le Royaume-Uni et l'Irlande ne disposent pas de législation générale dans ce domaine. Mais les *wages councils* britanniques et les *joint labor committees* irlandais définissent des salaires minimums spécifiques pour certains secteurs.

Les jeunes travailleurs (en général moins de 18 ans) ont droit à un pourcentage fixe du salaire minimum en France, au Luxembourg, aux Pays-Bas et au Portugal. Il est fixé en valeur absolue en Espagne.

SALAIRES MINIMA

Législations concernant le salaire minimum interprofessionnel :

Belgique	Salaire minimum général des conventions collectives nationales : environ 35 000 FB.
Danemark	Salaire minimum fixé par des conventions collectives sectorielles.
Espagne	Environ 45 000 pesetas pour un adulte de 18 ans et plus.
FRANCE	5 200 F en juin 1990 pour un adulte de 18 ans et plus (taux plein).
Grèce	Salaire minimum général fixé par des conventions collectives nationales.
Irlande	Seulement dans certains secteurs de l'industrie et des services.
Italie	Salaire minimum fixé par des conventions collectives sectorielles.
Luxembourg	Salaire social minimum : environ 32 000 FLUX pour un adulte de 18 ans et plus.
Pays-Bas	Environ 100 florins pour un adulte de 23 ans et plus.
Portugal	Environ 30 000 escudos pour un adulte de 20 ans et plus.
• RFA	Salaire minimum fixé par des conventions collectives sectorielles.
• Royaume-Uni	Seulement pour les travailleurs agricoles. Il existe un salaire minimum spécifique pour certains secteurs industriels.

Indexation des salaires : la spirale infernale

Au début des années 80, la politique d'accroissement du pouvoir d'achat du salaire minimum a été remise en cause dans beaucoup de pays, du fait de son effet d'entraînement sur les autres salaires et de ses conséquences inflationnistes. Ainsi, aux Pays-Bas, le salaire minimal n'a pas été augmenté entre 1983 et 1986 ; il a même été réduit de 3 % en janvier 1984. Dans des pays comme la Belgique ou la France, l'indexation du salaire minimum a été réduite ou supprimée depuis quelques années, de sorte que sa croissance est proche de celle du salaire moyen. Dans d'autres pays comme la Grande-Bretagne, il existe un salaire minimum pour les jeunes, inférieur à celui des adultes.

L'écart de salaire entre les femmes et les hommes est en moyenne de 30 % ; il est de 16 % à qualification et ancienneté égales.

L'écart apparent atteint un maximum de 51 % en Belgique, le minimum étant de 24 % au Danemark. Ce résultat doit cependant être corrigé des « effets de structure » dus aux différences de qualification ou d'ancienneté. Il n'est plus alors de 39 %, mais de 16 %. L'écart maximal réel constaté est de 28 % en Irlande. Il est de 20 % en Belgique et aux Pays-Bas, 18 % en RFA et au Luxembourg, 15 % en France et au Danemark, 9 % en Italie. Les amplitudes sont souvent plus fortes en haut de la hiérarchie qu'en bas, surtout dans les pays où existe un salaire minimum.

LA PRIME AU SEXE FORT

Écarts de salaires entre hommes et femmes dans 8 pays (1989, en %, après correction des effets de structure) :

Ces inégalités proviennent en partie du fait que les femmes, même à qualification égale, occupent des postes et travaillent dans des secteurs moins bien rémunérés que les hommes. La durée de leur travail est également souvent inférieure à celle des hommes, car elles sont moins concernées par les heures supplémentaires. Enfin, elles font parfois l'objet de discriminations de la part des employeurs, même si les législations l'interdisent.

Les salaires des cadres sont en moyenne 2 fois plus élevés que ceux des ouvriers.

Sur sept pays ayant fait l'objet d'une étude comparative (CERC), les salaires des cadres sont en moyenne supérieurs de 84 % au salaire moyen national. Les écarts les plus forts sont ceux constatés en France, où le salaire moyen des cadres représente 132 % du salaire moyen de l'ensemble des actifs, et en Belgique (102 %). Ils sont beaucoup plus limités en RFA (49 %) et en Italie (52 %).

La dispersion est également très marquée à l'intérieur de la catégorie des cadres. L'éventail des salaires (nets) est un peu supérieur à 3 dans la plupart des pays de la Communauté. Le maximum est celui constaté en Italie (4,1), devant

la RFA (3,9), la France (3,6) et l'Espagne (3,5). Les Pays-Bas et surtout la Belgique sont les pays les plus égalitaires dans ce domaine, avec respectivement 2,7 et 2,3. A titre de comparaison, le rapport est de 3,6 aux Etats-Unis.

LE PRIX DES CADRES

Rémunérations nettes dans 6 pays, après charges sociales, cotisations et impôts, pour un couple marié avec deux enfants (1990, en milliers de francs) :

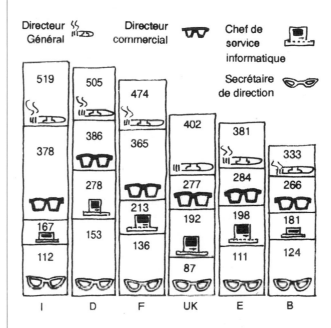

I Directeur général.
II Directeur commercial.
III Chef de service informatique.
IV Secrétaire de direction.

CEGOS

Du brut au net

Pour un même salaire brut de 300 000 F perçu par un cadre marié avec deux enfants, le revenu net après charges sociales et impôts, corrigé du coût de la vie du pays, varie de 185 000 F en Italie à 228 000 F en France (voir tableau).

Mais il faut aussi tenir compte des avantages en nature, différents selon les pays. Les cadres britanniques bénéficient souvent de plans d'achat à prix réduit d'actions de l'entreprise. Les entreprises italiennes proposent plutôt des plans de retraite à leurs dirigeants. Les belges disposent d'une panoplie étendue : indemnités de représentation ; possibilité de fractionner les déclarations de revenus entre différents fiscs lorsqu'on travaille dans plusieurs pays ; suppléments de salaire liés aux résultats ne touchant que la tranche supérieure du revenu.

Les rémunérations des cadres dirigeants varient du simple au double entre les pays.

Plus encore que celle des autres salariés, la hiérarchie des salaires des cadres dirigeants est très différente selon qu'on considère les rémunérations brutes, nettes, ou que l'on tient compte des disparités de coût de la vie. Une étude comparative portant sur neuf pays (ITS, 1990) montre par exemple que les directeurs généraux allemands sont ceux qui bénéficient des salaires bruts les plus élevés, devant les italiens, les français, les danois et les belges, les néerlandais et les espagnols. Les britanniques et les irlandais se situent assez loin derrière.

Après déduction des charges sociales et des impôts, la France devance l'Italie et l'Allemagne, alors que le Danemark descend à la neuvième place et que le Royaume-Uni remonte à la sixième. Si l'on tient compte du coût de la vie, les directeurs généraux français restent les mieux rémunérés, devant les allemands et les italiens. Les britanniques, danois et irlandais ferment la marche.

Cette comparaison ne prend cependant pas en compte les avantages plus ou moins largement distribués dans chaque pays. Ainsi, la quasi-totalité des cadres dirigeants britanniques bénéficient d'une voiture de fonction (et 56 % des cadres moyens) contre respectivement 89 % et 9 % en France. On constate que la part variable des rémunérations est semblable dans tous les pays : entre 17 et 23 % du salaire brut. Enfin, les écarts de revenus devraient évoluer au cours des prochaines années ; des pays comme les Pays-Bas, la Belgique, l'Irlande et la RFA tendent à réduire le poids de la fiscalité directe sur les hauts revenus.

LES PATRONS FRANÇAIS BIEN PAYÉS

Salaires des chefs d'entreprise dans quelques pays de la CE (1989, en francs) :

	Salaire annuel brut (primes et avantages compris)	Salaire net après impôt
• FRANCE	1 475 990	735 995
• Italie	1 563 380	719 270
• RFA	1 266 640	645 320
• Royaume-Uni	1 293 500	600 800
• Belgique	2 177 010	587 710
• Espagne	1 007 140	544 500
• Pays-Bas	1 054 410	400 450
• Portugal	370 850	173 815

Executive compensation service

Les prestations sociales modifient la hiérarchie des revenus.

Outre les revenus de leur travail (et, le cas échéant, de leur patrimoine), les travailleurs perçoivent des prestations sociales de différentes natures : allocations familiales pour les familles avec enfants, prestations en cas de maladie, accident, invalidité, chômage, formation, retraite (voir *Etats*).

Compte tenu de l'évolution sociale, démographique et économique, les prestations de maladie, de vieillesse et de chômage tiennent une place prépondérante. La répartition est cependant très variable selon les situations et les politiques nationales : la part des prestations de maladie est forte en RFA ; celle de l'indemnisation du chômage est faible en Italie, au Luxembourg et au Portugal.

Les pensions les plus élevées versées aux retraités sont celles du Luxembourg et des Pays-Bas (voir *Société*). Viennent ensuite l'Italie, la RFA et la France. Le sort des retraités belges, danois, britanniques et surtout irlandais est le moins enviable. Des chiffres comparables manquent pour les pays du Sud (Espagne, Portugal et Grèce), mais les situations dans ces pays sont peu favorables.

OÙ PRENDRE SA RETRAITE ?

Age de la retraite (H/F), annuités de cotisation et calcul de la pension :

	Age (1)	Années de cotisation	Calcul de la pension
• Belgique	65/60	45/40	Toute la vie active.
• Danemark	67/67	40	Montant forfaitaire.
• Espagne	65/65	35	8 dernières années.
• FRANCE	60/60	37,5	10 meilleures années.
• Grèce	65/60	65/60	2 dernières années.
• Irlande	66/66	-	Montant forfaitaire (depuis 1953).
• Italie	60/55	40	5 dernières années.
• Luxembourg	65/65	40	Toute la vie active.
• Pays-Bas	65/65	50	Montant forfaitaire.
• Portugal	65/62	36	5 meilleures des 10 dernières années.
• RFA	65/65	40	Toute la vie active.
• Royaume-Uni	65/60	-	Toute la vie active (depuis 1948).

(1) Hommes/Femmes.

Données nationales

■ Le montant des allocations familiales, pour une famille avec deux enfants, représente au moins 12 % du revenu moyen (industrie) en Belgique, environ 10 % en France (mais 64 % pour 4 enfants), au Royaume-Uni et aux Pays-Bas, 5 % en Grèce, 4,5 % en RFA, 3,5 % en Irlande, moins de 3 % au Danemark.

■ La part de l'indemnisation du chômage a au moins triplé dans la plupart des pays entre 1970 et 1985.

■ Les 20 % de ménages britanniques qui perçoivent les revenus les plus élevés représentent 41 % des revenus totaux, contre 38 % il y a dix ans.

PRESTATIONS FAMILIALES

Principales dispositions légales concernant les prestations familiales (1988 ou 1989 selon les pays) :

Belgique	Danemark	Espagne	FRANCE
Allocations familiales (travailleurs salariés) : 2 177 FB par mois pour le premier enfant, 4 027 pour le second, 6 012 pour le troisième et les suivants. Majorations en fonction de l'âge. Autres prestations : naissance (29 484 FB à la première, 20 335 aux suivantes) ; allocations pour enfants handicapés (9 790 FB par mois jusqu'à 21 ans) ; réduction de 50 % sur les transports en commun pour les familles ayant 3 enfants à charge ; consultations médico-sociales pré- et postnatales et pour nourrissons gratuites. Allocations familiales et de naissance exonérées d'impôts.	Allocations familiales générales : 458 KRD par mois par enfant. Plus allocations familiales ordinaires pour enfants à charge de personnes vivant seules, non pensionnées : 321 KRD par enfant (supplémentaires : 245 KRD). Aides spéciales pour parents pensionnés et pour orphelins. Allocations exemptées d'impôts. Le calcul des impôts sur le revenu ne tient pas compte de l'existence d'enfants à charge.	Allocations familiales : 250 PTA par mois et par enfant pour les familles de trois enfants au plus ; majorations pour familles nombreuses (25 à 35 %). Autres prestations : complément pour revenus familiaux insuffisants, avec au moins un enfant à charge (1050 PTA) ; aides pour les études d'enseignement élémentaire, moyen et supérieur ; priorité aux logements subventionnés pour les familles nombreuses ; allocations pour l'enseignement spécial. Déductions fiscales pour mariage (20 000 PTA), pour chaque enfant (15 000 PTA), pour chaque membre de la famille aveugle, mutilé ou invalide (38 000 PTA).	Dix prestations familiales (dont certaines avec plafond de ressources). Principales : allocation pour jeune enfant, du quatrième mois de grossesse au troisième mois de vie de chaque enfant (802 F par mois) ; allocations familiales (558 F par mois pour deux enfants, 1 274 F pour trois, 1 990 F pour quatre) ; complément familial pour 3 enfants de plus de 3 ans (727 F). Autres aides à la famille : supplément de revenu familial ; prêts à l'amélioration de l'habitat ; allocation de logement à caractère social ; aide personnalisée au logement ; prime de déménagement, etc. Prestations familiales non imposables. Système fiscal de quotient familial et de déductions sur le revenu (pensions alimentaires, frais de garde des jeunes enfants, etc.) en fonction du nombre d'enfants.
100 FB = 16,2 FF	1 KRD = 0,87 FF	100 PTA = 5,4 FF	

Grèce	Irlande	Italie	Luxembourg
Allocations pré- et postnatales : 20 000 DR six semaines avant l'accouchement, 20 000 six semaines après. Allocations familiales : 520 à 780 DR par mois pour le premier enfant (selon les revenus : 500 000 à 1 million de DR par an) ; 1 820 à 2 730 pour le deuxième ; 3 250 à 5 850 pour le troisième ; 4 680 à 7 020 pour le quatrième ; 6 110 à 8 550 pour le cinquième. Les petits-enfants, frères, sœurs, neveux, nièces jusqu'au troisième degré ouvrent droit à des allocations familiales lorsque l'enfant est orphelin, que la personne ayant droit aux prestations pourvoit à ses besoins, que le parent survivant est sans emploi (5 000 DR par mois jusqu'à l'âge de 16 ans, avec condition de ressources). Allocations et prestations familiales imposables. Revenus des deux parents imposés séparément. Déductions fixes pour les pères et autres dégrèvements.	Allocations familiales : 15,05 £IR par mois et par enfant, du premier au quatrième ; 21,75 pour le cinquième et les suivants. Allocation de naissance pour triplés, allocation spéciale pour enfants handicapés, augmentation des prestations d'assurance et d'assistance tenant compte de la présence d'enfants, complément familial pour les familles à revenu modeste. Allocations et complément familial exonérés d'impôt. Les conjoints peuvent choisir d'être imposés ensemble ou séparément. Déductions pour parents seuls (veufs, séparés, divorcés, célibataires).	Depuis 1988, les allocations familiales ne sont plus attribuées à tous les employés ayant à charge les membres de leur famille, mais seulement aux familles qui n'ont pas de moyens de subsistance suffisants. Montant en fonction du nombre des membres de la famille (couple marié et enfants jusqu'à 18 ans, mais aussi sœurs, frères ou cousins jusqu'à 18 ans, orphelins ne recevant pas de pensions) et du total de leurs revenus. Allocation non imposable.	Allocations familiale : 1 757 FLUX par mois pour le premier enfant, 5 358 pour deux enfants, 11 788 pour trois enfants, 5 273 pour chaque enfant supplémentaire. majorations en fonction de l'âge (6 ans et 12 ans). Autres prestations (sous certaines conditions) : prénatale (15 380 FLUX) ; de naissance (15 380 FLUX) ; postnatale (15 380 FLUX) ; handicapés ; rentrée scolaire ; orphelins. Allocations familiales et autres aides exonérées d'impôt. Législation fiscale prenant en compte l'existence d'enfants à charge ; abattements divers.
100 DR = 3,9 FF	1 £IR = 9,0 FF		100 FLUX = 16,2 FF

PRESTATIONS FAMILIALES (fin)

Pays-Bas	Portugal	RFA	Royaume-Uni
Allocations familiales trimestrielles, selon l'âge de l'enfant (0-5 ans, 6-11, 12-17) : 214,5 à 398 FL pour un enfant, 281 à 522 pour deux, 301 à 559 pour trois, 329 à 611 pour quatre, etc. Pensions pour les veuves remplissant certaines conditions et pour les orphelins. Prestations pour enfant exonérées d'impôt. Les parents en ménage commun décident lequel des deux recevra la prestation. Versement au parent chargé de la garde et de l'éducation de l'enfant dans le cas de parents ne formant pas un ménage commun. Réduction du revenu imposable par déductions fiscales.	Allocations familiales : 1 375 ESC par mois pour chaque enfant ; 2 070 à partir du quatrième dans certaines conditions de revenu. Autres prestations : mariage (12 270 ESC à chacun des conjoints travailleurs) ; naissance (14 700) ; allaitement (2 700 par mois pendant les dix premiers mois) ; funéraire (17 150 à la suite du décès des enfants, ascendants, conjoint) ; complémentaire aux enfants et aux jeunes handicapés jusqu'à l'âge de 24 ans (3 530 à 6 930 ESC par mois). Allocations familiales et autres prestations non imposables. Revenus des deux époux cumulés et dégrèvements fiscaux déduits du revenu total.	Prestations variables selon revenus. Allocations familiales : 50 DM pour le premier enfant, 100 pour le deuxième, 220 pour le troisième, 240 pour chacun des suivants. Aide aux études : 590 DM par mois si le jeune habite chez ses parents. Allocations parentales d'éducation (fédérales) : 600 DM par mois jusqu'à l'âge de 6 mois puis dépendante du revenu du 6e au 12e mois. Allocation logement, prêts aux jeunes ménages dans 6 *Länder*. Les prestations sociales sont en principe exonérées d'impôts. Allègements sous forme de déduction du revenu imposable : 2 484 DM par mois. Cumul des revenus imposables des deux époux avec fractionnement ; possibilité de faire deux déclarations séparées.	Allocations familiales hebdomadaires : 7,25 £ pour chaque enfant dans une famille à deux parents ; majoration de 4,90 £ pour le premier enfant ou l'enfant unique dans certaines familles à parent seul. Allocation supplémentaire pour parent seul. Majoration de prestations servies dans le régime national d'assurance et de certaines prestations non contributives, en plus des prestations d'invalidité, de veuve, de pension de vieillesse et d'allocation pour soins à invalide (8,40 £ par semaine par enfant) ; allocations de gardiennage pour une personne s'occupant d'un orphelin (même montant) ; allocation pour tierce personne assistant des handicapés (22 £ à 33 £ par semaine en fonction du degré d'attention nécessaire). Allocations généralement non imposables. dégrèvement pour un parent élevant seul son ou ses enfants.
1 FL = 3,0 FF	100 ESC = 4,0 FF	1 DM = 3,4 FF	1 £ = 10,4 FF

Les Européens ont doublé leur pouvoir d'achat en 25 ans.

Pour que les comparaisons de salaires entre les pays aient un sens, elles doivent tenir compte du pouvoir d'achat réel auquel elles correspondent. Un revenu identique, exprimé dans une même monnaie ou en écus, ne correspond pas au même pouvoir d'achat dans les différents pays, du fait des différences de taux de change et de leur variation dans le temps.

Exprimés en SPA (standard de pouvoir d'achat, voir *Consommation*), les gains horaires des ouvriers de l'agriculture varient ainsi de un à deux selon les pays, avec des minima en Espagne, Portugal et Grèce, et des maxima aux Pays-Bas, Danemark et RFA. Le rapport est presque de un à trois entre les ouvriers portugais de l'industrie et les ouvriers danois.

Le graphique et la carte ci-après font apparaître des écarts de rémunération différents selon qu'on les exprime en écus (voir p. 317) ou qu'on tient compte des parités de pouvoir d'achat des monnaies (carte page suivante).

■ La croissance du PIB par habitant a été continue depuis 1970, à l'exception de deux légers replis en 1975 (- 1,4 %) et en 1981 (- 0,2 %).

LES GRECS AU BAS DE L'ÉCHELLE

Revenu national net disponible par habitant (1988, en SPA*) :

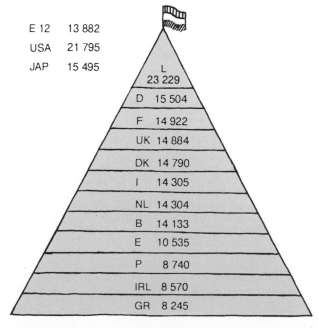

E 12	13 882
USA	21 795
JAP	15 495

L 23 229
D 15 504
F 14 922
UK 14 884
DK 14 790
I 14 305
NL 14 304
B 14 133
E 10 535
P 8 740
IRL 8 570
GR 8 245

* Voir définition p. 102.

Eurostat

POUVOIRS D'ACHAT

Rémunération des salariés aux prix et parités de pouvoir d'achat courants* (1988, moyenne CE = 100) :

| 57 | 85 | 100 | 110 | 120 |

Eurostat

* Voir définition p. 102.

La Communauté représente 18 % du revenu mondial, pour seulement 6 % de la population.

Bien que sa croissance économique ait diminué entre le début des années 70 et le milieu des années 80, la Communauté européenne est l'une des régions les plus riches du monde. Seuls les Etats-Unis représentent une part supérieure du revenu mondial (21 % contre 18 %). L'URSS compte pour 14 %, l'Inde pour 10 % (avec l'Indonésie), le Japon, la Chine et l'Amérique du Sud chacun pour 8 %, l'Afrique 4 %, la Scandinavie et le Canada 2 %.

Le revenu moyen d'un Européen (CE à douze) est dix fois plus élevé que celui d'un Africain, neuf fois plus que celui d'un Indien, six fois plus que celui d'un Chinois, trois fois plus que celui d'un Latino-Américain, deux fois plus que celui d'un Soviétique. Il est cependant dépassé de moitié par le revenu des Nord-Américains et, beaucoup moins nettement, par celui des Japonais et des Australiens.

■ En RFA, les plus démunis ont droit à une protection sociale, un logement et un revenu minimum. Un poste de télévision figure sur la liste des biens minimum garantis par la loi fondamentale.

La CE compte néanmoins environ 45 millions de « pauvres », soit 15 % de sa population.

La pauvreté est sans conteste moins dramatique et répandue en Europe que dans le reste du monde, mais elle existe. Sa définition est d'ailleurs variable selon les pays. La Commission européenne qualifie de pauvre « une personne disposant de moins de la moitié du revenu moyen par habitant d'un Etat membre ».

On estime que près de 45 millions de personnes sont dans cette situation, soit sept millions de plus qu'il y a dix ans. Un chiffre probablement en deçà de la réalité, car il ne prend en compte que le critère du revenu et laisse de côté d'autres facteurs tels que l'habitation dans un logement insalubre, l'analphabétisme, l'insuffisance de soins, les conditions de travail malsaines ou dangereuses, etc.

Les pays les plus pauvres par rapport aux autres sont aussi ceux qui comptent la plus forte proportion de pauvres à l'intérieur.

On observe que les quatre pays qui comptent le plus de pauvres, donc les plus grandes inégalités de revenus entre les personnes (définition communautaire), sont aussi ceux qui sont les moins riches en termes absolus : Portugal, Grèce, Irlande, Espagne (voir tableau p. 327). La corrélation existe aussi pour la RFA, le Luxembourg, le Royaume-Uni, qui occupent à peu près la même place dans les deux classements. Deux pays ont une proportion de pauvres élevée par rapport à leur niveau de richesse nationale : France, Danemark. Trois sont dans la situation inverse : Italie, Pays-Bas, Belgique.

La crise économique de 1973 a remis en question les acquis sociaux de trois décennies de prospérité économique ininterrompue. Après avoir régulièrement diminué, l'écart entre les revenus a recommencé à s'accroître un peu partout en Europe. Surtout, on a assisté à la multiplication du nombre des « exclus » de la société qui, ne pouvant trouver un emploi, épuisent leurs indemnités de chômage (lorsqu'ils en perçoivent) et ne disposent plus du minimum de ressources pour subsister. C'est au Royaume-Uni, en Irlande et en RFA que la proportion de pauvres a le plus augmenté, en particulier au cours de la première moitié des années 80.

Irlande : pauvreté et fiscalité

Un Irlandais sur trois dispose pour vivre de moins de 2 000 F par semaine et par adulte. Un tiers des pauvres sont sans emploi. Un quart d'entre eux sont des paysans. Les mères célibataires, les malades et les handicapés sont particulièrement touchés.

Le budget de l'Etat n'est pas suffisant pour permettre une redistribution des revenus en faveur des plus démunis. Les entreprises paient en effet très peu d'impôts, ainsi que les agriculteurs et les travailleurs indépendants. L'impôt sur les immeubles résidentiels a été supprimé en 1978. Les taux de TVA sont faibles ou inexistants sur de nombreux produits : alimentation, vêtements, électricité.

LES RICHES ET LES PAUVRES

Revenu par habitant dans le monde par rapport à la Communauté (1988, CE = 100 %) :

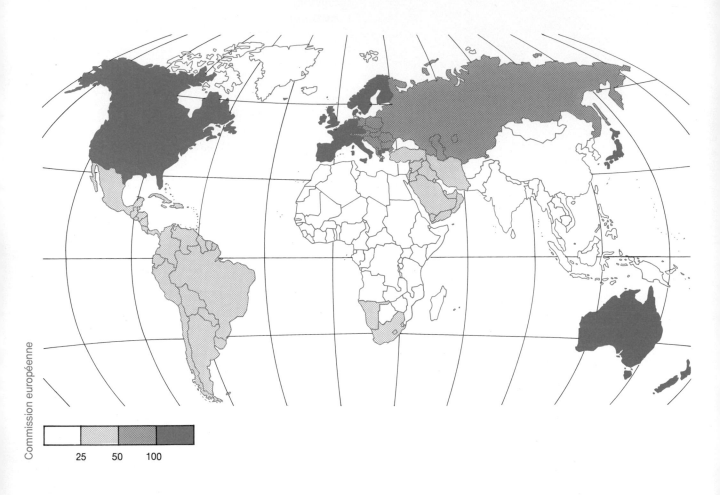

Commission européenne

25   50   100

Les régions les plus pauvres sont situées en périphérie de la Communauté.

Le critèrc généralement adopté pour définir les régions les plus défavorisées est un PNB inférieur d'au moins 25 % à la moyenne communautaire. Les régions concernées sont essentiellement celles qui se trouvent à la périphérie de la Communauté : Grèce, Portugal, Irlande et certaines parties de l'Espagne et de l'Italie (Mezzogiorno), auxquelles il faut ajouter les territoires français d'outre-mer.

Au total, ces régions représentent environ le·quart de la superficie totale de la CE, mais seulement le cinquième de la population. Il faut y ajouter les régions insulaires, qui sont souvent dans une situation économique moins favorable que les parties continentales.

Ces zones sont le plus souvent à forte dominante agricole. Leur éloignement, à la fois géographique et culturel, des centres industriels et urbains rend leur développement plus lent et plus précaire (voir *Economie*).

La plupart des pays ont mis en place un revenu minimum garanti.

Indépendamment du salaire minimum (voir p. 320), la plupart des pays de la Communauté ont mis en place des législations garantissant un revenu minimum aux personnes sans ressources.

Les pays d'Europe du Nord sont plus avancés dans ce domaine que ceux du Sud. Le Danemark a été le premier, en 1933, à instaurer un revenu mimimum garanti. Il a été suivi par la Grande-Bretagne, en 1948, la RFA (1962), les Pays-Bas (1968). La Belgique, l'Irlande, la France, etc., ont suivi.

A l'origine, le revenu minimum garanti était destiné à venir en aide à un petit nombre de déshérités. La marginalisation croissante de certaines catégories de personnes depuis une quinzaine d'années tend à le transformer en un système plus étendu et durable. Le plus souvent, les allocations sont considérées comme un droit et sont versées pen-

PAUVRETÉ RELATIVE, PAUVRETÉ ABSOLUE

Comparaison de la proportion de pauvres dans chaque pays (1) avec le niveau de richesse nationale (PIB par habitant) en 1985 :

	Proportion de pauvres (%)	Classe-ment	PIB par habitant (2)	Classe-ment (3)
• Portugal	28,0	1	6 617	1
• Grèce	24,0	2	7 205	2
• Irlande	22,0	3	8 254	3
• Espagne	20,0	4	9 111	4
• FRANCE	17,5	5	14 043	9
• Danemark	14,7	6	14 829	11
• Royaume-Uni	12,0	7	13 166	6
• Italie	11,7	8	13 144	5
• RFA	8,5	9	14 491	10
• Luxembourg	7,9	10	15 703	12
• Pays-Bas	7,4	11	13 615	7
• Belgique	7,2	12	13 841	8

(1) Proportion de personnes disposant de moins de la moitié du revenu moyen par habitant.
(2) En standards de pouvoir d'achat, aux prix et parités de pouvoir d'achat courants.
(3) Du moins riche (1) au plus riche (12) afin de pouvoir comparer avec le classement de la proportion de pauvres.

dant une durée illimitée. En France et aux Pays-Bas, elles sont conditionnées par la recherche d'un emploi.

Le financement est en général assuré par l'Etat. Il est parfois fait appel aux communes, comme en Belgique et aux Pays-Bas. Un ménage avec deux enfants reçoit l'équivalent de 7 000 F par mois aux Pays-Bas, 6 000 F en RFA, environ 4 000 F au Danemark, en Belgique, au Royaume-Uni ou en France, moins dans les autres pays. On constate cependant que beaucoup de personnes susceptibles de bénéficier de ces allocations n'en font pas la demande.

■ Les 10 % de ménages ayant les revenus les plus élevés perçoivent environ un quart de tous les revenus distribués. C'est en France que leur poids est le plus important (34,5 %) et en Belgique qu'il est le plus faible (21,5 %).

■ Sur la période 1971-1985, à prix constants, le salaire minimum a été multiplié par 3,8 en France, 3,6 aux Pays-Bas et de 3 en Belgique, alors que dans le même temps, le salaire moyen était multiplié respectivement par 2,7, 2 et 2,4.

France : le RMI

Depuis 1989, toute personne résidant en France, âgée de plus de 25 ans ou assumant la charge d'un ou plusieurs enfants peut bénéficier du Revenu minimum d'insertion si elle s'engage à participer aux actions ou activités nécessaires à son insertion sociale et professionnelle.

D'une durée initiale de trois mois, il peut être prorogé pour une période de trois mois à un an, sur décision du préfet. Fin 1989, son montant était fixé à 1 785 F par mois pour une personne seule, 2 532 F pour un couple sans enfant, 3 026 F pour un couple avec un enfant, plus 607 F pour deux enfants. A cette somme s'ajoutait une allocation-logement de 1 407 F pour une personne seule à 2 002 F pour un couple ayant quatre enfants.

Les 500 000 ménages bénéficiaires (à mi-1990) sont en priorité constitués de personnes jeunes, isolées (environ 80 % d'entre elles). 90 % sont de nationalité française. Les trois quarts ne disposent d'aucune ressource.

Malgré l'aide qu'il représente, le RMI n'a pas supprimé la pauvreté en France, car l'insertion professionnelle de personnes marginalisées souvent depuis plusieurs années s'avère très difficile à réaliser.

L'OPINION ET LES INÉGALITÉS

Personnes estimant que « les riches sont de plus en plus riches et les pauvres de plus en plus pauvres » (1990, en %) :

IRL 85
UK 80
B 79
F 74
P 73
D 71
NL 68
L 66
I 64
DK 62
E 59
GR 52

Rotterdam university, Eurostat

Eurobaromètre

Eurobaromètre

L'OPINION ET L'ARGENT

1990, en % :

	B	DK	D	E	F	GR	IRL	I	L	NL	P	R-U
• Personnes déclarant « devoir s'imposer des restrictions » :	23	28	33	39	42	41	60	27	19	20	46	41
• Personnes estimant que « la société est injuste envers elles » :	16	7	10	18	22	20	26	22	9	16	24	17
• Personnes pensant que leurs enfants « auront un niveau de vie meilleur » :	40	31	39	66	41	77	62	62	45	30	71	67
• Personnes percevant une « réduction de la pauvreté dans leur quartier ou village depuis 10 ans » :	17	11	22	38	24	60	30	57	34	23	41	22
• Personnes estimant que « ça va bien » en matière d'avantages sociaux en cas de maladie ou d'invalidité :	63	52	35	8	72	12	13	35	72	76	27	17
• Personnes estimant que « les pouvoirs publics ne font pas assez pour les gens pauvres » :	56	42	51	77	61	58	62	84	53	56	76	70
• Personnes « d'accord pour donner un peu d'argent pour diminuer la pauvreté » :	33	43	45	25	52	75	66	58	70	62	61	58

La perception des inégalités ne dépend pas seulement de facteurs objectifs.

L'enquête réalisée en 1990 par la Commission des Communautés européennes (voir tableau) est riche d'enseignements sur la perception de la pauvreté en Europe. On constate tout d'abord que les Européens ont ressenti un accroissement de la pauvreté et des inégalités au cours des dix dernières années.

Les grandes causes qu'ils lui attribuent sont, par ordre décroissant : le chômage ; l'alcoolisme et la drogue ; la maladie ; l'éclatement des familles.

On constate que les proportions de personnes déclarant qu'elles doivent s'imposer des restrictions sont semblables dans des pays comme le Royaume-Uni, la Grèce, la France, l'Espagne ou le Portugal (environ 40 %), alors que les niveaux de revenus réels y sont très différents.

On observe enfin que le sentiment d'injustice est plus répandu dans les pays du Sud que dans ceux du Nord. Les différences de niveau de vie et la plus grande inégalité des revenus dans les pays les moins développés (voir ci-dessus) expliquent ce phénomène.

■ Les plus hauts revenus nets (après impôts) de patrons travaillant dans les pays membres de la CE sont ceux des Français, compte tenu d'une fiscalité directe plus avantageuse que celle de la Belgique ou de l'Italie, où les salaires bruts sont supérieurs. On observe aussi un écart important (de un à trois) entre les hauts salaires des patrons espagnols et portugais.

LE MODÈLE LUXEMBOURGEOIS

PIB par habitant en volume comparé à celui du pays le plus riche (1989, Luxembourg = indice 100) :

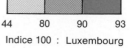

44   80   90   93

Indice 100 : Luxembourg

ÉPARGNE

C'est dans les pays les moins développés qu'on épargne le plus.

Le taux d'épargne des ménages varie aujourd'hui entre 5 et 25 % du revenu disponible des ménages. Paradoxalement, ce sont les habitants des pays les moins riches (surtout les Grecs et les Portugais) qui mettent le plus d'argent de côté (relativement à leurs revenus). Il est vrai que les systèmes de protection sociale y sont plutôt moins développés, de même que le crédit, et qu'il est donc davantage nécessaire d'épargner pour faire face à un besoin d'argent imprévu ou à l'achat d'un logement ou d'un bien d'équipement.

Le taux est particulièrement bas au Royaume-Uni et aux Pays-Bas (de 4 à 5 %). Il se situe entre 12 et 14 % dans les autres pays.

FOURMIS AU SUD, CIGALES AU NORD

Taux d'épargne des ménages (1989, en % du revenu net disponible des ménages) :

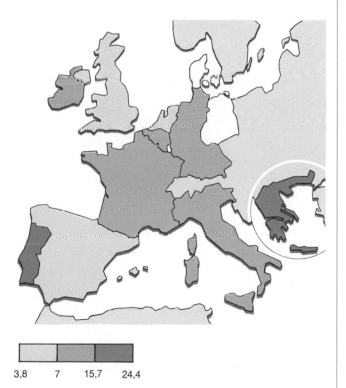

3,8	7	15,7	24,4

■ Les Allemands paient leurs chéquiers entre 10 et 15 francs, et les banques prélèvent 1 franc par chèque émis. En contrepartie, les comptes sont rémunérés.

Depuis le milieu des années 70, l'épargne des ménages européens a beaucoup diminué.

La baisse a été très sensible (de l'ordre de la moitié) dans des pays comme le Royaume-Uni et l'Italie. En France, le taux d'épargne est passé de 18 % en 1981 à 12 % en 1987. Elle est moins forte si l'on considère les achats de biens durables (immobilier, équipements) comme un investissement. Le mouvement a touché tous les grands pays industrialisés, y compris le Japon, où l'épargne est traditionnellement élevée.

A terme, l'endettement croissant des ménages, la probable augmentation des cotisations de retraite, la remontée possible de l'inflation, sont autant d'éléments qui pourraient conduire à des taux d'épargne plus élevés.

LA DÉSÉPARGNE

Evolution du taux d'épargne nette des ménages (en % du revenu disponible) :

	1960	1980	1989
• Belgique	10,6	16,2	14,1
• Danemark	-	-	-
• Espagne	8,0	8,2	7,0
• FRANCE	1,5	13,2	12,2*
• Grèce	7,3	24,5	21,0
• Irlande	-	-	15,7
• Italie	16,5	20,5	14,1*
• Luxembourg	-	-	-
• Pays-Bas	14,4	11,7	3,8
• Portugal	-	28,5	-
• RFA	8,6	12,8	12,2
• Royaume-Uni	4,5	9,7	5,0*
• Etats-Unis	7,2	9,1	5,6
• Japon	14,5	17,9	15,3

* Epargne brute.

OCDE

La baisse de l'épargne a des causes démographiques, économiques, sociologiques et psychologiques.

L'évolution démographique, caractérisée par une faible croissance des populations et un vieillissement des pyramides des âges, n'a pas favorisé la création d'épargne. La crise économique a limité l'accroissement du pouvoir d'achat par rapport à la période de trente années de prospérité qui avait suivi la Seconde Guerre mondiale.

La quasi-totalité des pays de la Communauté ont continué de s'installer dans la société de consommation, entretenue par le développement de l'offre de nouveaux produits, celui de la publicité et du crédit.

Enfin, les facteurs psychologiques ont largement pesé dans l'évolution des comportements des Européens. La plupart regardent l'avenir avec une certaine inquiétude et préfèrent vivre dans le court terme. Ils diffèrent donc moins leurs achats et ne résistent guère aux propositions qui leur sont faites de tous côtés.

Le recours au crédit est de plus en plus répandu.

L'endettement moyen des Européens (immobilier et crédit à la consommation) a considérablement augmenté en Europe au cours des années 70 et 80. Il représentait environ 30 000 F par personne dans les pays les plus développés en 1988 (mais 22 000 F en France et 46 000 F au Danemark), soit en moyenne un peu moins de trois mois de salaire.

L'extension du crédit immobilier, en particulier parmi les ménages à faibles revenus, représente entre la moitié et les trois quarts des crédits en cours. Elle a été alimentée par le manque de logements locatifs et l'augmentation des loyers.

Dans la plupart des pays, l'accroissement des crédits a largement dépassé celui des revenus et la part des dépenses des ménages consacrées au remboursement est donc en sensible augmentation. En RFA, les crédits de trésorerie représentent 16 % du revenu disponible brut des ménages. Le taux est de 14 % au Royaume-Uni, 8 % en France, 5 % aux Pays-Bas, 3 % en Italie (29 % aux Etats-Unis et 15 % au Japon). Les Danois sont ceux qui empruntent le plus.

Indépendamment de l'achat de biens de consommation et de logements, le crédit est également utilisé dans certains pays pour financer l'éducation et la formation. c'est le cas par exemple aux Pays-Bas.

Beaucoup de ménages sont aujourd'hui surendettés.

L'accroissement du montant moyen de crédit par ménage a entraîné dans la plupart des pays un surendettement des ménages à revenus faibles ou moyens. Le phénomène a été aggravé par l'instabilité croissante de la vie professionnelle et familiale : montée du chômage et des emplois précaires ; accroissement de la proportion de bas salaires ; augmentation des divorces. Dans le même temps, le coût du crédit a augmenté en termes réels (taux d'intérêts élevés dans un contexte de baisse de l'inflation). Enfin, l'insuffisance des contrôles a permis à des ménages d'obtenir des crédits sans avoir une capacité suffisante de remboursement.

Aux Pays-Bas, par exemple, près de 4 % des ménages sont dans l'incapacité de faire face à leurs remboursements. Au Royaume-Uni, le nombre de familles concernées est passé de 1,3 million en 1981 à plus de 2 millions en 1987 (10 %). En France, les estimations varient entre 250 000 et 400 000 familles (1 à 2 % des ménages).

La déréglementation du crédit mise en place dans les années 80 a eu pour conséquence un fort accroissement de l'endettement des ménages. Le nombre de procédures légales engagées contre les ménages défaillants a beaucoup augmenté : plus de 6 millions de cas en RFA entre 1980 et 1986. Cette incapacité à rembourser les crédits se traduit aussi par le non-paiement de services tels que le téléphone, le gaz, l'électricité ou les charges locales.

L'usage des cartes bancaires s'est largement répandu, surtout dans le Sud et au Royaume-Uni.

Les cartes de paiement et/ou de crédit ont connu depuis vingt ans une très forte croissance dans les pays les plus développés. Au Royaume-Uni, elles sont utilisées par environ un tiers des consommateurs, soit deux fois plus qu'il y a dix ans. En RFA, le recours au crédit autorisé par les cartes a été multiplié par 6 depuis 1971.

Fin 1989, 20 millions de cartes *Visa* et 14 millions de *Mastercards* étaient en circulation au Royaume-Uni. On en comptait respectivement 7 et 2,5 millions en France, mais 17 millions de détenteurs de la *Carte bleue*. On dénombrait 6,5 millions de cartes *Visa* et 500 000 *Mastercards* en Espagne, 2 millions et 500 000 en Italie, 500 000 et 1,5 million en RFA (mais 22 millions de détenteurs d'une carte de garantie *Eurochèque*, voir encadré page suivante), 500 000 et 15 000 au Portugal.

FRANCE

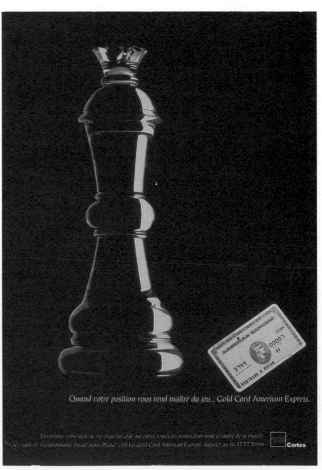

Quand votre position vous rend maître du jeu... Gold Card American Express.

Cette évolution s'explique d'abord par la forte croissance de la demande des ménages en matière de consommation, encouragée par les efforts réalisés par les banques, les distributeurs et les organismes de crédit. Les cartes mises en circulation par les magasins se sont multipliées, en même temps que la publicité pour les produits « que l'on achète aujourd'hui et que l'on paye demain ». D'autres formes, telles que le crédit à tempérament, ont eu en revanche tendance à stagner.

Eurochèques contre cartes de paiement

En matière de paiement, les pays du Sud (France, Espagne et Italie) ainsi que le Royaume-Uni sont plutôt favorables aux cartes, tandis que l'Allemagne, la Belgique, les Pays-Bas et le Luxembourg utilisent plus largement les *Eurochèques*. Les Allemands et les Néerlandais étaient d'ailleurs réticents à l'utilisation des chèques, jusqu'à l'apparition des *Eurochèques*, en 1968. Leur utilisation nécessite à la fois un chéquier (pouvant être utilisé dans n'importe quelle monnaie) et une carte de garantie identifiant le porteur. Celle-ci ne permet pas cependant l'accès à des distributeurs de billets ou le paiement chez les commerçants.

Un Européen sur cinq détient un portefeuille de valeurs mobilières.

L'évolution favorable des bourses au cours des années 80 (malgré le krach d'octobre 1987 et les soubresauts qui se sont produits ensuite) a incité de nombreux Européens à s'intéresser aux placements en actions et obligations. La meilleure connaissance des mécanismes économiques, la multiplication des produits proposés et l'information diffusée par les médias ont largement contribué à cet engouement.

Le déséquilibre démographique entre actifs et inactifs a aussi incité beaucoup d'actifs à se constituer un patrimoine, comme complément aux pensions dont ils disposeront au moment de la retraite. Dans la plupart des pays, les régimes de capitalisation s'ajoutent aux systèmes traditionnels de répartition (voir *Société*).

En 1985, 15 % des habitants de la Communauté à dix détenaient des valeurs mobilières. 65 % disposaient d'un compte d'épargne, avec des différences sensibles selon les pays : 85 % en RFA, 80 % au Luxembourg, mais seulement 39 % en Italie. La forte baisse des marchés en août 1990 risque d'éloigner les petits épargnants qui ont vu se dilapider une partie de leur capital.

La rémunération de l'épargne varie de 2 % en RFA à 15 % en Grèce.

Le taux de rémunération varie évidemment en fonction de l'inflation, afin de limiter l'érosion de l'épargne des ménages. C'est ce qui explique les fortes disparités constatées entre des pays comme la Grèce ou le Portugal, où l'inflation reste élevée, et la RFA ou les Pays-Bas, dans lesquels elle est faible.

Il faut noter que, dans les pays à faible inflation, le taux de rémunération des livrets d'épargne est depuis quelques années légèrement supérieur à la hausse des prix. Cette situation inhabituelle de taux d'intérêt réels positifs a permis un accroissement du pouvoir d'achat de l'épargne.

Dans la plupart des pays de la CE, les comptes de dépôts à vue produisent des intérêts : 0,25 % en RFA en 1989 ; de 0,5 % à 3 % au Luxembourg et en Belgique (pour des soldes moyens de l'ordre de 4 000 à 8 000 F en Belgique et 80 000 F au Luxembourg) ; 0,9 % aux Pays-Bas ; 1 % en Espagne ; de 3 à 4 % au Royaume-Uni et en Italie (fin 1989). Certaines banques françaises ont commencé à proposer ce type de rémunération en juillet 1989.

En contrepartie de la rémunération des comptes, les services tels que la mise à disposition et surtout l'utilisation des chèques sont parfois facturés, comme en RFA ou en Italie (8 à 10 F par mois pour la gestion du compte, plus 3 à 5 F par opération). Ce sont les banques britanniques et italiennes qui rémunèrent le mieux les comptes et prélèvent le moins de frais.

Milliardaires européens

Sur les 100 milliardaires en dollars dans le monde, 67 sont américains (Etats-Unis), 34 Japonais et 32 Européens (CE). On compte parmi ces derniers 15 Allemands, 5 Britanniques, 4 Français, 3 Néerlandais, 3 Italiens, 2 Espagnols. Voici les dix premiers, par ordre décroissant de fortune :

Ramon Areces (magasins populaires *Corto Ingles*). Espagne, 5 milliards de dollars (8e fortune mondiale).
Friedrich Karl Flick (a vendu ses biens à la *Deutsche Bank* en 1985). RFA, 3 milliards de dollars (11e fortune mondiale).
Gerald Cavendish Grosvenor (sixième duc de Westminster). Grande-Bretagne, 3 milliards de dollars (11e fortune mondiale).
Erivan Haub (supermarchés). RFA, 2,9 milliards de dollars (15e fortune mondiale).
Liliane Bettencourt (héritière de L'Oréal). France, 1,2 milliard de dollars (63e fortune mondiale).
Salvatore Ligresti (promoteur). Italie, 1,1 milliard de dollars (69e fortune mondiale).
Heinz Bauer (édition). RFA, 1 milliard de dollars (74e fortune mondiale).
Otto Beisheim (distribution). RFA, 1 milliard de dollars (74e fortune mondiale).
Silvio Berlusconi (audiovisuel, construction). Italie, 1 milliard de dollars (74e fortune mondiale).
Octav Botnar (importation d'automobiles). Grande-Bretagne, 1 milliard de dollars (74e fortune mondiale).

■ 20 % des ménages britanniques possèdent des valeurs mobilières.

Challenges, décembre 1989

Royaume-Uni : la reine riche

Le nombre des millionnaires britanniques (en livres) a quadruplé entre 1984 et 1989 : 20 000 contre 5 000. La plus grosse fortune est celle de la reine, estimée à 5,2 milliards de livres, devant celle du duc de Westminster (3,2 milliards). Les 200 familles les plus riches représentent ensemble près de 40 milliards de livres, soit 8 % du PNB du Royaume-Uni.

IRLANDE

« Vivez comme eux. »

■ Une somme initiale de un franc, capitalisée à 5 % depuis le début de l'ère chrétienne, aurait permis de distribuer aujourd'hui à *chaque* être humain une boule d'or grosse comme un septième de la Terre.

■ On compte une succursale de banque pour 400 habitants en Belgique contre une pour 12 000 en Grèce, une pour 7 000 au Portugal, une pour 4 000 en Italie et en Irlande, une pour 2 500 en France. La densité est d'environ une pour 1 500 ou 2 000 dans les autres pays.

■ En France, la privatisation entre 1986 et 1988 par le gouvernement de droite des entreprises nationalisées par la gauche depuis 1982 a permis à plusieurs millions de Français de devenir actionnaires. Le retour de la gauche au pouvoir en 1988 a stoppé le processus de privatisation sans mettre en cause celles qui avaient déjà été réalisées.

FISCALITÉ

Les niveaux de pression fiscale de certains pays de la CE sont parmi les plus élevés du monde.

Les prélèvements obligatoires représentent entre 33 et 52 % du PIB des pays de la Communauté. Ils sont nettement supérieurs à ceux des Etats-Unis ou du Japon (environ 29 % du PIB) et représentent souvent le double ou le triple de ceux des pays en voie de développement.

La pression fiscale est particulièrement forte au Danemark (plus de 50 %). Elle dépasse 40 % aux Pays-Bas, en Belgique, en France et au Luxembourg. Elle est plus réduite dans les quatre pays méditerranéens (voir tableau). Elle s'est accrue dans la majorité des pays au cours des années 80. Les taux enregistrés dans la CE (40 % en moyenne) sont supérieurs à ceux des Etats-Unis et du Japon (respectivement 30 et 31 %).

En règle générale, la plus grande part des recettes fiscales provient des impôts sur le revenu des ménages (et les bénéfices des entreprises), sauf en Espagne, au Portugal, en

FISCALITÉ : HAUTE PRESSION AU NORD

Taux de prélèvements obligatoires (en % du PIB, estimations 1990) :

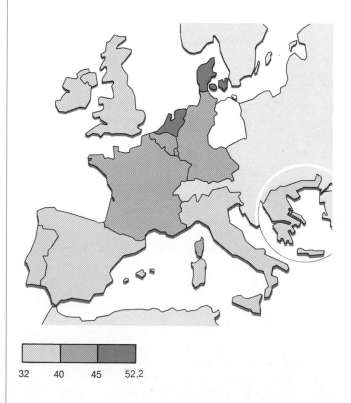

32   40   45   52,2

France et en Grèce. Les cotisations sociales (payées par les ménages et les entreprises) ont un poids très variable : plus de 40 % du total en France et aux Pays-Bas ; seulement 4 % au Danemark.

Les disparités fiscales sont très fortes.

Les recettes fiscales de la Grèce proviennent pour 18 % des impôts sur les revenus (ménages et entreprises), contre 57 % au Danemark. La part payée par les entreprises varie aussi très largement : entre 10 % et 53 % selon les pays. Lorsqu'elle est élevée, elle tend à réduire leur compétitivité et pèse sur les prix et les salaires. Le système favorise aussi l'évasion fiscale et incite au développement du « travail au noir », par nature défiscalisé (voir *Travail*).

Les fiscalités indirectes ne sont pas mieux harmonisées : le taux maximum de TVA est de 12 % au Luxembourg, contre 36 % en Grèce ; le taux réduit varie de 0 à 17 % selon les pays (voir ci-après).

Des pays comme le Royaume-Uni, la RFA ou les Pays-Bas ont entrepris une réforme de leurs systèmes fiscaux, en s'efforçant de faire baisser le niveau des prélèvements. Cet effort s'est effectué parallèlement à celui de la diminution des dépenses publiques, qui s'étaient fortement accrues sous l'effet de la montée du chômage et des dépenses de santé.

L'ESCALADE FISCALE

Evolution des prélèvements obligatoires (en % du PIB) et structure :

	1965	1980	1990*
• Danemark	29,9	45,5	52,2
• Pays-Bas	33,2	45,8	46,2
• FRANCE	35,0	42,5	44,4
• Belgique	30,8	43,6	42,6
• RFA	31,6	38,0	40,7
• Luxembourg	30,4	40,9	38,3
• Italie	23,6	30,0	37,5
• Royaume-Uni	30,6	29,5	36,2
• Irlande	26,0	34,0	35,5
• Grèce	20,6	28,6	33,9
• Espagne	14,7	24,1	33,4
• Portugal	18,4	28,7	32,3
• CE	27,1	36,4	39,6
• Etats-Unis	25,9	29,5	32,2
• Japon	18,3	25,5	28,4

OCDE

* Estimations.

■ Le taux maximal d'imposition pour un héritage en ligne directe est de 55 % en Irlande, 50 % en RFA, 40 % en Grande-Bretagne, 35 % en Espagne et au Portugal, 32 % au Danemark, 30 % en Belgique, 27 % en Italie, en Grèce et aux Pays-Bas, 5 % au Luxembourg.

Paradis fiscaux européens

Le Luxembourg, l'Irlande et les Pays-Bas sont les trois pays les plus libéraux en matière fiscale. Il existe aussi, à la périphérie de la Communauté, quelques régions privilégiées telles que les îles de Jersey, Guernesey et Sark, ou les principautés d'Andorre, de Monaco et du Liechtenstein. Campione d'Italia, au bord du lac Lugano, bénéficie également d'un statut d'exemption fiscale. Enfin, le rocher de Gibraltar, plaque tournante des relations avec l'Afrique, conserve un statut particulier.

Près d'un ménage sur trois est exempté d'impôt sur le revenu.

En moyenne, les impôts directs payés chaque année par les Européens (non compris les cotisations sociales) représentent deux mois et demi de salaire. Mais ils atteignent cinq mois et demi de salaire au Danemark.

La fiscalité directe est régie par des lois et des principes différents selon les pays. Ainsi, au Portugal, plus de la moitié des ménages (58 %) ne paient aucun impôt sur le revenu. La proportion est de 48 % en France, 34 % en Grande-Bretagne, 25 % en Espagne, 22 % en Irlande, 17 % aux Pays-Bas, 16 % en RFA, 8 % en Belgique.

Les taux minima et maxima d'imposition sont aussi très différents d'un pays à l'autre (voir page suivante). Dès la première couronne gagnée, les Danois en donnent la moitié à l'Etat, les Irlandais plus d'un tiers, alors que les Belges conservent presque entièrement leur premier franc de revenu. La fiscalité est au contraire très progressive en Belgique, au Portugal, en France et en Espagne. La Belgique et les Pays-Bas sont ceux qui connaissent les taux maxima les plus élevés : respectivement 79 et 72 %.

Dans tous les pays, sauf la France, le prélèvement des impôts sur les traitements et salaires se fait à la source.

Les impôts dus par les contribuables sont en règle générale versés directement par les organismes qui leur versent des traitements et salaires. C'est également le cas pour les dividendes de valeurs mobilières en Belgique, au Danemark, en Grèce, en RFA, en Italie, aux Pays-Bas, au Portugal et en Espagne.

Dans tous les pays à l'exception de l'Irlande et du Royaume-Uni, les contribuables remplissent chaque année une déclaration de revenus. Ils ne calculent pas le montant de l'impôt qu'ils doivent payer, sauf en Espagne et en Italie. En Irlande et au Royaume-Uni, seuls les contribuables recevant un imprimé de l'Inspection des Impôts (imposés selon l'évaluation directe du revenu imposable, soit respectivement un quart et un tiers des contribuables) sont tenus de faire la déclaration.

LE POIDS DE L'IMPÔT

Taux moyen de l'impôt payé sur un salaire d'ouvrier (1989, en % du revenu) :

USA	18,4			11,5
JAP	7,9			1,9
DK	44,0		DK	35,6
IRL	25,6		IRL	17,0
B	22,6		UK	15,6
UK	19,0		I	14,8
D	18,6		B	10,8
I	18,1		D	9,2
L	13,5		NL	9,1
NL	12,0		E	6,8
E	11,5		P	6,6
F	6,6		GR	3,7
GR	5,8		L	0,9
P	2,0		F	-

1) Couple disposant d'un seul salaire (égal au salaire brut moyen des ouvriers de l'industrie manufacturière), ayant 2 enfants à charge.
2) Célibataire percevant un salaire égal au salaire brut moyen des ouvriers de l'industrie manufacturière.

Les droits des contribuables

Seuls le Royaume-Uni (en 1986) et la France (en 1975) ont rédigé une charte définissant les droits des contribuables. Tous les pays sauf l'Irlande, l'Italie, l'Espagne et le Royaume-Uni ont mis en place des dispositions portant obligation à l'administration de s'assurer que le contribuable bénéficie de l'application du régime fiscal le plus favorable. Des compensations sont d'ailleurs accordées aux contribuables ayant versé trop d'impôts, sous la forme d'intérêts, sauf en Grèce (mais il est possible dans ce pays de déduire de ses impôts les créances détenues sur l'Etat).

Dans tous les pays, des pénalités peuvent être appliquées aux contribuables qui ne remplissent pas leurs obligations (amendes administratives majorant d'un pourcentage ou d'une somme forfaitaire l'impôt dû). Les autorités fiscales n'ont en général pas l'obligation de leur faire connaître les demandes d'informations concernant leur situation fiscale qu'elles adressent à des tiers, sauf en Irlande et au Royaume-Uni.

Le délai de prescription applicable aux redressements fiscaux varie de 3 ans (Belgique, France, Grèce) à 10 ans (Irlande).

DANEMARK : À MI-TEMPS POUR L'ÉTAT

Taux minimum et maximum de l'impôt sur le revenu des ménages (1988, en %) :

	Minimum	Maximum (1)
• Belgique	0,3	79,2
• Pays-Bas	16,0	72,0
• Danemark	51,0	68,0
• Espagne	8,0	66,0
• Grèce	10,0	63,0
• Italie	12,0	62,0
• Portugal	4,0	60,0
• Royaume-Uni	27,0	60,0
• FRANCE	5,0	58,0
• Irlande	35,0	58,0
• Luxembourg	10,0	56,0
• RFA	22,0	56,0

(1) L'impôt total ne peut dépasser 73,8 % du revenu imposable en Belgique et 46 % en Espagne.

La part de l'impôt sur le patrimoine dans les recettes fiscales varie de un à six.

En moyenne, l'impôt sur le patrimoine représente 4,5 % des recettes fiscales des pays de la Communauté. Sa part est 6 fois plus élevée au Royaume-Uni (environ 14 %) qu'au Portugal ou en Belgique (2 %).

La modification progressive des structures des prélèvements obligatoires se fait dans un sens plus favorable à l'épargne et à l'investissement. La tendance est donc à la baisse des impôts sur les revenus du capital et de l'épargne. Certains pays ont une marge de manœuvre limitée, lorsqu'ils doivent en même temps réduire leur déficit budgétaire et les prélèvements fiscaux. C'est le cas, en Europe du Nord, de la Belgique (qui doit consacrer 10 % de ses recettes budgétaires au paiement des intérêts de la seule dette privée), des Pays-Bas et de l'Irlande, et en Europe du Sud de l'Italie, de la Grèce et du Portugal.

■ En Italie, la fraude fiscale estimée à 80 000 milliards de lires par an.

■ Dans le cas d'accès au domicile du contribuable, l'administration fiscale doit disposer d'un mandat de perquisition dans tous les pays sauf en Irlande. Elle doit également disposer d'un mandat de saisie pour emmener des documents au Danemark, en France, en RFA, au Royaume-Uni et en Italie (seulement dans le cas d'ouverture de coffres-forts, d'enveloppes scellées, etc.).

■ Le salaire des présentateurs des journaux télévisés variait de 15 000 F aux Pays-Bas à 140 000 F en Grande-Bretagne en 1989.

OCDE

Royaume-Uni : révolte contre la *poll tax*

La mise en œuvre, début 1990, d'un nouvel impôt local basé sur le nombre de personnes occupant un logement (qui remplace les *rates*, calculés d'après la valeur de l'habitation), a déclenché une gigantesque vague de protestations contre Margaret Thatcher. Ses opposants lui reprochaient de profiter aux plus riches et de s'ajouter à d'autres mesures inégalitaires. En dix ans, le taux maximum de l'impôt sur les particuliers était passé de 72 % à 40 %, celui des sociétés de 52 à 28 %.

La précédente tentative d'imposer aux Britanniques une taxe de ce type remontait à 1381. Elle avait été à l'origine d'une révolte paysanne mémorable, qui avait coûté la vie à l'archevêque de Canterbury, au chancelier de l'Echiquier, au trésorier et à deux ministres. Celle-ci aura été l'une des causes principales de la démission de « Maggy » en novembre 1990.

Les taux de TVA, très différents, se rapprochent progressivement.

La fiscalité indirecte joue un rôle éminemment variable d'un pays à l'autre. Dans les pays où la fiscalité directe est la moins lourde, c'est la TVA qui apporte les recettes nécessaires au budget de l'Etat : c'est le cas en particulier de la Grèce (près de la moitié des prélèvements totaux), de l'Irlande et du Danemark.

Le taux de la TVA atteint 38 % en Italie, contre 12 % au maximum au Luxembourg. Ainsi, la TVA sur les voitures varie de 12 % au Luxembourg à 33 % en Espagne. Certains pays ont instauré des taux majorés : 38 % en Italie sur les véhicules de plus de 2 litres de cylindrée ; 36 % en Grèce, 33 % en Belgique (plus de 3 litres).

25 TAUX DE TVA

Taux de TVA en vigueur (1988, en %) :

	Nombre de taux	Taux
• Belgique	6	0 - 6 - 17 - 19 - 25 - 33
• Danemark	2	0 - 22
• Espagne	3	6 - 12 - 23
• FRANCE	5	5,5 - 7 - 18,6 - 28 - 33,1 (1)
• Grèce	4	3 - 6 - 16 - 36
• Irlande	3	0 - 12 - 25
• Italie	5	0 - 2 - 9 - 18 - 38
• Luxembourg	3	3 - 6 - 12
• Pays-Bas	3	0 - 6 - 20
• Portugal	4	0 - 8 - 17 - 30
• RFA	2	7 - 14
• Royaume-Uni	2	0 - 15

(1) Les taux de 7 % et 33 % ont été supprimés au 1er décembre 1988.

N.B. D'autres taux, applicables à de petites assiettes, ne sont pas pris en compte ici.

CEE

Les disparités concernent aussi le nombre de taux, qui varie de 2 (RFA, Royaume-Uni, Danemark) à 6 (Belgique). Seuls le Royaume-Uni et le Danemark n'utilisent qu'un taux unique pour l'ensemble des produits et biens taxés : respectivement 15 % et 22 %.

BELGIQUE

Lowe Troost

Fiscalité immobilière

L'impôt sur les plus-values immobilières n'existe pas en RFA (si les biens sont détenus depuis au moins deux ans), qui dispose de la fiscalité la plus avantageuse dans ce domaine. Des exonérations importantes existent dans la plupart des pays, qui concernent surtout la résidence principale et dans certaines conditions. C'est le cas par exemple en Espagne, sous réserve que le produit de la vente soit réinvesti et dans la limite d'environ 800 000 F.

Tous les pays de la CE appliquent un impôt sur les mutations à titre gratuit, avec des différences sensibles quant au seuil d'imposition et aux taux en vigueur. Les mutations à titre onéreux sur les immeubles supportent des taux faibles (1 % au Royaume-Uni, 2 % en RFA, 6 % aux Pays-Bas).

Les taxes foncières ont un caractère local et sont difficiles à comparer. Dans la plupart des cas, l'impôt foncier est supporté par le propriétaire, sauf en Irlande et au Royaume-Uni, où il est à la charge du locataire.

Les frais et taxes imputables à l'achat d'un bien immobilier d'une valeur d'environ 600 000 F (honoraires d'agent immobilier, frais de notaire, droits d'enregistrement) représentent au total 20,5 % en Belgique, 15 % en Italie, 13,2 % en France, 9,3 % aux Pays-Bas, 7,9 % au Luxembourg (où c'est le vendeur qui paie les frais d'agence), 6 % en RFA, 5,9 % en Espagne. A titre de comparaison, le taux est de 3 % seulement aux Etats-Unis.

La rentabilité d'un investissement locatif est de l'ordre de 3 à 6 % par an à Bruxelles, 5 % à Hambourg, 4 % à Paris, 6 % à Athènes, 6 % en Irlande, de 6 à 10 % à Lisbonne.

La fiscalité de l'épargne est en voie d'harmonisation.

La fiscalité de l'épargne est un facteur important dans la détermination du taux réel de rémunération des placements. Dans ce domaine, la France était jusqu'ici la plus mal placée, avec une imposition de 47 %, alors que, dans la plupart des autres pays, les intérêts des dépôts à vue ou des livrets d'épargne étaient exonérés.

La fraude fiscale est répandue dans certains pays.

Dans l'art de la fraude fiscale, les pays du sud de la Communauté sont plus réputés que ceux du nord. C'est le cas par exemple en Espagne, où l'on estime qu'un ménage sur quatre ne paie pas d'impôts. Parmi eux, on trouve non seulement les ménages recevant des bas salaires, mais des membres des professions libérales, industriels, banquiers, vedettes, qui échappent au fisc. On estime que 70 % des revenus sur le capital ou l'immobilier ne sont pas déclarés. Une entreprise sur deux ne fait pas de déclaration de bénéfices. Il faut dire que les déclarations de revenu et la TVA ne sont apparues en Espagne que depuis une dizaine d'années.

En Italie, la fraude fiscale est sans doute considérable du fait de l'importance de l'économie parallèle (voir *Economie*), mais il est difficile de l'évaluer. Le chiffre souvent cité pour la France est de 100 milliards de francs par an.

Les Allemands, de leur côté, ne paient guère d'impôts sur les plus-values des valeurs mobilières.

Fraude à la Communauté

On estime qu'environ 30 milliards de francs disparaissent chaque année du budget de la Communauté à cause de la fraude, soit 10 % du budget total. Cette situation serait le fait d'organisations criminelles qui financent ainsi le crime et des actions terroristes. La Communauté a ainsi subventionné 210 000 vaches nourricières en Sicile, alors que l'Etat italien n'en a recensé que 36 000. La complexité des règlements communautaires et l'absence de procédures rigoureuses de contrôle expliquent ce type d'escroquerie.

■ Dans une étude sur les prix des services financiers effectuée en 1988 dans huit pays membres, la RFA était le pays le moins cher pour les *traveller's* cheques et le moins cher pour les crédits à la consommation, la Belgique le moins cher pour les crédits à la consommation et l'assurance habitation, l'Espagne le plus cher pour les transactions sur les obligations (particuliers) et sur les actions (institutionnels), la France le plus cher pour les *traveller's* cheques et le moins cher pour les cartes de crédit, l'Italie le plus cher pour les cartes de crédit et l'assurance vie et le moins cher pour les transactions sur les obligations (particuliers), les Pays-Bas le moins cher pour l'assurance vie, le Royaume-Uni le moins cher pour les transactions sur les actions (institutionnels) et le plus cher sur transactions sur les actions (particuliers) et l'assurance habitation.

RICHESSE, PROTECTION, PAUVRETÉ

par Anthony B. ATKINSON*

« Argent » peut signifier beaucoup de choses différentes. La plupart des gens pensent naturellement à ce qu'ils gagnent chaque mois. Dans tous les pays européens, il existe de grandes différences entre ce que les gens gagnent. Les emplois de cols blancs sont généralement mieux payés que les emplois manuels, mais, à l'intérieur de chaque catégorie, on constate de fortes disparités.

Expliquer la raison de ces différences n'est pas aisé. Très souvent, la chance intervient pour une large part : être au bon endroit au bon moment ; voilà ce qui motive souvent les écarts de revenu. Cela peut être une question de capacité personnelle - certains footballeurs jouent la coupe du Monde, d'autres passent toute leur carrière en dernière division. Mais, si l'on laisse de côté ce type de constat, largement individuel, on peut expliquer les différences de revenu par un certain nombre de facteurs généraux et objectifs.

Le premier facteur de disparité est la formation.

Presque toujours, les gens qualifiés gagnent plus que les autres, même si les situations peuvent varier d'un pays à l'autre. En Allemagne et au Royaume-Uni, l'accent est mis sur la formation externe ; dans d'autres pays, la qualification est davantage liée à l'entreprise et à la formation acquise par l'expérience. Il sera d'ailleurs intéressant de voir comment ces différences se maintiendront ou pas dans le marché unique.

Le deuxième élément d'explication a trait aux négociations collectives. En ce domaine, les situations sont très contrastées d'un pays à l'autre : cela est lié à l'histoire politique et syndicale, à l'organisation des différents mouvements syndicaux, elle-même dépendante de la structure des différentes économies nationales (ainsi, plus la place de l'agriculture est forte dans l'ensemble de l'activité nationale, plus le niveau moyen des rémunérations tend à être bas).

Le rôle de l'Etat compte également. Dans la plupart des pays, il existe un salaire minimum garanti, mais son importance varie beaucoup d'une société à l'autre. Le SMIC a joué un rôle prépondérant en France, tandis que les « Conseils des salaires » en Grande-Bretagne n'ont jamais couvert qu'un nombre limité de secteurs, et encore a-t-il été question de les supprimer.

Parmi les gens qui ont les revenus les plus importants, certains travaillent pour eux-mêmes, mais, parmi les indépendants, on trouve aussi de grandes disparités. Dans des professions comme le droit et la médecine, les gains peuvent être astronomiques, tandis que le petit boutiquier va se battre pour boucler les fins de mois. Les agriculteurs appartiennent à cette catégorie, et leurs prospérités différentes seront évidentes pour tous ceux qui parcourront la campagne.

On peut enfin raisonner en termes de richesse. Puisque la richesse représente l'accumulation d'argent au fil du temps, les différences entre les individus peuvent être très grandes. Pour partie, cela reflète un processus naturel selon lequel les gens accumulent pour leurs vieux jours. Cela reflète aussi les phénomènes d'héritage et de transmission d'une génération à l'autre.

En matière de revenus, la Communauté peut être divisée en trois groupes de pays.

En observant l'Europe des Douze, on constate que les revenus moyens par tête varient d'un pays à l'autre. Ainsi, les Douze peuvent être répartis en trois groupes :

- ceux qui sont au-dessus du revenu moyen communautaire : Allemagne, Danemark, France, Luxembourg et Pays-Bas ;

- ceux qui se situent à la moyenne : Belgique (très proche du premier groupe), Italie et Royaume-Uni ;

- ceux qui se situent au-dessous : Espagne, Grèce, Irlande et Portugal.

En termes de pouvoir d'achat, le revenu moyen grec représente la moitié du revenu moyen allemand. Toutefois, l'étendue de ces différences ne doit pas être surestimée. Ne serait-ce que parce qu'il y a de très nombreuses personnes dans les pays les plus riches qui ont des revenus moyens inférieurs aux revenus moyens des pays les plus pauvres. Ainsi, un ménage sur cinq au Royaume-Uni doit se contenter de ressources inférieures au revenu moyen de la Grèce.

On trouve des pauvres dans tous les pays de la Communauté.

Selon les statistiques de la Commission, 44 millions d'Européens reçoivent un revenu inférieur à la moitié du revenu moyen de leurs pays respectifs. Les pays les plus touchés sont l'Espagne, la Grèce et le Portugal qui ont par ailleurs un système social moins développé (sur la carte de la page suivante, les chiffres entourés indiquent le pourcentage total des prestations sociales dans le PIB).

On constate alors que peuvent coexister - notamment en France et en Irlande - une importante population

* Anthony B. Atkinson est professeur de sciences économiques et de statistiques à la *London School of economics*, Londres ; président de l'*International economic association*. Il est l'auteur de plusieurs ouvrages, dont : *Poverty in Britain ; Unequal shares ; Lectures on public economics* (avec J. E. Stiglitz) ; *Poverty and social security.*

démunie et un niveau de protection sociale relativement haut. Au Royaume-Uni, le nombre des pauvres et le niveau de protection sociale sont restés longtemps dans les normes européennes, mais, depuis une dizaine d'années, entre 1979 et 1987, la proportion des personnes à bas revenu a doublé (les pays comptant une proportion élevée de ménages à bas revenu sont indiqués en hachuré sur la carte).

Quels sont les véritables effets des politiques de protection sociale ? La Sécurité sociale, par son système de transferts, vise à remplir deux fonctions principales : venir au secours de ceux qui ont des revenus trop bas et,

d'autre part, aider les familles à maintenir leur revenu tout au long de leur existence. C'est le second objectif qui absorbe le gros des dépenses : nous cotisons en tant que salariés pour garantir notre retraite. De ce point de vue, la Sécurité sociale est peu distributive. Il est évident que l'actuel système de protection sociale, aussi sophistiqué soit-il, n'a pas réussi à endiguer la pauvreté en Europe. Le problème pour l'avenir est donc de faire coïncider les deux objectifs, sans faire exploser pour autant les budgets sociaux des nations.

Un défi fondamental à relever, si l'on veut faire de la Charte sociale européenne une réalité.

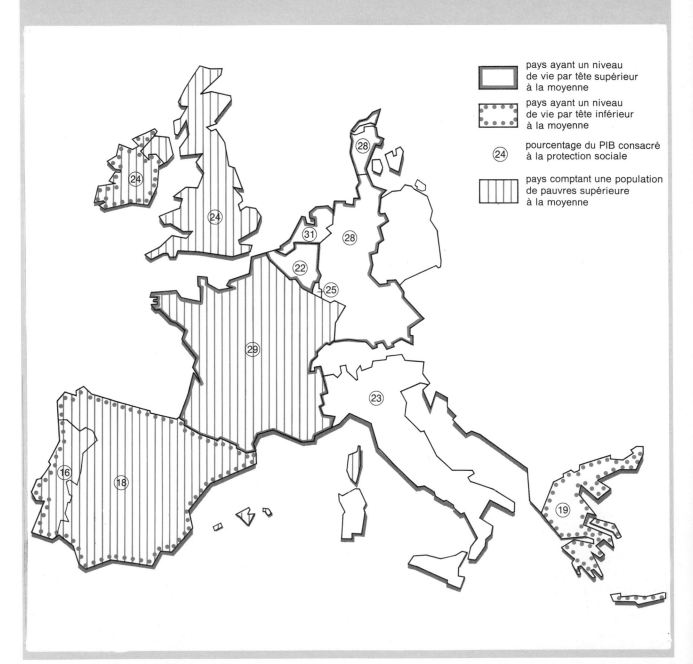

pays ayant un niveau de vie par tête supérieur à la moyenne

pays ayant un niveau de vie par tête inférieur à la moyenne

(24) pourcentage du PIB consacré à la protection sociale

pays comptant une population de pauvres supérieure à la moyenne

LOISIRS

Plus de temps et d'argent pour les loisirs ■ Importance croissante
du « voyage » et du jeu ■ Pratique sportive plus développée dans le Nord ■
Trois heures par jour devant la télévision (plus de 4 heures
au Royaume-Uni) ■ Monopole public encore en vigueur aux Pays-Bas
et au Portugal (provisoire) ■ 20 millions de foyers câblés ■
90 % des programmes importés d'origine américaine ■ Chute de fréquentation
des cinémas depuis la fin des années 60 ■ Attrait croissant pour la musique ■
2 000 quotidiens, 74 millions d'exemplaires ■ 300 000 titres de livres par an
(70 000 en RFA, 60 000 au Royaume-Uni) ■ 56 % de vacanciers
(65 % aux Pays-Bas, 31 % au Portugal) ■ 52 % vont à la mer ;
32 % à l'étranger (94 % des Luxembourgeois, 7 % des Grecs)

ATTITUDES ET PRATIQUES

*La plupart des pays de la Communauté
sont entrés dans la civilisation des loisirs.*

Les habitants des pays européens consacrent de plus en plus de temps et d'argent à leurs activités de loisirs. Mais les changements ne sont pas seulement quantitatifs. Les attitudes et les comportements se sont transformés ; ils traduisent à la fois une insatisfaction par rapport au présent et une angoisse vis-à-vis de l'avenir. Les voyages, les formes diverses d'aventure ou les parcs de loisirs sont souvent des moyens de substituer le rêve à la réalité. L'engouement croissant pour le jeu montre aussi la volonté de redonner au hasard une place que la société industrielle lui a fait perdre.

En un demi-siècle, c'est donc une véritable révolution culturelle, sans drame ni manifestation brutale, qui s'est produite dans les pays développés. La crise économique de 1973, loin de retarder le processus engagé, l'a au contraire accéléré. La société « postindustrielle » a profité des difficultés et des faiblesses de la société industrielle.

Le loisir s'affirme, de plus en plus, comme une véritable activité, au même titre que le travail. Le « loisir-récompense », héritage judéo-chrétien deux fois millénaire, n'est plus d'actualité, en particulier pour les jeunes générations. Le principe de jouissance est devenu prioritaire par rapport à celui de réalité.

*Le temps libre d'une vie est aujourd'hui
beaucoup plus long que le temps de travail.*

La durée du temps libre a beaucoup augmenté depuis quelques décennies, sous l'effet conjugué de la diminution du temps de travail, de l'allongement de la durée de vie et de l'abaissement, dans certains pays, de l'âge de la retraite. Les revendications syndicales et l'amélioration de la productivité dans les entreprises ont permis de réduire dans de fortes proportions la durée journalière, hebdomadaire et annuelle du travail. Le résultat est que le temps libre d'une vie est largement supérieur à celui consacré au travail : 20 ans contre 8 pour un homme dans les pays les plus développés de la Communauté.

La situation s'est donc complètement inversée par rapport au début du siècle ; au cours d'une vie moyenne de

L'EMPLOI DU TEMPS DE LA VIE

Estimation de la répartition du temps de la vie d'un homme dans les pays développés (en années) :

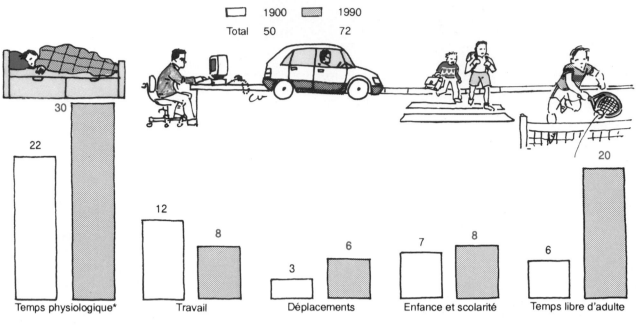

* Sommeil, repas, etc.

50 ans, un individu consacrait 12 années au travail contre 6 aux loisirs. Cette évolution n'est évidemment pas sans incidence sur les attitudes et les comportements des Européens face aux loisirs.

Les hommes ont plus de loisirs que les femmes

Des enquêtes distinctes effectuées dans quatre pays (Royaume-Uni, Danemark, France, Pays-Bas) montrent que la répartition du temps libre ne varie pas de façon significative. En revanche, les différences entre les catégories sociales, et surtout entre les sexes, sont souvent considérables. Les hommes ont partout plus de temps libre que les femmes, mais c'est en France que l'écart est le plus élevé : 8 heures de plus par semaine en France pour les actifs, contre seulement 3 heures dans les trois autres pays.

Dans tous les pays, les activités de type physiologique (sommeil, alimentation, soins du corps...) occupent près de la moitié des journées : entre 42 % et 48 % dans les quatre pays considérés.

■ 12 % des Belges jouent d'un instrument de musique (par ordre décroissant : piano, guitare et flûte). 57 % vont au cinéma au moins une fois par an.

Les Européens consacrent entre 4 et 10 % de leurs revenus aux loisirs.

Les dépenses de loisirs comprennent les spectacles, livres et journaux, achats d'appareils et accessoires (téléviseur, magnétoscope, chaîne hi-fi, etc.). Elles sont généralement regroupées avec les dépenses d'éducation, qui ne comptent que pour une faible part du total, de l'ordre de 5 %.

Les loisirs représentent environ 10 % du revenu disponible au Royaume-Uni, Danemark, Pays-Bas, Irlande et RFA (voir page suivante). Les plus faibles taux sont en général ceux des pays les moins développés (Portugal, Grèce, Espagne), à l'exception de l'Irlande. On note que le taux est assez peu élevé en Belgique. La dernière place du Luxembourg n'est pas significative, du fait d'une comptabilisation différente des dépenses.

L'accroissement régulier des dépenses de loisirs (de 6 à 8 % par an entre 1970 et 1985, soit plus que la consommation en général) est dû pour une bonne part aux achats d'équipements.

La croissance des dépenses concernant les services (spectacles, voyages, livres...) au cours de cette période a été en effet plus modeste : entre 2 et 5 %. Cette situation a été favorisée par l'apparition sur le marché de nouveaux produits (magnétoscope, lecteurs de disques compacts, Caméscopes, appareils photo compacts, etc.) et par la place croissante du foyer dans la vie des Européens (voir *Foyer*).

L'ARGENT DES LOISIRS

Dépenses de loisirs, spectacles, enseignement, culture (1988, par habitant, en SPA* et en % des dépenses totales) :

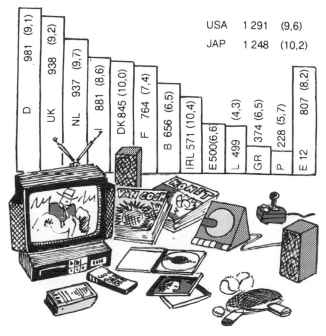

USA 1 291 (9,6)
JAP 1 248 (10,2)

D 981 (9,1)
UK 938 (9,2)
NL 937 (9,7)
I 881 (8,6)
DK 845 (10,0)
F 764 (7,4)
B 656 (6,5)
IRL 571 (10,4)
E 500(6,6)
L 499 (4,3)
GR 374 (6,5)
P 228 (5,7)
E 12 807 (8,2)

Eurostat

* Voir définition p. 102.

*La télévision et la conversation
sont les principales activités.*

Dans la plupart des pays de la Communauté, la télévision est de loin le premier des loisirs, quant au temps qui lui est consacré : de 10 à 15 heures par semaine selon les pays et les caractéristiques socio-démographiques (âge, sexe, activité, etc.).

ITALIE

« Seul l'inventeur de VHS pouvait se moquer de VHS. »

Viennent ensuite les relations sociales (discussions, réceptions d'amis, parents ou relations). Elles sont souvent plus fréquentes chez les jeunes adultes, s'accroissent entre 55 et 65 ans pour diminuer ensuite. Le temps consacré aux autres activités est plus réduit. Ainsi, la pratique sportive ne représente en général pas plus de 5 % du temps libre pour l'ensemble de la population ; elle est plus répandue chez les hommes (même à activité professionnelle comparable) et les étudiants. Les activités culturelles sont plus fréquentes chez les jeunes, au contraire de la participation à des associations, qui concerne davantage les personnes âgées.

Quatre Européens sur cinq ne visitent pas les musées

Le goût croissant pour la culture ne touche pas encore l'ensemble des catégories sociales. Selon une enquête *Eurobaromètre* réalisée en 1989, 21 % des Européens ont visité au moins une fois un musée de sciences et techniques au cours de l'année écoulée (30 % des Belges et 28 % des Allemands mais 8 % des Irlandais et 10 % des Portugais). 23 % ont visité un musée d'histoire naturelle (35 % des Belges et des Allemands, mais 11 % des Grecs, 13 % des Portugais et 15 % des Italiens). 37 % ont visité un zoo ou un aquarium (54 % des Belges et 51 % des Allemands, mais 21 % des Italiens, 23 % des Grecs et 25 % des Portugais).

Le goût du « voyage » se développe, sous toutes ses formes.

Le mot *voyage* a un fort contenu symbolique. On peut, en voyageant, changer de lieu, d'identité, d'activité, d'habitudes, bref de vie. C'est pourquoi les Européens sont de plus en plus nombreux à partir en voyage, à la découverte des autres ou d'eux-mêmes. Les vacances ne sont plus seulement l'occasion de se reposer ou de faire la fête ; elles fournissent aussi l'opportunité de s'enrichir culturellement et psychiquement.

Le goût croissant pour l'aventure est l'une des manifestations de cette volonté de mieux connaître ses capacités et ses limites. Les rallyes exotiques, les traversées des mers en solitaire, les ascensions réalisées en des temps limités ou les sauts à l'élastique sont autant de moyens de se donner le grand frisson, de se lancer un défi afin de connaître ou dépasser ses limites.

Au sens figuré, voyager, ce peut être aussi se déplacer hors de soi-même et de la réalité. C'est pourquoi la drogue a pris une place croissante dans les sociétés développées, en particulier chez les jeunes (voir *Santé*).

Contrairement à ce qui se passait dans les années 60, leur démarche n'est plus de nature contestataire. Elle traduit au contraire leurs difficultés à s'intégrer professionnellement et leurs craintes face à l'héritage que leur ont légué les adultes.

Le jeu occupe une place croissante.

L'intérêt croissant pour les jeux de toutes sortes s'inscrit dans un désir, souvent inconscient, de rêver sa vie. Les jeux de société présentent le double avantage de la convivialité et du retour à l'enfance, état jugé plus facile que celui d'adulte. Les *Scrabble*, *Trivial Pursuit*, *Pictionary* et autres jeux à la mode permettent en outre de satisfaire sans risque le goût de plus en plus répandu de la compétition individuelle. Ils répondent aussi à un besoin récent et commun aux pays développés, celui de se cultiver.

Les jeux d'argent connaissent aussi un fort engouement. Ils sont considérés par beaucoup d'Européens comme des acteurs potentiels de leur destin, seuls capables de leur permettre de changer d'existence (voir encadré).

Partout, les chaînes de télévision ont compris l'importance de la part du rêve. Elles multiplient les jeux et les occasions de « gagner ». Les films et les séries sont maintenant des prétextes à concours ; du voyage exotique au four à micro-ondes, la panoplie des cadeaux n'a de limite que celle de l'imagination. La quête de la fortune s'accompagne aujourd'hui de l'attente de la « bonne fortune », c'est-à-dire la chance.

Le développement des jeux vidéo n'est pas moins significatif de cette tendance à éloigner le réel. Ceux que l'on trouve dans les lieux publics (jeux d'arcade) ont atteint une sophistication extrême : simulateurs de pilotage, jeux d'aventure intergalactique ou de guerre à la Rambo. On les retrouve dans des versions à peine moins spectaculaires sur les ordinateurs individuels et les consoles que les enfants branchent sur le téléviseur familial. Leur caractéristique commune est de présenter une vision « fantastique » de la vie. Leur rôle n'est pas de simuler la vie réelle, mais de la transcender.

Jeux d'argent

Les dépenses consacrées aux jeux d'argent ne sont pas comptabilisées dans le budget loisir des Européens ; elles sont généralement inclues dans le poste « autres services » des dépenses des ménages et portent souvent sur des sommes non négligeables.

Les paris sur les courses hippiques sont les plus répandus, surtout au Royaume-Uni où les mises représentent près de 800 francs par personne et par an, devant la France (600) et l'Italie (200). Les loteries (y compris le Loto) ont de très nombreux adeptes en Espagne (un peu plus de 1 000 francs) et en RFA (500). Les paris sur le football passionnent les Italiens, qui leur consacrent chaque année en moyenne 200 francs, soit le double des Britanniques et le triple des Espagnols. Partout, ils concernent une part importante de la population.

Les casinos attirent une autre clientèle, plus aisée. C'est la France qui en compte le plus (138), mais elle n'arrive qu'au sixième rang européen pour les recettes, derrière la Grande-Bretagne (115 casinos), la RFA (32), l'Espagne (22), l'Italie (4), le Portugal (8). Les machines à sous sont autorisées sans restriction en RFA, Pays-Bas, Portugal, Luxembourg, Italie, Grèce, Espagne. Elles sont soumises à certaines conditions en France et en Grande-Bretagne.

Les parcs de loisirs se sont multipliés.

Le concept de parc de loisirs n'est pas neuf. Le *Tivoli* de Copenhague a ouvert en 1843. Le premier *Center Parcs* (complexe aquatique) a été créé en 1967 aux Pays-Bas. Les stations de sports d'hiver françaises ou italiennes et les stations balnéaires peuvent aussi être considérées comme de gigantesques parcs de loisirs avant la lettre. Les bases nautiques, les fêtes foraines, les zoos ont également été des précurseurs.

Mais l'explosion du nombre de ces parcs est beaucoup plus récente. Si leur objectif est commun, les activités qu'ils proposent sont très diverses : parcs d'attraction nationaux ou régionaux avec manèges et aires de jeux pour enfants ; parcs aquatiques (de la piscine agrémentée de jeux d'eau

LOISIRS PARQUÉS

Principaux parcs de loisirs européens :

	Ville	Date de création	Superficie (en hectares)	Fréquentation 1988 (en millions)
Belgique				
- Walibi	Wavre	1974	25	1,2
- Bobbe jaanland	Lichtaart	1974	30	-
- Ballewaerde	Ypres	1974	40	0,7
Danemark				
- Tivoli	Copenhague	1843	5	4,0
- Legoland	Billhund	1968	18	1,2
Espagne				
- Parque de Atracciones	-	1975	13	1,3
France				
- Eurodisneyland	Marne-la-Vallée	1992		
- Mirapolis	Cergy-Pontoise	1987		0,5
- Astérix	Plailly	1989	155	0,5
- Monde des Schtroumpfs*	Hagondange	1989		0,4
- Futuroscope	Jaunay-Clan	1987		0,1
- Le Palme	Brignolles			
- Aquaboulevard	Paris	1989		
Italie				
- Gardaland	Lac de Garde	1975	20	3,0
Pays-Bas				
- De Efterling	Kaatheuvel	1951	58	2,1
- Flevohof	Flevoland	1975	120	0,9
- Madurodam	La Haye	1952	3	1,1
RFA				
- Phantasialand	Brühl	1967	28	2,1
- Europa park	Rust	1975	36	1,8
- Holiday Park	Hassloch	1972	40	1,2
Royaume-Uni				
- Alton towers	Staffordshire	1974	450	2,3
- Frontier land	Morelambe	-	-	1,5
- Thorpe Park	Surrey	1973	300	1,3

* Mis en réglement judiciaire en octobre 1990.

aux complexes avec bulle tropicale) ; parcs animaliers. Depuis quelques années se développent des parcs urbains qui mêlent ces différentes activités.

Concurrents des résidences secondaires, des stations de ski ou des formules de vacances traditionnelles, les parcs de loisirs constituent un moyen nouveau d'occuper un temps de loisir partout en augmentation. Ils sont pour beaucoup de familles une alternative aux loisirs pratiqués à la maison, un moyen de se procurer des émotions fortes (manèges), de se retrouver dans un environnement différent (parcs à thème), bref, de se donner le sentiment de vivre intensément.

> ■ En France, les paris sur les courses représentent chaque année plus de 30 milliards de francs et concernent (au moins occasionnellement) 8 millions de personnes.
>
> ■ Les Etats-Unis comptent plus de 1 800 parcs de loisirs, qui accueillent 300 millions de visiteurs par an.

SPORT

La pratique sportive est plus développée dans le Nord.

Les pays du nord de la Communauté ont les taux les plus élevés d'inscription dans des clubs sportifs. Un tiers des Néerlandais sont inscrits, contre seulement un sur douze en Italie ou en Grèce, et un sur cinquante au Portugal. La Belgique et le Luxembourg font exception, avec des taux comparables à ceux de l'Espagne. Les dépenses des Européens liées à la pratique des sports représentent environ 2 % du PIB.

Mais ces chiffres ne reflètent pas précisément la « sportivité » des nations ; beaucoup d'Européens pratiquent un sport sans être inscrit à une fédération ou à un club. Les sports qui ont la préférence sont en outre très différents d'un pays à l'autre (voir tableau page suivante).

Les médias (essentiellement la télévision) ne sont pas étrangers à l'évolution des pratiques sportives, comme la diffusion dans les pays du sud de l'Europe de certains sports comme le *rafting*, et de l'engouement pour les sports de glisse (planche à voile, monoski, parapente, etc.). Ils sont aussi responsables d'une homogénéisation des pratiques ; le développement du tennis et, plus récemment, du golf en Espagne ou en France en sont des exemples. On leur doit aussi le retour à la mode de certaines activités comme l'escalade (pratiquée aujourd'hui à mains nues, ou en se munissant d'un parapente pour redescendre), le tir à l'arc ou l'athlétisme.

Enfin, la structure de l'offre en matière d'activités sportives varie selon les pays. En Belgique, aux Pays-Bas, au Portugal et au Royaume-Uni, le secteur public est prédominant, alors qu'au Danemark ou en RFA, le secteur privé est le plus influent.

FRANCE

Audour, Soum, Larve/SMS

LE NORD PLUS MÉDAILLÉ

Nombre de médailles obtenues aux jeux Olympiques depuis l'origine* (1896-1988, été-hiver, or-argent-bronze) :

*Allemagne : de 1896 à 1964
RDA-RFA : de 1968 à 1988

Un Européen sur cinq inscrit dans un club

17 % des Européens déclarent appartenir à un club ou à une association sportive. Ils sont plus nombreux dans le Nord : 34 % en Irlande, 32 % au Danemark, aux Pays-Bas et au Luxembourg. La proportion n'est que de 5 % en Espagne, 6 % en Grèce, 11 % en Italie, 14 % au Portugal.

En moyenne, un Européen sur trois manifeste de l'intérêt pour le sport : 36 % aiment le football, 26 % le tennis, 25 % la natation, 18 % l'athlétisme, 18 % la gymnastique, 16 % le cyclisme.

Les sports individuels connaissent une forte croissance.

La grande lame de fond de l'individualisme ne pouvait épargner le sport. Les sports individuels se sont plus développés que les sports collectifs. L'engouement pour le jogging, puis l'aérobic en ont été, dès le début des années 80, la spectaculaire illustration, en même temps que le tennis, l'équitation, le ski, le squash, le golf et bien d'autres encore. Même la voile, autrefois surtout pratiquée en équipage, a acquis ses titres de noblesse avec les courses transatlantiques en solitaire.

Parallèlement, les sports collectifs ont cédé du terrain. Si le football est le sport le plus apprécié dans les pays de la Communauté, il n'est pas le plus pratiqué. La natation, la culture physique, la natation et, bien sûr, la marche, sont les activités les plus répandues. Les Allemands et les Néerlandais sont respectivement 3 millions et 500 000 à faire de la gymnastique. Cela tient entre autres facteurs aux équipements collectifs : environ une salle de sport pour 2 400 personnes en RFA ; une pour 2 200 aux Pays-Bas, des taux très supérieurs à ceux de la plupart des autres pays.

Compte tenu de leur équipement national en stations des sports d'hiver, les Français sont attirés par le ski. Les Danois sont des passionnés de handball. Dans d'autres pays, des sports plus typiquement nationaux, ou même régionaux, occupent une place de choix : sports gaéliques en Irlande ; cricket et badmington en Grande-Bretagne ; boules en France.

FOOT, TENNIS ET NATATION

Principaux sports préférés des Européens :

	Football	Tennis	Cyclisme	Natation	Gymnastique	Aucun
• Belgique	36	25	27	22	17	28
• Danemark	45	25	13	15	24	19
• Espagne	37	20	16	22	20	22
• FRANCE	35	31	23	28	26	16
• Grèce	30	6	4	15	10	31
• Irlande	40	14	19	21	17	24
• Italie	44	25	19	24	24	18
• Luxembourg	42	32	25	39	8	11
• Pays-Bas	35	25	18	22	17	21
• Portugal	40	10	10	14	15	41
• RFA	34	32	13	25	13	25
• Roy.-Uni	30	25	13	33	14	21

Plus de 6 millions de chasseurs

Si elle n'est pas à proprement parler un sport, la chasse est en tout cas l'un des loisirs préférés des Européens. C'est en France qu'on trouve le plus grand nombre de chasseurs (1,9 million, avec une tendance à la baisse), devant l'Italie (1,5 million) et l'Espagne (1,1 million). Le territoire de chasse par chasseur (calculé par rapport à la surface agricole utile et la surface boisée) varie de 17 hectares en Italie à 80 au Luxembourg (où l'on compte moins de 3 000 chasseurs).

■ Le nombre moyen de spectateurs par match de football est de 36 000 en Italie, 31 000 en Espagne, 20 000 en Grande-Bretagne, 18 000 en RFA, 10 000 en France, 9 000 aux Pays-Bas, 8 000 en Belgique.

*L'Allemagne et le Royaume-Uni
sont les pays qui réussissent le mieux
dans les compétitions sportives internationales.*

Les pays méditerranéens ont moins le goût de l'effort et du dépassement de soi que ceux du Nord, influencés par la tradition protestante. Cette constatation, souvent faite dans le domaine de la vie professionnelle, s'applique aussi au sport, si l'on en juge par les résultats obtenus par les différents pays aux compétitions sportives ou aux jeux Olympiques (voir p. 344). L'Italie, assez bien classée dans certaines disciplines, fait figure d'exception.

La volonté individuelle n'est cependant pas la seule explication à ces différences de comportements entre les nations. Les équipements sportifs sont proportionnellement plus nombreux (et surtout plus diversifiés) dans les pays du Nord et leur accès y est souvent plus facile. De même, le système de recrutement des sportifs de haut niveau, susceptibles de contribuer par leurs résultats à la gloire nationale, est traditionnellement plus développé dans certains pays comme l'Allemagne.

En Grande-Bretagne, la pratique sportive et la compétition sont de vieilles traditions. C'est d'ailleurs là que sont nés beaucoup de sports : football, boxe, tennis (bien que dérivé du jeu de paume français), squash, golf, rugby. L'enseignement des choses du corps y est considéré comme complémentaire à celui des choses de l'esprit.

Tennis, rugby, voile : les nations en compétition

Depuis sa création en 1900, la coupe Davis de tennis n'a été gagnée que 17 fois par un pays de l'actuelle Communauté : 9 fois par le Royaume-Uni (1903 à 1906, 1912, 1933 à 1936) ; 6 fois par la France (de 1927 à 1932 sans interruption) ; une fois par l'Italie (1976) ; une fois par la RFA (1988).

Le tournoi de rugby des Cinq Nations a été créé en 1910. Il a été remporté 22 fois par le pays de Galles, 19 fois par l'Angleterre, 17 fois par la France, 9 fois par l'Irlande, 8 fois par l'Ecosse. Il est arrivé 12 fois que plusieurs pays soient premiers *ex aequo*.

La course transatlantique à la voile en solitaire, créée en 1960, a lieu tous les quatre ans. Elle a été remportée 5 fois par un Français, 2 fois par un Anglais, une fois par un Américain.

*L'aventure donne une nouvelle dimension
à l'activité sportive.*

Prolongement ou parfois détournement du sport, l'aventure est devenue dans les pays les plus développés de la Communauté un véritable phénomène de société. Les jeunes rêvent de participer à un rallye à l'autre bout du monde (*Camel Trophy, Paris-Dakar...*) ; d'autres font le tour de la planète à pied, à vélo, ou même en courant (le Français Djamel Bahli). D'autres encore s'inscrivent à des stages de « dépassement de soi » afin d'être plus efficaces dans leur vie professionnelle ou plus heureux dans leur vie privée. La plupart des organisateurs de voyages proposent

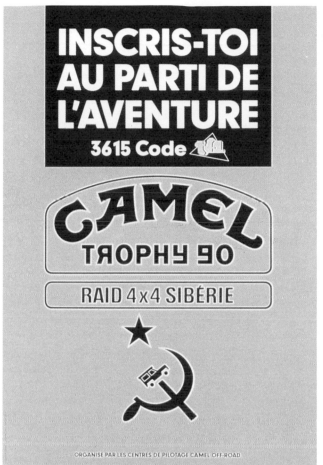
des formules d'aventure à la carte, selon les possibilités, physiques et financières, de chacun.

Mais beaucoup d'Européens vivent l'aventure par procuration. Ils se contentent de vibrer aux exploits des autres, confortablement installés devant leurs écrans de télévision. L'aventure devient d'ailleurs de plus en plus une affaire de professionnels, soutenus par des *sponsors*, qui récupèrent leur investissement en faisant parler d'eux dans les médias et en se donnant une image dynamique.

■ Huit pays de la Communauté ont obtenu des médailles d'or aux jeux Olympiques de 1988 : RFA (épée individuelle hommes, fleuret individuel femmes, fleuret par équipe, tennis féminin, descente ski femmes, saut d'obstacles équitation par équipes, dressage par équipe, concours complet d'équitation par équipe, huit aviron par équipe) ; Italie (marathon hommes, fleuret individuel hommes, deux avec barreur par équipe, quatre de couple par équipe, slalom hommes, slalom géant hommes) ; France (sabre individuel hommes, épée par équipe, judo légers, tornado par équipe, 470 par équipe, équitation saut d'obstacles individuel) ; Royaume-Uni (javelot hommes, 100 m brasse hommes, deux sans barreur par équipe, star par équipe) ; Espagne (finn hommes) ; Portugal (marathon femmes) ; Danemark (Flying Dutchman par équipe).

MÉDIAS

*Les Européens consacrent
environ trois heures par jour à la télévision,
plus encore à la radio.*

Les Espagnols et les Portugais sont ceux qui regardent le plus la télévision : environ trois heures et demie par jour. Ce chiffre s'explique en partie par l'importance des programmes destinés à fidéliser le public (feuilletons, comédies), notamment l'après-midi. Les Britanniques arrivent en seconde position, devant les Belges, les Français et les Irlandais. C'est sans doute le petit nombre de chaînes disponibles qui explique la dernière place des Pays-Bas, loin derrière les autres. En RFA, les 8 chaînes nationales ne retiennent les téléspectateurs que 160 minutes par jour.

La situation de chaque pays dépend de son taux d'équipement en téléviseurs, du nombre de chaînes disponibles et des habitudes culturelles nationales. Ces dernières ne sont d'ailleurs pas indépendantes de données extérieures comme le climat. On observe dans un même pays une tendance à passer plus de temps devant le petit écran pendant les saisons froides.

Le temps passé à écouter la radio est en général plus long, dans la mesure où les taux d'équipement sont partout proches de 100 % (le multiéquipement est généralisé) et le nombre de stations plus élevé. Les occasions d'écoute sont aussi plus nombreuses, grâce au développement de autoradios, des baladeurs, tuners, etc.

Médias et associations

La participation des associations à l'ensemble du système audiovisuel est très variable selon les pays. Le cas extrême est celui des Pays-Bas, où la radio est entièrement organisée autour du concept associatif (mais il devrait évoluer au cours des prochaines années). Une dizaine d'associations de téléspectateurs gèrent le temps d'antenne des trois chaînes de télévision, au prorata de leur représentativité.

Dans les autres pays, le rôle des associations dans les structures des organismes nationaux est au mieux consultatif. Des temps d'antenne sont accordés dans le cadre de la programmation du service public en Belgique (BRT et RTBF), en RFA, au Royaume-Uni (Channel 4) et au Danemark.

---

*Le monopole des chaînes publiques
n'existe plus qu'aux Pays-Bas et au Portugal.*

C'est en Grande-Bretagne qu'a été créée, en 1954, la première chaîne de télévision privée, *ITV*, groupement de 16 télévisions régionales commerciales financées exclusivement par la publicité. *Channel 4* bénéficie du produit d'une taxe de 17 % sur les recettes publicitaires d'*ITV*, destinée aux minorités et à la création indépendante.

En Italie, le monopole de la *RAI* a été supprimé en 1976, avec la création de télévisions locales. On en comptait 1 200 en 1982, qui se sont ensuite regroupées en réseaux nationaux. Mais les chaînes privées n'ont pas le droit d'émettre en direct, d'organiser des jeux ou débats avec la participation téléphonique des téléspectateurs ou de présenter des informations internationales.

En France, la suppression du monopole des trois chaînes publiques a eu lieu en 1984, avec la création de *Canal Plus*, chaîne cryptée à péage.

En Grèce, des chaînes privées sont apparues dans l'illégalité ; le service public retransmet certaines chaînes diffusées par satellite que les téléspectateurs peuvent capter avec les antennes classiques, une réglementation est en cours.

Dans les deux pays où il existe encore en pratique, le monopole est condamné à brève échéance. Aux Pays-Bas, RTL4, chaîne privée émettant depuis le Luxembourg, connaît un succès croissant. Au Portugal, où existent deux chaînes nationales publiques, il est prévu la création de deux chaînes privées.

> ■ En RFA, l'ordre dual prévoit que les chaînes privées, apparues en 1984, sont complémentaires des chaînes publiques.

L'EUROPE TÉLÉPHAGE

Durée d'écoute moyenne de la télévision par personne et par jour (1990, en minutes) :

E	P	UK	B/L	F	IRL	I	GR	D*	DK	NL
214	210	200	195	188	188	180	180	160	131	89

* Ex-RDA : 170 minutes.

Télévision et publicité

La publicité est interdite aux chaînes de télévision publiques au Danemark, en Belgique et au Royaume-Uni. Elle représente près de 100 % des recettes de certaines chaînes privées : *IBA* au Royaume-Uni, *RTVE* en Espagne ou *ERT2* en Grèce. Des chaînes publiques peuvent cependant tirer plus de la moitié de leurs ressources de la publicité, comme *Antenne 2* en France.

La durée maximale autorisée est de 5 % du temps d'antenne en Italie, 10 % en Belgique et en Irlande, 20 % au Luxembourg. Elle ne peut dépasser 5 min par jour au Danemark (sur *TV2* depuis octobre 1988, entre 19 h et 19 h 05, et 10 min pendant le programme régional), 18 en France, 30 en Grèce, 90 en RFA. Dans d'autres pays, elle est limitée à une durée par heure : 6 min par heure au Royaume-Uni, 8 au Portugal. La limite est de 3 heures par semaine aux Pays-Bas.

La publicité comparative est autorisée aux Pays-Bas, Danemark et Royaume-Uni. Elle est interdite en France et tolérée en RFA sous certaines conditions.

Début 1990, environ 20 millions de foyers étaient reliés au câble dans la CE.

La presque totalité des foyers sont reliés à des réseaux câblés en Belgique, 76 % aux Pays-Bas et 67 % au Luxembourg. La RFA et le Danemark ont fait également des efforts importants dans ce domaine.

C'est au Royaume-Uni que l'on trouve le plus de chaînes à péage : *Premiere*, *Home Video Channel*, *Arts Channel*, *Bravo*, *Star Channel*. *Canal Plus* a obtenu en France un important succès, avec près de 2 millions d'abonnés. Il faut citer aussi *Filmnet/ATN* aux Pays-Bas et *Kanal 2* au Danemark.

Les foyers équipés de paraboles ou reliés aux réseaux câblés peuvent recevoir les chaînes relayées par satellite. La

plupart sont thématiques : la musique avec *MTV* Europe, *Landscape*, *Super Channel* (chaîne initialement généraliste) ; le sport avec *Eurosport* ou *Screensport* ; l'information avec *CNN* : l'économie avec *EBC* ; la culture avec *TV5*, etc.

Dans la CE, seules la France et la Grèce sont équipées du système français Secam. Les autres pays utilisent le système allemand Pal.

L'EUROPE CÂBLÉE

Foyers recevant des programmes câblés (1987, en proportion des foyers équipés de la télévision) :

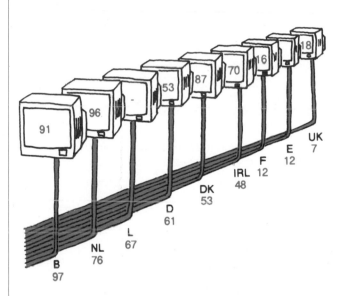

* Proportion d'abonnés par rapport au nombre des foyers raccordés.

RFA

« Bonsoir l'ennui. »

■ En Belgique, la chaîne française TF1 représente 21 % de l'audience. Antenne 2 et FR3 totalisent plus de 17 %. Les trois chaînes néerlandaises Netherland 1, 2, 3 et Filmnet ne représentent que 14 % de l'audience flamande.

■ Les programmes télévisés de fiction (films, séries...) diffusés dans la CE proviennent pour plus de 50 % des Etats-Unis, 15 % du Royaume-Uni, 10 % de RFA, 8 % de France, 2 % d'Italie.

■ Les Européens attendent en priorité d'une chaîne de télévision européenne des informations sur l'actualité (58 %), des documentaires et reportages (48 %) et des films (44 %). Viennent ensuite à égalité le sport, la musique, les émissions éducatives (34 %), les variétés et les séries (24 et 22 %), les magazines spécialisés (19 %) et les jeux (17 %).

Médiaspouvoirs

Von Mannstein

LE PAYSAGE AUDIOVISUEL EUROPÉEN

ROYAUME-UNI
Équipement : TV 98 % des foyers (plusieurs postes : 47 %); magnétoscope 56 % ; câble 7 % ; 1 million de foyers avec antenne parabolique.
Création télévision : 1936 ; couleur 1967. Standard Pal.
Redevance : 710 francs.
Durée d'écoute moyenne : 200 minutes par jour.
Chaînes publiques : 2 chaînes nationales : BBC1 et BBC2.
Chaînes privées : Réseau ITV : ITN, TV AM et 15 chaînes privées régionales autonomes. Channel Four.
Autres chaînes diffusées par satellite et relayées par le réseau câblé (groupes Sky Television, BSB et W.-H. Smith), ainsi que les chaînes paneuropéennes.

BELGIQUE
Équipement : TV 97 % des foyers ; magnétoscope 45 % ; câble 97 % ; 2 500 foyers avec antenne parabolique.
Création télévision : 1953 ; couleur 1971. Standard Pal.
Redevance : 900 francs (radio/TV).
Durée d'écoute moyenne : 195 minutes par jour.
Chaînes publiques : 2 chaînes francophones : RTBF1 et TÉLÉ 21. 2 chaînes néerlandophones : TV1 et TV2.
Chaînes privées : RTL-TVI (wallone) et VTM (flamande). 10 chaînes locales.
CANAL PLUS BELGIQUE (cryptée).
Chaînes françaises, néerlandaises, britanniques, etc.

IRLANDE
Équipement : TV 94 % des foyers (plusieurs postes : 16 %); magnétoscope 30 % ; câble 48 % ; 44 000 foyers avec antenne parabolique.
Création télévision : 1961 ; couleur 1971. Standard Pal.
Redevance : 530 francs.
Durée d'écoute moyenne : 188 minutes par jour.
Chaînes publiques : 2 chaînes nationales : RTE1 et Network 2.
Chaînes privées : une chaîne nationale : TV3. Chaîne Ulster TV d'Irlande du Nord, chaînes anglaises BBC1 et BBC2 et Channel Four.
Autres chaînes : Eurosport, Screensport, Lifestyle, Superchannel, MTV Europe.

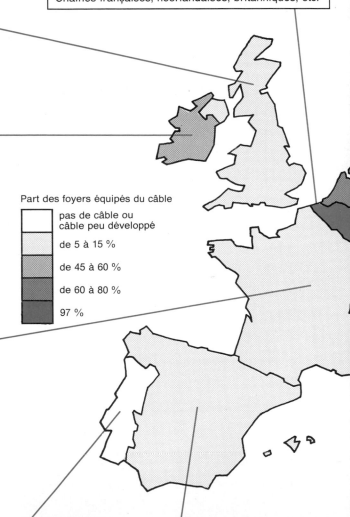

Part des foyers équipés du câble

	pas de câble ou câble peu développé
	de 5 à 15 %
	de 45 à 60 %
	de 60 à 80 %
	97 %

FRANCE
Équipement : TV 97 % des foyers (plusieurs postes : 25 %); magnétoscope 24 % ; câble 12 % ; 40 000 foyers avec antenne parabolique.
Création télévision : 1935 ; couleur 1970. Standard Secam.
Redevance : 566 francs
Durée d'écoute moyenne : 188 minutes par jour.
Chaînes publiques : ANTENNE 2 et FR3.
Chaînes privées : 4 chaînes généralistes nationales : TF1, LA CINQ, M6, CANAL PLUS (cryptée). 5 chaînes hertziennes régionales : 8 MONT-BLANC, TÉLÉ LYON MÉTROPOLE, TÉLÉ TOULOUSE, RTL-TV (Luxembourg), MCM-EUROMUSIQUE et CANAL J (les 3 dernières aussi diffusées par le câble).
Câble : BRAVO, C'ÉTAIT HIER, CINÉ-CINÉMA, CINÉ-FOLIES, CANAL INFOS, HUMOUR, PLANÈTE, TV SPORT ; chaînes locales : TV10 (Angers), CANAL MARSEILLE, CANAL A (Avignon), TV RENNES, C9 (Lille), PARIS PREMIÈRE... ; chaînes françaises et étrangères (LA SEPT, TV5, BBC1, BBC TV EUROPE...) ; services spécialisés (CANAL SANTÉ, CANAL COURSE...).

ESPAGNE
Équipement : TV 97 % des foyers (plusieurs postes 39 %) ; magnétoscope 32 % ; câble 12 % ; 62 000 foyers avec antenne parabolique.
Création télévision : 1956 ; couleur 1975. Standard Pal.
Durée d'écoute moyenne : 214 minutes par jour.
Chaînes publiques : 2 chaînes nationales : TVE1 et TVE2. 9 chaînes régionales hertziennes : TÉLÉMADRID, TV3, CANAL 33 (Catalogne) ; ETB1 et ETB2 (pays Basque) ; TV GALICIA (Galicie) ; CANAL SUR (Andalousie), CANAL9 (Valence) ; TV MUR.
Chaînes privées : 3 chaînes nationales hertziennes : Antenna3, Telecinco, Canal Plus Espagne (cryptée).

PORTUGAL
Équipement : TV 90 % des foyers (plusieurs postes : 17 %) ; magnétoscope 20 %. Pas de développement du câble ; 25 000 foyers avec antenne parabolique.
Création télévision : 1955. Standard Pal.
Durée d'écoute moyenne : 210 minutes par jour.
Monopole d'État géré par la RTP. 2 chaînes nationales : RTP1 et RTP2. Programmes spécifiques pour les îles : RTP-Madeira et RTP Açores.
Le secteur privé devrait voir le jour à partir de 1991.

PAYS-BAS
Équipement : TV 98 % des foyers (plusieurs postes : 25 %) ; magnétoscope 39 % ; câble 76 % ; 10 000 foyers avec antenne parabolique.
Création télévision : 1954 ; couleur 1972. Standard Pal.
Redevance : 390 francs.
Durée d'écoute moyenne : 89 minutes par jour.
Chaînes publiques : 3 chaînes nationales : Netherland 1, 2 et 3.
Chaînes privées : une chaîne, RTL4, diffusant depuis le Luxembourg.
Nombreuses chaînes étrangères proches reçues par voie hertzienne.

DANEMARK
Équipement : TV 93 % des foyers (plusieurs postes : 28 %) ; magnétoscope 21 % ; câble 53 % ; 27 000 foyers avec antenne parabolique.
Création télévision : 1951 ; couleur 1968. Standard Pal.
Redevance : 1 070 francs.
Durée d'écoute moyenne : 131 minutes par jour.
Chaînes publiques : 2 chaînes nationales généralistes : DR et TV2. TV2 est semi-publique et exploite un réseau de 8 chaînes régionales.
Chaînes privées : chaîne à péage KANAL2 diffusée sur la région de Copenhague. TV3, chaîne scandinave diffusée par satellite, reçue par 38 % des foyers.

ALLEMAGNE
Ex-RFA
Équipement : TV 91 % des foyers (plusieurs postes 18 %) ; magnétoscope 29 % ; câble 61 % ; 200 000 foyers avec antenne parabolique.
Création télévision : 1950 ; couleur 1967. Standard Pal.
Redevance : 650 francs (radio/TV).
Durée d'écoute moyenne : 160 minutes par jour.
Chaînes publiques : 2 chaînes nationales : ARD et ZDF. 5 chaînes régionales. 2 chaînes culturelles publiques diffusées par satellite : 3SAT et EINS Plus.
Chaînes privées : 4 chaînes généralistes diffusées par satellite, sur le câble et en partie par voie hertzienne : RTL Plus, SAT 1, TELE 5, PRO 7. Chaînes thématiques par câble : Sportkanal, Musikkanal, Teleclub... Chaîne cryptée PREMIÈRE lancée en 1991.

Ex-RDA
Équipement : TV 96 % des foyers ; magnétoscope 6 % ; pas de câble ; 10 000 foyers avec antenne parabolique.
Création télévision : 1955 ; couleur 1969. Standard Secam.
Redevance : 65 francs.
Durée d'écoute moyenne : 160 minutes par jour.
Monopole d'État avec 2 chaînes, rebaptisées récemment DFF1 et DFF2. 80 % des habitants recevaient les 3 chaînes publiques de l'Ouest et SAT1. Refonte en cours depuis la réunification.

LUXEMBOURG
Équipement : TV 77 % des foyers ; magnétoscope 51 % ; câble 67 % ; 110 foyers avec antenne parabolique.
Création télévision : 1954 ; couleur 1972. Standard Pal.
Redevance : inexistante.
Chaînes privées : La CLT diffuse 4 chaînes : RTL TV (Lorraine), RTL-TVI (Belgique wallone), RTL Plus (RFA) et RTL 4 (Pays-Bas). Chaînes accessibles par câble, ainsi que les chaînes françaises (Canal Plus en réseau hertzien), allemandes (ARD, ZDF, 3SAT, SAT1, certaines chaînes propres aux Länder), belges (RTBF, TÉLÉ21, Canal Plus Belgique) et différents programmes du satellite (TV5, Superchannel, Eurosport, CNN, MTV...).

GRÈCE
Équipement : TV 83 % des foyers (plusieurs postes 17 %) ; magnétoscope 56 % ; câble non développé ; 11 000 foyers avec antenne parabolique.
Création télévision : 1966 ; couleur 1981. Standard Secam.
Redevance : fonction de la consommation d'électricité.
Durée d'écoute moyenne : 188 minutes par jour.
Chaînes publiques : 3 chaînes nationales : ET1, ET2 (vont fusionner) et ET3. Télévision municipale TV 100.
Chaînes privées : (depuis 1990). Mega Channel, Kannali 29, Antenna TV, New Channel, Seven X TV, TV Plus (payante).
Le service public ERT relaie par voie hertzienne une dizaine de chaînes européennes diffusées par satellite.

ITALIE
Équipement : TV 99 % des foyers (plusieurs postes : 25 %) ; magnétoscope 51 % ; câble presque inexistant.
Création télévision : 1956. Standard Pal.
Redevance : 570 francs.
Durée d'écoute moyenne : 180 minutes par jour.
Chaînes publiques : 3 chaînes gérées par la RAI : RAI UNO, RAI DUE, RAI TRE.
Chaînes privées : 3 réseaux nationaux : Canale 5, Italia Uno, Rete Quattro.
240 stations locales, la plupart sous tutelle des réseaux Junior TV, Italia 7, TV Capodistri de Fininvest (Berlusconi), et Cinquestrelle, Video Music, Rete A de la RAI. Projets de chaînes à péage. Au total, 940 chaînes.

Médiaspouvoirs

Les habitudes d'écoute varient largement selon les pays.

En France, la soirée commence sur presque toutes les chaînes avec le journal de 20 h. En Grande-Bretagne, *BBC1* diffuse les informations à 21 h, *ITV* à 22 h. En RFA, *ZDF* les diffuse à 19 h et *ARD* à 20 h. En Espagne, les plus fortes audiences sont mesurées entre 14 et 16 h et entre 22 et 23 h. Les Britanniques sont les plus fidèles le matin, à l'heure du petit déjeuner, auquel ils consacrent en moyenne 20 minutes. En RFA, la soirée du samedi est la plus suivie.

Des quatre principaux pays européens, la France est celui où les habitants regardent le moins les télévisions publiques. En 1988, *Antenne 2* et *FR3* avaient obtenu 34 % d'audience, alors que celle de *ZDF* et *ARD*, les deux chaînes publiques allemandes, s'élevait à 62 %. Au Royaume-Uni, les deux chaînes publiques de la *BBC* et les deux privées *(ITV et Channel Four)* se partageaient exactement l'audience, alors que les téléspectateurs italiens accordaient 44 % de leur temps d'écoute aux chaînes publiques, face aux nombreuses chaînes commerciales.

Sport et fiction d'abord

La gamme des programmes les plus appréciés par les publics britannique et allemand est plus large que celle des Français et des Italiens. Le dénominateur commun est le goût répandu pour la fiction (films, séries ou feuilletons). Mais il est plus prononcé en France et en Italie que dans les pays du nord de l'Europe. Sur les vingt émissions les plus regardées en Italie entre septembre 1988 et août 1989 figuraient onze matches de football (une proportion évidemment largement dépassée en 1990, lors de la Coupe du Monde), devant les séries et variétés et deux films. Les Allemands avaient privilégié les variétés et jeux (deux premières places), cinq matches de l'équipe nationale de football et six séries nationales (comme *la Clinique de la Forêt-Noire*). En règle générale, les fictions allemandes produites et diffusées par le service public réalisent entre 30 et 50 % d'audience.

Pendant la même période, les Français plébiscitaient massivement le cinéma, avec douze films, dont dix français, et quelques émissions de variétés ou de jeux. Les Britanniques sont de grands amateurs de séries, telles que *Coronation Street* ou *East Enders*, qui occupaient neuf places sur vingt, dont les quatre premières, devant les émissions d'humour, variétés, téléfilms et seulement deux films.

Les productions nationales typiques recueillent souvent une faible audience dans les autres pays de la Communauté. Ainsi, la série *Heimat*, chronique d'une famille allemande entre 1819 et 1982, qui réalisait entre 15 et 24 % d'audience en RFA, n'a obtenu que 3 % en France. *Châteauvallon*, saga d'une famille française de province, a été suivie par 31 % des téléspectateurs en France et 2,5 % en Grande-Bretagne. Les coproductions européennes n'ont guerre réussi jusqu'ici à concilier les attentes des différents publics nationaux.

Deux tiers seulement des programmes des chaînes sont d'origine européenne.

En 1988, les chaînes de télévision de la Communauté ont diffusé en moyenne 68 % de programmes d'origine européenne. La proportion atteignait 80 % en RFA, Grèce et Danemark. Seul le Luxembourg était en dessous de 50 %. Les chaînes qui diffusaient moins de la moitié de programmes européens sont pour la plupart privées : celles de Silvio Berlusconi en Italie ; *RTL* en Belgique ; *La Cinq* et *Canal Plus* en France ; *Sat 1* et *Tele 5* en RFA.

Les émissions de divertissement représentaient entre un tiers et la moitié de la durée totale des programmes, selon les pays et les chaînes (60 % en Irlande). Les émissions d'information comptaient pour environ 30 % (40 % en France, 17 % au Danemark, 18 % en Irlande). Les émissions pour enfants occupaient une place particulière au Danemark et en Irlande : 14 %, soit environ le double de la moyenne européenne.

Près de 90 % des programmes importés dans la CE sont d'origine américaine.

Les Etats-Unis sont à l'origine de 80 % des exportations mondiales en matière de programmes et les achats européens de programmes américains constituent plus de 40 % des échanges mondiaux. A l'inverse, les échanges intra-européens sont presque inexistants : moins de 10 % des transactions.

Seuls cinq pays parviennent à exporter en des quantités relativement importantes des œuvres audiovisuelles : Royaume-Uni, RFA, France, Italie, Espagne. Mais leurs marchés respectifs sont le plus souvent situés à l'extérieur de la Communauté : Afrique francophone pour la France ; Europe de l'Est pour la RFA ; Amérique latine pour l'Italie et l'Espagne ; Amérique du Nord pour le Royaume-Uni. Compte tenu de sa langue, ce dernier pays est le seul pays à avoir une position exportatrice significative : 80 % des exportations cinématographiques et télévisuelles européennes.

La télévision européenne est fortement imprégnée par la culture américaine.

La culture américaine est présente dans le tiers des programmes des chaînes européennes. Ce sont les émissions de divertissement qui représentent le plus fort pourcentage d'œuvres importées. Les émissions informatives et éducatives sont beaucoup moins concernées.

Le facteur linguistique constitue le principal obstacle à un accroissement des échanges audiovisuels entre les pays de la Communauté. Les possibilités techniques de traduction simultanée et les mesures prises par la Commission européenne (directive « télévision sans frontières ») devraient permettre une moindre « vidéodépendance » de l'Europe dans les prochaines années. La directive prévoit la libre réception et retransmission des émissions dans chaque Etat membre. Elle donne comme objectif aux pays membres la diffusion d'au moins 50 % de programmes européens, sans imposer de quotas. Elle limite aussi la publicité à 12 minutes par heure et autorise une interruption toutes les 45 minutes pendant les films de long métrage.

Violence et télévision

L'analyse du contenu des programmes des télévisions européennes montre qu'environ 50 % des émissions contiennent une forme de violence, et même 80 % aux heures de grande écoute. Les séries télévisées comportent en moyenne plus de 9 scènes violentes par heure entre 20 et 21 heures, 12 entre 21 et 22 heures, 21 dans les programmes du samedi matin réservés aux enfants. Bien que très élevé, ces chiffres sont encore inférieurs à ceux mesurés aux Etats-Unis et au Japon.

La télévision est la principale cause de la crise du cinéma.

Le premier concurrent du cinéma a sans aucun doute été l'automobile, qui allait permettre aux Européens de voyager et de s'éloigner de chez eux. Mais la télévision, en s'installant dans la plupart des foyers, a porté un coup encore plus fort au cinéma, en offrant à domicile et pour un prix dérisoire un nombre croissant de films. Le cinéma en salle est alors apparu trop cher ; pour beaucoup d'Européens, il ne se justifie plus que pour une minorité de films spécialement faits pour le grand écran.

Les chaînes de télévision de la Communauté diffusent chaque année plus de 10 000 films. En 1988, quatre pays en ont diffusé plus de 1 000 : l'Italie est le leader incontesté avec 5 750, contre 3 330 en 1985, devant la RFA (2 049), le Royaume-Uni (environ 2 000) et la France (1 330).

L'accroissement du parc de magnétoscopes, en permettant l'enregistrement des films programmés à la télévision et la location ou l'achat de cassettes de films récents a également contribué à cette désertion des salles. L'apparition, demain, de la télévision haute-définition et des écrans géants risque de porter aux salles un coup fatal.

- 41 % des programmes diffusés en Belgique, RFA, Pays-Bas et Royaume-Uni (en temps) sont des divertissements, 18 % de l'information, 16 % du sport, 15 % des émissions courantes, 10 % d'autres genres.

- Le chiffre d'affaires de la publicité télévisée dans la CE est passé de 2,7 milliards d'écus en 1980 à 8,5 milliards en 1989.

- En Grèce, les chaînes privées se verront accorder des permis de sept ans renouvelables et aucun de leurs actionnaires ne devra détenir plus de 25 % de leur capital.

- Les téléspectateurs de la télévision danoise peuvent appeler pendant le journal et apporter un rectificatif ou bénéficier d'un droit de réponse, éventuellement diffusé en direct.

Plus de films américains qu'européens

La part des recettes des salles de cinéma réalisée par des films américains dépasse 50 % dans la plupart des pays de la CE : 80 % au Royaume-Uni et en Irlande ; 75 % aux Pays-Bas ; 64 % en RFA et en Espagne ; 63 % en Grèce ; 57 % en Italie et en Belgique ; 54 % au Danemark ; 46 % en France (chiffres 1988). A titre de comparaison, la part du cinéma américain est de 48 % au Japon et de... 97 % aux Etats-Unis.

La fréquentation des cinémas a considérablement diminué depuis la fin des années 60.

Entre 1966 et 1986, le nombre d'entrées annuelles dans les cinq principaux pays producteurs de films (France, Royaume-Uni, RFA, Italie, Espagne) est passé de 1,8 milliard à 573 millions. En 1988, les plus cinéphiles étaient les Irlandais (voir page suivante) avec 3,3 films par an et par personne, contre un minimum de 1,0 aux Pays-Bas. Le cinéma italien, longtemps considéré comme l'un des plus dynamiques et créatifs, est à l'agonie : la fréquentation a diminué de près de 80 % entre 1970 et 1980. Pendant la même période, la baisse a été de 69 % en Espagne, 63 % au Royaume-Uni, 35 % en RFA.

Le cinéma est aujourd'hui un loisir de jeunes.

Dans beaucoup de pays, la moitié des entrées sont dues à des jeunes de 15 à 25 ans. Le rire et l'aventure sont les genres les plus appréciés. Les grosses productions et quelques films exceptionnels *(le Cercle des poètes disparus, Bagdad Café...)* sont les seuls à attirer un grand nombre de spectateurs. Compte tenu des problèmes linguistiques et culturels des marchés européens, ce sont généralement des films américains. Leur part s'est beaucoup accrue depuis quelques années ; elle est un peu inférieure de 50 % en France, Belgique, Luxembourg, Italie, elle est proche de 80 % au Royaume-Uni, en Irlande et aux Pays-Bas.

France : un demi-siècle de baisse

La fréquentation des cinémas a connu en France plusieurs phases distinctes. La chute a d'abord été brutale entre la fin de la Seconde Guerre mondiale et le début des années 70 : 424 millions de spectateurs en 1947 ; 203 millions en 1968. Puis les efforts des professionnels de la production et de l'exploitation (création de « complexes multisalles » ; réductions du prix des places) ont permis d'enrayer le processus entre 1975 et 1983. Mais la chute a repris depuis. Elle concerne surtout les films français, qui n'attirent plus que 35 % des spectateurs, contre près de la moitié dix ans auparavant.

GRAND ÉCRAN, PETIT PUBLIC

Evolution de la fréquentation des cinémas (en millions de spectateurs) et production de films (1988) :

	IRL	F	DK	E	D	L	P	I	B	UK	NL
1988*	3,3	2,2	2,2	1,8	1,8	1,7	1,7	1,6	1,6	1,4	1,0
1980	-	3,3	3,1	4,8	2,4	-	3,2	4,3	2,1	1,8	2,0

F	133	UK	51	DK	12
I	116	GR	22	P	5
E	69	NL	18	IRL	1
D	65	B	12	L	-

* Ou année la plus proche.

La musique est le loisir préféré des Européens.

En 1988, les Européens ont acheté 158 millions de disques 45 T et « maxi 45 T », 185 millions de 33 T, 235 millions de cassettes et 129 millions de disques compacts. Les Britanniques ont acheté à eux seuls plus d'un tiers des 45 T et des cassettes, un quart des 33 T et des compacts. Ils étaient suivis des Allemands, plus gros acheteurs de compacts et de 33 T, et des Français. Les achats des Irlandais et des Portugais étaient très faibles, même en tenant compte de leur population.

IRLANDE

« Quelque chose dans l'air. »

Les achats de disques ont diminué régulièrement entre 1980 et 1985. La tendance s'est ensuite inversée, du fait de la diffusion, depuis 1984, des disques compacts. Les ventes de disques vinyle continuent de chuter, malgré la mise sur le marché au début des années 80 du « maxi 45 T », tandis que les cassettes et surtout les disques compacts connaissent toujours une forte croissance.

L'opéra cherche sa voie

Une enquête effectuée en 1985 montrait que 10 millions de billets d'opéra étaient vendus chaque année dans l'Europe des Dix. Parmi les quatre pays qui comptaient plus de 50 millions d'habitants (France, Italie, Royaume-Uni, RFA), les trois premiers vendaient entre 1 et 1,5 million de billets. La RFA constituait une exception, avec 5 millions de billets vendus. Les autres pays (Pays-Bas, Danemark, Irlande, Luxembourg, Grèce) vendaient entre 100 000 et 300 000 billets.

Le public de l'opéra représente aujourd'hui une faible partie de la population européenne, en constante diminution depuis plusieurs décennies. Ce type de spectacle, comme d'ailleurs la plupart des spectacles de scène, subit la concurrence croissante des autres formes de loisirs et celle des médias audiovisuels.

■ En 1989, le premier film au box-office était *Rainman* en RFA, *Indiana Jones* au Royaume-Uni, en Italie et en Espagne, *Permis de tuer* aux Pays-Bas.

Les progrès technologiques ont transformé l'écoute de la musique.

C'est en RFA que les disques compacts ont obtenu le plus tôt le succès, avant la France, le Royaume-Uni et l'Italie. C'est dans ce dernier pays que la croissance la plus forte est attendue ; en 1988, les Italiens ont dépensé seulement 86 F par personne pour la musique, trois fois moins que les Britanniques.

Le marché des cassettes a connu une croissance régulière, malgré le piratage (copies privées) et la contrefaçon (copie et vente illicite de disques ou cassettes d'enregistrements publics réalisés pendant des concerts). En 1986, l'importance du piratage était estimée à 80 % des ventes au Portugal, 35 % en Grèce, 33 % en Italie, 20 % en Espagne. L'apparition et la diffusion des cassettes DAT (*Digital audio tape*) devrait redonner au marché un nouvel élan.

Plus de 300 millions de copies privées par an

On estime que 90 à 95 % des cassettes vierges vendues chaque année dans la CE (environ 350 millions) sont utilisées pour copier des œuvres protégées par droits d'auteur. Avec l'arrivée des cassettes DAT, on s'attend à ce que la qualité de reproduction du son (inchangée au bout de plusieurs reproductions successives) encourage encore la copie privée, si elle n'est pas rendue impossible ou difficile par des protections.

Les Européens du Nord lisent plus de quotidiens que ceux du Sud.

Le nombre de quotidiens diffusés en Europe a augmenté au cours des dernières années ; il était de 1 934 en 1986, contre 1 633 en 1982. Le tirage total était de 74 millions d'exemplaires. La situation de la RFA est tout à fait particulière, avec 1 273 quotidiens, soit les deux tiers du nombre total de la CE.

Le nombre d'exemplaires de quotidiens pour 1 000 habitants varie entre 50 au Portugal et 420 au Royaume-Uni. La proportion se situe entre 300 et 400 aux Pays-Bas, RFA, Luxembourg et Danemark, entre 200 et 300 en France, Belgique et Irlande, entre 50 et 100 en Espagne, Italie et Grèce.

La concurrence de l'audiovisuel a entraîné une certaine désaffection vis-à-vis des quotidiens dans des pays comme la France où moins d'un Français est un lecteur régulier, contre 60 % il y a 20 ans. La presse s'est au contraire développée en Espagne, au Portugal et en Grèce depuis l'accession à la démocratie.

■ Les achats et locations de vidéocassettes ont représenté 2,9 milliards d'écus en 1989 pour l'ensemble de la CE (contre 7 milliards aux Etats-Unis). 40 % des distributeurs européens sont contrôlés par des sociétés américaines.

■ Le chanteur préféré des Européens de 18 à 30 ans est Phil Collins devant le groupe U2 et Dire Straits (octobre 1990).

LE DISQUE TOURNE ROND

Achats de disques (1987, pour 1 000 habitants) :

	CD	33 tours	45 tours	cassette
B	25	36	81	15
DK	31	90	25	33
D	37	108	63	95
E	3	38	6	54
F	22	37	89	40
GR	1	59	-	56
IRL	3	26	20	51
I	8	26	10	31
NL	60	84	82	35
P	2	25	14	21
UK	32	92	111	131
USA	42	44	34	168
JAP	43	17	31	49

SNEP

L'Europe au quotidien

Principaux quotidiens nationaux et régionaux et tirages (1988, en milliers d'exemplaires) :

Portugal. *O seculo* (150) ; *Diario de Noticias* (100) ; *Correrio da Manhà* (80) ; *Jornal de Noticias* (80) ; *O Diário* (43).

Irlande. *Irish independant* (160) ; *Evening press* (135) ; *Evening Herald* (120) ; *Irish press* (95).

Italie
Bologne : *Il Resto del carlino* (308) ;
Florence : *La Nazione* (300) ;
Milan : *La Gazetta dello sport* (725) ; *Il Corriere della sera* (610) ; *Il Giorno* (290) ; *Il Messagero* (330) ; *L'Unità* (300) ; *Il Tempo* (160) ;
Naples : *Il Mattino* (180) ;
Rome : *Il Corriere dello sport* (480) ; *La Repubblica* (700).
Turin : *La Stampa* (540) ; *Tuttosport* (160).

Grande-Bretagne. *The Sun* (4 100) ; *Daily Mirror* (3 100) ; *Daily Express* (1 900) ; *Daily Mail* (1 800) ; *Daily Star* (1 500) ; *Daily Telegraph* (1 200) ; *The Guardian* (500) ; *The Times* (480) ; *London Standard* (490).

Espagne
Madrid : *El Païs* (350) ; *ABC* (580 le dimanche) ; *Ya* (100) ;
Barcelone : *La Vanguardia* (190) ; *El Periódico* (130) ;
Bilbao : *El Correio Español* (150) ; *El Pueblo vasco* (100).

RFA.
Bild Zeitung (4 400) ; *Wesdeutsche Allgemeine* (1 300).
Augsbourg : *Augsburger Allgemeine* (340) ;
Berlin : *Berlin Zeitung* (310) ; *Berlin Morgenpost* (190).
Bonn : *Die Welt* (260) ;
Cologne : *Kölner Express* (310) ; *Kölner Stadt-Anzeiger* (270).
Francfort : *Frankfurter Allgemeine* (330) ; *Frankfurter Rundschau* (200).
Hamburg : *Hamburger Abendblatt* (290) ; *Bild* (890).
Hanovre : *Hannoverische Allgemeine Zeitung* (540).

Danemark. *Ekstra Bladet* (250) ; *BT* (210) ; *Politiken* (160) ; *Berlingste Tidende* (130).

Luxembourg. *Luxembourg Wort* (90) ; *Tageblatt* (25) ; édition luxembourgeoise du *Républicain Lorrain* (17).

France. *Ouest-France* (quotidien régional, 1 900) ; *le Parisien* (1 000) ; *le Monde* (750) ; *le Figaro* (700) ; *France-Soir* (500) ; *Libération* (500) ; *l'Equipe* (quotidien sportif, 500) ; *l'Humanité* (250) ; *la Croix* (200). (Nombres de lecteurs réguliers 1989.)

Grèce. *Ethnos* (150) ; *Apoyematini* (130) ; *Eleftherotypia* (120) ; *Nea* (100). Il existe aussi une centaine de quotidiens régionaux ou locaux.

Belgique.
En néerlandais : *De Standaard + Het Nieuwsblad* (360) ; *Het Laatste Nieuws + De Nieuwe Gazet* (310).
En français : *le Soir* (200), *la Meuse + la Lanterne* (130). Autres : *la Nouvelle Gazette* ; *la libre Belgique*, *la Dernière Heure*, *Vers l'avenir*, *le Courrier*, *le Courrier de l'Escaut*.

Pays-Bas.
Amsterdam : *De Telegraaf* (700) ; *De Volksrant* (280) ; *Het Parool* (130) ;
Rotterdam : *Algemeen Dadblad* (380) ; *Het Vrije Volk* (200) ;
La Haye : *Haagsche Courant* (180).

LE TIRAGE EN BAISSE

Evolution des tirages des quotidiens (pour 1 000 habitants) :

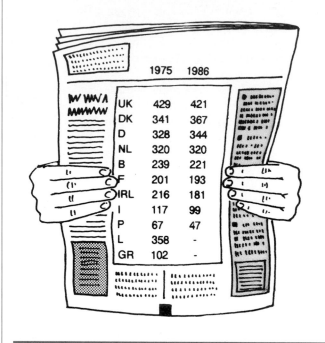

	1975	1986
UK	429	421
DK	341	367
D	328	344
NL	320	320
B	239	221
F	201	193
IRL	216	181
I	117	99
P	67	47
L	358	-
GR	102	-

Le nombre des magazines est en augmentation.

Face à l'expansion de la « galaxie McLuhan », celle de Gutenberg a su se remettre en question et s'adapter. Chaque année, de nouveaux titres tentent de s'installer dans les « créneaux » ouverts par les centres d'intérêt des Européens, de l'aventure à l'informatique en passant par le golf ou la planche à voile. La presse allemande en compte aujourd'hui environ 7 000, devant celle du Royaume-Uni 6 000, de l'Italie (3 500), de la France (3 000).

Du fait du développement de la presse féminine et décoration (et de leur goût souvent plus prononcé pour la lecture), les femmes lisent plus de magazines que les hommes. Les hommes sont plus concernés par les revues de loisirs : sport, bricolage, automobile, etc. Le développement de la télévision a entraîné dans son sillage celui de la presse des programmes. En France, *Télé 7 jours* est de loin le leader, avec plus de 11 millions de lecteurs. La presse des jeunes (surtout celle à vocation pédagogique) et celle des sports sont aussi en assez forte progression.

■ La CE consomme chaque année environ 5 millions de tonnes de papier journal, dont plus de la moitié en RFA et au Royaume-Uni.

■ La part des dépenses de publicité dans la presse varie de 35 % au Portugal à 83 % au Danemark. Elle est de 77 % en RFA, 76 % aux Pays-Bas et se situe entre 45 et 60 % dans les autres pays.

L'Europe est la région du monde qui publie le plus de livres.

Le livre continue d'avoir une importance prépondérante dans la diffusion de la culture (voir p. 176). Les pays d'Europe publient chaque année environ 300 000 titres, soit cinq fois plus que les Etats-Unis avec une population qui n'atteint pas le double. Le nombre des titres publiés tend d'ailleurs à s'accroître depuis quelques années. La RFA est la seconde nation éditrice du monde, après les Etats-Unis : près de 70 000 titres par an dont 50 000 nouveaux ; 2 500 maisons d'édition et 4 000 librairies. Le Royaume-Uni arrive en seconde position, avec 52 000 titres publiés chaque année (dont un quart environ de rééditions). 30 % de la production sont exportés.

Cet accroissement du nombre de titres s'explique par la diversité croissante des demandes des lecteurs. Un phénomène semblable à celui constaté dans le domaine de la presse magazines ou dans l'audience des radios. La « segmentation » des besoins est l'une des données caractéristiques de toutes les sociétés développées.

L'édition est beaucoup plus développée dans les pays du Nord, mais elle y subit davantage la concurrence qu'au Sud, où elle n'a pas fait le plein de ses lecteurs potentiels ; les Portugais ne lisent en moyenne qu'un livre par personne et par an.

L'inflation des titres s'accompagne d'une baisse des ventes moyennes par titre.

En Italie, par exemple, elles représentent environ 4 000 exemplaires, en baisse de près d'un quart depuis 1981, alors que le nombre de titres augmentait de 18 %.

Les écarts entre les pays s'expliquent par le goût plus ou moins prononcé pour la lecture, lui-même assez dépendant du niveau d'instruction. Le prix de vente est un autre facteur important. Le prix moyen des livres (y compris ceux au format de poche) relevé dans les quatre plus grands pays de la CE entre 1986 et 1988 (sans tenir compte des niveaux respectifs de pouvoir d'achat) atteignait 125 F en Italie, 100 F en RFA, 70 F en Espagne, 65 F en France. A titre de comparaison, le prix moyen était de 55 F aux Etats-Unis. Les livres sont exonérés de TVA au Royaume-Uni, alors que le taux est de 22 % au Danemark, 7 % en RFA, 6 % en Espagne, 5,5 % en France, 4 % en Italie.

Les livres pratiques et d'information sont de plus en plus recherchés.

Depuis quelques années, la tendance est à la baisse des achats d'ouvrages de littérature générale (romans, poésie), qui ne représentent plus qu'un quart des titres, contre un tiers il y a quinze ans. Les ouvrages de vulgarisation scientifique, les livres d'information et les biographies connaissent au contraire un fort engouement. Les livres pratiques sont passés de 5 à 15 % du chiffre d'affaires de l'édition. Cette évolution s'explique par la concurrence des autres formes de loisirs et d'information (en particulier les médias audiovisuels).

En France et en Italie, la littérature et les livres de référence (encyclopédies) sont les genres dominants. Les Britanniques préfèrent les livres scientifiques. Les Espagnols ont un goût particulier pour les livres de sciences humaines.

■ En France, le nombre des lecteurs de la presse quotidienne a diminué de plus d'un quart en dix ans.

■ Sur les 20 premiers groupes multimédias mondiaux, seuls les 18ᵉ et 19ᵉ sont européens : Bertelsmann et ARD, tous deux allemands.

■ Le prix d'achat des émissions américaines (hors longs métrages) variait en 1987 de 1 000 de l'heure en Irlande à 70 000 dollars en Italie (prix maximum). Le coût horaire des longs métrages variait de 2 000 dollars au Danemark (prix minimum) à 3 millions de dollars (prix maximum).

■ La Chine compte chaque année environ 20 milliards de spectateurs de cinéma, pour seulement 4 600 salles fixes, mais 100 000 unités mobiles qui circulent dans le pays.

VACANCES

Un peu plus de la moitié des Européens partent en vacances.

56 % des habitants de la CE sont partis au moins une fois en vacances hors de leur domicile pour une durée d'au moins quatre jours (l'enquête comparative la plus récente est celle d'Eurobaromètre en 1987). Les taux les plus élevés sont ceux des pays du Nord : Pays-Bas, Danemark, Grande-Bretagne, RFA. Les départs en vacances concernent moins de la moitié des Portugais, Irlandais, Belges, Espagnols et Grecs. De tous les Européens, les Français sont les plus nombreux à partir plusieurs fois dans l'année (voir encadré), du fait des cinq semaines de congés légaux et des incitations ou obligations légales à fractionner les congés.

Au Danemark, en Belgique et en Italie, ceux qui ne partent pas invoquent souvent le fait qu'ils préfèrent rester chez eux. Au Portugal, en Irlande et en Grèce, c'est l'insuffisance de moyens financiers qui est le plus souvent la cause.

44 % DE NON-PARTANTS

Taux de départs en vacances (1985, en %) :

65 64 61 60 58 58 57 46 44 41 39 31

NL DK UK D F L I GR E B IRL P

* 62 % des personnes entre 15 et 24 ans ; 47 % des personnes de 55 ans et plus.
85 % des cadres supérieurs ; 25 % des agriculteurs.
56 % des foyers sans enfant ; 44 % des foyers avec 3 enfants ou plus.
66 % des personnes habitant une grande ville 45 % de celles habitant un village.

La multiplication des polyvacanciers

19 % des Européens (et 27 % des Français) partent plusieurs fois en vacances au cours de l'année. 7 % partent même au moins trois fois (12 % en RFA) et effectuent à eux seuls la moitié des séjours de vacances.

Cette évolution s'explique par la volonté de fractionnement des Européens qui, lorsqu'ils en ont la possibilité, aiment partir à la fois en été et en hiver. La diversité croissante de l'offre de produits de loisirs et de vacances renforce cette tendance.

Le niveau de revenu des familles est un facteur déterminant.

75 % des familles aisées (appartenant au quartile supérieur de revenu) partent en vacances, contre 36 % des familles modestes (quartile inférieur). Le rapport varie cependant selon les pays : de un à quatre en Espagne et au Portugal ; de un à deux au Danemark, aux Pays-Bas, au Royaume-Uni, au Luxembourg et en Italie.

On observe des écarts de même nature en comparant les professions des chefs de famille : 85 % des familles de cadres supérieurs et 82 % des familles de professions libérales partent en vacances (et, dans la moitié des cas, elles partent plusieurs fois), contre seulement 25 % des familles d'agriculteurs.

Le tour d'Europe en changeant

Problème : un voyageur part de Bruxelles avec 40 000 francs belges (925 écus) et fait le tour des capitales de la CE dans le sens inverse des aiguilles d'une montre en changeant chaque fois localement son argent ; quelle somme rapportera-t-il à son retour ?

Réponse : il aura perdu près de la moitié de son capital de départ (47 % en avril 1988). Les transactions les plus coûteuses sont celles réalisées en Italie (14 % de perte entre l'escudo portugais et la lire) et en RFA (21 % de perte entre le drachme grec et le mark). Dans l'exemple, les étapes en Irlande et au Luxembourg n'étaient pas incluses.

Les vacances de ceux qui partent sont assez semblables.

Quels que soient la nationalité, le niveau de revenu, l'âge, le milieu socio-professionnel, le fait d'être actif ou retraité, les proportions de vacanciers partant en juillet et août, séjournant au bord de la mer, logeant à l'hôtel, circulant en voiture, etc. sont assez proches d'un pays à l'autre. La présence d'enfants au foyer n'a pas une influence notable sur le taux de départ. La seule divergence importante concerne les départs à l'étranger, beaucoup moins fréquents chez les vacanciers des pays du Sud, qui disposent chez eux de la mer et du soleil.

OÙ, QUAND, COMMENT ?

Caractéristiques des vacances principales et des vacances secondaires (1985, ensemble de la CE) :

	Vacances principales	Vacances secondaires
Période de départ		
- Janvier, février, mars	4	17
- Avril, mai	8	20
- Juin	11	7
- Juillet	28	8
- Août	34	13
- Septembre	9	11
- Octobre, novembre, décembre	6	20
- Non précisé	-	4
Durée		
- de 4 à 9 jours	24	62
- de 10 à 19 jours	42	27
- de 20 à 29 jours	19	4
- 30 jours ou plus	14	3
- Non précisé	1	4
Durée moyenne	**17**	**10**
Lieu de vacances		
- Dans leur pays	67	72
- Autre pays de la CE	20	13
- Ailleurs en Europe	10	9
- Hors d'Europe	3	3
- Non précisé	-	3
Type de vacances		
- Campagne	25	28
- Montagne	23	24
- Dans une ou plusieurs villes	19	25
- Mer	52	29
- Non précisé	1	4
- Au même endroit	73	74
- Circuit	26	22
- Non précisé	1	4
Moyens de transport		
- Voiture	68	67
- Train	14	14
- Avion	13	8
- Bateau	5	4
- Bicyclette/moto	1	1
- Autres (autocar)	10	11
Mode d'hébergement		
- Hôtel, pension, motel	32	
- Location	17	
- Résidence secondaire	7	
- Chez des parents ou amis	21	
- Chez l'habitant	5	
- Camping, caravaning	16	
- Village de vacances	2	
- Autres	4	

Parmi les variables qui influent sur le taux de départ, le lieu de résidence est l'un des principaux : 66 % des habitants des grandes villes partent en vacances, contre 45 % de ceux des zones rurales. L'âge est un autre critère important : 62 % des jeunes de 15 à 24 ans partent en vacances, contre 47 % des personnes âgées de 50 ans et plus. Les écarts sont très marqués au Portugal, en Grèce et en Espagne. Ils sont faibles au Royaume-Uni et en RFA. La proportion de non-partants habituels est peu élevée chez les jeunes ; elle atteint un tiers chez les plus âgés.

41 % des Européens partent en vacances en juillet ou août.

La moyenne européenne est de 18 % en juillet et 23 % en août, mais certains pays s'en écartent assez largement. En France, 77 % des vacanciers d'été partent pendant la période juillet-août, contre 57 % seulement en RFA. Le meilleur étalement en Allemagne est dû au fait que les dates de vacances diffèrent d'un Land à l'autre. 38 % des Danois et 33 % des Néerlandais partent en juillet ; 33 % des Italiens et 29 % des Français partent en août.

Les Français sont les plus nombreux à partir en hiver : 8 % en février et 8 % en décembre. Ce phénomène a été largement favorisé par l'attribution d'une cinquième semaine de congés payés à tous les salariés en 1982.

68 % utilisent leur voiture.

La voiture est de très loin le moyen de transport le plus utilisé, devant le train (14 %) et l'avion (13 %). Ceci s'explique par le fait que la grande majorité des vacanciers (67 %) restent dans leur pays et que la voiture autorise une plus grande liberté d'action et un moindre coût, surtout pour les familles avec enfants.

L'avion est très inégalement utilisé. Les insulaires (24 % des Britanniques et surtout 31 % des Irlandais) sont les plus nombreux à y recourir. Les Français, Italiens, Espagnols et Portugais, qui partent moins souvent à l'étranger et moins loin, ne le prennent qu'exceptionnellement.

Pays-Bas : le royaume des bateaux

Les Néerlandais sont de loin les premiers possesseurs de bateaux de plaisance (bateaux à moteur ou à voile) : 27 pour mille habitants, soit le double des Allemands, qui arrivent en seconde position avec 13,5. La France est troisième (12,7), devant le Royaume-Uni (11,9), l'Italie (9,7), le Danemark (7,8), la Grèce (6,7), l'Irlande (2,8), l'Espagne (2,5), le Portugal (2,4), la Belgique (0,8). C'est le pouvoir d'achat plus que la proximité de l'eau ou la tradition maritime qui explique le mieux ces chiffres.

■ Paris possède 82 000 chambres d'hôtel, soit 37 % de la capacité d'accueil de la France.

■ Le tourisme représente environ 6 % du PIB de la Communauté et un peu plus de 7 millions d'emplois à plein temps. En Espagne, il occupe 15 % de la population active, si l'on tient compte des emplois induits.

CE, les Européens et les vacances

32 % séjournent à l'hôtel ou dans une pension.

Le niveau de revenu, le type de vacances, le lieu, la date et la durée du séjour contribuent à diversifier les modes d'hébergement utilisés. L'hôtel et la pension sont utilisés par un Européen sur trois ; c'est le cas de 53 % des Luxembourgeois, mais de 13 % seulement des Portugais. L'hébergement chez des amis ou parents arrive en seconde position, mais très loin derrière (21 %).

ESPAGNE

« Les clefs de votre maison. »

La location est utilisée en moyenne par 17 % des vacanciers. Le recours au camping-caravaning est très variable : près d'un tiers des Néerlandais y recourent (31 %), contre seulement 8 % des Grecs et des Irlandais. La résidence secondaire (personnelle ou non) abrite 7 % des vacanciers, mais 15 % des Espagnols et 3 % des Irlandais. L'accueil chez l'habitant concerne 5 % des partants ; il n'est développé que dans certains pays comme l'Irlande ou le Royaume-Uni. Enfin, 2 % choisissent les villages de vacances.

■ Il est interdit de faire entrer des chiens ou des chats en Irlande et au Royaume-Uni pendant des vacances.

La moitié des vacanciers choisissent la mer.

L'image de la mer et du soleil reste étroitement associée à celle des vacances. 52 % des Européens cherchent le soleil et la baignade : 70 % des Grecs et 62 % des Portugais, ce qui n'est pas étonnant car il leur suffit de rester dans leur pays, mais aussi 62 % des Luxembourgeois.

Les autres se partagent entre la campagne (25 %), la montagne (23 %) et les villes (19 %). Les séjours sont souvent partagés entre plusieurs destinations, ce qui explique que le total soit supérieur à 100 %. La campagne est particulièrement prisée par les Néerlandais, les Danois et les Allemands. La montagne est fréquemment choisie par ceux qui partent en hiver et se rendent dans les stations de ski. Cependant, on note depuis plusieurs années une certaine désaffection pour ce type de vacances, du fait du faible enneigement, du coût élevé de cette formule et des efforts réalisés par les voyagistes pour faire baisser les prix sur des destinations « soleil » (Baléares, Grèce, Canaries, etc.).

Les jeunes vont en Europe

Plus de 90 % des jeunes Luxembourgeois, Néerlandais, Belges et Danois âgés de 15 à 24 ans ont déjà visité un autre pays de la Communauté. C'est le cas de moins de la moitié des jeunes Portugais, Italiens, Espagnols et surtout Grecs (22 %). Les pays les plus souvent visités sont la France (34 %) et l'Espagne (31 %) ; les moins connus sont le Danemark (7 %), le Portugal (6 %) et l'Irlande (5 %).

VACANCES ÉTRANGÈRES

Proportion de vacanciers partant à l'étranger (1985, pour 100 départs de vacances principales) :

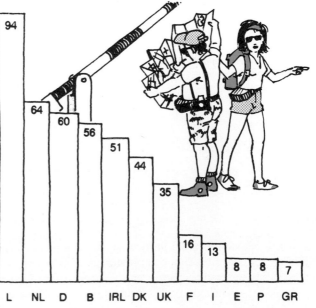

Eurobaromètre

CE, les Européens et les vacances

Delvico Bates

VISITES DE VOISINAGE

Proportion d'Européens ayant visité d'autres pays européens* (principaux pays visiteurs, en % de la population de 15 ans et plus) :

* Lecture : 18 % des Allemands, 18 % des Danois et 17 % des Luxembourgeois ont déjà visité la Grèce (la proportion des visiteurs des autres pays est inférieure).

Principaux visiteurs du Luxembourg (non portés sur la carte) : Belges (66 %) ; Néerlandais (52 %) ; Allemands (27 %).

CE, les Européens et les vacances

Un Européen sur trois passe ses vacances à l'étranger.

La proportion varie considérablement d'un pays à l'autre : 94 % des Luxembourgeois se rendent dans un autre pays contre seulement 7 % des Grecs. La majorité des départs à l'étranger (60 %) sont à destination des autres pays de la Communauté. Cependant, les Allemands, Danois, Néerlandais et Luxembourgeois sont assez nombreux à se rendre dans un pays européen non communautaire : pays scandinaves, Suisse, Autriche, Europe de l'Est. Les voyages hors d'Europe ne représentent que 3 % des départs.

Dans la très grande majorité des cas, les vacanciers organisent eux-mêmes leurs vacances, mais les Européens du Nord choisissent, pour environ 20 % d'entre eux, des voyages ou circuits organisés. Les services des agences de voyage sont surtout utilisés par ceux qui se rendent à l'étranger ou, plus rarement, par ceux qui effectuent dans leur propre pays des circuits touristiques.

■ 41 % des ménages espagnols possèdent une bicyclette, 35 % un ballon, 29 % un jeu d'échec, 28 % une raquette de tennis, 18 % des patins.

VACANCES DE RÊVE

« Dans la liste suivante, quels sont les éléments qui, à vos yeux, personnellement, sont les plus attirants pour un lieu ou une région de vacances ? » (1985, ensemble CE, en %, plusieurs réponses possibles) :

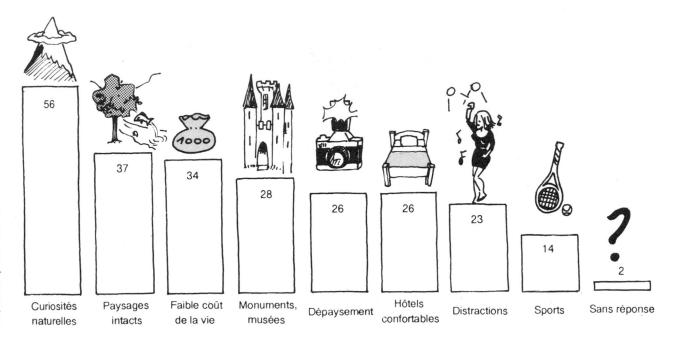

CE, les Européens et les vacances

Eurostat

1 250 F par vacancier à l'étranger

En 1987, les Européens ont dépensé en moyenne 175 écus par personne au cours de leurs voyages à l'étranger. Le montant variait de 483 écus (3 400 F) pour les Danois à 35 écus pour les Portugais (250 F), soit un rapport de 1 à 14, alors que celui du PIB par habitant n'était que de 1 à 5,2. Les Néerlandais, Allemands, Belges et Luxembourgeois avaient dépensé plus de 300 écus ; les Britanniques et les Irlandais autour de 200, les Français 131. Les Grecs (44 écus), les Espagnols (44) et les Italiens (71) arrivaient loin derrière. L'écart entre les dépenses est accentué par les différences de taux de départ à l'étranger et n'est pas corrigé des effets de pouvoir d'achat entre les pays.

Les deux tiers des Européens ont déjà visité au moins un autre pays de la Communauté.

La proportion dépasse 90 % en Belgique, au Danemark, en RFA, au Luxembourg et aux Pays-Bas (voir carte page précédente) ; elle est inférieure à 25 % en Grèce. Les échanges ne sont pas équilibrés. Ainsi, 30 % des Danois ont déjà visité les Pays-Bas, mais seulement 18 % des Néerlandais ont visité le Danemark ; 49 % des Allemands ont visité la France et 39 % des Français sont allés en RFA. Pour les habitants de la CE, les pays les plus attirants sont ceux du Sud : la Grèce arrive en première position, suivie de près de l'Espagne, de la France et de l'Italie.

La Communauté européenne représente la première zone touristique dans le monde, à la fois en ce qui concerne le nombre de touristes qu'elle accueille et celui qu'elle génère. La diversité des paysages (mer, océan, campagne, montagne), l'exceptionnel patrimoine culturel (monuments, musées, vestiges...) ainsi que l'équipement touristique (réseaux de communication, moyens d'hébergement) expliquent cette situation privilégiée.

France : première destination touristique du monde

En 1989, la France a accueilli 43 millions de visiteurs étrangers. Beaucoup étaient attirés par les cérémonies grandioses du bicentenaire de la révolution de 1789. Elle se situait au premier rang mondial, devant les Etats-Unis (37 millions), l'Espagne (31) et l'Italie (25).

Depuis quelques années, l'attraction touristique exercée par les pays d'Europe du Sud semble diminuer, au profit de destinations comme l'Irlande, très récemment, les pays de l'Est. La pollution des plages, la qualité parfois insuffisante des infrastructures et les étés chauds sont les causes principales de cette relative et peut-être provisoire désaffection.

Les vacanciers attachent une grande importance au cadre.

La visite des curiosités naturelles arrive en première position des attentes des vacanciers (voir page précédente), sauf pour les Irlandais qui sont plus sensibles au coût de la vie. Les Britanniques, les Allemands et les habitants du Benelux sont également très sensibles à l'existence de paysages intacts, plus que les Grecs, Espagnols et Portugais. Les Français cherchent plutôt un dépaysement complet. Un souci partagé par les jeunes, les personnes ayant un niveau d'instruction élevé et ceux qui partent le plus souvent en vacances. Les Britanniques attachent une grande importance au confort des hôtels, de même que les personnes âgées. Comme les Irlandais et, d'une manière générale les jeunes, ils recherchent aussi plus que les autres la possibilité de trouver sur leur lieu de vacances des distractions comme le cinéma, des dancings ou des parcs d'attractions.

Les Européens satisfaits de leurs vacances

D'une manière générale, les vacances laissent de bons souvenirs aux Européens. Sur une échelle de 1 à 10, ils donnent en moyenne la note de 8,2 à leur dernière expérience. Moins de 4 % des vacanciers donnent une note inférieure à 5. Les plus satisfaits sont ceux de l'Europe du Nord : Danois, Luxembourgeois, Allemands et Belges, dont les appréciations s'étalent entre 8,4 et 8,6. Les Néerlandais, qui ont le taux de départ le plus élevé, font exception, avec 7,9.

Les notes les plus favorables correspondent aux périodes de départ « hors saison », aux vacances à deux, aux destinations lointaines et aux séjours en montagne. Les femmes sont en général plus satisfaites que les hommes (à l'exception des Belges et des Portugaises). Les vacanciers les plus âgés (55 ans et plus) sont les plus satisfaits, tandis que les 25-39 ans, qui partent souvent avec de jeunes enfants, donnent les notes les plus basses. Enfin, les personnes aux revenus modestes (dans tous les pays sauf l'Italie et la Grèce) ont tendance à être plus satisfaites de leurs vacances que les autres.

■ La Costa del Sol espagnole a multiplié sa population par quatre depuis 1960 (200 000 habitants contre 50 000) ; en été, le nombre d'habitants dépasse 600 000. La population de l'île de Ré (France) décuple en été ; celle de l'île d'Oléron est multipliée par douze.

■ La France compte plus de 1 200 sources thermales, qui attirent chaque année plus de 600 000 personnes.

■ Le tourisme religieux attire chaque année à Rome (Vatican) plusieurs millions de personnes. Il est également très développé dans des villes comme Fatima au Portugal ou Lourdes en France.

■ Le tourisme d'affaires est surtout développé dans les pays du nord-ouest de l'Europe. Il représente 21 % des séjours au Royaume-Uni et 18 % en Irlande, contre seulement 5 % en Espagne.

■ En Espagne, les régions littorales monopolisent plus de 80 % des capacités nationales en hôtels et pensions, 87 % des places de camping et 97 % des hébergements en appartements. La capacité hôtelière de l'Espagne a décuplé depuis 1983.

■ Les Européens représentent 73 % des touristes de la CEE, les Américains des Etats-Unis 16 %, les Japonais 3 %.

■ L'Espagne, l'Italie et la France sont, dans cet ordre, les pays qui dégagent le plus de revenus du tourisme. En 1989, la France a pris la première place en ce qui concerne le nombre de visiteurs (près de 50 millions).

■ La capacité d'hébergement des pays de la CE est de 3 700 000 chambres, réparties dans 140 000 hôtels et établissements similaires. Les trois principaux groupes (*Trusthouse Forte* au Royaume-Uni, *Accor* et *Club Méditerranée* en France) représentent à eux trois près de 200 000 chambres, dans 1 500 établissements.

■ En 1988, les Allemands représentent 27 % des nuitées de touristes dans les pays de la CE, devant les Britanniques (14 %), les Américains (8 %) et les Français (5 %).

Eurobaromètre

ASPIRATIONS ET DÉPENSES DE LOISIRS

par Bernard PRÉEL*

La « classe de loisir », composée de riches oisifs et femmes entretenues donnant le ton du bien-vivre, a pratiquement disparu du paysage social européen ou du moins ne constitue plus un modèle. Parallèlement, « la classe de travail » ne rassemble pas que des pauvres vendant tout leur temps pour gagner leur vie. Les « boss »... bossent plus que tous et les bourgeoises vont au boulot pour conquérir leur liberté. Le plus grand nombre trouve la source de ses richesses et sa raison de vie, sinon son plaisir, dans un travail qui n'est plus vécu comme une « peine », d'autant moins que son rendement laisse à chacun un temps à soi qui ne cesse de s'allonger. En un demi-siècle de croissance et de luttes syndicales, quel bouleversement ! Les journées de travail se sont raccourcies ; le dimanche est devenu week-end à l'anglaise (la fièvre du samedi soir est tombée, et avec elle la sortie au « ciné »), les vacances européennes s'allongent sur tant de semaines qu'elles se prennent en plusieurs fois, et la retraite généralisée n'est plus une promesse rarement tenue (les prolongations durent parfois plusieurs décennies). Certes, des inégalités demeurent : d'un bout à l'autre de l'Europe, les femmes travaillent 20 % de plus que les hommes (travail professionnel plus travail domestique), les loisirs marquent le début et la fin de la vie avec des couleurs bien différentes ; l'argent naturellement imprime sa puissance, tant il est vrai que, dans nos sociétés, du temps sans argent ne vaut pas grand-chose.

> * Docteur en sciences économiques et diplômé de sciences politiques, Bernard Préel est directeur adjoint du BIPE Conseil (Bureau d'information et de prévision économique). Il s'est spécialisé dans l'étude et la prospective des loisirs et du tourisme. Il est l'auteur de *la Société des enfants gâtés* (la Découverte).

Le statut des loisirs a changé.

Comme il n'y a plus ici les riches en temps et en argent et là les pauvres à qui l'un et l'autre font défaut, le statut du loisir change. D'ailleurs, depuis le milieu des années 70, les Européens n'ont plus jamais affirmé leurs préférences pour plus de temps libre plutôt que pour plus de revenu. La question n'est plus celle de la quantité, mais celle de la qualité de ce temps. Maintenant qu'il est là, le loisir, c'est naturel, a perdu une partie de son prestige : il ne suffit plus à afficher l'excellence, il n'est plus un droit à conquérir. Ce n'est plus seulement l'envers du décor quotidien. C'est un temps de la vie, libre, parfois vide, qu'il faut apprendre à remplir ou à tuer. Auquel il convient de donner un sens. Probable que chaque culture européenne, chaque sensibilité viendra s'exprimer là mieux que dans l'ordre de la production industrielle. Probable aussi que les querelles autour des « missions » de la télévision (distraire, éduquer, informer), de la mise en scène du patrimoine, d'Eurodisney, des rythmes scolaires, des politiques publiques en faveur du sport ou de la musique soient les vrais débats des sociétés européennes de demain.

Le chemin de la généralisation.

Ce temps-là vient en Europe lentement parce que le loisir n'a pas encore vraiment reçu ses lettres de noblesse. Ni de la part des politiques. Ni, non plus, de la part des individus. Le loisir traîne avec lui encore trop d'utopie et pas assez de bonne réputation (oisiveté, mère de tous les vices ?) pour être reconnu comme une part essentielle de la vie et de l'économie.

Ainsi, quand on demande aux Européens (enquête Eurobaromètre, 1990) ce qui leur paraît absolument nécessaire pour vivre correctement aujourd'hui, « avoir suffisamment de loisirs et les moyens d'en profiter » ne recueille qu'une faible majorité des suffrages (56 %), tandis que « partir au moins une fois par an en vacances » ne franchit même pas la barre des 50 % (43 %). Le loisir n'appartient donc pas aux biens nécessaires. Serait-il donc encore un luxe ? Pas vraiment non plus, car la nécessité du loisir est ressenti surtout dans les pays les plus pauvres, ou au sein des classes populaires ou même par les hommes dominés culturellement par leur femme ! Faut-il alors penser que le loisir a un problème d'image chez les « leaders », qu'il demeure associé à l'idée d'une compensation, voire d'une revanche ?

Les opinions indiquant mal ce que les gens font, trouve-t-on à ces questions des réponses en scrutant leurs comportements et les plus décisifs d'entre eux : ceux donnant lieu à des dépenses ? Malgré la difficulté de cerner les dépenses de loisirs des Européens, quelques vérités paraissent bien établies, quoique balancées. D'une part, on arbitre fortement sur ces dépenses en pratiquant des restrictions (signe par conséquent que les loisirs ne sont pas indispensables) ; mais, comme les mouvements sont plus prononcés à la hausse qu'à la baisse (en cas de hausse des revenus, les Européens disent que c'est aux vacances et aux loisirs qu'ils consacreront leur surplus), on est en droit de leur reconnaître un bon potentiel de croissance. D'autre part, on dépense assez peu pour les loisirs (deux fois moins que pour l'alimentation et l'habitat, moins aussi que pour l'automobile), preuve s'il en est de leur sous-développement ; cependant, on dépense dans l'ensemble de plus en plus pour les loisirs au fur et à mesure que son revenu, son niveau et son statut social s'élèvent, signe que les loisirs sont loin d'être dévalorisés et devraient profiter à l'avenir de ces inégalités porteuses.

UN ESSAI DE TYPOLOGIE EUROPÉENNE

Raisonner globalement sur les loisirs des Européens, même en confrontant ce qu'ils disent et ce qu'ils font, pourra sembler pure mystification. A l'évidence, les loisirs touchent à tout (dîner avec des amis, regarder une corrida, jouer au golf, bronzer aux Seychelles... et ne rien faire, voilà quelques activités de ce système de variétés) et leurs pratiquants forment le plus souvent des petits groupes (souvent moins de 10 % de la population) qu'on trahit en les noyant dans la population totale. Quant à l'Europe, malgré les forces d'uniformisation qui se déploient avec les voyages, la musique et les films, ses particularités culturelles, géographiques et climatiques sont telles dans un domaine aussi sensible aux variations locales que même les découpages par pays s'avèrent trop grossiers. Bien que les Européens eux-mêmes soient convaincus que leurs ressemblances dépassent souvent leurs appartenances nationales, ces dernières ne sont pas (encore) invalidées pour fonder une analyse typologique, comme celle que nous proposons avec deux axes : l'un pour les comportements, l'autre pour les opinions. Le graphique correspondant (*mapping*) se trouve page suivante.

Le premier axe est celui de l'effort financier.

L'axe des comportements tourne autour de l'intensité de l'effort financier (évalué ici en gommant les différences de niveau de revenu) consenti par les individus pour leurs loisirs ou, du moins, pour leurs dépenses en machines, en programmes et en services. La mutation des loisirs doit beaucoup à l'explosion de l'égo-équipement, de ces machines récréatives donnant à chacun le moyen de stimuler ses émotions en jouant sur les sens (image, musique...) ou de développer son pouvoir (auto, orgue électronique, perceuse, planche à voile...). Machines individuelles, mais aussi réseaux et programmes (vidéocassettes, compact-disques, logiciels...) offrent à chacun le loisir d'échapper aux contraintes du temps et du lieu, de communiquer avec Monteverdi et de communier aux exploits des jeux Olympiques. Tout peut entrer dans la maison. La télévision, ce « loisir posté » auquel les Européens consacrent dorénavant plus de temps qu'au travail professionnel pour plonger dans la fiction (plus du tiers de l'écoute en Europe), fait du domicile le premier centre de loisirs. C'est aussi là qu'ils passent la majorité de leur temps de vacances. Quant aux services (cinémas, restaurants, musées, golfs, villages de vacances, parcs à thème, festivals...), ils relèvent des pratiques à l'extérieur, des sorties plus ou moins prolongées qui se développent, qu'il s'agisse de sorties le soir pour dîner chez des amis ou des vacances.

Cet axe découpe nettement deux Europe.

D'un côté, une Europe anglo-saxonne dont l'ancienne éthique puritaine de travail et d'accumulation ne paraît plus contrarier l'effort pour dépenser dans les loisirs, même si à l'exception des Britanniques elle faiblit du côté des cafés-restaurants. C'est elle aussi qui, en quête des mers chaudes, franchit le plus aisément les frontières pour ses vacances. Et ce n'est pas un hasard si le Royaume-Uni, fondateur du modèle du loisir moderne (station balnéaire, tourisme, football et golf, paris, etc.), figure en pointe et le demeure pour les sports de classe (golf, équitation, voile).

De l'autre côté de ce premier axe se situe une Europe qu'on aurait cru vouée à l'éthique du loisir et de la dépense, et qui semble se restreindre le plus pour ses loisirs. Est-ce parce qu'elle est moins citadine, parce qu'elle attend que ses princes la « régalent » gratuitement ou, comme c'est probable pour les moins riches, qu'elle demeure dans la salle d'attente de la société des loisirs ?

Le second axe est celui des aspirations.

Le second axe est construit à partir des opinions qu'ont les individus sur la place qu'ils reconnaissent aux loisirs, aux sorties et aux vacances dans ce qui est vraiment nécessaire pour vivre correctement. Ce qui frappe dans les réponses données par les Européens, c'est qu'en dépit d'une culture du « souci de soi » les loisirs paraissent répondre à leur désir de nouer ou de renouer des relations avec les autres, et d'abord avec leurs proches. Les parents et les amis, ces cercles de vie sociale, importent davantage que la nature (pourtant valorisée chez les urbanisés du Nord), la culture ou le sport. Dans une société solitaire et plus particulièrement aux tournants de la vie, les loisirs participent à cette recherche, souvent maladroite et inaboutie, d'une relation avec autrui, avec l'extérieur dont la télévision n'est sans doute qu'un ersatz technique.

Avec cet axe, curieusement la coupure est plus économique que pour le premier pourtant conçu autour des dépenses. Au-dessous de la moyenne européenne se retrouvent en effet les pays les plus riches (à l'exception toutefois de l'Allemagne, légèrement au-dessus de la barre), essentiellement parce qu'ils ne placent pas les vacances annuelles au rang de leurs priorités, même s'ils les pratiquent plus que les autres ! Les Néerlandais, pour leur part, sont les seuls à hésiter sur l'importance des sorties, les Italiens et les Français osent, quant à eux, placer les loisirs au rang de ce qui n'est pas vraiment nécessaire.

A l'inverse, les sudistes les moins riches (Grèce, Espagne et surtout Portugal) « rêvent » de lendemains enchanteurs, d'une vie accordant le meilleur sort aux loisirs auxquels ils n'ont pas encore vraiment accès. Leurs opinions sont d'abord des inspirations.

En matière de loisirs, les pratiques n'apparaissent pas toujours conformes aux attitudes.

Quand on croise ces axes comme d'autres croisent les doigts, a-t-on le droit de dire que seuls quatre pays sont cohérents et mettent en conformité les mots et les choses : l'Irlande et l'Allemagne qui en font plus parce qu'ils considèrent les loisirs comme vraiment essentiels, l'Italie et la France qui en font moins pour des raisons inverses ? Les autres se placent en contradiction avec eux-mêmes, soit qu'ils n'osent pas s'avouer l'importance qu'ils accordent aux loisirs dans leur budget (Royaume-Uni, et surtout Danemark et Pays-Bas), soit qu'ils ne parviennent pas à faire passer dans leurs actes et leurs bourses leurs rêves d'un monde de loisirs, pas encore advenu (Belgique, Luxembourg, et bien davantage encore Grèce, Espagne et Portugal).

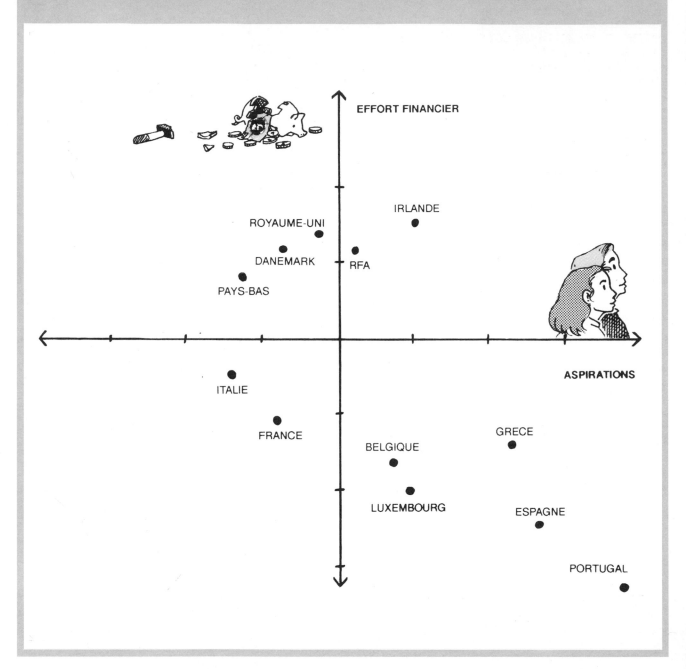

DOSSIERS NATIONAUX

ALLEMAGNE

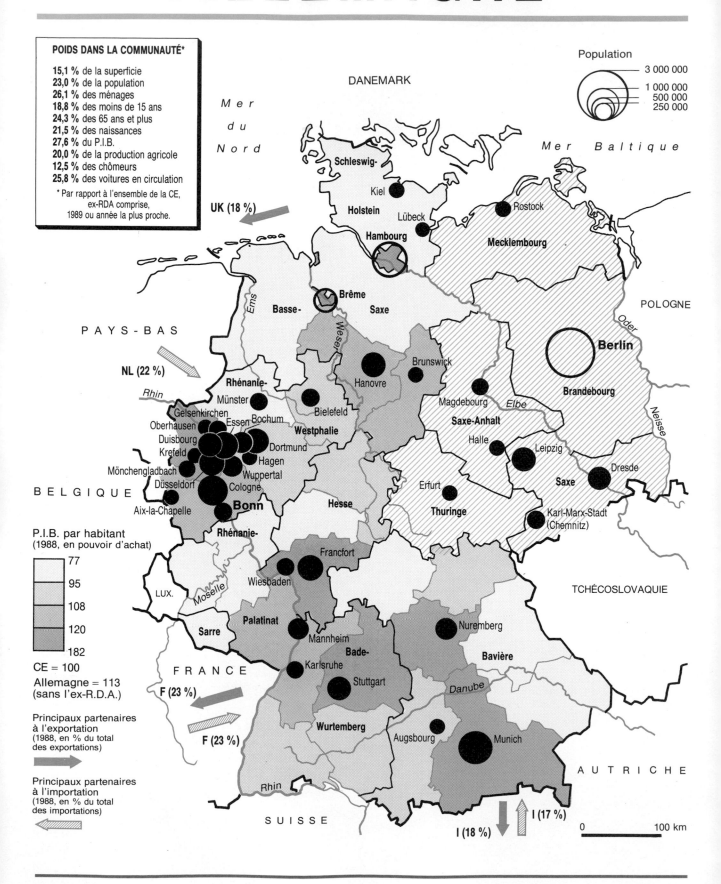

POIDS DANS LA COMMUNAUTÉ*

- **15,1 %** de la superficie
- **23,0 %** de la population
- **26,1 %** des ménages
- **18,8 %** des moins de 15 ans
- **24,3 %** des 65 ans et plus
- **21,5 %** des naissances
- **27,6 %** du P.I.B.
- **20,0 %** de la production agricole
- **12,5 %** des chômeurs
- **25,8 %** des voitures en circulation

* Par rapport à l'ensemble de la CE, ex-RDA comprise, 1989 ou année la plus proche.

Population

3 000 000
1 000 000
500 000
250 000

DANEMARK

Mer du Nord

Mer Baltique

UK (18 %)

Schleswig-Holstein

Kiel

Lübeck

Rostock

Hambourg

Mecklembourg

Brême

Basse-Saxe

POLOGNE

Ems

Weser

Oder

PAYS-BAS

NL (22 %)

Rhin

Rhénanie-

Münster

Brunswick

Berlin

Hanovre

Magdebourg

Brandebourg

Elbe

Gelsenkirchen

Essen Bochum

Bielefeld

Westphalie

Saxe-Anhalt

Neisse

Oberhausen

Duisbourg

Dortmund

Halle

Leipzig

Krefeld

Hagen

Dresde

Mönchengladbach

Wuppertal

Saxe

BELGIQUE

Düsseldorf

Cologne

Erfurt

Karl-Marx-Stadt (Chemnitz)

Aix-la-Chapelle

Bonn

Hesse

Thuringe

Rhénanie-

Francfort

TCHÉCOSLOVAQUIE

P.I.B. par habitant
(1988, en pouvoir d'achat)

Wiesbaden

LUX.

Moselle

Palatinat

Nuremberg

Sarre

Mannheim

Bade-

Bavière

77
95
108
120
182

Karlsruhe

FRANCE

Stuttgart

Danube

CE = 100

Allemagne = 113
(sans l'ex-R.D.A.)

F (23 %)

Wurtemberg

Augsbourg

Munich

F (23 %)

Principaux partenaires
à l'exportation
(1988, en % du total
des exportations)

AUTRICHE

Principaux partenaires
à l'importation
(1988, en % du total
des importations)

Rhin

SUISSE

I (17 %)

I (18 %)

0   100 km

CARTE D'IDENTITÉ

* Dans tout le dossier, les informations concernant l'Allemagne réunifiée sont signalées par un astérisque.

GÉOGRAPHIE

SUPERFICIE* : 357 041 km^2 (dont 108 300 km2 pour l'ex-RDA)

DIMENSIONS* : hauteur maximale : 810 km ; largeur maximale : 645 km

LONGUEUR DES FRONTIÈRES* : 3 778 km

LONGUEUR DES CÔTES : 907 km

POINT CULMINANT* : Zugspitze, 2 963 m

PART BOISÉE DU TERRITOIRE : 30 %

TEMPÉRATURE MOYENNE*
Région la plus basse : 7,0˚C
Région la plus haute : 9,6˚C

PLUVIOMÉTRIE MOYENNE
Région la plus basse : 520 mm
Région la plus haute : 987 mm

RESSOURCES NATURELLES* : charbon, lignite, minerais de fer et de cuivre, sels de potasse

HABITANTS

POPULATION* : 78,8 millions (ex-RDA : 16,7))

DENSITÉ* : 226 habitants/km^2 (ex-RDA : 154)

ÂGES : 15,5 % de moins de 15 ans (CE = 18,7) ; 14,9 % de 65 ans et plus (CE = 13,8)

ESPÉRANCE DE VIE* : femmes : 77,9 ans (CE = 78,6) ; hommes : 71,4 ans (CE = 72,0)

ÉTRANGERS : 4 489 000, soit 5,7 % de la population (CE = 4,0)

RELIGION* : 41 % de protestants, 34 % de catholiques

ÉDUCATION : 38 % des 15 ans et plus ont arrêté leurs études avant l'âge de 15 ans (CE = 42)

FÉCONDITÉ* : 1,39 enfant par femme en RFA (CE = 1,58) ; 1,7 en ex-RDA

ÉPARGNE : 12,2 % du revenu disponible des ménages

TÉLÉPHONE : 462 lignes principales pour 1 000 habitants (CE = 396)

TÉLÉVISION : 385 pour 1 000 habitants (CE = 353)

VOITURE : 456 pour 1 000 habitants (CE = 353) ; 50 % des ménages dans l'ex-RDA

CONSOMMATION D'ÉNERGIE : 1,199 tep (hors industrie et transports, CE = 0,85)

ÉTAT

SYSTÈME POLITIQUE* : république fédérale

PRÉSIDENT* : Richard von Weizsäcker (depuis 1984)

CHANCELIER FÉDÉRAL* : Helmut Kohl (depuis 1982)

CAPITALE* : Partage entre Bonn (295 000 habitants) et Berlin (3,1 millions)

PRINCIPALES AGGLOMÉRATIONS* : Hambourg (1 600 000) ; Munich (1 270 000) ; Cologne (953 000) ; Brême (692 000) ; Essen (642 000) ; Francfort (600 000) ; Leipzig (550 000) ; Dresden (520 000)

MONNAIE* : deutsche Mark

LANGUE* : allemand

DÉCOUPAGE ADMINISTRATIF* : 13 Länder (dont 5 dans l'ex-RDA), plus 3 villes-Etats : Berlin, Brême, Hambourg

PERSONNEL DES FORCES ARMÉES : 495 000

FÊTE NATIONALE : 17 juin

RÉSEAU ROUTIER* : 543 793 km (ex-RDA : 47 203), dont 10 473 km d'autoroutes (ex-RDA : 1 855)

RÉSEAU FERROVIAIRE* : 41 451 km (ex-RDA : 14 024)

VOIES NAVIGABLES* : 6 809 km (ex-RDA : 2 319)

DRAPEAU* : noir, rouge, or (bandes horizontales)

DATE D'ENTRÉE DANS LA CE* : 1957 (ex-RDA : 1990)

ÉCONOMIE

INFLATION (moyenne 1977-1989) : 3,0 %

CHÔMAGE (moyenne 1977-1989) : 5,4 %

PIB/HABITANT : 16 566 écus (CE = 12 439) ; ex-RDA : 7 900 écus

RÉPARTITION PAR SECTEUR
Agriculture : 1,5 % (CE = 3,1) ; ex-RDA : 9,8 %
Industrie : 40,3 % (CE = 35,5) ; ex-RDA : 64,9 %
Services : 58,2 % (CE = 61,4) ; ex-RDA : 25,3 %

CROISSANCE DU PIB* (moyenne 1979-1988) : 1,7 % ; ex-RDA : 1,8 %

BALANCE COMMERCIALE : + 65,4 milliards d'écus

ENDETTEMENT : 1 401 écus/habitant

DÉPENDANCE ÉNERGÉTIQUE : 52,7 %

DÉPENSES DE SANTÉ : 8,2 % du PIB

DÉPENSES D'ÉDUCATION : 4,4 % du PIB

DÉPENSES DE DÉFENSE : 3,1 % du PIB (CE = 3,6)

DÉPENSES DE RECHERCHE-DÉVELOPPEMENT : 1,05 % du PIB (CE = 0,99)

SUPERFICIE AGRICOLE : 48,1 % du territoire (CE = 54)

Histoire

406 av. J.C. Des tribus barbares franchissent le Rhin pour la première fois.

800. Charlemagne crée l'Empire d'Occident des Pyrénées à l'Elbe et établit sa capitale à Aix-la-Chapelle.

962. Création du Saint Empire romain germanique.

1128. Fondation des chevaliers Teutoniques.

1283. Les chevaliers Teutoniques deviennent maîtres de la Prusse.

1517. Luther affiche ses thèses à Wittenberg.

1618. Début de la guerre de Trente Ans.

1648. Traité de Wesphalie, maintenant le morcellement de l'Allemagne en 350 Etats.

1701. Frédéric Ier devient roi de Prusse.

1806. Fin du Saint Empire romain germanique.

1815. Traité de Vienne et création de la Confédération germanique, qui comprend 39 Etats, dont l'Autriche et la Prusse.

1871. Guillaume Ier de Prusse est proclamé empereur d'Allemagne.

1914. Début de la Première Guerre mondiale.

1919. Traité de Versailles.

1933. Hitler devient chancelier ; début du national-socialisme.

1939. Début de la Seconde Guerre mondiale.

1945. Défaite du IIIe Reich et occupation par les armées alliées.

1949. Naissance de la RFA et de la RDA.

1958. Entrée dans le Marché commun.

1961. Construction du mur de Berlin.

1972. Traité entre les deux Allemagnes, qui s'engagent à respecter leur intégrité territoriale et à échanger des représentations permanentes.

1989. Chute du mur de Berlin.

1990. Réunification.

Chronique de la réunification

• **9 novembre 1989**. Ouverture du mur de Berlin et de la frontière de la RDA vers l'Ouest (porte de Brandebourg ouverte le 21 décembre 1989).

• **28 novembre 1989**. Le chancelier Kohl présente un programme en dix points pour la réalisation de l'unité allemande.

• **18 mars 1990**. Premières élections libres et démocratiques en RDA. Large victoire de l'« Alliance pour l'Allemagne » conservatrice sur les sociaux-démocrates.

• **18 mai 1990**. Traité d'union économique, monétaire et sociale entre les deux Etats qui entrera en vigueur au 1er juillet 1990.

• **6 juin 1990**. Entretiens « deux plus quatre » à Bonn (jusqu'au 12 septembre).

• **16 juillet 1990**. Accord de Moscou sur l'unification et le libre choix de l'alliance.

• **31 avril 1990**. Second traité d'Etat pour l'instauration de l'unité.

• **3 octobre 1990**. Proclamation de l'unité allemande.

• **2 décembre 1990**. Elections générales. Victoire de la coalition menée par le chancelier Kohl (54 % des voix).

INSTITUTIONS

Etat fédéral fondé sur la démocratie parlementaire (Constitution fédéraliste de 1949).

PRÉSIDENT FÉDÉRAL. Elu pour cinq ans par l'Assemblée fédérale (Bundestag et membres des parlements des Länder). Représente le Bund sur le plan international, conclut les traités, promulgue les lois. Nomme et révoque les ministres sur proposition du Chancelier.

CHANCELIER. Elu par le Bundestag, sur proposition du président fédéral. Chef de l'exécutif.

POUVOIR LÉGISLATIF. Partagé entre le *Bund* et les *Länder* (sauf certains domaines où le *Bund* a l'exclusivité : défense, affaires étrangères, monnaie, poste...).

PARLEMENT. *Bundestag*, organe de représentation populaire, et *Bundesrat*, émanation des *Länder*.

AUTRES INSTITUTIONS. Tribunal constitutionnel.

ÉLECTIONS. Droit de vote et égibilité à 18 ans. Les élections ont lieu le dimanche ou un jour férié légal. La capitale fédérale est Bonn.

SERVICE MILITAIRE. Obligatoire pour les hommes, 18 mois.

Chefs d'Etat et de gouvernement*

Présidents de la République

Theodor Heuss	septembre 1949
Heinrich Lübke	juillet 1959
Gustav Heinemann	mars 1969
Walter Scheel	mai 1974
Karl Carstens	mai 1979
Richard von Weizsaecker	mai 1984

Chanceliers

Konrad Adenauer	septembre 1949
Ludwig Erhard	octobre 1963
Kurt Kiesinger	décembre 1966
Willy Brandt	octobre 1969
Helmut Schmidt	mai 1974
Helmut Kohl	octobre 1982

* Depuis la fondation de la RFA. Hors ex-RDA.

Une décentralisation inscrite dans l'histoire

A l'inverse de certains de ses voisins comme la France, l'Allemagne n'a jamais connu de véritable centralisme. Les ethnies germaniques qui l'ont peuplée ont toujours été bien distinctes : Saxons, Francs, Souabes ou Bavarois ont conféré aux régions des particularités qui demeurent aujourd'hui. Le Saint Empire romain germanique, fondé il y a environ mille ans, n'avait pas une grande cohésion. Les principautés étaient divisées en une multitude d'Etats parfois minuscules (on en a compté jusqu'à 350 !). Il se termina en 1806, avec les guerres napoléoniennes, et l'unité nationale ne fut réalisée qu'en 1871. Les 25 Etats allemands constituèrent alors l'Empire allemand.

DÉMOGRAPHIE

MÉNAGES*. 33,3 millions (ex-RDA : 6,7), dont 34 % composés d'une seule personne (CE = 26) et 6 % de 5 personnes et plus (CE = 10,4).

MARIAGES*. 6,8 pour 1 000 habitants (CE = 6,0). Ex-RDA : 8,2.

1,2 % des couples vivent en cohabitation (CE = 3).

DIVORCES*. 31 pour 100 mariages (CE = 28). Ex-RDA : 29.

NATALITÉ. Le renouvellement des générations n'est plus assuré depuis 1970.

NAISSANCES HORS MARIAGE. 10,3 % des naissances en 1989 (CE =17), contre 7,6 % en 1980 et 5,5 % en 1970.

FAMILLES. 4,6 % des familles sont monoparentales (un ou plusieurs enfants élevés par un seul de leurs parents, CE = 4,9).

Les naissances de rang 3 et suivantes représentent 16,8 % du total des naissances (CE = 22).

ESPÉRANCE DE VIE. L'écart entre les hommes et les femmes était de 6,5 ans en 1988 (CE = 6,6), contre 5,4 en 1960, 6,1 ans en ex-RDA.

30 ANS DE DÉMOGRAPHIE

Evolution des principaux indicateurs démographiques (hors ex-RDA) :

	1960	1970	1980	1989*
Population (millions)	55,1	61,2	61,4	61,7
Ages (% pop. totale)				
- Moins de 15 ans	21,3	23,0	18,2	14,6
- 65 ans et plus	10,9	13,0	15,5	15,3
Espérance de vie				
- Hommes (ans)	66,9	67,4	70,2	71,8
- Femmes (ans)	72,4	73,8	76,9	78,4
Mariages (pour 1 000 hab.)	9,4	7,3	5,9	6,4
Divorces (pour 1 000 hab.)	0,9	1,3	1,6	2,1
Indice conjoncturel de fécondité	2,37	2,02	1,45	1,39
Mortalité infantile (pour 1 000 naissances vivantes)	33,8	23,6	12,6	7,5

* Ou année la plus proche.

Eurostat, OCDE

■ La diminution de la fécondité a touché de façon identique les deux Allemagnes entre 1965 et 1975 ; le taux de fécondité est passé de 2,5 à 1,5. La RDA mit alors en place une politique nataliste, avec un congé maternel rémunéré jusqu'au premier anniversaire du nouveau-né, un prêt à l'acquisition d'un logement. En 1978, le taux de fécondité atteignait 1,9, contre 1,3 en RFA. Il s'est depuis stabilisé à 1,7.

LOGEMENT

URBANISATION. 86 % de la population (CE = 81).

94 % des Allemands vivent dans des communes d'au moins 2 000 habitants ; plus du tiers vivent dans des villes de plus de 100 000 habitants. La réforme communale entreprise pendant les années 60 a entraîné de nombreux regroupements de communes ; il en reste aujourd'hui 8 000.

LOGEMENT. 55 % des ménages habitent une maison individuelle (CE = 60), 45 % un appartement (CE = 40).

4 % des ménages disposent d'une résidence secondaire.

PROPRIÉTAIRES. 47 % des ménages (CE = 62).

CONFORT. 90 % des logements disposent de W-C, 89 % de baignoire ou douche, 56 % de chauffage central.

« Comme on tire son plaisir de l'eau. »

ÉQUIPEMENT. 92 % des ménages sont équipés d'un lave-linge (CE = 90, ex-RDA = 97 %), 29 % d'un lave-vaisselle (CE = 21), 99 % d'un réfrigérateur (CE = 97), 60 % d'un congélateur indépendant (CE = 44).

29 % des foyers équipés de la télévision ont un magnétoscope (ex-RDA = 6).

La consommation annuelle d'électricité est de 1 593 kWh par habitant (CE = 1 283).

ANIMAUX. 13 % des ménages ont un chien et 12 % un chat.

■ Le Rhin déverse chaque année 3 millions de mètres cubes d'alluvions dans le lac de Constance. A ce rythme, celui-ci devrait être comblé dans 12 000 ans.

■ L'heure de fermeture des magasins, fixée à 18h30, date de 1911 et suscite des polémiques. Une loi de 1956 a apporté quelques assouplissements dans les villes de plus de 200 000 habitants. Les magasins sont fermés à 13 h le samedi, sauf le premier samedi de chaque mois et quatre fois avant Noël.

TRAVAIL

ACTIFS*. 48,8 % de la population totale (CE = 44,8). Ex-RDA : 51 %.

FEMMES*. 39,1 % sont actives (CE = 34,4), contre 23,2 % en 1960. Ex-RDA : 48,9.

SECTEURS D'ACTIVITÉ. 4,3 % des actifs travaillent dans l'agriculture (CE = 7,6), 41,2 % dans l'industrie (CE = 33,2), 54,5 % dans les services (CE = 59,2).

CHÔMAGE

Evolution du chômage (en % de la population active) :

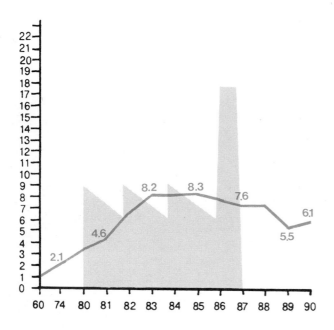

OCDE

FONCTIONNAIRES. 4,2 millions de personnes, soit 18 % des actifs, sont employés dans les administrations publiques. Un million sont employés à temps partiel.

TRAVAILLEURS ÉTRANGERS. 2,2 millions, soit 7,5 % des actifs, dont 770 000 en provenance des autres pays de la CE.

DURÉE DU TRAVAIL. 1 697 heures par an, miminum communautaire (durée conventionnelle). De 37,5 à 40 heures par semaine, de 5,5 à 6 semaines de congés payés par an.

TEMPS PARTIEL. 34 % des femmes actives concernées (CE = 29), et 22 % des hommes (CE = 4).

ÂGE DE LA RETRAITE. 65 ans pour les hommes et pour les femmes. Pensions calculées sur l'ensemble de la vie active.

SYNDICALISATION. 30 % des actifs.

45 journées de travail perdues pour 1 000 salariés entre 1983 et 1988 (moyenne annuelle).

CHÔMAGE. 5,3 % des actifs en février 1990 (CE = 8,6). 53 % des chômeurs sont des femmes (CE = 53) ; 17 % sont des jeunes de moins de 25 ans (CE = 38). 47 % des chômeurs sont sans emploi depuis au moins un an (CE = 52).

ARGENT

RÉMUNÉRATION DES SALARIÉS. 23 690 écus, niveau le plus élevé de la Communauté, aux prix et taux de change de 1988 (CE = 19 870).

ÉCARTS DE REVENUS. Les femmes ouvrières sont payées en moyenne 20 % de moins que les hommes (après correction des effets de structure). L'écart est de 16 % chez les non-ouvriers.

PRÉLÈVEMENTS OBLIGATOIRES. 40,7 % en 1990 (CE = 39,6), contre 38,0 % en 1980 et 31,6 % en 1965.

Les impôts directs représentent 26,1 % du total (CE = 28,6), les impôts indirects 28,4 % (CE = 30,5), les cotisations sociales 38,3 % (CE = 33,3).

IMPÔT SUR LE REVENU. Le taux minimum est de 22 %, le maximum de 56 %.

Il représentait 8,8 % du salaire ouvrier moyen en 1988 pour un couple (un seul salaire et deux enfants à charge) et 18,1 % pour un célibataire.

ÉPARGNE. 12,2 % du revenu disponible des ménages en 1989, contre 12,8 % en 1980 et 8,6 % en 1960.

BUDGET

Structure de la consommation des ménages (en % du total), hors ex-RDA :

	1970	1988
Alimentation	23,4	16,4
Habillement	9,6	7,8
Logement, chauffage, éclairage	15,2	18,4
Meubles et entretien courant	9,6	8,7
Santé	9,5	15,0
Transports et communications	13,3	14,6
Loisirs, enseignement, culture	9,6	9,1
Autres biens et services	9,8	10,0

Eurostat

ALIMENTATION (par an et par personne). 94 kg de fruits (maximum CE, ex-RDA = 77), 77 kg de légumes (minimum CE, ex-RDA = 106), 74 kg de céréales, 72 kg de pommes de terre (ex-RDA = 156), 35 kg de sucre (ex-RDA = 14), 35 kg d'agrumes, 2 kg de riz (minimum CE).

62 kg de porc (ex-RDA = 64), 22 kg de bœuf, 11 kg de volaille (minimum CE, ex-RDA = 10), 10 kg de poisson, 2 kg de veau.

22 kg de surgelés en 1989, contre 16 kg en 1983.

15 kg de fromage (ex-RDA = 10), 8 kg de beurre, 8 kg de margarine, 6 kg d'huile (ex-RDA = 2), 6 kg de crème.

144 litres de bière (maximum CE, ex-RDA = 143) et 26 litres de vin (ex-RDA = 12).

SOCIÉTÉ

IMMIGRÉS. 4 490 000, soit 7,3 % de la population (CE = 4).

150 000 réfugiés politiques à fin 1989.

Deux fois plus d'étrangers qu'en 1970

On comptait 2,4 millions d'étrangers en 1970, soit 4 % de la population. Les principales nationalités aujourd'hui représentées sont : les Turcs (1,5 million), les Yougoslaves (600 000), les Italiens (570 000), les Grecs (280 000), les Autrichiens (180 000), les Espagnols (150 000), les Néerlandais (110 000) et les Anglais (90 000).

DÉLINQUANCE. 2 064 cambriolages, 4,3 homicides, 8,6 viols pour 100 000 habitants en 1988.

SUICIDES. 27 hommes et 12 femmes sur 100 000 en 1987 (CE = 19 et 8).

ACCIDENTS DE VOITURES. 266 décès par million de véhicules en 1988 (CE = 376). Ex-RDA : 385.

ASSOCIATIONS. 47 % des plus de 25 ans appartiennent à des associations (CE = 44).

ENVIRONNEMENT. 318 kg de déchets ménagers (CE = 298, 1985), 3,3 kg de gaz carbonique par habitant (CE = 2,3, 1987).

RELIGION. 63 % des Allemands de 15 ans et plus se considèrent comme religieux (CE = 65), 3 % comme athées, 1 % comme agnostiques.

18 % se rendent au moins une fois par semaine aux services religieux (CE = 28), 13 % jamais (CE = 15).

POLITIQUE. Sur une échelle politique de 1 (extrême gauche) à 10 (extrême droite), les Allemands se situent en moyenne à 5,3 (CE = 5,2).

MÉDIAS. 1 273 quotidiens (record CE).

Télévision. RFA : 2 chaînes publiques nationales (ARD et ZDF), 5 chaînes publiques régionales, 2 chaînes culturelles publiques diffusées par satellite (3SAT et EINS Plus), 4 chaînes privées généralistes diffusées par satellite, sur le câble et en partie par voie hertzienne (RTL Plus, SAT 1, TELE 5, PRO 7), plusieurs chaînes thématiques par câble (Sportkanal, Musikkanal, Teleclub...). Chaîne cryptée Premiere lancée en 1991.

Dans l'ex-RDA, il existait un monopole d'Etat avec 2 chaînes, rebaptisées récemment DFF1 et DFF2. 80 % des habitants recevaient les 3 chaînes publiques de l'Ouest et SAT1.

61 % de foyers câblés à l'Ouest, 32 % d'abonnés (de 20 à 30 chaînes allemandes et étrangères). Faible développement du câble dans l'ex-RDA (projets de câblage de Dresde et Leipzig).

Durée moyenne d'écoute : 160 min par jour (170 min dans l'ex-RDA).

VACANCES. 60 % de la population partent en vacances (CE = 56), dont 60 % à l'étranger.

Opinions et valeurs

• 33 % des Allemands déclarent « devoir s'imposer des restrictions du fait d'un revenu insuffisant » (CE = 36).
• 71 % estiment que « les riches sont de plus en plus riches et les pauvres de plus en plus pauvres » (CE = 70).
• 76 % sont satisfaits du « fonctionnement de la démocratie dans leur pays » (CE = 56), contre 44 % en 1973.
• 55 % considèrent que « l'appartenance de leur pays à la CE est une bonne chose » (CE = 65), contre 63 % en 1973.
• 90 % sont satisfaits de la vie qu'ils mènent (CE = 83), contre 82 % en 1973.

Eurobaromètre

■ Les horaires de travail les plus fréquents se déroulent de 8 h du matin à 17 h, avec une heure d'arrêt pour le déjeuner. Le travail s'arrête souvent à 16 h le vendredi. Mais un grand nombre d'entreprises et d'administrations pratiquent les horaires « à la carte ».

■ On estime qu'à la fin du Moyen Age l'Allemagne comptait environ 3 000 villes, dont 25 dépassaient 10 000 habitants.

■ La loi de 1515 sur la pureté de la bière indiquait que la bière ne pouvait être fabriquée qu'avec de l'eau pure, de l'orge et du houblon. En 1986, la Cour de justice européenne a décidé que l'on pouvait utiliser d'autres ingrédients, tels que le riz ou le maïs.

BELGIQUE

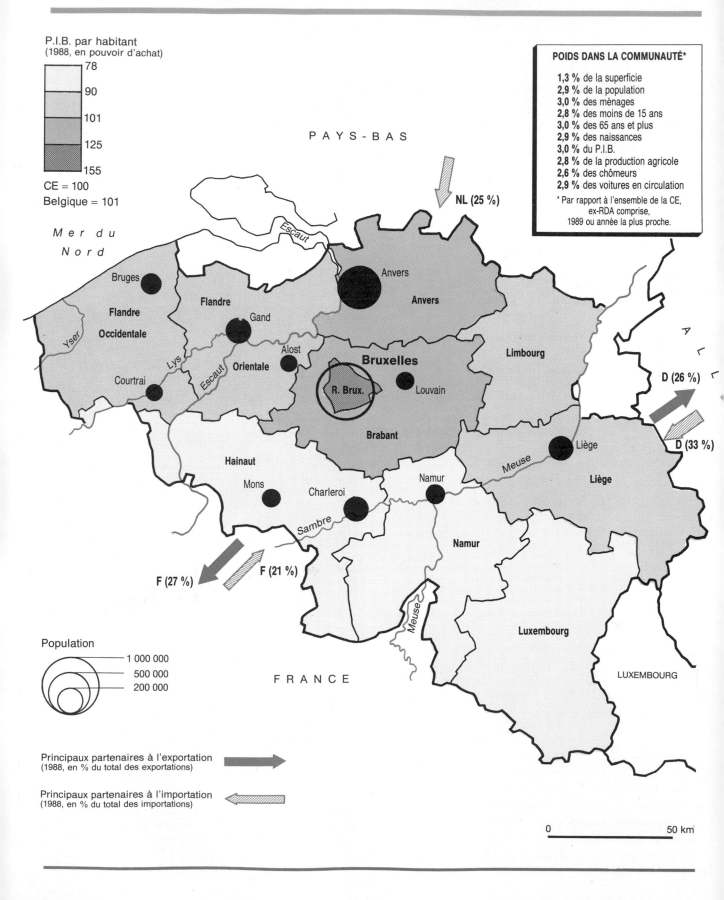

P.I.B. par habitant
(1988, en pouvoir d'achat)

78
90
101
125
155

CE = 100
Belgique = 101

POIDS DANS LA COMMUNAUTÉ*

1,3 % de la superficie
2,9 % de la population
3,0 % des ménages
2,8 % des moins de 15 ans
3,0 % des 65 ans et plus
2,9 % des naissances
3,0 % du P.I.B.
2,8 % de la production agricole
2,6 % des chômeurs
2,9 % des voitures en circulation

* Par rapport à l'ensemble de la CE,
   ex-RDA comprise,
   1989 ou année la plus proche.

PAYS-BAS

Mer du Nord

Escaut

NL (25 %)

Bruges

Anvers

Anvers

Flandre

Gand

**Flandre
Occidentale**

Yser

Alost

Limbourg

Lys

Escaut

Orientale

Courtrai

Bruxelles

R. Brux.

Louvain

D (26 %)

D (33 %)

Brabant

Liège

Meuse

Liège

Hainaut

Namur

Mons

Charleroi

Namur

Sambre

F (27 %)   F (21 %)

Meuse

Luxembourg

LUXEMBOURG

FRANCE

Population

1 000 000
500 000
200 000

Principaux partenaires à l'exportation
(1988, en % du total des exportations)

Principaux partenaires à l'importation
(1988, en % du total des importations)

0   50 km

CARTE D'IDENTITÉ

GÉOGRAPHIE

SUPERFICIE : 30 500 km^2

DIMENSIONS : hauteur maximale : 230 km ; largeur maximale : 230 km

LONGUEUR DES FRONTIÈRES : 1 379 km

LONGUEUR DES CÔTES : 66 km

POINT CULMINANT : signal de Botrange, 694 m

PART BOISÉE DU TERRITOIRE : 20 %

TEMPÉRATURE MOYENNE
Région la plus basse : 6,2°C
Région la plus haute : 9,6°C

PLUVIOMÉTRIE MOYENNE
Région la plus basse : 816 mm
Région la plus haute : 1 127 mm

RESSOURCES NATURELLES : bassins houillers (Campire)

HABITANTS

POPULATION : 9,9 millions

DENSITÉ : 324 habitants/km^2

ÂGES : 18,2 % de moins de 15 ans (CE = 18,7) ; 14,2 % de 65 ans et plus (CE = 13,8)

ESPÉRANCE DE VIE : femmes : 76,8 ans (CE = 78,6) ; hommes : 70,0 ans (CE = 72,0)

ÉTRANGERS : 850 000, soit 8,6 % de la population (CE = 4,0)

RELIGION : 72 % de catholiques, 11 % sans religion (population de 15 ans et plus)

ÉDUCATION : 30 % des 15 ans et plus ont arrêté leurs études avant l'âge de 15 ans (CE = 42 %)

FÉCONDITÉ : 1,58 enfant par femme (CE = 1,58)

ÉPARGNE : 14,1 % du revenu disponible des ménages

TÉLÉPHONE : 356 lignes principales pour 1 000 habitants (CE = 396)

TÉLÉVISION : 320 pour 1 000 habitants (CE = 310)

VOITURE : 355 pour 1 000 habitants (CE = 353)

CONSOMMATION D'ÉNERGIE : 1,151 tep (hors industrie et transports, CE = 0,85)

ÉTAT

SYSTÈME POLITIQUE : monarchie constitutionnelle

SOUVERAIN : Baudouin Ier (depuis 1951)

PREMIER MINISTRE : Wilfried Martens (depuis 1979)

CAPITALE : Bruxelles (980 000 habitants)

PRINCIPALES VILLES : Anvers (500 000) ; Gand (236 000) ; Charleroi (212 000) ; Liège (202 000) ; Bruges (118 000) ; Namur (102 000)

MONNAIE : franc belge

LANGUES : français et néerlandais

DÉCOUPAGE ADMINISTRATIF : 3 régions (Flandre, Wallonie, Bruxelles), 9 provinces, 589 communes

PERSONNEL DES FORCES ARMÉES : 108 000

FÊTE NATIONALE : 21 juillet

RÉSEAU ROUTIER : 133 378 km, dont 1 508 km d'autoroutes

RÉSEAU FERROVIAIRE : 3 639 km

VOIES NAVIGABLES : 1 514 km

DRAPEAU : noir, jaune, rouge (bandes verticales)

HYMNE : la Brabançonne

DATE D'ENTRÉE DANS LA CE : 1958

ÉCONOMIE

INFLATION (moyenne 1977-1989) : 4,8 %

CHÔMAGE (moyenne 1977-1989) : 10,1 %

PIB/HABITANT : 12 854 écus (CE = 12 439)

RÉPARTITION PAR SECTEUR
Agriculture : 2,3 % (CE = 3,1)
Industrie : 31,9 % (CE = 35,5)
Services : 65,8 % (CE = 61,4)

CROISSANCE DU PIB (moyenne 1979-1988) : 1,8 %

BALANCE COMMERCIALE : + 2,8 milliards d'écus

DETTE EXTÉRIEURE : 2 456 écus/habitant

DÉPENDANCE ÉNERGÉTIQUE : 73,0 %

DÉPENSES DE SANTÉ : 7,2 % du PIB

DÉPENSES D'ÉDUCATION : 5,4 % du PIB

DÉPENSES DE DÉFENSE : 2,7 % du PIB (CE = 3,6)

DÉPENSES DE RECHERCHE-DÉVELOPPEMENT : 0,53 % du PIB (CE = 0,99)

SUPERFICIE AGRICOLE : 46,1 % du territoire (CE = 54)

Histoire

843. Traité de Verdun, partageant la Belgique en deux : la région à l'ouest de l'Escaut va à la France ; la Lotharingie va à la Germanie.

XIVᵉ et XVᵉ siècles. Les ducs de Bourgogne (en particulier Philippe le Bon) conquièrent la totalité des Pays-Bas par une politique d'achats, de mariages et d'héritages.

1477. Avec le mariage de Marie de Bourgogne et de Maximilien d'Autriche, les Pays-Bas passent à la dynastie des Habsbourg.

1500. Naissance de Charles Quint à Gand. Il obtiendra la souveraineté sur tous les Pays-Bas, la couronne d'Espagne et celle de l'Empire germanique.

1555. Début du règne de Philippe II, période d'absolutisme et d'intolérance.

1579. Révolte des catholiques wallons des provinces du Sud qui se replacent sous l'autorité espagnole, tandis que les provinces du Nord se groupent dans l'union d'Utrecht et posent les bases des Provinces-Unies.

XVIIᵉ siècle. Le traité de Münster définit les frontières avec les Provinces-Unies. Les traités des Pyrénées (1659), d'Aix-la-Chapelle (1668) et de Nimègue (1678) préfigurent les frontières de la Belgique avec la France.

1789. La révolution brabançonne chasse les Autrichiens et proclame l'indépendance des Etats belgiques unis (1790).

1795. La France annexe la Belgique. Le régime français détruit les privilèges et unifie administrativement la Belgique en créant des départements.

1815-1830. Réunion des futures provinces belges et des Provinces-Unies en un royaume des Pays-Bas, au profit de Guillaume Iᵉʳ, prince d'Orange.

1830. Naissance de la Belgique. Les Pays-Bas reconnaissent son indépendance en 1839.

1895. L'enseignement religieux est rendu obligatoire.

Août 1914. Les Allemands violent la neutralité de la Belgique, qui résiste à l'occupation.

1934-1951. La Belgique est attaquée par l'Allemagne en 1940 et capitule le 28 mai. En 1951, Léopold III est contraint par la gauche à abdiquer en faveur de son fils Baudouin, malgré un référendum qui lui est favorable.

1960. Reconnaissance de l'indépendance du Congo.

1962. Tracé d'une frontière linguistique de l'est à l'ouest du pays. Bruxelles reçoit un statut de ville bilingue.

1970. Réforme constitutionnelle concernant l'autonomie culturelle des diverses communautés, l'autonomie régionale et le statut de Bruxelles.

■ Pendant la Première Guerre mondiale, la Belgique réussit à conserver un petit lambeau de territoire, près d'Ypres, en provoquant une inondation par l'ouverture des ponts-écluses. C'est de là qu'Albert Iᵉʳ conduisit, pendant quatre ans, la lutte aux côtés des Alliés.

INSTITUTIONS

Depuis 1831, la Belgique est une monarchie héréditaire fondée sur la démocratie parlementaire.

ROI. Exerce le pouvoir législatif collégialement avec la Chambre des représentants et le Sénat. Nomme et révoque les ministres après consultation des dirigeants des partis. Peut convoquer et dissoudre les chambres, sur proposition du Premier ministre.

PREMIER MINISTRE. Désigné par le roi. Constitue son gouvernement et doit se présenter devant les deux chambres pour un vote d'investiture.

GOUVERNEMENT CENTRAL. Composé pour moitié de ministres francophones et néerlandophones.

PARLEMENT. Composé de deux chambres égales en droit : Chambre des députés et Sénat. 212 députés et 106 des 184 sénateurs élus au suffrage universel direct à la représentation proportionnelle pour une période de quatre ans. 51 sénateurs délégués par les représentations régionales élues (conseils provinciaux), 26 cooptés par les sénateurs élus. Le prince Albert, frère du roi, est sénateur de droit.

AUTRES INSTITUTIONS (principales). Conseil d'Etat ; Cour d'arbitrage.

DROIT DE VOTE. Accordé à l'âge de 18 ans. Age d'éligibilité fixé à 25 ans pour la députation et 40 ans pour le Sénat. Les élections ont lieu le dimanche et le vote est obligatoire.

SERVICE MILITAIRE. Obligatoire pour les hommes (10 mois).

Rois et Premiers ministres*

Rois

Léopold III	1934
Baudouin Iᵉʳ	1951

Premiers ministres

Achille Van Acker	avril 1954
Gaston Eyskens	juin 1958
Théo Lefèvre	avril 1961
Pierre Harmel	juillet 1965
Paul Vandem Boeynants	mars 1966
Gaston Eyskens	juin 1968
Edmond Leburton	janvier 1973
Léo Tindemans	avril 1974
Paul Vandem Boeynants	novembre 1978
Wilfried Martens	mars 1979
Mark Eyskens	avril 1981
Wilfried Martens	décembre 1981

* Depuis la fin de la Seconde Guerre mondiale.

DÉMOGRAPHIE

MÉNAGES. 3,8 millions, dont 26 % composés d'une seule personne (CE = 26) et 9,4 % de 5 personnes et plus (CE = 10,4).

MARIAGES. 6,4 pour 1 000 habitants (CE = 6,0).

3,2 % des couples vivent en cohabitation (CE = 3).

DIVORCES. 32 pour 100 mariages (CE = 28).

NATALITÉ. Le renouvellement des générations n'est plus assuré depuis 1973. Seuls l'accroissement de l'espérance de vie et la forte proportion d'étrangers permettent de maintenir un léger excédent des naissances sur les décès.

La fécondité des régions flamandes est supérieure à celle de la Wallonie, de sorte que celle-ci est aujourd'hui moins peuplée.

NAISSANCES HORS MARIAGE. 11,0 % des naissances en 1989 (CE =17), contre 4,1 % en 1980 et 2,8 % en 1970.

FAMILLES. 7,2 % des familles sont monoparentales (un ou plusieurs enfants élevés par un seul de leurs parents, CE = 4,9).

Les naissances de rang 3 et suivantes représentent 19,2 % du total des naissances (CE = 22).

ESPÉRANCE DE VIE. L'écart entre les hommes et les femmes était de 6,8 ans en 1988 (CE = 6,6), contre 6,0 en 1960.

30 ANS DE DÉMOGRAPHIE

Evolution des principaux indicateurs démographiques :

	1960	1970	1980	1989*
Population (milliers)	9 095	9 625	9 843	9 928
Ages (% pop. totale) - Moins de 15 ans - 65 ans et plus	23,5 12,0	24 13	20,0 14,4	18,2 14,5
Espérance de vie - Hommes (ans) - Femmes (ans)	67,7 73,5	67,8 74,2	70,0 76,8	70,0 76,8
Mariages (pour 1 000 hab.)	7,2	7,6	6,7	6,4
Divorces (pour 1 000 hab.)	0,5	0,7	1,5	2,0
Indice conjoncturel de fécondité	2,58	1,20	1,67	1,58
Mortalité infantile (pour 1 000 naissances vivantes)	31,2	21,1	12,1	8,6

* Ou année la plus proche.

Eurostat, OCDE

LOGEMENT

URBANISATION. 90 % de la population (CE = 81).

LOGEMENT. 85 % des ménages habitent une maison individuelle (CE = 60), 15 % un appartement (CE = 40).

4 % des ménages disposent d'une résidence secondaire.

PROPRIÉTAIRES. 68 % des ménages (CE = 62).

CONFORT. 81 % des logements disposent de WC, 76 % de baignoire ou douche, 51 % de chauffage central.

— LE SOIR —

Tout s'éclaire quand vient le Soir.

Garbarski-V-RSCG

ÉQUIPEMENT. 88 % des ménages sont équipés d'un lave-linge (CE = 90), 24 % d'un lave-vaisselle (CE = 21), 95 % d'un réfrigérateur (CE = 97), 59 % d'un congélateur indépendant (CE = 44).

45 % des foyers équipés de la télévision ont un magnétoscope.

La consommation annuelle d'électricité est de 1 482 kWh par habitant (CE = 1 283).

ANIMAUX. 35 % des ménages ont un chien et 25 % un chat (record CE).

■ Avec 323 habitants au km², la Belgique occupe le second rang de densité dans le monde, derrière les Pays-Bas.

■ L'Escaut a marqué la frontière entre la France et la Germanie jusqu'au traité de Madrid, en 1526.

■ C'est un raz de marée qui ouvrit l'estuaire du Zwin, créant le port de Damme et accroissant l'activité de Bruges. Ces deux villes ont ensuite perdu de leur importance commerciale, par suite d'un ensablement.

■ La première Bourse de commerce au monde fut celle d'Anvers, inaugurée en 1485.

■ La moitié de l'électricité produite est d'origine nucléaire.

TRAVAIL

ACTIFS. 42,8 % de la population totale (CE = 44,8).

FEMMES. 34,4 % sont actives (CE = 34,4), contre 23,2 % en 1960.

SECTEURS D'ACTIVITÉ. 2,7 % des actifs travaillent dans l'agriculture (CE = 7,6), 28,2 % dans l'industrie (CE = 33,2), 69,1 % dans les services (CE = 59,2).

CHÔMAGE

Evolution du chômage (en % de la population active) :

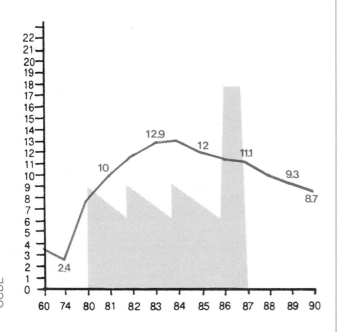

OCDE

FONCTIONNAIRES. 750 000 personnes, soit 25 % des actifs, sont employés dans les administrations publiques.

TRAVAILLEURS ÉTRANGERS. 292 000, soit 7,1 % des actifs, dont 204 000 en provenance des autres pays de la CE.

DURÉE DU TRAVAIL. 1 748 heures par an (durée conventionnelle). De 36 à 40 heures par semaine, de 4 à 5 semaines de congés payés par an.

TEMPS PARTIEL. 27 % des femmes actives concernées (CE = 29) et 16 % des hommes (CE = 4).

ÂGE DE LA RETRAITE. 65 ans pour les hommes et 60 ans pour les femmes. Pensions calculées respectivement sur 45 et 40 ans de cotisations.

SYNDICALISATION. 70 % des actifs.

CHÔMAGE. 9,1 % des actifs en février 1990 (CE = 8,6). 61 % des chômeurs sont des femmes (CE = 53) ;

45 % sont des jeunes de moins de 25 ans (CE = 38).

78 % des chômeurs sont sans emploi depuis au moins un an, taux le plus élevé de la Communauté (CE = 52).

ARGENT

RÉMUNÉRATION DES SALARIÉS. 22 677 écus, aux prix et taux de change de 1988 (CE = 19 870).

ÉCARTS DE REVENUS. Les femmes ouvrières sont payées en moyenne 20 % de moins que les hommes (après correction des effets de structure). L'écart est de 19 % chez les non-ouvriers.

PRÉLÈVEMENTS OBLIGATOIRES. 42,6 % en 1990 (CE = 39,6), contre 43,6 % en 1980 et 30,8 % en 1965.

Les impôts directs représentent 37,5 % du total (CE = 28,6), les impôts indirects 27,0 % (CE = 30,5), les cotisations sociales 31,4 % (CE = 33,3).

IMPÔT SUR LE REVENU. Le taux minimum est de 0,3 %, le maximum de 79 % (la charge totale ne peut dépasser 73,8 % du revenu imposable).

Il représentait 15,1 % du salaire ouvrier moyen en 1988 pour un couple (un seul salaire et deux enfants à charge) et 23,4 % pour un célibataire.

8 % des ménages ne payent pas d'impôts sur le revenu.

ÉPARGNE. 14,1 % du revenu disponible des ménages en 1989, contre 16,2 % en 1980 et 10,2 % en 1960.

BUDGETS

Structure de la consommation des ménages (en % du total) :

	1970	1988
Alimentation	28,0	19,8
Habillement	8,7	7,3
Logement, chauffage, éclairage	15,5	17,1
Meubles et entretien courant	11,7	10,7
Santé	6,8	11,0
Transports et communications	10,3	12,8
Loisirs, enseignement, culture	4,7	6,5
Autres biens et services	13,6	15,3

ALIMENTATION (par an). 72 kg de céréales, 3 kg de riz, 96 kg de pommes de terre, 38 kg de sucre, 93 kg de légumes, 51 kg de fruits, 20 kg d'agrumes.

21 kg de bœuf, 3 kg de veau, 46 kg de porc, 16 kg de volaille, 18 kg de poisson.

12 kg de fromage, 8 kg de beurre, 3 kg de crème, 14 kg de margarine, 5 kg d'huile (minimum CE).

119 litres de bière et 19 litres de vin.

Eurostat

SOCIÉTÉ

COMMUNAUTÉS. 58 % de la population habitent la partie flamande (Flandre-occidentale, Flandre-orientale, Anvers, Limbourg et la majeure partie du Brabant), dont la langue officielle est le néerlandais. La partie wallonne (Hainaut, Namur, Liège, Luxembourg et le sud du Brabant) abrite 33 % de la population, qui parlent le français. 10 % de la population habitent la région de Bruxelles ; les deux langues officielles y sont le français et le néerlandais, mais le français est le plus souvent utilisé. Beaucoup de Belges s'expriment en outre dans l'un des nombreux dialectes existants, en Flandre comme en Wallonie.

IMMIGRÉS. 860 000, soit 8,6 % de la population (CE = 4). Les deux tiers sont originaires des autres pays de la Communauté (la moitié viennent d'Italie et sont surtout implantés en Wallonie).

23 000 réfugiés politiques en 1989.

Flandre-Wallonie : la déchirure

Pendant longtemps, la Wallonie a bénéficié d'une véritable suprématie économique et culturelle. Jusqu'au milieu du XIXe siècle, le français fut la langue de l'élite culturelle et sociale belge. Les Flamands luttèrent pendant toute la seconde moitié du XIXe siècle pour obtenir l'égalité des langues. Une loi, promulguée en 1898 ordonna le bilinguisme. La flamandisation se répandit alors dans tous les services publics des provinces non francophones. La situation a continué de se modifier en faveur de la Flandre lors de la Première Guerre mondiale. Elle s'est accentuée avec les difficultés des secteurs du charbon et de l'acier, concentrés en Wallonie.

Aujourd'hui, les deux communautés sont séparées par la langue, la religion, les valeurs, la culture, l'éducation. Chacune d'elles cherche à maintenir ou améliorer son influence. Les Flamands, majoritaires dans le pays, attendent de 1993 une Europe des régions qui favoriserait leur autonomie. Les Wallons, quant à eux, cherchent une identité propre sans renier leurs attaches avec la France.

DÉLINQUANCE. 586 cambriolages, 3,2 homicides, 5,0 viols pour 100 000 habitants en 1988.

SUICIDES. 31 hommes et 14 femmes sur 100 000 en 1987 (CE = 19 et 8).

ACCIDENTS DE VOITURES. 495 décès par million de véhicules en 1988 (CE = 376).

ASSOCIATIONS. 49 % des plus de 25 ans appartiennent à des associations (CE = 44).

ENVIRONNEMENT. 320 kg de déchets ménagers (CE = 298, 1985), 2,9 kg de gaz carbonique par habitant (CE = 2,3, 1987).

RELIGION. 62 % des Belges de 15 ans et plus se considèrent comme religieux (CE = 65), 7 % comme athées, 4 % comme agnostiques.

33 % se rendent au moins une fois par semaine aux services religieux (CE = 28), 11 % jamais (CE = 15).

POLITIQUE. Sur une échelle politique de 1 (extrême gauche) à 10 (extrême droite), les Belges se situent en moyenne à 5,9 (CE = 5,2).

Papa, 36 ans,
assuré à la
Royale Belge.

Je respire.

Garouski-V-RSCG

MÉDIAS. 36 quotidiens.

Télévision : 2 chaînes publiques francophones (RTBF1 et TELE 21). 2 chaînes publiques néerlandophones (TV1 et TV2). 2 chaînes privées : RTL TVI (wallonne) et VTM (flamande). Chaînes françaises, néerlandaises, britanniques, chaînes locales, etc.

97 % de foyers raccordés au câble, dont 85 % d'abonnés.

Durée moyenne d'écoute : 195 min par jour.

VACANCES. 41 % de la population partent en vacances (CE = 56), dont 56 % à l'étranger.

Opinions et valeurs

• 23 % des Belges déclarent « devoir s'imposer des restrictions du fait d'un revenu insuffisant » (CE = 36).
• 79 % estiment que « les riches sont de plus en plus riches et les pauvres de plus en plus pauvres » (CE = 70).
• 53 % sont satisfaits du « fonctionnement de la démocratie dans leur pays » (CE = 56), contre 62 % en 1973.
• 73 % considèrent que « l'appartenance de leur pays à la CE est une bonne chose » (CE = 65), contre 57 % en 1973.
• 85 % sont satisfaits de la vie qu'ils mènent (CE = 83), contre 92 % en 1973.

Eurobaromètre

■ Le port d'Anvers accueille chaque année 17 000 navires, battant pavillon de 100 pays différents, et transportant près de 90 millions de tonnes de marchandises. 70 % de la production mondiale de diamant se traitent à Anvers.

DANEMARK

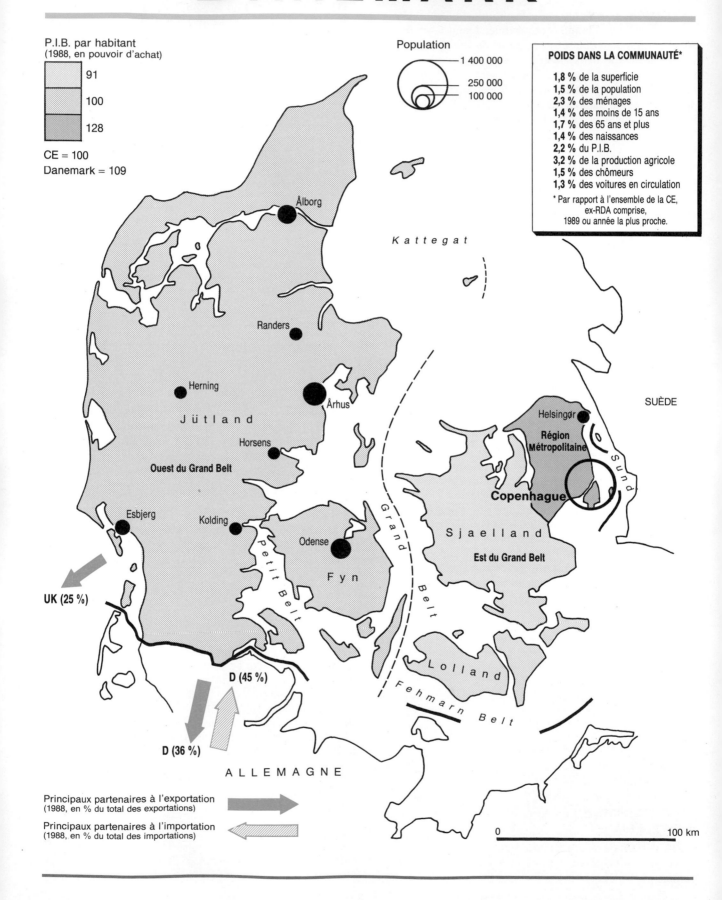

P.I.B. par habitant
(1988, en pouvoir d'achat)

91
100
128

CE = 100
Danemark = 109

Population
1 400 000
250 000
100 000

POIDS DANS LA COMMUNAUTÉ*

1,8 % de la superficie
1,5 % de la population
2,3 % des ménages
1,4 % des moins de 15 ans
1,7 % des 65 ans et plus
1,4 % des naissances
2,2 % du P.I.B.
3,2 % de la production agricole
1,5 % des chômeurs
1,3 % des voitures en circulation

* Par rapport à l'ensemble de la CE,
ex-RDA comprise,
1989 ou année la plus proche.

Ålborg

K a t t e g a t

Randers

Herning
Århus

J ü t l a n d

Horsens

Ouest du Grand Belt

Esbjerg
Kolding

Odense
F y n

Petit Belt

Grand Belt

Helsingør
Région Métropolitaine

Copenhague

S u n d

SUÈDE

S j a e l l a n d

Est du Grand Belt

L o l l a n d

F e h m a r n   B e l t

UK (25 %)

D (45 %)

D (36 %)

ALLEMAGNE

Principaux partenaires à l'exportation
(1988, en % du total des exportations)

Principaux partenaires à l'importation
(1988, en % du total des importations)

0   100 km

CARTE D'IDENTITÉ

GÉOGRAPHIE

SUPERFICIE : 43 100 km^2

DIMENSIONS : hauteur maximale : 330 km ; largeur maximale : 270 km

TERRITOIRES NON CONTINENTAUX : Groenland, îles Féroé (rattachés au royaume de Danemark)

LONGUEUR DES FRONTIÈRES : 68 km

LONGUEUR DES CÔTES : 7 314 km

POINT CULMINANT : Yding Skovhoj (173 m)

PART BOISÉE DU TERRITOIRE : 11 %

TEMPÉRATURE MOYENNE
Région la plus basse : 6,3°C
Région la plus haute : 7,8°C

PLUVIOMÉTRIE MOYENNE
Région la plus basse : 198 mm
Région la plus haute : 814 mm

RESSOURCES NATURELLES : gisements de pétrole et de gaz en mer du Nord

HABITANTS

POPULATION : 5,1 millions

DENSITÉ : 119 habitants/km^2

ÂGES : 17,5 % de moins de 15 ans (CE = 18,7) ; 15,4 % de 65 ans et plus (CE = 13,8)

ESPÉRANCE DE VIE : femmes : 77,7 ans (CE = 78,6) ; hommes : 71,8 ans (CE = 72,0)

ÉTRANGERS : 136 000, soit 2,6 % de la population (CE = 4,0)

RELIGION : 74 % de protestants, 22 % sans religion (population de 15 ans et plus)

ÉDUCATION : 23 % des 15 ans et plus ont arrêté leurs études avant l'âge de 15 ans (CE = 42)

FÉCONDITÉ : 1,62 enfant par femme (CE = 1,58)

TÉLÉPHONE : 544 lignes principales pour 1 000 habitants (CE = 396)

TÉLÉVISION : 386 pour 1 000 habitants (CE = 310)

VOITURE : 296 pour 1 000 habitants (CE = 353)

CONSOMMATION D'ÉNERGIE : 1,379 tep (hors industrie et transports, CE = 0,85)

ÉTAT

SYSTÈME POLITIQUE : monarchie parlementaire

SOUVERAIN : Margrethe II (depuis 1972)

PREMIER MINISTRE : Poul Schlüter (depuis 1982)

CAPITALE : Copenhague (1,4 million d'habitants)

PRINCIPALES VILLES : Arthus (247 000) ; Odense (171 000) ; Alborg (154 000)

MONNAIE : couronne danoise

LANGUE : danois

DÉCOUPAGE ADMINISTRATIF : 14 comtés plus Copenhague et Frederiksberg, 275 communes. Groenland et îles Féroé, régions autonomes

PERSONNEL DES FORCES ARMÉES : 29 000

FÊTE NATIONALE : 5 juin

RÉSEAU ROUTIER : 70 488 km dont 599 km d'autoroutes

RÉSEAU FERROVIAIRE : 2 471 km

DRAPEAU : croix blanche sur fond rouge

HYMNE : *Der er et yndigt land, ...*

DATE D'ENTRÉE DANS LA CE : 1973

ÉCONOMIE

INFLATION (moyenne 1977-1989) : 7,4 %

CHÔMAGE (moyenne 1977-1989) : 8,4 %

PIB/HABITANT : 17 738 écus (CE = 12 439)

RÉPARTITION PAR SECTEUR
Agriculture : 4,7 % (CE = 3,1)
Industrie : 28,0 % (CE = 35,5)
Services : 67,3 % (CE = 61,4)

CROISSANCE DU PIB (moyenne 1979-1988) : 1,7 %

BALANCE COMMERCIALE : + 1,6 milliard d'écus

ENDETTEMENT : 3 134 écus/habitant

DÉPENDANCE ÉNERGÉTIQUE : 59,6 %

DÉPENSES DE SANTÉ : 6,0 % du PIB

DÉPENSES D'ÉDUCATION : 7,2 % du PIB

DÉPENSES DE DÉFENSE : 2,1 % du PIB (CE = 3,6)

DÉPENSES DE RECHERCHE-DÉVELOPPEMENT : 0,84 % du PIB (CE = 0,99)

SUPERFICIE AGRICOLE : 65,4 % du territoire (CE = 54)

Histoire

VIIᵉ siècle av. J.-C. au Xᵉ siècle. Peuplement par les Scandinaves.

911. Rollon, chef Viking, devient duc de la Normandie française.

950. Création du royaume de Danemark.

1013. Le roi Svend Iᵉʳ s'empare de toute l'Angleterre.

1018. Les missionnaires anglais convertissent le Danemark. Fondation d'un royaume anglo-danois par Knut le Grand.

1157-1241. Le royaume est intégré à l'Europe chrétienne (dynastie des Valdemar).

1167. Fondation de Copenhague.

1397. Réunion avec l'Islande, la Suède et la Norvège (rompue à partir de 1438).

1536. Adoption du protestantisme comme religion d'Etat.

1563-1570. Guerre nordique de Sept Ans contre la Suède.

1658. Traité de Roskilde. Perte de Halland, Blekinge et Scanie.

1660. Instauration de la royauté absolue.

1720. Le Danemark obtient le sud du Slesvig.

1807. Bombardement de Copenhague par les Anglais.

1814. Le Danemark cède la Norvège à la Suède.

1848-1864. Révolte des duchés du Schleswig et du Holstein, perdus contre la Prusse et l'Autriche ainsi que le Lauenburg et Kiel.

1914-1918. Neutralité du Danemark.

1918. Autonomie de l'Islande (mais le roi du Danemark en est toujours le souverain).

1920. Retour d'une partie du Schleswig allemand après référendum.

1940. Invasion allemande.

1944. Indépendance complète de l'Islande.

1960. Adhésion à l'AELE.

1972. Margrethe II succède à son père Frederic IX.

1973. Entrée dans la CE.

1978. Autonomie interne du Groenland.

1982. Arrivée des conservateurs au pouvoir, reconduits aux élections de 1984 et 1987.

■ Le Danemark est le plus vieux royaume d'Europe établi depuis plus de 1000 ans.

■ Il est difficile de connaître précisément la superficie du Danemark en raison de l'action de la mer, des marées. En certains points du Slesvig septentrional, la mer s'avance ou se retire de 10 km à chaque marée.

■ Helsingor (Danemark) et Helsingborg (Suède) sont distants d'environ quatre kilomètres et desservis par des services de ferries. La construction d'un pont est depuis longtemps en discussion entre les deux pays. La construction d'un autre pont, reliant l'île de Seeland (Copenhague) à la Fionie (Odense) a été décidée. Ce sera le plus long pont d'Europe.

INSTITUTIONS

Le royaume de Danemark est une monarchie constitutionnelle fondée sur la démocratie parlementaire.

Après avoir fait partie des possessions norvégiennes, avec les îles Féroé et l'Islande, le Groenland est danois depuis 1953, et possède depuis 1979 un gouvernement partiellement autonome.

REINE. Nomme le Premier ministre (après consultation des partis) et les ministres. Ratifie les lois et peut dissoudre l'Assemblée.

CABINET. Constitué par le Premier ministre. Le Conseil des ministres délibère sur les mesures gouvernementales et les projets de loi importants. Ministres responsables devant le Parlement ; peuvent être révoqués par un vote de défiance.

PARLEMENT (*Folketing*). Une chambre élue pour quatre ans au suffrage universel et à la proportionnelle. Les lois adoptées par le Parlement peuvent être soumises à référendum sur demande d'un tiers des députés.

AUTRES INSTITUTIONS. *Ombudsman* : chaque citoyen peut porter plainte contre l'administration auprès d'un délégué du Parlement.

ÉLECTIONS. Droit de vote et éligibilité accordés à l'âge de 18 ans. Ont généralement lieu le mardi.

SERVICE MILITAIRE. Obligatoire pour les hommes (de 9 à 12 mois).

Chefs d'Etat et de gouvernement*

Souverains

Frederic IX	avril 1947
Margrethe II	janvier 1972

Premiers ministres

Wilhem Buhl	mai 1945
Knud Kristensen	novembre 1945
Hans Hedtoft	novembre 1947
Erik Eriksen	octobre 1950
Hans Hedtoft	septembre 1953
Hans Christian Hansen	février 1955
Viggo Kampmann	février 1960
Jens Otto Krag	septembre 1962
Hilmar Baunsgaard	février 1968
Jens Otto Krag	octobre 1971
Anker Jorgensen	octobre 1972
Poul Hartling	décembre 1973
Anker Jorgensen	février 1975
Poul Schlüter	septembre 1982

* Depuis la fin de la Seconde Guerre mondiale.

■ Une loi votée en mai 1988 accorde l'égalité des droits aux homosexuels.

DÉMOGRAPHIE

MÉNAGES. 2,9 millions, dont 57 % composés d'une seule personne (CE = 26) et 2,2 % de 5 personnes et plus (CE = 10,4).

MARIAGES. 6,0 pour 1 000 habitants (CE = 6,0).

13 % des couples vivent en cohabitation (CE = 3).

DIVORCES. 49 pour 100 mariages (CE = 28).

NATALITÉ. Le renouvellement des générations n'est plus assuré depuis 1969.

NAISSANCES HORS MARIAGE. 45 % des naissances en 1989 (CE =17), contre 33,2 % en 1980 et 11 % en 1970.

FAMILLES. 4,5 % des familles sont monoparentales (un ou plusieurs enfants élevés par un seul de leurs parents, CE = 4,9).

Les naissances de rang 3 et suivantes représentent 16 % du total des naissances (CE = 22).

ESPÉRANCE DE VIE. L'écart entre les hommes et les femmes était de 5,9 ans en 1988 (CE = 6,6), contre 4,0 en 1960.

30 ANS DE DÉMOGRAPHIE

Evolution des principaux indicateurs démographiques :

	1960	1970	1980	1989*
Population (milliers)	4 566	4 907	5 122	5 130
Ages (% pop. totale)				
- Moins de 15 ans	25,2	23,0	20,8	17,5
- 65 ans et plus	10,6	12,0	14,4	15,4
Espérance de vie				
- Hommes (ans)	70,4	70,7	71,1	71,8
- Femmes (ans)	74,4	75,9	77,2	77,7
Mariages (pour 1 000 hab.)	7,8	7,4	5,2	6,0
Divorces (pour 1 000 hab.)	1,5	1,9	2,7	2,9
Indice conjoncturel de fécondité	2,54	1,95	1,55	1,62
Mortalité infantile (pour 1 000 naissances vivantes)	21,5	14,2	8,4	7,5

* Ou année la plus proche.

■ Le Danemark est constitué de 406 îles, dont 97 sont habitées. Aucun point du territoire n'est situé à plus de 50 km de la mer.

■ En 1954, la tête de la Petite Sirène, célèbre statue de Copenhague, a été découpée à la scie. Elle a pu être remplacée grâce à un moulage de l'original qui avait été conservé par le fils du sculpteur.

LOGEMENT

URBANISATION. 86 % des danois vivent dans des villes, généralement de taille assez faible (CE = 81).

LOGEMENT. 68 % des ménages habitent une maison individuelle (CE = 60), 32 % un appartement (CE = 40).

8 % des ménages disposent d'une résidence secondaire.

PROPRIÉTAIRES. 69 % des ménages (CE = 62).

CONFORT. 88 % des logements disposent de WC, 79 % de baignoire ou douche, 85 % de chauffage central.

« Nous assurons votre nouvelle vie. »

ÉQUIPEMENT. 77 % des ménages sont équipés d'un lave-linge (CE = 90), 31 % d'un lave-vaisselle (CE = 21), 97 % d'un réfrigérateur (CE = 97), 78 % d'un congélateur indépendant (CE = 44).

29 % des foyers équipés de la télévision ont un magnétoscope.

La consommation annuelle d'électricité est de 1 744 kWh par habitant (CE = 1 283).

ANIMAUX. 27 % des ménages ont un chien et 18 % un chat.

TRAVAIL

ACTIFS. 56,6 % de la population totale (CE = 44,8).

FEMMES. 51,1 % sont actives, le taux le plus élevé de la Communauté (CE = 34,4), contre 28 % en 1960.

SECTEURS D'ACTIVITÉ. 6,3 % des actifs travaillent dans l'agriculture (CE = 7,6), 26,3 % dans l'industrie (CE = 33,2), 67,4 % dans les services (CE = 59,2).

CHÔMAGE

Evolution du chômage (en % de la population active) :

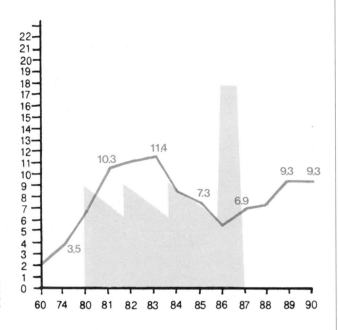

FONCTIONNAIRES. 770 000 personnes, soit 34 % des actifs, sont employés dans les administrations publiques.

TRAVAILLEURS ÉTRANGERS. 44 000, soit 1,6 % des actifs, dont 15 000 en provenance des autres pays de la CE.

DURÉE DU TRAVAIL. 1733 heures par an (durée conventionnelle). 37,5 à 40 heures par semaine, 5 semaines de congés payés par an.

TEMPS PARTIEL. 53,3 % des femmes actives concernées (CE = 29), taux le plus élevé de la Communauté, et 44,5 % des hommes (CE = 4).

ÂGE DE LA RETRAITE. 67 ans pour les hommes et les femmes. Pensions calculées sur 40 ans de cotisations (montant forfaitaire).

SYNDICALISATION. 80 % des actifs, taux le plus élevé de la Communauté. 220 journées de travail perdues pour 1 000 salariés entre 1983 et 1988 (moyenne annuelle).

CHÔMAGE. 6,6 % des actifs en février 1990 (CE = 8,6). 53 % des chômeurs sont des femmes (CE = 53) ; 22 % sont des jeunes de moins de 25 ans (CE = 38). 29 % des chômeurs sont sans emploi depuis au moins un an, taux le plus bas de la Communauté (CE = 52).

ARGENT

RÉMUNÉRATION DES SALARIÉS. 22 368 écus, aux prix et taux de change de 1988 (CE = 19 870).

ÉCARTS DE REVENUS. Les femmes ouvrières sont payées en moyenne 14 % de moins que les hommes (après correction des effets de structure). L'écart est de 20 % chez les non-ouvriers.

PRÉLÈVEMENTS OBLIGATOIRES. 52,2 % en 1990, taux le plus élevé de la Communauté (CE = 39,6), contre 45,5 % en 1980 et 29,9 % en 1965. Les impôts directs représentent 52,0 % du total (CE = 28,6), les impôts indirects 31,8 % (CE = 30,5), les cotisations sociales 3,0 % (CE = 33,3).

IMPÔT SUR LE REVENU. 36,1 % du salaire ouvrier moyen en 1988 pour un couple (un seul salaire et deux enfants à charge) et 44,5 % pour un célibataire.

La fiscalité dissuasive

Le taux minimal de l'impôt sur le revenu est de 51 %, record communautaire ; il atteint 68 % aux tranches les plus élevées. Ce système fiscal, très dissuasif pour les hauts revenus, est responsable d'une véritable « fuite des cerveaux » qui a déjà privé le pays des services d'un grand nombre de cadres, ingénieurs, chercheurs.

BUDGET

Structure de la consommation des ménages (en % du total) :

	1970	1988
Alimentation	29,9	22,3
Habillement	7,7	5,8
Logement, chauffage, éclairage	18,1	26,2
Meubles et entretien courant	9,6	7,1
Santé	2,0	2,0
Transports et communications	14,9	15,6
Loisirs, enseignement, culture	8,2	10,0
Autres biens et services	9,6	11,0

ALIMENTATION (par an). 77 kg de légumes (minimum CE), 65 kg de pommes de terre, 68 kg de céréales, 47 kg de fruits, 39 kg de sucre, 15 kg d'agrumes, 2 kg de riz.

66 kg de porc (maximum CE), 25 kg de poisson, 15 kg de bœuf, 12 kg de volaille, 0 kg de veau. 36,3 kg de surgelés par an et par personne.

23 kg d'huile (maximum CE), 15 kg de margarine (maximum CE), 12 kg de fromage, 9 kg de crème (maximum CE), 7 kg de beurre.

127 litres de bière et 19 litres de vin.

OCDE

Eurostat

Société

IMMIGRÉS. 136 000, soit 2,6 % de la population (CE = 4).

27 000 réfugiés politiques en 1989.

DÉLINQUANCE. 2 398 cambriolages, 5,6 homicides, (taux le plus élevé de la Communauté), 10,7 viols (taux le plus élevé de la Communauté) pour 100 000 habitants en 1988.

SUICIDES. 36 hommes et 20 femmes sur 100 000 en 1987, taux les plus élevés de la Communauté (CE = 19 et 8).

ACCIDENTS DE VOITURES. 371 décès par million de véhicules en 1988 (CE = 376).

ASSOCIATIONS. 83 % des plus de 25 ans appartiennent à des associations, taux le plus élevé de la Communauté (CE = 44).

ENVIRONNEMENT. 423 kg de déchets ménagers (CE = 298, 1985), 3,3 kg de gaz carbonique par habitant (CE = 2,3, 1987).

RELIGION. 63 % des Danois de 15 ans et plus se considèrent comme religieux (CE = 65), 3 % comme athées, 1 % comme agnostiques. La quasi-totalité appartiennent à l'Eglise luthérienne évangélique, qui est Eglise d'Etat.

4 % se rendent au moins une fois par semaine aux services religieux (CE = 28), 19 % jamais (CE = 15).

POLITIQUE. Sur une échelle politique de 1 (extrême gauche) à 10 (extrême droite), les Danois se situent en moyenne à 5,8 (CE = 5,2).

MÉDIAS. 46 quotidiens.

Les radios locales privées ont été autorisées en 1986.

Télévision : 2 chaînes nationales généralistes : DR et TV2. TV2 est semi-publique et exploite un réseau de 8 chaînes régionales.

53 % de foyers raccordés au câble, dont 87 % d'abonnés. 24 programmes nationaux et étrangers. Chaîne à péage Kanal2 diffusée sur la région de Copenhague. TV3, chaîne scandinave diffusée par satellite, est reçue par 38 % des foyers.

Durée moyenne d'écoute : 131 min par jour.

VACANCES. 64 % de la population partent en vacances (CE = 56), dont 44 % à l'étranger.

Opinions et valeurs

• 28 % des Danois déclarent « devoir s'imposer des restrictions du fait d'un revenu insuffisant » (CE = 36).
• 62 % estiment que « les riches sont de plus en plus riches et les pauvres de plus en plus pauvres » (CE = 70).
• 70 % sont satisfaits du « fonctionnement de la démocratie dans leur pays » (CE = 56), contre 45 % en 1973.
• 42 % considèrent que « l'appartenance de leur pays à la CE est une bonne chose » (CE = 65), proportion identique à celle de 1973.
• 95 % sont satisfaits de la vie qu'ils mènent (CE = 83), proportion identique à celle de 1973.

ÉGALITÉ DES SEXES. Elle est très développée. Beaucoup de femmes sont présentes dans des postes de responsabilité politique. Les tâches ménagères sont plutôt mieux partagées que dans d'autres pays. Dans l'entreprise, le congé parental peut être accordé indifféremment à la mère ou au père.

La double appartenance

Historiquement et culturellement, le Danemark est un pays scandinave. L'appartenance à la CE est pourtant appréciée, mais l'échéance de 1993 est parfois ressentie comme une menace sur l'Etat-providence. Une réduction des avantages sociaux, un alignement sur les taux moyens de TVA pratiqués ailleurs modifieraient sans conteste les modes de vie des Danois.

La première Constitution démocratique de 1849 conférait le droit à une assistance à tous ceux qui n'étaient pas en mesure de subvenir à leurs propres besoins et à ceux de leur famille. Elle fut amendée et améliorée par les dispositions successives. 35 % du budget de l'Etat vont aujourd'hui à l'assistance sociale, 13 % à l'enseignement et à la recherche. Des infirmières et des aides à domicile offrent des soins et des services (nettoyage, lavage, courses, aide à l'hygiène personnelle) aux personnes âgées afin de leur éviter d'être hospitalisées. Les Danois sans emploi qui ne sont pas membres d'une caisse de chômage perçoivent une assistance sociale qui couvre leurs besoins élémentaires.

« A.C. Bang, fourreur de la Cour royale du Danemark depuis 1817. »

ESPAGNE

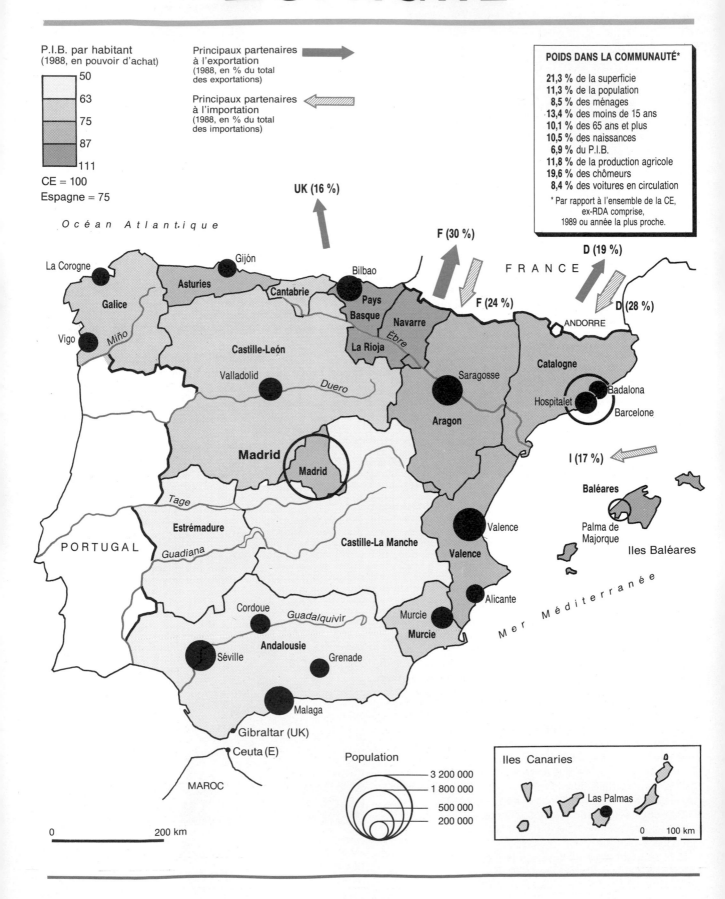

P.I.B. par habitant
(1988, en pouvoir d'achat)

50
63
75
87
111
CE = 100
Espagne = 75

Principaux partenaires
à l'exportation
(1988, en % du total
des exportations)

Principaux partenaires
à l'importation
(1988, en % du total
des importations)

POIDS DANS LA COMMUNAUTÉ*

21,3 % de la superficie
11,3 % de la population
8,5 % des ménages
13,4 % des moins de 15 ans
10,1 % des 65 ans et plus
10,5 % des naissances
6,9 % du P.I.B.
11,8 % de la production agricole
19,6 % des chômeurs
8,4 % des voitures en circulation

* Par rapport à l'ensemble de la CE,
ex-RDA comprise,
1989 ou année la plus proche.

Océan Atlantique

UK (16 %)

F (30 %)

D (19 %)

FRANCE

F (24 %)

D (28 %)

La Corogne
Gijón
Bilbao
Asturies
Cantabrie
Pays
Basque
Galice
Navarre
ANDORRE
Vigo
Miño
La Rioja
Ebre
Castille-León
Catalogne
Valladolid
Duero
Saragosse
Badalona
Hospitalet
Barcelone
Aragon
Madrid
I (17 %)
Madrid
Tage
Baléares
Estrémadure
Valence
Palma de
Majorque
PORTUGAL
Guadiana
Castille-La Manche
Iles Baléares
Valence
Mer Méditerranée
Alicante
Cordoue
Guadalquivir
Murcie
Andalousie
Murcie
Séville
Grenade
Malaga
Gibraltar (UK)
Ceuta (E)

MAROC

Population

3 200 000
1 800 000
500 000
200 000

0   200 km

Iles Canaries

Las Palmas

0   100 km

CARTE D'IDENTITÉ

GÉOGRAPHIE

SUPERFICIE : 504 800 km^2

DIMENSIONS : hauteur maximale : 840 km ;
largeur maximale : 950 km

TERRITOIRES NON CONTINENTAUX : îles de Melilla,
Ceuta, Chafarinas

LONGUEUR DES FRONTIÈRES : 1 945 km

LONGUEUR DES CÔTES : 5 940 km

POINT CULMINANT : mont Mulhacén, 3 478 km

PART BOISÉE DU TERRITOIRE : 25 %

TEMPÉRATURE MOYENNE
Région la plus basse : 11,1 %
Région la plus haute : 18,6 %

PLUVIOMÉTRIE MOYENNE
Région la plus basse : 69 mm
Région la plus haute : 1 485 mm

RESSOURCES NATURELLES : mercure, plomb et
cuivre en Andalousie, fer (Bilbao)

HABITANTS

POPULATION : 38,9 millions

DENSITÉ : 77 habitants/km^2

ÂGES : 21,6 % de moins de 15 ans (CE = 18,7) ;
12,6 % de 65 ans et plus (CE = 13,8)

ESPÉRANCE DE VIE : femmes : 79,6 ans (CE = 78,6);
hommes : 73,1 ans (CE = 72,0)

ÉTRANGERS : 335 000, soit 0,9 % de la population
(CE = 4,0)

RELIGION : 84 % de catholiques, 13 % sans religion
(population de 15 ans et plus)

ÉDUCATION : 56 % des 15 ans et plus ont arrêté
leurs études avant l'âge de 15 ans (CE = 42)

FÉCONDITÉ : 1,30 enfant par femme (CE = 1,58)

ÉPARGNE : 7,0 % du revenu disponible des ménages

TÉLÉPHONE : 283 lignes principales pour
1 000 habitants (CE = 396)

TÉLÉVISION : 368 pour 1 000 habitants (CE = 310)

VOITURE : 264 pour 1 000 habitants (CE = 353)

CONSOMMATION D'ÉNERGIE : 0,300 tep (hors
industrie et transports, CE = 0,85)

ÉTAT

SYSTÈME POLITIQUE : monarchie parlementaire

SOUVERAIN : Juan Carlos Ier de Bourbon (depuis
1975)

PREMIER MINISTRE : Felipe Gonzáles (depuis 1982)

CAPITALE : Madrid (3,1 millions d'habitants)

PRINCIPALES AGGLOMÉRATIONS : Barcelone
(1 755 000 ha) ; Valence (785 000) ; Séville
(654 000) ; Saragosse (601 000) ; Malaga (53 800)

MONNAIE : peseta

LANGUE : espagnol (castillan) ; catalan (basque et
galicien utilisés officiellement dans les
communautés autonomes)

DÉCOUPAGE ADMINISTRATIF : 17 communautés
autonomes, 50 provinces, 8 027 communes

PERSONNEL DES FORCES ARMÉES : 320 000

FÊTES NATIONALES : 24 juin et 12 octobre

RÉSEAU ROUTIER : 154 716 km, dont 2 276 km
d'autoroutes

RÉSEAU FERROVIAIRE : 12 686 km

DRAPEAU : sang et or avec blason central (depuis
1981)

HYMNE : *Marcha real*

DATE D'ENTRÉE DANS LA CE : 1986

ÉCONOMIE

INFLATION (moyenne 1977-1989) : 11,6 %

CHÔMAGE (moyenne 1977-1989) : 15,2 %

PIB/HABITANT : 7 383 écus (CE = 12 439)

RÉPARTITION PAR SECTEUR
Agriculture : 5,2 % (CE = 3,1)
Industrie : 37,5 % (CE = 35,5)
Services : 57,5 % (CE = 61,4)

CROISSANCE DU PIB (moyenne 1979-1988) : 2,4 %

BALANCE COMMERCIALE : - 15,2 milliards d'écus

DÉPENDANCE ÉNERGÉTIQUE : 64,8 %

DÉPENSES DE SANTÉ : 6,0 % du PIB

DÉPENSES D'ÉDUCATION : 3,2 % du PIB

DÉPENSES DE DÉFENSE : 3,3 % du PIB (CE = 3,6)

DÉPENSES DE RECHERCHE-DÉVELOPPEMENT :
0,40 % du PIB (CE = 0,99)

SUPERFICIE AGRICOLE : 53,7 % du territoire (CE = 54)

Histoire

XIIIe au VIe siècle av. J.-C. Installation de tribus ibères venues d'Afrique dans la Péninsule.

IIIe siècle av. J.-C. Conquête de la Péninsule par les armées de Carthage.

201 av. J.-C. Possession de l'Espagne par Rome. La conquête se termine en 19 av. J.-C, sous Auguste.

409. Invasion barbare, repoussée par des mercenaires wisigoths envoyés par Rome.

711. Invasion arabe. Fin du royaume wisigoth.

929-1027. Califat de Cordoue, apogée de la civilisation hispano-arabe.

1492. Elimination du dernier royaume musulman (Grenade) et fin de la Reconquête par les Rois Catholiques. Découverte de l'Amérique par Christophe Colomb.

1516. Mort de Ferdinand d'Aragon. Charles Quint régnera sur l'Espagne, les territoires américains, plusieurs territoires d'Afrique du Nord, l'Italie, l'Empire autrichien et les Pays-Bas.

1588. Défaite de l'Invincible Armada et début du déclin de l'empire de Charles Quint.

1609. Les Pays-Bas obtiennent leur indépendance vis-à-vis de l'Espagne.

1640. Le Portugal se sépare de l'Espagne.

1701. Fin du règne des Habsbourg.

1808. Soulèvement contre la domination française et victoire sur Napoléon. Ferdinand VII récupère son trône en 1813.

1873. Proclamation de la première République.

1898. Guerre contre les Etats-Unis. Fin de l'empire colonial d'outre-mer (Cuba, Porto Rico, les Philippines).

1914. Neutralité de l'Espagne pendant la Première Guerre mondiale.

1931. Proclamation de la seconde République.

1936. Victoire du Front populaire aux élections. Début de la guerre civile. Arrivée du général Franco au pouvoir. La dictature durera 36 ans.

1940. Neutralité de l'Espagne pendant la Seconde Guerre mondiale.

1975. Mort de Franco. Juan Carlos devient roi d'Espagne.

1978. Elaboration de la Constitution, approuvée par le suffrage universel.

1981. Tentative manquée de coup d'Etat militaire.

1982. Majorité socialiste aux élections générales. Felipe Gonzáles élu président du gouvernement.

1986. Entrée dans la Communauté européenne.

INSTITUTIONS

La constitution de 1978 établit les bases d'une monarchie parlementaire.

SOUVERAIN. Chef de l'Etat, chef suprême des armées. Propose le président du gouvernement, nomme et révoque les ministres, mais n'a pas de pouvoirs législatifs.

PRÉSIDENT DU GOUVERNEMENT. Investi par le Congrès des députés et responsable devant lui, dirige l'action du gouvernement. Responsable devant le Congrès. Peut dissoudre l'une ou l'autre des deux chambres.

PARLEMENT. Exerce le pouvoir législatif par l'intermédiaire de deux assemblées (*Cortes*) : Congrès des députés (350 représentants élus au scrutin proportionnel) ; Sénat ou Chambre haute (225 sénateurs élus au scrutin majoritaire dans chacune des provinces, ou désignés par les parlements autonomes pour une représentation adéquate proportionnelle). Peut renverser le gouvernement à la suite d'un vote négatif. Les projets de lois sont soumis aux deux chambres, mais la décision ultime revient à la Chambre des députés. Elections législatives tous les quatre ans.

COMMUNAUTÉS AUTONOMES. Le processus de décentralisation prévoit la création de 17 communautés autonomes dont le degré d'autonomie varie. Chacune dispose de son parlement et de son exécutif. La Catalogne, le Pays basque, la Galice et l'Andalousie sont les provinces où le processus est le plus avancé. Ceuta et Melilla seront dotés d'un statut spécial.

AUTRES INSTITUTIONS. *Defensor del pueblo* : supervise l'activité de l'administration. A une large compétence d'investigation. Tribunal constitutionnel.

ÉLECTIONS. Droit de vote à 18 ans.

SERVICE MILITAIRE. Obligatoire pour les hommes (12 mois).

Chefs d'Etat et de gouvernement*

Chefs d'Etat

Francisco Franco	septembre 1936
Juan Carlos	novembre 1975

Premiers ministres

Carlos Arias Navarro	décembre 1975
Adolfo Suarez	juillet 1976
Leopoldo Calvo Sotelo	février 1981
Felipe Gonzáles-Márques	décembre 1982

* De l'après-franquisme.

■ Pâques désigne plusieurs fêtes religieuses: *pascuas* (Pâques) ; *pascuas de Navidad* (Noël) ; *pascuas de Reyes* (Adoration des Rois mages) ; *pascuas de Pentecostés* (Pentecôte).

■ La ville de Ceuta compte 85 000 habitants, dont 25 000 musulmans.

DÉMOGRAPHIE

MÉNAGES. 10,8 millions, dont 10,1 % composés d'une seule personne (CE = 26) et 24,6 % de 5 personnes et plus (CE = 10,4).

MARIAGES. 5,6 pour 1 000 habitants (CE = 6,0).

0,5 % des couples vivent en cohabitation (CE = 3).

DIVORCES. 10 pour 100 mariages (CE = 28).

NATALITÉ. Le renouvellement des générations n'est plus assuré depuis 1981.

NAISSANCES HORS MARIAGE. 10,0 % des naissances en 1989 (CE =17), contre 3,9 % en 1980 et 1,4 % en 1970.

FAMILLES. 4,8 % des familles sont monoparentales (un ou plusieurs enfants élevés par un seul de leurs parents, CE = 4,9).

Les naissances de rang 3 et suivantes représentent 21,6 % du total des naissances (CE = 22).

ESPÉRANCE DE VIE. L'écart entre les hommes et les femmes était de 6,5 ans en 1988 (CE = 6,6), contre 4,8 en 1960.

30 ANS DE DÉMOGRAPHIE

Evolution des principaux indicateurs démographiques :

	1960	1970	1980	1989*
Population (milliers)	30 327	33 603	37 242	38 795
Ages (% pop. totale) - Moins de 15 ans - 65 ans et plus	27,3 8,2	28 10	25,9 10,8	21,6 12,6
Espérance de vie - Hommes (ans) - Femmes (ans)	67,4 72,2	69,2 74,8	72,5 78,6	73,1 79,6
Mariages (pour 1 000 hab.)	7,7	7,3	5,9	5,6
Divorces (pour 1 000 hab.)	-	-	-	-
Indice conjoncturel de fécondité	2,86	2,84	2,22	1,30
Mortalité infantile (pour 1 000 naissances vivantes)	43,7	28,1	12,3	8,3

* Ou année la plus proche.

Eurostat, OCDE

LOGEMENT

URBANISATION. 77 % de la population (CE = 81).

LOGEMENT. 59 % des ménages habitent une maison individuelle (CE = 60), 41 % un appartement (CE = 40).

13 % des ménages disposent d'une résidence secondaire.

PROPRIÉTAIRES. 77 % des ménages (CE = 62).

CONFORT. 91 % des logements disposent de WC, 21 % de chauffage central.

ÉQUIPEMENT. 89 % des ménages sont équipés d'un lave-linge (CE = 90), 11 % d'un lave-vaisselle (CE = 21), 95 % d'un réfrigérateur (CE = 97), 9 % d'un congélateur indépendant (CE = 44).

32 % des foyers équipés de la télévision ont un magnétoscope.

La consommation annuelle d'électricité est de 708 kWh par habitant (CE = 1 283).

ANIMAUX. 22 % des ménages ont un chien et 16 % un chat.

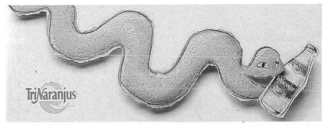

Bassat, Ogilvy & Mather

■ Les noms espagnols appartiennent à quatre groupes d'importance inégale: association d'un prénom et d'un nom ; déformation plus ou moins complexe d'un prénom ; association des patronymes du père et de la mère ; réunion des patronymes du père et de la mère par une particule. Pour les noms d'origine noble, le prénom est précédé de « don » pour les hommes et de « doña » pour les femmes.

■ La température atteint - 25°C en Catalogne, dans le Duero et le Centre.

■ Le castillan est parlé par 73 % de la population, le catalan par 24 %, le basque par 3 %. Le galicien est parlé par 70 % des habitants de la Galicée (2,9 millions).

■ En Navarre, les habitants de quelques vallées parlent encore l'euzkarien.

■ L'Etat a mis fin en 1990 à l'aide financière qu'il accordait à l'Eglise (13,3 milliards de pesetas). Les contribuables peuvent déduire de leurs revenus les sommes qu'ils versent à l'Eglise (jusqu'à 0,5 %).

TRAVAIL

ACTIFS. 38,4 % de la population totale (CE = 44,8).

FEMMES. 25,5 % sont actives, contre 16,8 % en 1960. Entre 1979 et 1988, le nombre de femmes actives a augmenté de 25,4 % (CE = 34,4) contre 10,1 % pour l'ensemble de la population active.

SECTEURS D'ACTIVITÉ. 14,4 % des actifs travaillent dans l'agriculture (CE = 7,6), 32,5 % dans l'industrie (CE = 33,2), 53,1 % dans les services (CE = 59,2).

CHÔMAGE

Evolution du chômage (en % de la population active) :

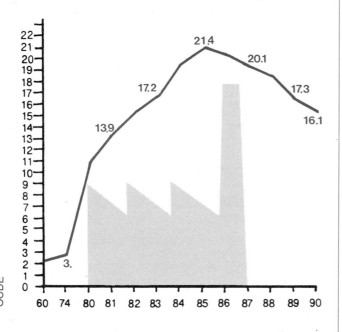

OCDE

FONCTIONNAIRES. 1 600 000 personnes, soit 19 % des actifs, sont employés dans les administrations publiques.

TRAVAILLEURS ÉTRANGERS. 42 000, soit 0,3 % des actifs, dont 23 000 en provenance des autres pays de la CE.

DURÉE DU TRAVAIL. 1 840 heures par an (durée conventionnelle). De 37 à 40 heures par semaine, de 4,5 à 5 semaines de congés payés par an.

TEMPS PARTIEL. 16 % des femmes actives concernées (CE = 29), et 7 % des hommes (CE = 4).

ÂGE DE LA RETRAITE. 65 ans pour les hommes et pour les femmes. Pensions calculées respectivement sur 35 années de cotisation, à partir des 8 dernières années.

SYNDICALISATION. 16 % des actifs. 733 journées de travail perdues pour 1 000 salariés entre 1983 et 1988 (moyenne annuelle).

CHÔMAGE. 15,9 % des actifs en février 1990 (CE = 8,6). 51 % des chômeurs sont des femmes (CE = 53) ; 37 % sont des jeunes de moins de 25 ans (CE = 38). 59 % des chômeurs sont sans emploi depuis au moins un an.

ARGENT

RÉMUNÉRATION DES SALARIÉS. 15 237 écus, aux prix et taux de change de 1988 (CE = 19 870).

PRÉLÈVEMENTS OBLIGATOIRES. 33,4 % en 1990 (CE = 39,6), contre 24,1 % en 1980 et 14,7 % en 1965.

Les impôts directs représentent 28,6 % du total (CE = 28,6), les impôts indirects 27,0 % (CE = 30,5), les cotisations sociales 33,8 % (CE = 33,3).

IMPÔT SUR LE REVENU. Le taux minimum est de 8 %, le maximum de 66 %.

Il représentait 6,5 % du salaire ouvrier moyen en 1988 pour un couple (un seul salaire et deux enfants à charge) et 11,3 % pour un célibataire.

ÉPARGNE. 7,0 % du revenu disponible des ménages en 1989, contre 8,2 % en 1980 et 8,0 % en 1960.

BUDGET

Structure de la consommation des ménages (en % du total) :

	1970	1987
Alimentation	32,0	26,0
Habillement	8,0	7,4
Logement, chauffage, éclairage	18,1	14,2
Meubles et entretien courant	7,8	7,1
Santé	2,9	3,6
Transports et communications	10,2	14,8
Loisirs, enseignement, culture	5,8	6,6
Autres biens et services	11,8	20,1

Eurostat

ALIMENTATION (par an). 148 kg de légumes, 106 kg de pommes de terre, 71 kg de céréales, 57 kg de fruits, 24 kg de sucre, 23 kg d'agrumes, 6 kg de riz.

39 kg de porc, 34 kg de poisson, 21 kg de volaille (maximum CE), 8 kg de bœuf (minimum CE), 4 kg de veau.

12,4 kg de surgelés par personne en 1989.

19 kg d'huile, 7 kg de beurre, 5 kg de fromage, 1 kg de margarine.

69 litres de bière et 47 litres de vin.

■ Plus de 50 millions de touristes se rendent en Espagne chaque année.

SOCIÉTÉ

IMMIGRÉS. 335 000, soit 0,9 % de la population (CE = 4).

9 000 réfugiés politiques à fin 1989.

DÉLINQUANCE. 1 079 cambriolages, 1,8 homicide, 3,6 viols pour 100 000 habitants en 1988.

SUICIDES. 10 hommes et 3 femmes sur 100 000 en 1987 (CE = 19 et 8).

ACCIDENTS DE VOITURES. 622 décès par million de véhicules en 1988 (CE = 376).

ASSOCIATIONS. 16 % des plus de 25 ans appartiennent à des associations, taux le plus faible de la Comunauté (CE = 44).

ENVIRONNEMENT. 275 kg de déchets ménagers (CE = 298, 1985), 1,3 kg de gaz carbonique par habitant (CE = 2,3, 1987).

RELIGION. 68 % des Espagnols de 15 ans et plus se considèrent comme religieux (CE = 65), 7 % comme athées, 6 % comme agnostiques.

31 % se rendent au moins une fois par semaine aux services religieux (CE = 28), 16 % jamais (CE = 15).

POLITIQUE. Sur une échelle politique de 1 (extrême gauche) à 10 (extrême droite), les Espagnols se situent en moyenne à 4,6 (CE = 5,2).

MÉDIAS. 102 quotidiens.

Télévision : Chaînes publiques nationales : TVE1 et TVE2. 9 chaînes régionales hertziennes. 3 chaînes privées nationales hertziennes : Antena3, Telecinco, Canal Plus Espagne (cryptée). Câblage en cours dans la région de Barcelone.

Durée moyenne d'écoute : 214 min par jour.

VACANCES. 44 % de la population partent en vacances (CE = 56), dont 8 % à l'étranger.

■ Les îles Canaries (appelées Hespérides ou Fortunates dans l'Antiquité) sont constituées de 7 îles et de 6 îlots (inhabités) à 100 km des côtes de l'Afrique.

■ L'Espagne est le premier producteur mondial d'oranges.

■ Les jeux Olympiques de 1992 auront lieu à Barcelone. Cette même année, l'Exposition universelle se tiendra à Séville.

■ La devise de l'Espagne, depuis 1981 est : *Plus ultra* (encore au-delà).

■ Le troglodytisme est encore pratiqué en Andalousie et en Aragon.

■ La fête civile du 2 mai commémore le soulèvement de Madrid contre les troupes françaises de Murat. La fête du 12 octobre *(fiesta de la Raza)* est le jour anniversaire de la découverte de l'Amérique. Elle est célébrée dans tous les pays de langue espagnole.

Opinions et valeurs

• 39 % des Espagnols déclarent « devoir s'imposer des restrictions du fait d'un revenu insuffisant » (CE = 36).
• 59 % estiment que « les riches sont de plus en plus riches et les pauvres de plus en plus pauvres » (CE = 70).
• 57 % sont satisfaits du « fonctionnement de la démocratie dans leur pays » (CE = 56), contre 51 % en 1985.
• 74 % considèrent que « l'appartenance de leur pays à la CE est une bonne chose » (CE = 65), contre 58 % en 1980.
• 84 % sont satisfaits de la vie qu'ils mènent (CE = 83), contre 70 % en 1985.

Eurobaromètre

« Les Seat à ton image. »

Tapsa/NW Ayer

FRANCE

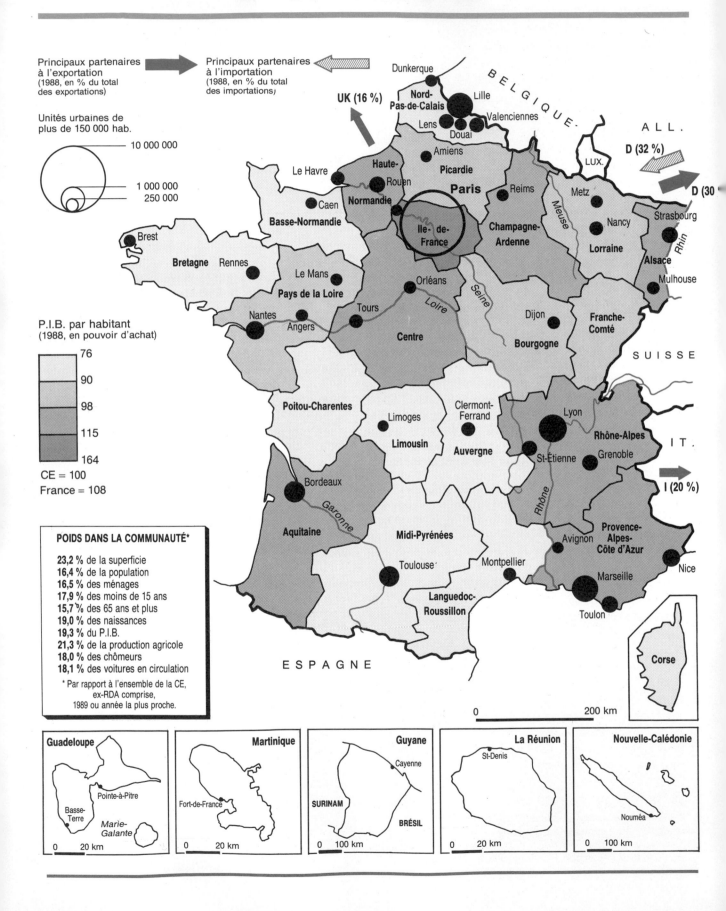

Principaux partenaires à l'exportation (1988, en % du total des exportations)

Principaux partenaires à l'importation (1988, en % du total des importations)

Unités urbaines de plus de 150 000 hab.
10 000 000
1 000 000
250 000

P.I.B. par habitant (1988, en pouvoir d'achat)
76
90
98
115
164
CE = 100
France = 108

UK (16 %)

D (32 %)
D (30
D (30

I (20 %)

BELGIQUE
ALL.
LUX.
SUISSE
IT.
ESPAGNE

Dunkerque
Nord-Pas-de-Calais
Lille
Valenciennes
Lens
Douai
Amiens
Picardie
Le Havre
Haute-Normandie
Rouen
Paris
Reims
Metz
Caen
Normandie
Ile-de-France
Champagne-Ardenne
Nancy
Strasbourg
Basse-Normandie
Lorraine
Alsace
Brest
Mulhouse
Bretagne
Rennes
Le Mans
Orléans
Meuse
Rhin
Pays de la Loire
Tours
Seine
Dijon
Franche-Comté
Nantes
Angers
Loire
Bourgogne
Centre
Poitou-Charentes
Limoges
Clermont-Ferrand
Lyon
Rhône-Alpes
Limousin
Auvergne
St-Étienne
Grenoble
Bordeaux
Rhône
Garonne
Aquitaine
Midi-Pyrénées
Avignon
Provence-Alpes-Côte d'Azur
Toulouse
Montpellier
Marseille
Nice
Languedoc-Roussillon
Toulon

0   200 km

Corse

POIDS DANS LA COMMUNAUTÉ*

23,2 % de la superficie
16,4 % de la population
16,5 % des ménages
17,9 % des moins de 15 ans
15,7 % des 65 ans et plus
19,0 % des naissances
19,3 % du P.I.B.
21,3 % de la production agricole
18,0 % des chômeurs
18,1 % des voitures en circulation

* Par rapport à l'ensemble de la CE, ex-RDA comprise, 1989 ou année la plus proche.

Guadeloupe
Pointe-à-Pitre
Basse-Terre
Marie-Galante
0   20 km

Martinique
Fort-de-France
0   20 km

Guyane
Cayenne
SURINAM
BRÉSIL
0   100 km

La Réunion
St-Denis
0   20 km

Nouvelle-Calédonie
Nouméa
0   100 km

CARTE D'IDENTITÉ

GÉOGRAPHIE

SUPERFICIE : 549 000 km^2

DIMENSIONS : hauteur maximale : 900 km ; largeur maximale : 900 km

TERRITOIRES NON CONTINENTAUX (principaux) : Corse ; 4 départements d'outre-mer (Guadeloupe, Guyane, Martinique, Réunion) ; 4 territoires d'outre-mer (Nouvelle-Calédonie, Polynésie, Terre australe et antarctique, Wallis-et-Futuna) ; 2 collectivités territoriales (Mayotte, St-Pierre-et-Miquelon).

LONGUEUR DES FRONTIÈRES : 2 970 km

LONGUEUR DES CÔTES : 5 500 km

POINT CULMINANT : 4 807 m (mont Blanc)

PART BOISÉE DU TERRITOIRE : 27 %

TEMPÉRATURE MOYENNE
Région la plus basse : 8,4° C
Région la plus haute : 14,7° C

PLUVIOMÉTRIE MOYENNE
Région la plus basse : 479 mm
Région la plus haute : 1 251 mm

RESSOURCES NATURELLES : minerai de fer (Lorraine) ; charbon (Nord et Lorraine) ; gaz naturel (Sud-Ouest) ; potasse (Alsace), bauxite (Provence).

HABITANTS

POPULATION : 56,3 millions en métropole. 1,4 million dans les départements et territoires d'outre-mer. 1,5 million dans d'autres pays

DENSITÉ : 102 habitants/km^2

ÂGES : 20,4 % de moins de 15 ans (CE = 18,7) ;
13,6 % de 65 ans et plus (CE = 13,8)

ESPÉRANCE DE VIE : femmes : 80,7 ans (CE = 78,6) ; hommes : 72,5 ans (CE = 72,0)

ÉTRANGERS : 3,8 millions, soit 7 % de la population (CE = 4,0)

RELIGION : 90 % de catholiques, 750 000 protestants, 500 000 juifs, 2,5 millions de musulmans

ÉDUCATION : 30 % des 15 ans et plus ont arrêté leurs études avant l'âge de 15 ans (CE = 42)

FÉCONDITÉ : 1,8 enfant par femme (CE = 1,58)

EPARGNE : 12 % du revenu disponible des ménages

TÉLÉPHONE : 455 lignes principales pour 1000 habitants (CE = 396)

TÉLÉVISION : 333 pour 1000 habitants (CE = 310)

VOITURE : 391 pour 1000 habitants (CE = 353)

CONSOMMATION D'ÉNERGIE : 3,6 tep par habitant (hors industrie et transports, CE = 0,85)

ÉTAT

SYSTÈME POLITIQUE : République

CHEF D'ETAT : François Mitterrand (depuis 1981)

CHEF DU GOUVERNEMENT : Michel Rocard (depuis 1988)

CAPITALE : Paris (8,4 millions d'habitants)

PRINCIPALES AGGLOMÉRATIONS : Lyon (1,2 million), Marseille (1,1), LIlle (0,9), Bordeaux (0,6), Toulouse (0,5)

MONNAIE : franc français

LANGUE : français.

DÉCOUPAGE ADMINISTRATIF : 22 régions, divisées au total en 95 départements. Quatre départements d'outre-mer, quatre territoires d'outre-mer et deux collectivités territoriales, 36 627 communes

PERSONNEL DES FORCES ARMÉES : 442 000 hommes

FÊTE NATIONALE : 14 juillet

RÉSEAU ROUTIER : 807 601 km dont 6 206 km d'autoroutes

RÉSEAU FERROVIAIRE : 34 644 km

VOIES NAVIGABLES : 6 409 km

DRAPEAU : bleu blanc rouge.

HYMNE : la Marseillaise, depuis 1879.

DATE D'ENTRÉE DANS LA CE : 1957

ÉCONOMIE

INFLATION (moyenne 1977-1989) : 7,9 %

CHÔMAGE (moyenne 1977-1989) : 8,2 %

PIB/HABITANT : 14 425 écus (CE = 12 439)

RÉPARTITION PAR SECTEUR
Agriculture : 3,7 % (CE = 3,1)
Industrie : 31,5 % (CE = 35,5)
Services : 64,8 % (CE – 61,4)

CROISSANCE DU PIB (moyenne 1979-88) : 1,9 % ; 3,7 % en 1989

BALANCE COMMERCIALE : - 6,8 milliards d'écus

DETTE EXTERIEURE : 86 écus/habitant

DÉPENDANCE ÉNERGÉTIQUE : 54,6 %

DÉPENSES DE SANTÉ : 8,6 % du PIB

DÉPENSES D'ÉDUCATION : 6,1 % du PIB

DÉPENSES DE DÉFENSE : 3,2 % du PIB (CE = 3,6)

DÉPENSES DE RECHERCHE-DÉVELOPPEMENT : 2,3 % du PIB (CE = 0,99)

SUPERFICIE AGRICOLE : 57,1 % du territoire (CE = 54)

Histoire

52 av. J.C. Bataille d'Alésia : Vercingétorix est battu par Jules César, empereur des Romains.

732. Charles Martel arrête l'invasion arabe à Poitiers.

800. Charlemagne est sacré empereur.

1337-1453. « Guerre de Cent ans » contre les Anglais, qui seront finalement victorieux.

1347. La peste noire décime environ un quart de la population.

1515-1560. La Renaissance. Sous l'influence de l'Italie, les arts et la cour deviennent les signes de la puissance royale de François Ier.

1562-1610. Guerres de Religion entre catholiques et protestants.

1661. Début du règne de Louis XIV, qui durera 54 ans.

1789. Prise de la Bastille (14 juillet) par le peuple de Paris. Abolition des privilèges (4 août). Déclaration des droits de l'homme (26 août).

21 septembre 1792. Proclamation de la République.

2 décembre 1804. Bonaparte se sacre empereur et devient Napoléon.

1815. Napoléon est exilé à l'île d'Elbe. Louis XVIII revient au pouvoir.

Février 1848. Seconde République.

2 décembre 1851. Coup d'Etat de Louis-Napoléon Bonaparte, qui devient Napoléon III.

1870. Troisième République.

Mars-mai 1871. La Commune : le peuple de Paris, révolté, est assiégé.

1894. L'affaire Dreyfus (capitaine israélite accusé d'espionnage) divise les Français.

1905. Séparation de l'Eglise et de l'Etat.

1914-1918. Première Guerre mondiale.

1936. Les partis du Front populaire (parti radical, SFIO, Parti communiste) l'emportent sur la droite aux élections législatives. Léon Blum forme un nouveau gouvernement qui signera d'importants accords sociaux.

1939-1945. Seconde Guerre mondiale.

Décembre 1946. Début de la guerre d'Indochine, qui se terminera par la chute de Diên Biên Phû (7 mai 1954).

1955. Début de la guerre d'Algérie, qui deviendra indépendante en 1962.

1958. Ve République.

1965. De Gaulle est réélu à la présidence de la République.

1968. Les événements de mai bouleversent le pays et désorganisent l'économie.

1981. Election d'un président de gauche (François Mitterrand) à la tête de l'Etat, après 23 ans de pouvoir de la droite.

1986. Cohabitation entre un président de gauche et un Premier ministre de droite (Jacques Chirac).

1988. Réélection de François Mitterrand.

INSTITUTIONS

Constitution de 1958 :

PRÉSIDENT DE LA RÉPUBLIQUE. Elu pour 7 ans au suffrage universel, à la majorité absolue. Chef de l'exécutif, dispose de pouvoirs étendus. Nomme le premier ministre. Peut dissoudre l'Assemblée nationale et soumettre des projets de loi importants à un référendum.

GOUVERNEMENT. Dirigé par le Premier ministre, composé de ministres et de secrétaires d'Etat nommés et révoqués par le président de la République sur proposition du premier ministre. Responsable devant l'Assemblée nationale.

PARLEMENT. Composé de deux chambres : Assemblée nationale et Sénat. 577 députés de l'Assemblée nationale élus pour cinq ans au scrutin majoritaire à deux tours. 317 sénateurs élus pour neuf ans au suffrage indirect par un collège composé des députés, conseillers généraux, maires et conseillers municipaux. Sénat renouvelable par tiers tous les trois ans. Projets de lois soumis aux deux chambres. En cas de désaccord, une commission paritaire intervient ; l'Assemblée nationale statue en dernier ressort.

AUTRES INSTITUTIONS (principales). Conseil constitutionnel ; Conseil d'Etat ; Conseil économique et social ; Conseil supérieur de la magistrature ; Haute Cour de justice.

ÉLECTIONS. Droit de vote à 18 ans, éligibilité de 18 à 35 ans selon les postes. Ont lieu le dimanche.

SERVICE MILITAIRE. Obligatoire pour les hommes (10 mois à partir de 1991).

Chefs d'Etat et de gouvernement

Présidents de la République*

Vincent Auriol	janvier 1947
René Coty	décembre 1954
Charles de Gaulle	décembre 1958
Georges Pompidou	juin 1969
Valéry Giscard d'Estaing	mai 1974
François Mitterrand	mai 1981 et mai 1988

Premiers ministres (Ve République) :

Michel Debré	janvier 1959
Georges Pompidou	avril 1962
Maurice Couve de Murville	juillet 1968
Jacques Chaban-Delmas	juin 1969
Pierre Messmer	juillet 1972
Jacques Chirac	mai 1974
Raymond Barre	août 1976
Pierre Mauroy	mai 1981
Laurent Fabius	juillet 1984
Jacques Chirac	mars 1986
Michel Rocard	mai 1988

(*) Dates d'élection (depuis la fin de la Seconde Guerre mondiale).

DÉMOGRAPHIE

MÉNAGES. 21,1 millions, dont 27 % composés d'une seule personne (CE = 26) et 10 % de 5 personnes et plus (CE = 10,4).

MARIAGES. 5,0 pour 1 000 habitants (CE = 6,0). Légère augmentation depuis 1987.

6,7 % des couples vivent en cohabitation (CE = 3).

DIVORCES. 38 divorces pour 100 mariages (CE = 28).

NATALITÉ. Le renouvellement des générations n'est plus assuré depuis 1970, mais la descendance finale des femmes est proche du seuil de remplacement, du fait de naissances plus tardives que par le passé.

NAISSANCES HORS MARIAGE. 28 % des naissances en 1989 (CE =17), contre 11,4 % en 1980 et 6,8 % en 1970.

30 ANS DE DÉMOGRAPHIE

Evolution des principaux indicateurs démographiques :

	1960	1970	1980	1989*
Population (milliers)	45 465	50 528	53 731	56 017
Ages (% pop. totale)				
- Moins de 15 ans	26,4	25	22,3	20,4
- 65 ans et plus	11,6	13	14,0	13,6
Espérance de vie				
- Hommes (ans)	66,9	68,4	70,2	72,5
- Femmes (ans)	73,6	75,9	78,4	80,7
Mariages (pour 1 000 hab.)	7,0	7,8	6,2	5,0
Divorces (pour 1 000 hab.)	0,7	0,8	1,5	1,9
Indice conjoncturel de fécondité	2,73	2,48	1,95	1,81
Mortalité infantile (pour 1 000 naissances vivantes)	27,4	18,2	10,0	7,4

Eurostat, OCDE

* Ou année la plus proche.

FAMILLES. 4,7 % des familles sont monoparentales (un ou plusieurs enfants élevés par un seul de leurs parents, CE = 4,9).

Les naissances de rang 3 et suivantes représentent 25 % du total des naissances (CE = 22).

Le nombre des familles nombreuses (au moins 4 enfants de 0 à 16 ans) a diminué de moitié entre 1968 et 1982.

ESPÉRANCE DE VIE. L'écart entre les hommes et les femmes était de 8,2 ans en 1988, maximum de la Communauté (CE = 6,6), contre 6,3 en 1960.

LOGEMENT

URBANISATION. 82 % de la population (CE = 81) habitent dans des agglomérations urbaines, dont 18 % dans la région parisienne.

LOGEMENT. 58 % des ménages habitent une maison individuelle (CE = 60), 42 % un appartement (CE = 40).

12 % des ménages disposent d'une résidence secondaire (record CE), mais les Français s'en détachent de plus en plus, du fait des contraintes et de leur entretien coûteux.

PROPRIÉTAIRES. 53 % des ménages (CE = 62).

CONFORT. 85 % des logements disposent de WC, 85 % de baignoire ou douche, 68 % de chauffage central.

ÉQUIPEMENT. 94 % des ménages sont équipés d'un lave-linge (CE = 90), 33 % d'un lave-vaisselle (CE = 21), 99 % d'un réfrigérateur (CE = 97), 50 % d'un congélateur indépendant (CE = 44).

24 % des foyers équipés de la télévision ont un magnétoscope.

La consommation annuelle d'électricité est de 1 638 kWh par habitant (CE = 1 283).

5 millions de Minitel

Début 1990, cinq millions de ménages disposaient d'un Minitel, téléphone muni d'un écran et d'un clavier permettant d'accéder à plusieurs milliers de services (annuaire, banques de données, messageries, jeux, réservations, achats à distance, opérations bancaires, etc.).

■ Les Français mesurent en moyenne 1,72 m pour 75 kg, les Françaises 1,60 m pour 60 kg. En un siècle, les hommes ont grandi de 7 cm, les femmes de 5 cm. Les hommes ont grossi en moyenne de 3 kg depuis 1970, tandis que les femmes ont maigri de 600 g.

TRAVAIL

ACTIFS. 43,2 % de la population totale (CE = 44,8).

FEMMES. 35,8 % sont actives (CE = 34,4), contre 28,2 % en 1960. Elles représentent 43 % de la population active totale (34 % dans les années 60).

SECTEURS D'ACTIVITÉ. 6,8 % des actifs travaillent dans l'agriculture (CE = 7,6), 30,4 % dans l'industrie (CE = 33,2), 56,8 % dans les services (CE = 59,2).

FONCTIONNAIRES. 5,5 millions de personnes, soit 30 % des actifs, sont employés dans les administrations publiques. 2 900 000 sont employés par l'Etat et 1 900 000 appartiennent aux collectivités territoriales.

CHÔMAGE

Evolution du chômage (en % de la population active) :

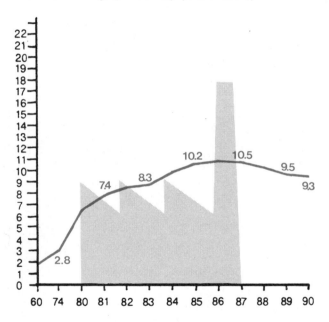

TRAVAILLEURS ÉTRANGERS. 1,6 million, soit 6,5 % des actifs, dont 204 000 en provenance des autres pays de la CE. Le nombre de travailleurs clandestins est estimé entre 800 000 et 1,5 million.

DURÉE DU TRAVAIL. 1 767 heures par an (durée conventionnelle). 35 à 39 heures par semaine, 5 à 6 semaines de congés payés par an.

ÂGE DE LA RETRAITE. 60 ans pour les hommes et pour les femmes. Pensions calculées sur 37,5 années de cotisations, à partir des 10 meilleures années.

SYNDICALISATION. 10 % des actifs. 54 journées de travail perdues pour 1 000 salariés entre 1983 et 1988 (moyenne annuelle).

CHÔMAGE. 9,4 % des actifs en février 1990 (CE = 8,6). 58 % des chômeurs sont des femmes (CE = 53) ; 27 % sont des jeunes de moins de 25 ans (CE = 38). 44 % des chômeurs sont sans emploi depuis au moins un an (CE = 52).

ARGENT

RÉMUNÉRATION DES SALARIÉS. 22 815 écus, aux prix et taux de change de 1988 (CE = 19 870).

Le revenu moyen disponible des ménages est d'un peu moins de 2 000 écus par mois (13 000 francs).

ÉCARTS DE REVENUS. Les femmes ouvrières sont payées en moyenne 17 % de moins que les hommes (après correction des effets de structure).

PRÉLÈVEMENTS OBLIGATOIRES. 44,4 % en 1990 (CE = 39,6), contre 42,5 % en 1980 et 35,0 % en 1965.

Les impôts directs représentent 18,9 % du total (CE = 28,6), les impôts indirects 29,5 % (CE = 30,5), les cotisations sociales 43,4 % (CE = 33,3).

IMPÔT SUR LE REVENU. Le taux minimum est de 5 %, le maximum de 58 %.

ÉPARGNE. 12,2 % du revenu disponible des ménages en 1989, contre 13,2 % en 1980 et 11,5 % en 1960.

Le patrimoine moyen des ménages est d'environ 750 000 F, dont plus de la moitié est constituée de l'habitation principale.

Le recours au crédit à la consommation est en forte hausse : plus de 20 % par an depuis 1985. L'endettement à court terme des ménages représente environ un tiers du PIB, mais 8 % seulement du revenu disponible des ménages. Plus de 200 000 ménages sont surendettés.

BUDGETS

Structure de la consommation des ménages (en % du total) :

	1970	1988
Alimentation	25,9	19,6
Habillement	9,5	7,7
Logement, chauffage, éclairage	15,3	18,7
Meubles et entretien courant	10,2	8,1
Santé	7,1	9,2
Transports et communications	13,4	16,8
Loisirs, enseignement, culture	6,9	7,4
Autres biens et services	11,7	13,4

ALIMENTATION (par an). 119 kg de légumes, 79 kg de céréales, 74 kg de pommes de terre, 55 kg de fruits, 35 kg de sucre, 22 kg d'agrumes, 4 kg de riz. 37 kg de porc, 26 kg de poisson, 25 kg de bœuf (maximum CE), 19 kg de volaille, 7 kg de veau (maximum CE). 21,3 kg de surgelés par personne en 1989, contre 12 kg en 1983. 22 kg de fromage, 12 kg d'huile, 9 kg de beurre, 4 kg de margarine, 3 kg de crème. 75 litres de vin (maximum CE) et 39 litres de bière.

Eurostat

Société

IMMIGRÉS. 3,7 millions, soit 6,5 % de la population (CE = 4).

185 000 réfugiés politiques en 1989. 22 % d'entre eux sont Algériens, 21 % Portugais, 12 % Marocains, 9 % Italiens, 9 % Espagnols, 5 % Tunisiens. Les problèmes d'intégration concernent surtout les personnes originaires du Maghreb.

DÉLINQUANCE. 3 569 cambriolages, taux le plus élevé de la Communauté, 4,6 homicides, 6,8 viols pour 100 000 habitants en 1988.

SUICIDES. 33 hommes et 13 femmes sur 100 000 en 1987 (CE = 19 ct 8).

ACCIDENTS DE VOITURES. 410 décès par million de véhicules en 1988 (CE = 376).

ASSOCIATIONS. 44 % des plus de 25 ans appartiennent à des associations (CE = 44).

ENVIRONNEMENT. 272 kg de déchets ménagers (CE = 298, 1985), 2,9 kg de gaz carbonique par habitant (CE = 1,8, 1987).

RELIGION. 50 % des Français de 15 ans et plus se considèrent comme religieux (CE = 65), 14 % comme athées, 5 % comme agnostiques.

16 % se rendent au moins une fois par semaine aux services religieux (CE = 28), 21 % jamais (CE = 15).

L'islam est la deuxième religion, après le catholicisme (la France compte environ 3 millions de musulmans).

POLITIQUE. Sur une échelle politique de 1 (extrême gauche) à 10 (extrême droite), les Français se situent en moyenne à 4,9 (CE = 5,2).

MÉDIAS. 88 quotidiens.

Télévision. 2 chaînes publiques nationales : Antenne 2 et FR3. 4 chaînes privées généralistes : TF1, La Cinq, M6, Canal Plus (cryptée). 5 chaînes hertziennes régionales : 8 Mont Blanc, Télé Lyon Métropole, Télé Toulouse, RTL-TV (Luxembourg), MCM-Euromusique et Canal J (les 3 dernières aussi diffusées par le câble).

12 % de foyers raccordés au câble, dont 16 % d'abonnés. Chaînes françaises et étrangères (La Sept, TV5, BBC1, BBC TV Europe...), chaînes et services spécialisés, chaînes locales.

Durée moyenne d'écoute : 188 min par jour.

VACANCES. 58 % de la population partent en vacances (CE = 56), dont 16 % à l'étranger.

Un peu plus d'un Français sur quatre part en vacances d'hiver ; un peu moins de 10 % vont faire du ski.

■ 11 % des Français estiment qu'ils ont complètement réussi leur vie, 36 % partiellement. 21 % pensent qu'ils ont des chances de réussir complètement, 15 % partiellement. 6 % pensent qu'ils n'ont pas réussi, 2 % qu'ils n'ont pas de chance de réussir.

■ Les Françaises votent depuis 1945.

Opinions et valeurs

• 42 % des Français déclarent « devoir s'imposer des restrictions du fait d'un revenu insuffisant » (CE = 36).
• 74 % estiment que « les riches sont de plus en plus riches et les pauvres de plus en plus pauvres » (CE = 70).
• 54 % sont satisfaits du « fonctionnement de la démocratie dans leur pays » (CE = 56), contre 41 % en 1973.
• 68 % considèrent que « l'appartenance de leur pays à la CE est une bonne chose » (CE = 65), contre 61 % en 1973.
• 81 % sont « satisfaits de la vie qu'ils mènent » (CE = 83), contre 77 % en 1973.

Eurobaromètre

Collants Chantal Thomass.
Le collant qui rend tous les hommes heureux dont un très heureux.

Chantal Thomass

■ Les Français consomment en moyenne 67 kg de pain par personne et par an (81 kg en 1970).

■ La fraude fiscale est estimée chaque année à 100 milliards de francs.

■ 16 % des Français et 8 % des Françaises reconnaissent qu'il leur est arrivé de tromper leur conjoint.

■ Trafic aérien : 39,3 milliards de passagers-km, 3 200 milliards de tonnes-km

■ La proportion de mariages religieux est passée de 95 % en 1970 à 58 %.

GRÈCE

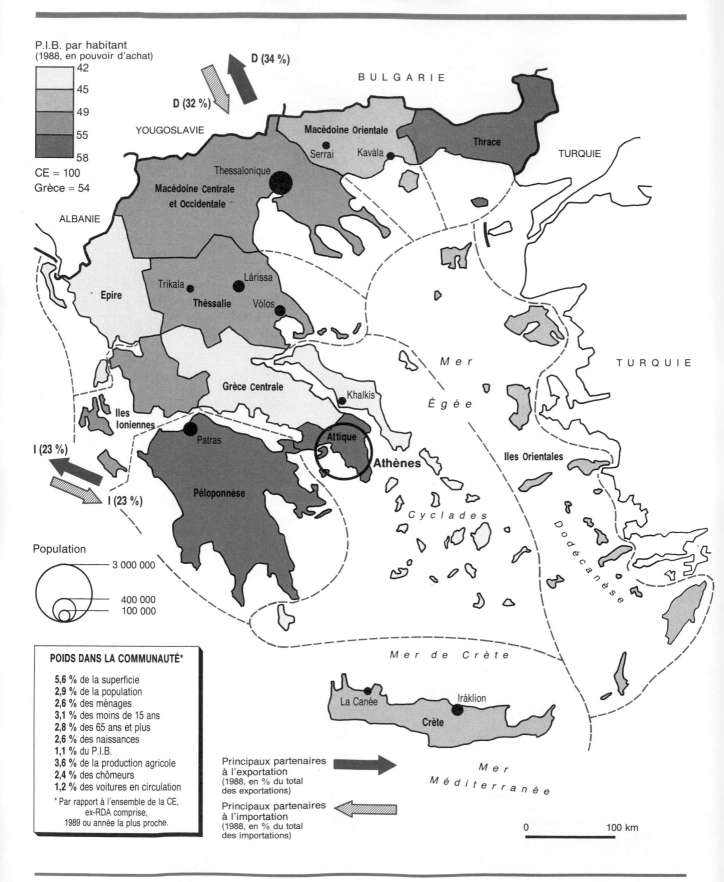

P.I.B. par habitant
(1988, en pouvoir d'achat)

42
45
49
55
58

CE = 100
Grèce = 54

D (34 %)

D (32 %)

YOUGOSLAVIE

BULGARIE

Macédoine Orientale
Serrai   Kavála

Thrace

TURQUIE

Thessalonique

Macédoine Centrale
et Occidentale

ALBANIE

Epire

Trikala   Lárissa

Théssalie   Vólos

Grèce Centrale

Khalkis

Mer

Égée

TURQUIE

Iles
Ioniennes

I (23 %)

Patras

Attique

Athènes

Iles Orientales

I (23 %)

Péloponnèse

Cyclades

Dodécanèse

Population

3 000 000

400 000
100 000

Mer de Crète

POIDS DANS LA COMMUNAUTÉ*

5,6 % de la superficie
2,9 % de la population
2,6 % des ménages
3,1 % des moins de 15 ans
2,8 % des 65 ans et plus
2,6 % des naissances
1,1 % du P.I.B.
3,6 % de la production agricole
2,4 % des chômeurs
1,2 % des voitures en circulation

* Par rapport à l'ensemble de la CE,
ex-RDA comprise,
1989 ou année la plus proche.

La Canée   Iráklion

Crète

Principaux partenaires
à l'exportation
(1988, en % du total
des exportations)

Principaux partenaires
à l'importation
(1988, en % du total
des importations)

Mer
Méditerranée

0   100 km

CARTE D'IDENTITÉ

GÉOGRAPHIE

SUPERFICIE : 132 000 km^2

DIMENSIONS : hauteur maximale : 760 km ; largeur maximale : 580 km

TERRITOIRES NON CONTINENTAUX : îles Ioniennes (Zarte, Ithaque, Corfou, Céphalonie...) ; îles de la mer Egée (Crète, Chios, Lesbos..., Cyclades, Sporades, Dodécanèse) ; îles du golfe Saronique (Salamire, Egire, Hydra...)

LONGUEUR DES FRONTIÈRES : 1 180 km

LONGUEUR DES CÔTES : 15 000 km

POINT CULMINANT : mont Olympe, 2 917 m

PART BOISÉE DU TERRITOIRE : 44 % (forêts, garrigues et maquis)

TEMPÉRATURE MOYENNE
Région la plus basse : 14,0°C
Région la plus haute : 18,1°C

PLUVIOMÉTRIE MOYENNE
Région la plus basse : 431 mm
Région la plus haute : 1 003 mm

RESSOURCES NATURELLES : lignite, bauxite, minerai de fer, pétrole (Egée du Nord)

HABITANTS

POPULATION : 10,0 millions

DENSITÉ : 76 habitants/km^2

ÂGES : 20,1 % de moins de 15 ans (CE = 18,7) ; 13,6 % de 65 ans et plus (CE = 13,8)

ESPÉRANCE DE VIE : femmes : 77,6 ans (CE = 78,6) ; hommes : 72,6 ans (CE = 72,0)

ÉTRANGERS : 217 000, soit 2,2 % de la population (CE = 4,0)

RELIGION : 97 % d'orthodoxes (population de 15 ans et plus)

ÉDUCATION : 50 % des 15 ans et plus ont arrêté leurs études avant l'âge de 15 ans (CE = 42)

FÉCONDITÉ : 1,5 enfant par femme (CE = 1,58)

ÉPARGNE : 21,0 % du revenu disponible des ménages

TÉLÉPHONE : 362 lignes principales pour 1 000 habitants (CE = 396)

TÉLÉVISION : 175 pour 1 000 habitants (CE = 310)

VOITURE : 144 pour 1 000 habitants (CE = 353)

CONSOMMATION D'ÉNERGIE : 0,371 tep (hors industrie et transports, CE = 0,85)

ÉTAT

SYSTÈME POLITIQUE : république

PRÉSIDENT : Constantin Caramanlis (depuis 1990)

PREMIER MINISTRE : Constantin Mitsotakis (depuis 1990)

CAPITALE : Athènes (3 030 000 habitants)

PRINCIPALES AGGLOMÉRATIONS : Thessalonique (406 000) ; Patras (142 000) ; Lárissa (102 000) ; Iráklion (102 000)

MONNAIE : drachme

LANGUE : grec

DÉCOUPAGE ADMINISTRATIF : 13 régions, 54 préfectures, 6 034 communes

PERSONNEL DES FORCES ARMÉES : 205 000

FÊTES NATIONALES : 25 mars et 21 octobre

RÉSEAU ROUTIER : 40 576 km, dont 91 km d'autoroutes

RÉSEAU FERROVIAIRE : 2 479 km

DRAPEAU : croix et bandes horizontales blanches sur fond bleu

HYMNE : *Sé ghnoríso apó tín kópsi...*

DATE D'ENTRÉE DANS LA CE : 1981

ÉCONOMIE

INFLATION (moyenne 1977-1989) : 19,0 %

CHÔMAGE (moyenne 1977-1989) : 5,5 %

PIB/HABITANT : 4 447 écus (CE = 12 439)

RÉPARTITION PAR SECTEUR
Agriculture : 15,8 % (CE = 3,1)
Industrie : 28,6 % (CE = 35,5)
Services : 55,6 % (CE = 61,4)

CROISSANCE DU PIB (moyenne 1979-1988) : 1,5 %

BALANCE COMMERCIALE : - 5,1 milliards d'écus

ENDETTEMENT : 80 écus/habitant

DÉPENDANCE ÉNERGÉTIQUE : 63,8 %

DÉPENSES DE SANTÉ : 5,3 % du PIB

DÉPENSES D'ÉDUCATION : 2,9 % du PIB

DÉPENSES DE DÉFENSE : 6,6 % du PIB (CE = 3,6)

DÉPENSES DE RECHERCHE-DÉVELOPPEMENT : 0,25 % du PIB (CE = 0,99)

SUPERFICIE AGRICOLE : 43,5 % du territoire (CE = 54)

Histoire

100 000 à 3 000 av. J.-C. Période égéenne ou préhellénique.

XIe-VIIIe siècle av. J.-C. Colonisation des Cyclades et de l'Asie Mineure, adoption de l'alphabet anatolien.

Ve siècle av. J.-C. Guerres médiques contre la Perse. Siècle de Périclès.

146 av. J.-C. à 330 ap. J.-C. Période romaine. En 30 av. J.-C., la Grèce est réunie à la Macédoine et devient une province romaine.

529-805. Les Slaves occupent la Macédoine, la Thrace et la Thessalie.

723. L'Eglise orthodoxe se sépare de Rome et se rattache à Constantinople.

1204. Les croisés latins prennent Constantinople. La Grèce est divisée en 4 Etats indépendants (Thessalonique, Athènes, Morée, Patras).

1453. L'Empire byzantin disparaît avec la chute de Constantinople.

1461. Conquête turque.

1821. Soulèvement contre les Turcs.

1831. Indépendance.

1864. Les îles Ioniennes sont cédées à la Grèce par l'Angleterre.

1896-1913. La Grèce récupère par la guerre la Thessalie, la Crète, l'Epire, la Macédoine, la Thrace et des îles de la mer Egée.

1922. Guerre contre la Turquie.

1924-1936. Etablissement de la première République. Arrivée du roi Georges II.

1936-1940. Dictature du général Metaxas qui abolit la Constitution.

1941. L'Allemagne occupe la Grèce. La libération aura lieu en décembre 1944.

1947-1949. Début du règne du roi Paul Ier et guerre civile. Défaite de l'armée populaire dirigée par le parti communiste. Sanglante répression.

1967. Coup d'Etat militaire et dictature des colonels. Exil du roi Constantin.

1974. Invasion de Chypre par les Turcs. Renversement du régime des colonels par une partie de l'armée. Constantin Caramanlis rentre d'exil, forme un gouvernement civil et rétablit les libertés.

1975. Abolition de la monarchie par référendum et rétablissement de la république.

1981. Constantin Caramanlis élu président. Entrée dans la CE. Majorité absolue à la Chambre des députés du parti socialiste d'Andréas Papandréou.

1989. Victoire aux élections d'une coalition conservateurs-communistes (juin).

INSTITUTIONS

République fondée sur le régime parlementaire.

PRÉSIDENT. Elu pour cinq ans par le Parlement à la majorité qualifiée, renouvelable une fois. Nomme le Premier ministre (chef de la majorité parlementaire) et les ministres sur la proposition de celui-ci, promulgue les lois.

PARLEMENT. Une seule chambre : 288 députés élus par le peuple pour quatre ans à la proportionnelle renforcée et 12 membres de l'Etat proposés par les partis.

AUTRES INSTITUTIONS. Tribunal supérieur ; conseil d'Etat.

ÉLECTIONS. Droit de vote à 18 ans, éligibilité à 21 ans. Vote obligatoire.

SERVICE MILITAIRE. Obligatoire pour tous les hommes de 19 ans révolus (21 à 25 mois), volontaire pour les femmes.

Chefs d'Etat et de gouvernement*

Présidents de la République

Constantin Tsatsos	juin 1975
Constantin Caramanlis	mai 1980
Christos Sartzetakis	mars 1985
Constantin Caramanlis	mai 1990

Premiers ministres

Constantin Caramanlis	juillet 1974
Georges Rallis	mai 1980
Andréas Papandréou	octobre 1981
Tzannis Tzanétalis	juillet 1989
Xénophon Zolotas	novembre 1989
Constantin Mitsotakis	avril 1990

* Depuis le rétablissement de la démocratie.

■ L'Eglise est l'un des principaux propriétaires fonciers, avec de nombreux domaines, des centaines d'immeubles, entreprises, hôpitaux. En 1987, 150 000 hectares de terres (appartenant à 423 monastères le plus souvent dépeuplés) ont été remis à l'Etat.

■ Les derniers jeux Olympiques ont eu lieu en 393. Ils ont été réhabilités en 1896, sous l'impulsion du baron Pierre de Coubertin.

■ En 1922, lors de la guerre avec la Turquie, près de 2 millions de Grecs d'Asie Mineure ont trouvé refuge en Grèce.

■ La drachme, unité monétaire, tire son nom de *drax*, qui signifie « poignée » en grec ancien.

■ L'Etat est partie prenante dans 70 % de l'activité industrielle, du transport et du tourisme. Il détient le monopole de l'alcool, du sel, du papier à cigarettes.

DÉMOGRAPHIE

MÉNAGES. 3,3 millions, dont 16 % composés d'une seule personne (CE = 26) et 13 % de 5 personnes et plus (CE = 10,4).

MARIAGES. 6,1 pour 1 000 habitants (CE = 6,0).

0,4 % des couples vivent en cohabitation (CE = 3).

Le mariage civil n'a été reconnu qu'en 1982. L'obligation de la dot *(proika)* a été supprimée, mais demeure en pratique. Auparavant, le mariage religieux était le seul garant de l'état civil des époux. Il prévoyait la possibilité de divorcer trois fois.

DIVORCES. 10 pour 100 mariages (CE = 28).

NATALITÉ. Le renouvellement des générations n'est plus assuré depuis 1982.

NAISSANCES HORS MARIAGE. 2,1 % des naissances en 1989 (CE =17), contre 1,5 % en 1980 et 1,1 % en 1970.

30 ANS DE DÉMOGRAPHIE

Evolution des principaux indicateurs démographiques :

	1960	1970	1980	1989*
Population (milliers)	8 300	8 780	9 588	10 019
Ages (% pop. totale) - Moins de 15 ans - 65 ans et plus	26,1 8,1	25 11	22,8 13,2	20,1 13,6
Espérance de vie - Hommes (ans) - Femmes (ans)	67,3 70,4	70,1 73,6	72,2 76,6	72,6 77,6
Mariages (pour 1 000 hab.)	7,0	7,7	6,5	6,1
Divorces (pour 1 000 hab.)	0,3	0,4	0,7	0,6
Indice conjoncturel de fécondité	2,28	2,34	2,23	1,50
Mortalité infantile (pour 1 000 naissances vivantes)	40,1	29,6	17,9	9,9

* Ou année la plus proche.

Eurostat, OCDE

FAMILLES. 2,6 % des familles sont monoparentales (un ou plusieurs enfants élevés par un seul de leurs parents, CE = 4,9).

Les naissances de rang 3 et suivantes représentent 16,2 % du total des naissances (CE = 22 %).

ESPÉRANCE DE VIE. L'écart entre les hommes et les femmes était de 5,0 ans en 1988 (CE = 6,6), contre 3,2 en 1960.

LOGEMENT

URBANISATION. 66 % de la population (CE = 81).

Plus de la moitié de la population grecque habite dans les deux principales agglomérations : Athènes-Le Pirée et Thessalonique.

LOGEMENT. 55 % des ménages habitent une maison individuelle (CE = 60 %), 45 % un appartement (CE = 40).

PROPRIÉTAIRES. 77 % des ménages (CE = 62).

CONFORT. 78 % des logements disposent de WC, 69 % de baignoire ou douche, 30 % de chauffage central.

BBDO Athens

« Rejoignez la marine.
Le Ministère de la santé vous informe : fumer nuit sérieusement à la santé. »

ÉQUIPEMENT. 72 % des ménages sont équipés d'un lave-linge (CE = 90), 9 % d'un lave-vaisselle (CE = 21), 97 % d'un réfrigérateur (CE = 97), 8 % d'un congélateur indépendant (CE = 44).

56 % des foyers équipés de la télévision ont un magnétoscope.

La consommation annuelle d'électricité est de 877 kWh par habitant (CE = 1 283).

ANIMAUX. 9 % des ménages ont un chien et 7 % un chat.

■ La langue officielle, la *khatarevoussa*, n'est utilisée que par les fonctionnaires et les personnes cultivées. Elle n'est pas comprise par le peuple, qui utilise la *demotiki*, langue populaire de la Grèce d'aujourd'hui.

■ La visite du mont Athos, haut lieu de la religion orthodoxe, est réservée aux hommes âgés de plus de 18 ans intéressés par la religion ou l'art, vêtus correctement et pourvus d'un laisser-passer. Les appareils photos et caméras sont interdits.

■ Il y a plus de Grecs à New York qu'à Thessalonique.

■ *Doulevo* (« être esclave » en grec ancien) signifie travailler en grec moderne.

TRAVAIL

ACTIFS. 39,5 % de la population totale (CE = 44,8).

FEMMES. 28,7 % sont actives (CE = 34,4), contre 27 ; 6 % en 1960.

SECTEURS D'ACTIVITÉ. 26,6 % des actifs travaillent dans l'agriculture (CE = 7,6), 25,4 % dans l'industrie (CE = 33,2), 48,0 % dans les services (CE = 59,2).

CHÔMAGE

Evolution du chômage (en % de la population active) :

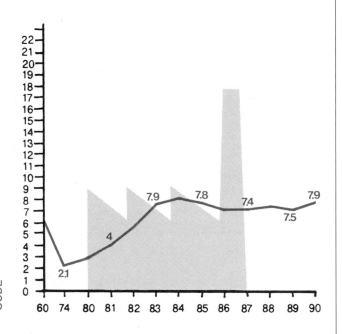

OCDE

TRAVAILLEURS ÉTRANGERS. 27 000, soit 0,7 % des actifs, dont 6 000 en provenance des autres pays de la CE.

DURÉE DU TRAVAIL. 1 840 heures par an (durée conventionnelle). 35 à 40 heures par semaine, 4 semaines de congés payés par an.

TEMPS PARTIEL. 16 % des femmes actives concernées (CE = 29) et 8 % des hommes (CE = 4).

ÂGE DE LA RETRAITE. 65 ans pour les hommes et 60 ans pour les femmes. Pensions calculées par rapport aux deux dernières années de salaire.

SYNDICALISATION. 35 % des actifs. 612 journées de travail perdues pour 1 000 salariés entre 1983 et 1988 (moyenne annuelle).

CHÔMAGE. 7,8 % des actifs en 1989 (CE = 9,3). 60 % des chômeurs sont des femmes (CE = 53) ; 27 % sont des jeunes de moins de 25 ans (CE = 38). 48 % des chômeurs sont sans emploi depuis au moins un an (CE = 52).

ARGENT

RÉMUNÉRATION DES SALARIÉS. 9 117 écus, aux prix et taux de change de 1988 (CE = 19 870).

PRÉLÈVEMENTS OBLIGATOIRES. 33,9 % en 1990 (CE = 39,6), contre 28,6 % en 1980 et 20,6 % en 1965.

Les impôts directs représentent 17,1 % du total (CE = 28,6), les impôts indirects 46,9 % (CE = 30,5), les cotisations sociales 31,3 % (CE = 33,3).

IMPÔT SUR LE REVENU. Le taux minimum est de 10 %, le maximum de 63 %.

Il représentait 3,6 % du salaire ouvrier moyen en 1988 pour un couple (un seul salaire et deux enfants à charge) et 5,7 % pour un célibataire.

ÉPARGNE. 21 % du revenu disponible des ménages en 1989, taux le plus élevé de la Communauté, contre 24,5 % en 1980 et 7,3 % en 1960.

BUDGET

Structure de la consommation des ménages (en % du total) :

	1970	1988
Alimentation	41,4	38,2
Habillement	12,4	9,1
Logement, chauffage, éclairage	14,0	11,7
Meubles et entretien courant	7,4	8,3
Santé	4,1	3,6
Transports et communications	8,3	12,3
Loisirs, enseignement, culture	4,8	6,5
Autres biens et services	7,5	10,2

Eurostat

ALIMENTATION (par an). 195 kg de légumes (maximum CE), 98 kg de céréales, 78 kg de pommes de terre, 76 kg de fruits, 62 kg d'agrumes, 28 kg de sucre, 5 kg de riz.

24 kg de bœuf, 24 kg de porc, 18 kg de poisson, 16 kg de volaille, 14 kg de mouton et chèvre (maximum CE), 2 kg de veau.

23 kg de fromage (maximum CE), 22 kg d'huile, 3 kg de margarine, 2 kg de beurre, 1 kg de crème.

38 litres de bière et 30 litres de vin.

■ Le canal de Corinthe (6,4 km de long, 23 m de large et 40 m de hauteur) relie la mer Egée à la mer Ionienne. Il a été percé en 1893. Des travaux avaient commencé sous Périnadre, poursuivis par les Romains sous Néron, puis abandonnés.

Société

IMMIGRÉS. 217 000, soit 2,2 % de la population (CE = 4).

8 000 réfugiés politiques à fin 1989.

DÉLINQUANCE. 1,6 homicide pour 100 000 habitants en 1988.

SUICIDES. 6 hommes et 2 femmes sur 100 000 en 1987, taux les plus faibles de la Communauté (CE = 19 et 8).

ACCIDENTS DE VOITURES. 798 décès par million de véhicules en 1988 (CE = 376).

ASSOCIATIONS. 20 % des plus de 25 ans appartiennent à des associations (CE = 44).

ENVIRONNEMENT. 260 kg de déchets ménagers (CE = 298, 1985), 1,6 kg de gaz carbonique par habitant (CE = 2,3, 1987).

RELIGION. 85 % des Grecs de 15 ans et plus se considèrent comme religieux (CE = 65), 2 % comme athées, 2 % comme agnostiques.

21 % se rendent au moins une fois par semaine aux services religieux (CE = 28), 7 % jamais (CE =15).

L'Eglise et l'Etat

L'Eglise orthodoxe orientale du Christ est séparée de l'Etat depuis 1982. Mais elle est inscrite dans la Constitution comme religion dominante. Les autres religions peuvent être pratiquées librement, mais tout prosélytisme leur est interdit. Les 6 000 prêtres grecs (pour 7 500 paroisses) sont de véritables fonctionnaires, rémunérés par leur autorité de tutelle, le ministère de l'Education et des Cultes.

POLITIQUE. Sur une échelle politique de 1 (extrême gauche) à 10 (extrême droite), les Grecs se situent en moyenne à 5,4 (CE = 5,2).

MÉDIAS. 129 quotidiens.

Télévision : trois chaînes publiques nationales publiques ET1, ET2 (qui vont fusionner) et ET3. Télévision municipale TV 100.

Chaînes privées (depuis 1990) : Mega Channel, Kannali 29, Antenna TV, New Channel, Seven X TV, TV Plus (payante).

Le service public ERT relaye par voie hertzienne une dizaine de chaînes européennes diffusées par satellite.

VACANCES. 46 % de la population partent en vacances (CE = 56), dont 7 % à l'étranger.

■ La Grèce possède 407 îles, dont 134 sont habitées. Aucun village ne se trouve à plus de 90 km de la mer.

■ La Grèce possède le plus grand nombre de capteurs solaires de la CE.

Opinions et valeurs

• 41 % des Grecs déclarent « devoir s'imposer des restrictions du fait d'un revenu insuffisant » (CE = 36).
• 52 % estiment que « les riches sont de plus en plus riches et les pauvres de plus en plus pauvres », le taux le plus bas de la Communauté (CE = 70).
• 52 % sont satisfaits du « fonctionnement de la démocratie dans leur pays » (CE = 56), contre 53 % en 1973.
• 67 % considèrent que « l'appartenance de leur pays à la CE est une bonne chose » (CE = 65), contre 42 % en 1981.
• 66 % sont satisfaits de la vie qu'ils mènent (CE = 83), contre 58 % en 1973.

Eurobaromètre

« C'était un rêve. Nous l'avons fait devenir réalité. Elle est arrivée ! Elle est nouvelle. Dynamique. D'avant-garde. C'est l'Antenne TV. »

■ La flotte grecque est la première d'Europe et la quatrième du monde après le Liberia, Panamá et le Japon.

■ La Grèce compte environ 20 000 vendeurs de billets de loterie (populaire ou nationale).

■ Des gisements de pétrole ont été découverts dans l'Egée du Nord.

IRLANDE

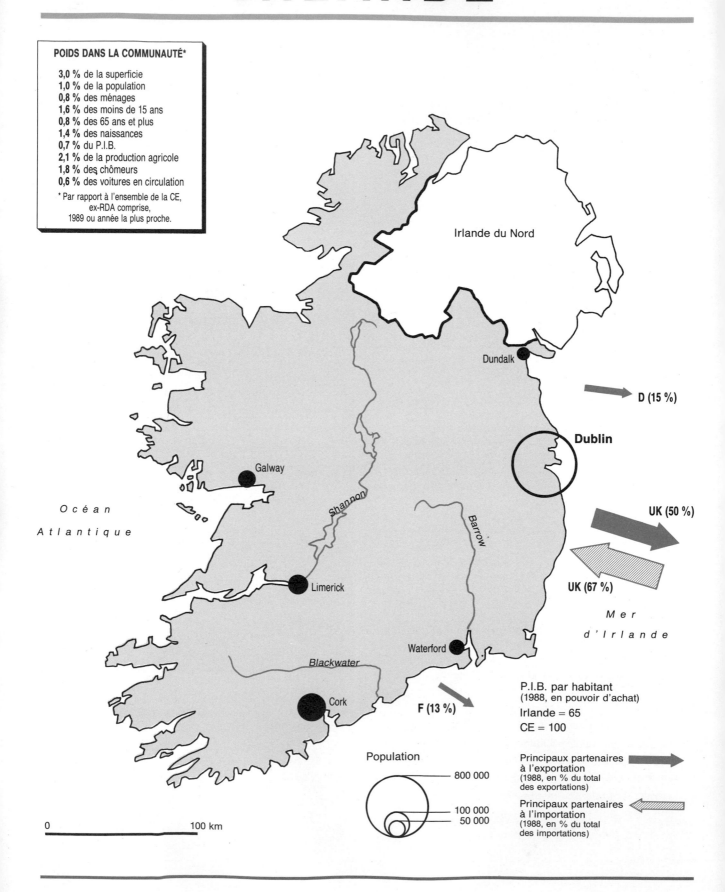

POIDS DANS LA COMMUNAUTÉ*

3,0 % de la superficie
1,0 % de la population
0,8 % des ménages
1,6 % des moins de 15 ans
0,8 % des 65 ans et plus
1,4 % des naissances
0,7 % du P.I.B.
2,1 % de la production agricole
1,8 % des chômeurs
0,6 % des voitures en circulation

* Par rapport à l'ensemble de la CE,
  ex-RDA comprise,
  1989 ou année la plus proche.

Irlande du Nord

Dundalk

D (15 %)

Dublin

UK (50 %)

Océan

Atlantique

Galway

Shannon

Barrow

UK (67 %)

Mer

d'Irlande

Limerick

Waterford

Blackwater

F (13 %)

Cork

P.I.B. par habitant
(1988, en pouvoir d'achat)
Irlande = 65
CE = 100

Population

800 000

100 000
50 000

Principaux partenaires
à l'exportation
(1988, en % du total
des exportations)

Principaux partenaires
à l'importation
(1988, en % du total
des importations)

0   100 km

CARTE D'IDENTITÉ

GÉOGRAPHIE

SUPERFICIE : 70 300 km2

DIMENSIONS : hauteur maximale : 490 km ; largeur maximale : 275 km

LONGUEUR DES FRONTIÈRES : 483 km

LONGUEUR DES CÔTES : 3 170 km

POINT CULMINANT : Carrantaohill, 1 040 m

PART BOISÉE DU TERRITOIRE : 5 %

TEMPÉRATURE MOYENNE
Région la plus basse : 8,0 %C
Région la plus haute : 9,9 %C

PLUVIOMÉTRIE MOYENNE
Région la plus basse : 753 mm
Région la plus haute : 1 453 mm

RESSOURCES NATURELLES : métaux de base, eau, tourbe, gaz naturel

HABITANTS

POPULATION : 3,5 millions

DENSITÉ : 51 habitants/km^2

ÂGES : 28,2 % de moins de 15 ans (CE = 18,7) ;
11,1 % de 65 ans et plus (CE = 13,8)

ESPÉRANCE DE VIE : femmes : 76,7 ans
(CE = 78,6) ; hommes : 71,0 ans (CE = 72,0)

ÉTRANGERS : 84 000, soit 2,4 % de la population
(CE = 4,0)

RELIGION : 93 % de catholiques, 3 % sans religion
(population de 15 ans et plus)

ÉDUCATION : 37 % des 15 ans et plus ont arrêté leurs
études avant l'âge de 15 ans (CE = 42)

FÉCONDITÉ : 2,11 enfants par femme (CE = 1,58)

ÉPARGNE : 15,7 % du revenu disponible des ménages

TÉLÉPHONE : 236 lignes principales pour
1 000 habitants (CE = 396)

TÉLÉVISION : 228 pour 1 000 habitants (CE = 310)

VOITURE : 210 pour 1 000 habitants (CE = 353)

CONSOMMATION D'ÉNERGIE : 0,856 tep (hors
industrie et transports, CE = 0,85)

ÉTAT

SYSTÈME POLITIQUE : république

PRÉSIDENT : Mary Robinson (depuis 1990)

PREMIER MINISTRE : Charles Hanghey (depuis 1987)

CAPITALE : Dublin (510 000 habitants)

PRINCIPALES VILLES : Cork (136 000) ; Limerick
(61 000) ; Dun Loaghaire (54 000) ;
Galway
(47 000)

MONNAIE : livre irlandaise

LANGUES : anglais et gaélique

DÉCOUPAGE ADMINISTRATIF : 4 provinces,
32 comtés, 84 communes

PERSONNEL DES FORCES ARMÉES : 14 000

FÊTE NATIONALE : 17 mars

RÉSEAU ROUTIER : 92 303 km, dont 8 km d'autoroute

RÉSEAU FERROVIAIRE : 1 944 km

DRAPEAU : vert, blanc, rouge (bandes verticales)

HYMNE : *Ambrán na bhFiann*

DATE D'ENTRÉE DANS LA CE : 1973

ÉCONOMIE

INFLATION (moyenne 1977-1989) : 9,6 %

CHÔMAGE (moyenne 1977-1989) : 12,8 %

PIB/HABITANT : 7 771 écus (CE = 12 439)

RÉPARTITION PAR SECTEUR
Agriculture : 9,7 % (CE = 3,1)
Industrie : 36,8 % (CE = 35,5)
Services : 53,5 % (CE = 61,4)

CROISSANCE DU PIB (moyenne 1979-1988) : 2,6 %

BALANCE COMMERCIALE : + 2,6 milliards d'écus

ENDETTEMENT : 3 516 écus/habitant

DÉPENDANCE ÉNERGÉTIQUE : 66,2 %

DÉPENSES DE SANTÉ : 7,4 % du PIB

DÉPENSES D'ÉDUCATION : 5,9 % du PIB

DÉPENSES DE DÉFENSE : 1,6 % du PIB (CE = 3,6)

DÉPENSES DE RECHERCHE-DÉVELOPPEMENT :
0,41 % du PIB (CE = 0,99)

SUPERFICIE AGRICOLE : 80,8 % du territoire (CE = 54)

Histoire

432. Saint Patrick convertit l'île.

IXᵉ siècle. Invasions normandes.

1171. Henri II d'Angleterre conquiert le pays.

1541. Henri VIII étend la Réforme à l'Irlande et se proclame roi.

1569. Premières colonies de peuplement anglaises.

XVIIᵉ siècle (début). Colonie écossaise en Ulster.

1650. Cromwell ravage l'île, en réponse à des massacres perpétrés sur les colons par les Irlandais.

1689. Guillaume d'Orange sauve Derry assiégée par Jacques II Stuart.

1695. Lois pénales ôtant tout droit aux Irlandais.

1801. L'acte d'union à l'Angleterre supprime le Parlement de Dublin.

1846-1849. Famine due à la maladie de la pomme de terre (700 000 morts). Echec des insurrections de 1848 et 1867.

1916. Insurrection de Dublin.

1919-1921. Guerre d'indépendance et partition Nord-Sud.

1922-1923. Guerre civile.

1949. Proclamation de la République. L'Irlande quitte le Commonwealth.

1973. Accord de Sunningdale entre la Grande-Bretagne, Dublin et Belfast (ne sera pas appliqué). Entrée dans la CE.

1983. Accord de Hillsborough avec la Grande-Bretagne.

Nord et Sud : huit siècles d'histoire

La tutelle britannique sur l'Irlande remonte au XIIᵉ siècle, époque à laquelle les barons anglo-normands prennent Dublin. Elle s'appesantit en 1541, avec le triomphe de la Réforme en Angleterre. Henri VIII devient roi d'Irlande et pourchasse les catholiques. Quinze ans après, des colons anglais protestants occupent les terres des Irlandais chassés.

Après les répressions de Cromwell, les lois pénales de 1695 à 1727 privent les catholiques irlandais de leurs derniers droits. En 1800, l'Irlande est unie à l'Angleterre et son Parlement disparaît.

Les mouvements indépendantistes (*Sinn fein*) provoquent l'insurrection de 1916, qui aboutit au traité de Londres de 1921 instaurant la partition entre le Nord, à majorité protestante, et le Sud massivement catholique. Son refus entraîne une guerre civile en 1922. Une nouvelle Constitution est votée en 1937 et, en 1949, les derniers liens sont rompus avec la Grande-Bretagne.

■ L'ordre d'Orange est une société politico-religieuse datant du XVIIIᵉ siècle. Ses 100 000 adhérents sont tous mâles et protestants. Il constitue un front uni des diverses tendances protestantes et exprime sa fidélité à la couronne d'Angleterre, aussi longtemps qu'elle gardera la foi protestante.

INSTITUTIONS

Démocratie parlementaire, République depuis 1949.

L'Irlande (ou Eire) est partagée en deux depuis 1921: les 26 comtés du Sud, à majorité catholique, constituent la République d'Irlande ; les 6 comtés du Nord (Ulster britannique), à majorité protestante, font partie du Royaume-Uni.

PRÉSIDENT. Elu au suffrage universel pour sept ans. Nomme le Premier ministre (chef du parti au pouvoir, sur proposition du *Dail*, Chambre des représentants) et, sur sa proposition, les ministres du gouvernement. Peut convoquer et dissoudre le *Dail*, après consultation du Premier ministre. Promulgue les lois.

PARLEMENT (*Oireachtas*). Composé de deux chambres. Les 166 membres de la Chambre des représentants (*Dail Eireann*) sont élus au suffrage direct à la proportionnelle, pour un mandat de cinq ans maximum. 11 sénateurs nommés par le Premier ministre (*Taoiseach*), 43 par les membres de la Chambre des représentants, de l'ancien *Seanad* et des autorités locales, 6 par les universitaires. Le sénat examine les lois, propose des amendements et dispose d'un droit de veto de 90 jours.

AUTRES INSTITUTIONS. Cour suprême ; Conseil d'Etat.

ÉLECTIONS. Droit de vote à 18 ans, éligibilité à 21 ans.

SERVICE MILITAIRE. Non obligatoire.

Chefs d'Etat et de gouvernement

Présidents*

Sean Tomas O'Ceallaigh	1945
Eamon de Valera	1959
Erskine Childers	1973
Cearbhall O'Dalaigh	1974
Patrick Hillery	1976
Mary Robinson	1990

Chefs de gouvernement*

Eamon de Valera	mars 1932
John Costello	février 1948
Eamon de Valera	juin 1951
John Costello	juin 1954
Eamon de Valera	mars 1957
Sean Lemass	juin 1959
John Lynch	novembre 1966
Liam Cosgrave	mars 1973
John Lynch	juillet 1977
Charles Haughey	décembre 1979
Garett Fitzgerald	juin 1981
Charles Haughey	mars 1982
Garett Fitzgerald	décembre 1982
Charles Haughey	mars 1987

* Dates d'élection (depuis la Seconde Guerre mondiale).

DÉMOGRAPHIE

MÉNAGES. 1,0 million, dont 18,5 % composés d'une seule personne (CE = 26) et 29,2 % de 5 personnes et plus (CE = 10,4).

MARIAGES. 5,0 pour 1 000 habitants (CE = 6,0).

0,4 % des couples vivent en cohabitation (CE = 3).

DIVORCE. Interdit.

NATALITÉ. La fécondité diminue, de sorte que le remplacement des générations ne devrait plus être assuré à partir de 1991.

NAISSANCES HORS MARIAGE. 12,6 % des naissances en 1989 (CE =17) contre 5,0 % en 1980 et 2,7 % en 1970.

FAMILLES. 3,3 % des familles sont monoparentales (un ou plusieurs enfants élevés par un seul de leurs parents, CE = 4,9).

Les naissances de rang 3 et suivantes représentent 41,1 % du total des naissances (CE = 22).

ESPÉRANCE DE VIE. L'écart entre les hommes et les femmes était de 5,7 ans en 1988 (CE = 6,6), contre 3,3 en 1960.

30 ANS DE DÉMOGRAPHIE

Evolution des principaux indicateurs démographiques :

	1960	1970	1980	1989*
Population (milliers)	2 835	2 944	3 393	3 515
Ages (% pop. totale) - Moins de 15 ans - 65 ans et plus	30,5 10,9	31 11	30,4 10,7	28,5 11,1
Espérance de vie - Hommes (ans) - Femmes (ans)	68,1 71,9	68,8 73,5	70,1 75,6	71,0 76,7
Mariages (pour 1 000 hab.)	5,5	7,0	6,4	5,0
Divorces (pour 1 000 hab.)	0	0	0	0
Indice conjoncturel de fécondité	3,76	3,87	3,23	2,11
Mortalité infantile (pour 1 000 naissances vivantes)	29,3	19,5	11,1	7,6

* Ou année la plus proche.

■ La partition entre l'Irlande du Nord et la République d'Irlande est ignorée par certaines institutions qui exercent leur activité sur l'ensemble du territoire. Armagh, en Irlande du Nord, est le siège primatial de l'Eglise catholique d'Irlande et de la *Church of Ireland* anglicane (protestante). C'est le cas aussi des syndicats, des banques et de la plupart des organisations sportives.

LOGEMENT

URBANISATION. 57 % de la population (CE = 81).

LOGEMENT. 95 % des ménages habitent une maison individuelle (CE = 60), 5 % un appartement (CE = 40).

PROPRIÉTAIRES. 80 % des ménages (CE = 62).

CONFORT. 90 % des logements disposent de WC, 82 % de baignoire ou douche, 39 % de chauffage central.

ÉQUIPEMENT. 87 % des ménages sont équipés d'un lave-linge (CE = 90), 11 % d'un lave-vaisselle (CE = 21), 98 % d'un réfrigérateur (CE = 97), 29 % d'un congélateur indépendant (CE = 44).

30 % des foyers équipés de la télévision ont un magnétoscope.

La consommation annuelle d'électricité est de 858 kWh par habitant (CE = 1 283).

ANIMAUX. 40 % des ménages ont un chien (record CE) et 20 % un chat.

The land of time enough. Pints of Guinness. And classic horses.

« Le pays du temps de vivre. Des pintes de Guinness. Et des bons chevaux. »

10 millions d'émigrants en deux siècles

L'Irlande est le seul pays du monde qui soit moins peuplé aujourd'hui qu'au milieu du XIXe siècle. Le maximum de population a été atteint en 1845: environ 8 millions sur l'ensemble du territoire. La pauvreté de l'île et la Grande Famine de 1846-1848 ont incité quelque dix millions d'habitants à émigrer vers les Etats-Unis, la Grande-Bretagne, le Canada ou l'Australie. Entre 1846 et 1924, 4,5 millions d'Irlandais ont quitté leur pays. Ce sont d'abord les tisserands presbytériens d'Ulster, persécutés, qui partent les premiers. Ils sont suivis par des catholiques entreprenants du Sud qui vont chercher fortune outre-mer. Entre 1845 et 1854, le rythme annuel des départ est de 200 000 personnes. On s'embarque par nécessité, par tradition, ou pour rejoindre des membres de la famille qui ont réussi au Nouveau Monde.

TRAVAIL

ACTIFS. 37,0 % de la population totale (CE = 44,8).

FEMMES. 22,6 % sont actives, taux le plus bas de la Communauté (CE = 34,4), contre 20,3 % en 1960.

SECTEURS D'ACTIVITÉ. 15,4 % des actifs travaillent dans l'agriculture (CE = 7,6), 27,8 % dans l'industrie (CE = 33,2), 57,8 % dans les services (CE = 59,2).

CHÔMAGE

Evolution du chômage (en % de la population active) :

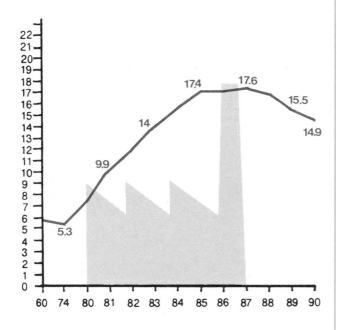

OCDE

TRAVAILLEURS ÉTRANGERS. 35 000, soit 2,7 % des actifs, dont 29 000 en provenance des autres pays de la CE.

DURÉE DU TRAVAIL. 1 864 heures par an (durée conventionnelle). De 35 à 40 heures par semaine, 4 semaines de congés payés par an.

TEMPS PARTIEL. 25 % des femmes actives concernées (CE = 29) et 12 % des hommes (CE = 4).

ÂGE DE LA RETRAITE. 66 ans pour les hommes et pour les femmes. Montant forfaitaire des pensions.

SYNDICALISATION. 50 % des actifs.

373 journées de travail perdues pour 1 000 salariés entre 1983 et 1988 (moyenne annuelle).

CHÔMAGE. 16,7 % des actifs en février 1990, taux le plus élevé de la Communauté (CE = 8,6). 36 % des chômeurs sont des femmes (CE = 53) ; 26 % sont des jeunes de moins de 25 ans (CE = 38). 66 % des chômeurs sont sans emploi depuis au moins un an (CE = 52).

ARGENT

RÉMUNÉRATION DES SALARIÉS. 17 342 écus, aux prix et taux de change de 1988 (CE = 19 870).

60 % des Irlandais déclarent devoir s'imposer des restrictions du fait d'un revenu insuffisant, taux le plus élevé de la Communauté.

ÉCARTS DE REVENUS. Les femmes ouvrières sont payées en moyenne 29 % de moins que les hommes (après correction des effets de structure).

PRÉLÈVEMENTS OBLIGATOIRES. 35,5 % en 1990 (CE = 39,6), contre 34,0 % en 1980 et 26,0 % en 1965.

Les impôts directs représentent 37,6 % du total (CE = 28,6), les impôts indirects 40,6 % (CE = 30,5), les cotisations sociales 13,9 % (CE = 33,3).

Le taux minimum est de 35 %, le maximum de 58 %. Il représentait 18 % du salaire ouvrier moyen en 1988 pour un couple (un seul salaire et deux enfants à charge) et 27 % pour un célibataire.

ÉPARGNE. 15,7 % du revenu disponible des ménages en 1989 (épargne brute).

BUDGET

Structure de la consommation des ménages (en % du total) :

	1970	1987
Alimentation	45,0	40,6
Habillement	9,8	6,5
Logement, chauffage, éclairage	11,4	11,0
Meubles et entretien courant	7,6	7,4
Santé	2,5	3,4
Transports et communications	9,3	11,9
Loisirs, enseignement, culture	7,8	10,4
Autres biens et services	6,6	8,8

Eurostat

ALIMENTATION (par an). 141 kg de pommes de terre (maximum CE), 105 kg de céréales, 95 kg de légumes, 38 kg de sucre, 33 kg de fruits (minimum CE), 14 kg d'agrumes, 13 kg de maïs (maximum CE), 2 kg de riz (minimum CE).

21 kg de bœuf, 20 kg de volaille, 15 kg de poisson, 3 kg de porc (minimum CE), 0 kg de veau.

13 kg d'huile, 8 kg de beurre, 4 kg de fromage (minimum CE), 4 kg de margarine, 3 kg de crème.

94 litres de bière et 4 litres de vin (minimum CE).

SOCIÉTÉ

IMMIGRÉS. 84 000, soit 2,4 % de la population (CE = 4).

DÉLINQUANCE. 846 cambriolages, 1,4 homicide, 2,1 viols pour 100 000 habitants en 1988.

SUICIDES. 12 hommes et 4 femmes sur 100 000 en 1987 (CE = 19 et 8).

ACCIDENTS DE VOITURES. 465 décès par million de véhicules en 1988 (CE = 376).

ASSOCIATIONS. 62 % des plus de 25 ans appartiennent à des associations (CE = 44).

ENVIRONNEMENT. 311 kg de déchets ménagers (CE = 298, 1985), 2,3 kg de gaz carbonique par habitant (CE = 2,3, 1987).

RELIGION. 72 % des Irlandais de 15 ans et plus se considèrent comme religieux (CE = 65), 24 % comme non religieux, 1 % comme athées. Mais 86 % se rendent au moins une fois par semaine aux services religieux (CE = 28), 2 % jamais (CE = 15).

3 % seulement sont protestants (anglicans appartenant à la *Church of Ireland*).

POLITIQUE. Sur une échelle politique de 1 (extrême gauche) à 10 (extrême droite), les Irlandais se situent en moyenne à 6,4 (CE = 5,2).

MÉDIAS. 5 quotidiens.

Télévision : 2 chaînes publiques nationales (RTE1 et Network 2) et une chaîne privée (TV3). Plus la chaîne Ulster TV d'Irlande du Nord, les chaînes anglaises BBC1 et BBC2 et Channel 4. Autres chaînes : Eurosport, Screensport, Lifestyle, Superchannel, MTV Europe.

48 % de foyers raccordés au câble (83 % à Dublin), dont 70 % d'abonnés.

Durée moyenne d'écoute : 188 min par jour.

VACANCES. 39 % de la population partent en vacances (CE = 56), dont 51 % à l'étranger.

■ L'Irlande a depuis plusieurs dizaines d'années une ligne régulière entre Dublin et la ville sainte de Lourdes, en France.

■ L'ouverture des pubs est limitée entre 12 et 14 heures et entre 18 et 23 heures.

■ La plupart des espèces d'animaux et d'oiseaux sauvages, ainsi que plus de 50 espèces de végétaux sont protégées par le décret de 1976 sur la protection de la nature.

■ L'Irlandais est la langue maternelle dans les régions appelées Gaeltacht, qui se trouvent principalement sur la côte ouest. L'agence gouvernementale *Bord na Gaeilge* est chargée de promouvoir l'utilisation de l'irlandais dans tout le pays.

■ Au cours du XIXᵉ siècle, un mouvement catholique, les *Pioneers*, avait entrepris de convaincre la population de ne jamais boire d'alcool.

■ Par référendum, les électeurs ont accepté en 1984 le vote aux élections nationales des personnes résidant en Irlande sans avoir la nationalité irlandaise.

Opinions et valeurs

• 60 % des Irlandais déclarent « devoir s'imposer des restrictions du fait d'un revenu insuffisant », taux le plus élevé de la Communauté (CE = 36).

• 85 % estiment que « les riches sont de plus en plus riches et les pauvres de plus en plus pauvres », taux le plus élevé de la Communauté (CE = 70).

• 59 % sont satisfaits du « fonctionnement de la démocratie dans leur pays » (CE = 56), contre 55 % en 1973.

• 76 % considèrent que « l'appartenance de leur pays à la CE est une bonne chose » (CE = 65), contre 56 % en 1973.

• 82 % sont satisfaits de la vie qu'ils mènent (CE = 83), contre 92 % en 1973.

Eurobaromètre

« Le livre de Kells. »

ITALIE

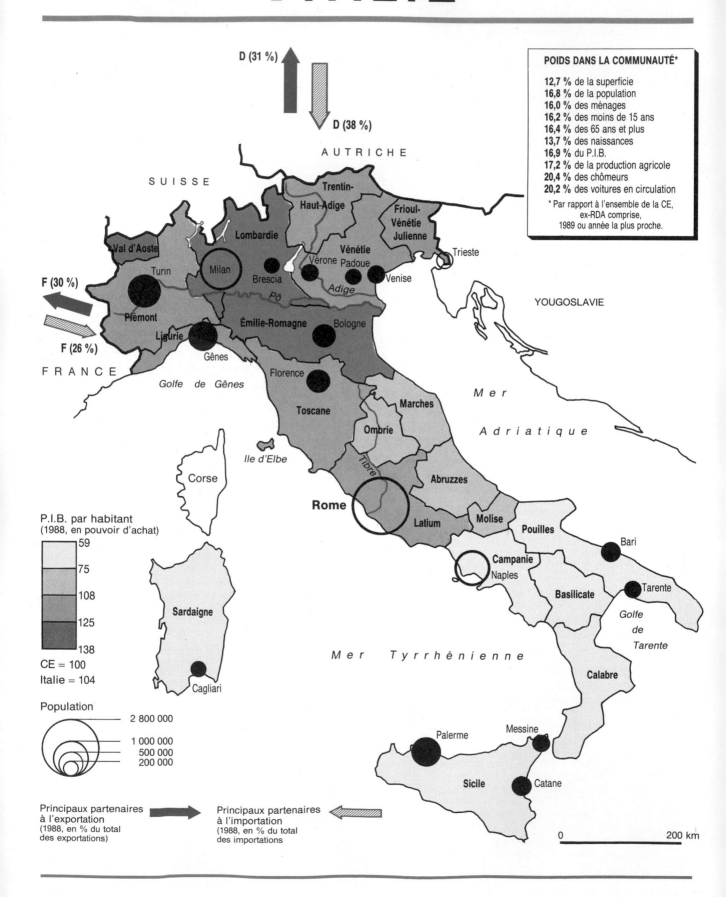

D (31 %)

D (38 %)

POIDS DANS LA COMMUNAUTÉ*

12,7 % de la superficie
16,8 % de la population
16,0 % des ménages
16,2 % des moins de 15 ans
16,4 % des 65 ans et plus
13,7 % des naissances
16,9 % du P.I.B.
17,2 % de la production agricole
20,4 % des chômeurs
20,2 % des voitures en circulation

* Par rapport à l'ensemble de la CE,
  ex-RDA comprise,
  1989 ou année la plus proche.

AUTRICHE

SUISSE

Trentin-
Haut-Adige

Frioul-
Vénétie
Julienne

Lombardie

Trieste

Val d'Aoste

Vénétie

Turin

Milan

Vérone

Padoue

YOUGOSLAVIE

F (30 %)

Brescia

Adige

Venise

Pô

Piémont

Émilie-Romagne

Bologne

F (26 %)

Ligurie

Gênes

FRANCE

Florence

Mer

Golfe de Gênes

Adriatique

Toscane

Marches

Île d'Elbe

Ombrie

Corse

Tibre

Abruzzes

P.I.B. par habitant
(1988, en pouvoir d'achat)

59

Rome

Molise

75

Latium

Pouilles

Bari

108

Campanie

125

Naples

Tarente

138

Basilicate

CE = 100
Italie = 104

Sardaigne

Golfe
de
Tarente

Population

Calabre

Mer Tyrrhénienne

Cagliari

2 800 000

1 000 000
500 000
200 000

Palerme

Messine

Principaux partenaires
à l'exportation
(1988, en % du total
des exportations)

Principaux partenaires
à l'importation
(1988, en % du total
des importations)

Catane

Sicile

0   200 km

CARTE D'IDENTITÉ

GÉOGRAPHIE

SUPERFICIE : 301 300 km^2

DIMENSIONS : hauteur maximale : 960 km ; largeur maximale (péninsule) : 170 km

TERRITOIRES NON CONTINENTAUX : îles de Sardaigne, Sicile, Elbe, Capri

LONGUEUR DES FRONTIÈRES : 1 866 km

LONGUEUR DES CÔTES : 8 500 km

POINT CULMINANT : mont Rose (4 638m)

PART BOISÉE DU TERRITOIRE : 21 %

TEMPÉRATURE MOYENNE
Région la plus basse : 10,3°C
Région la plus haute : 17,3°C

PLUVIOMÉTRIE MOYENNE
Région la plus basse : 445 mm
Région la plus haute : 1 289 mm

RESSOURCES NATURELLES : soufre (Sicile), bauxite et plomb (Italie du Sud), marbre (Carrare)

HABITANTS

POPULATION : 57,5 millions

DENSITÉ : 190 habitants/km^2

ÂGES : 15,0 % de moins de 15 ans (CE = 18,7) ; 14,8 % de 65 ans et plus (CE = 13,8)

ESPÉRANCE DE VIE : femmes : 79,1 ans (CE = 78,6) ; hommes : 72,6 ans (CE = 72,0)

ÉTRANGERS : 407 000, soit 0,7 % de la population (CE = 4,0)

RELIGION : 94 % de catholiques, 6 % sans religion (population de 15 ans et plus)

ÉDUCATION : 57 % des 15 ans et plus ont arrêté leurs études avant l'âge de 15 ans (CE = 42)

FÉCONDITÉ : 1;29 enfant par femme (CE = 1,58)

ÉPARGNE : 14,1 % du revenu disponible des ménages

TÉLÉPHONE : 350 lignes principales pour 1 000 habitants (CE = 396)

TÉLÉVISION : 257 pour 1 000 habitants (CE = 310)

VOITURE : 412 pour 1 000 habitants (CE = 353)

CONSOMMATION D'ÉNERGIE : 0,635 tep (hors industrie et transports, CE = 0,85)

ÉTAT

SYSTÈME POLITIQUE : république

CHEF D'ÉTAT : Francesco Cossiga (depuis 1985)

PRÉSIDENT DU CONSEIL : Giulio Andreotti (depuis 1989)

CAPITALE : Rome (2,8 millions d'habitants)

PRINCIPALES AGGLOMÉRATIONS : Milan (1 520 000) ; Naples (1 210 000) ; Turin (1 035 000) ; Gènes (736 00) ; Palerme (720 000)

MONNAIE : lire

LANGUE : italien

DÉCOUPAGE ADMINISTRATIF : 20 régions, 95 provinces, 8 074 communes

PERSONNEL DES FORCES ARMÉES : 529 000

FÊTE NATIONALE : premier dimanche de juin

RÉSEAU ROUTIER : 302 563 km, dont 6 091 km d'autoroutes

RÉSEAU FERROVIAIRE : 16 183 km

VOIES NAVIGABLES : 2 237 km

DRAPEAU : vert, blanc, rouge (bandes verticales)

HYMNE : *Fratelli d'Italia, l'Italia s'e desta...*

DATE D'ENTRÉE DANS LA CE : 1958

ÉCONOMIE

INFLATION (moyenne 1977-1989) : 11,9 %

CHÔMAGE (moyenne 1977-1989) : 9,0 %

PIB/HABITANT : 12 215 écus (CE = 12 439)

RÉPARTITION PAR SECTEUR
Agriculture : 4,1 % (CE = 3,1)
Industrie : 34,1 % (CE = 35,5)
Services : 61,8 % (CE = 61,4)

CROISSANCE DU PIB (moyenne 1979-1988) : 2,4 %

BALANCE COMMERCIALE : - 511 millions d'écus

ENDETTEMENT : 270 écus/habitant

DÉPENDANCE ÉNERGÉTIQUE : 82,2 %

DÉPENSES DE SANTÉ : 6,9 % du PIB

DÉPENSES D'ÉDUCATION : 4,0 % du PIB

DÉPENSES DE DÉFENSE : 2,7 % du PIB (CE = 3,6)

DÉPENSES DE RECHERCHE-DÉVELOPPEMENT : 0,81 % du PIB (CE = O,99)

SUPERFICIE AGRICOLE : 57,8 % du territoire (CE = 54)

Histoire

IVe-IIe siècle av. J.-C. Rome conquiert progressivement toute la Péninsule et crée l'unité italienne.

Ier siècle apr. J.-C. Déclin économique à la suite des grandes conquêtes.

395-773. Invasions (Wisigoths, Vandales, Ostrogoths, Lombards...) et prise en main de la péninsule par la puissance pontificale.

774. Charlemagne se proclame roi des Lombards.

962. Otton Ier, roi de Germanie, est couronné empereur par Jean XII ; fondation du Saint Empire romain germanique.

1073-1256. Conflits entre le pape et l'empereur.

1309-1378. La papauté s'installe à Avignon.

1378-1417. Le Grand Schisme.

1443. Retour définitif des papes à Rome.

1494-1559. Guerres avec la France, l'Espagne et la maison d'Autriche.

1713-1796. Domination autrichienne.

1796-1814. Domination française de Bonaparte.

1815. Congrès de Vienne et maintien de l'influence autrichienne.

1848-1849. Création de la monarchie constitutionnelle à Turin. République proclamée à Florence et à Rome.

1860-1870. Recherche de l'unité italienne. Rome devient capitale en 1871.

1876-1887. Gouvernement de la gauche.

1887-1896. Dictature de Crispi.

1915. L'Italie entre en guerre contre l'Autriche.

1922. Prise du pouvoir par Mussolini.

1939. Signature du Pacte d'acier avec Hitler.

1940. Attaque de la France, puis de la Grèce.

1943-1945. Effondrement du fascisme.

1946. Proclamation de la République italienne.

1955. Admission à l'ONU.

1958. Entrée dans le Marché commun.

Chefs d'Etat*

Présidents

Enrico de Nicola	juin 1946
Luigi Einaudi	mai 1948
Giovanni Gronchi	avril 1955
Antonio Segni	mai 1962
Giuseppe Saragat	décembre 1964
Giovanni Leone	décembre 1971
Alessandro Pertini	juillet 1978
Francesco Cossiga	juillet 1985

* Depuis l'instauration de la République

INSTITUTIONS

République parlementaire.

PRÉSIDENT DE LA RÉPUBLIQUE. Elu par le Parlement et des représentants de régions pour sept ans. Désigne le président du Conseil des ministres et nomme les ministres. Promulgue les lois. Dispose d'un droit de veto contre les décisions du Parlement.

PRÉSIDENT DU CONSEIL. Choisit les ministres. Est responsable devant le Parlement dont il doit obtenir l'investiture.

PARLEMENT. Composé de deux chambres : Chambre des députés et Sénat. 630 députés et 315 sénateurs élus pour cinq ans selon la représentation proportionnelle. Sénateurs élus sur une base régionale. Initiative législative au Parlement, au gouvernement et à certaines institutions.

AUTRES INSTITUTIONS. Cour constitutionnelle.

ÉLECTIONS. Droit de vote à 18 ans, éligibilité à 25 ans. Ont lieu le dimanche et le lundi matin.

SERVICE MILITAIRE. Obligatoire pour les hommes (12 mois ; 18 dans la marine).

Chefs de gouvernement*

Premiers ministres

Alcide de Gasperi	décembre 1945
Giuseppe Pella	août 1953
Amintore Fanfani	janvier 1954
Mario Scelba	février 1954
Antonio Segni	juillet 1955
Adone Zoli	mai 1957
Amintore Fanfani	juillet 1958
Antonio Segni	février 1959
Fernando Trambroni	mars 1960
Amintore Fanfani	juillet 1960
Giovani Leone	juin 1968
Aldo Moro	décembre 1963
Mariano Rumor	décembre 1968
Emilio Colombo	août 1970
Giulio Andreotti	février 1971
Mariano Rumor	juillet 1973
Aldo Moro	novembre 1974
Giulio Andreotti	juillet 1976
Ugo la Malfa	février 1979
Giulio Andreotti	mars 1979
Francesco Cossiga	août 1979
Arnaldo Forlani	octobre 1980
Giovanni Spadolini	juin 1981
Amintore Fanfani	décembre 1982
Bettino Craxi	août 1983
Amintore Fanfani	avril 1987
Giovanni Goria	juillet 1987
Ciriaco de Mita	avril 1988
Giulio Andreotti	juillet 1989

* Depuis l'instauration de la République.

DÉMOGRAPHIE

MÉNAGES. 20,5 millions, dont 21,1 % composés d'une seule personne (CE = 26) et 10,0 % de 5 personnes et plus (CE = 10,4).

MARIAGES. 5,4 pour 1 000 habitants (CE = 6,0).

0,9 % des couples vivent en cohabitation (CE = 3).

DIVORCES. 9 pour 100 mariages (CE = 28).

NATALITÉ. Le renouvellement des générations n'est plus assuré depuis 1977.

NAISSANCES HORS MARIAGE. 6,1 % des naissances en 1989 (CE =17), contre 4,3 % en 1980 et 2,2 % en 1970.

FAMILLES. 4,7 % des familles sont monoparentales (un ou plusieurs enfants élevés par un seul de leurs parents, CE = 4,9).

Les naissances de rang 3 et suivantes représentent 16,6 % du total des naissances (CE = 22 %).

ESPÉRANCE DE VIE. L'écart entre les hommes et les femmes était de 6,5 ans en 1988 (CE = 6,6), contre 5,0 en 1960.

30 ANS DE DÉMOGRAPHIE

Evolution des principaux indicateurs démographiques :

	1960	1970	1980	1989*
Population (milliers)	50 023	53 490	56 389	57 505
Ages (% pop. totale)				
- Moins de 15 ans	23,4	25,0	22,0	15,0
- 65 ans et plus	9,0	11,0	13,5	14,8
Espérance de vie				
- Hommes (ans)	67,2	69,0	70,6	72,6
- Femmes (ans)	72,3	74,9	77,4	79,1
Mariages (pour 1 000 hab.)	7,7	7,3	5,7	5,4
Divorces (pour 1 000 hab.)	-	-	0,2	0,5
Indice conjoncturel de fécondité	2,41	2,43	1,69	1,29
Mortalité infantile (pour 1 000 naissances vivantes)	43,9	29,6	14,6	8,8

* Ou année la plus proche.

Eurostat, OCDE

LOGEMENT

URBANISATION. 72 % de la population (CE = 81).

LOGEMENT. 39 % des ménages habitent une maison individuelle, taux le plus bas de la Communauté (CE = 60), 61 % un appartement (CE = 40).

11 % des ménages disposent d'une résidence secondaire.

PROPRIÉTAIRES. 70 % des ménages (CE = 62).

CONFORT. 79 % des logements disposent de WC, 69 % de baignoire ou douche, 45 % de chauffage central.

« Pino Sylvestre. La vie, la belle vie. »

McCann Erickson

ÉQUIPEMENT. 95 % des ménages sont équipés d'un lave-linge (CE = 90), 20 % d'un lave-vaisselle (CE = 21), 98 % d'un réfrigérateur (CE = 97), 33 % d'un congélateur indépendant (CE = 44).

51 % des foyers équipés de la télévision ont un magnétoscope.

La consommation annuelle d'électricité est de 858 kWh par habitant (CE = 1 283).

ANIMAUX. 22 % des ménages ont un chien et 21 % un chat (record CE).

TRAVAIL

ACTIFS. 42,9 % de la population totale (CE = 44,8).

FEMMES. 30,3 % sont actives (CE = 34,4), contre 26,9 % en 1960.

SECTEURS D'ACTIVITÉ. 9,9 % des actifs travaillent dans l'agriculture (CE = 7,6), 32,6 % dans l'industrie (CE = 33,2), 57,5 % dans les services (CE = 59,2).

CHÔMAGE

Evolution du chômage (en % de la population active) :

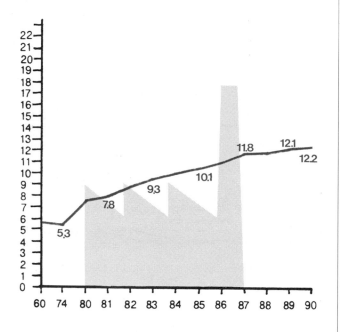

OCDE

FONCTIONNAIRES. 3 600 000 personnes, soit 23 % des actifs, sont employés dans les administrations publiques.

DURÉE DU TRAVAIL. 1 768 heures par an (durée conventionnelle). 36 à 40 heures par semaine, 4 à 6 semaines de congés payés par an.

TEMPS PARTIEL. 17 % des femmes actives concernées (CE = 29), et 8 % des hommes (CE = 4).

ÂGE DE LA RETRAITE. 60 ans pour les hommes et 55 ans pour les femmes. Pensions calculées sur 40 années de cotisations, à partir des 5 dernières années.

SYNDICALISATION. 36 % des actifs.

465 journées de travail perdues pour 1 000 salariés entre 1983 et 1988 (moyenne annuelle).

CHÔMAGE. 10,8 % des actifs en février 1990 (CE = 8,6). 57 % des chômeurs sont des femmes (CE = 53) ; 42 % sont des jeunes de moins de 25 ans (CE = 38). 69 % des chômeurs sont sans emploi depuis au moins un an (CE = 52).

ARGENT

RÉMUNÉRATION DES SALARIÉS. 20 176 écus, aux prix et taux de change de 1988 (CE = 19 870).

ÉCARTS DE REVENUS. Les femmes ouvrières sont payées en moyenne 10 % de moins que les hommes (après correction des effets de structure). Cet écart est le plus faible de ceux observés dans la Communauté. Il est également de 10 % chez les non-ouvriers.

PRÉLÈVEMENTS OBLIGATOIRES. 37,5 % en 1990 (CE = 39,6), contre 30,0 % en 1980 et 23,6 % en 1965.

Les impôts directs représentent 33,1 % du total (CE = 28,6), les impôts indirects 26,1 % (CE = 30,5), les cotisations sociales 34,4 % (CE = 33,3).

IMPÔT SUR LE REVENU. Le taux minimum est de 12 %, le maximum de 62 %.

Il représentait 15,6 % du salaire ouvrier moyen en 1988 pour un couple (un seul salaire et deux enfants à charge) et 18,8 % pour un célibataire.

ÉPARGNE. 14,1 % du revenu disponible des ménages en 1989 (épargne brute), contre 20,5 % en 1980 et 16,5 % en 1960.

BUDGET

Structure de la consommation des ménages (en % du total) :

	1970	1988
Alimentation	38,6	22,7
Habillement	8,8	9,6
Logement, chauffage, éclairage	12,1	14,3
Meubles et entretien courant	7,0	8,7
Santé	3,8	6,1
Transports et communications	10,1	12,8
Loisirs, enseignement, culture	7,7	8,6
Autres biens et services	11,9	17,2

Eurostat

ALIMENTATION (par an et par personne). 173 kg de légumes, 117 kg de céréales (maximum CE), 74 kg de fruits, 42 kg de pommes de terre (minimum CE), 40 kg d'agrumes, 27 kg de sucre, 5 kg de riz.

23 kg de bœuf, 29 kg de porc, 19 kg de volaille, 18 kg de poisson, 4 kg de veau.

6,2 kg de surgelés en 1989.

21 kg d'huile, 16 kg de fromage, 2 kg de beurre, 2 kg de crème, 1 kg de margarine.

72 litres de vin et 23 litres de bière (minimum CE).

Société

IMMIGRÉS. 410 000, soit 0,7 % de la population taux le plus faible de la Communauté (CE = 4), mais ne tenant pas compte de la forte immigration clandestine.

11 000 réfugiés politiques à fin 1989.

DÉLINQUANCE. 1,9 homicide pour 100 000 habitants en 1988.

SUICIDES. 11 hommes et 5 femmes sur 100 000 en 1987 (CE = 19 et 8).

ACCIDENTS DE VOITURES. 311 décès par million de véhicules en 1988 (CE = 376).

ASSOCIATIONS. 34 % des plus de 25 ans appartiennent à des associations (CE = 44).

ENVIRONNEMENT. 263 kg de déchets ménagers (CE = 298, 1985), 1,8 kg de gaz carbonique par habitant (CE = 2,3, 1987).

RELIGION. 82 % des Italiens de 15 ans et plus se considèrent comme religieux (CE = 65), 7 % comme athées, 3 % comme agnostiques.

45 % se rendent au moins une fois par semaine aux services religieux (CE = 28), 8 % jamais (CE = 15).

POLITIQUE. Sur une échelle politique de 1 (extrême gauche) à 10 (extrême droite), les Italiens se situent en moyenne à 4,6 (CE = 5,2).

MÉDIAS. 78 quotidiens.

Télévision : 940 chaînes (record CE). 3 chaînes publiques (RAI uno, RAI due, RAI tre). 3 réseaux nationaux privés : Canale 5, Italia Uno, Rete Quattro. 240 stations locales, la plupart sous tutelle des réseaux Junior TV, Italia 7, TV Capodistri de Fininvest (Berlusconi) et Cinquestelle, Video Music, Rete A de la RAI. Projets de chaînes à péage.

Câblage quasi inexistant.

Durée moyenne d'écoute : 180 min par jour.

VACANCES. 57 % de la population partent en vacances (CE = 56), dont 13 % à l'étranger.

La mafia

A l'origine société secrète sicilienne, elle représente un puissant pouvoir parallèle, protégé par ses liens avec les organisations politiques et la loi du silence *(omerta)*. Elle tire d'importants revenus du commerce de la drogue, de l'immobilier, du jeu et de la prostitution. Depuis quelques années, la lutte contre la mafia s'est intensifiée et les aveux de certains *mafiosi* repentis ont permis de nombreuses arrestations.

■ Entre 1860 et 1970, 21 millions d'Italiens ont émigré, 3 millions d'Italiens entre 1946 et 1978. Depuis 1975, les retours sont plus nombreux que les départs.

■ La cité du Vatican a obtenu son indépendance territoriale en 1929.

Opinions et valeurs

• 27 % des Italiens déclarent « devoir s'imposer des restrictions du fait d'un revenu insuffisant » (CE = 36).
• 64 % estiment que « les riches sont de plus en plus riches et les pauvres de plus en plus pauvres » (CE = 70).
• 27 % sont satisfaits du « fonctionnement de la démocratie dans leur pays », taux le plus bas de la Communauté (CE = 56), même proportion qu'en 1973.
• 79 % considèrent que « l'appartenance de leur pays à la CE est une bonne chose » (CE = 65), contre 69 % en 1973.
• 76 % sont satisfaits de la vie qu'ils mènent (CE = 83), contre 65 % en 1973.

Eurobaromètre

« Panda, si elle n'existait pas, il faudrait l'inventer. »

CGSS/Bélier/WCRS

■ L'Italie a subi 74 condamnations pour entrave à la libre circulation depuis 1980 par la Cour de Justice de Luxembourg, soit presque autant que les onze autres pays réunis.

■ En 1860, la langue italienne n'était comprise que par environ 1 % des habitants n'habitant pas Rome ou la Toscane. Les autres ne parlaient que des dialectes régionaux. Ils étaient encore 58 % en 1954, année des premières retransmissions télévisées.

■ L'Italie est le pays de la CE qui compte le plus de petits commerces.

■ Le découpage régional prévoit la constitution de 20 régions à conseil régional, dont 15 à stattut ordinaire et 5 autonomes.

■ Après avoir compté 1,5 million d'habitants au IIe siècle, Rome n'en avait plus que 30 000 au XIVe.

■ La ville de Venise s'enfonce de 25 mm par an.

■ La fête nationale italienne a lieu le premier dimanche de juin, en commémoration des élections de la première législature républicaine.

LUXEMBOURG

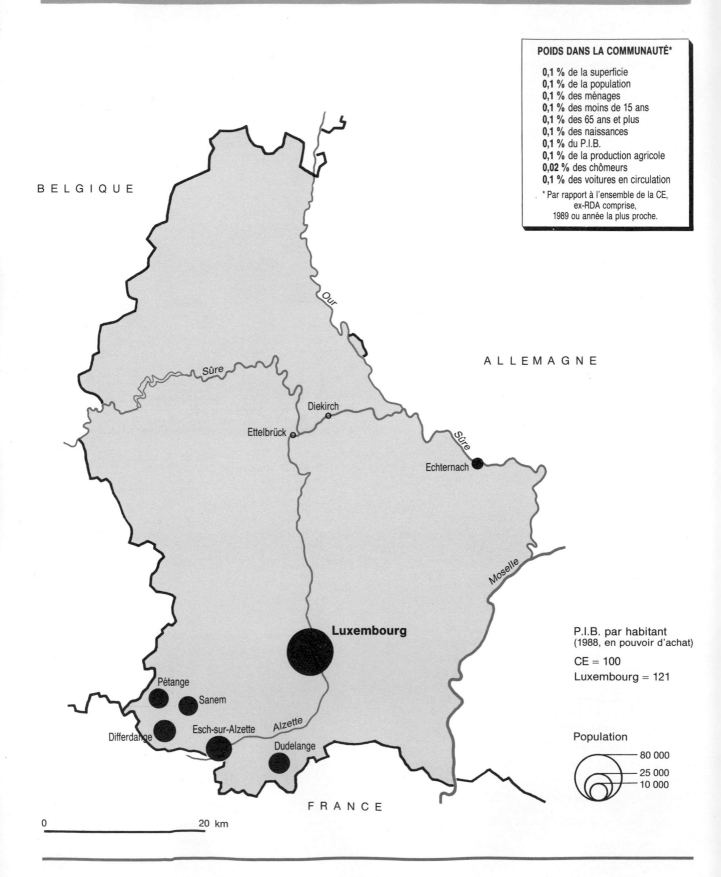

BELGIQUE

ALLEMAGNE

FRANCE

Our

Sûre

Diekirch

Ettelbrück

Sûre

Echternach

Moselle

Luxembourg

Pétange

Sanem

Differdange

Esch-sur-Alzette

Alzette

Dudelange

0   20 km

POIDS DANS LA COMMUNAUTÉ*

0,1 % de la superficie
0,1 % de la population
0,1 % des ménages
0,1 % des moins de 15 ans
0,1 % des 65 ans et plus
0,1 % des naissances
0,1 % du P.I.B.
0,1 % de la production agricole
0,02 % des chômeurs
0,1 % des voitures en circulation

* Par rapport à l'ensemble de la CE,
  ex-RDA comprise,
  1989 ou année la plus proche.

P.I.B. par habitant
(1988, en pouvoir d'achat)

CE = 100
Luxembourg = 121

Population

80 000
25 000
10 000

CARTE D'IDENTITÉ

GÉOGRAPHIE

SUPERFICIE : 2 600 km^2

DIMENSIONS : hauteur maximale : 82 km ;
  largeur maximale : 57 km

LONGUEUR DES FRONTIÈRES : 356 km

LONGUEUR DES CÔTES : 0 km

POINT CULMINANT : Bourgplatz, 559 m

PART BOISÉE DU TERRITOIRE : 34 %

TEMPÉRATURE MOYENNE : 8,1°C

PLUVIOMÉTRIE MOYENNE : 835 mm

RESSOURCES NATURELLES : minerai de fer au Sud

HABITANTS

POPULATION : 377 000 habitants

DENSITÉ : 143 habitants/km^2

ÂGES : 17,2 % de moins de 15 ans (CE = 18,7) ;
  13,4 % de 65 ans et plus (CE = 13,8)

ESPÉRANCE DE VIE : femmes : 77,9 ans (CE = 78,6) ;
  hommes : 70,6 ans (CE = 72,0)

ÉTRANGERS : 96 000, soit 25 % de la population
(CE = 4,0)

RELIGION : 89 % de catholiques, 8 % sans religion
  (population de 15 ans et plus)

ÉDUCATION : 27 % des 15 ans et plus ont arrêté leurs
  études avant l'âge de 15 ans (CE = 42 %)

FÉCONDITÉ : 1,52 enfant par femme (CE = 1,58)

ÉPARGNE : 15,7 % du revenu disponible des ménages

TÉLÉPHONE : 445 pour 1 000 habitants (CE = 396)

TÉLÉVISION : 249 pour 1 000 habitants (CE = 310)

VOITURE : 440 pour 1 000 habitants (CE = 353)

CONSOMMATION D'ÉNERGIE : 1,610 tep (hors
  industrie et transports, CE = 0,85)

ÉTAT

SYSTÈME POLITIQUE : monarchie constitutionnelle
  (grand-duché)

SOUVERAIN : grand-duc Jean (depuis 1964)

PREMIER MINISTRE : Jacques Santer

CAPITALE : Luxembourg (79 000 habitants)

PRINCIPALES AGGLOMÉRATIONS : Esch-sur-Alzette
  (25 000) ; Differdange (17 000) ; Dudelange
  (14 000) ; Pétange (12 000) ; Sanem (11 000)

MONNAIE : franc luxembourgeois

LANGUES : français, luxembourgeois, allemand

DÉCOUPAGE ADMINISTRATIF : 118 communes

PERSONNEL DES FORCES ARMÉES : 700

FÊTE NATIONALE :

RÉSEAU ROUTIER : 5 278 km, dont 58 km d'autoroutes

RÉSEAU FERROVIAIRE : 270 km

VOIES NAVIGABLES : 37 km

DRAPEAU : rouge, blanc, bleu (bandes horizontales

HYMNE : *Ons hemecht*

DATE D'ENTRÉE DANS LA CE : 1958

ÉCONOMIE

INFLATION (moyenne 1977-1989) : 4,6 %

CHÔMAGE (moyenne 1977-1989) : 1,2 %

PIB/HABITANT : 14 878 écus (CE = 12 439)

RÉPARTITION PAR SECTEUR
  Agriculture : 2,2 % (CE = 3,1)
  Industrie : 30,6 % (CE = 35,5)
  Services : 67,2 % (CE = 61,4)

CROISSANCE DU PIB (moyenne 1977-1988) : 2,8 %

ENDETTEMENT : 384 écus/habitant

DÉPENDANCE ÉNERGÉTIQUE : 98,2 %

DÉPENSES DE SANTÉ : 7,5 % du PIB

DÉPENSES D'ÉDUCATION : 2,6 % du PIB

DÉPENSES DE DÉFENSE : 1,1 % du PIB (CE = 3,6)

SUPERFICIE AGRICOLE : 49,0 % du territoire (CE = 54)

Histoire

265. Gallien fortifie le rocher du Bock.

963. Le comte ardennais Sigefroi, fondateur de la maison de Luxembourg, fait construire un château sur le rocher de Lucilinburhuc.

1136. Le comté passe à la maison de Namur.

1308. Le comte Henri VII est élu empereur.

1354. Charles IV érige le comté en duché.

1506. Le Luxembourg devient espagnol.

1714. Le Luxembourg devient autrichien.

1795. Annexion par la France.

1815. Le Luxembourg devient un grand-duché indépendant, cédé personnellement au roi des Pays-Bas, Guillaume Ier.

1831. Le Luxembourg est partagé entre la Belgique et les Pays-Bas.

1839 et 1867. Traités de Londres confirmant l'intégrité et l'indépendance du Luxembourg.

1868. Elaboration d'une Constitution qui sera révisée en 1919 et 1948.

1890. A la mort de Guillaume III, roi des Pays-Bas et grand-duc de Luxembourg, la couronne du grand-duché passe à la branche aînée de la maison de Nassau.

1922. Constitution avec la Belgique de l'Union économique belgo-luxembourgeoise.

1947. Formation du Benelux avec la Belgique et les Pays-Bas.

1948. Abandon du statut de neutralité et adoption d'une politique active de coopération sur le plan européen et international.

1949. Adhésion à l'OTAN.

1952. Le siège de la CECA (Communauté européenne du charbon et de l'acier) s'installe à Luxembourg.

1957. Adhésion à la CE.

1964. La grande-duchesse Charlotte abdique en faveur de son fils Jean.

1967. Abolition du service militaire.

■ Le Luxembourg est issu du morcellement de la Lotharingie.

■ Entre le XIIIe et le XVIIe siècle, la forteresse de Luxembourg fut mise à feu et à sac plus de vingt fois.

■ La ville la plus touristique est Echternach, avec sa célèbre procession dansante du mardi de Pentecôte: dès 9 heures du matin, l'énorme cloche, don de l'empereur Maximilien, sonne le départ d'un impressionnant cortège qui se déplace de trois pas en avant et deux en arrière, en chantant, dansant et priant, jusqu'à la basilique qui abrite la sépulture de saint Willibrod, venu d'Irlande et mort en 739, qui guérissait la danse de Saint-Gui.

INSTITUTIONS

Démocratie représentative, sous la forme d'une monarchie constitutionnelle (grand-duché).

GRAND-DUC. Détient le pouvoir exécutif. Désigne le chef du gouvernement pour cinq ans.

CHEF DU GOUVERNEMENT. Choisit les ministres, qui sont agréés par le grand-duc. Gouvernement responsable devant la Chambre des députés.

PARLEMENT. La Chambre des députés détient le pouvoir législatif et partage l'initiative des lois avec l'exécutif. 64 députés élus au suffrage universel direct à la représentation proportionnelle. Elle discute les projets de loi dont elle est saisie, et les vote.

AUTRES INSTITUTIONS. Conseil d'Etat (donne son avis sur les lois).

ÉLECTIONS. Vote obligatoire. Droit de vote à 18 ans, éligibilité à 21 ans. Les élections législatives ont lieu le dimanche.

SERVICE MILITAIRE. Non obligatoire.

Chefs d'Etat et de gouvernement

Grand-duc

grand-duc Jean	depuis 1964

Présidents du gouvernement *

Pierre Dupong	novembre 1945
Joseph Bech	décembre 1953
Pierre Frieden	mars 1958
Pierre Werner	mars 1959
Gaston Thorn	juin 1974
Pierre Werner	juillet 1979
Jacques Santer	juin 1984

* Depuis la fin de la Seconde Guerre mondiale.

Une vocation européenne

La taille du territoire, le nombre des étrangers (27 % de la population), les mentalités des habitants, les habitudes commerciales sont depuis longtemps tournées vers l'extérieur.

La plupart des Luxembourgeois parlent au moins trois langues (luxembourgeois, français, allemand, et souvent anglais). Les commerçants ont l'habitude d'être payés en francs luxembourgeois, belges ou français, aussi bien qu'en marks.

Le Luxembourg abrite aujourd'hui plusieurs institutions européennes : Banque européenne d'investissement ; Fonds monétaire européen ; Cour des comptes ; Office des statistiques ; Secrétariat du Parlement, etc. Les conseils des ministres des Communautés tiennent leurs sessions à Luxembourg trois mois par an.

DÉMOGRAPHIE

POPULATION. Elle est stationnaire (377 000 habitants), du fait du faible taux de natalité.

Le nombre de naissances annuelles est inférieur à 5 000 (4 700 en 1989). On enregistre environ 4 000 décès par an.

MÉNAGES. 138 000, dont 23 % composés d'une seule personne (CE = 26) et 10 % de 5 personnes et plus (CE = 10,4).

MARIAGES. 5,8 pour 1 000 habitants (CE = 6,0) contre 7,1 en 1960.

3 % des couples vivent en cohabitation (CE = 3).

38 % des mariages célébrés comportent au moins un conjoint étranger.

DIVORCES. 41 pour 100 mariages (CE = 28).

NATALITÉ. Le renouvellement des générations n'est plus assuré depuis 1968.

NAISSANCES HORS MARIAGE. 12 % des naissances en 1989 (CE =17), contre 6 % en 1980 et 4 % en 1970.

FAMILLES. 4 % des familles sont monoparentales (un ou plusieurs enfants élevés par un seul de leurs parents, (CE = 4,9 %).

Les naissances de rang 3 et suivantes représentent 17 % du total des naissances (CE = 22 %).

ESPÉRANCE DE VIE. L'écart entre les hommes et les femmes est de 7,3 ans en 1988 (CE = 6,6), contre 5,8 en 1960.

30 ANS DE DÉMOGRAPHIE

Evolution des principaux indicateurs démographiques :

	1960	1970	1980	1989*
Population (milliers)	313	339	364	375
Ages (% pop. totale) - Moins de 15 ans - 65 ans et plus	21,4 10,8	23 12	19,0 13,5	17,1 13,4
Espérance de vie - Hommes (ans) - Femmes (ans)	66,5 72,2	67,1 73,4	69,1 75,9	70,6 77,9
Mariages (pour 1 000 hab.)	7,1	6,3	5,9	5,8
Divorces (pour 1 000 hab.)	0,5	0,6	1,6	2,3
Indice conjoncturel de fécondité	2,28	1,97	1,50	1,52
Mortalité infantile (pour 1 000 nais- sances vivantes)	31,5	24,9	11,5	9,9

* Ou année la plus proche.

Eurostat, OCDE

LOGEMENT

URBANISATION. 82 % de la population (CE = 81 %).

LOGEMENT. 82 % des ménages habitent une maison individuelle (CE = 60), 18 % un appartement (CE = 40).

PROPRIÉTAIRES. 81 % des ménages (CE = 62).

CONFORT. 97 % des logements disposent de WC, 86 % de baignoire ou douche, 74 % de chauffage central.

ÉQUIPEMENT. 97 % des ménages sont équipés d'un lave-linge (CE = 90), 48 % d'un lave-vaisselle (CE = 21), 98 % d'un réfrigérateur (CE = 97), 83 % d'un congélateur indépendant (CE = 44).

27 % des foyers équipés de la télévision ont un magnétoscope.

La consommation annuelle d'électricité est de 1 680 kWh par habitant (CE = 1 283).

■ Robert Schuman, l'un des pères de l'Europe, est né à Luxembourg (1886-1963). Homme politique français, il fut l'auteur du plan de la Communauté européenne du charbon et de l'acier (1951) et président du Parlement européen (1958-1960).

■ 42 % des voitures en circulation sont allemandes, 26 % françaises, 16 % japonaises.

TRAVAIL

ACTIFS. 47,3 % de la population totale (CE = 44,8).

FEMMES. 32,0 % sont actives (CE = 34,4), contre 22,0 % en 1960.

SECTEURS D'ACTIVITÉ. 3,4 % des actifs travaillent dans l'agriculture (CE = 7,6), 31,6 % dans l'industrie (CE = 33,2), 65,0 % dans les services (CE = 59,2).

CHÔMAGE

Evolution du chômage (en % de la population active) :

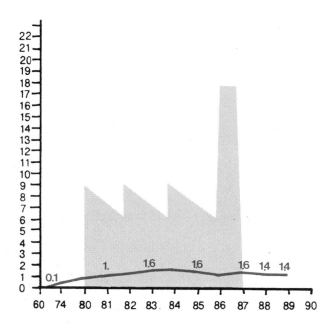

OCDE

FONCTIONNAIRES. 20 000 personnes, soit 13 % des actifs, sont employés dans les administrations publiques.

TRAVAILLEURS ÉTRANGERS. 50 000, soit 32 % des actifs, dont 46 000 en provenance des autres pays de la CE.

TRAVAILLEURS FRONTALIERS. Environ 25 000, surtout en provenance de France et de Belgique.

DURÉE DU TRAVAIL. 1 792 heures par an (durée conventionnelle). De 37 à 40 heures par semaine, de 25 à 29 jours ouvrables de congés payés par an.

TEMPS PARTIEL. 19 % des femmes actives concernées (CE = 29), et 10 % des hommes (CE = 4).

ÂGE DE LA RETRAITE. 65 ans pour les hommes et pour les femmes. Pensions calculées sur l'ensemble de la vie active.

SYNDICALISATION. 50 % des actifs.

CHÔMAGE. 1,6 % des actifs en février 1990, taux le plus bas de la Communauté (CE = 8,6). 33 % des chômeurs sont des femmes (CE = 53) ; 26 % sont des jeunes de moins de 25 ans (CE = 38). 42 % des chômeurs sont sans emploi depuis au moins un an (CE = 52).

ARGENT

RÉMUNÉRATION DES SALARIÉS. 22 172 écus, aux prix et taux de change de 1988 (CE = 19 870).

ÉCARTS DE REVENUS. Les femmes ouvrières sont payées en moyenne 16 % de moins que les hommes (après correction des effets de structure). L'écart est de 21 % chez les non-ouvriers.

PRÉLÈVEMENTS OBLIGATOIRES. 38,3 % en 1990 (CE = 39,6), contre 40,9 % en 1980 et 34,0 % en 1965.

Les impôts directs représentent 32,3 % du total (CE = 28,6), les impôts indirects 29,6 % (CE = 30,5), les cotisations sociales 27,9 % (CE = 33,3).

IMPÔT SUR LE REVENU. Le taux minimum est de 10 %, le maximum de 56 %.

Il représentait 0,7 % du salaire ouvrier moyen en 1988 pour un couple (un seul salaire et deux enfants à charge) et 13,4 % pour un célibataire.

BUDGET

Structure de la consommation des ménages (en % du total) :

	1970	1988
Alimentation	28,4	21,1
Habillement	9,4	6,5
Logement, chauffage, éclairage	17,5	20,2
Meubles et entretiencourant	9,4	10,2
Santé	5,3	7,7
Transports et communications	10,9	17,4
Loisirs, enseignement, culture	4,0	4,3
Autres biens et services	15,0	12,6

Eurostat

ALIMENTATION. Chiffres de consommation comptabilisés en même temps que ceux de la Belgique (voir p. 376).

■ La consommation de vin augmente régulièrement : 37 litres par personne et par an en 1970 ; 59 litres en 1988. La consommation de bière stagne, à environ 115 litres.

■ Le Luxembourg compte quelque 130 établissements bancaires (19 seulement en 1960), 7 000 holdings et une cinquantaine de compagnies d'assurances.

SOCIÉTÉ

IMMIGRÉS. 96 000, soit 25 % de la population (CE = 4). La plupart des étrangers sont de nationalités européennes voisines.

DÉLINQUANCE. 985 cambriolages, 9,7 homicides, 3,8 viols pour 100 000 habitants en 1988.

SUICIDES. 25 hommes et 15 femmes sur 100 000 en 1987 (CE = 19 et 8).

ACCIDENTS DE VOITURES. 366 décès par million de véhicules en 1988 (CE = 376).

ASSOCIATIONS. 77 % des plus de 25 ans appartiennent à des associations (CE = 44).

ENVIRONNEMENT. 357 kg de déchets ménagers (CE = 298, 1985), 6,5 kg de gaz carbonique par habitant, taux le plus élevé de la Communauté (CE = 2,3, 1987).

RELIGION. 62 % des Luxembourgeois de 15 ans et plus se considèrent comme religieux (CE =65), 4 % comme athées, 1 % comme agnostiques.

28 % se rendent au moins une fois par semaine aux services religieux (CE = 28), 15 % jamais (CE = 15).

Trois langues nationales

Le *letzebuergesh*, vieux parler franco-mosellan, a été déclaré langue nationale par une loi spéciale en 1984. Il est parlé par l'ensemble de la population et constitue l'un des éléments principaux de l'identité luxembourgeoise. Les langues administratives sont le français et l'allemand. L'anglais est la langue des affaires. Le portugais est également parlé, du fait de la forte colonie portugaise.

POLITIQUE. Sur une échelle politique de 1 (extrême gauche) à 10 (extrême droite), les Luxembourgeois se situent en moyenne à 5,6 (CE = 5,2).

MÉDIAS. 4 quotidiens.

Télévision : RTL diffuse 4 chaînes (RTL TV en Lorraine, RTL-TVI en Belgique wallonne, RTL Plus en RFA et RTL 4 aux Pays-Bas) accessibles aux Luxembourgeois raccordés au câble (66 % des foyers). Ceux-ci reçoivent aussi les chaînes françaises (y compris Canal Plus en réseau hertzien), allemandes (RAD, ZDF, 3SAT, SAT1, certaines chaînes propres aux Länder), belges (RTBF, TELE21, Canal Plus Belgique) et différents programmes du satellite (TV5, Superchannel, Eurosport, CNN, MTV).

Durée moyenne d'écoute : 195 min par jour.

VACANCES. 58 % de la population partent en vacances (CE = 56), dont 94 % à l'étranger (maximum CE).

■ Jusqu'à la fin des années 70, la première entreprise sidérurgique du pays (l'Arbed) représentait la moitié du budget de l'Etat. La réduction d'activité a entraîné des pertes financières considérables et une réduction de personnel de 25 000 personnes en 1974, réalisée sans licenciements.

Opinions et valeurs

• 19 % des Luxembourgeois déclarent « devoir s'imposer des restrictions du fait d'un revenu insuffisant », taux le plus faible de la Communauté (CE = 36).
• 66 % estiment que « les riches sont de plus en plus riches et les pauvres de plus en plus pauvres » (CE = 70).
• 82 % sont satisfaits du « fonctionnement de la démocratie dans leur pays », taux le plus élevé de la Communauté (CE = 56), contre 52 % en 1973.
• 77 % considèrent que « l'appartenance de leur pays à la CE est une bonne chose » (CE = 65), contre 67 % en 1973.
• 97 % sont satisfaits de la vie qu'ils mènent, taux le plus élevé de la Communauté (CE = 83), contre 79 % en 1973.

Eurobaromètre

VIANDEN

Groothertogdom Luxemburg — Grand-Duché de Luxembourg

PAYS-BAS

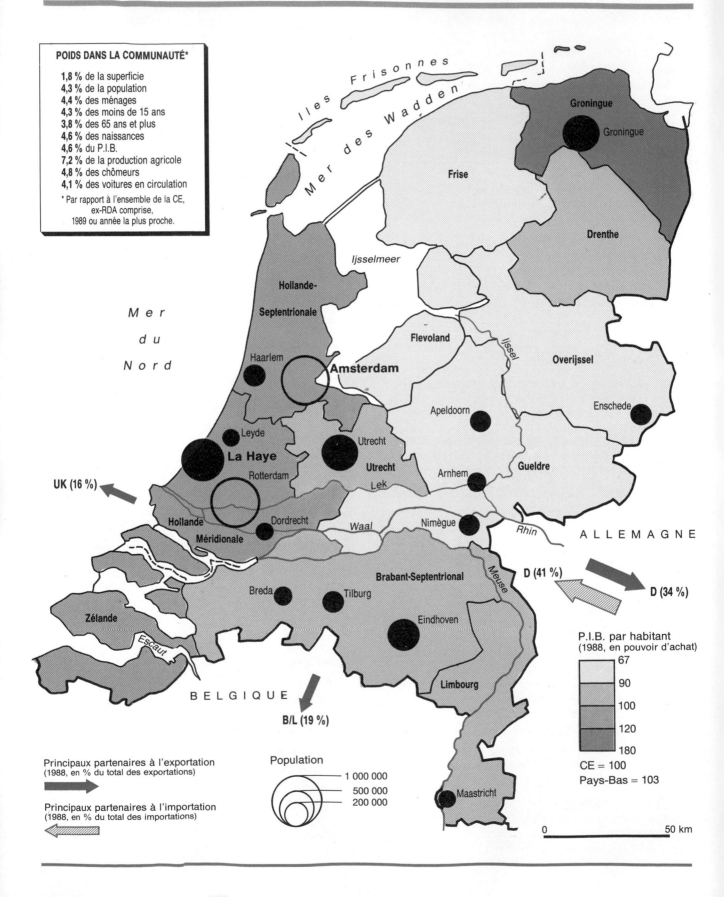

POIDS DANS LA COMMUNAUTÉ*

1,8 % de la superficie
4,3 % de la population
4,4 % des ménages
4,3 % des moins de 15 ans
3,8 % des 65 ans et plus
4,6 % des naissances
4,6 % du P.I.B.
7,2 % de la production agricole
4,8 % des chômeurs
4,1 % des voitures en circulation

* Par rapport à l'ensemble de la CE,
  ex-RDA comprise,
  1989 ou année la plus proche.

Iles Frisonnes

Mer des Wadden

Groningue
Groningue

Frise

Drenthe

Ijsselmeer

Hollande-
Septentrionale

M e r

d u

N o r d

Flevoland

Overijssel

Haarlem

Amsterdam

Apeldoorn

Enschede

Ijssel

Leyde

La Haye

Utrecht
Utrecht

Arnhem

Gueldre

UK (16 %)

Rotterdam

Lek

Dordrecht

Waal

Nimègue

Rhin

ALLEMAGNE

Hollande
Méridionale

D (41 %)

D (34 %)

Zélande

Breda

Tilburg

Brabant-Septentrional

Meuse

Escaut

Eindhoven

BELGIQUE

B/L (19 %)

Limbourg

Maastricht

P.I.B. par habitant
(1988, en pouvoir d'achat)

67
90
100
120
180

CE = 100
Pays-Bas = 103

Principaux partenaires à l'exportation
(1988, en % du total des exportations)

Population

1 000 000
500 000
200 000

Principaux partenaires à l'importation
(1988, en % du total des importations)

0   50 km

CARTE D'IDENTITÉ

GÉOGRAPHIE

SUPERFICIE : 41 785 km^2

DIMENSIONS : hauteur maximale : 250 km ;
largeur maximale : 260 km

TERRITOIRES NON CONTINENTAUX : îles de
Saint-Eustache, Saba, Curaçao, Anuba, Bonaire

LONGUEUR DES FRONTIÈRES : 1 080 km

LONGUEUR DES CÔTES : 1 200 km

POINT CULMINANT : 321 m

PART BOISÉE DU TERRITOIRE : 7,9 %

TEMPÉRATURE MOYENNE
Région la plus basse : 8,3°C
Région la plus haute : 9,5°C

PLUVIOMÉTRIE MOYENNE
Région la plus basse : 645 mm
Région la plus haute : 776 mm

RESSOURCES NATURELLES : houille, pétrole, gaz
naturel

HABITANTS

POPULATION : 14,8 millions

DENSITÉ : 356 habitants/km^2

AGES : 18,4 % de moins de 15 ans (CE = 18,7) ;
12,6 % de 65 ans et plus (CE = 13,8)

ESPÉRANCE DE VIE : femmes : 80,0 ans (CE = 78,6) ;
hommes : 73,7 ans (CE = 72,0)

ÉTRANGERS : 592 000, soit 4,0 % de la population
(CE = 4,0)

RELIGION : 30 % de catholiques, 14 % de protestants,
44 % sans religion (population de 15 ans et plus)

ÉDUCATION : 23 % des 15 ans et plus ont arrêté
leurs études avant l'âge de 15 ans (CE = 42)

FÉCONDITÉ : 1,55 enfant par femme (CE = 1,58)

ÉPARGNE : 3,8 % du revenu disponible des ménages

TÉLÉPHONE : 438 lignes principales pour
1 000 habitants (CE = 396)

TÉLÉVISION : 325 pour 1 000 habitants (CE = 310)

VOITURE : 343 pour 1 000 habitants (CE = 353)

CONSOMMATION D'ÉNERGIE : 1,291 tep (hors
industrie et transports, CE = 0,85)

ÉTAT

SYSTÈME POLITIQUE : royaume

SOUVERAIN : reine Beatrix (depuis 1980)

PREMIER MINISTRE : Ruud Lubbers (depuis 1982)

CAPITALES : Amsterdam (1 016 000 habitants) et La
Haye (680 000)

PRINCIPALES VILLES : Eindhoven (192 000) ; Tilburg
(154 000) ; Nimègue (147 000) ; Enschede
(145 000) ; Apeldoorn (144 000)

MONNAIE : florin

LANGUE : néerlandais

DÉCOUPAGE ADMINISTRATIF : 12 provinces,
702 communes

PERSONNEL DES FORCES ARMÉES : 106 000

FÊTES NATIONALES : 30 avril et 5 mai

RÉSEAU ROUTIER : 92 287 km dont 2 054 km
d'autoroutes

RÉSEAU FERROVIAIRE : 2 809 km

VOIES NAVIGABLES : 4 831 km

DRAPEAU : rouge, blanc, bleu (bandes horizontales)

HYMNE : *Wilhelmus van Nassowe, Ben ick van
Duytschen Bloet...*

DATE D'ENTRÉE DANS LA CE : 1958

ÉCONOMIE

INFLATION (moyenne 1977-1989) : 0,2 %

CHÔMAGE (moyenne 1977-1989) : 8,7 %

PIB/HABITANT : 13 094 écus (CE = 12 439)

RÉPARTITION PAR SECTEUR
Agriculture : 4,3 % (CE = 3,1)
Industrie : 32,1 % (CE = 35,5)
Services : 63,6 % (CE = 61,4)

CROISSANCE DU PIB (moyenne 1979-1988) : 1,3 %

BALANCE COMMERCIALE : + 6,9 milliards d'écus

ENDETTEMENT : aucun

DÉPENDANCE ÉNERGÉTIQUE : 27,1 %

DÉPENSES DE SANTÉ : 27,1 % du PIB

DÉPENSES D'ÉDUCATION : 6,6 % du PIB

DÉPENSES DE DÉFENSE : 3,1 % du PIB (CE = 3,6)

DÉPENSES DE RECHERCHE-DÉVELOPPEMENT :
0,96 % du PIB (CE = 0,99)

SUPERFICIE AGRICOLE : 50,8 % du territoire (CE = 54)

Histoire

925. Après le démembrement de l'empire de Charlemagne, les Pays-Bas sont rattachés au royaume de Germanie.

1428. Par le traité de Delft, Philippe le Bon, duc de Bourgogne, devient seigneur des Pays-Bas.

1496. Le mariage de Philippe le Beau à Jeanne la Folle, fille des Rois Catholiques, lie les Pays-Bas à la couronne d'Espagne.

1567. Philippe II envoie le duc d'Albe réprimer une révolte dont le chef est Guillaume d'Orange.

1581. Révolte des six Provinces-Unies, à majorité protestante, contre la souveraineté espagnole.

1584. Assassinat de Guillaume d'Orange : Maurice d'Orange poursuit la lutte.

1648. Congrès de Münster ; l'Espagne reconnaît l'indépendance des Provinces-Unies (avec le Brabant).

1689. Guillaume III, gouverneur des Provinces-Unies, devient roi d'Angleterre, et les Pays-Bas tombent dans la domination anglaise pendant un demi-siècle.

1794. Les troupes françaises envahissent les Pays-Bas ; création de la république batave.

1810. Annexion par Napoléon.

1815. Congrès de Vienne : réunion des Pays-Bas du Nord et du Sud ; Constitution centraliste, unité politique.

1830. Révolution de Bruxelles.

1831. Séparation de la Belgique et des Pays-Bas.

1944. Création du Benelux, avec la Belgique et le Luxembourg.

1951. Adhésion à la CECA.

1957. Adhésion au Marché commun.

1980. La reine Juliana abdique en faveur de sa fille Beatrix.

■ Le mariage de la reine Beatrix avec le roturier allemand Klaus von Amsberg avait déchaîné une vague de protestations de la part des anciens combattants et de l'aristocratie.

■ L'un des héros nationaux est Guillaume le Taciturne, « père de la patrie », prince d'origine allemande.

■ Les béguinages étaient des couvents réservés aux veuves des soldats morts à la guerre et aux jeunes filles qui ne se destinaient pas au mariage. Certaines sont devenues aujourd'hui des maisons de retraite.

■ A Spaarndam, près de Haarlem, se trouve la statue de Hans Brinkers, petit garçon qui aurait sauvé son village en bouchant avec son doigt une fissure qui s'ouvrait dans une digue.

■ A l'automne 1944, les bombardiers anglais chargés de libérer le port d'Anvers ont détruit la digue de l'île de Walcheren en quatre points. La presque totalité de l'île fut submergée et resta dix mois sous l'eau.

INSTITUTIONS

Royaume constitué en monarchie héréditaire fondée sur la démocratie parlementaire.

SOUVERAIN. La reine nomme le Premier ministre en fonction du résultat des élections. Pas de responsabilité politique.

GOUVERNEMENT. Le Premier ministre forme et dirige le cabinet. Le gouvernement partage l'initiative législative avec la Seconde Chambre et dispose du droit de dissolution. Le pouvoir exécutif appartient au Conseil des ministres et au Ministre-président. Ministres responsables devant le Parlement *(Staten-Generaal)*, qu'ils peuvent dissoudre.

PARLEMENT. Deux chambres : 75 sénateurs élus pour six ans au suffrage indirect par les parlements provinciaux ; 150 députés élus directement au scrutin proportionnel pour quatre ans. Projets de loi présentés par le gouvernement ou la Seconde Chambre (la Première Chambre ne disposant pas du droit d'amendement) et soumis à l'avis du Conseil d'Etat.

AUTRES INSTITUTIONS. Conseil d'Etat.

ÉLECTIONS. Droit de vote et éligibilité à 18 ans. Les élections ont lieu le mercredi.

SERVICE MILITAIRE. Obligatoire pour les hommes (14 à 17 mois).

Chefs d'Etat et de gouvernement

Souverains

Reine Juliana	1948
Reine Beatrix	1980

Premiers ministres *

Peter Gerbrandy	février 1945
Willem Schermerhorn	juin 1945
Louis Beel	juillet 1946
Willem Drees	août 1948
Louis Beel	décembre 1958
Jan de Quay	mai 1963
Victor Marijnen	juillet 1963
Joseph Cals	avril 1965
Jelle Zijlstra	novembre 1966
Petrus De Jong	avril 1967
Barend Biesheuvel	juillet 1971
Johannes den Uyl	mai 1973
Andries Van Agt	décembre 1977
Ruud Lubbers	novembre 1982

* Dates d'élection (depuis la fin de la Seconde Guerre mondiale).

■ Plus de la moitié du pays se situe au-dessous du niveau de la mer.

■ La ville d'Amsterdam compte plus de 400 ponts, 600 canaux, 5 millions de pilotis et 90 îlots.

DÉMOGRAPHIE

MÉNAGES. 5,6 millions, dont 26,0 % composés d'une seule personne (CE = 26) et 9,3 % de 5 personnes et plus (CE = 10,4).

MARIAGES. 6,1 pour 1 000 habitants (CE = 6,0).

6 % des couples vivent en cohabitation (CE = 3).

DIVORCES. 31 pour 100 mariages (CE = 28).

NATALITÉ. Le renouvellement des générations n'est plus assuré depuis 1973.

NAISSANCES HORS MARIAGE. 10,7 % des naissances en 1989 (CE =17), contre 4,1 % en 1980 et 2,1 % en 1970.

FAMILLES. 5,2 % des familles sont monoparentales (un ou plusieurs enfants élevés par un seul de leurs parents, CE = 4,9).

Les naissances de rang 3 et suivantes représentent 20,4 % du total des naissances (CE = 22 %).

ESPÉRANCE DE VIE. L'écart entre les hommes et les femmes était de 6,3 ans en 1988 (CE = 6,6), contre 3,9 en 1960.

30 ANS DE DÉMOGRAPHIE

Evolution des principaux indicateurs démographiques :

	1960	1970	1980	1989*
Population (milliers)	11 417	12 958	14 091	14 805
Ages (% pop. totale)				
- Moins de 15 ans	30,0	27	22,3	18,4
- 65 ans et plus	9,0	10	11,5	12,6
Espérance de vie				
- Hommes (ans)	71,5	70,7	72,7	73,7
- Femmes (ans)	75,3	76,5	79,3	80,0
Mariages (pour 1 000 hab.)	7,8	9,5	6,4	6,1
Divorces (pour 1 000 hab.)	0,5	0,8	1,8	1,9
Indice conjoncturel de fécondité	3,12	2,57	1,60	1,55
Mortalité infantile (pour 1 000 naissances vivantes)	17,9	12,7	8,6	6,8

* Ou année la plus proche.

■ Pour 15 millions d'habitants, les Pays-Bas comptent 11 millions de vélos, soit un vélo par personne en âge de circuler. La circulation est d'ailleurs facilitée par l'absence de relief du pays, ainsi que par les 10 000 km de pistes cyclables aménagées.

■ Il reste environ 900 moulins à vent, contre environ 9 000 il y a un siècle.

Eurostat, OCDE

LOGEMENT

URBANISATION. 90 % de la population (CE = 81). La densité moyenne est de 350 habitants au km², ce qui constitue le record du monde. L'achèvement des grands travaux comme la poldérisation de l'ancien Zuiderzee (commencée en 1919 et terminée en 1980) et le plan Delta (protection de la Zélande) ont permis de lutter contre le surpeuplement, particulièrement sensible dans l'ouest, où la densité atteint 900 hab./km².

La conurbation de la *Randstad Holland*, à l'ouest du pays, qui regroupe Utrecht, Amsterdam, Haarlem, Leyde, La Haye, Delft, Rotterdam et Dordrecht concentre 40 % de la population, avec une densité de 1 600 hab./km².

LOGEMENT. 70 % des ménages habitent une maison individuelle (CE = 60), 30 % un appartement (CE = 40).

0,3 % des ménages disposent d'une résidence secondaire.

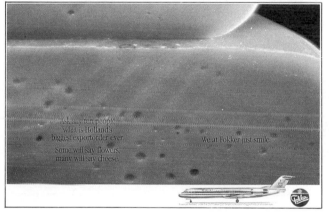

« Demandez à dix personnes ce que la Hollande exporte le plus. Quelques-uns vous diront les fleurs, beaucoup vous diront le fromage. Nous, chez Fokker, nous sourions simplement. »

PROPRIÉTAIRES. 46 % des ménages (CE = 62).

CONFORT. 98 % des logements disposent de WC, 96 % de baignoire ou douche, 71 % de chauffage central.

ÉQUIPEMENT. 90 % des ménages sont équipés d'un lave-linge (CE = 90), 9 % d'un lave-vaisselle (CE = 21), 96 % d'un réfrigérateur (CE = 97), 41 % d'un congélateur indépendant (CE = 44).

39 % des foyers équipés de la télévision ont un magnétoscope.

La consommation annuelle d'électricité est de 1 053 kWh par habitant (CE – 1 283).

ANIMAUX. 22 % des ménages ont un chien et 22 % un chat (record CE).

TRAVAIL

ACTIFS. 45,0 % de la population totale (CE = 44,8).

FEMMES. 34,0 % sont actives (CE = 34,4), contre 16,1 % en 1960.

SECTEURS D'ACTIVITÉ. 4,8 % des actifs travaillent dans l'agriculture (CE = 7,6), 26,5 % dans l'industrie (CE = 33,2), 68,5 % dans les services (CE = 59,2).

CHÔMAGE

Evolution du chômage (en % de la population active) :

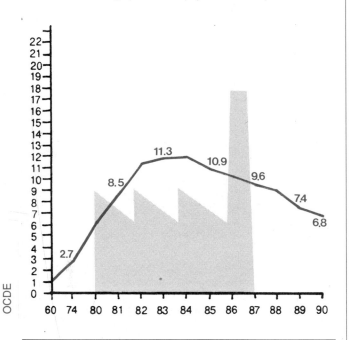

OCDE

FONCTIONNAIRES. 745 000 personnes, soit 18 % des actifs, sont employés dans les administrations publiques.

TRAVAILLEURS ÉTRANGERS. 236 000, soit 3,6 % des actifs, dont 98 000 en provenance des autres pays de la CE. La main d'œuvre étrangère est en majorité turque ou venue des anciennes colonies (Moluquois et Surinamais).

DURÉE DU TRAVAIL. 1 756 heures par an (durée conventionnelle). De 36 à 40 heures par semaine, de 4 à 5 semaines de congés payés par an.

TEMPS PARTIEL. 71,9 % des femmes actives concernées, taux le plus élevé de la Communauté (CE = 29), et 39 % des hommes (CE = 4).

ÂGE DE LA RETRAITE. 65 ans pour les hommes et pour les femmes. Pensions calculées respectivement sur 50 années de cotisations (montant forfaitaire).

SYNDICALISATION. 28 % des actifs. 13 journées de travail perdues pour 1 000 salariés entre 1983 et 1988 (moyenne annuelle).

CHÔMAGE. 8,9 % des actifs en février 1990 (CE = 8,6). 54 % des chômeurs sont des femmes (CE = 53) ; 33 % sont des jeunes de moins de 25 ans (CE = 38). 50 % des chômeurs sont sans emploi depuis au moins un an (CE = 52).

ARGENT

RÉMUNÉRATION DES SALARIÉS. 24 318 écus, aux prix et taux de change de 1988 (CE = 19 870).

ÉCARTS DE REVENUS. Les femmes ouvrières sont payées en moyenne 20 % de moins que les hommes (après correction des effets de structure). L'écart est également de 20 % chez les non-ouvriers.

PRÉLÈVEMENTS OBLIGATOIRES. 46,2 % en 1990 (CE = 39,6), contre 45,8 % en 1980 et 33,2 % en 1965.

Les impôts directs représentent 28,3 % du total (CE = 28,6), les impôts indirects 24,0 % (CE = 30,5), les cotisations sociales 37,0 % (CE = 33,3).

IMPÔT SUR LE REVENU. Le taux minimum est de 16 %, le maximum de 72 %.

Il représentait 8,9 % du salaire ouvrier moyen en 1988 pour un couple (un seul salaire et deux enfants à charge) et 11,8 % pour un célibataire.

ÉPARGNE. 3,8 % du revenu disponible des ménages en 1989 (taux le plus faible de la Communauté), contre 11,7 % en 1980 et 14,4 % en 1960.

BUDGET

Structure de la consommation des ménages (en % du total) :

	1970	1988
Alimentation	26,0	18,6
Habillement	10,7	7,1
Logement, chauffage, éclairage	12,6	18,6
Meubles et entretien courant	11,6	8,2
Santé	12,1	12,6
Transports et communications	8,5	11,6
Loisirs, enseignement, culture	8,4	9,7
Autres biens et services	12,9	14,1

Eurostat

ALIMENTATION (par an). 104 kg de légumes, 101 kg d'agrumes (maximum CE), 89 kg de pommes de terre, 61 kg de fruits, 55 kg de céréales (minimum CE), 39 kg de sucre, 3 kg de riz.

44 kg de porc, 18 kg de bœuf, 16 kg de volaille, 9 kg de poisson (minimum CE), 2 kg de veau.

20,5 kg de surgelés par personne en 1989 (14,6 kg en 1983).

13 kg de fromage, 10 kg de margarine, 6 kg d'huile, 4 kg de beurre, 4 kg de crème.

83 litres de bière et 14 litres de vin.

Société

IMMIGRÉS. 592 000, soit 4,0 % de la population (CE = 4).

26 000 réfugiés politiques à fin 1989.

DÉLINQUANCE. 2 792 cambriolages, 1,1 homicide (taux le plus bas de la CE), 8,0 viols pour 100 000 habitants en 1988.

SUICIDES. 14 hommes et 8 femmes sur 100 000 en 1987, (CE = 19 et 8).

ACCIDENTS DE VOITURES. 264 décès par million de véhicules en 1988 (CE = 376).

ASSOCIATIONS. 73 % des plus de 25 ans appartiennent à des associations (CE = 44).

ENVIRONNEMENT. 449 kg de déchets ménagers, chiffre le plus élevé de la Communauté (CE = 298, 1985), 3,0 kg de gaz carbonique par habitant (CE = 2,3, 1987).

RELIGION. 48 % des Néerlandais de 15 ans et plus se considèrent comme religieux (CE = 65), 7 % comme athées, 3 % comme agnostiques.

34 % se rendent au moins une fois par semaine aux services religieux (CE = 28), 15 % jamais (CE = 15).

Le pays est séparé en deux parties presque égales (Nord protestant et Sud catholique) par le Rhin et la Meuse.

36 % des Néerlandais sont de religion catholique romaine, 32 % sont protestants (ils appartiennent surtout à l'Eglise réformée néerlandaise). Il y a un siècle, les protestants étaient de loin les plus nombreux, mais leur natalité a été inférieure à celle des catholiques. Le pays compte également 400 000 musulmans.

Le pays de la tolérance

Il est habituel aux Pays-Bas de débattre publiquement de sujets encore tabous dans d'autres Etats européens : homosexualité (tous les grands partis politiques étaient représentés lors de la fête du 40e anniversaire de l'association des homosexuels néerlandais) ; euthanasie ; drogue ; service militaire féminin ; situation des étudiants ; violence dans les stades ; système carcéral...

Cette tolérance ne va pas sans contreparties, comme le développement de l'usage de la drogue. Les drogues douces ne sont pas légales mais tolérées, à condition de ne pas en posséder plus de 30 g. Les drogués sont aidés par des réseaux très denses d'aide à la réinsertion. Depuis 1984, les seringues sont en vente libre et l'échange est quasi gratuit, afin de limiter les risques d'infection liés à leur réutilisation. La méthadone, substitut jugé moins dangereux, est distribuée gratuitement dans des autobus.

POLITIQUE. Sur une échelle politique de 1 (extrême gauche) à 10 (extrême droite), les Néerlandais se situent en moyenne à 5,3 (CE = 5,2).

MÉDIAS. 48 quotidiens.

Télévision : 3 chaînes publiques nationales (Netherland 1, 2 et 3). Une chaîne privée RTL4 diffusant depuis le Luxembourg. Nombreuses chaînes étrangères proches reçues par voie hertzienne.

76 % de foyers raccordés au câble, dont 96 % d'abonnés.

Durée moyenne d'écoute : 89 min par jour, la plus faible de la Communauté.

VACANCES. 65 % de la population partent en vacances, taux le plus élevé de la Communauté (CE = 56), dont 64 % à l'étranger.

« Les Pays-Bas sont bien trop beaux pour que l'on construise n'importe comment. »

Opinions et valeurs

• 20 % des Néerlandais déclarent « devoir s'imposer des restrictions du fait d'un revenu insuffisant » (CE = 36).
• 68 % estiment que « les riches sont de plus en plus riches et les pauvres de plus en plus pauvres » (CE − 70).
• 71 % sont satisfaits du « fonctionnement de la démocratie dans leur pays » (CE = 56), contre 52 % en 1973.
• 84 % considèrent que « l'appartenance de leur pays à la CE est une bonne chose », taux le plus élevé de la Communauté (CE = 65), contre 63 % en 1973.
• 94 % sont satisfaits de la vie qu'ils mènent (CE = 83), contre 93 % en 1973.

■ Les Pays-Bas sont souvent appelés à tort Hollande. Ce nom correspond en fait à deux des douze provinces.

■ L'aéropol de Shipol a été bâti sur l'ancien lac de Haarlem, où ont jadis sombré de nombreux navires. En néerlandais, Shipol signifie d'ailleurs le « puits des bateaux ».

■ Depuis 1880, on enregistre une élévation du niveau moyen de la mi-marée de 2 à 3 cm tous les dix ans.

PORTUGAL

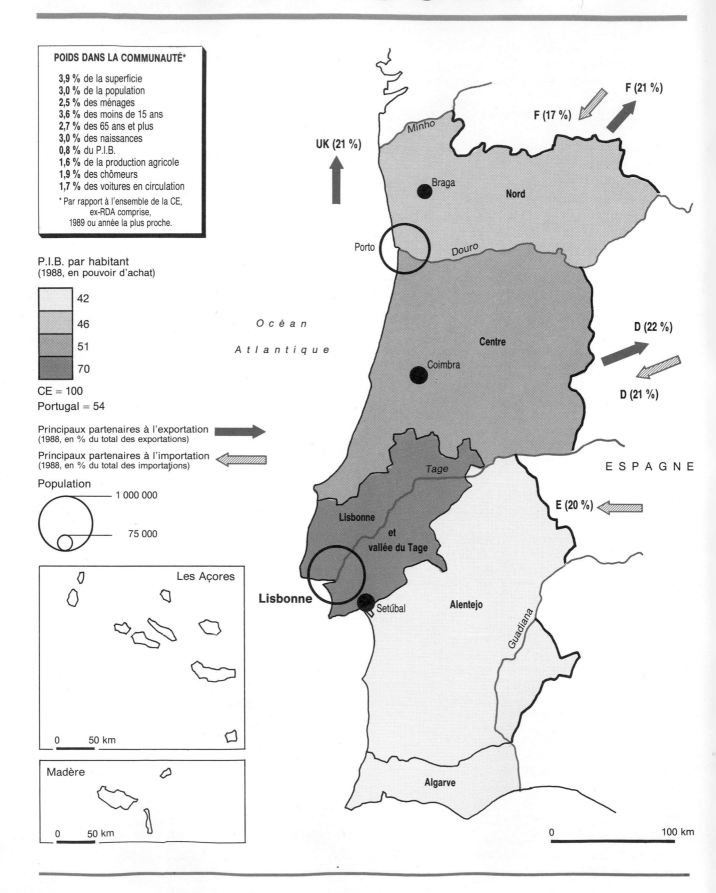

P.I.B. par habitant
(1988, en pouvoir d'achat)

42
46
51
70

CE = 100
Portugal = 54

Principaux partenaires à l'exportation
(1988, en % du total des exportations)

Principaux partenaires à l'importation
(1988, en % du total des importations)

Population

1 000 000

75 000

Les Açores

0   50 km

Madère

0   50 km

Minho

UK (21 %)

F (17 %)   F (21 %)

Braga

Nord

Porto   Douro

Océan

Atlantique

Centre   D (22 %)

Coimbra   D (21 %)

ESPAGNE

Tage

E (20 %)

Lisbonne
et
vallée du Tage

Lisbonne   Setúbal   Alentejo

Guadiana

Algarve

0   100 km

CARTE D'IDENTITÉ

GÉOGRAPHIE

SUPERFICIE : 92 389 km^2

DIMENSIONS : hauteur maximale : 560 km ;
largeur maximale : 220 km

TERRITOIRES NON CONTINENTAUX : îles des Açores,
Macao, Madère, Tristan da Cunha, Alhucemas

LONGUEUR DES FRONTIÈRES : 1 215 km

LONGUEUR DES CÔTES : 850 km

POINT CULMINANT : Sierra da Estrela, 1 991 m

PART BOISÉE DU TERRITOIRE : 32 %

TEMPÉRATURE MOYENNE
Région la plus basse : 12,4°C
Région la plus haute : 17,3°C

PLUVIOMÉTRIE MOYENNE
Région la plus basse : 605 mm
Région la plus haute : 981 mm

RESSOURCES NATURELLES : wolfram, pyrite de fer,
éthane, uranium

HABITANTS

POPULATION : 10,3 millions

DENSITÉ : 111 habitants/km^2

ÂGES : 21,3 % de moins de 15 ans (CE = 18,7) ;
12,7 % de 65 ans et plus (CE = 13,8)

ESPÉRANCE DE VIE : femmes : 77,6 ans (CE = 78,6) ;
hommes : 70,7 ans (CE = 72,0)

ÉTRANGERS : 94 000, soit 0,9 % de la population
(CE = 4,0)

RELIGION : 89 % de catholiques, 10 % sans religion
(population de 15 ans et plus)

ÉDUCATION : 72 % des 15 ans et plus ont arrêté
leurs études avant l'âge de 15 ans (CE = 42 %)

FÉCONDITÉ : 1,50 enfant par femme (CE = 1,58)

ÉPARGNE : 24,0 % du revenu primaire des ménages

TÉLÉPHONE : 180 lignes principales pour
1 000 habitants (CE = 396)

TÉLÉVISION : 159 pour 1 000 habitants (CE = 310)

VOITURE : 203 pour 1 000 habitants (CE = 353)

CONSOMMATION D'ÉNERGIE : 0,197 tep (hors
industrie et transports, CE = 0,85)

ÉTAT

SYSTÈME POLITIQUE : république

PRÉSIDENT : Mario Soares (depuis 1986)

PREMIER MINISTRE : Anibal Cavaco Silva (depuis
1985)

CAPITALE : Lisbonne (807 000 habitants)

PRINCIPALES AGGLOMÉRATIONS : Porto (335 000) ;
Amadora (94 000) ; Setúbal (77 000)

MONNAIE : escudo

LANGUE : portugais

DÉCOUPAGE ADMINISTRATIF : 18 districts, 2 régions
autonomes (Açores et Madère), 305 municipalités,
4 100 paroisses

PERSONNEL MILITAIRE : 102 000

FÊTE NATIONALE : 10 juin

RÉSEAU ROUTIER : 9 961 km, dont 215 km
d'autoroutes

RÉSEAU FERROVIAIRE : 3 607 km

DRAPEAU : blasons sur fonds vert et rouge

HYMNE : *Herois do mar, nobre povo...*

DATE D'ENTRÉE DANS LA CE : 1986

ÉCONOMIE

INFLATION (moyenne 1977-1989) : 18,7 %

CHÔMAGE (moyenne 1977-1989) : 7,6 %

PIB/HABITANT : 3 616 écus (CE = 12 439)

RÉPARTITION PAR SECTEUR
Agriculture : 7,5 % (CE = 3,1)
Industrie : 37,9 % (CE = 35,5)
Services : 54,6 % (CE = 61,4)

CROISSANCE DU PIB (moyenne 1979-88) : 2,5 %

BALANCE COMMERCIALE : - 4,3 millards d'écus (1988)

DÉPENDANCE ÉNERGÉTIQUE : 88,2 %

DÉPENSES DE SANTÉ : 6,4 % du PIB

DÉPENSES D'ÉDUCATION : 4,1 % du PIB

DÉPENSES DE DÉFENSE : 3,2 % du PIB (CE = 3,6)

DÉPENSES DE RECHERCHE-DÉVELOPPEMENT :
0,34 % du PIB (CE = 0,99)

SUPERFICIE AGRICOLE : 49,2 % du territoire (CE = 54)

Histoire

IIe siècle av. J.-C. Création de la province de Lusitanie par les Romains.

Ve siècle. Invasions barbares.

711. Les musulmans conquièrent le pays.

1139. Afonso Ier Henriques se proclame roi des Portugais et commence la Reconquête sur les Maures.

1147. Prise de Lisbonne par les troupes d'Afonso Ier.

1249. Occupation de l'Algarve par Alphonse III et fin de la Reconquête. Acquisition des frontières actuelles.

1385. Joáo Ier bat l'armée castillane et fonde une nouvelle dynastie, qui remplace celle des Bourgogne.

1487. Bartolomo Dias double le cap de Bonne-Espérance.

1497. Vasco de Gama atteint les Indes.

1500. Pedro Alvares Cabral prend possession du Brésil.

1581. Philippe II d'Espagne se proclame roi du Portugal.

1668. Reconnaissance de l'indépendance du Portugal par l'Espagne (traité de Lisbonne).

1755. Tremblement de terre à Lisbonne, qui sera reconstruit par Pombal.

1807. Expédition française. Les troupes de Napoléon sont chassées en 1811.

1908. Assassinat du roi Carlos Ier et du prince héritier.

1910. Proclamation de la République.

1928. Salazar devient ministre des Finances, puis président du Conseil (1932). Il meurt en 1970.

1968. Démission de Salazar.

1974. « Révolution des Œillets », coup d'Etat militaire et rétablissement de la démocratie.

1982. La Constitution abolit la tutelle des militaires.

1986. Entrée du Portugal dans la CE. Election de Mario Soares à la présidence de la République.

La révolution des Œillets

L'« Etat nouveau » instauré par Salazar en 1933 fut très autoritaire, avec une police d'Etat omniprésente. Sa méfiance envers les ingérences étrangères freina l'expansion du pays, accrut la pauvreté et provoqua l'émigration. Après sa démission, en 1968, Marcello Caetano lui succéda, mais se trouva aux prises avec les problèmes posés par les colonies. Le service militaire était alors de quatre ans, ce qui accroît l'émigration et le mécontentement.

Le coup d'Etat organisé par le général Spínola le 25 avril 1974 ne rencontra aucune résistance. Les soldats mirent un œillet rouge au bout de leur fusil. La censure fut abolie, mais les difficultés intérieures furent nombreuses et les gouvernements se succédèrent de 1975 à 1985. La politique d'austérité entraîna la chute du socialiste Mario Soares en 1986. Il fut pourtant élu président l'année suivante.

INSTITUTIONS

République fondée sur le régime parlementaire.

PRÉSIDENT. Elu pour cinq ans au suffrage universel direct. Nomme le Premier ministre en fonction des résultats électoraux. Peut dissoudre l'Assemblée et démettre le gouvernement.

GOUVERNEMENT. Dirigé par le Premier ministre, responsable devant l'assemblée, dont il doit obtenir l'investiture.

PARLEMENT. Chambre unique de 250 députés élus pour quatre ans au suffrage universel direct.

AUTRES INSTITUTIONS. Cour constitutionnelle ; Conseil d'Etat.

ÉLECTIONS. Droit de vote et éligibilité à 18 ans. Ont lieu un dimanche ou un jour férié.

SERVICE MILITAIRE. Obligatoire pour les hommes (16 mois ; 24 mois dans la marine).

Chefs d'Etat et de gouvernement

Présidents de la République

Maréchal Craveiro Lopez	1951
Amiral Américo Tomáz	1958
Général Antonio de Spínola	mai 1974
Général Costa Gomes	septembre 1974
Général Antonio Eanes	juillet 1976
Mario Soares	mars 1986

Premiers ministres

Antonio de Oliveira Salazar	juillet 1932
Marcello Caetano	mai 1969
Adelino da Palma Carlos	mai 1974
Vasco Gonçalves	juillet 1974
Pinheiro de Azevedo	septembre 1975
Mario Soares	juillet 1976
Alfredo Nobre da Costa	août 1978
Mota Pinto	novembre 1978
Maria de Lourdes Pintassilgo	juillet 1979
Francisco Sà Carneiro	janvier 1980
Freitas do Amaral	décembre 1980
Francisco Pinto Balsemao	janvier 1981
Mario Soares	juin 1983
Anibal Cavaco Silva	novembre 1985

■ Au milieu du XVIIIe siècle, Lisbonne était une ville d'une richesse exceptionnelle, qui comptait environ 250 000 habitants, 33 palais, 60 couvents, 20 000 maisons. Le 1er novembre 1755, la ville fut anéantie en quelques minutes.

■ Fátima est un lieu de pèlerinage important. En 1917, trois enfants déclarèrent y avoir vu la vierge.

■ Le territoire chinois de Macao cessera d'être sous administration portugaise le 20 décembre 1999.

DÉMOGRAPHIE

MÉNAGES. 3,1 millions, dont 12,2 % composés d'une seule personne (CE = 26) et 18,9 % de 5 personnes et plus (CE = 10,4).

MARIAGES. 7,1 pour 1 000 habitants (CE = 6,0).

0,5 des couples vivent en cohabitation (CE = 3).

DIVORCES. 13 pour 100 mariages (CE = 28).

NATALITÉ. Le renouvellement des générations n'est plus assuré depuis 1983.

NAISSANCES HORS MARIAGE. 14,5 % des naissances en 1989 (CE =17), contre 9,2 % en 1980 et 7,3 % en 1970.

FAMILLES. 3,7 % des familles sont monoparentales (un ou plusieurs enfants élevés par un seul de leurs parents, CE = 4,9).

Les naissances de rang 3 et suivantes représentent 18,7 % du total des naissances (CE = 22 %).

ESPÉRANCE DE VIE. L'écart entre les hommes et les femmes était de 6,9 ans en 1988 (CE = 6,6), contre 5,5 en 1960.

30 ANS DE DÉMOGRAPHIE

Evolution des principaux indicateurs démographiques :

	1960	1970	1980	1989*
Population (milliers)	8 997	9 075	9 714	10 305
Ages (% pop. totale) - Moins de 15 ans - 65 ans et plus	29,0 8,1	28 10	25,9 10,5	21,3 12,7
Espérance de vie - Hommes (ans) - Femmes (ans)	61,2 66,9	64,2 70,8	67,7 75,2	70,7 77,6
Mariages (pour 1 000 hab.)	7,8	-	7,4	7,1
Divorces (pour 1 000 hab.)	0,1	0,1	0,6	0,9
Indice conjoncturel de fécondité	3,01	2,76	2,19	1,50
Mortalité infantile (pour 1 000 nais- sances vivantes)	77,5	55,5	24,3	12,2

* Ou année la plus proche.

Eurostat, OCDE

■ Porto est l'ancienne capitale du Portugal ; c'est elle qui a donné son nom au pays.

■ La statue du Christ-Roi *(Cristo-Rei)* qui domine Lisbonne au dessus du Tage, est une réplique de celle de Rio de Janeiro. Elle a été érigée pour demander que la population soit épargnée par la Seconde Guerre mondiale.

LOGEMENT

URBANISATION. 33 % de la population, taux le plus bas de la Communauté (CE = 81).

LOGEMENT. 66 % des ménages habitent une maison individuelle (CE = 60), 34 % un appartement (CE = 40).

5,5 % des ménages disposent d'une résidence secondaire.

PROPRIETAIRES. 61 % des ménages (CE = 62).

ÉQUIPEMENT. 51 % des ménages sont équipés d'un lave-linge (CE = 90), 12 % d'un lave-vaisselle (CE = 21), 88 % d'un réfrigérateur (CE = 97), 29 % d'un congélateur indépendant (CE = 44).

20 % des foyers équipés de la télévision ont un magnétoscope.

La consommation annuelle d'électricité est de 498 kWh par habitant, la plus faible de la Communauté (CE = 1 283).

« Pedip. Pour une industrie douze étoiles. »

■ L'obtention d'un diplôme d'enseignement supérieur (professeur, médecin, avocat, économiste...) donne droit au titre de « docteur ». Seuls les hommes qui n'ont pas fréquenté l'université sont appelés simplement *senhor*.

■ Les enfants reçoivent des prénoms doubles (traditionnellement celui d'un ancêtre), le nom de leur mère et celui de leur père, simples ou doubles.

TRAVAIL

ACTIFS. 47,2 % de la population totale (CE = 44,8).

FEMMES. 38,6 % sont actives (CE = 34,4), contre 12,7 % en 1960.

SECTEURS D'ACTIVITÉ. 20,7 % des actifs travaillent dans l'agriculture, taux le plus élevé de la Communauté (CE = 7,6), 35,1 % dans l'industrie (CE = 33,2), 44,2 % dans les services (CE = 59,2).

CHÔMAGE

Evolution du chômage (en % de la population active) :

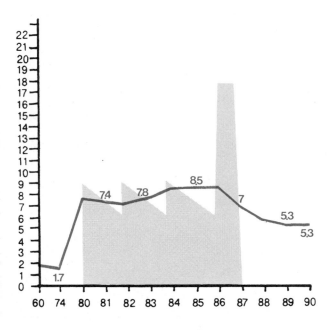

OCDE

FONCTIONNAIRES. 460 000 personnes, soit 18 % des actifs, sont employés dans les administrations publiques.

TRAVAILLEURS ÉTRANGERS. 30 000, soit 0,6 % des actifs, dont 5 000 en provenance des autres pays de la CE.

DURÉE DU TRAVAIL. 2 025 heures par an (durée conventionnelle). De 36 à 40 heures par semaine, de 4,5 à 5 semaines de congés payés par an.

TEMPS PARTIEL. 16 % des femmes actives concernées (CE = 29), et 11 % des hommes (CE = 4).

ÂGE DE LA RETRAITE. 65 ans pour les hommes et 62 ans pour les femmes. Pensions calculées sur les 5 meilleures des 10 dernières années.

SYNDICALISATION. 35 % des actifs.

123 journées de travail perdues pour 1 000 salariés entre 1983 et 1988 (moyenne annuelle).

CHÔMAGE. 5,0 % des actifs en février 1990 (CE = 8,6). 61 % des chômeurs sont des femmes (CE = 53) ; 36 % sont des jeunes de moins de 25 ans (CE = 38). 51 % des chômeurs sont sans emploi depuis au moins un an (CE = 52).

ARGENT

RÉMUNÉRATION DES SALARIÉS. 6 025 écus, aux prix et taux de change de 1988 (CE = 19 870). C'est le revenu le plus faible de la Communauté.

PRÉLÈVEMENTS OBLIGATOIRES. 32,3 % en 1990, taux le plus faible de la Communauté (CE = 39,6), contre 28,7 % en 1980 et 18,4 % en 1965.

Les impôts directs représentent 19,4 % du total (CE = 28,6), les impôts indirects 44,6 % (CE = 30,5), les cotisations sociales 29,4 % (CE = 33,3).

IMPÔT SUR LE REVENU. Le taux minimum est de 4 %, le maximum de 60 %.

Il représentait 6,0 % du salaire ouvrier moyen en 1988 pour un couple (un seul salaire et deux enfants à charge) et également 6,0 % pour un célibataire.

ÉPARGNE. 28,5 % du revenu disponible des ménages en 1980, dernier chiffre connu.

BUDGET

Structure de la consommation des ménages (en % du total) :

	1970	1987
Alimentation	41,0	37,2
Habillement	9,0	10,2
Logement, chauffage, éclairage	6,8	5,0
Meubles et entretien courant	10,1	8,6
Santé	3,9	4,5
Transports et communications	12,6	15,4
Loisirs, enseignement, culture	5,0	5,7
Autres biens et services	11,6	13,4

Eurostat

ALIMENTATION (par an et par personne). 91 kg de céréales, 15 kg de riz (maximum CE), 102 kg de pommes de terre, 27 kg de sucre, 123 kg de légumes, 30 kg de fruits, 13 kg d'agrumes (minimum CE).

11 kg de bœuf, 1 kg de veau, 25 kg de porc, 17 kg de volaille, 43 kg de poisson (maximum CE).

1 kg de beurre, 6 kg de margarine, 15 kg d'huile. 63 litres de vin et 47 litres de bière.

■ Le *fado* n'est pas la chanson populaire de tout le Portugal. Il est originaire de Lisbonne et chante les amours malheureuses et les drames de la vie. Le fado de Coimbra est une chanson d'étudiants, plus gaie que celle de Lisbonne.

■ La domination arabe a duré du VIIIe siècle à 1249, date à laquelle les Maures évacuèrent l'Algarve.

Société

IMMIGRÉS. 94 000, soit 0,9 % de la population (CE = 4).

DÉLINQUANCE. 102 cambriolages (taux le plus bas de la CE), 4,8 homicides, 1,6 viol pour 100 000 habitants (taux le plus bas de la CE) en 1988.

SUICIDES. 14 hommes et 5 femmes sur 100 000 en 1987 (CE = 19 et 8).

ACCIDENTS DE VOITURES. 1 171 décès par million de véhicules en 1988, taux le plus élevé de la Communauté (CE = 376).

14,0 accidents pour 1 000 véhicules (deuxième position derrière la Belgique), 22 blessés et tués.

ASSOCIATIONS. 30 % des plus de 25 ans appartiennent à des associations (CE = 44).

ENVIRONNEMENT. 221 kg de déchets ménagers (CE = 298, 1985), 0,8 kg de gaz carbonique par habitant (CE = 2,3, 1987), chiffres les plus bas de la Communauté.

RELIGION. 86 % des Portugais de 15 ans et plus se considèrent comme religieux (CE = 65), 3 % comme athées, 1 % comme agnostiques.

43 % se rendent au moins une fois par semaine aux services religieux (CE = 28), 14 % jamais (CE = 15).

Emigration

L'émigration a commencé au Portugal au XVIe siècle, avec les grandes découvertes maritimes. Elle s'est poursuivie avec la colonisation du Brésil, même après l'indépendance, accordée en 1822. Elle a connu une forte diminution pendant la Première Guerre mondiale, s'est accélérée à partir de 1920, puis surtout après la Seconde Guerre mondiale, du fait des besoins de main-d'œuvre des pays industrialisés.

Entre 1960 et 1970, l'émigration fut telle que la population portugaise diminua. La France est la principale destination des émigrants ; Paris est la seconde ville portugaise après Lisbonne. Les retours au pays sont cependant de plus en plus nombreux.

POLITIQUE. Sur une échelle politique de 1 (extrême gauche) à 10 (extrême droite), les Portugais se situent en moyenne à 5,4 (CE = 5,2).

MÉDIAS. 25 quotidiens.

Télévision : monopole d'Etat géré par la RTP. 2 chaînes nationales (RTP1 et RTP2) et des programmes spécifiques pour les îles (RTP-Madeira et RTP Açores). Le secteur privé devrait voir le jour à partir de 1991. 2 chaînes sont autorisées à émettre. On peut capter dans le Nord les programmes retransmis par le satellite TDF1.

Le câble n'est pas développé.

Durée moyenne d'écoute : 210 min par jour.

VACANCES. 31 % de la population partent en vacances, taux le plus bas de la CE (CE = 56), dont 8 % à l'étranger.

Opinions et valeurs

• 46 % des Portugais déclarent « devoir s'imposer des restrictions du fait d'un revenu insuffisant » (CE = 36).
• 73 % estiment que « les riches sont de plus en plus riches et les pauvres de plus en plus pauvres » (CE = 70).
• 57 % sont satisfaits du « fonctionnement de la démocratie dans leur pays » (CE − 56), contre 34 % en 1985.
• 70 % considèrent que « l'appartenance de leur pays à la CE est une bonne chose » (CE = 65), contre 24 % en 1980.
• 71 % sont satisfaits de la vie qu'ils mènent (CE = 83), contre 56 % en 1985.

Eurobaromètre

■ Les *azulejos* sont des carreaux de céramique bleu et blanc ou polychromes qui décorent les bâtiments, églises et monuments publics.

■ Le Portugal a été le premier pays à abolir la peine de mort, à donner l'indépendance à l'une de ses colonies.

■ Le plus grand poète du Portugal fut Luis de Camoens (1524-1580), dont l'anniversaire de la mort est devenu la fête nationale.

■ La *tourada* portugaise est sensiblement différente de la *corrida* espagnole. Spectacle surtout équestre, elle ne comprend pas de mise à mort du taureau, mais celui-ci, vaincu, est abattu le lendemain.

ROYAUME-UNI

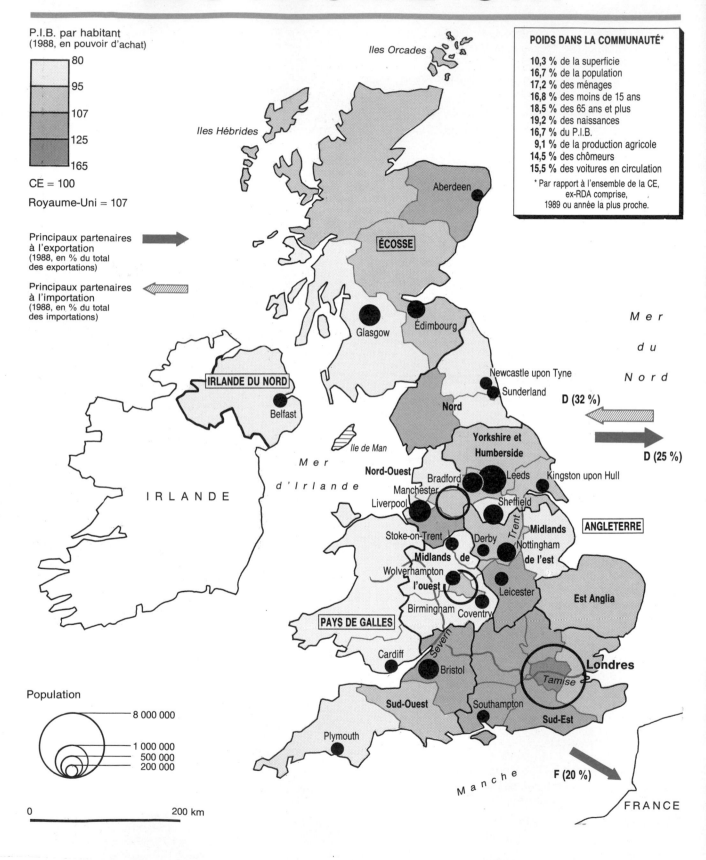

P.I.B. par habitant
(1988, en pouvoir d'achat)

80
95
107
125
165

CE = 100

Royaume-Uni = 107

Principaux partenaires
à l'exportation
(1988, en % du total
des exportations)

Principaux partenaires
à l'importation
(1988, en % du total
des importations)

Population

8 000 000

1 000 000
500 000
200 000

0   200 km

POIDS DANS LA COMMUNAUTÉ*

10,3 % de la superficie
16,7 % de la population
17,2 % des ménages
16,8 % des moins de 15 ans
18,5 % des 65 ans et plus
19,2 % des naissances
16,7 % du P.I.B.
9,1 % de la production agricole
14,5 % des chômeurs
15,5 % des voitures en circulation

* Par rapport à l'ensemble de la CE,
ex-RDA comprise,
1989 ou année la plus proche.

Iles Orcades

Iles Hébrides

Aberdeen

ÉCOSSE

Glasgow

Edimbourg

Mer
du
Nord

IRLANDE DU NORD

Belfast

Newcastle upon Tyne
Sunderland

D (32 %)

D (25 %)

Ile de Man

Nord

Yorkshire et
Humberside

Mer
d'Irlande

Nord-Ouest

Bradford

Leeds

Kingston upon Hull

Manchester

Liverpool

Sheffield

IRLANDE

Stoke-on-Trent

Derby

Midlands
de l'est

Nottingham

Midlands   de

Wolverhampton

l'ouest

Birmingham

Coventry

Leicester

ANGLETERRE

Est Anglia

PAYS DE GALLES

Cardiff

Severn

Bristol

Londres

Tamise

Sud-Ouest

Southampton

Sud-Est

Plymouth

Manche

F (20 %)

FRANCE

CARTE D'IDENTITÉ

GÉOGRAPHIE

SUPERFICIE : 244 100 km^2

DIMENSIONS : hauteur maximale : 880 km ;
largeur maximale : 540 km

TERRITOIRES NON CONTINENTAUX : îles Rockall,
Man, Bermudes, Cayman, Malouines, Pitcairn,
Montserrat, Georgie, Sandwich et Orcades du Sud ;
Cargadus, Aldabra, Amirante, Rodrigues,
Washington, Santa Cruz, océan Antarctique
britannique.

LONGUEUR DES FRONTIÈRES : 483 km

LONGUEUR DES CÔTES : 3 100 km

POINT CULMINANT : Ben Nevis, 1 343 m

PART BOISÉE DU TERRITOIRE : 9 %

TEMPÉRATURE MOYENNE
Région la plus basse : 5,2 %
Région la plus haute : 9,7 %

PLUVIOMÉTRIE MOYENNE
Région la plus basse : 495 mm
Région la plus haute : 1 316 mm

RESSOURCES NATURELLES : charbon, minerai de fer,
gaz naturel, pétrole (mer du Nord)

HABITANTS

POPULATION : 57,2 millions

DENSITÉ : 223 habitants/km^2

ÂGES : 18,9 % de moins de 15 ans (CE = 18,7) ;
15,5 % de 65 ans et plus (CE = 13,8)

ESPÉRANCE DE VIE : femmes : 78,1 ans (CE = 78,6);
hommes : 72,4 ans (CE = 72,0)

ÉTRANGERS : 1 785 000, soit 3,1 % de la population
(CE = 4,0)

RELIGION : 46 % de protestants, 10 % de catholiques,
35 % sans religion (population de 15 ans et plus)

ÉDUCATION : 36,8 % des 15 ans et plus ont arrêté
leurs études avant l'âge de 15 ans (CE = 42)

FÉCONDITÉ : 1,85 enfant par femme (CE = 1,58)

ÉPARGNE : 5,0 % du revenu disponoble des ménages

TÉLÉPHONE : 427 lignes principales pour
1 000 habitants (CE = 396)

TÉLÉVISION : 347 pour 1 000 habitants (CE = 310)

VOITURE : 332 pour 1 000 habitants (CE = 353)

CONSOMMATION D'ÉNERGIE : 1,036 tep (hors
industrie et transports, CE = 0,85)

ÉTAT

SYSTÈME POLITIQUE : monarchie parlementaire

SOUVERAIN : Elisabeth II (depuis 1952)

PREMIER MINISTRE : John Major (depuis 1990)

CAPITALE : Londres (6,8 millions d'habitants)

PRINCIPALES AGGLOMÉRATIONS : Birmingham
(1 024 000) ; Glasgow (765 000) ; Liverpool
(753 000) ; Nottingham (600 000) ; Sheffield
(536 000) ; Bristol (52 400)

MONNAIE : livre sterling

LANGUE : anglais

DÉCOUPAGE ADMINISTRATIF : Angleterre divisée en
46 comtés, pays de Galles en 8 comtés, Ecosse en
12 régions, Irlande du Nord en 6 comtés

PERSONNEL DES FORCES ARMÉES : 331 000

FÊTES NATIONALES : Angleterre 23 avril ; pays de
Galles 1er mars ; Ecosse 30 novembre

RÉSEAU ROUTIER : 376 075 km, dont 3 092 km d'autoroutes

RÉSEAU FERROVIAIRE : 16 985 km

VOIES NAVIGABLES : 2 351 km

DRAPEAU : Union Jack (croix de St Georges,
St André et St Patrick, rouge sur fond bleu

HYMNE : *God save the Queen*

DATE D'ENTRÉE DANS LA CE : 1973

ÉCONOMIE

INFLATION (moyenne 1977-1989) : 8,0 %

CHÔMAGE (moyenne 1977-1989) : 9,0 %

PIB/HABITANT : 12 200 écus (CE = 12 439)

RÉPARTITION PAR SECTEUR
Agriculture : 1,2 % (CE = 3,1)
Industrie : 36,7 % (CE = 35,5)
Services : 62,1 % (CE = 61,4)

CROISSANCE DU PIB (moyenne 1979-1988) : 2,2 %

BALANCE COMMERCIALE : - 314 milliards d'écus

ENDETTEMENT : 233 écus/habitant

DÉPENDANCE ÉNERGÉTIQUE : - 8,9 % (excédent)

DÉPENSES DE SANTÉ : 6,1 % du PIB

DÉPENSES D'ÉDUCATION : 5,0 % du PIB

DÉPENSES DE DÉFENSE : 5,2 % du PIB (CE = 3,6)

DÉPENSES DE RECHERCHE-DÉVELOPPEMENT :
1,07 % du PIB (CE = 0,99)

SUPERFICIE AGRICOLE : 75,8 % du territoire (CE = 54)

Histoire

55 av. J.-C. Débarquement des Romains. La période romaine s'achèvera en 410 apr. J.-C.

430. Début des invasions : Angles, Saxons, Jutes.

597. Début de l'évangélisation (Saint Augustin).

1017-1042. Conquête danoise.

1066. Victoire des Normands à Hastings.

1171. Fin de la conquête de l'Irlande.

1215. La Grande Charte, garantissant les droits du sujet contre l'arbitraire du souverain, servira de base aux futures institutions britanniques.

1338-1453. La guerre de Cent Ans oppose l'Angleterre et la France. Victoires sur les Français à Crécy et à Calais.

1534. Acte de suprématie d'Henri VIII et dissolution des monastères.

1536. Annexion du pays de Galles.

1588. Déroute de l'Invincible Armada espagnole.

1649. Exécution de Charles Ier.

1650-1659. Création du Commonwealth de Cromwell.

1689. Déclaration des droits fondant le régime constitutionnel.

1707. L'Angleterre et l'Irlande deviennent un seul royaume.

1815. Victoire sur Napoléon à Waterloo. Traité de Paris.

1885. Instauration du suffrage universel.

1914. Entrée en guerre contre l'Allemagne.

1939-1945. Seconde Guerre mondiale.

1973. Entrée dans la CE.

1982. Guerre des Malouines.

1986. Traité entre le Royaume-Uni et la France prévoyant la création du tunnel sous la Manche.

■ C'est la Grande-Bretagne qui a inventé le régime parlementaire.

■ L'emblème national de l'Angleterre est la rose. Ceux du pays de Galles sont le poireau et le narcisse. Celui de l'Ecosse est le chardon.

■ La stabilité politique du pays s'explique par l'existence d'une monarchie en place depuis 1066, avec une seule interruption entre 1649 et 1660 due à une révolution. Le drapeau anglais est constitué de trois croix superposées, qui résument l'histoire de la nation: croix de Saint-Georges (symbole de l'Angleterre, rouge sur fond blanc) ; croix de Saint-André (symbole de l'Ecosse, blanche sur fond bleu), ajoutée en 1707 ; croix de Saint-Patrick (symbole de l'Irlande, rouge sur fond blanc).

■ La Chambre des lords est présidée par le lord chancelier, qui dirige les débats assis sur le *woolsack*, siège bourré de laines provenant de plusieurs pays du Commonwealth, en souvenir de l'époque où la laine était une source de richesse pour l'Angleterre.

INSTITUTIONS

Monarchie héréditaire fondée sur la démocratie parlementaire

Pas de Constitution écrite (charte de 1215).

L'Ecosse dispose d'un système juridique et éducatif propre. Elle bénéficie, avec le pays de Galles, d'une grande autonomie administrative déléguée par le Parlement.

SOUVERAIN. La reine a un rôle surtout représentatif et honorifique. Peut dissoudre le Parlement et demander l'organisation de nouvelles élections, sur recommandation du Premier ministre.

PREMIER MINISTRE. Chef du parti majoritaire à la Chambre des communes, nommé par la reine.

GOUVERNEMENT. Ministres du Cabinet nommés sur recommandation du Premier ministre. Le gouvernement peut être amené à démissionner par un vote de défiance exprimé par la Chambre des communes. Ce vote entraîne aussi la dissolution du Parlement et l'organisation de nouvelles élections générales.

PARLEMENT. Composé de la Chambre des communes (650 députés élus directement à la majorité simple et au scrutin uninominal) et de la Chambre des lords (plus de 1 000 membres, pour la plupart pairs héréditaires) qui dispose d'un veto suspensif d'un an. Elu pour cinq ans. Projets de loi présentés par le gouvernement et les députés.

ÉLECTIONS. Droit de vote à 18 ans et éligibilité à 21 ans.

SERVICE MILITAIRE. Non obligatoire.

Depuis 1945, les conservateurs et les travaillistes alternent au pouvoir.

Chefs d'Etat et de gouvernement*

Souverains

George VI	1936
Elisabeth II	1952

Premiers ministres

Winston Churchill	mai 1940
Clement Attlee	juillet 1945
Winston Churchill	octobre 1951
Anthony Eden	avril 1955
Harold Mac Millan	janvier 1957
Alec Douglas-Home	octobre 1963
Harold Wilson	octobre 1964
Edward Heath	juin 1940
Harold Wilson	mars 1974
James Callaghan	avril 1976
Margaret Thatcher	mai 1979
John Major	novembre 1990

(*) Depuis la fin de la Seconde Guerre mondiale.

DÉMOGRAPHIE

POPULATION. 80 % des habitants sont des Anglais, 9 % des Ecossais, 5 % des Gallois, 6 % des Irlandais du Nord. 2 à 3 millions d'habitants sont des immigrants du Commonwealth ; un tiers d'entre eux vivent à Londres.

MÉNAGES. 22 millions, dont 24,4 % composés d'une seule personne (CE = 26) et 9,1 % de 5 personnes et plus (CE = 10,4).

MARIAGES. 6,9 pour 1 000 habitants (CE = 6,0). 5,0 % des couples vivent en cohabitation (CE = 3).

DIVORCES. 38 pour 100 mariages (CE = 28).

NATALITÉ. Le renouvellement des générations n'est plus assuré depuis 1973.

30 ANS DE DÉMOGRAPHIE

Evolution des principaux indicateurs démographiques :

	1960	1970	1980	1989*
Population (milliers)	52 164	55 546	56 286	57 135
Ages (% pop. totale)				
- Moins de 15 ans	23,3	24	21,1	18,9
- 65 ans et plus	11,7	13	14,9	15,5
Espérance de vie				
- Hommes (ans)	67,9	68,7	70,2	72,4
- Femmes (ans)	73,7	75,0	76,2	78,1
Mariages (pour 1 000 hab.)	7,5	8,5	7,4	6,9
Divorces (pour 1 000 hab.)	0,5	1,1	2,8	2,6
Indice conjoncturel de fécondité	2,69	2,44	1,89	1,85
Mortalité infantile (pour 1 000 naissances vivantes)	22,5	18,5	12,1	8,4

* Ou année la plus proche.

NAISSANCES HORS MARIAGE. 26,6 % des naissances en 1989 (CE =17), contre 11,5 % en 1980 et 8,0 % en 1970.

FAMILLES. 6,1 % des familles sont monoparentales (un ou plusieurs enfants élevés par un seul de leurs parents, CE = 4,9).

Les naissances de rang 3 et suivantes représentent 23,8 % du total des naissances (CE = 22).

ESPÉRANCE DE VIE. L'écart entre les hommes et les femmes était de 5,7 ans en 1988 (CE = 6,6), contre 5,9 en 1960.

Eurostat, OCDE

LOGEMENT

URBANISATION. 92 % des Britanniques sont des citadins. La Grande-Bretagne a connu plus tôt que les autres pays l'exode rural, avec le transfert des activités agricoles à l'industrie, puis aux services. 40 % de la population habitent les sept plus grandes agglomérations : Londres ; Birmingham ; Glasgow ; Leeds ; Sheffield ; Liverpool ; Bradford.

LOGEMENT. 85 % des ménages habitent une maison individuelle (CE = 60), 15 % un appartement (CE =40).

1 % des ménages disposent d'une résidence secondaire.

PROPRIÉTAIRES. 69 % des ménages (CE = 62).

« La compagnie aérienne préférée dans le monde. »

Saatchi & Saatchi Advertising

CONFORT. 98 % des logements disposent de WC, 98 % de baignoire ou douche, 71 % de chauffage central.

ÉQUIPEMENT. 91 % des ménages sont équipés d'un lave-linge (CE = 90), 9 % d'un lave-vaisselle (CE = 21), 97 % d'un réfrigérateur (CE = 97), 55 % d'un congélateur indépendant (CE = 44).

56 % des foyers équipés de la télévision ont un magnétoscope.

La consommation annuelle d'électricité est de 1 620 kWh par habitant (CE = 1 283).

ANIMAUX. 28 % des ménages ont un chien et 22 % un chat (record CE).

■ Les jardins occupent à Londres une superficie de 16 000 hectares.

■ La tradition voulait, au XIXe siècle, que les habitants puissent s'emparer des terres communales, à condition de les clôturer et de construire un cottage en une seule nuit. Ces modestes maisons étaient appelées *ty unnos* (maison d'une nuit) en pays gallois.

TRAVAIL

ACTIFS. 49,4 % de la population totale (CE = 44,8).

FEMMES. 40,5 % sont actives (CE = 34,4), contre 29,6 % en 1960.

SECTEURS D'ACTIVITÉ. 2,2 % des actifs travaillent dans l'agriculture (CE = 7,6), 29,4 % dans l'industrie (CE = 33,2), 68,3 % dans les services (CE = 59,2).

CHÔMAGE

Evolution du chômage (en % de la population active) :

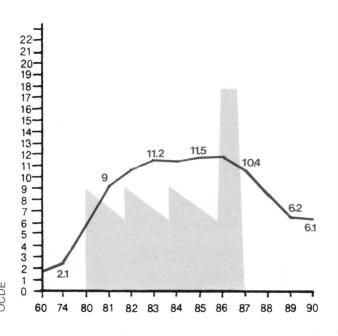

OCDE

FONCTIONNAIRES. 5,4 millions de personnes, soit 24 % des actifs, sont employés dans les administrations publiques (services marchands et non marchands).

TRAVAILLEURS ÉTRANGERS. 1 230 000, soit 4,4 % des actifs, dont 460 000 en provenance de la CE.

DURÉE DU TRAVAIL. 1 778 heures par an (durée conventionnelle). De 35 à 40 heures par semaine, de 4 à 6 semaines de congés payés par an.

TEMPS PARTIEL. 52 % des femmes actives concernées (CE = 29), et 38 % des hommes (CE = 4).

ÂGE DE LA RETRAITE. 65 ans pour les hommes et 60 ans pour les femmes. Pensions calculées sur toute la vie active.

SYNDICALISATION. 43 % des actifs.

362 journées de travail perdues pour 1 000 salariés entre 1983 et 1988 (moyenne annuelle).

CHÔMAGE. 6,1 % des actifs en février 1990 (CE = 8,6). 39 % des chômeurs sont des femmes (CE = 53) ;

29 % sont des jeunes de moins de 25 ans (CE = 38).

42 % des chômeurs sont sans emploi depuis au moins un an (CE = 52).

ARGENT

RÉMUNÉRATION DES SALARIÉS. 16 415 écus, aux prix et taux de change de 1988 (CE = 19 870).

PRÉLÈVEMENTS OBLIGATOIRES. 36,2 % en 1990 (CE = 39,6), contre 29,5 % en 1980 et 30,6 % en 1965.

Les impôts directs représentent 36,0 % du total (CE = 28,6), les impôts indirects 40,8 % (CE = 30,5), les cotisations sociales 17,4 % (CE = 33,3).

IMPÔT SUR LE REVENU. Le taux minimum est de 27 %, le maximum de 60 %.

Il représentait 15,4 % du salaire ouvrier moyen en 1988 pour un couple (un seul salaire et deux enfants à charge) et 18,9 % pour un célibataire.

ÉPARGNE. 5,0 % du revenu disponible des ménages en 1989 contre 9,7 % en 1980 et 4,5 % en 1960.

BUDGET

Structure de la consommation des ménages (en % du total) :

	1970	1988
Alimentation	26,5	17,1
Habillement	8,8	7,0
Logement, chauffage, éclairage	17,1	19,3
Meubles et entretien courant	7,8	6,8
Santé	0,9	1,3
Transports et communications	12,6	17,2
Loisirs, enseignement, culture	8,6	9,2
Autres biens et services	17,6	22,0

Eurostat

ALIMENTATION (par an et par personne). 111 kg de pommes de terre, 86 kg de légumes, 79 kg de céréales, 45 kg de sucre (maximum CE), 36 kg de fruits, 16 kg d'agrumes, 13 kg de maïs (maximum CE), 3 kg de riz.

25 kg de porc, 23 kg de bœuf, 19 kg de poisson, 18 kg de volaille, 0 kg de veau.

18,7 kg de produits surgelés en 1989.

10 kg d'huile, 7 kg de fromage, 7 kg de margarine, 5 kg de beurre, 1 kg de crème.

108 litres de bière et 10 litres de vin.

■ Recette du Christmas pudding : graisse de bœuf, farine, fruits confits, cognac ; faire cuire de 8 à 10 heures au bain-marie. Le pudding peut se conserver pendant deux ans.

■ Le préfixe Mac, situé devant un nom de famille, signifie « fils » en gaélique.

Société

IMMIGRÉS. 1 785 000, soit 3,1 % de la population (CE = 4).

101 000 réfugiés politiques à fin 1989.

Une longue tradition d'immigration

L'immigration a commencé dans les années 30, avec les réfugiés juifs d'Europe centrale. Beaucoup de Hongrois sont arrivés après l'insurrection de 1956. Puis les Pakistanais, Indiens, Antillais, Malaisiens se sont installés entre 1958 et 1962. Les étrangers les plus nombreux sont originaires d'Inde (environ 700 000). On trouve aussi quelque 550 000 Antillais, 400 000 Pakistanais, 120 000 Chinois et 100 000 Bangladeshi. Le nombre des Gitans est estimé entre 70 000 et 100 000 ; celui des personnes originaires des pays du Maghreb à 60 000. On compte enfin 400 000 immigrés originaires des pays de la CE, dont les deux tiers viennent d'Irlande.

DÉLINQUANCE. 1 803 cambriolages, 2,0 homicides, 4,9 viols pour 100 000 habitants en 1988.

SUICIDES. 12 hommes et 5 femmes sur 100 000 en 1987 (CE = 19 et 8).

ACCIDENTS DE VOITURES. 255 décès par million de véhicules en 1988, taux le plus bas de la Communauté (CE = 376).

ASSOCIATIONS. 64 % des plus de 25 ans appartiennent à des associations (CE = 44).

ENVIRONNEMENT. 355 kg de déchets ménagers (CE = 298, 1985), 2,8 kg de gaz carbonique par habitant (CE = 2,3, 1987).

RELIGION. 58 % des Britanniques de 15 ans et plus se considèrent comme religieux (CE =65), 6 % comme agnostiques, 5 % comme athées.

24 % se rendent au moins une fois par semaine aux services religieux (CE = 28), 24 % jamais (CE = 15).

L'Eglise d'Angleterre (ou anglicane) est l'Eglise officielle, présidée par la reine. L'Eglise d'Ecosse est presbytérienne et marquée par le calvinisme. Le pays de Galles et l'Irlande du Nord n'ont pas d'Eglise officielle. Les catholiques romains sont très dispersés, sauf dans le nord-ouest de l'Angleterre. Ils représentent également 35 % de la population d'Irlande du Nord.

POLITIQUE. Sur une échelle politique de 1 (extrême gauche) à 10 (extrême droite), les Britanniques se situent en moyenne à 5,8 (CE = 5,2).

MÉDIAS. 100 quotidiens.

Télévision : 2 chaînes nationales publiques (BBC1 et BBC2). Chaînes privées : réseau ITV (ITN, TV AM et 15 chaînes privées régionales autonomes) ; Channel Four. Autres chaînes diffusées par satellite et relayées par le réseau câblé (groupes Sky Television, BSB et W.-H. Smith), ainsi que les chaînes paneuropéennes.

7 % de foyers raccordés au câble, dont 18 % d'abonnés.

Durée moyenne d'écoute : 200 min par jour.

VACANCES. 61 % de la population partent en vacances (CE = 56), dont 35 % à l'étranger.

Opinions et valeurs

• 41 % des Britanniques déclarent « devoir s'imposer des restrictions du fait d'un revenu insuffisant » (CE = 36).
• 80 % estiment que « les riches sont de plus en plus riches et les pauvres de plus en plus pauvres » (CE = 70).
• 57 % sont satisfaits du « fonctionnement de la démocratie dans leur pays » (CE = 56), contre 44 % en 1973.
• 48 % considèrent que « l'appartenance de leur pays à la CE est une bonne chose » (CE = 65), contre 31 % en 1973.
• 89 % sont satisfaits de la vie qu'ils mènent (CE = 83), contre 85 % en 1973.

Eurobaromètre

« John comment ? »

Publicis-FCB

■ L'humour anglais est caractérisé par l'*understatement* (euphémisme) et une façon particulière de voir la vie. Ainsi, pendant la dernière guerre, des magasins bombardés affichaient une pancarte indiquant : « plus ouverts que jamais ».

■ La première régate opposant les célèbres universités d'Oxford et de Cambridge sur la Tamise eut lieu en 1829.

■ Le premier chemin de fer du monde a relié Manchester à Liverpool en 1830.

■ Harrod's est le plus grand magasin d'Europe. C'était à l'origine une épicerie de luxe.

■ Les *pubs* (abréviation de *public house*) sont ouverts à Londres de 11 h à 23 h en semaine, de 12 h à 15 h et de 19 h à 22 h 30 le dimanche.

LE TABLEAU DE BORD DE LA COMMUNAUTÉ

Tableau de bord économique et social de la CE (dernière année disponible) :

	Bel-gique	Dane-mark	Espa-gne	FRAN-CE	Grèce	Irlande	Italie	Luxem-bourg	Pays-Bas	Portu-gal	RFA*	Roy.-Uni
ÉCONOMIE												
PIB/habitant (écus)	12 854	17 738	7 383	14 425	4 447	7 771	12 215	14 878	13 094	3 616	16 566	12 200
Croissance PIB (%)	2,2	2,1	3,6	2,1	2,1	3,0	3,0	4,1	2,3	2,8	2,5	3,6
Part de l'agriculture (%)	2,3	4,7	5,2	3,7	15,8	9,7	4,1	2,2	4,3	7,5	1,5	1,2
Inflation (%) [1]	4,8	7,4	11,6	7,9	19,0	9,6	11,9	4,6	3,2	18,7	3,0	8,0
Chômage (%) [1]	10,1	8,4	15,2	8,2	5,5	12,8	9,0	1,2	8,7	7,6	9,4	9,0
Balance commerciale (2)	946	1 589	-15 233	- 6 818	- 5134	2 612	- 511	-	6 914	- 4 338	65 404	-31 007
Dette ext. (écus/hab.)	2 456	3 134	-	86	80	3 516	270	384	0	-	1 401	233
Dépenses R&D (% PIB)	0,53	0,84	0,40	1,39	0,25	0,41	0,81	-	0,96	0,34	1,05	1,07
DÉMOGRAPHIE												
Population (millions)	9,9	5,1	38,9	56,2	10,0	3,5	57,6	0,38	14,9	10,3	62	57,2
Densité (hab./km^2)	323	119	76	101	75	51	190	141	352	110	246	232
Moins de 15 ans (%)	18,2	17,5	21,6	20,4	20,1	28,2	15,0	17,2	18,4	21,3	14,6	18,9
65 ans et plus (%)	14,5	15,4	12,6	13,6	13,6	11,1	14,8	13,4	12,6	12,7	15,3	15,5
Espérance de vie - H (ans)	70,0	71,8	73,1	72,5	72,6	71,0	72,6	70,6	73,7	70,7	71,8	72,4
Espérance de vie - F (ans)	76,8	77,7	79,6	80,7	77,6	76,7	79,1	77,9	80,0	77,6	78,4	78,1
Mortalité infantile (‰)	8,6	7,5	8,3	7,4	9,9	7,6	8,8	9,9	6,8	12,2	7,5	8,4
Mariages (pour 1 000 hab.)	6,4	6,0	5,6	5,0	6,1	5,0	5,4	5,8	6,1	7,1	6,4	6,9
Divorces (pour 1 000 hab.)	2,0	2,9	0,5	1,9	0,6	0	0,5	2,3	1,9	0,9	2,1	2,6
Taux de fécondité	1,58	1,62	1,30	1,81	1,50	2,11	1,29	1,52	1,55	1,50	1,39	1,85
Enfants illégitimes (%)	11,0	45,0	10,0	28,4	2,1	12,6	6,1	11,8	10,7	14,5	10,3	26,6
Ménages d'1 personne (%)	24	57	10	27	16	19	21	23	26	12	34	24
Ménages de 5 pers. + (%)	9	2	25	10	13	29	10	10	9	19	6	9
ARGENT												
Revenus salariés (écus)	22 677	22 368	15 237	22 815	9 117	17 342	20 176	22 172	24 318	6 025	23 690	16 415
Prélèvements oblig. (% PIB)	42,6	52,2	33,4	44,4	33,9	35,5	37,5	38,3	46,2	32,3	40,7	36,2
Taux d'épargne (%)	14,1	-	7,0	12,2	21,0	15,7	14,1	-	3,8	24,0	12,2	5,0
Propriétaires (%)	68	69	77	53	77	80	70	81	46	61	47	69
Logements avec W-C (%)	81	88	91	85	78	90	79	97	98	59	90	98
Logements avec douche ou baignoire (%)	74	85	85	85	69	82	86	86	96	58	92	98
Voitures (pour 100 hab.)	36	30	26	40	14	21	41	44	34	20	46	33
Téléphone (p. 100 hab.)	48	87	40	62	41	27	49	61	64	20	66	52
Magnétoscope (% foyers)	45	21	32	24	56	30	51	27	39	20	29	56
Lave-linge (% foyers)	88	77	89	94	72	87	95	97	90	51	92	91
Congélateur (% foyers)	59	78	9	50	8	29	33	83	41	29	60	55
TRAVAIL												
Actifs (% pop. totale)	43	57	38	43	40	37	43	47	45	47	48	49
Part des femmes (%)	34	51	26	36	29	23	30	32	34	39	37	41
Temps partiel (% actifs)	9,8	23,7	5,4	12,0	5,5	8,0	5,6	6,4	30,4	6,5	13,2	21,9
Age retraite H/F	65/60	67	65	60	65/60	66	60/55	65	65	65/62	65	65/60
Chômage (% actifs) [3]	9,1	6,6	15,9	9,4	7,8	16,7	10,8	1,6	8,9	5,0	5,3	6,1
Chômage 12 mois + (%)	77	29	59	44	48	66	69	42	50	51	47	42
Syndicalisation (% actifs)	70	80	16	10	35	50	36	50	28	35	30	43
Durée du travail (h/an)	1 748	1 733	1 840	1 767	1 840	1 864	1 768	1 792	1 756	2 025	1 697	1 778
SOCIÉTÉ												
Etrangers (% population)	8,6	2,6	0,9	6,5	2,2	2,4	0,7	25,0	4,0	0,9	5,7	3,1
Urbanisation (%)	90	86	77	82	66	57	72	82	93	33	86	92
Température moy. (°C)	9,5	8	16	12,5	14	10	14,5	9	9,5	16	9	9,5
Pluies (cm)	75	70	70	75	30	90	95	80	75	40	80	95
Délinquance (délits/100 000 hab.)	2 842	10 653	3 444	5 619	3 038	2 410	3 300	5 710	7 499	783	7 268	7 796
Accidents de la route (décès p.1 million véh.)	495	371	622	410	798	465	311	366	264	1 171	266	255
Suicides (p. 100 000 hab.)	21,0	26,8	6,6	22,1	3,7	9,1	7,9	18,9	10,9	9,3	16,9	7,8
Jours de grève (4)	-	280	733	54	612	373	465	0	13	123	45	362
Emission CO_2 (kg/hab.)	2,9	3,3	1,3	1,8	1,6	2,3	1,8	6,5	3,0	0,8	3,3	2,8
Déchets (kg/hab.)	320	423	275	272	260	311	263	357	449	221	318	355

* Pour des raisons d'homogénéité, les chiffres ne concernent que l'ancienne RFA. Voir le dossier national Allemagne pour les chiffres intégrant l'ex-RDA.
(1) Moyenne 1977-1989.　　　(2) En millions d'écus.
(3) 1989.　　　(4) Moyenne 1983-1988 (par an, pour 1 000 salariés).

BIBLIOGRAPHIE

Principaux documents utilisés et/ou susceptibles d'intéresser les lecteurs (par ordre alphabétique à l'intérieur de chaque rubrique) :

Ouvrages

- *1993, mode d'emploi*. Patricia Tourancheau, Ramsay.
- *Annuaire statistique 1989*. UNESCO.
- *Atlas de l'Europe verte*. Nicole Duval et Eric Vert, INSEE résultats (mars 1990).
- *Atlas des Européens*. Gérard Chaliand et Jean-Pierre Rageau, Fayard.
- *Atlas géopolitique*. Alexandre de Marenches, Stock.
- *Atlas géostratégique*. Jean Touscoz, Larousse.
- *Atlas historique*. Stock.
- *Atlas historique*. Georges Duby, Larousse.
- *Atlas, 340 millions d'Européens*. Henri Mendras, Frédéric Rcillier, Ramsay.
- *Audiences des médias, Guide France-Europe*. Danielle Bahu-Leyser, Hugues Chavenon et Jacques Durand, Eyrolles.
- Collection *Monde et Voyage*, Larousse.
- *Encyclopédie géographique*. Stock.
- *Europe, Europe !* Hans Magnus Enzensberger, Gallimard.
- *Guide des bonnes manières et du protocole en Europe*. Jacques Gandoin, Fixot.
- *Guide des télévisions en Europe, 1991*. François Truffart, Médiaspouvoirs.
- *L'Espagne, de la mort de Franco à l'Europe des Douze*. Maria Goulemot Maeso, Minerve.
- *L'état de la planète*. Lester R. Brown, Economica.
- *L'état des religions*. La Découverte.
- *L'Europe 93*. Lindsay Armstrong et Alain Dauvergne, Balland.
- *L'Europe culturelle et religieuse de 1815 à nos jours*. Paul Gerbod, PUF.
- *L'Europe de 1993, espoirs et risques*. Hatier.
- *L'Europe multiraciale*. Les Documents Observateur.
- *L'Europe submergée*. Alfred Sauvy, Dunod.
- *L'invention de l'Europe*. Emmanuel Todd, Seuil.
- *La grande illusion*. Alain Minc, Grasset.
- *La puissance économique*. Atlas Hachette.
- *La télévision en France et dans le monde*. Hervé Michel, PUF.
- *Le livre de l'Europe*. Stock/Edition n°1.
- *Le nouveau Savoir-vivre à l'étranger*. Dominique Perrin et Brigitte du Tanney, Hermé.
- *Les 12 tribus d'Europe*. Stéphane Courchaure et François Marot, Ramsay.
- *Les Anglais*. Philippe Daudy, Plon.
- *Les grandes dates de l'Europe communautaire*. Joël Boudant et Max Gounelle, Larousse.
- *Les métamorphoses de l'Europe*. Michel Richonnier, Flammarion.
- *Les pays d'Europe occidentale*. Sous la direction d'Alfred Grosser, la Documentation française.
- *Les régimes politiques de l'Europe des Douze*. Pierre-Henri Chalvidan et Hervé Trnka, Eyrolles.
- *Les systèmes éducatifs en Europe*. Jean-Michel Leclercq et Christiane Rault, la Documentation française.
- *Rapport sur le développement dans le monde, 1989*. Banque mondiale.
- *Réalités allemandes*. Bertelsmann.
- *Résumé statistique 1989*. UNESCO.
- *The World Bank atlas, 1989*. Banque mondiale.
- *Voyage en Allemagne*. Patrick Démerin, Plon.

Documents publiés par Eurostat (Office statistique des Communautés européennes)

- *Agriculture 1989*.
- *Budgets familiaux comparatifs*, vers 1984.
- *Commerce extérieur* (mensuel).
- *Comptes et statistiques des administrations publiques, 1970-1986*.
- *Comptes nationaux SEC 1970-1988*.
- *Emploi et chômage 1989*.
- *Energie, annuaire statistique 1988*.
- *Enquête sur les forces de travail, résultats 1988*.
- *Gains dans l'industrie et les services, 1989*.
- *Indicateurs sociaux pour la Communauté européenne, 1984*.
- *Le financement de la recherche et du développement, 1980-1986*.
- *Recensements de la population dans les pays de la CE, 1981-1982*.
- *Régions 1989*.
- *Revue 1977-1986*.
- *Statistiques de base, 27e édition*.
- *Statistiques démographiques 1990*.
- *Statistiques rapides* (périodique).
- *Tourisme, 1987*.
- *Transports et communications, statistiques annuelles 1970-1987*.

Documents publiés par la Commission des Communautés européennes

- *About Europe*.
- Collection *la Documentation européenne*.
- Collection *le Dossier de l'Europe*.
- *Economie européenne* (périodique).
- *Etapes européennes*.

- *Etude comparative des dispositions régissant les conditions de travail dans les Etats membres de la Communauté européenne.*
- *Europe sociale* (périodique).
- *Femmes d'Europe* (périodique).
- *Fiches pédagogiques.*
- *Fiches techniques sur le Parlement européen et les activités de la Communauté euroépenne. Parlement européen, 1990.*
- *L'Emploi en Europe.*
- *L'Europe contre le cancer.*
- *L'Europe de la technologie.*
- *L'Europe en chiffres, 1990.*
- *L'Europe, notre avenir.*
- *La Communauté européenne et ses régions.*
- *La situation de l'agriculture dans la Communauté, 1990.*
- *Les femmes salariées en Europe, 1984.*
- *Les institutions de la Communauté européenne.*
- *Media 92.*
- *Panorama of EC Industry, 1990.*
- *Radiation and you.*
- *Rapport sur l'union politique et monétaire dans la Communauté européenne.*
- Sondages *Eurobaromètre.*
- *Tableau comparatif des régimes de Sécurité sociale.*
- *Trois théâtres lyriques : représentations dans les pays de la Communauté européenne, offre et demande.*
- *Vivre à l'européenne.*
- *Voyage à travers l'Europe.*
- *Voyager en Europe.*

Etudes réalisées dans le cadre de l'*Eurobaromètre*

- *Familles monoparentales, 1988.*
- *Femmes et hommes d'Europe en 1987.*
- *L'opinion européenne et les questions énergétiques en 1987.*
- *L'opinion publique dans la Communauté eurépenne à l'automne 1986.*
- *La sécurité routière.*
- *Le consommateur européen, ses préoccupations, ses aspirations, son information,* mai 1976.
- *Le public européen et l'écu,* novembre 1985.
- *Les Européens et leur environnement en 1988.*
- *Les Européens et leur région.*
- *Les Européens et leurs vacances, 1986.*
- *Les femmes actives autres que salariées en Europe,* avril 1986.
- *Les jeunes Européens en 1987.*

Publications de l'OCDE

- *Comptes nationaux 1960-1988.*
- *Comptes nationaux 1976-1988* (volumes I et II).
- *Données sur l'environnement, compendium 1989.*
- *Droits et obligations des contribuables, 1990.*

- *L'avenir de la protection sociale, 1988.*
- *L'OCDE en chiffres, 1990.*
- *La réforme des régimes publics de pension, 1988.*
- *La situation des ouvriers au regard de l'impôt et des transferts sociaux, 1986-1989.*
- *Le vieillissement démographique, conséquences pour la politique sociale, 1988.*
- *Les conditions de vie dans les pays de l'OCDE, 1986.*
- *Les systèmes de santé, 1990.*
- *Perspectives de l'emploi,* juillet 1990.
- *Perspectives économiques de l'OCDE,* juin 1990.
- *Principaux indicateurs économiques* (mensuel).
- *Principaux indicateurs économiques, rétrospective 1969-1988.*
- *SOPEMI, système d'observation permanente des migrations, 1989.*
- *Statistiques de la population active 1965-1985.*
- *Statistiques des recettes publiques 1965-1989.*
- *Statistiques rétrospectives 1960-1988.*
- *Statistiques urbaines dans les pays de l'OCDE, 1988.*

Publications du Conseil de l'Europe

- *Actes du séminaire sur les régions à problèmes démographiques en Europe, 1987.*
- *Cinéma et télévision : l'audiovisuel comme vecteur de communication entre l'Europe de l'Est et de l'Ouest, 1988.*
- *Conclusions sur l'évolution de la fécondité en Europe, 1985.*
- *Etude multi-villes sur l'abus des drogues, 1987.*
- *Evolution de l'emploi entre 1986 et 1989, perspectives d'avenir, 1989.*
- *Evolution démographique récente dans les Etats membres du Conseil de l'Europe, 1988.*
- *Evolution des législations de Sécurité sociale depuis 1974, 1989.*
- *Evolution récente des structures familiales et perspectives d'avenir, 1987.*
- *Gestion du patrimoine naturel de l'Europe, 1987.*
- *L'évolution de la structure par âge de la population et politiques futures, 1985.*
- *L'impact de l'évolution des nouvelles réalités sociales et des structures familiales sur les systèmes de sécurité sociale, 1989.*
- *L'importance économique du sport, 1989.*
- *La protection des travailleurs à domicile, 1989.*
- *La transplantation d'organes, 1987.*
- *Législation relative à la réadaptation des personnes handicapées, 1988.*
- *Les aspects démographiques de la main-d'œuvre et de l'emploi, 1987.*
- *Les prestations familiales et la prise en compte de la situation familiale pour le calcul de l'impôt sur le revenu dans les Etats membres du Conseil de l'Europe et en Finlande, 1989.*
- *Organisation de la prévention de la criminalité, 1988.*

- *Réactions sociales à la délinquance juvénile*, 1989.
- *Rôle et fonctionnement des instruments de la politique du marché du travail.*

Etudes réalisées par le BEUC (Bureau européen des unions de consommateurs)

- *Assurance-décès en Europe*, 1988.
- *Bon voyage*, 1987.
- *Car rentals, price survey*, 1989.
- *Consumers and the telephone service in the EEC*, 1988.
- *Drug prices and drug legislation in Europe*, 1989.
- *Eating a healthy diet in the European Community*, 1988.
- *Etude comparée de l'information sur la sécurité des enfants dans la CEE*, 1988.
- *Holiday money*, 1988.
- *Les prix dans la Communauté européenne en 1988.*
- *Microwave ovens*, 1988.
- *On nous a changé la télé : les télévisions dans les pays de la CEE; histoire, programmes, produits et publics*, 1987.
- *Report on package holiday tours*, 1987.
- *Test européen sur la qualité des eaux de baignade*, 1988.
- *Transferts d'argent à l'intérieur de la CEE*, 1988.
- *Travel shopping basket*, 1988.

Autres études, rapports, documents

- *1992, êtes-vous prêts ?* KPMG Peat Marwick Consultants, novembre 1988.
- *Aides à la production cinématographique, enquête sur 12 pays européens.* CNC.
- *Annuaire statistique de la RDA, 1989.*
- *Attitudes et attentes à l'égard de l'Europe.* OPTEM, janvier 1987.
- *Canaux de distribution et consommations en Europe.* BIPE, ILEC, ICC, mai 1989.
- *Dix ans qui ont changé l'Europe, 1979/1989.* Parlement européen.
- *Economic and consumption trends in Europe.* SECODIP, 1989.
- *Enquête sur les attitudes des européens de 4 pays à l'égard des problèmes de défense.* OPTEM, février 1987.
- *Euro-reporter*, été 1989.
- *Eurodience, lettre européenne des programmes et des audiences* (périodique).
- *Europanel marketing bulletin.* SECODIP.
- *Europe, mode d'emploi.* La Convention libérale et européenne et sociale.
- *Forces et faiblesses des collectivités locales européennes avant 1993.* CERCLE.
- *Geography : an international survey.* Gallup international, juillet 1988.
- *Health care financing.* US Departement of Health and Human Services, décembre 1989.
- *L'épargne en Europe, rapport pour la Caisse des dépôts et consignations.* Denis Kessler, Sergio Perelman et Pierre Pestieau, 1987.
- *L'Europe des Communautés, édition 1990.* La Documentation française.
- *L'Europe pour gagner.* Les Cahiers d'Espaces, février 1989.
- *L'interruption volontaire de grossesse dans l'Europe des Douze.* Mouvement français pour le planning familial, janvier 1989.
- *L'opiniomètre*, lettre d'information internationale sur les sondages.
- *La circulation internationale des émissions de télévision.* UNESCO, 1986.
- *La fécondité en Europe : évolutions passées et perspectives d'avenir.* Gérard Calot, INED, décembre 1988.
- *La France et l'Europe.* Cahiers français, la Documentation française.
- *La lettre SECODIP informations* (périodique).
- *La population de la Communauté européenne.* Jean-Louis Mathieu, CEREC.
- *Le crédit aux ménages.* Dossiers économiques et monétaires sur l'étranger, Banque de France.
- *Le marché des vacances.* Les Cahiers d'Espaces, novembre-décembre 1986.
- *Le palmarès des villes européennes.* Le Point, 12 juin 1989.
- *Le travail des enfants.* Parlement européen, mai 1987.
- *Le vieillissement démographique en Europe.* Futuribles n°129-130, février-mars 1989.
- *Les entreprises de produits de marque dans l'Europe de 1992.* Colloques de la Fondation entreprise marque environnement, 1988.
- *Les structures de salaires dans la Communauté économique européenne.* CERC, la Documentation française.
- *Les systèmes de santé des pays membres de la Communauté européenne.* Parlement européen, 1988.
- *Les villes "européennes".* DATAR/Reclus, la Documentation française.
- *Opinions étrangères*, numéro 11, été 1989. Centre d'analyse et de prévision, ministère des Affaires étrangères.
- *Population et société.* INED (périodique).
- *Prix et salaires dans le monde.* Union de banques suisses.
- Publications de la fondation *Europe et société.*
- Rapport annuel de la Fondation européenne pour l'amélioration des conditions de vie et de travail, 1988.
- *Rapport sur le changement d'heure* destiné à l'Assemblée nationale. Ségolène Royal, mars 1990.
- *Répartition des investissements publicitaires par média.* Association des agences-conseils en communication.
- *Spain, 1989.* Ministerio del Potavoz del Gobierno.
- Suppléments Europe hebdomadaires de *Libération.*
- *Télévisions en Europe.* Médiaspouvoirs n° 20, octobre 1990.
- *Violence et terreur dans les médias.* UNESCO, 1986.

INDEX

SECODIP ET EUROSCOPIE

Entre SECODIP et Gérard Mermet, une collaboration faite d'estime et d'amitié s'est établie depuis la première édition de FRANCOSCOPIE, premier pas aussi vers cette EUROSCOPIE à laquelle nous sommes heureux de nous associer.

Gérard Mermet est un sociologue qui, dans le vaste maquis des informations ponctuelles et fragmentaires, est capable de comprendre le monde où nous vivons et d'en dégager, avec talent, une synthèse intelligente et cohérente. Il sait replacer les éléments du décor social à leur juste place et en tirer des enseignements.

SECODIP est l'une des toutes premières sociétés d'études de marchés.

Elle emploie, à Chambourcy, dans les Yvelines, plus de 700 personnes, auxquelles s'ajoutent 450 enquêteurs et enquêtrices sur l'ensemble du territoire. Ses activités sont diversifiées et complémentaires les unes des autres.

Les panels de consommateurs rendent compte, de façon permanente, de la consommation à domicile des produits d'usage courant, essentiellement dans le domaine de l'alimentation, du lavage et de l'entretien ménager, de la parfumerie et du textile.

Les panels de détaillants ont pour objet, au travers d'échantillons représentatifs de magasins, de mettre en évidence et de comprendre les mécanismes de l'offre et de la demande.

Les piges publicitaires de SECODIP permettent à tout moment de connaître les montants investis en publicité dans les cinq grands médias (presse, radio, TV, affichage et cinéma) et les caractéristiques des annonces.

La pige info est une analyse permanente de tout ce qui se dit sur les ondes (TV et radio).

SECODIP, à travers sa filiale OPENERS, est aussi une importante société d'études « ad hoc » qui répond à la demande croissante en matière d'études d'opinion, d'usage et d'attitudes et de motivations.

Ainsi, SECODIP dispose d'une masse considérable d'informations sur ce que disent, pensent et font les gens non seulement en termes globaux de marchés mais aussi en ce qui concerne les catégories de produits et de marques. Les décideurs du monde économique et commercial ont, à tout moment, besoin de le savoir et ont recours à ses services.

Le métier des études de marché et des enquêtes par sondage, que SECODIP pratique depuis 20 ans, est en rapide transformation.

Aujourd'hui, grâce à l'Audimat géré par SECODIP, le comportement des téléspectateurs est connu à tout moment de la manière la plus précise et la plus détaillée. Le développement des codes à barres permet de connaître aussi, presque en temps réel, le volume des ventes d'une grande surface. Le SCANNER PANEL et le SCANNEL de SECODIP sont d'autres exemples de l'évolution en cours. Les progrès de l'informatique permettent de stocker et de traiter des masses considérables d'informations, de les rendre intelligibles et accessibles à l'utilisateur, de les synthétiser par des modèles appropriés.

La collaboration de SECODIP à EUROSCOPIE témoigne enfin de sa vocation internationale et, bien entendu, européenne à l'aube de l'Acte Unique de 1993.

Cette vocation s'exprime à travers des filiales et des partenariats. Le groupe CECODIS/SECODIP a deux filiales en Espagne - DYMPANEL (panels de consommateurs et études ad hoc) et MEDIA CONTROLE (audimétrie) - et contrôle les activités d'EUROTESTE au Portugal (études « ad hoc » et panels de consommateurs).

L'appartenance au réseau EUROPANEL permet à SECODIP et à ses associés, AGB, GFK, IHA, au travers de la société EURO DATA BASE récemment constituée, de fournir des informations issues de panels de consommateurs sur le même marché dans les différents pays d'Europe. Enfin, dans le cadre d'EUROPANEL et en liaison avec le CCA, une étude EURO SOCIO STYLE rend compte des styles de vie.

Nous appartenons à une région, à un pays et à l'Europe. EUROSCOPIE, véritable ouvrage de référence, rend compte de ces trois dimensions.

Bernard Pinet
Président

Directeur du département Documents et Actualité :
Philippe Schuwer

Responsable éditorial :
Jules Chancel

Maquette et mise en pages :
Francine Mermet

Service de correction et révision Larousse

Fabrication :
Claude Guérin

Cartographie :
Bertrand de Brun,
Nathalie Cottrel (Agraph)

Dessins et graphiques :
Pierre-Gaël Steunou

Photos publicitaires :
Epica

**Mise en pages avec Ventura
sur ordinateur Dynamit**

Réalisation des films sur Linotronic :
CODEMA

Mame Imprimeurs - 37000 Tours
Dépôt légal Mars 1991. - N° de série éditeur 15979.
Imprimé en France *(Printed in France)* 523501 Mars 1991.